Das

Recht der Forderungen

nach

Gemeinem und nach Preußischem Rechte,

mit Rücksicht auf neuere Gesetzgebungen,

historisch-dogmatisch dargestellt

von

C. F. Koch,

Königl. Ober-Landes-Gerichts-Rathe.

Erster Band,

enthaltend die Lehren von der Natur und dem Inhalte der Obligationen (Arten der Obligationen, Geldobligationen, Zinsen, Schadensersatz und Interesse, Casus, Dolus, Culpa, Mora, Beschränkung des Objects [Moratorium, Cessio bonorum, Beneficium competentiae], Zeit und Ort, und vom Concurse).

Breslau, 1836,

bei Georg Philipp Aderholz.

Vorrede.

Die von der Preußischen Gesetzgebung fixirten Rechtsnormen lassen sich nach ihrer Quelle in zwei Hauptklassen scheiden, je nachdem sie sich auf Erfahrung gründen oder nicht. Die der letztern Art sind solche Sätze, bei welchen man absichtlich den historischen Boden hat verlassen, und etwas Vernunftgemäßeres oder anscheinend Besseres an die Stelle des Bisherigen hat setzen wollen. Sie gleichen Pfropfreisern, und sind theils verdorrt, theils mit ihrem Stamm verwachsen. Das letztere ist mit allen solchen Sätzen der Fall, welche mit dem Wesen des Instituts im Allgemeinen harmoniren, und entweder eine glückliche Fortbildung, oder eine, dem practischen Bedürfniß entsprechende, Umgestaltung desselben bewirkt haben. Diese gehen dadurch in das historische Rechtsgebiet über.

Die Bestimmungen der bei weitem überwiegenden zweiten Hauptklasse sind hauptsächlich aus der damaligen Praxis entnommen. Die Praxis gründete sich theils auf eigenthümliche Landes-Institute, theils und hauptsächlich auf das gemeine Recht. Die Quelle dieses Rechts ist, weil es eine allgemeine Gesetzgebung nicht giebt, die Wissenschaft, und diese erscheint äußerlich in den Juristen, und vorzugsweise in deren wissenschaftlichen Leistungen, wozu auch die Partikulargesetzgebungen einzelner Länder, als Producte der wissenschaftlichen Thätigkeit ihrer Redactoren, zu rechnen sind, indem jedes Product als ein Ausfluß dieser Quelle zu betrachten ist*). Daraus folgt, daß die

*) Vergl. George Friedr. Puchta: Ueber eine Recension von Savigny's Geschichte des Römischen Rechts im Mittel-

Kenntniß der Literär- und der Dogmen-Geschichte des gemeinen Rechts eine Bedingung zur gründlichen Behandlung des Preußischen Rechts ist. Diese Kenntniß genügt jedoch noch nicht: es gehört dazu auch eine nähere Kenntniß der Bildungsgeschichte und der eigenthümlichen Rechtsansichten der einzelnen Mitarbeiter an der Redaction der Gesetzbücher, da selbst diese Ansichten, so wie die bei dieser Arbeit gebrauchten Schriften, als Quelle der Gesetzgebung angesehen werden können*). Die beste Bearbeitung des Preußischen Rechts würde hiernach der liefern, welcher die Literär- und Dogmen-Geschichte völlig in seiner Gewalt hat, die Biographien und Meinungen der Redactoren der Gesetzbücher, besonders der des Allgem. Landrechts, genau kennt, und die von ihnen gebrauchten Hilfswerke vor sich hat. Wie mühsam das Studium dieser Quellen ist, zeigt sich von selbst. Aber nicht bloß mühsam, sondern auch schwierig und theilweise unmöglich ist dasselbe wegen des Mangels der dazu erforderlichen literarischen Mittel. Der Druck der Materialien der Gesetzgebung, der vollständig schwer auszuführen sein möchte, würde demselben zwar immer nur zum Theil abhelfen, aber doch eine große Lücke ausfüllen, und den Apparat bedeutend vermehren. Die bloße Einsicht der Materialien von Einzelnen ist ein ungenügendes und unzuverläßiges Surrogat der Veröffentlichung derselben. Eine vielleicht sehr mühsame, aber für die wissenschaftliche Behandlung

alter, in den Berliner Jahrbüchern für wissenschaftliche Critik, Nr. 41—44.*). Im Rheinischen Museum I. Jahrg. IV. Heft S. 334.

*) In den Motiven der Gesetz-Revision, Pensum XIII. S. 117 heißt es: „— Das Allgem. Landrecht, welches wir doch, bis auf einzelne Ausnahmen, für nichts anders, als ein niedergeschriebenes, damals geltendes Recht, ansehen können —". Dieß wird von den Praktikern viel zu wenig erkannt.

des Preußischen Rechts außerordentlich fruchtbare Arbeit würde die Zurichtung der Materialien zum Druck durch einen Sachverständigen sein, welcher mit sicherer Hand das nur scheinbar unwichtige von dem wirklich unwichtigen schiede.

Eine vollständige quellenmäßige Bearbeitung des Preußischen Rechts in der angegebenen Art gewährt noch einen practischen Vortheil: sie stellt die abgeschnittene Verbindung des Preuß. Rechts von der gemeinrechtlichen Literatur wieder her; sie hebt die Trennung eines Zweiges von seinem Stamme auf, bei welcher der Zweig unmöglich gedeihen kann, sondern trotz aller künstlichen Mittel abwelken muß, wenn er nicht in einen, seiner Natur entsprechenden Boden gepflanzt und gepflegt wird; kurz, sie schließt dem Practiker den Schatz tausendjähriger, durch den geübtesten Scharfsinn erprobter, und durch vielfachen Gebrauch bewährter Erfahrungen auf, welche man jetzt wie abgenutztes, für den heutigen Rechtszustand unbrauchbar gewordenes, altes Geräth anzusehen gewohnt ist. Nach dieser Voraussetzung ergiebt sich von selbst, daß die Nachweisung des Zusammenhangs des heutigen Rechts mit der früheren Praxis eine Hauptaufgabe der von dem Verfasser unternommenen Arbeit ist. Es versteht sich, daß zu diesem Zweck das Römische und gem. Recht nicht Gegenstand einer Untersuchung ist, sondern nur referirt wird; und daß die Richtigkeit oder Unrichtigkeit einzelner Meinungen Nebensache ist. Auch unrichtige Meinungen sind, in sofern sie auf die Preußische Praxis und Gesetzgebung Einfluß gehabt haben, als Rechtsquelle anzusehen, und die Aufgabe bei diesen besteht nicht darin, die Unrichtigkeit zu dem Zweck zu zeigen, um zu beweisen, daß die gesetzliche Bestimmung in den Preuß. Rechtsbüchern aus einem Mißverständniß hervorgegangen, und daß sie deshalb abgestellt werden müsse; sondern sie besteht vielmehr darin, die Gründe dieser, wenngleich unrichtigen Meinung zu untersuchen und anzugeben, um dieselben bei der weitern Ausbildung der dadurch gewonnenen Ansicht, und zur Erklärung der daraus entstandenen gesetzlichen Norm zu benutzen. Hiernach ist die Kritik der Gesetzgebung planmäßig ausgeschloßen; die Aufgabe dieser Schrift ist bloß: das wirklich Vorhandene zum Verstehen und Begreifen zu verarbeiten. Dazu scheint dem Verfasser allein die gewählte historische Methode geeignet, weil ein nachfolgender Zustand nicht richtig erkannt werden kann, wenn der Vorhergehende nicht bekannt ist, und da der vorlandrechtliche Rechtszustand als die Hauptquelle des jetzigen Rechts anzusehen ist, so rechtfertigt sich die etwas specielle Behandlung des gemeinen Rechts, die aus einem andern Gesichtspunkte manchem vielleicht zu ausführlich scheinen könnte, von selbst. Die Arbeit muß als der Anfang einer Brücke angesehen werden, welche nothwendig zwischen der alten gemeinrechtlichen, und der neuen Preußischen Literatur aufzubauen ist. Die Absicht des Verfassers ist erreicht, wenn diese mühsame Arbeit nur der Methode Anhänger verschafft; denn alsdann ist nicht zu zweifeln, daß der eröffnete Weg weiter betreten werden wird.

Das ganze Obligationenrecht soll in drei Octavbänden dargestellt werden. Der erste Band, welcher die beiden ersten Kapitel des allgemeinen Theils enthält, wird dem juristischen Publico jetzt übergeben. Der zweite welcher den allgemeinen Theil beschließt, soll, sobald es die amtlichen Berufsarbeiten des Verfassers nur irgend gestatten, nachfolgen.

Geschrieben zu Ende Juni 1835.

Inhalts-Verzeichniß.

Allgemeiner Theil.

Erstes Kapitel.

Von der Natur der Obligationen überhaupt.

Zweites Kapitel.

Vom Inhalte der Obligationen.

Berichtigungen.

Seite 42 Zeile 1 v. u. l. Nov. 4, statt: 14.
— 44 „ 4 v. u. l. Mittermaier, st. Mittermeyer.
— 112 „ 19 v. o. hinter „muß [76])" . Daß, st. , daß.
— 170 „ 17 v. o. l. neue Schuldscheine, st. nur Schuldsch.
— 171 „ 5 v. o. ist zuzusetzen: Dieß ist sogar nach der, in Simon und v. Strampff Zeitschr. Bd. I. S. 1—6 mitgetheilten Ausführung die allein richtige Ansicht, welche jedoch die Praxis nicht anerkennt.
— 222 „ 15 v. o. l. lautet, st. autet.
— 444 „ 4 v. u. l. 1825, st. 1835.
— 546 „ 5 v. o. l. Domcapitel, st. Domcapital.
— 523 „ 14 v. u. l. Domcapitel, st. Domcapital.
— 596 „ 4 v. u. l. zu ziehenden, st. und ziehendem.
— 612 „ 9 v. u. l. gebundenen privilegirten, st. gebundene privilegirte.

§ 1.

Einleitung.

Daß der Begriff des Obligationenrechts, welchen ein französischer Rechtslehrer der neuern Zeit [1]) für ein Machwerk der Rechtsgelehrten hält, in dem Römischen Recht völlig bestimmt vorausgesetzt wird, ist bereits von Andern [2]) so überzeugend bewiesen, daß es überflüssig wäre, diesen Beweis hier wiederholen zu wollen. Bis zum letzten Jahrzehend des vorigen Jahrhunderts rechnete man jedoch fast allgemein bei der Classification des Privatrechts die Obligationen, welche man jura ad rem [3]) nannte, zu dem zweiten Theile (jus rerum), wogegen

[1]) F. de Lassaulx introduction à l'étude in Code Napoleon. Paris 1812. S. 121.

[2]) Hugo Civil. Magaz. B. IV. No. I. u. IX. Dess. Encyclopädie 6. Aufl. §. 8. Unterholzner jurist. Abhandl. No. III. — §. 12. J. de jure naturali. §. 1. D. de statu hom. Gajus I. §. 8.

[3]) Die Römischen Rechtsquellen kennen diesen Ausdruck nicht. Bonifacius VIII. gebraucht ihn C. 8. de concess. praebend. 6. (III. 7.)

man den Prozeß zum dritten Theile machte, indem man das Wort „actiones“, womit die Römischen Juristen (vergl. Note 2.) den dritten Theil des Privatrechts bezeichneten, auf das Verfahren bezog. Der Grund, warum die Römischen Juristen von den Actionen immer in Verbindung mit den Obligationen handeln, war ein prozeßualischer, nämlich der, daß eine Actio im eigentlichen Sinne nur aus einer Obligation entstand [4]). Seit jener Zeit trennte man bei der systematischen Behandlung des Rechts das Obligationenrecht von dem Sachenrechte [5]).

Die Zeit der Entstehung unseres allgemeinen Landrechts läßt hiernach schon vermuthen, welches System bei der Redaction desselben werde zum Grunde gelegt worden sein. Dennoch war es anfänglich die Absicht, zwar nicht das Recht der Forderungen überhaupt, aber doch die Lehre von Contracten und Testamenten in einem besondern dritten Theile vorzutragen. Indessen wurde der Plan, nach der Ansicht des Groß-Kanzlers v. Carmer abgeändert, und die Lehre von den Contracten mit dem Sachenrechte vermischt, weil der Gegenstand eines jeden Contracts und die Absicht, warum ein solcher geschlossen werde, die Erwerbung, Uebertragung oder Aufhebung irgend eines juris realis sei [6]), und es wurde das ganze Gesetzbuch in zwei Theile zusammengetragen, wovon der

---

4) Hugo Civil. Mag. B. IV. No. I. S. 21. seq. v. Savigny Besitz §. 6. S. 29.

5) Hugo a. a. O. S. 1 bis 4.

6) Simon Bericht über die szientivische Redaction der Materialien der Gesetzgebung. Mathis jurist. Monatsschr. B. XI. S. 205—207.

eine für das Personenrecht, der andere für das Sachenrecht bestimmt ist [7]).

Wir lassen das, was sich für oder wider diese Anordnung der Materien sagen läßt, auf sich beruhen; unsere Aufgabe ist: das Gegebene zu begreifen und zu verarbeiten.

Die der systematischen Anordnung der Materien in dem allgemeinen Landrechte zum Grunde liegende Ansicht ist diese:

Jedes Recht erfordert ein Subject und ein Object. Das Subject ist der Mensch; das Object aber immer eine Sache im engern Sinne, im Gegensatz von Handlung.

Die Rechtssätze des gesammten Rechtsgebiets beziehen sich daher immer auf Eins von diesen beiden. Das Rechtssystem zerfällt folglich nur in zwei Theile: in das Personenrecht, und in das Sachenrecht. In das Sachenrecht gehört daher, außer denjenigen Bestimmungen, welche sich auf die Sachen unmittelbar beziehen (jura in re), auch die Lehre von den Verbindlichkei-

---

7) Eine ähnliche Ansicht hat auch die Redactoren des Code Napoleon geleitet. Rapport du tribun Goupil-Prefeln sur le titre II. du liv. II. du Code. Vergl. de Lasaulx a. a. O. S. 34. No. 2. In den beiden ersten Entwürfen eines Code civil war das dritte und letzte Buch ebenfalls den Obligationen gewidmet; indessen ging man nachher bei der Zusammenstellung der Gesetze davon, ohne weitere Discussion, wieder ab, und befolgte den Plan der vier Redactoren. de Maleville, Analyse raisonnée de la discussion du code civil au conseils d'état 4. Vol. in Paris 1805. T. I. p. 2—3.

ten, sowohl aus Willenserklärungen überhaupt, also auch aus Testamenten, Erbesantretungen u. s. w., als aus unerlaubten Handlungen; denn sie beziehen sich endlich immer auf Erwerbung, Erhaltung, Uebertragung oder Verlust einer Sache [8]). In das Personenrecht dagegen gehört, außer demjenigen, was die physischen und juristischen Personen betrifft, und die Familien, so wie die Verschiedenheiten der Personen nach Geburt, Stand und Gewerbe und das, was sich auf dieses alles bezieht, angeht, auch alles das, was die Bildung und Erziehung (Kirchen, Schulen, Universitäten), und den Schutz und die Erhaltung der Menschen (Vormundschafts-, Armen-Wesen und Strafrecht) berührt.

Das allgemeine Landrecht zeichnet also die Classe von Rechten, welche wir hier abhandeln wollen, in seinem System nicht als einen eigenen Theil des ganzen Privatrechts aus. Dieselben treten aber von selbst durch ihren besondern Character als eine eigene Familie von Rechten hervor. Alle zu dem **Vermögensrechte**, welches das allgemeine Landrecht in **Einen** Theil zusammenfaßt, gehörigen einzelnen Rechtsverhältnisse sind nehmlich entweder solche, welche dadurch, daß ihnen ein Genüge geschieht, gänzlich aufhören, oder solche, bei welchen dieses nicht der Fall ist, welchen vielmehr wiederholentlich, sehr oft und sogar fortwährend, und zwar von der ganzen Welt, genügt werden kann, und **doch** fortdauern [9]). Dieses characteristische Unterscheidungszeichen scheidet die zum **Vermögensrechte** gehörigen einzel-

---

[8]) Vergl. das in dem, Note 5 allegirten, Berichte a. a. O. mit getheilte Schreiben des Großkanzlers v. **Carmer**, an den Präsidenten v. **Tevenar**.

[9]) **Hugo** a. a. O. S. 21—21.

nen Rechte von selbst in zwei große Classen, deren eine die **bleibenden** (dinglichen), und die andere die **vorübergehenden** (persönlichen) Rechtsverhältnisse umfaßt. Diese letztere Classe von Rechtsverhältnissen nun bildet das Obligationenrecht oder das Recht der Forderungen.

Der Entwurf zum allgemeinen Gesetzbuche theilte im §. 128—130 der Einleitung das Recht in **drei** Theile: in Personenrecht, Sachenrecht, und persönliche Rechte (Obligationenrecht); aber der Entwurf nahm auf diese Eintheilung weiter keine Rücksicht, sondern handelte im ersten Theile das Personenrecht, im zweiten das Sachenrecht ab, ohne einen dritten Theil für die persönlichen Rechte zu haben. Daher blieben die müßigen §§. 128—130 in dem Gesetzbuche fort. Die Definition von den persönlichen Rechten hat das allgemeine Landrecht aber aus dem Entwurfe Th. II Einleitung §. 47 beibehalten, indem es im Th. I Tit. 2, wie dort, mit einiger Wortveränderung heißt:

„§. 122. Persönliche Rechte und Verbindlichkeiten heißen diejenigen, wozu nur gewisse Personen, ohne Rücksicht auf den Besitz einer Sache, befugt oder verpflichtet sind."

„§. 123. Ein persönliches Recht enthält die Befugniß, von dem Verpflichteten zu fordern, daß er etwas geben, leisten, verstatten, oder unterlassen solle. (dare, facere, praestare)."

Das allg. Landrecht erkennt also die persönlichen Rechte als eine besondere Classe von Rechten, mithin den Inbegriff derselben, das Recht der Forderungen oder das Obligationenrecht, auch ausdrücklich an. Hierbei wollen wir gleich eines Unterschiedes gedenken, welchen das allg. Landrecht bei diesen persönlichen Rechten macht, der aber ohne alle practische Wichtigkeit ist, und in den Quellen des Römischen Rechts, aus welchen er fließen soll, nicht vorkommt.

Die obligatorischen Rechte werden nehmlich im Gegensatze der dinglichen Rechte (jura in re) von den neuern Juristen „jura ad rem", auch „in personam", genannt [10]).

Alle Obligationen gehen entweder auf ein Geben, oder auf ein Thun, oder auf ein Unterlassen. Hiernach unterscheiden Einige z. B. Darjes [11]), ein jus personale in specie (ein persönliches Recht) überhaupt, von einem jus ad rem insbesondere. Letzteres soll ein solches persönliches Recht sein, welches auf das Geben einer Sache geht. Das allg. Landrecht hat nicht bloß diesen Unterschied aufgenommen, sondern es geht noch einen Schritt weiter, und nennt das persönliche Recht auf das Geben einer bestimmten Sache ein jus ad rem (Recht zur Sache). Es heißt nehmlich:

> „§. 124. Insofern dergleichen persönliches Recht das Geben oder die Gewährung einer bestimmten Sache zum Gegenstande hat, wird es ein Recht zur Sache genannt."

---

[10]) Höpfner Commentar §. 280.

[11]) Institut. jurisprud. univers. §. 805. „— Quidquid alteri praestare possumus, aut sunt facta aut res. Ergo et duo juris personalis concipere possumus genera. Quorum alterum est jus postulandi, ut alter factum aliquod nobis praestet, et vocatur jus personale in specie, et alterum jus postulandi, ut alter rem quandam nobis praestet, et vocatur jus ad rem."

Indessen kann unter dieser bestimmten Sache schwerlich eine Species gemeint sein, weil alsdann der Satz:

„§. 133. Die Erwerbung eines Rechtes auf fremde Sachen setzt bei dem Erwerbenden ein vorhergehendes Recht zur Sache voraus",

noch um einen Grad fehlerhafter sein würde [12]), insofern alsdann in solchen Fällen, wo der Berechtigte nur ein genus fordern könnte, an der übergebenen Sache kein dingliches Recht würde erworben werden. So wahrscheinlich es daher auch ist, daß die Verfasser bei der „bestimmten" Sache an eine Species, wie etwa an den Kauf einer vorgezeigten Sache gedacht haben, so ist man doch genöthigt, das Wort „bestimmte" für bedeutungslos zu halten und hinwegzudenken.

Bei den Obligationen kommen eine größere Anzahl allgemeiner Grundsätze vor als bei dem Sachenrechte. Diese sollen in dem ersten Theile dieser Abhandlung vorgetragen werden, worauf die einzelnen Obligationen in dem zweiten Theile folgen sollen. Der erste Theil wird daher handeln:

1. von der Natur der Obligationen,
2. von dem Inhalte,
3. von den Subjecten,
4. von den Entstehungsgründen und
5. von der Aufhebung derselben.

---

12) Hugo Civ. Mag. a. a. O. S. 37. Note †.

Allgemeiner Theil.

Von den Obligationen überhaupt.

A. L. R. Th. I. Tit. 4 u. 5.

Erstes Kapitel.

Von der Natur der Obligationen überhaupt.

§. 2.

I. Begriff von Obligation.

Eine Obligatio, Forderung, ist ein Verhältniß des Vermögensrechts (im Gegensatz vom Personenrecht) zwischen zwei bestimmten Individuen, worin eine bestimmte Handlung des Einen der Willkühr des Andern unterworfen ist[1].

---

[1]) L. 3. pr. D. de obl. et act. (XLIV. 7.) „Obligationum substantia non in eo consistit, ut aliquot corpus nostrum aut servitutem nostram faciat, sed ut alium nobis obstringat ad dandum aliquid, vel faciendum, vel praestandum".

Pr. J. de obl. (III. 13.) „Obligatio est juris vinculum, quo necessitate adstringimur alicujus rei solvendae, secundum nostrae civitatis jura." A. L. R. I. 2. §. 122. „Persönliche Rechte und Verbindlichkeiten heißen diejenigen, wozu nur gewisse Personen, ohne Rück-

1) Sie ist ein Verhältniß, d. h. sie bezieht sich auf beide Personen. Es wird nicht allein die Lage des Einen, sondern auch die des Andern, das gegenseitige Verhältniß der beiden gegen einander, welches auf der einen Seite den Namen Creditum, auf der andern Debitum führt [2]), damit bezeichnet. Beides, sowohl die Forderung des Gläubigers, das Creditum, als die derselben entgegenstehende Verbindlichkeit Debitum, heißt Obligatio. Das deutsche Wort „Verbindlichkeit", wiewohl eine genaue Uebersetzung des Römischen, entspricht dessen Bedeutung nicht völlig, indem sich von der Verbindlichkeit nicht sagen läßt, daß sie ein bestimmtes Subject auf beiden Seiten voraussetze [3]). Das Wort „Forderung" ist die passendste deutsche Bezeichnung des Verhältnisses. Auch das Rechtsgeschäft oder die Begebenheit, wodurch eine Forderung erzeugt wird, heißt bei den Römern Obligatio [4]) Daß man auch die ausgestellte Urkunde „Obligatio" genannt habe, wie man behauptet

---

sicht auf den Besitz einer Sache, befugt oder verpflichtet sind."

§. 123. „Ein persönliches Recht enthält die Befugniß, von dem Verpflichteten zu fordern, daß er etwas geben, leisten, verstatten oder unterlassen solle."

Oest. G. B. §. 859. „Die persönlichen Sachenrechte, vermöge welcher eine Person der andern zu einer Leistung verbunden ist.—"

[2]) L. 3. D. fam. ercisc. (X. 2.) L. 1. D. de compens. (XVI. 2.).

[3]) Hugo Civil. Mag. B. III. No. XX. S. 390 u. 399.

[4]) L. 19. D. de verb. sign. (L. 16.) „— Contractum autem ultro citroque obligationem —" Daher verborum Obligatio, literarum Obligatio etc. Hugo l. c. S. 415.

hat[5]) ist unrichtig. Die angeführten Stellen L. 1. pr. D. de condictione sine causa (XII. 7.) u. c. 7 C. de non numerata pecunià (IV. 30) beweisen dieses nicht. In der erstern heißt es: „Qui autem promisit sine causa, condicere quantitatem non potest, quam non dedit; sed ipsam obligationem,“ d. h. der Promissor kann das Rechtsverhältniß (Obligatio), welches durch die Promissio sine causa entstanden ist, wieder aufrufen; er kann verlangen, daß ihn der Creditor liberire. Dieß drückt L. 3 eod. deutlicher so aus: „Qui sine causa obligantur, incerti condictione consequi possunt, ut liberantur“. Die andere Stelle lautet: „Si quasi accepturi mutuam pecuniam adversario cavistis, quæ numerata non est, per condictionem repetere potestis“. Dieses heißt nicht mehr und nicht weniger als das, was die vorige Stelle sagt. Cavere heißt versichern, zusichern in einer juristisch verbindlichen Art, sei es durch Stipulation oder eine andere Form[6]). Godofred bemerkt dazu, daß die Cautio dati chirographi condicirt werden könne. Daß der Schuldschein auch zurückgefordert werden kann, versteht sich von selbst, wenn die Obligation aufgehoben wird; dieses ist jedoch etwas Untergeordnetes. Dagegen wird heut zu Tage eine Schuldverschreibung, besonders über ein Darlehn, vorzugsweise „Obligation (Obligatorium)“ genannt.

Im Mittelalter wurde der Begriff des Worts „Obligatio“ auf der einen Seite sehr eingeschränkt und auf der andern wieder erweitert. Eingeschränkt wurde er, indem er die active Bedeutung, die Bedeutung des Ob-

---

[5]) Makeldey S. 515. u. Bucher S. 1. Note 1.

[6]) Brissonius v. cavere.

ligirthabens, das Verhältniß des Gläubigers, verlor; erweitert wurde er, indem man alle Pflichten, auch die nicht durch eine besondere Verpflichtung entstandenen Allgemeinen, Obligatio, Verbindlichkeit, nannte, und sagte: jedem Rechte (jus) steht eine entsprechende Obligatio, Verbindlichkeit, gegenüber, z. E. der Eigenthümer hat ein jus, jeder Andere hat eine Obligatio, dasselbe nicht zu stören. Andere neuere Juristen, welche nicht ganz so weit gingen, behaupteten doch solches wenigstens vom jus ad rem, indem sie sagten: „Das jus ad rem und die Obligation sind einander entgegengesetzt, Correlate, wie die Philosophen sprechen. Wenn ich ein jus ad rem gegen den Andern habe, so hat dieser eine Obligation gegen mich, und umgekehrt." [7]) Nachdem der Begriff von Obligatio in dieser Art schon verändert worden war, kam die von Silbe zu Silbe genaue Uebersetzung „Verbindlichkeit" in Gebrauch, welche daher die Römische Bedeutung nie gehabt hat [8]). Erst seitdem Hugo die ursprüngliche Römische Bedeutung, welche 100 Jahre früher schon Ulrich Huber gegen Feltmann, als den Wortführer fast aller übrigen Civilisten ohne Erfolg verfochten hatte [9]), zuerst in seinen Institutionen, v. 1789.

---

[7]) Höpfner Commentar. §. 284. 7te Aufl. S. 297., welcher als der Repräsentant der damaligen Lehrvorträge anzusehen ist. Hugo a. a. O. S. 405.]

[8]) Hugo a. a. O. S. 408.

[9]) Huber Digressio de jure in re et jure ad rem; in illius Digressionum Iustinianearum editione tertia. Franeq. 1696. 4. Derselbe wollte jedoch nicht die Begebenheit, wodurch eine Obligation entsteht, Obligatio nennen, welche Bedeutung später, Ernest mit einem Seitenhieb, wie es Höpfner nennt, auf die damaligen Juristen

§. 31 als eine bestimmte Antithesis aufgestellt und später siegreich durchgeführt, und das offen zu Tage Liegende sichtbar gemacht hat [10]), bezweifelt Niemand mehr die vorher angegebene Bedeutung des Worts „Obligatio.“

Bei der Abfassung des allgemeinen Landrechts war der irrthümliche Begriff von Obligatio und Verbindlichkeit noch allgemein herrschend und ist auch in das Landrecht übergegangen.

Nach diesem Standpunkte nimmt dasselbe denn auch ganz allgemein an, daß jedem Rechte des Einen die Pflicht eines Andern entspreche.

Einleit. §. 92. „Aus dem Rechte des Einen folgt die Pflicht des Andern, zur Leistung oder Duldung dessen, was die Ausübung des Rechtes erfordert.“

So deutlich war dieser Lehrsatz der damaligen Schule in dem Entwurfe nicht ausgedrückt, wo es etwas dunkel also hieß:

---

und Philosophen, in seinem Index latinitatis in opera Ciceronis, voce: „obligatio,“ behauptete. Ueber die hier über zwischen Huber und Feltmann gewechselten Schriften so wie über die, diese Frage berührende, Literatur, vergl. Höpfner §. 281. Note 4.

[10]) Hugo Civ. Mag. B. I. No. IX. u. B. III. No. XX. Ein Unbefangener wundert sich beim Lesen der letztern Abhandlung: „Geschichte des lateinischen Worts Obligatio und des deutschen Verbindlichkeit“ daß man für die Wahrheit so lange blind und taub gewesen ist, und diejenigen, welche sie gesagt haben, so verketzert hat.

Einl. §. 99. „Wenn die Gesetze Jemand ein Recht ertheilen, so verpflichten sie seine Mitbürger, die Ausübung desselben geschehen zu lassen."

Nach der Fassung des §. 92 in der Einleitung zum allgemeinen Landrechte ist wohl unzweifelhaft gemeint, daß jedem Rechte die Verbindlichkeit des Andern (bei einem Realrechte also die Obligation aller Menschen) als Correlat gegenüberstehe, wie denn auch der anonyme Commentator der 5 ersten Titel des allgemeinen Landrechts bemerkt, daß hierher auch der Rechtssatz: Juri in uno respondet obligatio in altero, gehöre [11]). Daher stellt das allg. Landrecht auch immer Rechte und Pflichten, Rechte und Verbindlichkeiten, neben einander, wenn es das ganze Verhältniß einer Forderung bezeichnen will, z. B.

Einl. §. 85. „Rechte und Pflichten, welche aus Handlungen oder Begebenheiten entspringen —"

§. 92. eod. „Aus dem Rechte des Einen folgt die Pflicht des Andern —"

§. 122. Tit. 2. Th. I. „Persönliche Rechte und Verbindlichkeiten —"

---

[11]) (Stenger) Commentar zum allg. Landrecht für die Preuß. Staaten, oder Erläuterung des allg. Landrechts und Vergleichung desselben mit dem gemeinen, besonders römischen, Rechte, nebst einem, dem schlesischen Provinzialgesetze gewidmeten, Anhange. Erster Band. Erste Abth. Breslau, Hamberger, gr. 8. 1801. S. 85. Von diesem Werk ist nur des I. Theils I. u. II. Abth. Breslau 1805. erschienen, welche bis zum 5. Titel des A. L. R. geht.

Ein eigener Ausdruck, womit das ganze Verhältniß bezeichnet würde, kommt nicht vor. Das Wort „Obligation" wird nicht gebraucht; nur in dem Anhange zur allg. Gerichts-Ordnung v. 1815. §. 388. kommt es in der Bedeutung von Urkunde vor. Das Wort „Forderung", welches das Verhältniß am besten bezeichnet, wird sehr häufig, und vorzugsweise bei Geldschulden, aber auch einige Male von solchen obligatorischen Verhältnissen gebraucht, wo von andern Gegenständen die Rede ist [12]).

In der vorliegenden Abhandlung soll mit diesem Worte immer die Bedeutung des Römischen Worts „Obligatio" verbunden werden, in soweit damit das wechselseitige Verhältniß des Creditors und Debitors, nicht die Begebenheit, aus welcher sie entsteht, bezeichnet wird.

Die Obligation ist

2) ein Verhältniß zwischen bestimmten Personen, welche auf der einen Seite „Creditor, Gläubiger," und auf der andern „Debitor, Schuldner," heißen [13]), gleichviel aus welcher Begebenheit die Forderung entstanden ist [14]). Daher ist die Pflicht, welche alle Menschen haben, das dingliche Recht einer Person anzuerkennen und ungestört zu lassen, keine Obligation, weil dabei nicht von einem Verhältnisse bestimmter Personen zu einander die Rede ist [15]).

3) Sie ist ferner ein Verhältniß zwischen bestimm-

---

[12]) A. L. R. I. 16. §. 346. u. 427.

[13]) L. 10. 11. D. de verb. sign. (L. 16.)

[14]) L. 12. D. eod.

[15]) L. 7. D. de annuis leg. (XXXIII. 7.)

ten Personen, worin eine bestimmte Handlung des Einen der Willkühr des Andern unterworfen wird.

Auch 'generell kann die Handlung bestimmt werden, so daß sie aus mehreren einzelnen Handlungen zusammengesetzt ist, wie z. B. bei der Verwaltung und beim Dienstvertrage. Die Handlung darf aber nicht von der bloßen Willkühr des Verpflichteten abhangen, sondern muß nothwendig sein [16]), der Verpflichtete muß dazu verbunden, obligirt sein. Hierauf bezieht sich im Römischen Recht eine Reihe vnn symbolischen Handlungen, welche das allgemeine Bild des Bindens haben. Dahin gehören die Ausdrücke: obligare, nectere, nexum, contrahere, contractum, solvere, solutum [17]).

4) Die Obligation muß endlich ein Verhältniß des Vermögensrechts sein [18]). Daher sind die Verhältnisse des Personenrechts, z. B. die Ehe, keine Obligationen, von welchen sie sich auch noch dadurch characteristisch unterscheiden, daß bei ihnen von keiner bestimmten Handlung die Rede ist, durch deren Leistung das Verhältniß aufgelös't, (obligatio soluta) wird.

§. 3.

II. Arten der Obligationen.

Die Obligationen können eingetheilt werden:

I. nach ihrer Entstehung,

---

[16]) L. 108. D. de verb. sign. (L. 16,) L. 83. §. 1. de verb. obl. (XLV. 1.)

[17]) Hugo Civil. Mag. B. III. S. 399. u. 400.

[18]) Pr. J. de obl. (III. 14.)

II. nach ihrem Gegenstande,

von welchen beiden Eintheilungen weiterhin die Rede sein wird.

III. nach ihrer Wirksamkeit oder mit Rücksicht auf die Rechtsquelle, woraus sie ihre Wirksamkeit erhalten. Darnach theilt man die Obligationen in civiles und naturales. [1])

A. Diese Eintheilung kann auf die Quelle oder auf die Wirkung der Obligationen bezogen werden. In der ersten Beziehung gehört hierher der Römische Unterschied zwischen jus civile und jus gentium. Man nennt obligatio civilis diejenige, welche im jure civili wirklich anerkannt ist; und obligatio naturalis eine solche, welche ihre Gültigkeit aus dem jure gentium hat [2]). Die neuern Juristen haben aus dem jus gentium ein jus naturæ gemacht, und nennen natürliche Verbindlichkeiten solche, welche ihren Grund in dem Naturrechte haben sollen. Damit ist man in das Gebiet der Moral gekommen, wobei es Willkühr und Inconsequenz ist, daß man nicht

---

[1]) Jo. Andr. Frommann Diss. de oblig. naturali Tübing 1676. Ant. Schulting Diss. de naturali obligatione; in Commentar. acad. T. I, No. 1.

Nissen Versuch über die natürliche Verbindlichkeit der Verträge. Hamburg 1782. 8. Adolph. Dietr. Weber systematische Entwickelung der Lehre von der natürlichen Verbindlichkeit und deren gerichtlichen Wirkung. 4te Ausgabe. Schwerin und Wismar. 1805. 8.

Jo. Conrad Dümmler Diss. inquirens: praecepta juris naturae an vi sua auctoritatem legum affectumque civilem in judiciis nostris habere possint. Kilae 1808. §. 13. seq.

[2]) L. 84. §. 1. D. de reg. jur. (L. 17.)

jede in der Moral gegründete Pflicht für eine natürliche Verbindlichkeit erklärt hat. Man hilft sich hier mit dem Satze: daß eine bloße Liebes- oder Gewissenspflicht keine obligatio naturalis sei[3]). Bei der Anwendung dieses Satzes fehlt es aber an unterscheidenden Merkmalen, und daher kommt es, daß man aus bloßen Liebespflichten eine juristische Verbindlichkeit herleitet. Dieß kann nicht vorkommen, wenn man den Begriff von Obligation festhält, wonach irgend etwas Besonderes zwischen bestimmten Personen vorgehen muß, wodurch Eine der Andern obligirt, verbunden wird. Selbst bei Quasicontracten genügt es nicht[4]), daß bloß von Einer Seite etwas geschehe, damit der Andere verpflichtet werde, wie z. B. bei der Negotiorum gestio, daß der Gestor die Geschäfte des Andern besorge, damit dieser verpflichtet werde; es gehört dazu, daß dieser Andere es sich gefallen lasse, und sich die Vortheile daraus aneigne — daß er also wirklich quasi-contrahire. Ohne diesen Quasi-Consens kann der Eine thun was er will, der Andere wird ihm niemals verpflichtet werden. Darnach ist denn eine natürliche Verbindlichkeit auch eine wirkliche Obligation, aber eine solche, welche nicht durch das Civilrecht, sondern nur aus natürlicher Billigkeit anerkannt wird[5]). Ist eine solche, von der natürlichen Billigkeit anerkannte, Forderung zugleich auch durch das Civilrecht geschützt, so ist sie zugleich eine Obligatio ci-

---

[3]) Weber a. a. O. §. 59.

[4]) Wie Göschel (Zerstreute Blätter aus den Hand- und Hülfsacten eines Juristen Th. I. S. 462. seq.) anzunehmen scheint.

[5]) Hugo Rechtsgeschichte 9te Ausg. S. 217. Civil. Mag. B. III. S. 419.

vilis[6]). Neuere Juristen nennen diese Forderungen „Obligationes mixtæ," indem sie solche Obligationen, welche nicht in der Billigkeit oder dem jure gentium begründet sein, sondern bloß in dem Civilrecht ihren Grund haben sollen, „Obligationes mere civiles" nennen. Dieser Unterschied ist nicht richtig, denn jede Obligatio civilis ist zugleich immer naturalis, indem immer etwas besonderes dazwischen gekommen sein muß, wodurch das Band, welches den Gläubiger und Schuldner verbindet, oder zusammenbringt, geknüpft worden ist. Bloß der Umstand, daß dieses Band von dem Civilrecht nicht für haltbar erachtet wird, macht aus dem Verhältnisse eine Obligatio naturalis. Wenn das Civilrecht eine Obligatio naturalis nicht nur nicht anerkennt, sondern ausdrücklich verwirft, so nennen dieß die Neueren eine „Obligatio naturalis reprobata."

In der letztern Beziehung ist Obligatio civilis eine solche, welche alle Wirkungen vollständig hat. Die Hauptwirkung ist die Klage, und diese betrachtet man als die eigenthümliche Wirkung des Civilrechts. In dieser Rücksicht kann nun, nach Römischem Rechte, eine Obligatio eine civilis im engern Sinne sein, weil ihre Actio eine civilis actio ist, daher eine Obligatio civilis auch Actio heißt; oder sie kann eine honoraria sein, wenn die Klage im Prätorischen Rechte gegründet ist[7]). Daraus erklären sich die verschiedenen Anwendungen in Beziehung auf Sclaven, indem es einmal heißt: der Sclave habe keine Actio, wie in der angeführten Stelle, und ein anderes Mal wieder: er habe eine Actio, womit die Klage aus einer vom jus civile anerkannten, ursprünglich

---

[6]) L. 5. §. 1. D. praescr. verb. (XIX. 5.)

[7]) L. 22. pr. D. de reg. jur. (L. 17.)

bloß im jure gentium begründeten naturalis obligatio gemeint ist[8]). Die naturalis obligatio dagegen hat keine Klage, die Hauptwirkung fehlt ihr also, sie äußert daher ihre Wirksamkeit nach Röm. Rechte nur in folgender Art:

1. Sie kann ausgeübt werden durch soluti retentio oder Ausschließung der condictio indebiti[9]). Dieses geschieht entweder durch Leugnen des Klagerechts[10]), oder
2. durch Entgegensetzung einer Exception, wenn die naturalis obligatio mit dem Klagerecht collidirt. Eine allgemeine Exception aus der naturalis obligatio ist die exceptio doli, welche jedoch von verschiedener Anwendung ist; nur eine Anwendung ist wieder allgemein, nämlich die aus der Compensation, indem eine naturalis obligatio zur Compensation geschickt ist[11]). Sie äußert ferner ihre Wirksamkeit
3. bei accessorischen Verträgen. Sie ist daher tauglich a) zur Novation, b) zu einem Constitutum, c) zur Bürgschaft, d) zur Bestellung eines Pfandrechts.[12])

Ausdrücklich versagt werden diese Wirkungen

1. der Bürgschaft einer Frauensperson[13]),

---

[8]) Wie in L. 14. D. de obl. et act. (XLIV. 7.)

[9]) L. 51. 13 pr. u. 64. D. de cond. indeb. (XII. 6.)

[10]) Ein Beispiel eines mangelnden Klagerechts in: L. 40. pr. D. eod.

[11]) L. 6. D. de compens. (XVI. 2.)

[12]) L. 13. pr. D. de cond. ind. (XII. 6.)

[13]) L. 9. C. ad S. C. Vellej. L. 8. §. 3. L. 24. §. 2. L. 31. D. eod. L. 40. D. de cond. ind. (XII. 6.). Selbst noch in der Executions-Instanz konnte von der Exception

2. den Spielschulden,
3. der Obligation eines Verschwenders,
4. der Verbindlichkeit eines Unmündigen,
5. dem außergerichtlichen Vergleiche über künftige Alimente.

Aber auch einer obligatio civilis kann aus einem positiven Grunde ihre civile Wirkung ganz oder zum Theil entzogen werden, in einigen Fällen so, daß davon nur die naturalis obligatio übrig bleibt. Sie kann ipso jure, d. h. so, daß sie nur scheinbar, in der Wirklichkeit gar nicht, vorhanden sei; oder per exceptionem, d. h. so, daß sie zwar wirklich vorhanden sei aber unwirksam gemacht werden könne, ungültig sein, und zwar schon von Anfang an, oder erst durch ein späteres Ereigniß. Dieser Gegensatz betrifft also die verschiedenen Arten, wie eine Obligation als ungültig aufgehoben werden kann, und ist so beschaffen, daß er als möglich in jedem positiven Falle zu denken wäre, obgleich ihn das Römische Recht nur in gewissen Fällen besonders behandelt. Die nähere Ausbildung dieses Gegensatzes hängt zusammen, theils mit manchem positiven, namentlich mit dem Institut des Prätors und mit dessen Schutz gegen manches Harte im jus civile, indem solches per exceptionem ex jure Prætorio aufgehoben wurde, welches jedoch nicht in allen Fällen, wo eine Ungültigkeit per exceptionem statt findet, so zu denken ist; theils mit dem Prozeß. Bei der Ungültigkeit per exceptionem war dem arbitrio des Prätors und Judex weit mehr überlassen als bei der Ungültigkeit ipso jure, welcher Unterschied im neuern Rechte

---

des S. C. Vell. Gebrauch gemacht werden. L. 11. D. ad S. C. Macedon. L. 9. §. 1. eod. Brunnemann ad L. 8. eod. No. 8. Michael Gottl. Wernher Lect. comm. ad D. L. 12. Tit. 6. §. 5.

aufgehört hat. Wenn eine Civil-Obligation ipso jure nichtig ist, so heißt das immer soviel: sie sei gar nicht vorhanden; bei der Ungültigkeit per exceptionem aber ist sie an sich vorhanden, jedoch der Debitor hat ein ähnliches Recht, welches mit der Obligation collidirt, und wobei es denkbar ist, daß das naturale in ihr bestehen oder nicht bestehen bleibt. Das letztere ist die Regel, von welcher fünf Ausnahmen gelten, nehmlich:

1. bei der exceptio ex S. C. Macedoniano. Als Grund wird angegeben, daß dem Gläubiger nur zur Strafe die Klage genommen sein, der Schuldner dadurch nicht gewinnen soll[14]),
2. bei der Verjährung einer Klage[15]),
3. bei der exceptio rei judicatae[16]),
4. bei dem beneficio competentiae[17]),
5. bei der exceptio: quod quisque juris in alterum statuit ut ipse eodem jure utatur[18]).

Der Grund von diesen Ausnahmen liegt darin, daß die Institute rein positiv und nicht im jure gentium begründet sind[19]). Ist die exceptio nicht ab aequitate naturali abhorrens, d. h. ist sie auch im jure gentium begründet, so sind beiderlei Ungültigkeiten, nämlich:

---

14) L. 9. §. 5. und L. 10. D. de S. C. Macedon. (XIV. 6.) L. 19 pr. 40 pr. D. de condict. indeb. (XII. 6.)

15) L. 2. C. de luit. pign. (VIII. 31.) L. 5. C. de except. (VIII. 36.) L. 5. §. 6. D. de doli et metus except. XLIV. 4.)

16) L. 28. 60. pr. D. de cond. ind. (XII. 6.) L. 8. §. 1. D. ratam rem hab. (XLVI. 8.) L. 14. D. de rebus creditis. (XII. 1.)

17) L. 8. und 9. D. de cond. ind. (XII. 6.)

18) L. 3. §. 7. D. quod quisque (II. 2.)

19) L. 66. D. de reg. jur. (L. 17.)

die Ungültigkeit ipso jure, und die per exceptionem, falls die Exception nicht wieder erlischt, von gleicher Wirkung.[20]) Bei der naturalis obligatio findet sich der Unterschied zwischen „ipso jure" und „per exceptionem" nicht; dieselbe geht stets ipso jure unter.[21])

Paulus scheint anderer Meinung in L. 27 §. 2 u. 3 de pactis (II. 14) zu sein, auch finden sich Fälle, wo von einer replicatio die Rede ist. Dieses darf aber nicht irre machen; denn wenn der Beklagte eine Exception aus einer ungültigen naturalis obligatio entgegensetzte, so war es die einfachste Art: zu repliciren und nicht bloß zu negiren. Das Bedürfniß des Unterschieds zwischen ipso jure und per exceptionem fehlt bei der naturalis obligatio.

Hiernach kommen folgende Fälle vor:

1. eine vollgültige obligatio civilis, welches der gewöhnlichste Fall ist;
2. eine ipso jure ungültige, d. i. eine obligatio nulla;
3. eine per exceptionem ungültige obligatio civilis, salva naturali;
4. eine obligatio inanis oder inefficax, d. i. eine per exceptionem durchaus ungültige;
5. eine bloße naturalis obligatio.

B. In dem Preußischen Landrechte ist der Begriff von Civil- und Natural-Obligation nicht ausgesprochen, aber es correspondirt ihm etwas ähnliches. Der §. 86 der Einleitung unterscheidet zwischen vollkommenen und unvollkommenen Rechten. Die letztern sind solche, welche

---

[20]) L. 112. D. eod. L. 25. de verb. obl. (XLV. 1.) L. 10. und 55. de verb. sign. (L. 16.)

[21]) L. 95. §. 4. D. de solut. (XLVI. 3.) (Pap.)

durch die Gesetze nicht unterstützt werden, und sie sollen weder eine gerichtliche Klage, noch eine Einrede begründen. Der §. 23. Tit. 3. Th. II. spricht von einer natürlichen Pflicht der Verwandten, ihre unvermögenden Verwandten nicht hülflos zu lassen. Was damit gemeint ist, kann nicht angegeben werden; eine naturalis obligatio ist es gewiß nicht, wenn man nicht Pietät und Natural-Obligation für identisch hält. Es finden sich aber außerdem folgende practische, man kann sagen, Ueberreste der Wirkungen einer Naturalobligation:

1. Die soluti retentio soll eintreten, wo auch nur eine moralische Verbindlichkeit vorhanden wäre[22]). Dieß ist rein der römischen Naturalobligation nachgebildet; nur findet sich hier die sehr erhebliche Erweiterung, daß statt einer wirklichen Naturalobligation eine jede „moralische Verbindlichkeit" und „unvollkommene Pflicht" zur Zurückbehaltung des Gezahlten berechtigt, so daß also die „unvollkommene Pflicht" gleichwohl eine Einrede begründet, ungeachtet der §. 86 der Einleitung das Gegentheil bestimmt. Außer den moralischen Pflichten begründen aber auch folgende Naturalobligationen die soluti retentio:

   a. Ein unförmlicher Contract, wenn er wegen Mangels der Form auch für nichtig erklärt worden wäre[23]).

---

[22]) I. 16. §. 178. und 179. cf. Th. II. Tit. 2. §. 138.

[23]) I. 16. §. 181. Es heißt hier: „Hat Jemand den Vertrag, die letztwillige Verordnung, oder das Urtel, aus welchem er eine Zahlung geleistet hatte, wegen eines Mangels an der durch positive Gesetze bestimmten Form selbst angefochten, und bloß aus diesem Grunde die Nichtigkeitserklärung bewirkt: so kann er

b. Eine unkräftige Intercession (Bürgschaft oder Expromission) einer Frauensperson[24]). Nach Römischem Rechte, welches die Bürgschaft einer Frauensperson nicht gestattete, konnte die Bürgschaft als Civil-Obligation nicht vorkommen; und die Naturalobligation war ebenfalls ausdrücklich reprobirt.

c. Der Spielcontract[25]). Auch dieses ist eine dem Römischen Rechte entgegengesetzte Bestimmung.

Von den oben erwähnten, im R. R. ausdrücklich reprobirten fünf Naturalobligationen sind also zwei, nämlich:

die Bürgschaft einer Frauensperson, und die Spielschuld,

ausdrücklich als zur soluti retentio geschickt anerkannt. Dagegen sind die zwei folgenden, nämlich:

die Obligation eines Verschwenders, und die Verbindlichkeit eines Unmündigen,

ebenfalls reprobirt und zur Ausschließung der Condictio indebiti nicht tauglich erklärt, vorausgesetzt, daß die Zahlung noch vor gehobener Unfähigkeit erfolgt ist[26]). Dieß ist nicht auf solche Personen zu beziehen, welche zu Rechtsgeschäften überhaupt fähig sind, und mit welchen nur gewisse Geschäfte nicht eingegangen werden sollen, wie z. B. bei den Darlehnsgeschäften rücksichtlich der Prinzen und Prinzessinnen des Königl. Hauses, und der

---

dennoch die daraus einmal geleisteten Zahlungen nicht zurückfordern." Diese Bestimmung soll wohl allgemein gelten und das „selbst" ist wohl nur Beispielsweise gebraucht.

24) I. 14. §. 243. und 411.

25) I. 11. §. 578.

26) I. 16. §. 170.

Königl. Schauspieler der Fall ist. Bezahlen diese das aufgenommene Darlehn, welches von ihnen nicht hätte zurückgefordert werden können, so ist die Zahlung gültig. Der Grund davon liegt nicht in der Unfähigkeit dieser Personen, sondern in der positiven Rechtsversagung gegen dieselben. Werden sie also ohne Rechtshülfe gerecht, so bleibt es dabei[27]). Davon wesentlich verschieden sind wieder solche an sich ebenfalls nicht unfähige Personen, mit welchen gewisse Schulden zu contrahiren bei fiscalischer Strafe untersagt ist, wie z. B. mit den Subaltern-Offizieren und Studenten[28]).

Der fünften reprobirten Natural-Obligation des außergerichtlichen Vergleichs über künftige Alimente, geschieht gar keiner Erwähnung; und deshalb müßte ihm nach §. 86 der Einleitung jede Wirkung abgesprochen werden; indeß wird er doch, nach §. 178. I. 16 soluti retentio wirken.

2. Die zweite Wirkung der Naturalobligation nach Römischem Rechte, nämlich die Tauglichkeit zur Compensation und zur Begründung einer Exception ist ebenfalls abgesprochen[29]).

3. Was die Tauglichkeit zu accessorischen Verträgen betrifft, so finden sich davon folgende Anwendungen:

   a. Bei Bürgschaften hebt die Verjährung der Hauptschuld auch die Verbindlichkeit des Bürgen auf. Nur wenn der Bürge sich auch als Selbstschuldner verpflichtet hat, welches stillschweigend angenommen wird, wenn die Bürgschaft für eine, wegen der persönlichen Eigenschaft des Haupt-

---

27) I. 11. §. 676. 701.

28) A. L. R. I. 11. §. 681. II. 12. §. 104. u. f.

29) I. 16. §. 377. und Einleit. §. 86.

schuldners ungültige Forderung geleistet ist, ohne daß auf den Einwand der Unwissenheit etwas ankommt[30]), ändert die Verjährung der Hauptobligation an der Verbindlichkeit des Bürgen nichts[31]). Es ist also eine Naturalobligation zu einer reinen Bürgschaft nicht tauglich.

b. Nach Römischem Rechte ist ein Pfandrecht möglich für eine Natural-Obligation. Das Allgem. Landrecht hat davon nur Eine sehr beschränkte Anwendung: wenn nämlich die Hauptobligation wegen vernachläßigter Form ungültig ist, so kann der Schuldner das gegebene Pfand nur gegen Erstattung des Empfangenen zurückfordern; ein Pfandrecht soll aber der Empfänger doch nicht erworben haben[32]). Er hat also nur ein Retentionsrecht. Eine so specielle Bestimmung ist bei vorhandener Reprobation des Grundprincips nicht auf andere ähnliche Fälle, oder vielmehr auf andere moralische Verbindlichkeiten anzuwenden; es muß immer eine wirkliche Obligation sein, welche bloß wegen Mangels in der Form nicht klagbar ist[33]).

---

[30]) I. 14. §. 251 — 256. Dieser Satz wird für einen Ausfluß der allgemeinen Bestimmung über Bürgschaften gehalten. Vergl. aber Günther Polemik §. 38.

[31]) I. 14. §. 391. 393. Simon und v. Strampff Rechtssprüche. B. I. S. 178.

[32]) I. 20. §. 97. und 98.

[33]) Bornemann von Rechtsgeschäften S. 211. (I. Ausg.) meint, es gelte dieß für alle Fälle, in welchen für eine moralische Verbindlichkeit ein Pfand bestellt worden. Wenn also z. B. Jemand einem Bettler einen kostbaren Ring als Pfand für die Almosen giebt, welche er ihm künftig noch zu geben moralisch verpflichtet sei, so müßte der Bettler den Ring lebenslang retiniren können.

c. Nach Römischem Rechte ist eine Natural-Obligation zur Novation tauglich. Nach dem Allgem. Landrecht ist sie es in allen den Fällen, in welchen die soluti retentio statt finden, und die condictio indebiti ausgeschloßen sein würde[34]).

Es sind noch zu vergleichen übrig die fünf Fälle des Römischen Rechts, in welchen ausnahmsweise von der, per exceptionem ungültigen, Civilobligation die Naturalobligation stehen blieb. Dieß fand statt:

1. bei der exceptio S. C. Macedoniani. Nach dem allgem. Landrechte stellt sich die Sache von Grund aus anders als nach Römischem Rechte. Nach dem erstern kann ein filius familias gar keine lästige Civil-Obligation contrahiren[35]), es ist mithin von Anfang eine bloße Naturalobligation. Von dieser ist in dem Landrechte die soluti retentio, aber sonst keine andere Wirkung, anerkannt[36]).

2. Bei der exceptio oder praescriptio XXX. annorum. Das allg. Landrecht erwähnt dieses Falles nicht; man ist jedoch darüber in Streit gekommen: ob die exceptio erhalten bleibe oder ob die ganze Obligation durch den Einwand der Präscription untergehe. Grävell[37]) behauptet, daß das allgem. Landrecht keinesweges den Unterschied zwischen der praescriptio actionum und der extinctio ipsius juris per praescriptionem aufgehoben habe; denn das allgem. Landrecht habe bekanntlich eine ganze

---

[34]) I. 16. §. 467. und 468.

[35]) II. 2. §. 125.

[36]) §. 138. eod. Müller ad Struv. th. 34. lit. β. ad tit. de cond. ind. Vergl. L. 14. D. de rebus credit. (XII. 1.)

[37]) Besitz und Verj. §. 9. in der Anmerk.

Menge Zeitbestimmungen für einzelne Klagen oder Einreden, ohne daß durch deren Verjährung das betreffende Recht selbst getilgt würde; es unterscheide vielmehr an mehrern Orten die Verjährung der Klage ganz ausdrücklich von der Verjährung des Rechts selbst. Allein die zum Beweise dieser Behauptung angeführten Stellen, I. 11. §. 755 u. 756, und II. 8. §. 604. 1079 u. 1080 enthalten davon entweder nichts oder gerade das Gegentheil. Denn die §§. 755 und 756 I. 11 sprechen von gar keiner Klageverjährung, sondern von der Verjährung eines bloßen Beweismittels, nämlich des Schuldscheins gegen die Erben des Ausstellers, und der §. 604. II. 8 handelt von der Verjährung der Beweiskraft der Handlungsbücher, beide Stellen also von etwas ganz Anderem, als wovon hier die Rede ist. Die §§. 1079 und 1080 l. c. handeln von der Verjährung des Wechselrechts, und nicht bloß von der der Klage; im Gegentheil: das Recht selbst geht gänzlich verloren. Denn daß auch noch ex alia causa, etwa ex mutuo, ein Anspruch zustehen kann, ist doch nicht Folge des Wechselrechts. Ferner meint Bielitz[38]): unsere Gesetze enthielten zwar den Grundsatz des Römischen Rechts, daß die Exception bei der Klageverjährung stehen bleibe, nicht ausdrücklich, aber dennoch scheine er anzunehmen zu sein. Der Beweis besteht darin, daß er Grävell's[39]) Meinung von der Verjährung des Evictionsanspruchs zu widerlegen sucht, indem er glaubt, Grävell statuire die Fortdauer der Exception nach eingetretener Klage-

[38]) Comment. I. p. 711. No. 12.

[39]) Generaltheorie der Verträge. S. 271.

verjährung nicht, während derselbe solche vielmehr ganz ausdrücklich behauptet. Dagegen ist die Meinung Ludwig's[40]) vollkommen begründet, daß das allg. Landrecht bei der Verjährung nicht mehr die Rechte selbst von den daraus zustehenden Klagen unterscheide, und daß es keine bloße Klagen-Verjährung oder Verjährung des Rechts der Forderungen (praescriptio actionis), im Gegensatze der Verjährung des Rechts selbst (extinctio oder praescriptio juris ipsius) gebe; vielmehr letztere überall eintrete. Denn in dem allg. Landrechte findet sich keine allgemeine Anerkennung der Natural-Obligation, vielmehr ist in dem §. 86 der Einleitung einem unvollkommenen Rechte, wobei ohne Zweifel an die Naturalobligation gedacht worden ist, ganz allgemein jede Wirkung, ausdrücklich auch die einer Einrede abgesprochen, und aus den, sich hin und wieder findenden, schon vorher erwähnten, abgerißenen Bruchstücken, läßt sich, nachdem auf solche Weise das gemeinschaftliche Fundament absichtlich fortgerissen worden, nichts zusammenhängendes construiren: diese von ihrem Lebensprincip abgerissenen Trümmer können niemals zu einem organischen Ganzen wieder zusammen wachsen. Die Ausbildung der Naturalobligation wäre in dem allg. Landrechte sehr wichtig und nöthig gewesen, da dasselbe wieder Formen für wichtige Verträge vorgeschrieben hat. Das Bedürfniß ist jetzt noch nöthiger als im reinen Römischen Rechte, wo es viele Ausnahmen und Dispensationen von den Formen gab; wogegen im allg. Landrecht es durch-

---

[40]) Ueber die Extinctiv-Verjährung jährlicher Gefälle in: v. Kamptz's Jahrb. B. V. S. 80.

greifend ist, daß alle Verträge über 50 Rthlr. schriftlich sein sollen[41]).

---

[41]) Die Nothwendigkeit dieser Form, in Verbindung mit der gänzlichen Verwerfung der Natural-Obligation in ihrem Prinzip, ist eine Quelle unsäglicher Prozesse, und zwar solcher, durch welche die Partheien an den Bettelstab kommen. Noch itzt schwebt eine, dem Verf. bekannte Sache schon 15 Jahre, ohne allen Vorwurf gegen die Gerichte oder gegen die Prozeßform. Es ist nämlich ein bedeutendes Grundstück mündlich verkauft und übergeben, und das Kaufgeld zum Theil bezahlt. Der Käufer hat das Geschäft aufgerufen. Dieser Prozeß ist durch 3 Instanzen geführt und zu Gunsten des Klägers entschieden worden. Nun sollte die Rückgabe geschehen. In term. retrad. fand aber der Verkäufer das Grundstück ganz verändert, und meinte, daß, da er nach dem Erkenntnisse das Grundstück nur so wie er es übergeben habe, zurückzunehmen schuldig sei, er dasselbe in dem jetzigen Zustande nicht anzunehmen brauche. Der Käufer dagegen hielt dafür, daß die gerügten Veränderungen unwesentlich seien, und wollte das Grundstück auch auf Gefahr des Verkäufers nicht länger behalten. Es wurde also ein Sequester eingesetzt, und die Sache von neuem darüber zum Prozeß eingeleitet: ob die Veränderungen von der Art seien, daß der Käufer das Grundstück behalten müsse. Darüber wurde abermals durch drei Instanzen verschieden erkannt, und endlich wieder zu Gunsten des Käufers entschieden. Nun kam die Reihe an die Rechnungslegung über die Nutzungen. Auch über die Verbindlichkeit Rechnung zu legen, wurde durch alle Instanzen erkannt, und endlich, nachdem alle Executionsgrade durchgegangen waren, eine nothdürftige Rechnung eingebracht. Jetzt schwebt ein unendliches Defectatorium; und wenn die Partheien nicht aus Erschöpfung die Sache aufgeben, so werden sie wohl darüber sterben. Von dieser Art sind alle Sachen mit mehr oder weniger Veränderungen, je nach der Wichtigkeit des Gegenstandes, welche eine Folge der Bestimmung des allgem. Landrechts über die Ungültigkeit mündlicher Verträge sind, und ne-

3. Bei der exceptio rei judicatae. Auch hiervon kommt nirgend etwas vor; im Gegentheil findet sich die Bestimmung, daß Rechte durch richterliches Erkenntniß erlöschen[42]), so daß also an das Fortbestehen einer Obligatio naturalis gar nicht zu denken ist.

4. Bei der Kompetenz. Die Forderung eines solchen Gläubigers, welcher dem Schuldner eine Kompetenz bewilligen muß, kann durch diesen Einwand zurückgewiesen, und also per exceptionem unwirksam gemacht werden. Nach dem allg. Landrecht, eben so wie nach Römischem Rechte, bleibt in diesem Falle die Natural-Obligation fortbestehen, und hat alle Wirkungen, welche eine solche überhaupt äußern kann, weil dieses Beneficium nur als ein vorübergehendes Verhältniß gedacht wird, nach dessen Aufhören die Civilobligation wieder in volle Wirkung tritt[43]). Es muß daher nicht allein die soluti retentio Statt finden, zumal die Condictio indebiti ganz unzweifelhaft schon nach ihren sonstigen Voraussetzungen ausgeschloßen ist, sondern es muß auch Compensation eintreten und die Obligation für accessorische Verträge tauglich bleiben. Für die Bürgschaft ist solches ausdrücklich, jedoch mit Modificationen anerkannt[44]).

5. Die exceptio quod quisque juris in alterum kennt das allg. Landrecht nicht.

---

denher werden die Grundstücke, welche durch ein solches Schicksal betroffen werden, deteriorirt.

[42]) I. 16. §. 7.

[43]) Alg. G. O. I. 49. §. 22—21.

[44]) A. L. R. I. 14. §. 281 und 282. Unten §. 42. No. 6.

Zweites Kapitel.

Vom Inhalte der Obligationen.

§. 4.

A. Im Allgemeinen.

I. Der Gegenstand der Obligation ist im allgemeinen allemal eine Handlung, und zwar entweder eine positive oder eine negative, oder ein Thun oder ein Unterlassen[1]). Das Thun wird eingetheilt in dare, facere und praestare[2]), welches nicht drei coordinirte Begriffe sind. Dare bezeichnet das Verschaffen des Eigenthums, bei Stipulationen das des quiritarischen Eigenthums[3]), oder des versprochenen Rechts selbst[4]), und bei Condictionen jedes andere Verschaffen[5]). Von dare wird das tradere unterschieden, denn hierunter wird nur Uebertragung des Besitzes verstanden[6]). Facere ist zuerst der Gegensatz von dare[7]), und dieß ist alles was nicht dare ist; alsdann aber bezeichnet es auch jedes specielle Thun,

---

[1]) L. 75. §. 7. D. de verb. obl. (XLV. 1.)

[2]) L. 3. pr. D. de obl. et act. (XLIV. 7.) L. 13. §. 6. D. de act. emt. (XIX. 1.)

[3]) §. 14. J. De act. (IV. 6.) L. 75. §. 10. D. de verbor. obl. (XLV. 1.) L. 167. pr. D. de reg. jur. (L. 17.) Im Brisson ist aus einem Druckfehler L. 128. allegirt.

[4]) L. 29. §. 1. D. de verb. obl. (XLV. 1.) L. 19. D. de servitut. praedior. rust. (VIII. 3.)

[5]) §. 15. J. de actionib. (IV. 6.) §. 2. J. quib. mod. toll. obl. (III. 29. (30).

[6]) L. 28. D. eod.

[7]) §. 15. J. de act. (IV. 6.)

und darin ist das dare mit enthalten.[8]) Praestare bezeichnet jede Leistung, überhaupt alles, was Gegenstand einer Obligation sein kann.[9]) Diese Terminologie des Römischen Rechts ist uralt.

Das allgemeine Landrecht bezeichnet als Gegenstand einer Obligation (eines persönlichen Rechts in seiner Sprache) auch drei Arten des Thuns und Unterlassens, nehmlich: etwas zu geben; zu leisten (eben so der Gegensatz von Geben wie facere von dare); zu verstatten, welches dem praestare nicht entspricht, sondern ein negatives Thun, ein Dulden dessen, was sonst nicht geduldet zu werden brauchte, mithin ein Unterlassen d. i. des Widerstandes oder Hinderlichseins ist; und zu unterlassen (non facere [10]). Das Bedürfniß dieser Aufzählung der verschiedenartigen Handlungen ist nicht mehr vorhanden, da das Versprechen etwas zu geben, heut zu Tage keine andere Verpflichtung als jeder andere Ausdruck von ähnlicher Bedeutung auflegt, und kein juristischer Grund zur Eintheilung und Unterscheidung derselben mehr zu finden ist. Man kann daher sagen: das allgemeine Landrecht kenne als Gegenstand einer Obligation nur eine Leistung in der allgemeinsten Bedeutung, welche ein Thun oder ein Unterlassen sein kann,

---

8) L. 218. D. de verb. obl. (L. 16.) — Verbum facere omnem omnino faciendi causam complectitur, dandi, solvendi, numerandi, judicandi, ambulandi. L. 175 und 58. cod. L. 60. D. de condit. et demonstrat. (XXXV. 1.)

9) Brisson. voce: praestare. Nach Giphan. ad L. 3. pr. de obl. et act. p. 519. soll es eine Leistung außer dem Gegenstande der Obligation, z. B. des Interesses bedeuten.

10) I. 2. §. 123.

ohne zwischen der einen oder der andern Leistung einen Unterschied von practischen Folgen zu machen.[11])

II. Das Römische Recht kennt in Beziehung auf das dare noch den Gegensatz von certum und incertum.[12]) Certum ist das Versprechen einer speziell bestimmten Sache (Species), oder eine bestimmte Quantität zu geben; alles Uebrige ist incertum. Dieser Gegensatz rührt her von den Formeln. Wenn in der intentio etwas gewisses bezeichnet war, so hieß auch die Obligatio certi, wo es aber in der intentio hieß: „quidquid ob eam rem Numerium Negidium Aulo Augerio dare facere oportet," so hieß auch die Obligatio incerti,[13]) und es wurde durch diese Formel jeder mögliche Anspruch aus der Obligation erschöpft, so daß keine Actio mehr übrig blieb. Schon im Justinianeischem Rechte hat dieses keine Bedeutung mehr, und noch weniger ist davon in dem heutigen gemeinen Rechte, oder in dem Landrechte eine Spur übrig.

§. 5.

B. Insbesondere.

I. Alternative oder disjunctive Obligation.

Joh. Nic. Hert de electione ex obligatione alternativa debitori debita. Giess. 1699; und in Comment. et Opusc. Vol. I. P. 3. p. 233 sq. — **Thomasius** de

---

[11]) Das Oesterreichische Gesetzbuch §. 859. nennt daher das persönliche Recht ganz richtig ein solches, vermöge welches einer dem andern zu einer Leistung verbunden ist.

[12]) L. 74 und 75. §. 9. D. de verb. obl. (XLV. 1.)

[13]) Gajus IV. §. 54 und 131.

obligatione ex promissione rei incertae; in Diss. T. IV. no. 112. §. 15 — 61. — J. A. Kurrer de obligatione alternat. Tüb. 1686. — J. G. Chladenius de jure debitoris circa electionem in causis alternativis. Viteb. 1725. — M. A. J. de Brassier de causis alternativis. Heidelb. 1821. 4.

In einer andern Bedeutung giebt es aber noch jetzt Obligationen, deren Gegenstand ungewiß ist. Dieses ist der Fall bei den Obligationen generis dandi, und bei den alternativen oder disjunctiven. Eine Obligation nämlich, welche nicht auf Einen bestimmten Gegenstand (species) geht, und also keine einfache Obligation (Obligatio simplex) ist, ist auf mehrere Objecte entweder copulativ, d. h. so gerichtet, daß sie alle gegeben werden müssen, oder alternativ, d. h. so, daß der Schuldner durch die Leistung des Einen davon liberirt wird.

I. Bei der letztern kommt es darauf an: wem von beiden Theilen die Wahl zusteht. Regel ist: der Schuldner hat die Wahl.[1] Bei der Redaction des Landrechts beabsichtigte man, nach dem Entwurf,[2] diese Regel dahin abzuändern, daß bei wohlthätigen Verträgen der Verpflichtete, bei lästigen der Berechtigte die Wahl haben sollte. Man monirte aber dagegen, daß dieß der bisherigen Theorie widerspreche, und die beabsichtigte Abweichung davon nicht rathsam sei, theils weil der Unterschied zwischen lästigen und wohlthätigen Verträgen mitunter schwierig, theils weil anzunehmen, daß der Debitor sich nur zu dem geringsten habe verpflichten wol-

[1]) L. 106. 112. 138. §. 1. D. de verb. obl. (XLV. 1.) L. 25 pr. L. 34. §. 6. D. de contrah. emt. (XVIII. 1.) §. 33 J. de act. (IV. 6.) L. 10. §. 6. D. de jure dotium. (XXIII. 3.)

[2]) Th. II. Tit. 2. §. 192. 193.

len.[3]) Diesen Monenten trat man bei, und die Regel des gemeinen Rechts wurde im Landrechte beibehalten,[4]) jedoch mit zwei Ausnahmen:

1. beim Kaufen, wo dem Käufer die Wahl zustehen soll[5]), und
2. bei dem Dienstverhältniße der Unterthanen, wo, wenn der Unterthan zu Naturaldiensten oder zu Dienstgeld verpflichtet, der Herrschaft die Wahl gelassen ist.[6])

Welchen Grund man zu der erstern Ausnahme hatte, weiß man nicht; im Entwurf fehlt diese Bestimmung, und in den Materialien soll darüber nichts zu finden, vielmehr von Suarez bei der revisio monitorum ausdrücklich bemerkt worden sein, daß nach der Analogie dem Verkäufer die Wahl zustehe.[7]) Durch die zweite Bestimmung ist aber eine gemeinrechtliche Controverse entschieden; denn die Romanisten wollten, nach Analogie des Römischen Rechts, dem Unterthan als Schuldner die Wahl vindiciren,[8]) wogegen die Germanisten, in Betracht der Entstehung der gutsherrlichen und bäuerlichen Verhältnisse, dem Herrn die Wahl zusprachen.[9])

Die Wahl ist nach Römischem Rechte nicht Bedingung der Obligation, sondern letztere ist pure.[10]) Dar-

---

[3]) Bornemann Civ. R. II. S. 516. Note *)

[4]) I. 5. §. 274. Tit. 12. §. 338.

[5]) I. 11. §. 38.

[6]) II. 7. §. 121.

[7]) Bornemann Civ. R. II. S. 516. Note **).

[8]) Leyser Spec. 419. m. 3. Danz Handb. des d. Priv. R. §. 501. in f. Hagemann Landwirthschafts Recht §. 246. Note 4.

[9]) Buri von Bauergütern. S. 68 und 69.

[10]) L. 138 und 76. p. rD. de verb. obl. (XLV. 1.)

aus folgt, daß die Obligation zur einfachen wird, wenn von den mehrern Gegenständen, unter welchen die Wahl geschehen sollte, nur noch einer übrig ist, und deshalb keine Wahl statt finden kann.[11])

Nach dem Landrechte ist dieß anders. Wird von mehrern Sachen, unter welchen die Wahl gelassen ist, sei es durch Zufall oder durch Zuthun des Gegentheils, eine oder die andere derselben vernichtet, verdorben oder sonst abhanden gebracht, so ist der Wahlberechtigte nicht mehr gebunden.[12]) Die Obligation wird hier also wie eine bedingte behandelt. Zu Folge dieser Bestimmung müßte, wenn ein Schafzüchter aus 500 bestimmten Schafen, 50 ohne nähere Bezeichnung verkauft (welches wegen der bestimmten Bezeichnung der 500 keine Obligatio generis dandi, sondern eine wirkliche Obligatio alternata ist), und vor der Uebergabe derselben Ein Schaf aus der Heerde stirbt, der Contract aufgehoben werden können. Warum? Ein juristischer Grund dieser Abweichung ist nicht bekannt.

Nach Römischem Rechte geht das Wahlrecht auch auf die Erben über,[13]) welches nach dem Landrecht ebenfalls anzunehmen ist, wenn gleich diese Obligation wie eine bedingte betrachtet wird; denn wenn es nicht gerade auf die Persönlichkeit ankommt, was in Beziehung auf das Wahlrecht nicht der Fall ist, so werden auch bedingte Rechte und Pflichten vererbt.

Dieses Wahlrecht kann der Schuldner, nach Römischem Rechte, bis zur wirklichen Leistung, oder bis zur

---

[11]) L. 72. §. 1. D. de solut. (XLVI. 3.) L. 16. pr. D. de verb. obl. (XLV. 1.) L. 34 §. 6. D. de contr. emt. (XVIII. 3). L. 2. §. 3. D. de eo quod certo loco. (XIII. 4.)

[12]) I. 11. §. 33. 37.

[13]) L. 76. pr. D. de verb. obl. (XLV. 1.)

Execution ausüben; es geht also durch dessen Mora nicht verloren[14]); doch ist dieß nicht unbestritten.[15]) Daß aber durch mora solvendi die Wahl nicht verloren geht, und vielmehr noch bis zur Execution ausgeübt werden kann, folgt daraus, daß es eine Pluspetitio ist, wenn nicht alternativ geklagt wird.[16]) Wenn aber nur in dieser Art geklagt werden kann, so muß auch das Urtel so ausfallen.

Das allg. Landrecht enthält hierüber keine Bestimmung, aber die Praxis hat sich dafür entschieden, daß der Kläger nur alternativ fordern könne. Sobald es jedoch der Beklagte zur Execution kommen läßt, geht die Wahl auf den Kläger über (s. unten). Hierin stimmt also das Preußische Recht mit dem Römischen überein.

Der Gläubiger hingegen, wenn ihm die Wahl eingeräumt ist,[17]) kann dieselbe nach Römischem Rechte

---

14) L. 106 u. 138. §. 1. D. de verb. obl. (XLV. 1.)

15) Wegen L. 2. §. 3. D. de eo quod certo loco (XIII. 4.) L, 55. D. ad leg. Aquil. (IX. 2.) Glück IV. §. 330. p. 417. und Note 62. Thibaut §. 103, Note 8. Zimmern über das Erlöschen alternativer Forderungsrechte; im Archiv für Civil-Praxis, Th. I. p. 326. sq. Brassier l. c. §. 8. v. Wening-Ingenheim widerspricht sich sogar selbst. B. III. §. 105. sagt er: „Bei alternativen Ortsbestimmungen verliert der säumige Schuldner das Wahlrecht," (und Note c. dazu:) „Dieß darf aber nicht auch rücksichtlich der Wahl des Gegenstandes angenommen werden." §. 134 No. 4. dagegen sagt er: „Im Falle einer Mora des Schuldners, geht das Wahlrecht (bei alternativen Verbindlichkeiten) auf den Creditor über.

16) §. 33. J. de act. (IV. 6.)

17) L. 10. §. 6. D. de jure dotium (XXIII. 3.) L. 76. pr. L. 141. pr. D. de verb. obl. (XLV. 1.)

nur bis zur Litiscontastation[18]) ausüben; nach Preußischem Rechte wird ihm solches jedoch noch bis zum Schluß der Acten in erster Instanz freistehn, weil bis dahin das Klagepetitum noch geändert werden kann,[19]) vorausgesetzt, daß der Beklagte die in der Klage getroffene Wahl nicht angenommen hat.

Hat der Schuldner aus Irrthum sämmtliche Stücke gegeben, so kann er die zuviel gegebenen Stücke condiciren, wobei der Verklagte als Verpflichteter, nach dem allg. Landrechte, die Wahl hat.[20]) Dieß ist keine glückliche und auch keine consequente Anwendung der Regel: daß der Verpflichtete die Wahl hat. Glücklich ist sie nicht, weil der Beklagte nicht Schuldner einer Obligatio alternata, sondern vielmehr einer simplex ist; denn er muß die Stücke zurückgeben, welche er nicht erhalten haben würde, wenn der Kläger gewählt hätte, was nun nachträglich geschieht; da durch den Irrthum des frühern Schuldners und jetzigen Klägers der Beklagte nicht ein Recht erwerben kann, was ihm vorher nicht zustand. Daher entschied auch Papinian und Salvius Julian gegen die Meinung des Ulpian, Celsus und Marcellus: daß der Kläger die Wahl habe, welche Meinung von Justinian bestätigt ist.[21]) Consequent ist sie nicht, weil dabei der bei der Regel gemachte Unterschied zwischen Kaufverträgen und andern Geschäften unberücksichtigt gelassen ist.

Welches Mittel hat der Schuldner, sich von seiner

---

18) L. 112. D. eod.

19) A. G. O. I. 5. §. 21, und Tit. 10. §. 5. a.

20) I. 16. §. 192.

21) L. 10. C. de cond. ind. (IV. 6.) Vergl. L. 26. §. 11. D. eod. (XII. 6.)

Verbindlichkeit zu befreien, wenn der wahlberechtigte Gläubiger in mora accipiendi ist, da dieser dadurch die Wahl nicht verliert? Er muß dem Richter die Wahl anbieten und das gewählte Stück deponiren.

Die Aufhebung des Vertrags für den Fall, daß eins oder das andere von mehrern zur Wahl gestellten Stücken untergeht, hängt jedoch von dem Willen bald des einen bald des andern Contrahenten ab. Es gelten dafür folgende Bestimmungen:[22])

1. ist der Untergang durch Zufall oder durch das Zuthun des Nichtwahlberechtigten veranlaßt, so hängt es von dem Wahlberechtigten ab, wenn auch nur Eine von den mehreren Sachen noch übrig ist, bei dem Vertrage stehen zu bleiben, er kann jedoch alsdann kein Interesse fordern; hat der Andere aber den Verlust vorsätzlich oder durch grobes Versehen veranlaßt, so muß er jenem auch noch das Interesse leisten.[23])
2. Hat der Wahlberechtigte durch eigenes Zuthun den Verlust veranlaßt, so muß er bei dem Vertrage stehen bleiben, selbst wenn für ihn keine Wahl mehr übrig wäre.

Diese Bestimmungen weichen von dem Römischen Rechte natürlich gänzlich ab, da nach diesem von der Aufhebung des Contracts in keinem Falle die Rede ist.

Mit der Obligatio alternata hat die Obligatio generis dandi Aehnlichkeit. Nach Römischem Rechte hat auch

---

[22]) I. 11. §. 33. — 37.

[23]) Bornemann spricht das Interesse gegen den klaren Inhalt der §§. 31 und 35 ab, wenn der Wahlberechtigte bei dem Vertrage stehen bleiben will. Civil R. II. S. 548. Nr. 3.

bei dieser der Verpflichtete freie Wahl, und der Gläubiger, welcher eine Species fordert, begeht eine Pluspetitio [24])

Das allgemeine Landrecht hat zwar diese Regel beibehalten, jedoch mit zwei Abweichungen:

1. mit der allgemeinen Modification, daß eine Sache von mittlerer Art und Güte gegeben werden muß[25]),
2. mit der Ausnahme, daß bei dem Erbzins-Contract, wenn der Zins in Naturalien gegeben werden muß, der Erbzinsherr die Wahl hat[26]).

II. Von der Obligatio alternata wesentlich verschieden ist diejenige, welche von Anfang auf Seiten des Gläubigers nur auf Einen Gegenstand geht, wobei jedoch dem Schuldner freigelassen ist, sich durch Leistung eines Andern zu befreien. Eine solche ist eine Obligatio simplex, worauf die Grundsätze von den alternativen keine Anwendung finden [27]). Dieß ist z. B. der Fall bei den Römischen Noxal-Klagen [28]); bei der Verletzung über die Hälfte, jedoch nur nach Römischem Rechte [29]); bei Assecuranzverträgen die Fälle, wo der Verpflichtete sich durch Abandonniren frei machen kann [30]); und die Fälle, in welchen eine Wandelpön bestimmt ist [31]) u. s. w.

---

24) §. 33. J. de act. (IV. 6.)

25) I. 5 §. 275 u. II. 11. §. 920.

26) I. 18. §. 751.

27) Brassier a. a. O. §. 1. Thibaut System §. 84. von Wening-Ingenheim B. III, §. 4. Note 9.

28) L. 6. §. 1. D. de re jud. (XLII. 1.) L. 1. pr. D. Si quadrupes. (IX. 1.)

29) L. 2. C. de rescindenda vend. (IV. 44.)

30) II. 8. §. 2301. seq.

31) I. 5. §. 314.

Durch eine verbindlich getroffene Wahl wird die alternative Obligation in eine einfache umgewandelt [32]). Die Wahl kann re und verbis geschehen. Im erstern Falle ist weiter keine Form zur Rechtsbeständigkeit erforderlich [33]); geschieht die Wahl aber durch bloße Willenserklärung, so muß die Erklärung in der, zur Rechtsbeständigkeit, mit Rücksicht auf den Gegenstand erforderlichen, Form abgegeben werden [34]). Bei, in gewissen Zeiträumen, wiederkehrenden Leistungen kann die Wahl für jede Leistung von neuem erfolgen [35]).

III. Bei einfachen Obligationen geht die Forderung des Creditors nur auf den versprochenen Gegenstand; und umgekehrt ist der Debitor das Zugesagte zu leisten schuldig und nicht befugt, dafür etwas anderes zu leisten [36]). Nur in dem Einen Falle, wo der Schuldner Geld zahlen sollte, und aus Mangel an Mobilien und Credit kein Geld anschaffen konnte, mußte es sich der Gläubiger, nach Justinianeischem Rechte, gefallen lassen, daß ihm der Schuldner eines von seinen bessern Immobilien in Zahlung gab [37]). Nach älterm Römischen Rechte aber kamen eine Reihe von Fällen vor, in welchen der

---

32) L. 20. D. de optione legat. (XXX. 5.)

33) I. 5. §. 215. 315. Tit. 12. §. 400.

34) I. 5. §. 316. Tit. 20. §. 623. 597.

35) II. 7. §. 425. 426. L. 21. §. 6. D. de act. emti (XIX. 1.)

36) L. 2. §. 1. D. de rebus creditis (XII. 1.) „Aliud pro alio invito creditori solvi non potest." L. 16. C. de solut. (VIII. 43.) A. L. R. I. 16. §. 11. „Eine andere Sache oder Handlung, als zu welcher der Verpflichtete ei entlich verbunden war, kann von Seiten des Berechtigten weder gefordert, noch demselben aufgedrängt werden." Code civil Art. 1243. Oestr. G. B. §. 1413.

37) Nov. 11. c. 3. Auth. Hoc nisi C. de solut. (VIII. 43.)

Gläubiger immer nur die litis aestimatio zugesprochen erhielt, nämlich in allen solchen, wo derselbe mit einer Formel klagte, der die Condemnatio hinzugefügt war[38]). Es ist zweifelhaft, ob nach Römischem Rechte überhaupt auch bei arbitrariae actiones (denn bei stristi juris judiciis kam gewiß kein auf die Sache selbst gerichtetes Urtel vor) auf den Gegenstand selbst erkannt werden oder nur eine pecuniaria condemnatio Statt finden konnte; jedoch ist das erstere wahrscheinlich[39]). Seitdem die Klageformeln außer Gebrauch gekommen waren, fiel die pecuniaria condemnatio von selbst fort. Die Execution eines auf die Sache selbst gerichteten Urtels ist jedoch auch nach neuerm Römischen Rechte nur in sofern möglich, als die Handlung ohne Willensbestimmung des Exequendus mechanisch geschehen, und also physisch erzwungen werden kann, wie z. B. die Herausgabe einer Sache, wenn sie im Gewahrsam des Exequendus ist; oder die Wiederherstellung eines frühern factischen Zustandes[40]). Eine

---

38) Gajus IV. §. 48. Die L. 13. §. 1. D. de re jud. (XLII. 2.) ist ein Ueberrest jenes Formelwesens, und wol nur aus Versehen in die Justinianeische Sammlung gekommen. Aus der angeführten Stelle des Gajus wird sie erst klar.

39) Das nähere über diesen Gegenstand s. m. bei: Ribbentrop Commentatio ad L. 16. §. 5. D. de pignor. et L. 9. §. 1. D. de except. rei jud. Gött. 1821. 4.— Keller, Ueber Litiscontestation und Urtheil, S. 218. u. f.— Zimmern Geschichte des Röm. Privatrechts 3. B. §. 138. Ribbentrop zur Lehre von Correal-Obligationen. Gött. 1831. §. 21. Note 4.

40) L. 68. D. de rei. vind. (VI. 1.) „— si quidem habeat rem, manu militari, officio judicis ab eo possessio transfertur -“ Das Executionsverfahren des Römischen Rechts ist sehr dunkel. Grundsatz war, daß der Magistratus, welcher den judex oder arbiter gegeben hatte, die Sentenz vollstreckte. L. 15. D. de re jud. (XLII. 1.)

Handlung dagegen, welche die Willensbestimmung des Verurtheilten voraussetzt, und also einen compulsiven Zwang erfordern würde, wird für nicht erzwingbar erklärt, und darauf bezieht sich der Satz: nemo potest cogi præcise ad faciendum. Zufolge einer, gar nicht mehr in das Justinianeische Rechtssystem gehörigen, Pandecten-Stelle [41]) nahm man aber an, daß jede Verpflichtung zu einer Handlung, also z. B. auch die Herausgabe einer Sache, sich in die Verbindlichkeit, das Interesse zu leisten, auflöse. Das Französische Recht hat diesen Satz ausdrücklich bestätigt [42]). Nach Preußischem Rechte war bis auf die neueste Zeit ein directer Zwang auf Leistung der Handlung zulässig. Der Verurtheilte wurde zuerst durch Einlegung des Executors auf 3 bis 8 Tage, und wenn diese fruchtlos blieb, durch Geldstrafen, oder wenn diese unanwendbar waren, durch persönliche Haft bis auf höchstens 3 Monate, zu der schuldigen Handlung genöthigt [43]). Durch die neue Verordnung über die Execution in Civilsachen v. 4. März 1834

Vergl. über die Vollstreckung der Urtheile: Mittermeyer, Der gemeine deutsche bürgerliche Prozeß. Dritter Beitrag. §. VI. S 118. seq.

[41]) Vergl. Note 14. — Stryck Usus modern. II. 14. §. 10. beweiset diesen Satz aus der L, 13. §. 1. D. de re jud. und meint: was von Stipulationen gegolten habe, müsse um so vielmehr von bloßen Pakten gelten.

[42]) Code civil Art. 1142, „Toute obligation de faire ou de ne pas faire, se résout en dommages et intérêts en cas d'inexécution de la part du débiteur." Maleville bemerkt dazu: die Ursache hiervon liege in dem Satze: nemo potest cogi proprie ad factum.

[43]) A. G. O. I. 24. §. 48. seq. Vergl. Klein: Ueber die Gelindigkeit bei der Vollstreckung der richterlichen Hülfe. Annal. B. XXV. No. IX. S. 232. seq.

ist dieses abgeändert. Die Einlegung des Executors soll ferner nicht Statt finden; sondern der Verpflichtete soll zur Leistung, wenn dieselbe von dessen Willen abhängt, gleich durch persönliche Haft von höchstens einjähriger Dauer angehalten werden, wenn der Berechtigte die Leistung durch den Verpflichteten selbst verlangt. Der bisherige Grundsatz des Preußischen Rechts: daß auch Handlungen erzwungen werden sollen, oder vielmehr, daß ein Versuch sie zu erzwingen, gemacht werden solle, ist also aufrecht erhalten. Der Berechtigte hat jedoch, wenn der Verpflichtete es zur Execution kommen, d. h. die in dem Urtel festgesetzte Frist umsonst ablaufen läßt, die Wahl, auf Leistung der Handlung durch den Verpflichteten zu bestehen, oder dieselbe auf dessen Kosten durch einen Dritten verrichten zu lassen, oder sein Interesse zu fordern. Er ist auch befugt, von der getroffenen Wahl wieder abzugehen und eine andere zu treffen. Die Obligation wird also durch die Mora des Verpflichteten eine alternative, wobei dem Berechtigten die Wahl zusteht. Daraus folgt, daß der Exequendus, nach getroffener Wahl des Extrahenten, sich gegen dessen Willen durch Leistung der Handlung nicht mehr liberiren kann. Wählt der Berechtigte die Leistung durch einen Dritten, so zieht der Richter den Betrag der dazu erforderlichen Kosten, welche er vorläufig arbitrirt, von dem Verpflichteten ein[44]). Unterlassungen werden durch Festsetzung und Vollstreckung der angedrohten Strafen erzwungen[45]). Die Handlung wird dem Exequendus, auf Anrufen des Siegers, durch ein Mandatum sine clausula untersagt, und wenn er diesem zuwider handelt, wird die darin angedrohte Strafe vollstreckt.

---

44) Verordn. v. 4. März 1831. §. 9. G. S. pro 1831. S. 33. Vergl. Code civ. Art. 1142. seq.

45) §. 51. I. 21. A. G. O.

Von der Contravention muß der Extrahent vor der Strafvollstreckung dem Richter Ueberzeugung verschaffen. Kann er dieses nicht, so muß die verpönte Handlung zuvor erörtert und durch Beweisaufnahme ins Licht gesetzt, und sodann auf Vollstreckung der Strafe erkannt werden. Gegen dieses Erkenntniß findet bloß der Recurs Statt[46]). Soll eine bewegliche Sache übergeben werden, so wird sie, wenn sie zu finden ist, durch den Executor fortgenommen und dem Executionssucher eingehändigt[37])

§. 6.

II. Verwandlung in eine Geld-Obligation.

1. Von Geldschulden im Allgemeinen.

C. F. Fels praes. E. Schrader Diss. quid, debito pecuniario contracto, praesertim mutationibus circa pecuniam interim factis solvendum sit. Tub. 1814. 8. — Jo. Theophil Seger de mutato valore monetae in solutionibus aestimando; in Opusc. Vol. 1. p. 142—180. — Leyser de mutationibus monetae. Spec. 529. — Pfeiffer practische Ausführungen B. 1. S. 51. — Glück Commentar Th. 12. §. 783. seq.

J. L. Schmidt Abhandlung von den Münzsorten, in welchen eine Geldschuld abzutragen ist. Jena 1782. 4.— F. G. Dieze Versuch einer münzwissenschaftlichen Beantwortung der Frage: wie ist eine Geldschuld abzutragen. Frankf. 1791. — Averanii interpret. L. III. c. 12 —14. Branchu obs. ad jus rom. decas altera. L. 13. 14. Lugd. Bat. 1723.

Wenn Zwangsmittel fruchtlos bleiben, oder nicht angewendet werden können, so giebt es ein Mittel, durch

---

[46]) Verordn. v. 4. März 1834. §. 10.

[47]) Allg. G. O. §. 55. l. c. L. 68. D. de rei vind. (VI. 1.)

welches die verschiedenartigsten Obligationen auf etwas gleichförmiges reduzirt werden können, nämlich: das Geld. Dadurch läßt sich jedes facere in ein dare verwandeln. Wegen dieser Allgemeinheit gehören die Grundsätze der Umwandlung nicht allein in die Lehre vom Darlehne oder von der Zahlung, sondern in den allgemeinen Theil [1]).

So lange die Münzen (geprägtes Geld) d. h. körperliche, nach Gelde (dem allgemeinen Werthmesser) zu einem bestimmten Werthe, berechnete und bezeichnete, zum allgemeinen Tauschmittel dienende Gegenstände [2]), aus abgewägten, und mit dem Gewichte bezeichneten Stücken feinen Metalls bestanden, war die Ausgleichung einfach. Seitdem man aber die Münzen aus versetztem Metall geprägt hat, und selbst die Gewichtsnamen (Seckel, Talent, Aß, Pfund, Mark) durch Münznamen (Thaler,

---

1) A. L. R. I. 16. §. 82. 83. Ed. v. 29. März 1764. §. 10. No. 13. N. C. C. T. III. S. 381. „Alles was in sämmtlich vorstehenden Nummern wegen der aus Contracten und Verbindungen abzutragenden Geldschulden verordnet, gehet auf alle Zahlungen, sie mögen aus einem Darlehn, Wechsel, Kauf-, Mieths-Contract, Buchschuld, Waarenlieferung, geleisteter Arbeit, Deservito oder Honorario, Vertrag, Vergleich, Urtel, Erbtheilung, Ehestiftung, Scheidung unter Lebendigen oder auf den Todesfall, Testament, Fideicommiß und überhaupt, es sei aus was für einem rechtlichen Grund es sei, herrühren und geleistet werden müßen." Leyser Spec. 529. m. 16.

2) C. Murhard, Theorie des Geldes und der Münze. Leipzig 1817. 8. Adam Müller, Vers. einer neuen Theorie des Geldes. Leipzig 1816.— Büsch Abhandlung über den Geldumlauf 2te Aufl. Kiel und Hamburg 1800. — Ueber die Geschichte der Münzen: Busch Handbuch der Erfindungen, 4te Aufl. Band 9. S. 388 bis 412. u. S. 417—422.

Gulden, Groschen, Kreutzer, Pfennige) verdrängt worden sind, ist bei dem geprägten Metallgelde dreierlei zu berücksichtigen:

1. Der innere Werth oder das Gewicht und Feingehalt (Schrot und Korn, Währung), welcher durch den angenommenen Münzfuß bestimmt wird [3]);

2. Der äußere Werth, welcher doppelt ist, nämlich:
   a. der stempelgesetzliche d. i. der, zu welchem die Münze ausgeprägt ist, und
   b. der Handels- oder Cours-Werth, d. i. der, nach welchem die Münze zur Zeit gewöhnlich gegeben und genommen zu werden pflegt.

Bei Münzen, welche aus einem andern Stoffe als Metall gemacht sind, z. B. beim Papiergelde, kann nur der äußere Werth zur Sprache kommen.

Das Wesen des gemünzten Geldes besteht darin, daß es als allgemeines Ausgleichungsmittel dienen soll. Das, wodurch es dazu fähig wird, ist die allgemeine Gleichförmigkeit der Meinung. Diese ist von dem darauf gestempelten gesetzlichen Preise unabhängig, und es ist auch nicht der innere (Metall-)Werth an sich, wodurch sie bedingt wird; vielmehr ist es vorzüglich der,

---

[3]) Ein Provinzial-Gerichtshof hatte unter „Münzfuß" die „Einrichtung des innern Werths und Gehalts der Münze bei ihrer Ausprägung, und das Verhältniß des innern Werthes gegen den äußern" verstanden, und darauf eine Entscheidung gegründet. Dieß hatte eine allerh. Cab. O. v. 1. Aug. 1832 zur Folge, wonach der Gerichtshof belehrt werden sollte, daß darunter die gesetzliche Feststellung des Gewichts und Fein-Gehalts (Schrot und Korns) der Münze zu verstehen, wobei von dem Verhältniß des innern Werths zum äußern gar nicht die Rede sei. Jahr-B. XL. S. 162.

durch mancherlei Umstände bestimmte Handels-Werth (Cours) [4]), welchen eine gewisse Münze hat, wovon jene Gleichförmigkeit der Meinung abhängt. Als Inhalt des wahren Werths einer gewissen Summe Geldes in bestimmten Münzsorten zu einer gewissen Zeit, kann also nur der damalige Courswerth angesehen werden [5]); und nur nach diesem Grundsatz können verschiedene Münzsorten gleichartig behandelt werden. Dagegen könnte man sagen, daß der Richter sich lediglich an den gesetzlichen Werth halten müsse, weil dieser durch die gesetzgebende Gewalt ausgesprochen sei, und also von der allgemeinen Meinung unabhängig sein müsse. Allein das Gesetz hat keinen Einfluß auf die allgemeine Meinung, und es steht nicht in seiner Gewalt, seinen Willen durchzusetzen, außer

---

4) Derselbe macht sich von selbst geltend und ist darum auch von der Gesetzgebung schon lange anerkannt. Rescr. v. 6. Januar 1757. N. C. C. M. T. II. p. 218. Rescr. des Staatsraths v. 30. Juli 1761. T. III. S. 457 l. c. Auch Rabe Sammlung I. 3 S. 46: Jo. G. Estor de permisso et vetito colybo, quem Agio vocant, praesertim in antiquioribus debitis retribuendis jure civili haud concesso. Marb. 1751. Friedr. Wilh. Pestel de pretio permutationis nummorum, vulgo von dem Aufgelde. Besonders: Theod. Olbers de valore monetae mercatorum auctoritate mutato. Gött. 1776. Fischer Kameral- und Polizeirecht Th. III. §. 733 und 745. Klüber öffentliches Recht des deutschen Bundes §. 340. J. G. Büsch über Geld- und Wechselcours, Münzen, Pari u. s. w. Hamburg 1801. 8. Dietze a. a. O. S. 20. Betrachtungen über das Recht bei der Bezahlung in veränderten Münzen. Braunschweig 1764.

5) Es ist gleichviel, worin der Grund davon liegt, daß gegenwärtig eine gewisse Münzsorte weniger gilt, es ist genug, daß der Preis verändert ist. Mühlenbruch, Pandect. §. 631 No. 2.

in den wenigen Fällen, wo von der Rückzahlung einer Schuld die Rede ist. Es kann aber nicht gerecht sein, in diesen einzelnen Fällen den Nachtheil eintreten zu lassen, gegen welchen man sich in allen andern Fällen selbst schützt.

Um diesen Grundsatz anzuwenden, wird jedoch, wie sich versteht, vorausgesetzt, daß eine Abweichung von dem Normalzustande Statt findet: denn ohnedieß ist ein Rechtsstreit nicht zu denken, und eine Verschiedenheit des Metallwerths und Courspreises im gewöhnlichen Verkehr nie vorhanden. Die folgenden Regeln gelten überhaupt nur dann, wenn von einer Summe Geldes die Rede, welche wirklich als Geld, und nicht um ihrer selbst willen als Waare (Species), betrachtet wird. In diesem Falle muß unter allen Umständen dieselbe Species gegeben werden [6]). Existirt die Species nicht mehr, so geht die Schuld in eine gewöhnliche Geldschuld über.

Bei dieser kommt es, wenn keine Abweichung von dem natürlichen Zustande statt findet, auf die Münzsorten nicht an, weil bei einer Geldsumme nur auf die Quantität nicht auf die Stückzahl der Münze gesehen wird. Die Zahlung kann daher in jeder beliebigen Münzsorte geschehen, nur muß die Sorte von dem gerade gangbaren Silber-Courant sein [7]), und deshalb braucht der Gläubiger, ausgenommen die fiskalischen Kassen [8]), die Zahlung nicht anzunehmen:

1. in Scheidemünze bei Summen, welche mit ganzen, drittel und sechstel Thalerstücken, also durch

---

[6]) Fels §. 11 — 14. Seger p. 179 No. I. A. L. R. I. 11 §. 783. Oest. G. B. §. 987.

[7]) A. L. R. §. 779. L. 24 §. 1. de pignorat. act. (XIII. 7.)

[8]) Ed. v. 13. Decbr. 1811. §. 12. Ges. S. p. 375.

ein Courantstück gezahlt werden können [9]). Scheidemünze sind aber die Silbergroschen und halbe Silbergroschen aus Billon, und die Kupfermünze [10]).

Der Grund davon ist, daß Scheidemünze bloße Zeichen zur Ausgleichung, und keine wirklichen Zahlmittel d. h. Werths-Vergütigungen [11]) sind.

---

[9]) §. 780 a. a. O. u. Th. I. Tit. 16. §. 77. Ed. v. 13. Decbr. 1811. § 12. Ges. Samml. p. 375. Ges. v. 30. Septbr. 1821. §. 7. Ges. Samml. pro 1821. S. 160. Vergl. Reichs-Münz-Ordn. v. 1559. §. 11. R. Absch. v. 1576. §. 76. Fels l. c. §. 22.

[10]) Ges. v. 30. Septbr. 1821. §. 7 u. 11. Eigentlich müßte jede Münze aus Billon Scheidemünze sein, weil wenn auch kein Unterschied im Feingehalt zwischen Münzen aus Silber und denen aus Billon vorhanden wäre, die letztere doch in der Rücksicht, daß die Scheidung oder Affination mehr kostet, mithin das in der Masse vorhandene Silber weniger Werth hat, geringer im Preise steht. Billon ist jede Metallmischung, worin mehr Zusatz als Silber ist. Die natürliche Farbe des Billon ist daher roth. Die aus 6löthigem Silber geprägten 2 ggr. Stücke sind daher eben so wie Silbergroschen aus Billon; gelten aber als Silber-Courantgeld, weil in 14 Rthlr. ebenfalls eine Mark Silber fein, neben einer bedeutenden Quantität Kupfer, das aber doch die Affinations- oder Scheidungskosten nicht decken würde, ist, während in Silbergroschen 16 Rtlr. auf die Mark gehen. Ges. v. 30. Septbr. 1821. §. 8.

[11]) Ed. v. 43. Decbr. 1811. §. 11. Ges. Samml. S. 375.

Da an Silbergroschen, welche aus 3½löthigem Silber (2/9 Silber und 7/9 Kupfer) geprägt werden, 16 Rtlr. auf die Mark gehen, so ist 1 Rtlr. in Silbergroschen etwas über 26 Sgr. werth. Der Kupferpfennig ist etwa ⅓ Pf. werth. Denn der Centner Kupfer kostet etwa 32 Rtlr., und die Prägekosten machen etwa 20 Rtlr.; man prägt aber den Centner zu 93 Rtlr. 26 Sgr. aus,

So lange aber Scheidemünze nicht gebraucht wird, um **Summen** zubezahlen, und deshalb die Quantität derselben nicht das Bedürfniß der Ausgleichung übersteigt, ist der innere Werth der Scheidemünze gleichgültig, weil man im Verkehr danach nicht fragt: welchen **innern** Werth die überall anerkannten Ausgleichungsmarquen haben. Sobald man aber diesen Credit **dazu** benutzt, die Scheidemünze zum wirklichen Zahlmittel einzuführen und zu diesem Zweck größere Quantitäten, als zur Ausgleichung gebraucht werden, zu emittiren, so muß eine Münzreduction die nothwendige Folge sein, wenn auch das Münzedict befehlen wollte, daß die Münze für voll, nach dem Nennwerth im Verkehr gegeben und angenommen werden solle. Auch die Preußische Münzgeschichte liefert dazu einen Beweis. **Friedrich** II. ließ neue Scheidemünze in Groschen, Düttchen oder Böhmen oder Silbergroschen prägen. Davon gingen 18 Rtlr. auf die Mark fein. 1772 sollte der Gewinn noch größer werden. Man zog die alte Münze ein, und prägte eine noch schlechtere, zu 21 Rtlr. auf die Mark fein, in bedeutender Quantität; es wurde aber nicht zu viel in Umlauf gesetzt, denn der Schatz bestand in dieser Münzsorte für den Fall eines Krieges. Außerdem wurden 1772 und 1773 etwa 4 Mill. Thaler in sogen. Sechsern geprägt, wovon 24 Rtlr. auf die feine Mark gingen. Unter der folgenden Regierung prägte man des Vortheils wegen mit den alten Stempeln immer mehr. Dies war für

---

so daß der Gewinn etwa 11 Rtlr. ist. Im Ganzen ist der Gewinn an der Kupfermünze doch gering, weil sie in zu geringer Menge gebraucht wird.

den Verkehr lästig in zweierlei Beziehungen: einmal erschwerte sie den Transport, und sodann fand sich, wenn man später die Beutel nachzählte oft Manco. Deshalb fing man an, Zahlungen zwischen Münze und Courant zu unterscheiden, und man nahm und gab ½ pCent Agio zur Münze. Unter der jetzigen Regierung, und zwar während der Schulenburgschen Verwaltung, wurde das Ausprägen der Münze fortgesetzt, und dadurch eine so große Menge Münze emittirt, daß man schon 3 pCent Agio gab. Dazu kam die unglückliche Catastrophe von 1807, nach welcher die neuen Herren der abgerissenen Provinzen die Münze verriefen, und in die alten Provinzen zusammendrängten. Die französischen Lieferanten und Gewalthaber aber suchten ihre Erpressungen dadurch sicher zu stellen, daß sie das Courant einwechselten und fortbrachten. Dadurch gestaltete es sich so, daß man bald kein anderes Geld als die Scheidemünze und Tresorscheine mehr hatte [12]). Nun mußte man (unterm 8. Mai 1808) eine Devalvation derselben auf ¹/₃₆ vornehmen. Aber auch dadurch war der gesetzliche Preis mit dem innern Werth noch nicht ausgeglichen. Dadurch, daß eine bedeutende Quantität falscher Münzen aus England eingebracht worden war, wurde die Scheidemünze noch verhaßter. Die falsche Münze bestand aus purem Kupfer, weiß gesotten, soll jedoch nicht über 2 pCent der gesammten Münze betragen haben. Die Furcht vergrößerte die Quantität.

Ursprünglich sollte die Masse 64 Grän Silber auf die rohe Mark enthalten, also ²/₉ Silber und

[12]) R. des J. M. vom 25. April 1807. Mathis B. IV. S. 185.

$^7/_9$ Kupfer, sie hatte aber nur 59—60 Grän; ferner sollten 112 Groschen eine Mark wiegen; es waren aber erst 116—117 Groschen eine Mark. Weil man wegen dieser schlechten Beschaffenheit die Kosten der Umprägung nicht tragen und sie auch im Verkehr nicht los werden konnte, mußte man sie 1811 auf $^1/_{42}$ herabsetzen. Nun war es möglich, sie einzuschmelzen und abzutreiben. Es wurde dazu auch eine Anstalt errichtet, in welcher vom 15. Januar 1812 an, bis zur Schlacht von Bautzen 1813 wöchentlich 60,000 Rthlr. eingeschmolzen wurden [13]). Seitdem ist sie nur allmählig in der Münze, statt Kupfer, zugesetzt. Da nach dem Kriege auch das Blei wohlfeiler geworden, so sind die Kosten der Affination gedeckt und ist sogar noch ein geringer Gewinn übrig. Man hat auch viel nach Hamburg und sonst ins Ausland geschickt [14]), sie dort affiniren lassen, und in den gewonnenen Silberbarren gezahlt. Jetzt ist sie bekanntlich längst ganz einberufen [15]). Das Falschmünzen der Scheidemünze war durch das schlechte Gepräge begünstigt worden. Die jetzige Scheidemünze hat ein so künstliches Gepräge, daß der Nachahmer keinen so bedeutenden Gewinn machen könnte, um seine Rechnung beim Falschmünzen zu finden.

2. in Papiergelde. An Stelle der frühern Tresor- und Thaler-Scheine sind bekanntlich die Kassenanweisungen getreten, von welchen die über jene ge-

---

13) Ed. v. 13. Decbr. 1811. Ges. S. S. 373. §. 2.

14) Ed. v. 13. Decbr. 1811. §. 10.

15) Gesetz v. 22. Juni 1823. Gesetz-Samml. S. 128.

gebenen Bestimmungen gelten [16]). Bei Creirung der Tresorscheine wurde gesetzlich befohlen, daß sie statt baaren Geldes, auch im Privatverkehr, für voll gegeben und genommen werden sollten [17]). Dies ließ sich aber nicht durchsetzen, und der Zwangs-Cours wurde aufgehoben [18]). Weil dadurch aber die Tresorscheine zu einer fast gänzlichen Unbrauchbarkeit herabsanken, wurde die Annahme, jedoch nur nach dem Course, wieder angeordnet [19]). Zuletzt wurde dieser Zwangscours gänzlich aufgehoben, und die Annahme in Jedermanns Willkühr gesetzt [20]); welches auch von den Kassenanweisungen gilt. Schuldner fiscalischer Kassen müssen jedoch die Hälfte der nach Kassenanweisungen theilbaren Summen in diesem Papiergelde, oder 2 Sgr. pro Thaler Straf-Agio zahlen [21]). Es bedarf dieses künstlichen Mittels jetzt jedoch nicht, daher dasselbe auch nicht streng angewendet wird.

Vorausgesetzt wird hierbei, daß die Obligation in keiner andern Münzsorte als in Silber-Courant contrahirt worden, und dies wird angenommen,

---

16) Cab. Ordre v. 21. Decbr. 1821. §. I. u. II. Gesetz-S. pro 1821. S. 238.

17) Verordn. v. 1. Febr. 1806. §. 6. Verordn. v. 1. Decbr. 1809. §. 6.

18) Verordn. v. 1. Juni 1807. Mathis B. IV. S. 188. Abschn. I.

19) Verordn. v. 20. Octbr. 1807. Proem. u. §. 1. Mathis B. V. S. 181.

20) Ed. v. 7. Septbr. 1814. §. 6. (Ges. S. S. 87.), und Verordn. v. 1. März. 1815. §. 7. Ges. S. S. 19.

21) Cab. O. v. 21. Decbr. 1821. §. VI. u. VII. Ges. Samml. S. 239.

wenn keine andere Münzsorte nach der Natur des Kontracts [22]), oder nach den Worten der Stipulation ausbedungen ist [23]). In diesen Fällen kann wider den Willen des Andern Eine Münzsorte für die Andere, also Gold für Silber und umgekehrt, nicht gegeben werden [24]). Ist Gold ausbedungen, ohne Bestimmung einer Sorte, so wird die dem Preußischen Staate eigenthümliche Geldmünze, welche der Friedrichsd'or ist [25]), verstanden; und sind Ducaten ohne nähere Bestimmung verschrieben, so

---

[22]) Ed. v. 29. März 1764. §. 10 No. 6. und Ed. v. 9. Mai 1765. No. XV. A. L. R. I. 11. §. 779. Tit. 5 §. 257 und 258. Tit. 11 §. 56. Tit. 12 §. 450. 451.

[23]) Münzed. v. 29. März 1764. §. 10 No. 1 und No. 9. Pos. 2.; Hyp- und Conc.-Ordn. v. 4. Febr. 1722. §. 20. Mylii C. C. II. 2. §. 122. Vergl. L. 47. D. de Legat. III. (XXXII.)

[24]) §. 778. 779. u. 781. I. 11. Der Gegensatz im §. 778 ist Gold und Silber, nicht die verschiedenen Courant- oder Silbermünzen, wie die Vergleichung der §. §. 778 und 779 mit §. 781, und die Beschaffenheit der Courantmünzen ergiebt, daher auch niemals ein Unterschied zwischen ganzen und Theil-Thalerstücken gemacht wird. Vergleiche L. 99 D. de sol. (XLVI. 3.) L. 65 §. 1. D. de verb. oblig. (XLV. 1.). Salmasius, Disquis. de mutuo p. 112. u. p. 152 u. 158. Dagegen: Bynkershoek Observ. jur. rom. L. 1. c. IX. Die Münzsorten sind verschieden bloß nach dem Metall, aus dem sie geprägt sind, und in diesem Sinne ist in §. 772 von Münzsorten die Rede. Mathis VII. p. 41.

[25]) §. 781. Ges. v. 30. Septbr. 1821. §. 1. Sie wird dergestalt ausgeprägt, daß 35 Stück eine Mark wiegen, in welcher 260 Grän feines Gold enthalten sind. Bei der Rechnung in Golde wird der Friedrichsd'or zu 5 Rthlr. angenommen. 193 11/13 Rthlr. enthalten daher eine Mark feines Gold. §. 2 l. c. Im Handelsverkehr wird aber

werden vollwichtige preußische oder holländische Ducaten angenommen [26]).

§. 7.

2. Bei Veränderungen im Werthe der Münze.

a. überhaupt.

1. Der allein richtige Maaßstaab, wornach eine gerechte und gleichmäßige Ausgleichung Statt finden kann, ist, wie gesagt, der Handelspreis oder Courswerth, in sofern sich ein solcher gebildet hat; im entgegengesetzten Fall aber der gesetzliche Preis, indem dieser alsdann für den Handelspreis im Verkehr angenommen ist. Die Abweichung des gesetzlichen Preises von dem Handelspreise muß jedoch von solcher Bedeutung sein, daß sie auf die Preise der Waaren im Verkehr Einfluß äußert [1]). Auf das im Wechselverkehr gewöhnliche [2]) Steigen und Fal-

der Friedrichsd'or jetzt gewöhnlich zu 5 ¾ Rthlr. in Zahlung angenommen. In Staatskassen soll er jedoch nur zu 5 ⅔ Rthlr. in Zahlung gegeben werden können (Cab. O. v. 21. Novbr. 1831. Ges. S. S. 251), wovon natürlich die Folge ist, daß dieses Zahlungsmittel dort selten gebraucht wird.

[26]) §. 782. l. c. Nach dem neuern Münzedict v. 30. Septbr. 1821 werden keine Ducaten mehr geprägt; die früher geprägten sind fast gänzlich aus dem Verkehr verschwunden.

[1]) Declaration v. 27. Septbr. 1808. §. 2. Mathis B. VII. S. 18. Hiernach sollte auf eine Differenz von weniger als 10 pro Cent bei gerichtlichen Entscheidungen keine Rücksicht genommen werden.

[2]) Daß die durch das Schwanken der Handelsconjuncturen verursachten Coursveränderungen auf die Rechtsgeschäfte

len des Courses bei einer Münze wird keine Rücksicht genommen. Der §. 792. Tit. 11 Thl. I. lautet zwar:

„Das im Handel und Wandel gewöhnliche Steigen und Fallen des Courses bei einer und eben derselben Münzsorte kommt, außer dem Falle des §. 785. 786 (wo fremde Münzsorten verschrieben worden) in keine Betrachtung."

Diese Bestimmung muß jedoch bloß vom Geldwechsel verstanden werden, bei welchem die Münzsorten, je nachdem sie viel oder wenig gesucht werden, im Preise schwanken, ohne daß dieses auf die Preise der Waaren im übrigen Verkehr Einfluß hat.

Das allgemeine Landrecht bestimmt nicht: zu welchem Preise eine nach Entstehung der Forderung verringerte Münzsorte bei der Zahlung angerechnet werden soll. Der §. 790 l. c. verordnet:

„Ist die Münzsorte, in welcher die Valuta gegeben worden, nicht außer Cours, sondern nur in ihrem äußern Werthe, ohne Veränderung des innern Gehalts, von dem Landesherrn heruntergesetzt worden, so muß dennoch die Rückzahlung in eben derselben Münzsorte geleistet und angenommen werden."

D. h. es muß die devalvirte Münzsorte, oder eben dieselbe Geldmünze, das Silbergeld oder das Kupfergeld (Scheidemünze), worauf contrahirt worden, und keine Sorte für die Andere, in Zahlung gegeben und genommen werden; zu welchem Werthe aber die gemeinte Sorte dabei gerechnet werden soll, ist nicht bestimmt, und konnte auch nicht bestimmt werden, weil diese Stelle nur auf

---

keinen Einfluß haben sollen, ist eine sehr wohlthätige Vorschrift.

den Fall des vorhergehenden §. 783, wenn eine gewisse Anzahl von Stücken einer speciellen Gold- oder Silbermünze ausbedungen worden, sich bezieht, in welchem die Bestimmung der Natur der Sache ganz angemessen ist. (Vergl. §. 8. No. I.). Aus diesem §. kann daher keine Entscheidungsnorm für den hier in Rede stehenden Fall hergenommen werden. Daß aber die Sorte ohne Rücksicht auf den verringerten Handelswerth gegeben werden könne und genommen werden müsse, widerspricht

1. der Natur der Münzen als allgemeinen Tauschmittels, und den Grundsätzen von der Zahlung, indem derjenige, welcher auf eine bestimmte Summe in einer vollgiltigen Münzsorte, z. B. vor der Zeit von 1806 auf 10 Rthlr. in Scheidemünze, den Thaler zu 24 Groschen, contrahirt, seine Schuld erst zu $^2/_3$ abgetragen hat, wenn er im Jahre 1808, nach der Reduction, 10 Rthlr. in $^1/_{24}$, wo der Groschen nicht wie früher 12 Pf. sondern nur 8 Pf. galt, zahlte [3]);
2. dem §. 797, wornach der Gläubiger, wenn er die Zahlung in schlechteren Münzsorten oder nach einem niedrigern Verhältnisse, einmal angenommen, und ohne Vorbehalt darüber quittirt hat, wegen des dabei erlittenen Verlustes den Schuldner nicht mehr in Anspruch nehmen kann;

es muß daher eine Ausgleichung wegen der Differenz rechtlich gefordert werden können [4]), und dieser Grund-

---

[3]) Mathis VII. S. 28 u. 30.

[4]) Mathis Bd. VII. S. 42. Dieser Grundsatz ist auch auf eine Anfrage des Justizamts Cottbus an die Oberamts-Regierung zu Lübben nach der Abtrennung des Cottbusser Kreises von der Sächsischen Landes-Justiz-Behörde

satz ist auch von dem Gesetzgeber ausdrücklich anerkannt worden. Der Grundsatz ist nicht etwa neu, sondern er folgt schon aus den vorher angeführten Gründen, daher ist auch dieserhalb kein neues Gesetz gegeben worden, sondern eine bloße Declaration ergangen [5]).

II. Zur Ermittelung dieser Differenz ist

1. auf die Zeit der Entstehung der Forderung, und
2. auf die Zeit der Zahlung zu sehen [6]).

Die Differenz zwischen dem Preise der Münzsorte zu diesen beiden Zeitpunkten muß vergütigt werden, oder was gleichviel ist, der Schuldner muß so viel Stücke der schlechtern Münze, als nach ihrem Preise erforderlich sind, um die schuldige Geld-Summe zusammen zu bringen, mehr geben, und der Gläubiger muß sich mit wenigern

---

für richtig angenommen worden. Grävell, Kredit-Gesetze B. I. S. 317. No. V.

[5]) Declaration des Allg. L R. Th. I. Tit. 11. §. 791. und Tit. 16 §. 77. in Rücksicht der aus der Reduction der Scheidemünzen entstehenden Differenzien, v. 27. Septbr. 1808. Mathis B. VII. S. 18.

[6]) A. L. R. I. 16 §. 71. Ed. v. 20. März 1761. §. 10. No. 14. Hymmen VI. S. 67—69. Nach welchem Münzfuß muß der Schuldner eines vor der Münzreduction in Münze angeliehenen Kapitals solches nach der Reduction der Scheidemünze wieder bezahlen? Mathis B. VII. S. 21 seq. Leyser, Sp. 529. m. 15 u. 18. Seger l. c. No. III. Hellfeld, Jurisprudentia for. §. 783. Glück, §. 783. Müller, Promptuar. jur. voce moneta No. 11. 12 u. 13. Puffendorf, obs. jur. Lib. IV. obs. 205. Pütter, auserlesene Rechtsfälle B. III. Dec. 391. Struben, rechtl. Bedenken, B. II. No. 22. Boehmer Dec. et cons. T. II. P. I. resp. V. No. 6. Carpzow, Jurisprudent. forens. Const. 28. P. II. n. 6. J. G. Fr. Boehmer de solutione debiti pecuniarii mutata nummorum bonitate intrinseca ex tempore natae obligationis aestimanda Francf. 1762.

Stücken begnügen, wenn in denselben, nach ihrem Preise zur Zeit der Zahlung, die Summe, welche er zu fordern hat, enthalten ist [7]). Wenn z. B. Thaler geliehen worden, die zur Zeit des geschlossenen Kontracts 6 Franks gelten und deren numerischer Werth nachher, zur Z t der Zahlung, auf 12 Franks gebracht worden ist, so wird die Schuld durch Zahlung der Hälfte der Thalerstücke getilgt; umgekehrt aber, wenn der Thaler zur Zeit des Kontracts 12 Franks galt, und zur Zeit der Zahlung auf 6 herabgesetzt wird, so müssen zweimal soviel Thaler zurückgegeben werden, als dargeliehen worden [8]). Dieser Preis sind eben die zu beiden Zeitpunkten üblichen

---

[7]) Ed. v. 13. Dcbr. 1811. §. 6, u. Declar. dieses §. vom 20. Febr. 1812. Ges. Samml. 1812 S. 9. Decl. vom 27. Septbr. 1802. Mathis Bd. VII. S. 18. Praejud. in Hymmen VII. S. 318 n. 16. Scheplitz, Consuet. d. Braudenb. Lib. I. P 4. §. 6. No. 7. Code civil Art. 1895.

[8]) Edict Heinrich's des IV. v. 14. Septbr. 1602. Pandectes francaises Lib. XIV. p. 74. Gönner, Archiv für Gesetzg. B. III. H. 1. S. 4 seq. Spangenberg über den Code Napoleon §. 1015 u. Anm. 1. Puffendorf de jure nat. et gent. Lib. 5 c. 7 §. 5 u. 7. Pothier du Prêt de consomption No. 36. Zachariae Handbuch des franz. Civil-Rechts §. 251 u. 326. Derselbe Grundsatz galt aber schon früher in der reichskammergerichtlichen und gemeinrechtlichen Praxis, und man kann ihn als die Opinio communis, welche schon Azo in suis brocardic. hatte, von Alters her ansehen: Gail, Obs. pract. L. II. obs. 73 No. 3. Pfennigk de rei nummariae mutatione et augmento l. 2 c. 10 No. 40. Ludovicus, Doctrina pandect. Lib. 46 tit. 3 §. 8. Mynsinger, Singul. Observ. imper. camerae. Cent IV. Obs. 1. 82. Richter, Consilia et responsa. Cons. 31 P. II. Cocceji, Jus civile controv. Lib. 46. tit. 3 quaest. 5. Stryck, Usus modernus Lib. 46. tit. 3. §. 12. Voet, Commentar. Lib. 12. tit. 1. No. 24. Wernher T. III. P. 1. obs. 60 u. 92.— Hellfeld, §. 783. Covarruvias, de vet. numismat. po-

Cours- oder Handelspreise 9), es wäre denn, daß derselbe durch ein besonders erlassenes Gesetz fixirt worden wäre, in welchem Falle dieser gesetzliche Preis von dem Richter angenommen werden muß [10]).

---

test. c. 7 §. 1 num. 3. — Molin. Tract. de mutat. monetae, quaest. 92 No. 3. Berlich. Part. 2. concl. 36. No. 5 wo, die ältern Consilia et Responsa pro et contra in großer Anzahl nachgewiesen werden.

Nach sächsischer Praxis soll angeblich bloß auf den Werth zur Zeit des Contracts gesehen worden sein. Constit. 28 pr. Carpzow, Jurisprud. P. II. constit. 28 qu. 4 u. 5. Die beigebrachten Rechtssprüche, wornach der Gläubiger den Thaler nur zu 30 u. resp. 36 Stüber, als soviel der Thaler zur Zeit des Contracts gegolten, und nicht zu 42, soviel zur Zeit der Zahlung auf den Thaler gerechnet worden, nehmen soll, beweisen die Anwendung des Rechtssatzes jedoch nicht, da es möglich ist, daß die 42 Stüber später mehr werth gewesen als früher 30. Die Brandenburgische Gerichtspraxis war der gemeinrechtlichen conform. Scheplitz, Consuetud. Brandenb. I. P. 4. tit. 2 §. 6 u. II. tit. 113 in fine, u. tit. 114 u. später Hymmen, B. VII S. 318 n. 16. Nach Emanirung des A. L. R. sind abweichende Erkenntnisse ergangen, wonach ein Gläubiger, welcher gutes Geld dargeliehen hatte, sich mit reducirter Münze nach dem Nennwerth sollte befriedigen lassen, welches sich nach dem bestehenden Rechte nicht rechtfertigen läßt, und auch Widerlegung gefunden hat. Matthis VII. S. 21.

9) Declarat. v. 27. Septbr. 1808. Matthis VII. 18. Schmidt in seiner ausführlichen Abhandlung der streitigen Rechtsfrage: in was für Münzsorten ist eine Geldschuld abzutragen? hat §. 190 ebenfalls den Handelspreis (Cours) im Sinne, indem er meint, daß darauf gesehen werden müsse: ob mit der Reduction der Preis der Waaren falle oder steige. Dadurch ist eben der Handelspreis der Münzen bedingt.

10) Das Edict v. 13. Decbr. 1811. Ges. S. pro 1811. S. 373 fixirte den Cours der damaligen Scheidemünze.

III. Bei einigen Rechtsgeschäften kann die Zeit der Entstehung der Geldschuld zweifelhaft sein. Dahin gehören folgende Fälle:

1. wenn die Verbindlichkeit nicht von Anfang an auf eine Geldschuld gerichtet war, und wenn ein Schaden zu ersetzen ist. Diese beiden Fälle sind der allgemeinen Regel unterzuordnen: es kommt auf die Zeit der Entstehung der Geld-Obligation an, d. i. derjenige Zeitpunkt, wo die Verbindlichkeit in einer Geldschuld umgewandelt wird. Das Römische Recht bestimmt nicht, welcher Zeitpunkt in der in Rede stehenden Beziehung dafür anzunehmen, sondern alles, was über den Zeitpunkt der Schätzung verordnet ist, bezieht sich auf die Ausmittelung des Quantum. Das Bedürfniß fordert auch keinen feststehenden Rechtssatz; denn es ist gleichgiltig, welcher Zeitpunkt zur Bestimmung der Münzsorte angenommen wird: das Resultat wird, bei richtiger Schätzung und Rechnung, immer dasselbe sein, man nehme auf die Zeit der Entstehung der ursprünglichen Obligation, auf die Verfallzeit, auf die Zeit der Klage, oder auf die der rechtskräftigen Entscheidung Rücksicht; denn da das Geld der Werthmesser der Sachen ist, so muß die Quantität der Münzen, möge sie nach den verschiedenen Preisen oder Coursen der verschiedenen Zeiten größer oder geringer ausgemessen werden, immer denjenigen Werth repräsentiren, welchen der Gläubiger zur Zeit der Zahlung erhalten muß, um vollständig befriedigt zu werden. Ganz anders ist es mit der Schätzung des Interesse, wobei viel auf die Zeit, nach welcher das Quantum zu berechnen, ankommt. Hier soll eine gewisse Größe gefunden

werden; bei verschiedenen Münzsorten sind aber bloß zwei verschiedene Größenmesser mit einander auszugleichen.

Das allg. L. R. sieht auf die Zeit des geschlossenen Vertrags oder des publicirten Urtels [11]), beim Mangel näherer Bestimmungen. Das Letztere, die Zeit des publicirten Urtels, ist nicht richtig. Denn ein Urtel muß sich auf vorherige Ermittelung gründen. Zwischen dieser Ausmittelung und der Publication des Urtels kann sich aber der Werth der darin bestimmten Münzsorte, möglicher Weise, zum Schaden der einen oder der andern Parthei sehr ändern. Die richtige Zeit ist die der geschehenen Ermittelung, auf welche sich der Ausspruch des Richters gründet, weil, wenn keine andere Absicht erklärt ist, der Sinn und die Meinung auf die zu damaliger Zeit gangbare Münze und deren Werth gerichtet gewesen sein muß, und diese Zeit müßte in dem Urtel ausgedrückt werden. Wäre seitdem eine abermalige Münzveränderung eingetreten, welches zuweilen mehrmals kurz auf einander geschieht, so müßte eine neue Ausgleichung eintreten.

2. Bestimmungen durch letztwillige Verordnungen oder dergleichen einseitige Dispositionen. Bei diesen wird auf die Zeit der Abfassung Rücksicht genommen [12]); wenn keine

---

11) Thl. I. Tit 16. §. 74. Die Bestimmung ist nicht neu, sondern aus dem Münzedict vom 29. März 1764. §. 10. No. 14. entnommen.

12) A. L. R. I. 12 §. 450 u. 451. Auch diese Bestimmung ist aus dem Münzedict v. 1761 l. c. entnommen. Vergl. Carpzow Jurisprud. for. P. II. Const. 28. def. 8. Gail, L. II. obs. 73 No. 4. Hommel, Rhapsod. obs. 117.

andere Absicht des Testators erwiesen werden kann [13]).

3. Der Wiederkauf. Wenn die Wiederkaufs-Summe gleich bestimmt ist, so wird auf die Zeit des Kauf-Contracts gesehen [14]). Dasselbe gilt auch, wenn nichts über den Wiederkaufspreis verabredet ist, weil dann der Kaufspreis angenommen wird [15]). Den Preis vorher zu verabreden, ist jedoch nicht rathsam, vielmehr ist es vorzuziehen, die Taxe zur Zeit des Wiederkaufs zu stipuliren. Alsdann kommt es auf den Werth der Münze zur Zeit des Contracts gar nicht an, weil bei der Taxe schon der Preis der Sache mit Rücksicht auf die Münzveränderung ermittelt wird.

4. Jährliche Leistungen. Der allgemeine Grundsatz, daß auf die Zeit der Entstehung zu sehen, gilt auch hier: es muß in derjenigen Münzsorte gezahlt werden, in welcher die Geldprästation constituirt worden, oder in derjenigen, welche in Ermangelung einer näheren Bestimmung zur Zeit der Constituirung gangbar gewesen ist [16]); und wenn

[13]) Hymmen I. S. 65. No. 4. L. 8. de supellect. leg. L. 39. §. 6 u. L. 50. §. ult. de leg. I. (XXX.)

[14]) A. L. R. §. 309. Tit. 11. l. c. Stryck, Usus mod. L. 28. Tit. 1. §. 51.

[15]) §. 296. l. c.

[16]) c. 20 u. 26. X. de cens. (III. 39.) Lauterbach Coll. th. pr. Tit. de reb. cred. §. 33. et Tit. de solut. §. 23. — Ludolf, in com. jur. camer. p. 135. Kind, Quaest. for. L. I. c. 109. G. L. Böhmer, Rechtsfälle B. I No. 73. Pütters Rechtsfälle B. IV. Thl. 2. resp. 383. Carpzow, Jurisprud. for. P. II. const. 28. def. 9. Boehmer, Exercitat. ad Pand. B. II. Exercit. 40. §. 32. Runde, deutsches Priv. R. §. 207.

diese nicht mehr vorhanden, in der neuen Münzsorte nach Maaßgabe der alten [17]. Davon kann eine Abweichung Statt finden:

a) wenn wegen Länge der Zeit die Münzsorte ungewiß oder die Verabredung unklar ist. In diesem Falle sollte nach gemeinen Rechten der geringere currente Münzfuß angenommen werden [18]. Dieses ist in dem Allgemeinen Land-Rechte dahin näher bestimmt, daß die Zahlung in derjenigen Münzsorte geleistet und angenommen werden soll, in welcher die öffentlichen Abgaben zu entrichten sind [19].

b) wenn die Zahlung gleichförmig in einer schlechtern Münzsorte geleistet und angenommen worden. In diesem Falle waren die Meinungen der gemeinrechtlichen Schriftsteller verschieden. Nach der einen Meinung wurde eine Verjährung erfordert, und es sollte genügen, daß die Zahlung durch rechtsverjährte Zeit in der schlechtern Münzsorte geschehen [20]. Eine andere Meinung wollte die Verjährung in dieser Beziehung gar nicht zulassen, weil jede Jahresleistung die Natur des Kapitals habe, und eine neue Klage

---

17) A. L. R. Th. II. Tit. 7. §. 483. — c. 26. X de cens. (III 39). Leiser, Jus georg. Lib. III. c. 27. No. 78. Scheplitz, Consuet. Brandenb. Lib. I. P. 4. Tit. II. §. 7. Gail, II. obs. 73. n. 7 seq. Mynsinger, def. 3. No. 6.

18) c. 18. X. l. c. L. 9 u. 34. D. de regulis jur. (L. 37). Boehmer, Jus eccles. prot. B. III Tit. 39. §. 138.

19) II. 7 §. 482.

20) c. 20 u. 26. X. de cens. (III. 39.). Boehmer, Jus eccl. protest. l. c. §. 32.

erzeuge [21]). Nach einer dritten Meinung sollte schon eine gleichförmige, wissentlich in schlechterer Münzsorte ohne Vorbehalt angenommene, Zahlung durch mehrere Jahre hinreichen, um den Gläubiger zu verpflichten, auch künftig in derselben Münzsorte die Zahlung anzunehmen, weil die jährlichen Pensionen die Stelle der Zinsen verträten [22]), und daher sollte nicht ein Verlust des Rechts durch Verjährung erfordert, sondern ein Erlaß vermuthet werden [23]), welche Vermuthung jedoch durch den Gegenbeweis: daß der Gläubiger nicht um zu erlassen, oder nicht freiwillig, sondern weil z. B. vom Schuldner nicht mehr zu erlangen gewesen, die geringere Zahlung angenommen habe, beseitigt werden konnte [24]). Bei Zinsen (usuris) nahmen Einige diese Vermuthung schon nach einem dreijährigen Zeitraume an [25]); Andere verlangten keine be-

---

[21]) L. 7. §. ult. C. de praescr. 30. ann. (VII. 39.) Gail II. obs. 73. No. 1 u. 2. welcher sich auf viele Präjudicate des Reichskammergerichts beruft und Guid. decis. 406 cum duabus seq. allegirt, wo er sage: „ita semper judicatum fuisse in omnibus Curiis," wonach dieses die von der Praxis recipirte Meinung gewesen wäre. Vergl. auch: Mynsinger, cent. 3. obs. 13. in fine. Berger, elect. disc. forens. p. 1667.

[22]) Die Gülten und Renten sind allerdings aus der Form des verzinslichen Darlehns im Mittelalter entstanden. Eichhorn Rechtsgesch. §. 361. a. u. Priv. R. §. 105.

[23]) Stryck, Us. mod. Lib. XXII. T. 1 §. 44 in fine. Carpzow, l. c. P. II const. 2 def. 5 u. 6.

[24]) Carpzow, l. c. def. 6.

[25]) Per L. 5. C. de usuris u. l. 3. C. de apoch. Berger, Electa discept. forens. Tit. 50. obs. 3. not. 3. Brunne-

stimmte Zeit, sondern nur eine mehrmalige gleichförmige Zahlung [26]).

Das Allg. Landrecht ist dieser letztern Meinung in der Beziehung gefolgt, daß aus einer gleichförmigen Zinsenzahlung in einer bestimmten Münzsorte im zweifelhaften Falle vermuthet werden solle, daß auch die Hauptschuld in derselben Münzsorte contrahirt worden sei, woraus folgt, daß auch künftig die Zinsen in derselben Münzsorte angenommen werden müssen [27]). Die Verbindung, in welcher diese Bestimmung in dem Allgemeinen Landrechte folgt, ergiebt, daß die Redactoren die vorher vorgetragenen Meinungen der Rechtsgelehrten im Sinne gehabt haben; denn in den vorhergehenden §. §. 797 u. 798 ist festgesetzt, daß derjenige, welcher in schlechtern Münzsorten Zahlung ohne Vorbehalt annimmt, wegen des erlittenen Verlustes keine Nachforderung machen kann. Der Grund davon ist, weil ein Erlaß oder Vergleich angenommen wird [28]). Darauf folgt die Bestimmung, daß aus der wiederholten Annahme der Interessen in schlechterer oder besserer Münzsorte noch nicht die Verbindlichkeit folge, auch das Kapital in derselben Münzsorte anzunehmen oder zu zahlen, daß jedoch bei einer gleichförmigen Zahlung im zweifelhaften Falle vermuthet werden solle, daß

---

mann ad L. 5. C. de usuris, No. 4. Carpzow, l. c. def. 5. 6. 7.

[26]) — plures annos, aliquot annos — Stryck l. c.

[27]) §. 790. — 802. 835. Tit. 11. Thl. I.

[28]) Ed. v. 29. März 1764 §. 10 No. 17., in Uebereinstimmung mit dem gemeinen Recht. Hommel, Obs. 5. No. 414 u. 222. Carpzow, l. c. def. 6 u. const. 28 def. 10.

das Kapital in derselben Münzsorte bestehe. Den Grund davon findet man nach den Meinungen der Rechtslehrer, wie es scheint ganz richtig, in einer anzunehmenden Uebereinkunft (Erlaß, Vergleich), und es ist derselbe Grund auch bei diesen Bestimmungen, eben so wie bei den unmittelbar vorhergehenden, anzunehmen. Da das Allgemeine Landrecht die gemeine Meinung hiernach zwar annimmt, aber bei ihrer Ungleichförmigkeit modificirt, so kann über diese Modification nicht hinausgegangen werden. Daraus folgt, daß nicht, wie nach der einen Meinung der Rechtsgelehrten auch in Fällen, wo die Münzsorte nach dem Vertrage oder sonst unzweifelhaft ist, sondern nur in zweifelhaften Fällen, die gleichförmige Zahlung der Zinsen auch zur künftigen Zahlung und Annahme der Zinsen in derselben Münzsorte verpflichtet, zu welchem Resultat man auch durch die Bestimmungen gelangt, daß

1. aus diesen Zahlungen die Münzsorte des Kapitals vermuthet werden soll (§. 799—892),
2. daß die Zinsen in der Münzsorte des Kapitals zu entrichten sind (§. 835)[29]).

Das Allgemeine Landrecht weicht also in diesem Punkte von der frühern gemeinrechtlichen Praxis ab, und zwar in vollkommener Uebereinstimmung mit seinem allgemeinen Grundsatze, daß ein stillschweigender Erlaß oder Vergleich in solchen Fällen keine Wirkung haben kann, wo die gegenseiti-

[29]) Lauhn, Epistola de usuris, eadem in bonitate cum sorte solvendis. Jenae 1763. Puffendorf, Observ. jur. IV. No. 101 u. 102. L. 23 C. de usuris (IV. 32).

gen Rechte und Verbindlichkeiten durch Verträge oder auf sonst rechtsverbindliche Weise unzweifelhaft feststehen. Nach Preußischem Rechte findet also in diesem Falle keine Abweichung von der Regel statt. Dagegen wird in Betracht, daß das Allgemeine Landrecht in dieser Materie überhaupt der gemeinrechtlichen Praxis folgt, anzunehmen sein, daß das, was von Zinsen gilt, auch auf andere jährliche Geldleistungen anzuwenden[30]).

IV. In Beziehung auf die Zeit der Zahlung könnte es scheinen, als wenn die mora accipiendi des Gläubigers Einfluß haben müßte, so zwar, daß wenn eine dem Schuldner nachtheilige Differenz zwischen dem Werthe der Münzen zur Zeit des Eintritts der Mora und des zur Zeit der spätern Zahlung entsteht, die erstere berücksichtigt werden müßte, wenn sie für den Schuldner vortheilhafter wäre. Bei näherer Betrachtung läßt sich solches aber nicht annehmen, weil der Schuldner zu allen Zeiten nicht mehr zahlt als er von Hause aus schuldig ist, und als der Gläubiger von Anfang an zu fordern hat. Der Inhalt der Schuld hat, nach der größern Quantität reducirter Münzen, keinen höhern Werth als nach der ursprünglichen geringern Quantität mehrgeltender Münzen; und wenn der Schuldner dadurch, daß er das ihm gehörige Geld bei sich liegen läßt, Schaden leidet, so hat er sich dieses selbst beizumessen, da er sich durch Deposition liberiren konnte[31]). Bei Darlehnen von an-

---

[30]) §. 82. Tit. 16, in welchem ausdrücklich auf die Bestimmungen über die Münzsorten im §. 877 u. f. Tit. 11. verwiesen ist.

[31]) Das Rescr. des Justiz-Min. v. 1. April 1812 (v. Kamptz Jahrb. I. S. 47.) weiset in einem hierher gehörigen Falle auf die über die Mora und deren rechtlichen

dern fungiblen Sachen (uneigentlichen Darlehnen) hat zwar der Schuldner bei eintretender mora accipiendi die Wahl, ob er noch die Sache selbst geben, oder deren zur Verfallzeit gestandenen Werth entrichten will[32]). Aber die Anwendung dieser Regel auf Geldbarlehne würde kein anderes Resultat geben: auch überdieß hat der Schuldner nichts weiter zu leisten als den Werth des Geldes zur Verfallzeit. Seine Verbindlichkeit reducirt sich immer auf Zahlung der ursprünglichen numerischen Summe Geldes, dargestellt von so und so viel Gold-, Silber- oder Kupfermünzen, welche ja nach ihrem geltenden Werth mehr oder weniger an Zahl sein müssen, weil sonst die zu zahlende Summe Geldes nicht erfüllt werden würde.

V. Bleibt es nach diesen sub Nro. I bis III in Beziehung auf einzelne Fälle angegebenen Regeln noch zweifelhaft, auf welche Münzsorte die Absicht der Kontrahenten bei der Kontrahirung der Hauptschuld (denn sub III 4 war die Rede von der Münzsorte, in welcher jährlichen Prästationen zu leisten) gerichtet gewesen, so soll nach der Meinung einiger Schriftsteller des ge-

---

Folgen geltenden Bestimmungen hin; es bezieht sich solches aber nur auf die mora solvendi. Dagegen wollen einige gemeinrechtliche Schriftsteller auf die Mora sehen; ihre Gründe sind aber nicht einleuchtend, und von Andern theils ignorirt, theils widerlegt. Cocceji Jus controv. L. 46 Tit. 3. qu. 5 in fine. In dem Fall jedoch, wo der Debitor nach Eintritt der Mora des Gläubigers ohne eigene Schuld das Geld verlöre, würde er liberirt werden. L. 72. pr. D. de solut. (XLVI. 3). Dies geschähe z. B., wenn ihm, noch ehe er deponiren konnte, etwa auf dem Rückwege vom Gläubiger, das Geld geraubt würde.

[32]) A. L. R. I. 11 §. 860.

meinen Rechts die Erklärung aus der, longo tempore oder 10 Jahre erfolgten gleichartigen, Zahlung der Zinsen oder Abschlags-Zahlungen genommen werden [33]). Diesen Grundsatz hat das Allg. Landrecht in der Art angenommen, daß im zweifelhaften Falle vermuthet werden soll, es sei die Hauptschuld in eben solchen Münzsorten contrahirt, als worin die Interessen entrichtet und angenommen worden [34]); die Entrichtung muß aber gleichförmig in einer und derselben Münzsorte, und nicht bald in dieser bald in jener geschehen sein [35]). und die Münzsorte muß wirklich zweifelhaft sein: denn außerdem folgt aus der Zahlung der Zinsen in schlechtern oder bessern Münzsorten in Beziehung auf die Hauptschuld nichts [36]). Für zweifelhaft kann aber

---

[33]) Scheplitz, Consuetud. Brandenb. Lib. I. P. 4. Tit. 11. §. 6 No. 23. Cothmann, Vol. I. resp. 34. No. 318. 321. Müller, Promptuar. voce moneta No. 22. Berger, Tit. 50. obs. 3. not. 3. Brunnemann ad L. 5. C. de usuris No. 3. u. 4. Hommel, Rhapsod. obs. 221. No. 4.

[34]) Tit. 16. §. 82. Tit. 11 §. 801.

[35]) §. 802. Tit. 11.

[36]) §. 799. 800. 801 a. a. O. Aus historischen Gründen ist also Grävell's Meinung: daß „diese, aus einer gleichförmigen Interessenzahlung entstehende, Vermuthung wegen der Münzsorte des Kapitals — diejenigen, „welche in Ermangelung anderer Auskunftsmittel im §. „779. festgesetzt sind, überwiege", unrichtig. Der §. 779 enthält nämlich die Hauptregel: daß in Ermangelung einer bestimmten Verabredung die zur Zeit des abgeschlossenen Contracts gangbare Münzsorte angenommen werden solle, welches auch noch an mehreren andern Orten (Note 6) ausgedrückt ist; und der §. 801 bestimmt: „Im zweifelhaften Falle wird jedoch vermuthet, daß die Valuta des Darlehns in eben solchen Münzsorten, als worin die Interessen entrichtet

die Münzsorte nicht gehalten werden, wenn die Zeit der Entstehung der Geldschuld bekannt, und über die Münzsorte keine Verabredung getroffen ist, weil ja eben in diesem Falle die zur Zeit des geschlossenen Kontracts gangbare Münzsorte angenommen wird, (Note 6 und 36) d. h. als stillschweigend verabredet sich von selbst versteht, so daß hier von keiner Präsumtion und deren Entkräftung, sondern von einem Naturale des Geschäfts die Rede ist, wovon ohne eine ausdrückliche und rechtsbeständige Verabredung nichts geändert werden konnte. Dagegen kann sie zweifelhaft sein, wenn der Münzsorte wirklich Erwähnung geschehen, die Absicht der Contrahenten aber unklar ist. (Vergl. den folg. §.). In solchen Fällen erhält die Meinung der Contrahenten von ihnen selbst eben durch gleichförmige Zahlungen eine Erklärung. Deshalb, weil daraus nichts weiter als eine solche Willenserklärung zu entnehmen ist, kommt es ganz richtig auch auf keine Verjährungsfrist an, und daher wird eine gewisse Zeit, durch welche die gleichförmige Zinszahlung geschehen sein müßte, nach Preuß. Rechte nicht verlangt. Ist aber durch rechtsverjährte Zeit eine solche Zahlung geleistet, so hat der Gläubiger das

---

und angenommen worden, bestanden habe." Konstirt also die Zeit des Kontracts, so ist die Münzsorte nicht zweifelhaft, worüber man vor dem Allgemeinen Landrechte einig war. Bielitz in seinem Kommentar sagt gar: „daß die im §. 801 angegebene Vermuthung „die allgemeine im §. 779 enthaltene Vermuthung über „die Valuta bei Darlehnen überwiegt, ist eben so klar, „als daß diejenige Parthei, welche das Gegentheil von „der, unter den angeführten Umständen eintretenden, „Vermuthung behauptet, hierüber den Beweis führen „muß." Woher diese Klarheit kommen soll, ist nicht zu sehen. Vergl. oben No. 1 Lit. b.

Recht erworben, ohne Rücksicht auf die ursprüngliche Münzsorte die Zahlung in derjenigen, in welcher durch die Verjährungsfrist gezahlt worden, zu fordern [37]).

Hat ein Vergleich über die bei Münzveränderungen zu zahlende Summe Statt gefunden, so kann, wie sich versteht, außer dem Falle eines Irrthums oder Betrugs, davon nicht abgegangen, und weder eine Nach- noch Rückforderung gemacht werden. Ein solcher Vergleich wird aber angenommen, wenn der Gläubiger die Zahlung in geringhaltiger Münze ganz oder nach einem niedrigern Verhältniß, z. B. ausdrücklich zur Hälfte, zum Drittel oder Viertel, angenommen, und ohne Vorbehalt über die Schuld oder über eine Quote derselben quittirt hat [38]).

§. 8.

b. in einigen besondern Fällen.

Eine große Meinungsverschiedenheit der gemeinrechtlichen Schriftsteller findet sich beim Darlehnscontract in Beziehung auf Münzveränderungen; und es ist fast ausschließlich nur das Darlehn in Bezug auf Münzverän-

---

[37]) Ar . §. 837. a. a. O.

[38]) Ed. v. 29. März 1764. §. 10 No. 17. — A. L. R. l. c. §. 797. 798. Das Allg. Landrecht ist nicht so klar wie das Edict, und spricht bei dem Gläubiger nur von einem Betruge des Schuldners, aus welchem eine Nachforderung Statt finden soll, während es dem Schuldner die Rückforderung auch aus Irrthum gestattet. Da jedoch in allen Fällen, wo es nicht ausdrücklich abgesprochen wird, die Anfechtung einer Willenserklärung aus Irrthum statthaft ist, so kann nicht angenommen werden,

derungen und deren Folgen in Betracht gezogen worden. Diese Behandlungsart hat auch auf die Redaction des Allgemeinen Landrechts den Einfluß geäußert, daß die Grundsätze und Regeln von der Münzveränderung nur in der Lehre vom Darlehn abgehandelt worden sind, und bei andern Materien darauf zurückgewiesen wird. Es scheint jedoch, daß eine naturgemäße Behandlung des Darlehnsgeschäfts die gemachten Schwierigkeiten beseitigen müßte, wenn man nämlich davon abstrahirt, vorzugsweise auf die bei Abschließung des Darlehns gegebenen Münzsorten zu sehen, als wenn das Schicksal derselben besondern Einfluß auf die Rechte des Gläbigers haben könnte. Der Gelddarlehnscontract ist seiner Natur und Wirkung nach, in Beziehung auf die Wiederaufhebung desselben durch Liberation, nichts weiter als ein Rechtsgeschäft, durch welches von Anfang an eine Geldschuld contrahirt wird. Der Schuldner wird zum Eigenthümer einer gewissen Anzahl von Geldstücken gemacht und dafür schuldig, sich durch Zahlung einer gewissen dabei ausgemachten Geldsumme wieder zu liberiren. Insofern die Verabredung nicht gegen ausdrückliche Verbotsgesetze (Wuchergesetze) verstößt, muß die in Ansehung der Berechnung der künftig zu zahlenden Summe, getroffene Verabredung verbindlich sein, ohne daß in Beziehung auf diese Verpflichtung auf die, bei Contrahirung des Darlehn gegebene, Münzsorte gesehen wird, wenn solches nicht zu dem Zwecke geschieht, um zu ermitteln, in welcher Münzsorte die Geldschuld zu Stande gekommen ist. Es ist nicht einzusehen: welcher Unterschied

---

daß dem Gläubiger die Anfechtung aus dieser causa hier an sich nicht gestattet sein sollte. Carpzow, Jurisprud. forens. P. II. const. 28. def. 10. — Hommel, Rhapsod. Obs. 5. 222. 414. 219.

zwischen der, durch ein Darlehn entstandenen Geldschuld, und derjenigen, welche zu derselben Zeit durch einen Kauf-Contract contrahirt worden, in Beziehung auf die Münzsorte, worin künftig Zahlung zu leisten, bestehen soll, wenn darüber aus der Stipulation nichts hervorgeht. Ein Darlehns-Contract, wornach der Schuldner schlechthin 1000 Rthlr. empfangen hat, legt ihm auf, zur Verfallzeit wieder 1000 Rthlr. zu zahlen, und ein Kauf-Contract, wornach eine Sache für 1000 Rthlr. verkauft wird, verpflichtet den Käufer eben so, zu seiner Zeit 1000 Rthlr. zu zahlen. Das Darlehn löset sich, genau betrachtet, ebenfalls in einen Kauf und Verkauf auf. Der Darleiher tradirt dem Darlehnsnehmer die Geldstücke, macht ihn dadurch zum Eigenthümer derselben, und läßt sich dafür eine gewisse Geldsumme versprechen. Soll aber eine solche Gleichheit eintreten, so wird vorausgesetzt: daß der Darlehns-Contract schlechthin, ohne alle Nebenabreden in Beziehung auf die künftig zurückzuzahlenden Münzsorten zu Stande gekommen, also ein eigentlicher reiner Gelddarlehns-Contract sei. Dergleichen Nebenabreden werden jedoch häufig getroffen, und modificiren das Wesen des Contracts. Denn ein Darlehns-Contract, worin eine gewisse Species von Münzen bei der künftigen Zahlung ausdrücklich ausbedungen worden, constituirt eigentlich keine reine Geldschuld, indem diese specielle Münzsorte, wovon in dem Contracte die Rede ist, nicht wie Geldmünzen, bei welchen es nicht auf die Species vielmehr nur auf die Quantität und den dadurch dargestellten Geldwerth ankommt [1]), sondern wie

[1]) Dieß folgt aus der Natur der Geldmünzen als allgemeiner Tauschmittel, und ist vielfältig anerkannt. L. 65 §. 1. D. de verb. obl. (XLV. 1.)

„—Stipulanti denarios, ejusdem quantitatis aureos spondendo, obligaberis —“

eine andere fungible Sache, etwa wie eine Quantität Wein oder Korn, wobei bloß auf die Quantität und Qualität, nicht aber auf den Werth gesehen wird, behandelt. Bei solchen Contracten kommt es denn also auf den veränderten Geldwerth der ausbedungenen Species von Münzen nicht an. Diese Art von Darlehnsgeschäften verhalten sich zu den Darlehnen der ersten Art, wie ein Leih- oder Mieths-Contract zu einem Kauf-Contract. Es ist daher bei einem Darlehns-Contract darauf zu sehen: ob eine Geldsumme d. h. eine Quantität Geldmünzen zu einer bestimmten Summe Geldes; oder ob eine gewisse Anzahl specieller Münzen d. h. eine gewisse Stückzahl von einer bezeichneten speciellen Münzsorte, geliehen worden. In dem erstern Falle ist ein reines Gelddarlehn vorhanden, wobei Eine Münzsorte für die Andere gegeben werden kann, wenn nur die numerische Quantität oder die bestimmte Geldsumme dadurch prästirt wird; im andern Falle aber ist kein reines Gelddarlehn, vielmehr ein uneigentliches Darlehn vorhanden, denn es soll auf die specielle Münzsorte gesehen werden.

L. 159. de verb. signif. (L. 16.)
„Etiam aureos nummos aes dicimus"
L. 94 §. 1. de solut. (XLVI. 3.)
„— in pecunia non corpora — sed quantitatem —"
Vergl. dazu die Noten des Godofred.
L. 1 pr. de contrah. emt. (XVIII. 1.)
„electa materia est, cujus publica ac perpetua aestimatio difficultatibus permutationum, aequalitate quantitatis subveniret: ea materia forma publica percussa usum dominiumque non tam ex substantia praebet, quam ex quantitate —"
Vergl. L. 34. §. 3. 4. de legat I. (XXX.) u. L. 99. D. de solut. (XLVI. 3.) Auch Seneca de benefic. VI. 5. Wenn auf die Species gesehen wird, so wird die Münze nicht als Geldmünze gebraucht.

Nach dieser Voraussetzung scheint die richtige Anwendung der von Geldschulden geltenden Regeln auf die einzelnen Fälle des Darlehns-Contracts keine besondere Schwierigkeit zu machen.

I. Wenn in dem Darlehns-Contracte eine specielle Münzsorte vorkommt, so ist zu unterscheiden:

1. ob die Münzsorte wirklich als künftiges Zahlungsmittel ausbedungen; oder

2. ob dieselbe bei Abschließung des Darlehns nur in Zahlung gegeben, und ob in Beziehung auf die künftige Rückzahlung des Darlehns schlechthin eine Geldschuld contrahirt worden ist.

Der zweite Fall ist vorhanden, wenn z. B. der Schuldner erklärt hat, daß er von dem Gläubiger ein Darlehn von 600 Rthlr., und den Werth durch 100 Friedrichs'dor nach dem Course von 6 Rthlr. pro Stück gezahlt erhalten habe. Hier ist eine reine Geldschuld von 600 Rthlr. contrahirt, und es kommt auf die Münzsorte gar nicht an (Note 3). Die 100 Friedrichsd'or, durch welche nach ihrem dermaligen Geldwerth die Valuta des Darlehns ganz richtig ausgezahlt worden ist, sind bloß in Zahlung gegeben. Ist zur Zeit der Rückzahlung eine Münzveränderung vorgegangen, so muß eine solche Quantität gegeben werden, als nothwendig ist, um eine Summe Geldes von 600 Rthlr. zu dem Handelswerthe, welchen 600 Rthlr. zur Zeit des geschlossenen Contracts hatten, darzustellen. Wenn also z. B. zur Contractszeit 1803 der Courswerth von dem Nennwerth der 600 Rthlr. nicht verschieden gewesen wäre, und die Zahlung den 1ten April 1808 in Scheidemünze, welche an diesem Tage 134 Rthlr. 15 Sgr. im Course stand, hätte geschehen sollen, so würden 6 mal 134 Rthlr. 15 Sgr. haben gezahlt werden müssen [2])

Dieselbe Bewandniß hat es bei einem, in Staats. Papieren oder Pfandbriefen abgeschlossenen, Darlehnsgeschäft. Ist das Darlehn auf die Papiere geschlossen, d. h. sind z. B. 1000 Rthlr. in Staatsschuldscheinen geliehen, so müssen künftig 1000 Rthlr. in Staatsschuldscheinen zurückgegeben werden, ohne daß es auf den Cours derselben zu irgend einer Zeit ankommt, eben so als wenn 100 Scheffel weißer Waitzen geliehen worden wären, wobei der Preis zu den verschiedenen Zeiten auch unberücksichtigt bleibt. (No. IV). Sind bei Abschließung des Darlehns aber die 1000 Rthlr. Staatsschuldscheine in Zahlung gegeben, so muß künftig diejenige Summe Geldes, zu welcher sie in Zahlung angenommen worden, zurückgezahlt werden, vorausgesetzt, daß dabei nicht gegen die Wuchergesetze gefehlt worden [3]).

Sind aber die 100 Friedrichsd'or als solche geliehen und dabei nur gesagt, daß sie jetzt nach dem Course das Stück zu 6 Rthlr. gerechnet würden, so ist die Species dieser Münze, nämlich die 100 Friedrichsd'or, Gegenstand des Contracts, und der dermalige

---

[2]) Ed. vom 29. März 1764. §. 10. No. 5. — Ed. vom 9. Mai 1795 No. XXII. — Declaration vom 27. Novbr. 1811.

[3]) A. L. R. I. 11. §. 793. — Declaration vom 4. April 1811. Ges. S. p. 169. — Declaration vom 28. Decbr. 1811. G. S. pro 1812. S. 1. — Simon und v. Strampff, Rechtssprüche I. 188. — Jahrb. I. S 134. — Eigentlich sind solche Darlehne, wobei nicht schlechthin eine Geldsumme dargeliehen, sondern auf die verabredete Darlehnssumme etwas in Zahlung gegeben wird, Kaufcontracte, wobei das Kaufgeld creditirt wird, §. 796 a. a. O., wie denn überhaupt die Angabe an Zahlungsstatt nach den Regeln vom Kauf behandelt wird.

Courspreis ist bloß der Beschreibung wegen hinzugefügt [4]).

In einzelnen Fällen kann die Absicht der Contrahenten allerdings zweifelhaft sein; dies hat aber auf den Rechtsgrundsatz keinen Einfluß, sondern ist Thatsache. (Vergleiche den vorigen §. in fine). Ist solchergestalt auf eine specielle Münzsorte contrahirt [5]), so muß die vorgeliehene Stückzahl in derselben Münzsorte von gleicher Qualität zurückgegeben werden, d. h. es sind, wenn z. B. 100 Preußische Friedrichsd'or im Jahre 1806 wo der Cours bis über 6 Rthlr pro Stück gestiegen war, geliehen worden, und gegenwärtig, wo der Cours nur 5⅔—5¾ Rthlr. ist, zurückgezahlt werden sollen, 100 Stück Friedrichsd'or ohne Rücksicht auf deren Handelswerth zu geben, da die ursprüngliche Qualität unverändert geblieben ist; umgekehrt würde, wenn der Courswerth unter 5 Rthlr. gefallen wäre, dieses ebenfalls gleichgültig sein. Eine andere Münzsorte kann der Schuldner in diesem Falle nicht geben [6]), weil eigentlich keine Geldsumme, sondern nur eine fungible Sache geliehen worden; und wie z. B. eine Quantität 1811er

---

[4]) Carpzow, Jurisprudentia forensis P. II. const. 29. def. 7. 8.

[5]) Pothier du Prêt de consomption No. 37 will einen solchen Contract als contra jus publicum nicht zulassen, weil der Fürst seine Münzen den Privat-Personen nur dazu austheilt, um zum Zeichen des Werths aller Sachen zu dienen. Nur bei Wechselbriefen nimmt er ihn als einen Tausch-Contract an.

[6]) §. 783 a. a. O. Ist das Instrument auf eine gewisse Anzahl von Stücken einer Gold- oder Silbermünze gerichtet, so muß genau dieselbe Zahl zurückgegeben werden. Edict vom 9. Mai 1765 No. XV. N. C. C. T. III. S. 669. — Edict Johannes Siegismundis v. 4. Fe-

Johannisberger nicht durch eine gleiche Quantität 1834er zurückgegeben werden kann, weil diese nicht von derselben Quantität sein würde [7]); eben so läßt sich auch die ausbedungene Münzsorte der Friedrichsd'ore nicht durch andere Geldsorten abtragen. Müßte es irgend wie z. B. im Wege der Execution, mit Bewilligung des Gläubigers doch dazu kommen, so würde erst die Umwandlung in eine allgemeine Geldschuld erfolgen, und dabei zu bestimmen sein; welchen Werth die 100 Goldstücke in dem zur Zeit gerade gangbaren, und vielleicht herabgesetzten, Courantgelde hätten. Gegen den Willen des Gläubigers kann ihm aber die Zahlung in Courantgelde nicht aufgedrungen, sondern es müssen ihm die Goldstücke zu jedem Preise angeschafft werden, es wäre denn, daß dergleichen nicht mehr im Umlauf wären, wo eine Umwandlung Statt finden müßte [8]), von welcher unten die Rede sein wird. Der Fall, wo der Contract auf eine gewisse Summe in Golde lautet, ohne Bestimmung der Stückzahl, gehört nicht hierher. Es kann die Zahlung dann in jeder beliebigen Goldmünze geschehen, wobei der Ducaten zu $2^3/_4$ Rthlr. und andere Preuß. Goldmünzen zu dem Betrage, zu welchem sie ausgeprägt sind, anzuschlagen [9]).

Hat die Münzsorte, welche bedungen worden, eine Veränderung erlitten, so ist zu unterscheiden:

1. Die Münzsorte ist nach ihrem innern Gehalt un-

---

bruar 1612; in Scheplitz Lib. I. p. 321. — Pütters auserlesene Rechtsfälle B. I. resp. 60.

[7]) L. 3. D. de rebus creditis (XII. 1.)

[8]) Leyser Sp. 529 m. 21. — Carpzow Liber 5 respons. 95.

[9]) A. L. R. I. 11. §. 781. Vergl. Ed. vom 9. Mai 1765. No. XIX.

verändert geblieben, und nur in ihrem äußern Werthe heruntergesetzt worden. Dann muß die Rückzahlung in eben derselben Münzsorte geleistet und angenommen werden, ohne Rücksicht auf ihren geringern Courswerth zur Zeit der Zahlung, ebenso wie bei dem uneigentlichen Darlehn, wo ebenfalls nicht auf den Preis gesehen wird, wenn nur die Sache in derselben Quantität und Qualität, in welcher sie geliehen worden, zurückgegeben wird [10]). In diesem Falle äußert aber die Mora rechtliche Wirkungen, in sofern dieselbe in Beziehung auf die Preisveränderung einen Unterschied bewirkt [11]).

2. Die Münzsorte ist auch nach ihrem innern Gehalte verändert, und

   a. von dem Gehalte zur Zeit des Contracts sind noch Stücke neben den verschlechterten im Umlauf. Dann müssen Stücke von dem frühern Gehalte geschafft werden;

   b. die Stücke, welche ausbedungen, sind einberufen, und mithin nicht mehr zu haben. Dann muß die Obligation in eine Geldobligation nach der gangbaren Münzsorte umgewandelt werden, und dabei soll der Courspreis beider Münzsorten zu

---

[10]) §. 790 u. 851 a. a. O. Für diesen Fall ist die Bestimmung dieses, schon vorhin in einer andern Beziehung betrachteten §. richtig; es ist jedoch die Frage: ob die Redactoren sich den Fall, auf welchen der §. paßt, so gedacht haben. Ed. vom 9. Mai 1765 No. XV u. XXII b. — Bucher Recht der Ford. §. 93. No. 2 Lit. b.

[11]) §. 859. u. 860 a. a. O. Vergl. Pr. Landr. v. 1721 B. IV. Tit. 1. Art. 3 §. 5 u. 4. — L. 22 D. de reb. cred. (XII. 2) — Voet. L. XIII. Tit. 3.

einander zur Zeit des geschlossenen Contracts maaßgebend sein [12]). Der Cours zur Zeit des geschlossenen Contracts scheint jedoch der Sache nicht angemessen; vielmehr müßte der zur Verfallzeit, wo die Umwandlung geschieht, zur Ausgleichung dienen, weil nur der Preis, welcher zur Zeit der Zahlung gerade üblich ist, den Gläubiger angemessen entschädigt. Man könnte glauben, der Cours zur Zeit des Contracts solle nur ein Nothbehelf sein, weil zur Zeit der Zahlung die zu erstattende Münzsorte ja eben fehlt, mithin keinen Cours haben kann. Dieses ist aber umgekehrt auch mit der jetzt gangbaren schlechtern Sorte zur Zeit des Contracts der Fall, und man recurrirt deshalb zur Ermittelung des Courses auf eine solche Münzsorte, welche mit der zur Zeit des Contracts fehlenden (jetzt gangbaren) auf gleichen Fuß ausgeprägt ist [13]).

Die nehmlichen Grundsätze kommen zu Anwendung, wenn

3. eine fremde Münzsorte ausbedungen [14]), welche an dem Zahlungsorte nicht zu haben ist. Die Forderung wird alsdann in die, an dem Zahlungsorte gangbare Courant-Münze, nach dem Course der

---

[12]) A. L. R. l. c. §. 788. 789. L. 24 §. 1 D. de pignorat. act. (XIII. 7) — Leyser Sp. 529 m. 21.

[13]) §. 789 a. a. O. Seger l. c. No. I. u. II.

[14]) Man hat es bei Gerichtsgehöfen schon bezweifelt, ob Darlehns-Contracte in fremden Münzsorten ausbedungen und ins Hypothekenbuch eingetragen werden könnten. M. s. das belehrende Rescr. v. 10. Septbr. 1830: Jahrbüch. XXXVI. S. 146.

beiden Münzsorten, wie er an dem Zahlungsorte zur Zeit des geschlossenen Contracts gestanden hat, umgewandelt [15]). Nach den, vor dem Allgemeinen Landrechte bestehenden Gesetzen wurde, der Sache angemessener, der Cours des Zahlungstages der Berechnung zum Grunde gelegt. [16])

II. Die Stipulation geht schlechthin auf eine Geldschuld, d. h. auf eine Geldsumme ohne nähere Bestimmung der Münzsorten. Dann kommt es bloß darauf an: ob der äußere Werth oder Courspreis verändert ist, gleichviel aus welchem Grunde, denn der Handelspreis ist der Werthmesser der Münzen, und es müssen nach diesem Preise so viel Stücke gegeben werden, daß die jetzt zu zahlende contrahirte Summe herauskommt [17]). Es macht keinen Unterschied, ob der ganze Münzfuß, oder nur eine einzelne Münzsorte verändert ist; in beiden Fällen ist das Resultat das nämliche, es kommt alle Mal auf das Verhältniß des Preises der jetzt gangbaren Münzsorte, worin gezahlt werden soll, und desjenigen der frühern Sorte, bei welcher contrahirt worden, an, und dieser Preis wird durch den Cours angezeigt, es wäre denn, daß durch ein Gesetz dem Richter ein bestimmter Preis vorgeschrieben worden, welcher dann in den Fällen, wo die Entscheidung des Richters verlangt

---

[15]) §. 785 u. 786 l. c.

[16]) Ed. vom 29. März 1764 §. 10 No. 4. 6. — Seger l. c. No. I. u. II. Einige neuere gemeinrechtliche Schriftsteller nehmen die Meinung des Allgemeinen Landrechts an. v. Wening-Ingenheim B. III. §. 6 — Fels l. c. §. 14. Dagegen aber Seger l. c. — Thibaut §. 100. Vergl. auch Schweppe Lehrbuch §. 90 — Muhlenbruch Pandect. §. 651 No. 3 u. 4.

[17]) §. 6. Note 4 u. 5. — v. Wening-Ingenheim B. III. §. 6. Nr. II. — A. L. R. a. a. O. §. 787.

wird, der Berechnung zum Grunde gelegt werden muß[18]). In Ermangelung eines solchen speziellen Gesetzes ist auf den Cours zur Zeit des geschlossenen Contracts zu sehen[19]). Die nach demselben sich ergebende Geldsumme muß in jetzt gangbaren Münzen, ebenfalls nach ihrem Tagescourse[20]) gezahlt werden, so daß es auf den Cours zu beiden Zeitpunkten ankommt. Hierin ist also dieser Fall von dem vorigen (I. 2 u. 3) verschieden.

III. Ist die Schuld in einer gewissen Münzsorte contrahirt, so jedoch, daß die Meinung nicht auf die Stückzahl gerichtet gewesen, sondern die Münzen, von einer oder von verschiedenen Sorten, gleichviel, nur in Zahlung gegeben sind, so ist der Fall von dem vorigen (II.) nicht wesentlich verschieden[21]). Es muß die Zahlung in denselben Münzsorten geleistet werden, nach dem Tagescourse, so daß an Stückzahl mehr oder weniger als zur Zeit des geschlossenen Contracts zu der Geldsumme erforderlich waren, zu geben sind[22]).

IV. Bei dem Papiergelde ist zu allen Zeiten bloß auf den Courswerth zu sehen, sowohl zur Zeit des geschlossenen Contracts wie zur Zeit der Zahlung[23]). Ist

---

[18]) §. 787. u. 788—789 a. a. O. Vergl. die verschiedenen, in Folge der frühern Reduction der Scheidemünze, ergangenen, oben allegirten Bestimmungen. Vergl. Glück B. XII. S. 67. — R.-Absch. v. 1576. §. 76.

[19]) §. 788. 789 a. a. O. Mühlenbruch l. c. §. 651. No. 2 u. 3

[20]) S. oben §. 7. Nr. II. und dazu Note 6. — Bucher Recht der Forderungen §. 93. Nr. 2. lit. a.

[21]) S. oben I. und Note 9. — v. Wening-Ingenheim l. c. No. III.

[22]) Note 15 und Bucher l. c. lit. c. — v. Wening-Ingenheim l. c. No. IV.

[23]) J. L. A. Seidensticker Spec. doctr. de jure monetae

auf Geldpapiere au porteur contrahirt, so müssen dieselben ohne Rücksicht auf ihren Courswerth in derselben Art gezahlt werden [24]). Sind dergleichen nicht mehr vorhanden, so müßte zwar deren Werth, wie er zur Verfallzeit gewesen, in Gelde entrichtet werden [25]), weil das Geschäft ein uneigentliches Darlehn ist. Es ist jedoch, den Grundsätzen vom eigentlichen Darlehn zuwider, bestimmt, daß auf den Cours zur Zeit des Contracts gesehen werden solle [26]), als wenn eine Angabe an Zahlungsstatt oder ein Kauf Statt gefunden hätte. Für den Fall, daß in Papiergeld contrahirt, z. B. ein Darlehn in Tresorscheinen oder Kassenanweisungen gegeben worden, ist diese Bestimmung der Natur der Sache angemessen (Note 22), und hätte nicht anders ausfallen können, wenn man dabei an denselben wirklich gedacht hätte, was wol nicht der Fall sein wird, weil zur Zeit

---

chartaceae. Jenae 1807. 8. Hufeland rechtliches Gutachten über die Entscheidung der durch die Herabwürdigung der Bancozettel in Tirol entstandenen Rechtsstreitigkeiten (ohne Dr. O. 1807) §. 21. — v. Wening-Ingenheim l. c. no. V. — Mühlenbruch l. c. no. 4 — Traité de transactions pendent le Papier monaie. Par Guischard. Paris. II. Vol. 1798. 12. — Nouveau Ferrière mot Obligations und vente. — Dictionaire des arrêts m. papier-monaie und remboursement. — Merlin m. Assignat, monaie §. 5. — Merlin Questions de droit m. papier-monaie. — Sirey 1810. I. 93. — Grenier Receuil des lois et arrêts relatifs à la lesion en ventes et partages pendent le cour du papier-monnaie. Paris chez Rondonn.

24) A. L. R. a. a. O. §. 851. 793. — Hommel Rhapsod. Obs. 514.

25) Vergl. oben Nr. I. in fine und Note 16, und A. L. R. a. a. O. §. 859.

26) §. 794. 795. a. a. O.

der Redaction des Allgem. Landrechts noch keine Papier-Münze existirte.

III. Erweiterung des Objects.

1. Zinsen.

Paulus sent. II. 14. Cod. Theodos. II. 33. D. XXII. 1. Cod. IV. 32. Nov. 33, 34 und die nicht glossirten 32. 121. 138.

Die vorzüglichsten Schriften sind:
Donellus tr. de usuris, fructibus et mora. In oper. priorib. Frankofurti a. M. 1589. p. 1. und in ed. Lucensi opp. Vol. VIII. p. 359 seq. und Vol. X. p. 1377 seq. — Noodt de foenore et usuris libri tres. Lugd. Bat. 1698. In oper. Lugd. Bat. 1724. T. I. p. 175 seq. — Caspar Cabbalinus de Cingulo (Molinaeus), Tract. de usuris seu de eo quod interest. Colon. 1566. 1577. 1596. dein cura Molinaei. ibid. 1625. 8. — Joh. Heinr. de Berger de usuris. Vit. 1685. (In diss. select. no. 9). — Salmasius de usuris. Lugd. Bat. 1639. 8. — Glück Commentar XXI. §. 1129—1139.

Von weniger literarischem Werthe:
Hotomanni Commentar. in Tit. D. de usuris. Basil. 1571. — Vultejus de usuris. Marb. 1587. — Borcholt Commentar. in Tit. C. de usuris. Helmst. 1593. — Ritterhusius de usuris. Norimb. 1597. — Cloppenburg, brevis institutio de foenore et usuris. Lugd. Bat. 1640. 8. — Jul. a Beyma Tractatus de pignoribus et usuris. Leovard. 1645. — Schacher de usuris. Lips. 1655. — Jo. Harpprecht de gravissima usurarum materia. Tüb. 1618. — Ernst. Fr. Schröter de usuris. Jenae 1667. — Burcard Bardili de usuris. Tüb. 1601. — Stockhammer de usuris, in disput. Basil. — Scipione Maffeo, ecclesiae Romanae Cardinalis Presbyter, dell Impiego del Danaro; libri tre; i. e. de usuris pecuniariis Libri tres. Veronae 1744. 4. — Formey Examen de l'usure, a Berlin 1761. — de Ris Obser-

vations sur les intérêts de l'argent preté. à Génève et Paris 1781.

A. L. R. I. 11. §. 803—852. I. 16. §. 64—71.

§. 9.

a. Begriff derselben.

Bei Sachen kann von einem zweifachen Werthe die Rede sein:

1. von dem Werthe des Eigenthums,
2. von dem des täglichen Gebrauchs, welcher nur Sinn und Bedeutung hat in Beziehung auf eine gewisse Zeit.

Der bloße Gebrauchswerth einer Quantität fungibler Sachen kann in Sachen derselben Art [1]) nach Quoten der Quantität, aber auch in andern [2]) Sachen, oder Abnutzungen, oder Dienstleistungen bestimmt werden. Die Römer machten aus dem Verleihen des Geldes gegen Entgeld (Geldvermiethen), ein eigenes, von dem Darlehn (mutuum), das seiner Natur nach, wie das Commodat, unentgeldlich war, ein eigenes Rechtsgeschäft, welches sie foenus nannten, und mit dem Mutuum zwar, wie die Pacht oder Miethe mit dem Commodat, das Hingeben der Sache gemein hatte, aber doch kein reiner Realcontract war, sondern außerdem noch eine Stipulation erforderte, um die Zinsobligation hervorzubringen [3]) Das

---

[1]) L. 23 und 12. 16 und 17 C. de usuris (IV. 32).

[2]) L. 16 und 11 C. de usuris (IV. 32). L. 11. §. 1. D. de pignor. (XX. 1). Mühlenbruch Doctr. Pand. §. 180. — Bucher Recht der Forderungen. §. 57. — Noodt l. c. Lib. 1. c. 2. in fine. — Glück l. c. p. 9. — A. L. R. a. a. O. §. 810. 812. 857.

[3]) L. 1. 3. C. h. t. — Noodt l. c. cap. 7. — Klein's Rechtsspr. B. IV. S. 190—191.

bedungene Entgeld für den Gebrauch des Geldes nannte man ebenfalls foenus, auch usurae; die deutsche Bezeichnung für das Geschäft, wie für das Miethgeld, ist Wucher; wegen der schlimmen Nebenbedeutung derselben ist sie aber für erlaubte Geschäfte nicht gebräuchlich, und man nennt das Geschäft „Darlehn," das Miethgeld „Zinsen," und die Quantität, wovon letztere gegeben wird, „Capital, Hauptstuhl oder Hauptstamm (sors, caput)." Werden als Zinsen nicht Sachen gleicher Art gegeben, so muß der Werth des Versprochenen auf das erlaubte Zinsenmaaß reducirt werden (Note 2), wobei, wenn der Schuldner von ihm selbst gebaute Naturalien liefert oder Dienste leistet, welche er persönlich zu leisten pflegt, der niedrigste Preis zur Zeit der Ablieferung oder Leistung, sonst aber der gewöhnliche Preis zu dieser Zeit bei der Abrechnung zum Grunde gelegt wird[4]). Zinsen heißt also im allgemeinen alles das, was zur Vergütigung des Gebrauchswerths einer Quantität fungibler Sachen auf eine gewisse Zeit gegeben wird[5]). Im engern Sinne versteht man darunter eine Quantität derselben Art, welche als Quote der ganzen Schuld ausgedrückt wird[6]).

---

[4]) A. L. R. a. a. O. §. 813. 814. 855. 857.

[5]) A. L. R. a. a. O. §. 810. 812. 857. Daß der Schuldner die Benutzung der Sachen wirklich gehabt habe, ist nichts wesentliches, und daher in der gesetzlichen Bestimmung auch nicht ausgedrückt, Diese Beschränkung bei Cujac. Obs. XXIV. 40, und Noodt l. c. I. c. 2 ist daher unrichtig. Vergl. Thibaut System. §. 277. — v. Wening-Ingenheim B. II. §. 7, Note l. — Leyser Spec. 241. m. 4.

[6]) A. L. R. a. a. O. §. 801. 835. 855. Der §. 855 nennt jedoch bei uneigentlichen Darlehnen die vorbedungene Quantität Sachen von der vorgeliehenen Art: „statt der Zinsen." Bei Früchten werden die Zinsen als Aufmaaß (additamentum) gegeben. L. 23. Cod. h. t. Gewöhn-

An sich ist das Zahlenverhältniß zwischen den Zinsen und der Hauptschuld nichts juristisches.

Die Zinsen gelten im juristischen Sprachgebrauch als Früchte[7]), wiewohl sie keine wirklichen oder natürlichen Früchte sind[8]); d. h. es versteht sich von ihnen nicht alles und jedes von selbst, was aus der Natur der Früchte folgt; es gilt vielmehr von ihnen manches Besondere, und in dieser Beziehung heißt es von ihnen: sie seien nicht in fructu. Es muß namentlich, um sie entstehen zu machen, noch ein juristischer Grund dazu kommen, während natürliche Früchte von selbst in Obligatione sind[9]). Es ist jedoch auch behauptet worden, daß ohne besondere causa Zinsen gezahlt werden müßten, weil der Debitor doch des Creditors Geld nutze, und die Zinsen mit dem Miethgelde verglichen werden könnten[10]).

---

lich versteht man unter Zinsen nur Sachen von der Art der Hauptschuld. Hufeland Lehrbuch §. 355. Mackeldey. Besond. Theil. §. 318. — v. Wening-Ingenheim §. 17. Note 9. — Dagegen: Leyser Spec. 213. Nr. 3. 4. — Mühlenbruch §. 180, und A. L. R. a. a. O. §. 803. 855. 857.

[7]) §. 34. D. h. t. — A. L. R. Th. I. Tit. 7, §. 192. 232. Tit. 12. §. 408. Tit. 21. §. 170.

[8]) L. 121. D. de verb. sign. (L. 15).

[9]) Carpzow Jurisprudent. forens. P. II. const. 30. def. 8. — Berger, Oecon. jur. L. III. T. 1. th. 22. — Boehmer, de fundamento usurar. pecun. mutuat. §. 31. — Leyser med. Sp. 130. m. 3, 4. Sp. 118. m. 9. Sp. 241. m. 1. 2. — Weber, de usuris indebite solutis, p. 7. — Weber, über die Gründe der Verbindlichkeit, Zinsen zu bezahlen, in den Versuchen über das Civilrecht. Nr. III. Nr. 4.

[10]) Müller ad Leyserum Tom. II. fasc. 1. obs. 286. — Carl Adolph v. Braun: Ob das Darlehn gemeiniglich verzinslich sei; im Schottischen juristischen Wochenblatte.

Die dafür angeführten Fälle lassen sich aber unter die allgemeine Rechtsregel subsumiren, aus welcher usurae legales gefordert werden können. Dahin gehört namentlich der Fall, wenn das Kaufgeld ex post facto gestundet, oder ex justa causa retinirt wird. Wenn sie begründet sind, so haben sie das mit den Früchten gemein, daß sie als Accession des Hauptstammes betrachtet werden [11]).

Aus dem Begriffe der Zinsen folgt, daß sie nicht ohne eine Hauptforderung (Capital) bestehen können [12]). Diese muß natürlich bewiesen, die causa aber, welche noch dazu treten muß, um Zinsen hervorzubringen, konnte, nach Römischem Rechte, auch aus einer wiederholten mehrjährigen Zins-Zahlung vermuthet werden [13]). Die gemeine Meinung nahm aber nach der angeführten Stelle an, daß die mehrjährige Bezahlung von Zinsen für ein unstreitiges Debitum eine Acquisitiv-Verjährung der Zinsverbindlichkeit wirke, weil, wenn gleich nach bestimmten

---

B. III. Nr. 21. — Richter, Dec. 74. no. 17. — Schilter, exercit. XXII. thes. 4. — Titius, jus privat. L. IV. c. VIII. §. 2 und 15.

[11]) L. 40. D. de rebus cred. (XII. 1). L. 18. D. qui potior. in pignor. — Carpzow, P. I. c. 27. des. 160. — Mühlenbruch, l. c. §. 180. — Glück, Thl. XXI. §. 1132. Hommel, obs. 457.

[12]) L. 26. §. 2. D. de condict. indeb. (XII. 6).

[13]) L. 6 pr. D. h. t. „Cum de in rem verso cum herede patris vel domini ageretur, et usurarum questio moveretur, Imp. Antoninus ideo solvendas usuras judicavit, quod eas ipse dominus vel pater longo tempore praestitisset.“ Vergl. L. 7. C. h. t. — Huber, Praelect. L. XXII. Tit. 1. no. 13. — Mühlenbruch l. c. Note 13. Eine andere Auslegung hat Noodt Lib. III. cap. 1.

Vorschriften des Civilrechts eigentlich eine ausdrückliche Stipulation erfordert würde, doch, nachdem der Unterschied zwischen einer unförmlichen Uebereinkunft (pactum) und einer Stipulation aufgeführt hätte[14]), ein stillschweigend eingegangenes Pactum aber leichter vermuthet werden könne, und nachdem verzinsliche Darlehne allgemein üblich geworden, und nicht leicht Geld auf lange Zeit umsonst ausgethan würde, nach Ablauf der Verjährungszeit die Verbindlichkeit zur Zinszahlung für bestehend angenommen werden müsse[15]). Da jedoch eine Zinsobligation ihrer Natur nach nicht ohne Hauptschuld bestehen kann, so ging man noch einen Schritt weiter, und nahm an, daß die Bezahlung der Zinsen per longum tempus, d. h. durch zehn Jahre, auch die Obligation der Hauptschuld beweise, weil es nicht wahrscheinlich sei, daß Jemand, der so oft gezahlt habe, gezahlt haben würde, wenn er seine Verbindlichkeit nicht gewiß gekannt hätte[16]). Doch machten Einige einen Unterschied zwischen dem longum tempus (10 Jahren), und dem longissimum (30 Jahren). Waren nur durch 10 Jahre die Zinsen gezahlt, so sollte daraus nur der Titel der Hauptschuld präsumirt werden; war die Zahlung aber 30 Jahre lang geleistet, so sollte die Hauptschuld, als durch Verjährung entstanden, gefordert werden können[17]). Den zehnjährigen Zeitraum

---

[14]) Deshalb legt man der L. 28 C. de pactis in dieser Beziehung kein Gewicht bei.

[15]) Huber l. c. Cabbalinus de Cingulo seu Molin. l. c. qu. 1. no. 207. — Godofred ad L. 6. de usuris. a Sande, Decis. Frisicae Lib. III. T. 14. Def. 4. — Carpzow Jurisprud. forens. P. II. const. 30. def. 5.

[16]) Leyser, Spec. 213. m. 8. — Hommel, Rhapsod. Obs. 221. — Mevius, Dec. P. III. dec. 318. — Carpzow l. c. const. 2. Def. 9. no. 4—6. Hiernach ist auch von dem Kammergericht erkannt worden. Hymmen Bd. VIII. S. 59.

[17]) Bartol. ad L. 6. D. de usuris n. 12. — Carpzow, l. c.

fand man in den Worten der L. 6. D. h. t. „longo tempore,“ und in L. 20. C. de agricolis et censitis, worin es heißt, daß, wer per longum tempus Canon gezahlt habe, dazu auch künftig verpflichtet sei. Dagegen wendete man ein, daß in L. 6. nicht von der Entstehung einer Schuld durch Verjährung die Rede sei, und daß L. 20. C. von einem Realrechte handele, folglich nicht auf ein persönliches Recht bezogen werden könne, wobei ein longissimum tempus erforderlich sei [18]). Daß die gemeine Meinung nach dem Römischen Rechte sich nicht rechtfertigen läßt, mag wol richtig sein [19]); allein das practisch gültige Recht hat sich einmal nach derselben gebildet.

Nach dieser Erörterung sind die aus der gemeinen Rechtspraxis entnommenen Bestimmungen des Allgem. Landrechts klar. Es heißt h. t. §. 837:

„Wenn eine gewisse Summe zehn Jahre hindurch als Zinsen eines schuldigen Capitals bezahlt worden, so entsteht die Vermuthung, daß der Zahlende das Capital selbst als ein Darlehn schuldig sei.“

Dies ist die Brunnemannsche Vermuthung des Titels (Note 17) ex continua per decem annos usurarum praestatione.

„§. 838. Diese Vermuthung wird blos dadurch,

no. 3—6. — Brunnemann, Commentar. ad Leg. 28. C. de pactis no. 9. — Dethm. Grolmann, de praesumtione debiti ex solutione usurarum. Giessae 1754. — Mich. God. Wernher in lect. comm. ad D. lib. XXII. T. 1. §. 9.

[18]) Molinaeus consuet. I. §. 7. no. 21. Vergl. die bei Glück l. c. S. 74 und f. angeführten Meinungen.

[19]) Gesterding, von den Schlüssen aus der Bezahlung von Zinsen. In dessen alten und neuen Irrthümern. Nr. I.

daß der Empfänger über das Capital selbst keinen Schuldschein vorzeigen kann, noch nicht entkräftet." Denn es kann von Anfang an keine Schrift aufgesetzt, oder das Instrument kann zufällig verloren gegangen sein [20]).

„§. 839. Ist die §. 837 beschriebene Zinsenzahlung durch dreißig Jahre geleistet worden, so kann der Gläubiger das Capital vermöge eines durch Verjährung erworbenen Rechts fordern, und der Beweis, daß ursprünglich kein Darlehn gegeben worden, ist nur in dem Maaße zuläßig, wie gegen die Verjährung überhaupt ein Beweis Statt finden kann."

Die Zahlung muß jedoch in jedem Jahre separatim geleistet sein, und es genügt nicht der Beweis, daß für mehrere Jahre zugleich gezahlt worden. Wer also für zehn Jahre die Zinsen eines Capitals auf Einmal bezahlte, gegen den würde der Titel (contracta obligatio vel promissio facta usurarum et sortis) nicht präsumirt werden können [21]). Ist die Summe des Capitals, von welchem die Zinsen gezahlt worden, in den Quittungen nicht ausgedrückt noch sonst auszumitteln, so werden die jährlich gezahlten Interessen nach landüblichem Zinsfuße zum Capital gerechnet [22]). Man präsumirt den höchsten landüblichen Zinsfuß, weil dies in Rücksicht auf den Schuldner die mildere Meinung ist [23]). Wenn aber die

---

[20]) „Credibile ergo, veram subfuisse obligationem semper, at eam inscriptis non comprehensam, aut instrumentum, si quod confectum fuerit, casu interiisse." Leyser Sp. 243. m. 8.

[21]) Godofred ad L. 6. D. h. t. n. 21 und 25. Bartol. ad eund. l.

[22]) A. L. R. l. c. §. 840.

[23]) Egger Bemerkungen über den Entwurf des Gesetzbuchs Th. II. §. 280.

als Zinsen gezahlte Summe nicht immer gleich gewesen ist, so kann nur die niedrigste maaßgebend sein, weil diese, indem sie in jeder höhern Jahressumme enthalten ist, durch rechtsverjährte Zeit ununterbrochen gezahlt worden, nicht aber eine der vorgekommenen höhern Summen, da ja eben durch diese geringere Summe die Zahlung der höhern unterbrochen ist; es müßte denn ein Erlaß Statt gefunden haben.

Der Unterschied zwischen dem Falle des §. 837, wo blos eine Präsumtion für die wirklich bestehende Verbindlichkeit vorliegt, und dem §. 839, wo von der vollendeten Verjährung die Rede ist, besteht darin, daß in dem Falle des §. 837 die Vermuthung durch Gegenbeweis beseitigt werden kann, während in dem Letztern eine wirkliche Erwerbung durch Usucapion vollendet ist.

§. 10.

b. Entstehung der Zinsobligation.

J. H. Böhmer, de fundamento usurarum pecuniae mutuaticiae. Halae 1728. — **Franz Alef** de genuinis fundamentis usurarum. Heidelberg 1758. — **Weber**, über die rechtlichen Gründe der Verbindlichkeit, Zinsen zu bezahlen. In den Versuchen über das Civilrecht, Nr. 3. — Glück a. d. O. S. 31 — 38.

a.a. Gesetzliche Zinsen (*usurae legales*).

Zu Zinsen kann man verpflichtet werden: 1. durch eine allgemeine Rechtsregel und 2. durch Willenserklärung. Die Römischen Juristen kannten keinen andern Entstehungsgrund, und drückten dies so aus: usurae vel *ex obligatione* vel *ex officio judicis* proficiscuntur[1]).

---

[1]) L. 49. §. 1. D. de act. emt. vend. (XIX. 1). — L. 54.

Einige neuere Schriftsteller machen eine andere Eintheilung[2]). Die in den Rechtsquellen selbst angegebene Grundeintheilung faßt aber alle Fälle unter sich, und trennt die beiden, ihrer Natur nach ganz verschiedenen Hauptarten der Zinsen von einander[3]), welches auch von dem Preußischen Rechte gilt.

I. Diejenigen Zinsen, welche ex officio judicis[4]) folgen, haben ihren Grund in einer gesetzlichen Vorschrift, und werden deshalb gesetzliche Zinsen (usurae legales) genannt[5]). Das dabei zum Grunde liegende allgemeine Prinzip ist: daß wenn Jemand einem Andern die Benutzung einer Summe entzogen hat, so daß darin eine Rechtsverletzung liegt, dafür ein Ersatz geleistet werden muß, welcher in der Regel in den Zinsen bestehen soll[6]). Vorzüglich ist dieses der

---

pr. D. loc. (XIX. 2). — L. 58. pr. D. ad S. Ct. Trebell. (XXXVI. 1). — Vergl. Fragm. Vatic. §. 2.

[2]) Weber a. a. O. — v. Wening-Ingenheim Bd. III. §. 8. — Mackeldey Th. II. §. 319. Aeltere Schriftsteller theilen die Zinsen in compensatoriae, lucratoriae und punitoriae, über welche Eintheilung mancherlei geschrieben worden ist. Huber, Praelect. lib. XXII. Tit. 5. no. 3.

[3]) Mühlenbruch l. c. no. 6. — Richter l. c. §. 57.

[4]) d. h. der Kläger braucht nicht darauf anzutragen. Vergl. A. G. O. Th. I. Tit. 23. §. 58. Nr. 1.

[5]) Usurae legitimae beziehen sich auf das Maaß.

[6]) L. 60 D. pro Socio (XVII. 2). Meinung der Mitglieder des ehemaligen Reichskammergerichts in: Meiern, Gedanken von der Rechtmäßigkeit des 6ten Zinsthalers. §. 30. S. 111, und Hugo Civil-Magazin B. II. S. 193. — Reichs-Deput. Absch. von 1600. §. 139. — Brunnemann. Decis. 19. n. 5. — Müller Rosol. 79 no. 16.

Fall bei der mora solvendi, wo die Zinsen Verzugszinsen oder Zögerungszinsen heißen[7]).

Zu den Zinsen ex mora gehören die Judicatszinsen, (usurae rei judicatae[8]). Nach Justinianeischem Rechte sollten, wenn der Verurtheilte nicht bis zum Ablauf der im Urtel bestimmten Frist Zahlung geleistet hatte, usurae centesimae (12 pro Cent) gefordert werden können, weil die Sentenz loco monitorii war. Dieses legitimum tempus war auf vier Monate, vom Tage der Verurtheilung (Publication), oder bei eingelegter Appellation, vom Tage der Confirmation (Publication des Appellations-Urtels) an gerechnet, bestimmt [9]). Dieß ist auch in die gemeine Praxis übergegangen; indeß sind die Fristen, welche in den Erkenntnissen festgesetzt werden sollten, nicht überall und nicht in allen Sachen gleich gewesen. In Sachsen und im Herzogthum Magdeburg waren es bei Realklagen 14 Tage, in Personal-Sachen 6 Wochen 3 Tage, und 4 Wochen [10]). In der Mark Branden-

---

[7]) L. 32. §. 2. §. 37. D. h. t. — L. 60. D. pro socio (XVII. 2). — L. 24. D. depositi (XVI. 3). — A. L. R. h. t. §. 827—29. Tit. 16. §. 61—69. 71. Tit. 11. §. 827. Tit. 17. §. 48. 49. — L. 34. D. h. t. — Gajus II. §. 280. — Paulus III. 8. §. 4. — A. L. R. I. 12. §. 294. 328—331. In dem letztern §. ist von einer schuldbaren Zögerung die Rede, in dem §. 328 von einer Zögerung schlechthin. Der Betrag der Zinsen kann in beiden Fällen verschieden sein. Tit. 11. §. 833. 834. — Noodt l. c. I. c. 5 und III. c. 6 und 7. — Petrus Cunaeus, de usuris morae. Lugd. Bat. 1624. — Gerdesius seu Gerdes de usuris citra conventionem ex mora praestandis. Erf. 1725.

[8]) Zoller, Program. de usuris rei judicatae. Lips. 1178.

[9]) L. 9. C. de execut. rei jud (VII. 53.) — L. 1 u. 2. C. de usuris. rei jud. (VII. 54.)

[10]) Carpzow, Jurisprud. for. P. 1. const. 32, — Magdeb. Polizei-Ordn. Tit. 18 §. 1.

burg war die Frist allgemein auf 4 Wochen festgesetzt, und dabei bestimmt, daß die Sentenz loco monitorii sein sollte [11]). Dieselbe Bestimmung wurde später in den Codex Friedericianus [12]) aufgenommen. In das Corpus juris Friedericianum und in die darauf folgende Allgemeine Gerichts-Ordnung ist diese Bestimmung nicht übergegangen. — Die Praxis ist hierin aber gleichförmig, und das Corpus juris Fried., wie die Allgemeine Gerichts-Ordnung und das Allgemeine Landrecht, setzt sie voraus [13]). Diese Praxis wird angefochten [14]), und es

---

[11]) Kammergerichts-Ordn. Tit. 19. §. 12, 14 u. 15.

[12]) P. III. Tit. 11. §. 5, „Damit die Execution prompt geschehe, verordnen wir, daß die Sententia loco monitorii sein solle. Wenn also der Schuldner binnen 14 Tagen a die judicati nicht zahlt, oder der Sentenz kein Genüge thut, muß auf Ansuchen des Gegentheils dem verlierenden Theile anbefohlen werden, binnen 14 Tagen dem Judicate Genüge zu leisten, oder er die Execution zu gewärtigen habe."

[13]) Corp. juris Fried. u. Allg. G. O. Thl. I. Tit. 21 §. 2. „Ist jedoch in selbigem (Urtel) eine Frist bestimmt, innerhalb welcher der Gegentheil dem Erkenntnisse genügen solle, so muß der Ablauf dieser Frist, welcher vom Tage der beschrittenen Rechtskraft zu verstehen ist, abgewartet werden." Tit. 36 §. 33. „Uebrigens müssen die ergangenen rechtskräftigen Urtel auch gegen den Fiscus, so wie gegen jede andere Parthei, gehörig vollstreckt werden. Inzwischen bringen es die bestehenden Finanz-Dienst- und Kassen-Verhältnisse mit sich, daß die Fristen zur Befolgung der Urtel geräumiger als gegen bloße Privatpersonen bestimmt werden müssen." In der Regel auf 2 Monate. Vergl. Merkel, Commentar z. Allg. G. O. ad h. t.

[14]) Siewert's Materialien H. IV. S. 127 u. f. Gräff, Kommentar zur G. O. II. §. 267. — Juristische Zeit. 1833. S. 1191. Nach der Theorie des Verfassers des

läßt sich, da nach den Executionsgesetzen ohne Rücksicht darauf: ob das Erkenntniß schon eine Frist bestimmt oder nicht, allemal eine Zahlungsfrist vor der Executions-Vollstreckung gegeben werden muß, im Allgemeinen eine doppelte Frist allerdings nicht rechtfertigen, weshalb das Erkenntniß keine Dilation mehr geben sollte [15]). Da hiernach das Erkenntniß noch jetzt zugleich monitorisch

---

Aufsatzes am zuletzt angeführten Orte ist es eine Verurtheilung ultra petita, d. h. eine Verurtheilung auf mehr als gebeten worden, wenn das Urtel eine Frist zur Genügeleistung für den Bekl. bestimmt, welche der Kläger nicht gebeten hat. Denn es heißt: „Die Wirksamkeit des erkennenden, und durch ein Erkenntniß verurtheilenden Richters beschränkt sich auf den Antrag des Klägers; er darf diesem weniger als er verlangt, zuerkennen, nur nicht mehr, er darf also (?) dem Kläger, welcher bloß um Verurtheilung des Beklagten bittet, nicht zugleich zu erkennen, daß der Beklagte innerhalb einer bestimmten Frist, bei Vermeidung der Execution Zahlung leisten soll.“ Bisher hat man es immer so angesehen, als würde dem Kläger weniger zugesprochen, wenn der Beklagte das, was der Kläger ohne Fristbewilligung verlangt, erst nach einer gewissen Zeit zu leisten schuldig sein soll. Es wird nun aber nach jener Theorie das ganze Capital von der Pluspetitio tempore für gestrichen angesehen werden müssen. Derselbe Verfasser findet, wie aus dem gesperrten Druck zu schliessen, auch darin eine Verurtheilung ultra petita, wenn das Erkenntniß die Klausel: „bei Vermeidung der Execution“ enthält. Soweit jedoch bis jetzt die Erfahrung reicht, giebt es kein verurtheilendes Judicat, welches seiner Natur nach nicht executorisch wäre. Jene Klausel ist also zwar überflüssig, weil die Vollstreckbarkeit sich von selbst versteht, aber gar nicht ultra petita. Vergl. im übrigen gegen jene Meinungen die Aufsätze in: Jurist. Zeit. 1831. S. 829. 880 u. 1238.

[15]) Rescr. vom 13. Juni 1831. Jhr. B. Band 13 S. 485.

ist, so muß auch noch nach heutigem Rechte die Folge der verzögerten Genügeleistung eintreten. Dieß ist im Landrechte auch allgemein anerkannt [16]), und außerdem in einigen Fällen, wo es zweifelhaft sein könnte, oder früher ausnahmsweise anders gewesen ist, besonders ausgesprochen. Diese Fälle sind:

1. Wenn Jemand zur Bezahlung eines Zinsenrückstandes verurtheilt worden ist [17]).
2. Wenn der unredliche Besitzer eine an die Stelle der Früchte tretende Geldsumme zahlen soll [18]).
3. Wenn Jemand aus einer unerlaubten Handlung zur Zahlung einer Geldsumme verurtheilt wird [19]).
4. Wenn Jemand eine Summe Geldes zu schenken versprochen hat [20]).
5. Wenn Fiscus zu einer Zahlung verurtheilt wird, ohne aus einem andern Grunde als der Mora zu Zinsen schuldig zu sein [21]).

Ist in dem Urtel keine Frist bestimmt, so laufen diese Zinsen vom Tage der Rechtskraft [22]). Die Meinung [23]), daß wenn die Fristbestimmung fehle, der Zinsenlauf nicht anfangen könne, läßt sich nicht rechtfertigen,

---

[16]) §. 845. h. t. Vergl. unten No. IV. 2. B. — Leyser Sp. 241 m. 7.

[17]) §. 821. h. t.

[18]) Tit. 7. §. 231.

[19]) Tit. 16 §. 66.

[20]) Tit. 11 §. 1070. Vergl. unten III. 1.

[21]) Ges. vom 7. Juli 1833 §. 3. Gesetz-Sammlung S. 79. Vergl. unten III. 2.

[22]) A. G. O. I. 24. §. 2 u. Tit. 14. §. 7 u. 9. Vergl. unten III. 1.

[23]) Dr. Sommer in der juristischen Zeitung 1834. S. 880.

denn wer zur Zahlung ohne Fristbewilligung aufgefordert wird — und dieses geschieht durch das verurtheilende Erkenntniß, welches loco monitorii ist — der muß gleich zahlen.

II. Es giebt aber mehrere Fälle, wo ohne daß der Debitor in Mora ist [24]), nach jenem Grundsatze Schadenersatz geleistet werden muß. Dahin gehören besonders folgende Fälle:

1. Der Mandatarius und der Verwalter fremder Sachen, mit oder ohne Auftrag, kann für die gemachten baaren Vorschüsse von dem Principal Zinsen fordern, und zwar ohne Rücksicht darauf, ob der Principal selbst durch die Vorschüsse von einer Zinsobligation befreit worden ist oder nicht. Der Grund davon ist der, daß der Principal schuldig ist, den Geschäftsträger in den Stand zu setzen, das übernommene Geschäft auszuführen, wozu die Aushändigung eines angemessenen Vorschusses gehört. Unterläßt der Principal die Anweisung eines Vorschusses, und der Geschäftsträger nimmt bei sich selbst oder bei einem Dritten den erforderlichen Vorschuß auf, wozu er, um sein Versprechen zu lösen [25]), befugt ist, so entzieht ihm der Principal

---

[24]) Man müßte denn mit **Huber Prael. Lib. XXII. Tit. 1 No. 14 u. 15.** gegen den Inhalt der von ihm allegirten **L. 32. pr. D. h. t.** eine **mora ex re** annehmen. —

[25]) **L. 12 §. 9. D. mandati vel contra (XVII. 1.)** „— **Sed et si reum usuris non relevavit, ipsi autem et usurae absunt: vel si minoribus relevavit, ipse autem majoribus foenus accepit, ut fidem suam liberaret; non dubito debere eum mandati judicio et usuras consequi.**—“

L. 19. §. 4. D. de negotiis gestis (III. 5.) Der Prinzipal muß den Geschäftsträger für alles, dem Auftrage gemäß Ausgerichtete, völlig schadlos halten, wozu

durch den Auftrag den Gebrauch des verwendeten Geldes, und bringt ihn dadurch in Nachtheil. Der Geschäftsträger kann deshalb sein Interesse fordern, welches in allem demjenigen besteht, was ihm nicht abgegangen sein würde, wenn ihm der Auftrag nicht gemacht worden wäre; und dieses besteht bei Geldsummen, ohne genauere Schätzung, in den Zinsen, wenn kein höheres Interesse demonstrirt wird [26]).

Das Allgemeine Landrecht hat den Grundsatz in dem nehmlichen Falle anerkannt [27]). Daß aber, wie man behauptet, auch jeder, in dessen Nutzen fremdes Geld verwendet worden, dasselbe von Zeit der Verwendung an zu verzinsen schuldig, kann als eine allgemeine Rechtsregel nicht angesehen werden. Die dafür [28]) angeführte L. 4 D. de negotiis gestis (III. 5.) enthält zwar diesen Satz, setzt aber natürlich voraus: daß der verschaffte Vortheil so weit reicht, und alsdann würde der, dessen Geschäfte verwaltet werden, dadurch, daß er sich den Vortheil anmaßte, dem Verwalter den Gebrauch des verwendeten Geldes unbefugter Weise

---

auch der Ersatz für den Gebrauch des eigenen Geldes, welchen der Geschäftsträger entbehrt hat, um den Auftrag vollziehen zu können, gehört. „Fidem suam liberare procurator periculo mandantis debet." Godofred ad leg. alleg. 9.

[26]) „Et totum hoc ex aequo et bono judex arbitrabitur. L. all. 12. §. 9. in fine.

[27]) Th. I. Tit. 13 §. 72 u. Tit. 17 §. 225. Die nach §. 70. 71 u. 73 ebend. zugebilligten Zinsen sind reine Verzugs-Zinsen.

[28]) Mackeldey a. a. O. §. 319.

entziehen, mithin der Fall nach dem angegebenen allgemeinen Grundsatze zu beurtheilen sein. Die ferner für die Behauptung allegirte Lex 6 D. de usuris (XXII. 1.) spricht von etwas Anderm [29]).

2. Der Käufer einer Sache muß vom Tage der empfangenen Uebergabe das schuldig gebliebene Kaufgeld verzinsen [30]). Dieß folgt aus dem nämlichen Grundsatz, weil der Käufer dem Verkäufer den Gebrauch oder Nutzen der Sache, und auch den der Geldsumme (Sache und Preis) zugleich entzieht, mithin eine Rechtsverletzung begeht, welche fortfällt, wenn der Verkäufer das Kaufgeld creditirt [31]). Wenn von Anfang an das Kaufgeld gestundet wird, so ist bei der Verabredung des Preises schon darauf Rücksicht genommen; wenn aber erst ex post facto Credit gegeben worden ist,

---

[29]) Diese Stelle ist von ältern und neuern Schriftstellern sehr verschieden ausgelegt worden. Duaren. Commentar. ad Tit. de usuris c. 2. (Opp. p. 998). — B. Noodt l. c. Lib. III. c. 1. — Voet. L. XXII. Tit. 1 No. 13. — Leyser Sp. 243 m. 8. — H. Schmith interpret. L. 6 D. de usuris. Lugd. Batav. 1807. — Gesterding a. a. O. Mühlenbruch l. c. — Mackeldey a. a. B. Note a. — Glück a. a. O. S. 51.

[30]) L. 13 §. 20 D. de act. emt. (XIX. 1). — L. 18 §. 1 D. de usuris. (XXII. 1). — L. 5 C. de act. emti. (IV. 49). — L. 2 C. de usuris. (IV. 32). — Fragm. Vatic. §. 2. — Heinr. Bodinus de usuris pretii non soluti. Halae 1703. — Ernst Fr. Schroeder de usuris pretii tardius soluti. Jenae 1667. — A. L. R. Th. I. Tit. 11 §. 109. 291. 292. — Der §. 227 ebend. spricht von dem Falle einer wirklichen Mora.

[31]) A. L. R. l. c. §. 109.

so wollen Einige die Zinsforderung nicht ausschließen [32]).

Von dieser Art sind auch die Zinsen, welche Kaufleute untereinander von dem jedesmaligen Saldo fordern können [33]).

Wegen der Zinsen, welche Kaufleute von Nichtkaufleuten, von dem Kaufpreise für creditirte Waaren, fordern können, waren die Meinungen sehr getheilt. Einige [34]) meinten: sie könnten nur von dem festgesetzten Zahlungstage an, Zinsen fordern, und wenn kein Zahlungstag verabredet worden, müsse die Zinsforderung ganz fortfallen, oder der Debent erst durch Mahnung in Mora versetzt werden [35]). Andere behaupteten: daß, weil Niemand Sache und Kaufgeld zugleich benutzen könne, vom Tage der Uebergabe der Waare Zinsen vom Kaufpreise gezahlt werden müßten [36]). Noch andere

---

[32]) Brunnemann ad L. 2 C. de usuris. Cent. I. dec. 60. — Stryck Us. mod. L. XXII. Tit. 1 §. 9 in f. Dagegen ist zu bemerken: Volenti non fit injuria, welchen Grundsatz der vorher all. §. 109 d. A. L. R. ausdrückt.

[33]) A. L. R. II. 8 §. 696. Von Verzugszinsen bei Waarenschulden in: Runde's Beiträgen, Bd. I. No. 6. S. 202 u. f.

[34]) Huber Praelect. ad D. Lib. XXII. 1. No. 16. — Mevius Decis. P. III. No. 12. — Struv Exercit. XXIV. th. 48. — Richter Dec. 74. No. 52 u. 121. No. 92. — Traug. Thomasius Probl. juris: an mercator pretii usuras exigere possit? Lips. 1734. — Gutschmidt de jure mercat. in exigend. usur. Lips. 1750. — Broeckel de usur. pretii, an et quatenus mercator illas exigere possit. Gött. 1770.

[35]) Brunnemann Cent. III. dec. 31.

[36]) Schorch Sent. Erford. 210. No. 10. — JCti Halens. T. II. L. 1. cons. 25 No. 20. sq.

gestatteten die Zinsforderung alsdann, wenn auf sofortige baare Zahlung gehandelt worden [37]), wegen der Mora ex re. Sonst verlangten sie ebenfalls Mahnung. Man war aber wieder über die Art der Mahnung uneinig, indem Einige gerichtliche [38]) Interpellation erforderten, Andere [39]) die außergerichtliche für hinlänglich hielten; da jedoch deren Beweis schwierig und kostspielig werden könne, so wollte man die Zinsen nach Ablauf einer gewissen Zeit nach der Uebergabe laufen lassen. Diese Meinung gründete sich auf ein altes Herkommen, wonach beim Kauf auf Borg das Interusurium auf ein Jahr aufgeschlagen zu werden pflegt; so daß erst nach Ablauf dieses sogenannten Credit-Jahres Zinsen gefordert werden können [40]).

Auf Grund dieses Herkommens gestattete schon ein älteres Preuß. Gesetz [41]) den Kaufleuten Zinsen, nach Ablauf eines Jahres nach der Uebergabe zu fordern. Dieß ist die Quelle des Allgemeinen Landrechts. Nach demselben [42]) können landübliche (fünf vom Hundert) Zinsen gefordert werden:

---

[37]) Berger Oec. jur. p. 759 Not. b. — Wernher Observ. T. II. P. VI. No. 426.

[38]) Berger Oecon. jur. l. c.

[39]) Berger fil. Decis. summ. prov. Sen. Elect. Sax. Decis. 166. — Leyser Sp. 211. No. 7.

[40]) Leyser l. c. — Puffendorf Obs. T. IV. obs. 151. — Runde Beiträge I No. VI.

[41]) Edict vom 21. Nov. 1712. In Sachsen wurde durch eine Decis. v. 1746 eine sechsmonatliche Frist bestimmt.

[42]) Th. II. Tit. 8 §. 684—689.

a. vom verabredeten Zahlungstage an,

b. wenn kein Zahlungstag bestimmt worden, nach Ablauf von vierzehn Tagen nach der geschehenen Einmahnung. Der ausdrücklichen Einmahnung wird es gleich geachtet, wenn der Kaufmann dem Abnehmer Rechnung zuschickt[43]). Zum Beweise, daß und wann die Einmahnung geschehen, die Rechnung zuschickt, oder bis zu welchem Tage Credit gegeben worden, genügt der eidlich bestärkte Vermerk in den Büchern des Kaufmanns.

c. Kann weder die Einmahnung, noch der verabredete Zahlungstag nachgewiesen werden, so tritt die Verzinsung mit Ablauf eines Jahres, vom Tage der geschehenen Uebergabe an gerechnet, ein. Hierin wird dadurch nichts geändert: daß demselben Abnehmer später noch mehr Waaren auf Credit gegeben worden; jede Lieferung wird für sich betrachtet. Dieß mußte entschieden werden[44]), da es in der gemeinen Praxis bezweifelt worden war, weil in dem später von neuem gegebenen Credit auch eine Verlängerung des frühern gesucht wurde[45]).

Die Verbindlichkeit zur Zinszahlung wird nicht aufgehoben, wenn der Käufer wegen drohender Evictions-

---

[43]) §. 685 a. a. O. und Runde Beiträge B. I, No. VI. p. 203.

[44]) §. 689 a. a. O.

[45]) Behmer Novum jus controversum. Tom. II. obs. 100.

Ansprüche[46]), oder wegen angelegten Arrestes[47]), oder wegen vom Verkäufer verweigerter Annahme[48]) des Kaufgeldes, oder wenn ein gewisser Modus hinzugefügt, aber vor dem bestimmten Zahlungstage noch nicht erfüllt ist[49]), nach eingetretenem Zahlungstage das Kaufgeld zurückbehält; sondern in diesen Fällen muß er sich durch Deposition von der Zinszahlungsverpflichtung befreien[50]). Auch wenn er mit dem Verkäufer in einen Rechtsstreit geräth, wird er während desselben von der Verbindlichkeit nicht frei[51]).

Umgekehrt muß auch dem Käufer das bezahlte Kaufgeld bei ganz oder zum Theil entbehrter Nutzung, wenn die Uebergabe verzögert wird, und wenn der Kauf zurückgeht, verzinset werden[52]).

---

[46]) A. L. R. a. a. O. §. 222. — L. 14 D. de condict. indeb. (XII. 6). — L. 206 D. de reg. jur. — L. 11. §. 18. L. 50 D. de act. emt. (XIX. 1). — L. 5 C. eod. — Stryck. l. c. — Carpzow Jurispr. for. P. II. const. 31. def. 38. Dessen Decis. P. I. dec. 11. — Berger Resp. P. I. resp. 301.

[47]) Magdeb. Pol.-O. Tit. 51. § 4. — Stryck l. c.

[48]) A. L. R. a. a. O. §. 227. 228. — L. 7 und 18. §. 1. D. h. t. (XXII. 1). — L. 6. 9. C. h. t. (IV. 32). — Vergl. jedoch oben §. 7. Note 31. in fine. S. 71.

[49]) Horn Sent. et resp. Cl. X. resp. III. p. 558.

[50]) Brunnemann l. c. — Stryck l. c. — Carpzow Decis. P. I. No. 11. und Jurispr. forens. P. II. cons. 31. def. 38. — Mackeldey a. a. O. Note aaa. — Glück Th. XVI. p. 140. — Weber Versuche Nr. III. §. 7.

[51]) Leyser Sp. 211. m. 3.

[52]) L. 29. §. 2. D. de aedil. edict. (XXI. 1.) — L. 27. §. 1. L. 40. §. 1. D. de minor. (IV. 4.) — A. L. R. I. 5. §. 161 und Tit. 11. §. 110. 116 §. 233. — 236. 254 — 256. 260. 297. 157. 163.

Weil der Grund zu diesen Zinsen nicht die Mora ist, so wird die Zinsverbindlichkeit auch nicht durch den Eintritt der mora accipiendi aufgehoben [53]). Das Allg. Landrecht läßt aber die ihm hierbei eigenthümlichen und consequenten Modificationen dieser Zinsverbindlichkeit durch die Mora entstehen. Die mora accipiendi hat nämlich die Folge: daß der Verkäufer die Wahl hat, ob er dem Käufer, der die Uebernahme verzögert, landübliche Zinsen zahlen, oder die gezogenen Nutzungen, bei deren Gewinnung er wegen der mora accipiendi nur für Culpa lata haftet, nach einer zu legenden Rechnung herausgeben will [54]). Diese Bestimmung enthält zugleich den Beweis für einen andern, schon aus der Regel: daß Niemand Sache und Kaufgeld zugleich nutzen könne, folgenden Grundsatz, den nämlich: daß wenn der Nutzen einer Sache nicht zugleich in Nutzungen, sondern nur in Gebrauch besteht (Vergl. §. 28 in fine), der Verkäufer, wenn er von der Sache keinen Gebrauch gemacht hat, keine Zinsen zu zahlen schuldig ist. So lange der Käufer nicht in mora accipiendi ist, kommt es darauf nicht an: ob der Verkäufer die Sache gebraucht hat; denn, wenn er sich dieselbe bei dem Verkaufe noch auf eine Zeitlang ausbedingt, so liegt darin eine Ausbedingung ihres Gebrauchs, es ist also sein Schade, wenn er den Gebrauch nicht macht. Wenn der Käufer aber in Mora ist, so könnte es zweifelhaft sein, ob es nicht darauf ankomme: daß der Verkäufer die Sache fortgebraucht hat. Das Allgem. Landrecht entscheidet dies nicht, denn es bestimmt bloß:

„Hat der Käufer die Uebernahme verzögert, so kann

---

[53]) A. L. R. a. a. O. §. 111.

[54]) §. 111. 112. — Weber Versuche über das Civilrecht. S. 252.

der Verkäufer statt der Verzinsung zur Berechnung und Auslieferung der gezogenen Nutzungen sich erbieten."

Mann könnte also glauben, daß, wenn die Sache nach ihrer Natur keine Nutzungen gewährt, der Verkäufer auch keine herausgeben könne, aber auch nicht zur Verzinsung des Kaufgeldes schuldig sei. Aus andern Grundsätzen folgt jedoch, daß es allerdings darauf ankommt: ob er die Sache fortgenutzt hat, oder nicht. Er wird nämlich der Verwalter einer fremden Sache. Ist die Sache fruchttragend, so ist das Geschäft, was ihm obliegt, eine wirkliche Verwaltung. Gewährt sie keine Nutzungen, so ist er ein bloßer Verwahrer. Gebraucht der Depositarius die deponirte Sache, so muß er dafür Ersatz leisten[55]). Es steht also nach dem Landrechte so: ist der Käufer mit der Uebernahme in Mora, und ist die Sache fruchttragend, so muß der Verkäufer fortwährend Zinsen zahlen, doch ist er berechtigt, statt derselben die gezogenen Nutzungen herauszugeben; gewährt die Sache aber keine Nutzungen, so kommt es darauf an: ob er dieselbe gebraucht hat, oder nicht. In dem erstern Falle muß er ferner die Zinsen zahlen, in dem andern Falle fällt die Zinsobligation fort. Kommt hingegen die mora solvendi noch hinzu, so kann der Käufer die höchsten, bei Personen seiner Klasse zulässigen, Zinsen, und wenn der Verkäufer in dolo oder culpa lata ist, statt derselben, nach Gutbefinden, Rechnungslegung und die Nutzungen fordern[56]).

3. Der Verwalter fremder Gelder muß Zinsen zahlen, wenn er die Gelder müßig liegen läßt, wäh-

---

[55]) I. 11. §. 80 sq.

[56]) I. 11. §. 114. 115.

rend er sie zinsbar hätte austhun können, weil er sonst durch seine Nachläßigkeit dem Andern Nachtheil zufügen würde [57]).

4. Wer dolose oder gegen ein Verbotsgesetz fremdes Eigenthum in seinen Nutzen nimmt, hat von dem Tage der Annahme Zinsen zu zahlen, weil er eine Rechtsverletzung begeht, und mithin dafür entschädigen muß [58]). Hiernach entscheidet sich auch die Frage, welche Merkel aufwirft [59]): ob Jemand, der gemäß §. 1272 Tit. 20. Th. II. A. L. R. zuviel erhobene verbotene Zinsen zurückgeben muß, Interessen von diesen Zinsen zu zahlen schuldig ist. In dieser Beziehung ist dasjenige, was condicirt werden kann, Hauptstamm.

5. Daß Minderjährige bei verzögerter Zahlung einer ihnen gebührenden Summe Geldes oder fungibler Sachen jedesmal Zinsen erhalten sollten, ist bloße Folge der Mora [60]), welche dem Röm. Rechte zufolge, nach hergebrachter Gewohnheit (recepto jure)

---

[57]) L. 17. §. 7 und L. 38. §. 1. D. h. t. (XXII. 1). — L. 19. §. 4. L. 31. §. 3. L. 37. §. 1. D. de negot. gest. (III. 5). — L. 7. §. 3. 11 und 12. L. 10. L. 15. L. 58. §. 1. D. de administrat. et per. tut. (XXVI. 7). — L. 24. C. h. t. — A. L. R. I. 14. §. 110. Tit. 17. §. 221. Thl. II. Tit. 18. §. 878.

[58]) L. 28 in fine. D. depos. (XVI. 3). — L. 10. §. 3. D. mand. (XVII. 1). — L. 1. §. 1. h. t. L. 7. §. 4. 10. 12. D. de admin. et peric. tut. (XXVI. 7). L. 1. C. de usur. pupill. (V. 56). — A. L. R. Th. I Tit. 11. §. 87. Tit. 16. §. 191. Tit. 17. §. 221. Th. II. Tit. 18. §. 486. Th. I. Tit. 7. §. 232. — Simon und v. Strampff Rechtssprüche Bd. I. S. 19.

[59]) Commentar zur A. G. O. I. 21. §. 58.

[60]) L. 87. §. 1. D. de leg. II. (XXXI).

hier ausnahmsweise re ipsa mit Eintritt des Zahlungstages, ohne daß es der sonst nöthigen Interpellation bedurfte, eintrat[61]). Nach dem Landrechte ist dieses aber die allgemeine Regel[62]).

Dagegen ist die dem Fiskus nach Römischem Rechte zustehende Befugniß, in jedem Falle ohne Stipulation, ohne Mahnung und ohne Zahlungstag Zinsen zu fordern[63]), ein bloßes Privilegium, welches er auch nach Preußischem Rechte hatte[64]), aber nicht ausübte, daher es nun auch noch ausdrücklich aufgehoben worden ist[65]).

III. Von der allgemeinen Regel, nach welcher Entschädigung für den entzogenen Gebrauch einer Quantität fungibler Sachen zu leisten, finden drei Ausnahmen Statt:

1. Bei Schenkungen. Modestin[66]), giebt als Grund, warum der Geschenkgeber keine Verzugszinsen zu zahlen schuldig sein soll, die höchste Billigkeit, hauptsächlich aber die Beschaffenheit des Contracts an, welchen er nicht zu den bonae fidei contractibus rechnet. Aus Rücksicht der Billigkeit

---

[61]) L. 3. C. in quib. caus. in integr. (II. 41). „In minorum persona re ipsa et ex solo tempore tardae pretii solutionis, recepto jure moram fieri creditum est. Vergl. L. 5. de act. emt. (V. 49). — M. s. jedoch Noodt l. c. III. 10. — Weber a. a. O. §. 3.

[62]) Th. I. Tit. 16. §. 67.

[63]) L. 43. D. h. t.

[64]) Cab. Ord. vom 28. Oct. 1799. N. C. C. T. X. S. 2687.

[65]) Gesetz vom 7ten Juli 1338. Ges. S. S. 79.

[66]) L. 22. D. de donat. (XXXIX. 5). Vergl. L. 16. pro D. h. t.

haben einige Schriftsteller[67]) die Gültigkeit dieses Satzes auch für die jetzige Zeit behauptet, ohne der Litiscontestation oder der res judicata einen Einfluß zuzuschreiben. Andere[68]) dagegen halten die Zinsen ex mora auch hier für rechtlich begründet, weil der Grund dieser Ausnahme, nämlich der Unterschied zwischen Obligationen bonae fidei und stricti juris heut zu Tage fortfalle, und alle Verträge für contractus bonae fidei zu achten. Diese Controverse hat das Allgemeine Landrecht dahin entschieden: daß von einer geschenkten Summe Geldes erst nach ergangenem rechtskräftigen Erkenntnisse Zinsen gefordert werden können[69]). Da hiernach usurae rei judicatae gezahlt werden sollen, so ergiebt sich daraus der nicht näher bestimmte Terminus a quo, als welcher der Tag nach Ablauf der im Urtel festgesetzten Zahlungsfrist, die vom Tage der Rechtskraft an zu rechnen, angenommen werden muß[70]), daß wenn ein

---

[67]) Struben rechtliche Bedenken. Bd. 5. Bed. 82. — Weber natürl. Verbindlichkeit. §. 99. Nr. 4. — Puffendorf T. I. obs. 73. §. 3. T. II. obs. 5.

[68]) Carpzow Resp. jur. L. IV. Tit. 7. no. 53. — Kind Quaest. for. T. II. §. 55. — Oeltze an et quatenus usurae ex mora a quantitatis donatore exigi possunt, sec. jus romanum et hodiernum in Germ. Jenae 1768.

[69]) Th. I. Tit. 11. §. 1079. Das Preuß. Landrecht von 1721 bestimmt die Litiscontestation als den Termin, von wo ab der Geschenkgeber Zinsen ex mora zu entrichten schuldig sein soll, Buch IV. Tit. 14. Art. 3. §. 7, nach dem Grundsatze: daß auch bei stricti juris Obligationen nach der Litiscontestation Zinsen ex mora gefordert werden können. L. 38. §: 7. L. 35 D. h. t.

[70]) L. 2. C. de usur. rei jud. (VII. 54). — Leyser Spec. 211. m. 7.

zinsbares Capital geschenkt worden, der Geschenkgeber die davon nach dem Zeitpunkte des Verzuges erhobenen Zinsen dem Beschenkten herausgeben muß, so wie, daß die Erben des Geschenkgebers Verzugszinsen zu zahlen haben, war unbestritten[71]). Was von geschenktem Gelde gilt, das muß consequent auch von Quantitäten anderer fungibler Sachen, und was von zinsbaren Capitalien, auch von andern fruchttragenden Sachen gelten[72]).

2. Bei Schulden des Fiscus. Das Römische Privilegium des Fiscus, zu keinen Zinsen ex mora schuldig zu sein[73]), war bei der Redaction des Allgemeinen Landrechts übergangen worden; nach dem eingeholten Gutachten der Gesetzkommission sollte es dem Fiskus aber nach allgemeinen Grundsätzen eben so wie vorher[74]) zustehen, weshalb solches durch eine bloße Declaration anerkannt wurde[75]). Dieses Recht ist durch die neueste Gesetzgebung wesentlich verändert worden; denn:

---

[71]) A. L. R. a. a. O. §. 1080. 1081. — Puffendorf Obs. T. I. Obs. 73. §. 4.

[72]) Oelze a. a. O. — Egger's Bemerkungen zur Verbesserung der deutschen Gesetzgebung. (Ein Auszug aus seinen Preisschriften über den Entwurf des Allg. Gesetzbuchs für die Preuß. Staaten). Koppenhagen 1798. Th. II §. 310.

[73]) L. 17. §. 5. D. h. t.

[74]) Nach älterm Brandenburgischen Rechte war es unzweifelhaft. Landtags-Rezeß vom 26. Juli 1653. §. 27. Auch folgt daraus: daß ein bis zur Redaktion des Allgemeinen Landrechts gültig gewesener Rechtssatz übergangen worden, allein noch nicht: daß er nachher nicht mehr gelten solle.

[75]) Min. R. vom 18. Nov. 1799 und Cab. Ordre vom 28. Oct.

a. in Hinsicht der vorbedungenen Zinsen sowohl, als solcher Zinsen, welche in Folge besonderer gesetzlichen Vorschriften bei gewissen Geschäften eintreten (usurae legales im engern Sinne), ist Fiscus nunmehr den allgemeinen Rechtsregeln unterworfen;

b. eigentliche Verzögerungszinsen (usurae ex mora) dagegen ist Fiscus nur von dem Tage der, in dem rechtskräftigen Erkenntnisse bestimmten Zahlungsfrist, mit Fünf vom Hundert zu entrichten verbunden [76]).

3. Bei Strafen an den Fiscus [77]). Dasselbe gilt nach Preußischem Rechte schon aus dem Grunde: weil dem Fiscus in dieser Beziehung nie ein Privilegium gegen die Bestimmungen des gemeinen Rechts beigelegt worden ist [78]), und nach der neuesten Gesetzgebung ist er in Ansehung des Rechts, Zinsen zu fordern, lediglich nach den allgemeinen Rechtsregeln zu beurtheilen [79]).

IV. Aus der Natur der gesetzlichen Zinsen (usurae legales, zu welchen im weitern Sinne auch usurae ex mora gehören), folgt zweierlei:

1. sie vertreten lediglich die Stelle des Interesses ohne nähere Schätzung desselben, so daß es nicht darauf ankommt: ob dasselbe weniger als die land-

---

1799. N. C. C. T. X. S. 2687. Daraus ist §. 26. des Anh. zum A. L. R. entnommen.

[76]) Ges. v. 7. Juli 1833. §. 2 u. 3. Ges. Samml. pro 1833. S. 79.

[77]) L. 1. Cod. de fiscal. usur. (X. 8).

[78]) Landtagsreceß v. 26. Juli 1653. §. 27.

[79]) Ges. v. 7. Juli 1833. §. 1.

üblichen Zinsen beträgt, weil man annimmt, daß dasselbe gerade in den Zinsen besteht. Deßhalb können, wenn geringere Zinsen vorbedungen worden, von dem Tage an, wo der Gläubiger sein Interesse zu fordern berechtigt ist, Zögerungszinsen gefordert werden[80]). Beläuft sich das Interesse aber höher, so braucht sich der Gläubiger mit den landüblichen Zinsen nicht zu begnügen. Dieses folgt aus der Natur des Interesse[81]). Es ist daher unrichtig, was einmal von einem Spruchcollegio auf Grund des §. 831. (Note 80) concludirt wurde: daß der Kläger, dem Sechs Prozent Zinsen rechtsgültig verschrieben worden waren, nach eingetragener Mora sich mit Fünf Prozent Zögerungszinsen begnügen müsse, als wenn der Debitor aus seiner rechtsverletzenden Mora Vortheil ziehen könnte[82]). Nach Preußischem Rechte ist jedoch diese Befugniß des Gläubigers, ein höheres Interesse zu fordern, auf zwei Fälle eingeschränkt:

a. wenn der Schuldner in dolo oder in lata culpa ist[83]);

---

80) A. L. R. I. 11. §. 831.

81) Reichsabsch. v. 1600. §. So viel nun. Oben Note 6. — Carpzow Jurispr. for. P. II. const. 30. def. 9 und 17. no. 5. — Richter Decis. P. II. dec. 74. no. 71 seq. Carpzow Resp. L. IV. resp. 5. no. 3. — Stryck Usus mod. XXII. 1. §. 16.

82) Man s. hierüber: Mevius Dec. P. 4. dec. 205. — Ges. v. 15. Febr. 1809. §. 3. (Klein's Annal. XXVI. S. 215). Rescr. v. 12. Mai 1800. (N. C. C. T. X. S. 2937 und Neues Arch. I. S. 153). Verordn. v. 2. Juni 1827. §. 3. (Ges. Samml. 1827. S. 76).

83) A. L. R. a. a. O. §. 834. 835. Dies folgt aus den, dem Allg. Landrechte eigenthümlichen Grundsätzen vom Schaden-

b. wenn darüber vorher ein Vertrag geschlossen ist, in welchem Falle jedoch das Versprechen nur auf Sechs Prozent gilt[84]).

Es kann aber, weil die Zinsen regelmäßig das Interesse vertreten, neben denselben nicht auch zugleich ein höheres Interesse gefordert werden[85]).

2. sie haben eine rein accessorische Natur, d. h. es gilt dafür keine eigene Klage, sie müssen mit der Hauptschuld zugleich eingeklagt, und können nicht nachgefordert werden, wenn sie auch bloß mit Stillschweigen übergangen sind, oder wenn die Hauptschuld ohne Vorbehalt angenommen worden ist[86]). Dieses ist auch nach dem Allgemeinen Landrechte practisch gültig; es muß darauf aber etwas näher eingegangen werden, weil diese Lehre, durch die verschiedenen von einander abweichenden Er-

---

ersatz, wonach der Betrag der Entschädigung nach dem Grade der Verschuldung abgemessen wird. A. L. R. I. 6. §. 7. 10—14.

[84]) §. 825. h. t.

[85]) Leyser Spec. 250. cor. 3. — A. L. R. h. t. §. 833.

[86]) L. 13. C. h. t. L. 4. C. depos. (IV. 34). L. 49. §. 1. D. de act. emt. (XIX. 1). L. 51. pr. D. locati (XIX. 2). A. F. v. Batz: Ueber den Fall, wenn die Zinsen im Urtheile zwar nicht zugesprochen, aber doch auch nicht übergangen sind. In seinen Abhandlungen über verschiedene Gegenstände des natürlichen u. positiven Rechts. Tübingen 1816. Nr. XII. S. 147 — Seuffert, Rechtsfall zur Erläuterung der Lehre von Verzugszinsen. Arch. für civ. Pr. I. Nr. 17. — Stryck, Usus mod. L. XXII. T. 1. §. 8. — Kind Qu. for. P. I. c. 81. p. 325. — Quistorp Beitr. Nr. 58. S. 893. — Christ. Heinr. Gottl. Köchy Meditationen über die interessantesten Gegenstände der heutigen civil. Rechtsgelahrtheit. I. Bd. Betracht. XXIV. S. 321 u. f.

klärungen der Schriftsteller, anfängt verworren zu werden[87]).

A. Erster Grundsatz. Gesetzliche Zinsen (wozu die Verzugszinsen gehören) können nicht mehr gefordert werden, wenn sie auf die Hauptklage nicht mit zuerkannt worden sind, sei es, daß sie nicht gefordert, und auch von dem Richter nicht ex officio zuerkannt worden, oder daß sie ausdrücklich gefordert, und ausdrücklich aberkannt, oder daß sie in dem Erkenntnisse mit Stillschweigen übergangen worden sind.

Bis zur Redaction des Landrechts war dieses unzweifelhaftes, anerkanntes Recht. Es war aber bezweifelt worden: ob dann noch Judicats-Zinsen (usurae rei judicatae) gefordert werden könnten[88]). Die Praxis hatte sich jedoch dafür entschieden: daß sie allerdings dem Gläubiger gebührten, aber ausdrücklich gefordert werden müßten[89]), d. h. sie könnten nicht nachgefordert werden, wenn die Hauptschuld einmal getilgt worden war, und der Gläubiger die Zahlung stillschweigend ohne Vorbehalt angenommen hatte. So stand die Sache, als das Allgemeine Landrecht erschien, und §. 845. h. t. bestimmte:

> „Verzugszinsen, auf welche der Richter nicht erkannt hat, können auch von dem Tage des ergangenen Urtels an nicht nachgefordert werden, sobald über das Capital ohne Vorbehalt quittirt worden."

Hierdurch ist lediglich die bis dahin übliche Praxis anerkannt worden, d. h.

---

[87]) Siewert Material. VII. S. 96 u. f.

[88]) Brunnemann Comment. ad L. 1. C. de usuris no. 3. – Perez ad tit. C. de usuris rei judic. no. 5.

[89]) Leyser, Spec. 211. m. 7.

1. Nicht mit geforderte usurae legales können überhaupt nach rechtskräftig entschiedener Sache nicht nachgefordert werden. Dieß war niemals in Zweifel gezogen worden, und wird, als sich von selbst verstehend, in dem §. 845 vorausgesetzt. Der Kläger muß appelliren, wenn es ihm nicht gefällt, daß der Richter, wie er hätte thun sollen, nicht ex officio darauf erkannt hat; beruhigt er sich dabei, so ist das Klagerecht durch das rechtskräftige Erkenntniß abgethan, und die Sache kann nicht mehr von neuem angefangen werden[90]).

2. Ausdrücklich geforderte aber im Erkenntnisse übergangene gesetzliche Zinsen können ebenfalls nicht nachgefordert werden. Zweifelhaft konnte es sein: ob in diesem Falle das unberücksichtigte Petitum von Neuem angebracht, oder ein nachträgliches Erkenntniß verlangt werden konnte, oder ob das Uebergehen für ein abweisendes Erkenntniß zu achten. Nach den im übrigen hier anerkannten Grundsätzen des gemeinen Rechts mußte es nicht für eine fehlende Entscheidung, sondern für eine minoris condemnatio, wogegen nur die ordentlichen Rechtsmittel zuläßig sind, angesehen werden, und in Beziehung auf diesen Zweifel bestimmt §. 848. a. a. O.:

„Hat der Richter geforderte Verzugszinsen im

---

90) L. 13. C. h. t. L. 4. C. depos. (IV. 34). Arg. §. 817. des A. L. R. h. t. Die conforme Praxis s. m. unter andern bei Brunnemann Comment. ad L. 13. C. h. t. no. 2 und 3. — Carpzow Jurispr. for. P II. const. 20. def. 12 und 13. — Mevius Decis. P. I Dec. 219. — Stryck Usus mod. L. XXII. Tit. 1. §. 8. — Oben Note 86.

Urtel übergangen, so hat dieses eben die Wirkung, als wenn er sie aberkannt hätte."

Es läßt sich daraus also kein Schluß für das Gegentheil ziehen: daß gegen das bisher unzweifelhafte Recht, nicht ausdrücklich mitgeforderte, und auch nicht ex officio judicis zuerkannte Zögerungszinsen, noch nach rechtskräftigem Erkenntnisse nachgefordert werden können.

B. Zweiter Grundsatz. Wenn geforderte oder nicht geforderte gesetzliche Zinsen ausdrücklich oder stillschweigend aberkannt sind, so fangen von neuem die Judicatszinsen (usurae rei judicatae) zu laufen an; sie können aber auch nicht nachgefordert, sondern müssen mit der Hauptschuld zugleich verlangt werden. Bei diesen Zinsen kann es nicht vorkommen, daß sie aberkannt werden; denn auf die Actio de re judicata, welche heut zu Tage das Executionsgesuch ist, erfolgt kein Erkenntniß, deshalb kann diese Zinsforderung nur durch Aufhebung der Hauptobligation mittelst Zahlung aufhören, welches geschieht, wenn der Gläubiger die Zahlung des Capitals ohne Vorbehalt annimmt. Deshalb heißt es im §. 845 a. a. O. ganz richtig:

„Verzugszinsen, auf welche der Richter nicht erkannt hat, können, auch von dem Tage des ergangenen Urtels an, nicht nachgefordert werden, sobald über das Capital ohne Vorbehalt quittirt worden."

So lange also nicht ohne Vorbehalt über das Capital quittirt worden, können Judikatszinsen immer gefordert werden. Eine eigentliche Nachforderung ist es nicht, sondern die causa selbst besteht auf diesen Theil ihres Inhalts noch fort, so lange sie nicht gänzlich aufgehoben ist; und dieses wird verhindert, wenn es bei der Quittung durch Vorbehalt ausgedrückt ist.

C. **Dritter Grundsatz.** Gesetzliche Zinsen können auch nicht mehr gefordert werden, wenn die Zahlung der Hauptschuld ohne Vorbehalt angenommen worden ist [91]). Ausdrücklich vom Richter zugesprochene Verzugszinsen haben aber nicht mehr die Natur eines Accessoriums, sondern werden als eine selbstständige Forderung ex judicato, oder als ein gleichartiger Theil der Judicatsforderung, angesehen. Deshalb hindert eine, ohne Vorbehalt ausgestellte Quittung über das Capital, so wenig wie die Rückgabe des Schuldscheins, die Nachforderung der zuerkannten Verzugszinsen, eben so als wenn nur über einen bestimmten Theil der Forderung ohne Vorbehalt quittirt worden [92]).

§. 11.

b. b. Vertragsmäßige Zinsen (*usurae conventionales*).

Nach Römischem Rechte konnten beim bonae fidei contractus, durch ein nudum pactum in continenti ad-

---

[91]) A. L. R. h. t. §. 845. L. 49. §. 1. D. de act. emti. (XIX. 1).

[92]) A. L. R. a. a. O. §. 846. Es folgt hieraus nicht, daß es bei vorbedungenen Zinsen anders sei, wie Grävell l. c. B. III. S. 155 behauptet. Der Grund, worauf er seine Meinung baut, „weil nämlich das Erkenntniß selbst das besondere Fundament dieses Anspruchs ist," gilt eben so gut bei vorbedungenen Zinsen. Nach rechtskräftig entschiedener Sache wird hier auch nicht mehr aus der ursprünglichen **Causa**, sondern **ex judicato** der Anspruch geltend gemacht.

jectum Zinsen stipulirt, mußten aber mit der Contracts-klage zugleich gefordert werden; eine Nachforderung war nicht zuläßig[1]). Bei stricti juris contractibus mußte aber eine Stipulation auf Zinsen erfolgen[2]), jedoch mit zwei Ausnahmen:

1. wenn eine res publica ein Geld-Darlehn gegeben hatte, so konnten auch ex nudo pacto Zinsen gefordert werden[3]);
2. wenn kein Gelddarlehn, sondern ein anderes Darlehn contrahirt wurde[4]).

Bei stattgefundenen Stipulationen brauchte nicht gleich mit der Hauptobligation die Zinsobligation eingeklagt zu werden[5]). Nach heutigem gemeinen Rechte ist jede gleich beigefügte oder nachfolgende Verabredung wirksam[6]), und es ist am consequentesten, es mit den

---

[1]) L. 7. §. 5. D. de pactis (II. 14). L. 5. C. de pactis inter emtor. (IV. 51). L. 24 in fine. L. 26. §. 1. D. depositi (XVI. 3).

[2]) L. 3 und 4. C. h. t. L. 24. D. de praescr. verb. (XIX. 5). Paulus rec. sent. l. c. §. 1.

[3]) L. 30. D. h. t.

[4]) L. 12. C. h. t.

[5]) L. 12. pr. C. de judiciis (III. 1).

[6]) Weber a. a. O. §. 4. p. 213. — Glück Comment. XXI. p. 39 und 62 läßt selbst eine stillschweigende Uebereinkunft zu. Die angeführte Nov. 136. c. 4. ist nicht glossirt. Es konnte aber nach Römischem Rechte allerdings ein Vertrag stillschweigend auf geringere Zinsen geschlossen werden, wenn z. B. anfänglich 5 pCt. bedungen und nachher wissentlich 4 pCt. angenommen worden waren. — L. 13. pr. 6 pr. D. h. t. L. 5 und 8 C. h. t. — Noodt III. 16. Glück p. 66 sq. Da jedoch aus dem „longum tempus" und „per multos annos," wovon dort die Rede, eine wirkliche Verjährungszeit gemacht worden ist,

Zinsen bei Darlehnen eben so zu halten, wie bei den bonae fidei contractibus, so daß, wenn in continenti das Pactum verabredet, die Zinsen in der Hauptklage gleich mit gefordert werden müssen; wenn aber nachher ein Pactum hinzugekommen, diesem die Kraft einer Stipulation, also auch eine besondere actio ex stipulatu beigelegt wird.

Nach Preußischem Rechte hat ein Pactum adjectum mit einer später hinzugekommenen Zinsstipulation gleiche Wirkung: die Zinsen können in beiden Fällen nachgefordert werden, so lange nicht ohne Vorbehalt über das Capital quittirt worden [7]). Es war bestritten: ob in der Quittung ohne Vorbehalt über das Capital eine Acceptilation in Ansehung der ganzen Obligation an Capital und vorbedungenen Zinsen liege, und also die schuldig gewesenen Zinsen ebenfalls für getilgt anzusehen [8]). Dieß wird durch das Allgem. Landrecht bejahend entschieden: die vorbedungenen Zinsen sind für bezahlt oder erlassen

---

so kann nicht angenommen werden, daß nach dem Preußischen Rechte eine solche stillschweigende Uebereinkunft in foro als wirksam anerkannt werden würde, vielmehr muß man nach den, dem Allg. Landrechte zum Grunde liegenden, Rechtsmeinungen ebenfalls eine Verjährung, und zwar eine qualificirte (Vergl. §. 12. Nr. II. 3). erfordern. Dieß folgt auch aus den Bestimmungen desselben über die Form der Abänderung und Aufhebung der Verträge. Tit. 5. §. 338. 131.

7) A. L. R. §. 817. h. t. So war es auch Praxis. Carpzow Jurispr. forens. P. II. const. 20. def. 12 und 47. Me-Dec. P. I. dec. 219 und P. III. dec. 420. Richter Decis. P. 1. dec. 71. no. 63 seq. Mynsinger Cent. 4 obs. 48 in fine. Stryck U. m. L. XXII. T. 1. §. 8.

8) Berger Consil. cons. 635.

zu achten, wenn über das Capital ohne Vorbehalt quittirt worden[9]).

Für die Zinsobligation ist die schriftliche Form vorgeschrieben, ein mündliches Zinsversprechen erzeugt keine Klage[10]).

Die in einem Testamente verschriebenen Zinsen (usurae testamentariae) sind den vertragsmäßigen ganz gleich, weil in der Annahme der Erbschaft aus dem Testamente ein Vertrag liegt[11]).

Eine rechtsgültige Zinsobligation muß consequent auch in den Fällen vermuthet werden, wo aus der fortgesetzten Zinszahlung der Titel zur Hauptschuld vermuthet, oder die Hauptschuld als durch Verjährung entstanden angesehen wird[12]).

Drückt das Zinsversprechen nicht den Zinsfuß aus, so werden landübliche Zinsen angenommen[13]).

§. 12.

c. Aufhebung derselben.

Es kann die Rede sein von der Aufhebung der Verbindlichkeit zur Zahlung gewisser einzelner Zinstermine, und von der Aufhebung der ganzen Zinsobligation.

---

[9]) §. 813. h. t.

[10]) §. 824. h. t. und Tit. 5. §. 136.

[11]) L. 3. §. 6. D. de annuis legatis (XXXIII. 1). §. 5. J. de obligat. quae quasi ex contractu nascuntur. (III. 27. [28]).

[12]) Vergl. oben § 9. Glück Comment. Th. XXI. S. 51. Müller civilistische Abhandlungen Nr. 6. Gesterding a. a. O. S. 8. versteht die L. 6. D. h. t. von einer durch Verjährung begründeten Verpflichtung Zinsen zu zahlen.

[13]) A. L. R. §. 811. h. t. L. 10. §. 3. D. mandati (XVII. 1). L. 37. D. h. t. L. 39. §. 1. D. de leg. I.

I. Die einzelnen Termine werden wie gewöhnlich getilgt:

1. Durch Zahlung. Die Zahlung muß in der Münzsorte des Kapitals geschehen [1]). Es können jedoch die Zinsen auch in andern Sachen gültig ausbedungen werden, nur muß der Geldwerth nicht das erlaubte Zinsmaaß überschreiten [2]). Die Zahlung muß ferner in den festgesetzten Terminen erfolgen. Ist dieserhalb nichts bestimmt, so verstehen sich jährliche Termine von selbst; ist aber das Kapital schon früher zurückzuzahlen, so müssen die Zinsen gleichzeitig mit dem Kapitale entrichtet werden [3]). Zweifelhaft kann in manchen Fällen der Beweis der Zahlung früherer Termine werden, wenn für spätere die Zahlung nachgewiesen ist. Aus einer Vorschrift Martians für die Erheber der öffentlichen Abgaben, wonach ein Steuerpflichtiger, der für die letzten hintereinanderfolgenden Jahre Quittungen über richtig bezahlte Steuern producire, so wenig zur Vorzeigung der Quittungen über die Abgaben aus früherer Zeit, als zur Zahlung früherer Abgaben genöthigt werden sollte, wenn kein Anerkenntniß des Rückstandes vorgelegt

---

[1]) Carpzow Resp. L. V. resp. 93. — Ders. de asyl. deb. th. 35 n. 32. — Wernher Obs. T. II. P. IX obs. 187. — Schorch Sent. 325 n. 12 u. 368. arg. gen. II. — Lauhn de usuris, eadem in bonitate cum sorte solvendis. Jenae 1763. — Behmer Novum jus controvers. T. II. obs. 110. — A. L. R. h. t. §. 835. 836.

[2]) L. 16 u. 17 C. h. t. — Leyser Sp. 213 m. 3. 4. — Mühlenbruch a. a. O. §. 180. — A. L. R. h. t. §. 803. 855 857.

[3]) A. L. R. §. 822. 823. h, t.

werden könnte [4]), hat man den allgemeinen Satz gemacht, daß wer für drei Jahre Zahlung beweise, die Vermuthung für sich habe, daß auch für die frühere Zeit gezahlt worden sei [5]). Man legte aber auch einer einzelnen Quittung über Eine Terminszahlung in der Praxis wenigstens die Wirkung einer Praesumtio hominis bei, weil es nicht wahrscheinlich sei, daß der Gläubiger, welcher die frühern Termine noch nicht erhalten habe, die folgenden ohne Vorbehalt annehmen werde [6]). Das Allgemeine Landrecht hat diese zu einer rechtlichen Vermuthung erhoben, und es soll dieselbe für den Schuldner streiten: daß auch die vorhergehenden Termine berichtigt worden, wenn der Gläubiger bei einem zinsbaren Darlehne über den letzten Zinstermin ohne Voebehalt quittirt hat [7]). Weil die Quittungsleistung für einen bestimmten Termin diese Vermuthung begründet, so ist es gleichgültig, ob auf Grund geleisteter Zahlung, oder des Erlasses quittirt worden [8]). Dieselbe Vermuthung ließ man auch eintreten, wenn der Gläubiger keine Quittung ausgehändigt, aber sonst den richtigen Empfang der Zinsen für einen gewissen Termin, z. B. durch Vereinnah-

---

4) L. 3. C. de Apochis publicis. (X. 22.)

5) Qui ostendit se tribus proximis annis solvisse, retro solvisse praesumitur, nisi contrarium probetur. Bart. ad L. 3 all. — Leyser Sp. 530. m. 8. — Baldus u. nach ihm Mynsinger Cent. 5 obs. 39 n. 6 wollte dieses nur von Realprästationen gelten lassen.

6) Leyser a. a. O. m. 16.

7) §. 842. h. t.

8) Leyser l. c. m. 13.

mung oder Anmerkung in seinen Büchern anerkannt hat [9]). Doch läßt sich, da der Mangel des Vorbehalts eigentlich dasjenige ist, welches die Vermuthung hervorbringt, hier einwenden, daß der Vermerk des Vorbehalts in den eigenen Büchern des Gläubigers, welche der Schuldner nicht sieht, weder hilft noch schadet, weil der Schuldner die Unrichtigkeit nicht zu rügen im Stande ist; wogegen es sich mit einer, einen Vorbehalt enthaltenden Quittung, welche der Schuldner in seine Hände bekommt und zurückbehält, ganz anders verhält. Deswegen läßt sich nicht allgemein als richtig annehmen, daß der Vermerk in den Hausbüchern dieselbe Wirkung wie eine ausgehändigte Quittung haben müsse, wiewohl allerdings Umstände denkbar sind, unter welchen dieses der Fall sein kann, daher solches in jedem einzelnen Falle besonders zu beurtheilen ist. Dagegen wird ohne Zweifel der bloße Beweis der für einen gewissen Termin geleisteten und angenommenen Zahlung ohne alle Schrift jene Vermuthung nicht begründen.

2. Durch Erlaß. Für erlassen werden die nicht bezahlten Zinsen erachtet, wenn über das Kapital selbst ohne Vorbehalt quittirt worden. (S. §. 10 n. IV. 2).

4. Durch Verjährung. Das Allgemeine Landrecht hat im §. 849. h. t. eine neue Verjährung der Zinsenklage eingeführt, indem es bestimmt:

„Wer die gerichtliche Einklagung rückstän-

[9]) Leyser l. c. m. 11. erzählt den Rechtsfall eines Pfarrcolonus, der keine Quittung erhalten hatte, wogegen die Abführung der Pension für bestimmte Termine in den Büchern eingetragen worden war.

dig verbleibender Zinsen länger als zehn Jahre versäumt, der kann einen über zehn Jahre hinaus gehenden Rückstand nicht ferner verlangen."

Man ist darüber uneinig: ob diese Verjährung sich bloß auf vorbedungene, oder auch auf gesetzliche Zinsen beziehe. Diejenigen, welche die Bestimmung auch auf Zögerungszinsen beziehen, sagen: diese Meinung werde dadurch gerechtfertigt, daß, obgleich in den vorangehenden Bestimmungen sich der Unterschied zwischen vorbedungenen und Zögerungszinsen häufig finde, ein solcher Unterschied doch in dem §. 849 a. a. O. nicht gemacht worden, und von dem Richter daher um so weniger erst hineingelegt werden könne, als der Grund der gesetzlichen Vorschrift auf Zögerungszinsen eben so gut als auf vorbedungene passe [10]. Diejenigen, welche diese Verjährung bloß von vorbedungenen Zinsen verstehen, berufen sich darauf, daß die Einklagung „der rückständig verbleibenden" Zinsen nach zehn Jahren verjährt sei, bei Verzugszinsen aber nicht von „rückständig verbliebenen" die Rede sein könne, da nur vorbedungene, nicht aber Zögerungs-Zinsen in re-

[10] Dies sind wörtlich die in dem Min. R. vom 1. Mai 1820 angegebenen Gründe. Jahrb. B. XV. S. 243. Grävell im Commentar zu den Cred. Ges. B. III. S. 156 sagt: der §. 849 sei daher auf alle Arten von Zinsen zu beziehen, weil dieser §. und der folgende §. 851 in einer umgekehrten Ordnung ständen (nach Siewert's Material. VII. S. 101, wo aber eine solche Folgerung daraus nicht gezogen wird.) Dann meint Bielitz in seinem Comment. II. S. 699 No. 1. das nehmliche, man sieht dort aber nicht, warum?

gelmäßigen Terminen gezahlt würden und rückständig bleiben könnten [11]).

Wie es die Redactoren gemeint haben, ist ungewiß: die Materialien geben darüber keinen Aufschluß [12]). In dem Entwurfe Th. 2 Abthl. 2 Tit 8. §. 627 heißt die Stelle so:

„Die über zehn Jahre rückständigen und in der Zwischenzeit nicht geforderten Zinsen werden für erlassen angesehen.“

Daraus läßt sich etwas Näheres nicht entnehmen, außer daß, da Zögerungszinsen zu bestimmten Terminen in der Zwischenzeit nicht gefordert werden, man an solche auch nicht gedacht haben könne. In den Suarez'schen amtlichen Vorträgen findet sich zu dem §. 849—852 diese Bemerkung: [13])

„Der Streit, in wiefern usurae usurarum gefordert werden können, ist bekannt. Hier ist derselbe dahin entschieden, daß zwar, wie es die Praxis in hiesigen Landen bisher gewesen ist, diese Frage in der Regel affirmative zu beantworten, daß aber eine billige Ausnahme hiervon Statt finde, wenn der Creditor durch seine eigene Nachlässigkeit das Anschwellen der Zinsen verursacht hat.“

Hieraus läßt sich schließen: daß man nur an vorbedungene Zinsen gedacht habe, weil von dem Anatocis-

---

[11]) Siewert a. a. O. S. 101. Präjudicat des Geheim. Ober-Trib. in: Simon und v. Strampff Rechtssprüchen I. S. 147. Derselben Zeitschrift fur wissenschaftliche Bearbeitung des Preuß. Rechts B. I. S. 353. seq.

[12]) R. v. 1. Mai 1820. Jahr-B. XV. 243.

[13]) Jahr-B. XLI. S. 23.

mus bei Verzugszinsen nicht die Rede sein kann. Sollte sich die Bestimmung auch auf Verzugszinsen beziehen, so müßte unzweifelhaft zweierlei wahr sein:

1. müßte man Zögerungszinsen in regelmäßig wiederkehrenden Terminen einfordern können, welches nicht angeht, wenn man auch annähme: daß nach den Grundsätzen des Preußischen Rechts das Interesse für sich, ohne die Hauptschuld, eingefordert werden könnte [14]); denn der Gläubiger muß dabei sich mit dem fortbestehenden Verzuge entweder einverstanden erklären, oder nicht. In dem erstern Falle ist die Mora purgirt, und damit fallen deren Folgen fort; in dem andern Falle läuft es zuletzt darauf hinaus, daß entweder der Gläubiger in so kurzen und unregelmäßigen Terminen, wie er wollte, fordern, also alle 4 Wochen oder noch öfter von neuem klagen könnte, weil ihm nicht geboten ist,

---

[14]) Der Verfasser des Aufsatzes in der Juristischen Zeitung pro 1833 S. 635 meint: es gebe zwei Fälle, wo Verzugszinsen einen Verfalltag hätten, und für diese Fälle will er die zehnjährige Verjährung eintreten lassen. Der eine sei der, wo Verzugszinsen per sententiam zugesprochen würden, weil dadurch ihre Natur nicht verändert werde, und weil der Gesetzgeber unter „gerichtliche Einklagung" auch die Vollstreckung des Erkenntnisses verstanden habe. Der erstere Grund möchte nicht allgemeine Anerkennung finden: denn, wenn Zinsen capitalisirt werden, so verändern sie allerdings ihre Natur; sie werden eben durch das Erkenntniß zu Capital, und müssen deshalb wieder verzinset werden. Der letztere Grund ist noch weniger einleuchtend. Der andere Fall soll der sein, wo nach §. 224 Tit. 11. Th. I. A. L. R. rückständige Kaufgelder verzinset werden müssen. Hier sollen die gesetzlichen Zinsen stillschweigend zu wirklichen Conventional-Zinsen werden, mithin jährlich zu entrichten sein. Wie das zugehen soll, leuchtet nicht ein.

sein Interesse erst bis auf ein gewisses Quantum ansteigen zu lassen; oder es müßte, weil dadurch die Sache in Wucher übergehen würde, durch den Richter bestimmt werden, in welchen Terminen die Verzögerungszinsen sollten eingefordert werden können. Dies wäre wenigstens etwas ganz ungewöhnliches, allen bisherigen Grundsätzen widersprechendes.

2. müßte das Interesse in dem nämlichen Falle verjährt und auch nicht verjährt sein, je nachdem der Gläubiger in den danach geeigneten Fällen die gesetzliche Taxe des Interesses, d. h. usurae legales, oder ein höheres Interesse forderte. Denn daß das Interesse überhaupt in zehn Jahren verjähren soll, ist nicht bestimmt; die usurae legales sind aber die gesetzliche Taxe des Interesse mit der Maaßgabe, daß der Gläubiger sich unter Umständen dabei nicht zu beruhigen braucht, wenn er ein höheres Interesse nachweisen kann. Consequenter Weise müßte man also annehmen: daß wenn in einem solchen Falle der Gläubiger sich mit dem geringeren Quanto begnügen wollte, die Interessen-Forderung verjährt sei, wenn er aber mehr verlangte, das Interesse erst mit der Hauptklage erlösche.

Hieraus scheint überzeugend hervorzugehen, daß nach der Natur der Sache die Verjährung keinesweges auf Verzugszinsen, welche bloß zufällig den Namen der Zinsen führen, und wie gesagt, nichts weiter, als eine gesetzliche Taxe des Interesse sind, bezogen werden kann.

Uebrigens läuft die Verjährungsfrist vom Verfalltage einer jeden einzelnen Zinsrate für sich [15]).

---

[15]) A. L. R. I. 9 §. 545. Siewert Mater. VII. S. 103. Durch die gewöhnlichen selbst von Justiz-Commissarien

Auf rechtskräftig zuerkannte Zinsen findet diese Verjährung gar nicht Anwendung, weil dieselben durch das Judicat Sors werden, wovon wieder Zinsen gefordert werden können.

Für die Zinsen von Staatsschuldscheinen ist eine vierjährige Verjährung vorgeschrieben [16]).

II. Die Zinsobligation (das Zinsrecht, nicht einzelne fällige Termine, welche selbstständige Forderungen für sich sind, und wovon so eben die Rede gewesen ist) wird aufgehoben:

1. Durch Tilgung der Hauptschuld [17]), gleichviel ob durch Zahlung oder auf andere Weise;
2. durch Verjährung der Hauptklage, womit auch die rückständigen Zinsen, auch die allerletzten und neuesten Termine, vermöge der accessorischen Natur der Zinsen, verjährt sind [18]).

---

sehr häufig also gefaßten Anträge der Klagen: den Beklagten zur Zahlung zehnjähriger Zinsen vom Tage der insinuirten Klage zurückgerechnet und der laufenden Zinsen zu verurtheilen, thun sich also die Gläubiger Schaden. Schon die Anmeldung der Klage unterbricht die Verjährung. §. 551. l. c.

16) Verordn. v. 17. Jan. 1820 §. XVII. Gesetzsamml. S. 15.

17) L. 18 D. de novat. (XLVI. 2). L. 7 u. 1. § 3 D. h. t. L. 19 C. h. t. — A. L. R. §. 843 h. t. Tit. 16 §. 470. Dies ist einer der Rechtssätze, die im Allgemeinen Landrecht nicht ausdrücklich ausgesprochen sind, und deren Gültigkeit darum doch Niemand bezweifelt. Der Einwurf: „das steht nicht im Landrechte!" womit Rechtssätze so oft angefochten werden, ist ganz unjuristisch. Als wenn darum, weil ein Rechtssatz nicht ausdrücklich ausgesprochen worden, das gerade Gegentheil, welches auch nicht ausgesprochen ist, Rechtens sein müßte.

18) L. 26 C. pr. h. t. — A. L. R. I. 9. §. 568. 569.

3. durch gänzliche oder theilweise Verjährung der Zins-Obligation. Durch Nichtgebrauch kann ohne Verjährung der Hauptobligation die Zinsobligation, d. h. das obligatorische Recht, Zinsen zu fordern, niemals erlöschen. Man könnte denken, daß solches möglich sei, weil das Allgemeine Landrecht zwischen Zinsen und andern persönlichen Prästationen in Absicht der Erlöschung durch Nichtgebrauch keinen Unterschied macht, und es ein häufig vorkommender Gemeinsatz ist: „wo das Gesetz nicht unterscheide, dürfe auch der Richter nicht unterscheiden.“ Denn der §. 509 Tit. 9 Thl. I. des Allgemeinen Landrechts bestimmt ganz allgemein:

„Auch das Recht, jährliche Leistungen und Abgaben von der Person oder dem Grundstücke eines Andern zu fordern, kann durch den bloßen Nichtgebrauch verjährt werden;“

und §. 568:

„Die vollendete Verjährung durch Nichtgebrauch wirkt die rechtliche Vermuthung, daß die ehemals entstandene Verbindlichkeit, in der Zwischenzeit auf eine oder die andere Art gehoben werden.“

Allein die Betrachtung, daß die Klageverjährung, und das Erlöschen dinglicher Rechte durch Nichtgebrauch, wenngleich beide Arten von Verjährung in dem Allgemeinen Landrechte zusammengeworfen, wesentlich ganz verschiedene Institute sind, führt zu der Ueberzeugung, daß diese Verjährung nicht auf bloße Forderungen, sondern auf Prästationen mit einem dinglichen Charakter zu beziehen sind. Von der letzten Art sind z. B. solche Pfarrabgarben und Schutzgelder, welche ohne Rücksicht auf Grundbesitz von Personen geleister werden müssen. Diese haben Aehnlichkeit mit den annui reditus, welche als ein deutsches dingliches Recht, nach Analogie der Servituten behandelt werden, und daher eben so wie diese durch non usus gänzlich erlöschen können. Ganz anders verhält es sich mit bloßen persönlichen Forderungen, welche eigentlich nicht durch Nichtgebrauch erlöschen, sondern wegen welcher nur das Klagerecht durch Ablauf der Verjährungsfrist verlohren geht. Wird dieses auf die Zinsobligation angewendet, so ergiebt sich, daß das Klagerecht nur in soweit, als es zur Entstehung kommt, verloren gehen kann; also nur wegen der einzelnen Prästationen von dem Tage an, wo sie fällig werden, und wegen der Zinsverbindlichkeit selbst von da an, wo durch Abläugnung derselben Grund zur Klage gegeben (actio nata) ist. Daraus folgt, daß die Zinsverbindlichkeit selbst zwar allerdings durch Verjährung unwirksam werden kann, während die Hauptobligation fortbesteht; daß dieses jedoch nicht durch bloßen Nichtgebrauch, sondern nur durch eine s. g. praescriptio qualificata möglich ist[19]), welche eine Zeit von dreißig Jahren erfordert.

Auf gleiche Weise kann eine theilweise Verjährung der Zinsobligation statt finden, wenn z. B. statt fünf Prozent Vier gezahlt und angenommen worden sind. In diesem Falle wurde nach Römischem Rechte ein stillschweigender Vertrag angenommen, daher es nicht auf die Erfor-

---

[19]) Motive der Gesetz-Revision, Pensum XIII. S. 121.

dernisse der Verjährung ankam, welche aber nach Preußischem Rechte allerdings erfordert wird [20]).

4. Ein rechtskräftiges Erkenntniß hob nach Römischem Rechte die Zinsobligation vier Monate, die dem Schuldner gleichsam zur Befolgung und Herbeischaffung des Geldes gegeben waren (quadrimestres induciae), auf; nach dieser Zeit fingen aber ganz neue Zinsen (usurae rei judicatae) zu zwölf Prozent zu laufen an, vorausgesetzt, daß im Urtel auf Zinsen erkannt worden war [21]).

Dieß ist dem Preußischen Rechte unbekannt. Dagegen gehört gewissermaaßen hierher die Wirkung des formellen Concurses, durch dessen Eröffnung der Zinsenlauf in Ansehung aller Forderungen, für welche kein Pfand oder Hypothekenrecht bestellt ist, ohne Unterschied gehemmt und unterbrochen wird [22]), mit der Maaßgabe: daß sie post omnes locirt werden [23]).

5. Verzugszinsen werden durch purgatio morae beendigt [24]), und wenn die Mora durch

---

[20]) Vergl. oben §. 11. Note 6.

[21]) L. 13. C. h. t. — L. 1. 2. 3. C. de usuris rei judicatae (VII. 54). — v. Batz Abhandlungen a. a. O. Nr. XII. §. 4 u. f.

[22]) A. G. O. I. 50 §. 152. Dieß ist altes Brandenburgisches Recht. Landtags-Receß v. 1653 Art. 33. u. Declaration v. 13. Juni 1654. (C. C. M. Tom. II. Abth. 2. S. 10.) Dasselbe gilt nach mehreren Landesgesetzen. Sächs. Proz. O. Tit. 1. das ist aber etc. — Leyser Sp. 474. — Mevius Dec. P. VII. dec. 245.

[23]) A. G. O. a. a. O. §. 477 b. wie nach Sächs. R. l. c. — Leyser Sp. 478. — Ueber die Billigkeit und Klugheit dieses Satzes: Hugo civil. Magazin B. II. S. 157.

[24]) L. 23 D. de recept. (IV. 8). L. 31. pr. D. de novat. (XLVI. 2).

ausdrückliche Fristbewilligung des Gläubigers ohne Vorbehalt aufgehoben wird, so fallen auch die schon für die Vergangenheit ex mora begründeten Ansprüche fort [25]).

Dasselbe Resultat ergiebt sich auch bei den übrigen Arten, die Mora zu purgiren, namentlich: bei der Anbietung und Annahme der Leistung; bei der Novation. Rügt dabei der Gläubiger die Mora nicht, so verzeiht er, und erläßt seinen Anspruch, indem er das ganze Klagerecht, welches in diesen Fällen aufgehoben wird, aufgiebt. Nach einer andern Meinung sollen bloß die Wirkungen für die Zukunft, nicht aber die schon begründeten Ansprüche beseitigt werden [26]). Man sieht aber nicht, wie dieselben sollen geltend gemacht werden können, wenn durch Zahlung und resp. deren Annahme ohne Vorbehalt, oder durch Novation, die Hauptklage aufgehoben ist [27]).

6. Vertragsmäßige Zinsen, nicht usurae legales, [28]) wurden durch das Anwachsen eines Rück-

---

[25]) L. 29 D. de verb. obl. (XLV. 1). A. L. R. I. 16 §. 70.

[26]) v. Wening-Ingenheim B. III. §. 106.

[27]) L. 49 §. 1. D. de act. emti et vend. (XIX. 1), „Pretii sorte, licet post moram, soluta, usurae peti non possunt, cum hae non sunt in obligatione, sed officio judicis praestentur.“ Vergl. L. 4 Cod. depositi (IV. 34).

[28]) Carpzow Respons. jur. L. IV. resp. 50 No. 8. Kind Quaest. for. T. II. cap. 53. — A. M. Z. Balth. de Wernher de usuris per modum Interesse ultra alterum tantum non exigendis. Vitemb. 1711. — Mevius, Decision. Tom. II. P. VII. decis. 2. Wernher Select. Observat. for. Tom. I. Part. III. Obs. 1. Nach der L. un. Cod. de sententia quae pro eo quod interest erscheint die letztere Meinung richtig, nicht aber nach dem Speier-

standes zum Betrage des Kapitals für immer gehemmt, weil sie nicht über das doppelte (ultra alterum tantum) genommen werden sollten. Dies verstand sich nach älterm Rechte nicht bloß von einem so großen Rückstande [29]). Erst Antoninus beschränkte das Verbot auf die rückständigen Zinsen [30]). Justinian aber wollte dieß wieder auf die nach und nach bereits gezahlten Zinsen ausgedehnt wissen [31]), diese Verordnungen sind indeß nicht glossirt. Die Praxis war hierin nicht gleichförmig. Nach Einigen soll das neueste Justinianeische Recht gelten [32]); nach Andern soll das Rö-

---

schen Reichs-Deputations-Abschied v. J. 1600 §. 139, wonach dem Gläubiger sein ganzes Interesse zu fordern nachgelassen ist.

[29]) L. 26 §. 1 D. de cond. ind. (XII. 6.) „et solutae repetuntur." L. 9 pr. D. h. t. L. 4 §. 1. D. de naut. foen. (XXII. 2).

[30]) L. 10 u. 27. C. h. t.

[31]) L. 29. 30 C. h. t. Nov. 121. c. 2. Nov. 138. Vergl. Glück l. c. p. 106 u. 107.

[32]) Peter Gregor Tholosa, in Syntagm. jur. univers. L. 22. c. 3. n. 38. S. auch Tabor Exercitat. academicae de altero tanto usurario, cura JCti Giess. 1686. P. 1. Art. 3. u. 5 — Hahn de altero tanto §. 50 — Scheplitz Consuetud. March. L. 1. P. 4 Tit. 2. S. 299 n. 18. — Mevius, Tom. II. P. VII. Decis. 2. 3 u. 4. — Lauterbach, Colleg. th. pr. Pand. h. t. §. 26. — Carpzow Jurispr. for. P. II. const. 30 def. 26 auf Grund der nicht glossirten Nov. 121.; und in dessen Asyl debitor. Pos. 15 n. 252. — Cocceji Jur. civ. controv. h. t. qu. 9. — Richter Decis. P. 2. dec. 74. n. 84. — Ritterhusius Jur. Justinian. P. III. cap. 9. no. 10. — Leyser Sp. 248. m. 1. — Walch Introduct. in controv. jur. civil. Sect. III. c. IV. Membr. I. Subs. 1. §. 18. — Jo. Fr. Wernher Diss. de licita et illicita usurarum exactione

mische Recht mit Ausschließung der nicht glossirten Justinianeischen Verordnungen ohne Ausnahme zur Anwendung kommen [33]); wieder nach Anderen sollen doch gewisse Ausnahmen Statt finden, und dazu rechnet man namentlich usurae rei judicatae [34]); ferner wenn Städte und pia corpora Zinsen zu fordern haben [35]); oder wenn der Schuldner nach erfolgter Mahnung säumig ist [36]); oder doch wenn die Zinsen erst nach der Litiscontestation so hoch anschwellen [37]). Diese Meinung war im ältern

---

Vitemb. 1724. Cap. I. §. 10. Diese unvernünftigen Verbote stehen mit der sonst anerkannten Rechtmäßigkeit der Zinsen in geradem Widerspruch. Hugo civ. Magazin II. S. 158.

[33]) Höpfner Inst. §. 967, und Weber in der Note 7 dazu, und: Versuche über das Civilrecht No. I. §. 14 S. 48. — Finkelthaus Obs. 40 No. 19. — Richter Decis. P. 2. decis. 74 sq. — Brunnemann ad L. 10 C. h. t. — Puffendorf Obs. I. obs. 14. §. 4. — Mevius P. VI. decis. 386. P. VII. dec. 136. — Wening-Ingenheim l. c. §. 12. — Mackeldey Th. II. §. 350 n. 3. Thibaut System des Pand.-Rechts I. B. §. 283. Hofacker Jahrbücher der Gesetzgebung in Württemberg B. I. No. 13. u. v. A.

[34]) Mevius P. VII. Dec. 4. — Boehmer ad Carpzow. Qu 92. — Zoller de usur. rei jud. Lips. 1778.

[35]) Nov. 160 Praef. Cap. 1. Diese Verordnung spricht zwar nur von Städten, man will sie aber auch auf pia corpora anwenden. Mevius P. VII. dec. 136. — Leyser Sp. 248. m. 2. — v. Böhmer ad Carpzow l. c. obs. 6. — Engelbrecht Obs. 42.

[36]) Puffendorf l. c. — Leyser l. c. m. 4. 5. 6. — Weber natürl. Verbindlichk. S. 222. — Cramer Obs. I. n. 23. §. 6.

[37]) de Böhmer ad Carpzow l. c. — Mevius l. c. P. VII. dec. 4. — Berger Oecon. jur. Lib. 3 Tit. 8 §. 10. n.

Brandenburgischen und Westpreußischen Provinzial-Rechte gesetzlich geworden [38]). Nach einer vierten Meinung soll das Justinianeische Recht gar keine Anwendung finden, vielmehr sollen die Zinsen ohne alle Beschränkung fortlaufen [39]). Diese Meinung hatte auch in der Brandenburgischen Praxis, nach

3. — Hymmen V. S. 130. n. 6. Ueber alle diese Ausnahmen s. m. Quistorp rechtliche Bemerkungen n. 110 S. 393.

[38]) Landt.-Absch. v. 1653 §. 33. Westpreuß. Regier.-Instruction v. 11. Septb. 1773. Nach §. 13 N. IV. 1. litt. f. sollen Zinsen ultra alterum tantum niemals zuerkannt werden, es sei denn in folgenden Fällen:

a. wenn die Zinsen, ehe sie ad alterum tantum erwachsen, gerichtlich eingeklagt und die Zahlung nicht geleistet worden;

b. wenn Jemand in die Zinszahlung condemniret, und er dennoch die Entrichtung zu verweigern fortgefahren;

c. in actione tutelae directa;

d. wenn Schwestern von ihren Brüdern den rückständigen Dotem nicht haben erhalten können. (Diese Bestimmung gründet sich bloß auf provincielles Recht).

e. wenn ein Tutor, Curator oder Administrator rei alienae condemnirt wird, Capital und Zinsen demjenigen, dessen Negotia er gerirt, zu bezahlen.

Vergl. das Praejud. in Hymmen V. S. 129. — Berger Oecon. jur. L. 3. Tit. 8. §. 10 n. 3. — Mevius Decis P. 7. n. 4. — Gonne Abhandlung über die Frage: ob die Zinsen in Deutschland über die Summe des Capitals laufen; in den Erlang. gelehrt. Anzeigen v. J. 1726.

[39]) Cothmann Cons. Vol. II. cons. 52 n. 259. — Puffendorf Observ. jur. univ. Tom. I. Obs. 11 §. 6. — Struben rechtl. Bed. Thl. III. Bed. 33. — v. Zangen Rechtserörterungen B. II. S. 137 u. f. — Langsdorf von den usuris ultra alterum tantum und deren Rechtmäßigkeit im deutschen Reich. Mannh. 1778. §. 30 u. f. Joh. Pet.

dem Beispiele des Reichskammergerichts [40]), gegen den Landtagsrezeß v. 1653 Ansehen [41]), und ist, wiewohl die spätere Gesetzgebung [42]) das Justinianeische Recht einführte, doch in dem Allgemeinen Landrechte angenommen worden, so daß die fernere Verzinsung bloß aus dem Grunde, weil die nach und nach gezahlten Zinsen die Summe des Capitals bereits übersteigen, nicht verweigert werden kann [43]).

§. 13.

c. Beschränkungen derselben.

Claud. Salmasius de modo usurarum liber. Lugd. Batav. 1638. 1639. 8. — Ueber das Schicksal der Zinsen im Mittelalter: Boehmer Jus ecclesiast. Protest. Lib. 5 Tit. 19. — Dessen Diss. de fundamento usurarum pecuniae mutuaticiae. Hal. 1728, und in den Exercitat. ad Pand. T. IV. p. 87. — (J. Bentham) Vertheidigung des Wuchers. Aus dem Engl. übersetzt von J. Aug. Eberhardt. Hall. 1788. Eine französische Uebersetzung

---

de Ludwig Different. jur. Rom. et Germ. in usuris praecipue ultra alterum tantum. Diff. IX. de Cramer Observat. jur. univ. Tom. I. Obs. 23 §. 5 sq. Obs. 102 und 256 §. 3. Müller Observation. pract. ad Leyser Tom. III. Fasc. 1. Observ. 443.

40) Cramer l c. Tom. I. obs. 23. §. 6 und 102.

41) Scheplitz l. c. S. 300 Nr. 19. — Suarez in: v. Kamptz Jahrb. B. XLI. S. 23. Auch nach der Magdeburgschen Polizei-Ordn. Cap. 51. §. 1. war sie gesetzlich recipirt.

42) Allg. Conc. und Hyp. Ordn. v. 4. Febr. 1722 §. 22. — Hymmen B. V. S. 130. Nr. 6.

43) §. 852 h. t.

davon ist 1828 erschienen, unter dem Titel: Defense de l'usure, ou lettres sur les inconveniens des loix, qui fixent le taux de l'interêt de l'argent; par Jeremie Bentham traduit de l'anglais sur la quatrieme edition, suivi d'un Memoire sur les prêt d'argent, par Turgot etc. Paris 1828. Mather et Comp. 8. de 293 pages — Joh. Arnh. Günther Versuch einer vollständigen Untersuchung über Wucher und Wuchergesetze, und über die Mittel, dem Wucher ohne Strafgesetze Einhalt zu thun, in politischer, justizmäßiger uud mercantilischer Rücksicht. I. Th. — Wucher in zinsbaren Geldanleihen. Hamb. bei Carl Ernst Bohm 1790; auch in Büsch und Ebeling's Handlungsbibliothek B. III. S. 161. u. f. — Dazu: Hugo, Ueber Wucher und Wuchergesetze. Einige Beiträge zu Hrn. Lic. Günther's Schrift über diesen Gegenstand; in: civil. Magazin B. II. S. 133. sq. — v. Sonnenfels, Ueber Wucher und Wuchergesetze, eine Vorstellung mit Anmerkungen. Wien, bei Joseph Edler v. Kurzböck 1789. Derselbe über die Aufgabe: Was ist Wucher? und welches sind die besten Mittel, demselben ohne Strafgesetze Einhalt zu thun? Ebend. 1789. — Ders. zu Herrn Hofrath v. Kaaff Abhandlung über die Aufhebung der Wuchergesetze. Ebend. 1791. Auf die Güntherschen und Sonnenfeldschen Schriften ist bei Abfassung des Allgemeinen Landrechts Rücksicht genommen. Klein Bemerkungen über das Gesetz wegen der Zinsen v. 15. Febr. 1809. Annal. XXVI. S. 231. sq. — Ein Votum über den Wucher, von einem Manne sine voto (K. H. Lang) Nördl. 1791. 8. — G. H. v. Berg über Wucher und Wucherverbote; in den staatswissenschaftlichen Versuchen. Th. 2 S. 169 u. f. — Die neuere Literatur kann in Beziehung auf die Landrechtliche Gesetzgebung nicht in Betracht kommen.

a. Geschichtliche Uebersicht.

I. Während man es bei allen Völkern natürlich fand, die Entschädigung des Eigenthümers für den, einem Andern gestatteten, Gebrauch einer Sache lediglich der Uebereinkunft beider Theile zu überlassen, hat man von jeher bei allen Völkern die Miethe für fungible Sachen mit Haß und Widerwillen verfolgt, und abwechselnd bald ganz, bald über ein gewisses Maaß für etwas unerlaubtes erklärt [1]). Dieser bei rohen Völkern entstandene Haß hat seinen Hauptgrund in dem Umstande, daß bei solchen Völkern nicht der betriebsame und speculirende Fabrikant und Commerciant zu seinem eigenthümlichen Fonds noch Geld borgt, um seinen Fonds und seine Geschäfte zu vergrößern und noch mehr zu gewinnen, sondern daß nur der Dürftige oder doch Bedrängte Geld aufnimmt, um sich aus der Verlegenheit zu reißen [2]). In einem solchen Falle erregt es Unwillen gegen den Darleiher, und Mitleiden für den Schuldner, wenn der Erstere die Verlegenheit des Letztern benutzt, seinen Reichthum durch die Armuth des Letztern noch zu vergrößern, und dadurch den dürftigen Schuldner vielleicht ganz zu Grunde zu richten. Von diesem Standpunkte fällt es nicht auf, wenn Cicero den Cato das Geldvermiethen (foenerari) dem Todtschlage [3]) gleichstellen läßt, und wenn dieses Gewerbe in den Augen der Römer für schändlich galt [4]). Dasselbe mochte nach der damaligen

---

[1]) Ueber die Gründe dieses bei rohen Völkern entstandenen Hasses s. m. vor allen: Hugo Civilist. Magazin. B. II. S. 141. u. f. Sodann: Jul. Müller Ratio et historia odii, quo foenus habitum est. Goett. 1821. 4. — Adolph Dietr. Weber über den Haß der Zinsen; in dessen Versuchen über das Civilrecht. S. 225 u. f. — Fr. W. Pestel Diss. fontem errorum de odio usurarum legitimo investigatum et obstructum repraesentans. Rint. 1753.

[2]) Hugo a. a. O. 145. 118.

[3]) Ciceco de off. II. 25.

[4]) Cicero, Cato de re rustica, ab init. — Seneca de benefic. VII. 10. — Suetonius, August Cap. 2. — Heineccii Antiquit. Rom. Lib. III. Tit 15 (14) §. 4.

Beschaffenheit des Verkehrs und bei den häufig wiederkehrenden politischen Unruhen allerdings Bedrückungen erzeugen, und dadurch die Aufregungen noch vermehren; es wurde deshalb schon früh Gegenstand einer besondern Polizei-Gesetzgebung, welche ein gewisses Maximum festsetzte, das bei Strafe nicht überschritten werden sollte [5]). Die Römische Geschichte [6]) beweiset, wie die tägliche Erfahrung noch jetzt, daß die Gesetzgebung gegen die übertriebenen Forderungen der Geldvermiether nicht durchaus schützen kann. Wie hoch die Zinsen in den frühesten Zeiten der Römer gewesen sein müssen, ist daraus abzunehmen, daß der Uncialzinsfuß, der sich wahrscheinlich auf 10 Prozent nach unserer Rechnung belief [7]), und welcher schon in den XII Tafeln festgesetzt gewesen sein soll [8]), der darauf gesetzten Strafe des Vierfachen unge-

---

[5]) Fragm. Vatic. §. 11. — Paulus Sent. rec. II. 14 §. 2. 4. — L. 1 C. Theodos. de usuris (II. 33). — L. 4 §. 1 D. de naut. foenore (XXII. 3). — L. 8 C. Si certum petatur (IV. 2). — Godofred ad Cod. Theodos. Lib. 3 Tit. 1 L. 18 und ad L. 2 Tit. 33. — Noodt l. c. Cap. 10.

[6]) Sigonius de antiquo jure Romano Lib. II. c. 11. Heineccii Antiquit. Roman. Lib. III. Tit. XV. (XIV) §. 7—17.

[7]) Niebuhr's Römische Geschichte I. Ausg. Th. II. S. 431 —440. — Schrader Beitrag zu Niebuhr's Erörterung über den alten Römischen Zinsfuß; in Civilist. Magaz. B. V. S. 180 u. f. Gött. Gel. Anz. 1814. S. 205. — Heineccii Antiq. l. c. §. 18.

[8]) Tacitus Annal. VI. 16. Montesquieu, de l'esprit de Lois, Liv. XXII. chap. 22 will ihm nicht glauben, und meint, Tacitus verwechsele die anno 398 durchgegangene Lex Duillia Maenia, wovon Livius VII. 16. spricht, mit den XII Tafeln, weil es sonst der, 45 Jahre nach den XII Tafeln bei dem Manlianischen Tumult, 378 gegebenen Lex Licinia, wonach die Schuldner die bezahlten

achtet, überschritten wurde [9]), so daß derselbe durch die Lex Duillia Maenia A. 379 von neuem als Maximum, zum Verdruß der Patrizier, hergestellt werden mußte [10]). Durch die Lex Manlia et Plautia v. J. 408 setzte man das unciarium foenus auf ein semunciarium herab [11]), und nicht lange darauf wurde 413 die Lex Genucia durchgesetzt, welche das foenus gänzlich verbot [12]). Natürlich wurde dieses Verbot umgangen, was um so leichter war, als es sich nur auf Römische Bürger bezog, so daß man von Personen aus den Latinen und Socien die Namen hergeben lassen konnte [13]). Es half auch die Ausdehnung des Verbots durch die Lex Sempronia v. J. 560 (Note 13) auf die Latinen und Socien zu nichts [14]), und es kam zuletzt dahin, daß usurae centesimae, d. h. 12 pCent., für gesetzlich zulässig erklärt wurden, und nur die höhern blieben verbotn [15]). Wodurch zuerst dieser Zinsfuß ein-

---

Zinsen auf das Capital sollten abrechnen dürfen, nicht bedurft hätte, da die Schuldner sich ja nur auf jenes 12 Tafelgesetz, welches nach seiner Meinung nicht mehr als Ein Prozent Zinsen auf das Jahr gestattet haben soll, hätten berufen dürfen, um sich gegen die Gläubiger zu schützen. Er fügt hinzu, man brauche eben nicht sehr bewandert zu sein in der Römischen Geschichte, um zu sehen, daß Tacitus Angabe unrichtig sei. Gibbon antwortet ihm darauf: ob denn Tacitus unwissend oder dumm gewesen sei.

[9]) Livius VI. 14.

[10]) Livius VII. 16.

[11]) Livius VII. 27.

[12]) Livius VII. 42. Tacitus Annal. VI. 16.

[13]) Livius XXXV. 7.

[14]) Noodt II. 4 p. 269.

[15]) L. 40 D. de reb. cred. (XII. 1). L. ult. C. de usuris rei jud. (VII. 54). L. 8 C. si certum petatur (IV. 2). Paulus Recept. Sent. II. 15. 2.

geführt worden, ist ungewiß. Man bezieht darauf eine Lex Gabinia [16]); wahrscheinlich aber beruht derselbe auf Gerichtsgebrauch, welcher durch das Prätorische Edict anerkannt wurde [17]). Justinian führte einen ganz neuen Zinsfuß, mit Rücksicht auf die verschiedenen Stände, ein [18]). Das Maximum setzte er auf die Hälfte (Semisses) herunter. Von dieser Regel galten folgende Ausnahmen:

a. Personae illustres sollten nur trientes (4 pCent),
b. Kaufleute und Argentarien [19]) aber konnten besses (8 pCent) nehmen.
c. War der Schuldner ein Bauer, so durften nur trientes (4 pCent) genommen werden [20]);
d. bei fungiblen Sachen, außer dem baaren Gelde, und
e. bei der pecunia trajectitia blieben noch centesimae (12 pCent) gestattet.

Die Berechnung der Zinsen in der frühern Zeit der Republik ist dunkel [21]), in der spätern Zeit war sie der unsrigen analog nach Hunderttheilen (centesimae), nur

---

[16]) Cicero ad Atticum V. 21. in f.

[17]) Cicero a. a. O. Heineccii Antiquit. a. a. O. §. 14 u. 15.

[18]) L. 26. Cod. h. t. — Strauch Dissertatio de centesimis usuris ad L. 26 C. de usuris; in opusc. rar. Cura C. G. Knorre. Frankf. et Lips. 1729. p. 415 u. f.

[19]) Nov. 13 Cap. 4.

[20]) Nov. 34. Auth. ad haec C. h. t.

[21]) Nota 7. Godofred zum Cod. Theodos. Tit. de usuris Th. I. S. 271. Ostertag über die Berechnung der Zinsen bei den Griechen und Römern. Regensburg 1784. 4. — Joh. Fr. Gronovius de usuris centesimis, et foenore unciario, cum mantissa pecuniae veteris. Lugd. Bat. 1661. 1664. 1671. 8.

wird die Zeit eines Monats, und bei uns die eines Jahres [22]) stillschweigend dabei verstanden, wenn keine Zeit bestimmt ist. Wenn mehr gegeben werden soll, so wird dies durch eine Vielheit ausgedrückt, z. B. binae, ternae, quaternae, centesimae; wenn weniger, so geschieht es durch eine Bruchbezeichnung, wobei das As als Ganzes gedacht ist, als: usurae deunces $^{11}/_{12}$, sextantes oder decunces $^{10}/_{12}$, dodrantes $^{9}/_{12}$, besses $^{8}/_{12}$, septunces $^{7}/_{12}$, semisses $^{6}/_{12}$, quincunces $^{5}/_{12}$, trientes $^{1}/_{3}$, quadrantes $^{1}/_{4}$, sextantes $^{1}/_{6}$, unciariae $^{1}/_{12}$, semunciariae $^{1}/_{24}$ [23]).

II. Das älteste Kirchenrecht verbot nur den Geistlichen das Geldverleihen gegen Zinsen als ein für sie unschickliches Geschäft [24]); denn das von Gratian sogenannte Concilium Eliberitanum, angeblich vom Jahre 303, 305 oder 313, welches schon den Laien verboten haben soll, Zinsen zu nehmen, ist als ächt nicht anerkannt [25]), und Gratian hat aus dem Canon 20 dieses Concilii [26]) das Verbot gegen die Laien auch in seine Sammlung nicht aufgenommen [27]). Erst Leo der Große

---

[22]) A. L. R. §. 822. h. t.

[23]) Heineccius l. c. §. 18—30.

[24]) Can. 2 u. 5. Dist. XLVII. C. 9. D. XLVI. C. 2. 6. 8. C. XIV. qu. 4. — Ludw. Thomassinus vet. et nova Ecclesiae disciplina. P. III. Cap. 19. §. 5. (Tom. IX. p. 113 sq. Magont. 1787. 4). Bingham Origines sive Antiquitates ecclesiast. Vol. II. Lib. VI. Cap. 2. §. 6 (Halae 1725).

[25]) Berardus Gratiani canones genuini ab apocryphis discreti. P. I. Cap. 2. pag. 19 sq. — J. H. Boehmer Jus Eccles. Protest. Tom. V. Lib. V. Tit. 19. §. 18.

[26]) Bei Harduin Concilior. Tom. I. p. 252.

[27]) C. 5. Dist. XLVII.

erließ in seinem Briefe an mehrere Bischöfe vom Jahre 443 das Verbot auch gegen die Laien[28]), worin ihm Ambrosius, Augustinus, Hieronimus und Crysostomus in ihren Privatschriften[29]), nach einer üblen Auslegung des mosaischen Rechts[30]), vorangegangen waren. Seitdem wurde mehrmals und wiederholt, unter Strafe des Bannes, des unchristlichen Begräbnisses, des Verlustes der Testamentifaction und der Restitution, selbst wenn auf Rückforderung eidlich verzichtet worden wäre, das Nehmen vertragsmäßiger Zinsen unbedingt verboten[31]). Indeß mußte man doch dem Drange des gesellschaftlichen Verkehrs wenigstens so weit nachgeben, daß man die Zinsen unter der Form von Renten und als Interesse (Verzugszinsen) für erlaubt erklärte[32]).

III. Unter den deutschen Völkerschaften war dieser Theil des gesellschaftlichen Verkehrs nicht bekannt[33]). Von den Volksgesetzen ist das Westgothische Gesetzbuch

---

[28]) C. 7. Caus. XIV. qu. 4.

[29]) Die Stellen: C. 1, 2 u. 3. C. XIV. qu. 3. — C. 10 u. 11. C. XIV. qu. 4. — c. 11. C. XIV. qu. 1. — C. 11. Dist. LXXXVIII. sind daraus entnommen.

[30]) Exod. XXII, 25. Levit. XXV, 35—37. Deuteronom. XXIII, 19—20. — Vergl. Noodt l. c. Lib. I. cap. 10. — Michaelis de mente et ratione legis mosaicae usuras prohibentis. Götting. 1750; auch in Dan. Fellenberg Jurispr. antiqua. Tom. I. Bern. 1760. Nr. II.

[31]) C. 2—7. 13. 17—19. X. de usuris (V. 19). c. 1. 2. de usuris in 6. (V. 5). Clem. unica de usuris.

[32]) R. 25. de regulis jur. in 6. — c. 9. X. de arbitris (I 43). — Cap. 1. Extravag. commun. de emt. vend. (III. 5). — Noodt l. c. Lib. I. cap. 12. — Boehmer l. c. §. 21. — Zech Rigor moderatus doctrinae pontificae circa usuras. Diss. II.

[33]) Tacitus de morib. Germ. Cap. 26, 5. u. 15.

das einzige, welches etwas über Zinsen enthält. Nach demselben sollen beim Gelddarlehne nicht mehr als drei Siliquae[34]) vom Solidus, und auf 8 Solidi der neunte, also usurae centesimae, und von Früchten nicht über 1/3 des Ganzen, d. h. nicht über die Hälfte des Capitals (homilia[35]), als Zinsen jährlich genommen werden[36]). Dies ist jedoch Römisches Recht[37]).

In den Capitularien ist dagegen wieder das canonische Verbot aller Zinsen aufgenommen[38]), und die Leges Lotharii I.[39]) verbieten, daß Jemand Zinsen nehme: post sui episcopi contestationem. Gegen dieses förmlich sanctionirte canonische Recht konnte auch das Römische noch lange nach seiner Aufnahme in dieser Materie, bei den Gerichten, kein Ansehn gewinnen[40]).

---

34) Eine Siliqua ist Ein vier und zwanzigstel des Solidus. Isidorus Origin. Lib. XVI. cap. 24. — Gronovius de pecunia vet. L. IV. cap. ult. — Salmasius l. c. cap. XVII. S. 492.

35) Gellius Noct. Attic. Lib. XVIII. cap. 14.

36) Lib. V. Tit. 5. §. 8 u. 9.

37) Beide §§. sind zum Theil wörtlich aus Lib. 1 u. 2. C. Theod. de usuris (II. 33), wie schon v. Savigny Rechtsgesch. I. Cap. 8. Not. 81. bemerkt, entnommen.

38) Capit. I. a. 789. c. 5. „Item in eodem concilio (Nicaeno) seu in decretis Papae Leonis, nec non et in canonibus, qui dicuntur Apostolorum, sicut et in lege ipse Dominus praecepit, omnino omnibus interdictum est ad usuram aliquid dare" Lib. I. Capitut c. 5. Das Capit. V. a. 806. c. 12. bestimmt, was unter usurae zu verstehen. Cap. I. c. 119. Vergl. ibid. II. c. 38. VI. c. 50 u. 204.

39) Cap. XIX. bei Georgisch. S. 1219.

40) Glosse zum Sachsensp. B. I. Art. 51. — Klein's Rechtssprüche. B. IV. S. 191—207.

Inzwischen scheint doch das Ausleihen des Geldes gegen sehr hohe Zinsen auf persönlichen Credit vorgekommen zu sein[41]); denn es ist bekannt, daß man außer den Juden, welchen von jeher der **Wucher**, d. h. das Geld-Vermiethen, als eigenthümliches Gewerbe, gestattet wurde, s. g. usurarii publici[42]) zu Friedrichs I. Zeiten privilegirte.

---

[41]) Mittermaier Grundsätze des ꝛc. deutschen Priv. Rechts. §. 190. Nr. 1.

[42]) Meine Schrift: Die Juden im preuß. Staat. §. 6. Nr. 1. Der Recensent dieser Schrift, in der Allgem. Litteratur Zeitung pro 1835. Col. 197. sagt:

„Der (u. s. w.) **Koch** sagt a. a. O. S. 50. „„Der „„Wucher, d. h. das Ausleihen des Geldes gegen „„Zinsen."" Diese Begriffsbestimmung ist **durch** „**aus** unrichtig."

Darauf läßt sich eben so allgemein blos sagen: das Urtheil des Herrn Recensenten ist durchaus unrichtig. Was derselbe sich hier unter „**Wucher**" gedacht hat, ist nicht bezeichnet; die mitgetheilten Ansichten aus der v. Ulmensteinschen Schrift, über das Verhältniß der Juden, laßen aber vermuthen, daß er sich das **Verbrechen**: Wucher genannt, dabei gedacht habe. Davon ist weder in der recensirten Stelle meiner Schrift, noch hier die Rede. Das Wort „**Wucher**" bedeutet in jener Zeit, auf welche sich die Schrift a. a. O. bezieht, **jeden Gewinn vom Eigenthum im Handel und Wandel**, besonders **den Gewinn vom ausgeliehenen Gelde**, für **Zinsen, Interessen**; daher „Geld auf Wucher (Zinsen) ausleihen." In diesem Sinne sagt der Glossator zum Sachsenspiegel zu B. I. Art. 51. „Etliche sagen, man möge den **Wucher** nach Kaiserrecht wohl nehmen. Sage aber du, man möge keinen Wucher nehmen."

Wucher ist ihm aber „**alles das, so ein Man mehr einnimpt oder aufhebt, denn er ausgeliehen hat**, und daß er ihm solches zuvor bedinget hab." Vergl. Adelung Wörterbuch, s. v. Wucher. Erst der spätere Sprachgebrauch hat mit dem Ausdruck „**Wucher**"

Dagegen hatte man das, von dem canonischen Rechte ausdrücklich anerkannte[44]) Institut des Renten- oder Gültekaufs, mittelst welches man den nämlichen Zweck durch Realcredit erreichte[45]), ohne daß es zur Umgehung des Zins-Verbots ursprünglich ersonnen worden[46]). Ein Umweg aber war es, durch einen Prozeßact, blos zu dem Zweck, um Verzugszinsen laufen zu machen, den Schuldner in Verzug zu setzen, obgleich der Gläubiger noch keine Zahlung wünschte[47]); denn das Interesse wegen

---

einen schlimmen Nebenbegriff verbunden, und dadurch die frühere ehrbare Bedeutung veralten lassen. Deswegen ist aber in der recensirten Stelle dem Ausdruck „Wucher" auch hinzugefügt: „d. h. das Ausleihen des Geldes gegen Zinsen," um eben zu verhindern, daß man nicht, wie der Herr Recensent, daran denke: es werde darunter die strafbare Handlung, welche die jetzigen Criminalgesetze unter dem Ausdruck Wucher verstehen, gemeint. Daß das Ausleihen des Geldes gegen Zinsen an sich nicht Wucher im criminalrechtlichen Sinne sei, darauf hätte nicht erst der Herr Recensent aufmerksam zu machen brauchen.

43) „Quos vulgus vocat Gawertschin." Oesterreichisches Privilegium von Friedrich I. Nr. 10. — Ohlenschlager's Erläuterung der goldnen Bulle. Anh. Nr. 9. — Eichhorn Rechtsgesch. II. S. 95.

44) Cap. 1. Extravag. comm. de emt. et vend. (III. 5). (a. 1420) und Cap. 2. eod. (A. 1455). Nach dem erstern Cap. sollte der Gültekauf schon über hundert Jahre üblich gewesen sein.

45) Eichhorn deutsch. Pr. R. §. 105. Rechtsgesch. §. 361 a. und 450.

46) Möser Patriotische Phantasien. B. II. Nr. XVII. S. 97. Eichhorn deutsch. Pr. R. a. a. O.

47) Hugo civil. Mag. II. S. 156, wo aus dem französischen Werk: la jurisprudence du parlement; par M. de Salviat 1787, die Prozedur angeführt ist.

Verzugs zu fordern, erlaubte das canonische Recht[48]), und die Reichsgesetzgebung fixirte die Praxis des Reichskammer-Gerichts, indem sie im Allgemeinen das Interesse auf Fünf für das Hundert festsetzte, ohne den Beweis eines höhern Betrags abzuschneiden[49]).

Dieser practische Behelf war besonders in Frankreich, in den Ländern des Gewohnheitsrechts (Pays du droit coutumier) üblich. In diesen Ländern kannte man vor der Assemblée constituante nur Verzugszinsen, vom Tage der gerichtlichen Mahnung; vorbedungene Zinsen für ein simples Darlehn erlaubten die Gesetze nicht, ausgenommen in Handlungssachen. Indessen gestattete der Gerichtsgebrauch nicht die Zurückforderung bezahlter Zinsen. So stand die Sache, als die constituirende Versammlung den 3. October 1789 decretirte, daß Jedem freistehen solle, gegen vorbedungene Zinsen Geld zu verleihen. Die gesetzlichen Interessen waren fünf pro Cent. Das Gesetz vom 11. April 1793 erklärte das Geld schlechthin für eine Waare; das Gesetz von 6 Flor. II. hob jenes zwar wieder auf, das v. 5. Therm. IV. und 15. fruct. V. überließ jedoch die Höhe der Zinsen der willkührlichen Verabredung[50]) zwischen den Contrahenten. Darauf folgte der Art. 1907 des Code Napoleon, welcher die Quotität der vertragsmäßigen Zinsen noch unbeschränkt ließ, wiewohl sich die entgegengesetzte Mei-

[48]) C. 9. X. de arbitris (I. 43). Boehmer Jus. eccles. Protest. L. 5. Tit. 19. §. 21.

[49]) Reichs-Deput.-Abschl. von 1600. §. 139. Oben §. 10. Note 6. — Boehmer l. c. §. 26—32.

[50]) Motifs zu der Loi v. 3. Febr. 1807. Sirey 1804. p. 120. — Jurisprud. du Code civil. IX. 278. Zachariae B. II. S. 390.

nung bei der Discussion geltend zu machen suchte[51]). Durch das Gesetz vom 3. Septbr. 1807[52]) wurde dann auch festgesetzt, daß die vertragsmäßigen Interessen nicht fünf vom Hundert, und in kaufmännischen Sachen nicht Sechs pCt. übersteigen sollten. In einigen Ländern des geschriebenen Rechts dagegen wurden die Zinsstipulationen bei simplen Darlehnen für rechtsbeständig erachtet[53]).

In Deutschland ließen die Anhänger des Römischen Rechts nicht ab, das Widersinnige der canonischen Bestimmung darzustellen und dem Römischen Rechte Ansehen zu vindiciren[54]). Die Sache machte sich durch das

---

[51]) Maleville ad Art. 1907.

[52]) Suppl. du Cod. Nap. et de proced. p. 135. Sirey 1808. II. 18. Auch bei Zachariae l. c. S. 392. u. in der Blanchardschen Uebersetzung des Maleville ad Art. 1907. B. IV. S. 53.

[53]) Merlin m. interet. §. III.

[54]) Huber Eunomia Rom. ad L. I. D. de usuris. p. 753—761. — Noodt l. c. Lib. I. c. 4. 9. — Molinaeus l. c. No. 5. 9. 13 u. 515. — Streit, an usurae jure naturali sint illicitae. Erf. 1716. — Just. Henn. Boehmer, de fundamento usurarum pecuniae mutuatitiae. Halae 1728. — Osteried de aequitate usurarum. Arg. 1736. — Christoph de Hagen, de usu usurarum, redituum annuorum et interesse. Vitemb. 1631. 1661. 4. — Wagner de usuris omni jure licitis. Lignitiae 1737. — Koerten de justitia et iniquitate usurarum. Aug. Trevir. 1738. — Schott de moralitate usurarum. Tüb. 1764. und in ejus dissertat. juris naturalis. Tom. II. Diss. XIV. p. 53. — Verfechter des Zinsverbots unter Andern besonders: Leotardi Liber singularis de usuris et contractibus usurariis coercendis. Lugd. Bat. 1613. 1646. 1649. 1682. fol. — Anton Matthaeus (d. j. † 1651) Disput. miscell. VI. c. 6, der jedoch von seinem eigenen Schüler Joh. Jac. Wissenbach Disp. ad Pand. Tit. XXII. th. 3.

Bedürfniß im gesellschaftlichen Verkehr[55]) von selbst geltend, und befestigte seit dem Anfange des 16ten Jahrhunderts die Gewohnheit, Geld gegen versprochene Zinsen und Aufkündigung auszuleihen[56]). Der Römische Zinsfuß aber ist niemals allgemein[57]) anerkannt worden, und konnte es auch nicht, weil das Darlehn mit versprochenen Zinsen durch kein Reichsgesetz für erlaubt erklärt worden ist[58]). Vielmehr kommt es in dieser Beziehung

---

widerlegt wird. — Hugo Grotius de jure belli ac pacis. L. II. c. 12. §. 20.

[55]) Hugo civ. Mag. II. S. 133. — Müller Ratio et historia odii quo foenus habitum est. p. 3 seq.

[56]) Eichhorn Rechtsgesch. §. 450. 573. — Deutsch. Priv. R. §. 105. 106. — Mittermaier §. 190.

[57]) Leyser Sp. 215. — Rud. Chr. Henne de usurarum centesimarum usu hodierno in casibus jure Romano expressis. Erf. 1712. — Thibaut System. §. 282. — A. W. Stryck Usus mod. Lib. XXII. Tit. 1. §. 11, dessen Irrthümer aber Leyser l. c. med. 4 u. 5. zeigt. Ferner: Hommel Rhaps. obs. 718. — Weber l. c. S. 248.

[58]) Eichhorn Priv. R. §. 106 in fine. — Hugo von dem Zinsfuße der Reichsgesetze; Civ. Mag. B. II. S. 190 u. f. — Die Reichspolizeiordnungen v. 1530. Tit. 26. §. 8. v. 1548. Tit. 17. §. 8. v. 1677. Tit. 17. §. 9. reden nur vom Rentenkauf; der Reichs-Deputations-Abschluß von 1600 §. 139 spricht von Verzugszinsen, und der jüngste Reichs-Abschied v. 1654 §. 171 von den im dreißigjährigen Kriege entstandenen Schulden. Die Praxis neigte sich aber zu dieser Ansicht. — v. Meiern Gedanken von der Rechtmäßigkeit des sechsten Zinsthalers in Teutschland. Hannover 1732. Schwabach 1733. 4. S. 112 — 130. u. Beilage I. u. S. 131, 132. — Hombergk zu Vach de usuris in contractibus stricti juris secundum recessum deputationis de anno 1600. §. 139. Marb. 1736. Man rechtfertigte die Zinsen unter dem Titel von Interessen. Salomon de usuris sine conventione consens.

lediglich auf Landesgewohnheiten an, welche bald das von vielen geltend gemachte[59]) Römische Recht bestätigte und Sechs Procent[60]) gestattete, bald sich an die Reichsgesetzgebung über das auf Fünf Procent herabgesetzte Maximum der vorher sehr hohen[61]) Renten beim Gültekauf und den Verzugszinsen anschlossen[62]). Die Praxis, nach welcher angenommen worden sein soll, daß

---

praestandis. Argent. 1734. — Dorett de institut. usurarum hodiern. vulgo interesse. Liegnit. 1739. — Berger Oecon. juris. Lib. XXXVII. Tit. 8. th. 9. Nr. 3.

59) v. Meiern Gedanken ꝛc. — Ein Auszug aus dieser Schrift in: Hufeland's Beiträgen zur Berichtigung der positiven Rechtswissenschaften. Heft I. Nr. 2. — Refutation dieser Schrift und des Verfassers Antwort auf diese Refutation. 1734. 1735. 4. — Hommel Selecta capita de usuris quincuncibus majoribus licitis. Vitemb. 1762.

60) Mittermaier a. a. O. Note 15 führt mehrere Landrechte auf.

61) Zehn pCt. scheinen gewöhnlich gewesen zu sein; es kommen aber außer den versteckten Wucherkünsten auch 12 und mehr pCt. vor. v. Meiern a. a. O. S. 69 — 109. Fischer's Geschichte des deutschen Handels. Th. I. S. 285 seq. — 1284 wurde in der Mark für 8½ Mark 1 Wispel jährl. Roggenzins, 1287 für 11 Mark 1 Wispel Zins, und für 12 Mark 1 Frustum Zinsen gekauft. Lenz Urkunden-Sammlung S. 119. 133. 135. Gerken's verm. Abhandlungen. S. 109. Ein Frustum = 1 Mark Silber = 1 Winspel Korn. Gerken Cod. dipl. veteris march. I. Th. S. 16. — Dessen vermischte Abhandlungen vom Lehnrecht. Th. I. S. 229. — Es wurden mithin in dem Falle von 1284 fast 12 pCt. gegeben.

62) Sachsen jedoch auf Wechsel 6 pCt. Leyser Spec. 215. m. 5. — Curtius Sächs. Priv. R. III. S. 114. — Württemberg, Weishaar Württ. Priv. R. III. 33. — Baiern Landr. II. c. 3. §. 21.

nach den Reichsgesetzen Fünf Procent der allgemeine Maaßstab auch für vorbedungene Zinsen gewesen sei[63]), ist wol nicht gleichförmig gewesen, vielmehr sah das Reichskammergericht in Bezug auf den erlaubten Zinssatz von jeher auf die Landesgewohnheiten[64]).

IV. In den Preußischen Landestheilen war der übliche Zinsfuß verschieden.

1. In der Mark Brandenburg waren nach älterem Rechte Sechs Procent üblich[65]), sie sind jedoch schon lange auf Fünf herabgesetzt[66]), beim Geldausleihen auf Pfänder wurden jedoch höhere Zinsen gestattet[67]).

2. In Pommern waren immer nur Fünf Procent gewöhnlich[68]).

3. In Ostpreußen und Litthauen betrugen die landüblichen Zinsen immer Sechs Procent[69]).

---

[63]) Bucher a. a. O. §. 57. Note 16. — Schierschmidt de usuris ultra quincunces licet promissis, non exigendis. Erlangae 1761.

[64]) Gail Observat. pract. obs. VIII. Nr. 5. obs. IX. No. 2. Ant. Faber in Codic. Tit. de usuris def. 36.

[65]) Edict von 1573. — Scheplitz L. 1. P. 4. T. 1. §. 1. — Müller Resol. 115. Nr. 3.

[66]) Edict v. 1565. Mylius Tom. II. Abth. I. Nr. 11, von 1695 Nr. 82, v. 26. Novbr 1700 Nr. 93. — Hyp. Ord. v. 4. Febr. 1722. §. 18. Declar. v. 14. Juni 1726. §. 7. Mylius T. II. Abth. II S. 238.

[67]) Ed. v. 13. Januar 1763. Mylius I. S. 731.

[68]) Leyser Sp. 215 m. 4.

[69]) Instruct. v. 30. Jul. 1770. Sect. III. §.18. (N. C. C. II. 1 a. col. 465). Declar. dazu v. 30. Juli 1774. Stengel XII. S. 63—71. Prov. Recht, Zusatz 21 zu §. 804 Tit. 11. Th. I. d. A. L. R. R. v. 12. Mai 1800. N. C. C.

4. In Westpreußen waren bis zum 28. Septbr. 1772 Acht Procent gestattet. Durch die Einführung des Preußischen Landrechts von 1721 wurde der Zinsfuß auf Sechs Procent herabgesetzt, welches durch die Regierungs-Instruction v. 21. September 1773, unter näheren Bestimmungen, bestättigt worden ist [70]). In Danzig sind nach der Willkühr [71]) 8⅓ Procent erlaubt.

5. In Schlesien sind die schwankenden Zinsen der Darlehne zuerst durch den Fürstentagsschluß von 1546 auf Sechs vom Hundert festgesetzt [72]). Wegen der pragmatischen Sanction vom 26. November 1704 [73]) ist dieser Zinsfuß in Praejudicaten und Edicten [74]) immer als erlaubt anerkannt worden, und noch gegenwärtig zuläßig.

6. In der Provinz Posen ist das Provinzial-Recht, wonach Sechs Procent [75]) erlaubt sind, durch die Einführung des französischen Rechts nicht aufgehoben worden, weil der Code Napoleon den Zins-

---

T. X. S. 2937 und Neues Archiv I. S. 153. Cab.-Ord. v. 30. Octbr. 1811. Ges.-Samml. 1812. S. 3.

70) Culm. R. Buch IV. Tit. 1. C. 1. Pr. Landr. v. 1721. P. II. B. IV. Tit. 2. Reg.-Instr. §. 13. Nr. IV. 1.

71) Th. 2. Cap. 2. Art. 2 u. 15.

72) Vater Repertor. I. 33. — Stengel XII. S. 351.

73) Brachvogel Edictensammlung. T. I. p. 328. Sammlung alter und neuer schlesischer Provinzial-Gesetze. P. I. p. 101.

74) Edict v. 1. Aug. 1765. §. 6. Samml. schles. Ed. VIII. p. 117.

75) In einigen Gegenden Polens waren auch 7 und noch höhere Zinsen erlaubt. Declarat. v. 9. Juli 1801. N. Arch. II. S. 110.

fuß nicht bestimmt, und das spätere Gesetz über das Maximum der Zinsen, vom 3. Septbr. 1807 nicht mit eingeführt worden ist.

Das Allgemeine Landrecht setzte als höchste erlaubte Zinsen, mit einigen Ausnahmen, Fünf Procent fest. Da sich aber nicht befehlen läßt, daß Jemand sein Geld um diesen Preis vermiethen soll, so mußte man in der unglücklichen Zeit nach 1807 die Beschränkung gänzlich aufheben; mit dem letzten December 1810 ist jedoch das Allg. Landrecht wieder in Wirksamkeit getreten [76]).

Wer den bürgerlichen Verkehr betrachtet, der überzeugt sich bald, daß die Zinsbeschränkungen nicht nur ganz fruchtlos sind, sondern dem Schuldner, statt ihm zu nutzen, sehr oft schaden. Zu Zeiten eines regelmäßigen, ruhigen bürgerlichen Verkehrs ist die Concurrenz der Geldverleiher so groß, daß gegen hinlängliche Sicherheit für Zinsen weit unter das Maximum Geld zu haben ist, wie denn jetzt kaum Vier Procent bei gehöriger Sicherheit gegeben werden, während doch in Schlesien Sechs verschrieben werden können. Wer aber keine hinlängliche Sicherheit geben kann, der erhält auch für Sechs Procent von Niemand Geld, weil dadurch die Gefahr des Verlustes nicht vergütigt wird. Ein rechtlicher Mann kann nun nicht concurriren, die versteckten Wucherer behalten also für solche Geldmiether den Platz allein, und haben diese völlig in ihrer Gewalt. Daß diese versteckten Wucherer sich drei, viermal Sechs Procent geben lassen, während, wenn der ehrliche Mann ebenfalls concurriren könnte, vielleicht nicht die Hälfte genommen würde, mag wol einleuchten. Gegen die Anwendung der Wuchergesetze sind jene Negocianten durch die genommenen

---

76) Ges. v. 15. Febr. 1809 in: Mathis VIII. S. 28. und Klein's Annal. XXVI. S. 215.

Umwege völlig gesichert. Eine ganz gewöhnliche Prozedur besteht darin, daß der Schuldner das Darlehnsgeschäft mit einer P.rson contrahirt, die noch weniger hat, als der Schuldner. Dieser Gläubiger kann ihm also keinen Groschen leihen, er cedirt aber das Instrument gleich an einen Andern, der vielleicht etwas über 50 Prozent dafür giebt; und will man es recht sicher machen, so geht das Instrument noch durch ein Paar Hände mehr. Von dem, durch den Verkauf des Instruments gelösten, Gelde erhält nun erst der ursprüngliche Agent seinen Lohn, und der kleine Rest kommt an den Schuldner, der nun mit Kündigungen und angedrohten Zwangsmaaßregeln fortwährend geängstigt und zu neuen Steuern genöthigt wird.

Die neueste Gesetzgebung bestimmt, daß auch in den Landestheilen, wo provinzialrechtlich höhere Zinsen ausbedungen werden dürfen, als landübliche Zinsen nur Fünf Procent angenommen werden sollen, und daß in der Regel auch die gesetzlichen nicht mehr betragen[77]).

§. 10.

β. Verbotene Prozente.

Der ordentliche Zinsfuß beträgt Fünf Procent, welcher in Preußen überall für landüblich gilt[1]), und in

---

[77]) Verordn. v. 2. Juni 1827 §. 1. u. 2. Ges.-Samml. 76. Die Cabinetsordre v. 10. Mai 1828, wonach jene zunächst für Ostpreußen gegebene Verordnung auch auf Westpreußen angewendet werden soll, wird für eine bloße Declaration angesehen, so daß der §. 1. eine ganz allgemeine Bestimmung enthielte. In Schlesien hat solches die Praxis schon immer angenommen.

[1]) A. L. R. h. t. §. 811. — Vergl. die vor. Note.

der Regel nicht überschritten werden darf[2]). Davon gelten folgende Ausnahmen:

1. wenn nach dem Provinzialrechte ein höherer Zinsfuß erlaubt ist[3]);
2. wenn mit Ausländern contrahirt ist, sofern sie nach ihren persönlichen Rechten höhere Zinsen rechtsgültig versprechen können, ohne Rücksicht auf die Gesetze des Orts, wo der Contract geschlossen worden ist[4]), weil die Verabredung eines beliebigen Miethsquanti an sich etwas erlaubtes ist, und der Richter des Schuldners, welcher denselben auf Anrufen des Gläubigers zur Erfüllung des Versprechens anhält, die in den, ihm zur Richtschnur dienenden, Gesetzen nicht anerkannten ausländischen Polizeigesetze (Wuchergesetze) nicht zu vollstrecken hat. Hiernach entscheidet sich auch die Frage in dem Falle: wenn Jemand, z. B. ein Westpreuße, nach dessen Provinzialrechte Sechs Procent gültig versprochen werden können, an einem Orte, z. B. in Berlin, wo in der Regel der Zinsfuß höchstens Fünf Procent beträgt, höhere Zinsen verschrieben hat.

Wenn ein späteres Gesetz den Zinssatz heruntersetzt, so soll dies auch auf die schon bestehenden Zinsstipulationen Anwendung finden[5]). Aus dem

---

[2]) §. 804 u. f. h. t. u. Th. II. Tit. 20. §. 1271.

[3]) Publ. Pat. z. A. L. R. §. III. und Einleitung §. 1 u. 2. — Vergl. oben §. 13. Nr. IV.

[4]) Entscheid. der Gesetz-Commiss. v. 1. Juli 1794. Klein's Annal. Bd. XIV. S. 386, u. Stengel Bd. I. S. 381 u. Bd. XII. S. 61.

[5]) Publ. Pat. v. 9. Septbr. 1814. §. 13. (Ges.-Sammlung S. 92). — Publ. Pat. v. 9. Nov. 1816. §. 17. (Ges.-

Standpunkt der Polizeigesetzgebung betrachtet, erscheint der Grundsatz richtig, weil das, was durch ein Prohibitivgesetz für unerlaubt erklärt wird, von dem Tage der Gesetzeskraft des Verbots nicht mehr geduldet werden kann. Nach folgerechter Anwendung dieses Grundsatzes müßte in dem vorhin angeführten Falle alsdann, wenn der Westpreuße seinen Wohnsitz dahin verlegt, wo nur Fünf Procent erlaubt sind, die vorher gültig auf Sechs Procent contrahirte Zinsobligation ihre Gültigkeit auf das sechste Procent verlieren, weil es in der Wirkung gleich ist, ob das Verbots-Gesetz sich auf dessen frühern Wohnsitz ausdehnt, oder ob er sich in das Gebiet des Gesetzes begiebt, wenn er nur innerhalb desselben wohnt.

Es versteht sich aber von selbst, daß bei einer solchen Veränderung der Umstände dem Gläubiger freistehen muß, sein Geld noch vor dem vertragsmäßigen Verfalltage zurück zu fordern.

3. Kaufleute können sich Sechs Procent verschreiben lassen; wenn sie aber auf gerichtliche Hypotheken Geld leihen, sind ihnen, so wie überhaupt in allen nicht rein kaufmännischen Geschäften, auch nur Fünf Procent, oder soviel nach Nr. 1. zuläßig sind, erlaubt[6]). Dagegen sind sie unter sich, wenn sie

---

Samml. S. 221 u. 229). — Pat. v. 15. Novbr. 1816. §. 13. (Ges.-Samml. S. 237).

[6]) A. L. R. h. t. §. 805. 808. — Simon und v. Strampff Rechtsspr. B. I. S. 21. — Vergl. über das ältere Recht in Betreff der kaufmännischen Zinsen: Declaration der Instruction für die Ostpreuß. Justiz-Collegien v. 30. Juli 1774. Stengel B. XII. S. 68. — Auch das Französische Recht gestattet den Kaufleuten nur en matière de com-

einander Geld auf nicht längere Zeit als bis zu sechs Monaten, gegen bloße Handschrift oder Wechsel ohne Sicherheitsbestellung, leihen, an gar keinen Zinssatz gebunden [7]).

4. Juden können mit der nämlichen Beschränkung Acht vom Hundert nehmen; sind sie aber Staatsbürger, oder haben sie die Rechte christlicher Kaufleute, so fällt das Privilegium der Juden als solcher fort, und sie müssen sich dann nach dem gemeinen Rechte richten [8]).

5. Oeffentliche Pfandleiher [9]) können folgende höhere Zinsen nehmen:
   a. bei Darlehnen auf längere Zeit als ein Jahr, Sechs Procent;
   b. bei kleinen Summen, bis 10 Rthlr., wenn sie nur auf sechs Monate oder kürzere Zeit gegeben werden, einen Pfenning vom Thaler auf die Woche; in den folgenden sechs Monaten einen halben Pfenning vom Thaler auf die Woche.

---

merce Sechs Prozent. Ges. v. 3. Septbr. 1807. Art. 1. L. 26. Cod. h. t. gestattet Acht Prozent.

7) A. L. R. Th. II. Tit. 8. §. 692.

8) Ebd. Th. I. Tit. 11. §. 805. 806. 808. Erkl. v. 20. Apr. 1813 (Ges.-Samml. 1813. S. 77). Meine Schrift über die Juden im Preuß. Staate. §. 6. Nr. 3. Lit. d. — Ein Jude, der weder das Staatsbürgerrecht, noch die Rechte christlicher Kaufleute hat, ist nach wie vor Acht Prozent zu nehmen befugt. §. 25. Nr. III. 3. u. Note 22 a. a. O. — A. M. Bielitz II. S. 681, ohne Anführung eines Grundes.

9) Pfand- und Leihreglement v. 13. März. 1787. §. 90—96. Paalzow's Handbuch I. S. 436. N. C. C. Tom. VIII. S. 781. Rabe Samml. I. 7. S. 560 seq.

Oeffentliche städtische Pfandleihanstalten können Acht Procent nehmen, und dieser Zinsfuß kann, wenn damit nach den örtlichen Verhältnissen, wegen geringen Betriebs, Kostspieligkeit der Verwaltung rc. nicht auszulangen, von dem Ministerium der Justiz und des Innern, auf das Maximum von Zwölf und einem halben Procent erhöht werden[10]).

6. Vormünder müssen von den in ihren Nutzen genommenen Geldern ihrer Pflegebefohlenen Acht Procent entrichten[11]).

7. Ungetreue Kassenbeamten zahlen in gleichem Falle Sechs Procent[12]).

8. Ist eine Conventionalstrafe ausbedungen, so können Zinsen und Strafe zusammen bis auf Sechs Prozent, und wenn der Gläubiger Kaufmann oder ein Jude ohne Staatsbürgerrecht ist, bis auf Acht Prozent genommen werden[13]).

9. Bei antichretischen Pfandverträgen kann der reine Ertrag die erlaubten Zinsen um ein Drittel übersteigen[14]).

Die nach Römischem Rechte noch vorkommenden Ausnahmen gelten nicht. Diese sind[15]):

---

10) Cab. Ordre v. 28. Juni 1826. Nr. 7. Ges. Sammlung S. 82.

11) A. L. R. II. 18. §. 486. L. 5. 4. u. 7. §. 8. D. de administr. et peric. tutor. (XXVI. 7).

12) A. L. R. II. 20. §. 418.

13) A. L. R. §. 825. 826. h. t.

14) A. L. R. I. 20. §. 231.

15) Rud. Christoph Henne, Commentar. de usurarum centesimarum usu hodierno, in casibus jure Romano expressis. Erford 1742. 4.

1. das nauticum foenus von Zwölf Procent[16]), welches in seiner Römischen Gestalt nicht besteht;
2. wenn der Miteigenthümer eines Gebäudes die Theilnahme an der Reparatur verweigerte, in welchem Falle er die für ihn verwendeten Kosten mit Zwölf Procent verzinsen mußte[17]);
3. die usurae rei judicatae zu Zwölf Procent[18]);
4. bei Fruchtanlehen[19]).

Daß der Mandatarius oder der Verwalter fremder Geschäfte ohne Auftrag für die in seinen Nutzen verwendeten Gelder ebenfalls Zwölf Procente entrichten mußte, wie einige behaupten[20]), ist unerweislich[21]). Dagegen hatte der Tutor, welcher die von ihm verwalteten Gelder seiner Pupillen für sich verbrauchte, Zwölf Prozent zu zahlen[22]). Die Anwendbarkeit dieser Be-

---

[16]) L. 26. Cod. h. t. — Paulus Sent. recept. L. II. Tit. 15. §. 3. — Schulting ad Paulum, in Jurisprud. antejustinian. S. 288. Note 13.

[17]) L. 4. Cod. de aedificiis privatis (VIII. 10).

[18]) L. 2. 3. Cod. de usuris rei judicat. (VII. 51). S. oben §. 10. No. I.

[19]) L. 23. 26. §. 1. C. h. t. — A. L. R. §. 856. h. t.

[20]) Strauch l. c. Cap. 5. — v. Wening-Ingenheim, Buch III. §. 10. Nr. 3.

[21]) L. 38. D. de negotiis gestis (III. 5). — L. 10. §. 3 D. mandati (XVII. 1). — Noodt, l. c. Sect. II Cap. 11. — Tuckermann, de tutore ad praestandas usurarum usuras haud obligato. Göttingae 1788. — Derselbe führt aus, daß der Vormund nicht sowohl zu Zinsen von Zinsen, als vielmehr nur zu Fünf Prozent Zinsen schuldig sei. — Giphan. Explanat. difficil. Leg. Cod. ad L. 26. §. 1. h. t.

[22]) L. 5. 4 u. 7. §. 8. D. de administrat. et peric. tutor. (XXVI. 7).

stimmung in der gemeinen Praxis war jedoch streitig[23]). Diese Ausnahme gilt mit der Beschränkung auf Acht Procent auch nach Preußischem Rechte. (S. oben Nr. 6).

Ob die Anticipation der Zinsen erlaubt sei, war bestritten. Das Pandectenrecht erwähnt derselben als etwas erlaubtes (Note 25). Justinian gedenkt derselben nicht, verbietet aber dem Creditor schlechthin allen Abzug, unter welchem Namen es sei[24]). Die richtige Meinung ging dahin: daß die Zinsen zum Voraus genommen werden könnten, sofern dadurch die Wuchergesetze nicht umgangen würden; und dieses nahm man an, wenn die Zinsen nicht den erlaubten höchsten Zinssatz erreichten[25]),

---

23) Molinaeus l. c. qu. 76. — Brunnemann ad L. 28. C. h. t. — Mevius ad jus Lubec. Lib. I. Tit. 7. Art. 7. No. 12 u. 13. — Stryck Usus modern. XXVI. 7. §. 21. 23.

24) L. 26. §. 1. Cod. h. t. „Interdicta licentia creditoribus ex pecuniis aliquid detrahere vel retinere seliquarum nomine, vel sportularum, vel alterius cujuscunque causae."

25) L. 57. pr. D de pactis (II. 14). — L. 2. §. 6. D. de doli mali et metus exceptione (XLIV. 4). — L. 122. pr. D. de verb. obligat. (XLV. 1). — Puffendorf Observat. juris. Tom. III. obs. 68. — G. Jac. Fr. Meister, practische Bemerkungen. B. I. (Göttingen 1791). S. 31. — Kind, Quaest. forens. IV. Cap. 51. — Gust. Heinr. Mylius, de anticipatione usurarum. Lips. 1734. — Hoepfner Commentar. §. 967. Note 8. — Schilter, Exercitat. VIII. cor. 1. — Fr. Gottl. Zoller Exercit. jur. in Quaestionem: utrum anticipationem usurarum usurariam pravitatem involvat. Lips. 1777. — Hommel Rhapsod. V. obs. 603. No. 4. — Müller ad Leyserum Observat. pract. II. obs. 486. — A. M. wegen L. 26. C. de usuris: Struv. Synt. jur. civ. Tom. II. Exercit. 22. §. 57. — Brunnemann l. c. — Leyser Medit. Spec.

welches aber nicht richtig ist. Denn wenn z. B. Jemand 1000 Rthlr. zu Fünf drei Viertel Prozente dort ausleihet, wo ihm Sechs zu nehmen erlaubt wären, und er die Jahreszinsen mit 57 Rthlr. 15 Sgr. voraus abzieht, so würde er von den 942 Rthlr. 15 Sgr., welche er hingiebt, durch die jährlichen Zinsen von 57 Rthlr. 15 Sgr. beinahe Einen Thaler über Sechs Prozent erhalten. Daher hat mit Rücksicht hierauf das Allg. Landrecht jene Meinung in der Art sanctionirt[26]), daß die Zinsen auf Ein Jahr[27]), aber nicht für längere Zeit, im Voraus abgezogen werden können, wenn der Gläubiger mit einem geringern, als dem ihm erlaubten höchsten Zinssatz sich begnügt, und der Vortheil, welchen der Gläubiger aus dieser Vorausbezahlung zieht, nicht mehr beträgt, als der Unterschied zwischen den angerechneten geringern Zinsen und den erlaubten höhern ausmacht. Außer diesem Falle aber soll das Abgezogene von der, im Instrumente verschriebenen Capitalssumme abgerechnet werden, und der Gläubiger nur auf das, was er solchergestalt als Valuta wirk-

---

243. m. 9. — Es werden in L. 26. aber nur die wucherlichen Abzüge verboten, welche unter dem Namen von Siliquen und Sporteln (Provision) vorkommen. Vergl. oben §. 13. Note 34.

[26]) A. L. R. §. 815—817 h. t. u. Th. II. Tit. 20. §. 1279.

[27]) Eggers (Bemerkungen über den Entwurf des Gesetzbuchs Th. II. §. 278) meint: wenn ein kürzerer Zeitraum als Jahresfrist, zur Zahlung der Zinsen festgesetzt sei, so müßte der Gläubiger die Zinsen nicht für ein ganzes Jahr, sondern nur für diesen einen Termin abziehen dürfen. Das würde aber nicht mit dem Grundsatze harmoniren, daß alles erlaubt ist, was die Wuchergesetze nicht verletzt.

lich gegeben hat, Verzinsung, so wie künftig Rückzahlung fordern können[28]).

In dem Abzug der Zinsen liegt das Abkommen, daß das Darlehn vor Ablauf der Zeit, auf welche die Zinsen im Voraus abgezogen worden sind, nicht zurückgefordert werden darf[29]).

§. 15.

γ. Zinsen über das Doppelte.
(*Usurae ultra alterum tantum, supra duplum, ultra duplum*).

Joh. Balth. de Wernher, de usuris, per modum interesse ultra alterum tantum non exigendis. Witemb. 1711. — Ernest. Tenzel, de eo, quod gestum est circa alterum tantum usurarium. Erford 1730. 4. — Jo. Petrus de Ludewig, de differentiis juris Romani et Germanici in usuris, praesertim ultra alterum tantum. Halae 1740. — Leyser Spec. 218. — J. G. Langsdorf Abhandlung von den Usuris ultra alterum tantum. Mannheim 1778. — Ger. Bansa Diss. de usuris ultra alterum tantum secundum jus Roman. et German. Göttingae 1780.

Vorhin (§. 12. Nr. II. 6.) war davon die Rede, welchen Einfluß der, bis zur Höhe des Capitals ange-

---

28) Eben dasselbe ist in der Verordnung Justinian's L. 26. §. 1. C. h. t. so ausgedrückt: „Nam si quid hujus modi factum (detractum) fuerit, principale debitum ex quantitate minuetur; ut tam ipsa minuenda pars, quam usurae ejus exigi prohibeantur."

29) L. 57. pr. D. de pactis (II. 14). — L. 2. §. 6. D. de doli mali et metus exceptione. (XLIV. 4). — Carl Röder, Abhandl. über practische Fragen des Civilrechts. Giessen 1834. Nr. IV.

schwollene Betrag der Zinsen auf die Fortdauer der Zinsobligation äußere. Jetzt kommt die Befugniß des Gläubigers, wegen Einziehung eines vieljährigen Zinsrückstandes in Betracht. Diese gemeinrechtlich bestrittene Frage hatte die ältere Preußische Gesetzgebung [1]) im Sinne des Justinianeischen Rechts entschieden; das Allg. Landrecht aber hat die Meinung angenommen, welche dem Gläubiger gestattet, jeden Rückstand, ohne Rücksicht auf dessen Betrag und dessen Verhältniß zur Summe des Capitals, einzufordern. Es können also Zinsen, deren Berichtigung der Schuldner verabsäumt oder verzögert hat, so weit sie rückständig sind, gefordert werden, selbst wenn der Rückstand, wegen Länge der Zeit, den Betrag des Capitals übersteigt, in sofern nicht der Einwand der Verjährung, (§. 12. Nr. I. 3.) entgegengesetzt werden kann [2]).

§. 16.

δ. Zinsen von Zinsen.
(*Usurae usurarum. Anatocismus*).

van de Poll de anatocismo et foenore. Ultraj. 1692. — Reinhardt de usuris usurarum licitis. Erford. 1726. — Lynk de anatocismo occas. L. 28. C. de usuris. —

---

[1]) Allg. Conc.- und Hypotheken-Ordn. v. 4. Febr. 1722. §. 22. — Hymmen V. S. 138. — Landtagsabsch. von 1653. S. oben §. 12. Note 41.

[2]) A. L. R. §. 851. 849. Oben §. 12. Nr. II. 6. In Schlesien wurden nach Kaiser Ferdinands Fürstenthumstags Instruction v. 22. Febr. 1655. immer Zinsen ultra alterum tantum zuerkannt. Wegen anderer Provinzialrechte siehe Oben §. 12. Note 38., und über Magdeburgsch. Recht: Pol.-Ordn. Kap. 51. §. 1. Hymmen V. S. 388.

Carrach de anatocismo licito et. illicito. Halae 1756. — Cocceji de anatocismo, in Exercitat. curios. T. I. No. 87. — Wöbel, neue Wahrheiten der Gerechtigkeit, Zinsen von Zinsen zu nehmen. Leipzig 1733. — Mentzel de anatocismo licito vel illicito. — Bauer Progr. de usuris sorti imputand. Lips. 1760. — Zimmermann über Anatocismus und Interusurium. Frankf. 1798. — Schneidt Diss. sist. specim. arithmeticae sublim. et polit. ad materiam de usuris etc. Sect. II. §. 20—25. — Fr. Xav. Krüll, Prüfung der Rechtlichkeit des Anatocism, oder der Zinsenvervielfältigung; in dessen Prüfung einzelner Theile des bürgerlichen Rechts. (4 Th. gr. 8. Landshut 1802—4). Th. II. Nr. III. — Noodt Lib. II. cap. 11.

Das dem Schuldner so verderbliche Capitalisiren der Zinsen (Anatocismus) wurde schon durch Constitutionen der Kaiser beschränkt [1]). Zu Cicero's Zeiten war es noch erlaubt, jedoch scheint es gewöhnlich gewesen zu sein, keinen geringern, als wenigstens einen einjährigen Zinsbetrag zum Capital zu schlagen, und wieder verzinsen zu lassen [2]). Dies konnte entweder so geschehen, daß die Zinsen dem Capitale zugeschlagen wurden (verbundener Anatocism, Anatocismus conjunctus), oder so, daß sie als ein neues Capital (besonderer, An. separatus) verzinset wurden.

Beide Arten waren, ohne alle Ausnahme, schon vor Justinian unter Strafe der Infamie verboten [3]). Diese

[1]) L. 27 D. de re judicata (XLII. 1). L. 26. D. de cond. ind. (XII. 6). L. 20 C. ex quibus causis infamia. (II. 12).

[2]) Cicero ad Atticum. L. V. Epist. 21. „Interim cum ego in edicto tralatitio, centesimas me observaturum haberem, cum anatocismo anniversario; ille ex syngrapha postulabat quaternas (48 Prozent).“ Vergl. Lib. VI, Ep. 2.

[3]) Oben Note 1. und C. 29. D h. t. — L. 2. §. 5. D. de

Verbote müssen jedoch wieder umgangen worden sein; denn Justinian fand sich aus angeblicher Unvollständigkeit der desfallsigen Verordnungen veranlaßt, dieselben ausführlicher und genauer nochmals zu wiederholen[4]). Nach Justinianischem Rechte können also von Zinsen, d. h. von den Mieth- oder Entschädigungsgeldern, welche Jemand für den Gebrauch einer schuldigen Summe zu zahlen hat, niemals Zinsen rechtsgültig versprochen oder gezahlt werden, wenn auch die Person des Schuldners durch Delegation und Expromission, oder die Person des Gläubigers durch Cession, verändert wird[5]). Bei einer Novation ist die Sache nicht ohne Zweifel[6]). Dagegen findet das Verbot auf den Fall keine Anwendung, wo Jemand die Zinsen nicht selbst als solche schuldig ist. Dahin gehört es, wenn Jemand fremde Gelder einnimmt und sie für sich verbraucht oder nicht wieder zinsbar aus- thut, während er dazu schuldig gewesen wäre. Rücksichtlich dessen sind auch die eingenommenen Zinsen Sors[7]). Eben so ist es, wenn Jemand für einen Andern Zinsen bezahlt,

---

administr. rerum ad civitatem pertinent. (L. 8). L. 26. §. 1. D. de condict. indebiti (XII. 6). — L. 20. Cod. ex quibus causis infamia (II. 12).

[4]) L. 28. Cod. h. t. u. nochmals wiederholt in L. 3. Cod. de usuris rei judicatae. (VII. 51).

[5]) L. 22. C. de pignoribus (VIII. 14). — L. 28. C. h. t. — Cocceji l. c. Sect. 1. 5 u. Sect. 2. §. 13. 14. — Thibaut System. §. 285.

[6]) Vergl. Glück l. c. S. 119 u. f.

[7]) L. 10. §. 3. D. Mandati (XVII. 1). — L. 5. §. 7. L. 7. §. 11. 12. L. 9. §. 3. L. 13 u. L. 58. §. 1. 4. D. de administratione et peric. tutor. (XXVI. 7). — Menken de tutore ad usuras usurarum obligato. — A. M. Tuckermann de tutore ad praestandas usurarum usuras haud obligato. Goett. 1788.

und seine Auslagen mit Zinsen wieder fordert[8]), oder wenn die rückständigen Zinsen einem Andern zur Einziehung für sich und zum Gebrauch als Darlehn angewiesen werden[9]).

Selbstredend geht das Verbot auch nicht auf den Fall, wenn der Gläubiger die Zinsen gezahlt erhält, und das empfangene Geld als ein neues Darlehn hingiebt[10]). Auf diesem Punkte zeigt sich das Verbot als ein vernunftwidriges Hemmniß des Verkehrs. — Was soll den Gläubiger hindern, die Zinsen, welche er von dem Schuldner mit der Einen Hand empfängt, ihm mit der Andern als ein neues Darlehn wiederzugeben? oder seinem Schuldner ein neues Darlehn zu geben, um in demselben Augenblick das Geld als Zinsen wieder zu empfangen? Warum soll es beiden verwehrt sein, zu demselben Resultat auf kürzerem Wege zu kommen[11])? Diese Betrachtungen sind bei der Redaction des Allgem. Landrechts von

---

8) L. 37 D. h. t. — L. 12. §. 9 D. de administrat. et periculo tutorum (XXVI. 7). — Cocceji Jus controv. L. XXII. Tit. 1. qu. 8. — Wernher Obs. Tom. III. P. 2. No. 403. — Struben rechtl. Bedenk. Th. I. Bd. 56. — Selchow Rechtsfälle. III. Nr. 64. — Berger Oecon. jur. Lib. III. Tit. 8. §. 10. No. 9.

9) Beckmannorum Consil. et decis. II, 50. No. 28.

10) Cocceji de anatocismo. Sect. II. §. 3—5. — Cramer Obs. I. obr. 432. — Carrach l. c. §. 9.

11) Vergl. Hugo civ. Mag. II. S. 158. — Suarez amtliche Vorträge zur Schlußrevision des Allg. Landrechts, ad Tit. XI. §. 818—821. (Jahrb. B. XLI. S. 23). — Schon nach dem Röm. Rechte wollten Viele den Anatocismus separatus für erlaubt halten. Mevius Decis. P. IV. Dec. 313. — de Boehmer ad Carpzow qu. 92. obs. 5. — Engelbrecht Consult. Gryph. Resp. 74 n. 26. — Wöbel l. c. — Reinhardt a. a. O. Hymmen V. S. 387.

Einfluß gewesen; denn man ist davon ausgegangen, daß der Anatocismus etwas an sich erlaubtes sei, nur hat man es leichtsinnigen und unbesonnenen Schuldnern nicht gar zu leicht machen wollen, sich der Zahlung durch Ausstellung eines neuen Schuldscheins zu entledigen, das baare Geld, womit sie sonst ihre Interessen berichtigen müßten, zu andern Depensen zu verwenden, und sich dadurch unvermerkt zu tief in Schulden zu verwickeln [12]). Hiernach ist bestimmt [13]):

1. es können rückständige Zinsen wieder zu Capital gemacht und davon Zinsen gültig ausbedungen werden; doch muß dies wenigstens ein zwei Jahre alter Rückstand sein, und das Geschäft bei Strafe der Nichtigkeit gerichtlich verlautbart werden. Die Stelle lautet:

   §. 819. „Doch können über zweijährige oder noch ältere Rückstände nur Schuldscheine gegeben und Zinsen davon verschrieben werden."

   Es frägt sich:

   a. Kann auch ein Einjähriger Rückstand, wenn er älter als zwei Jahre ist, capitalisirt werden? z. B. Jemand ist für drei Jahre Zinsen schul-

---

12) Suarez a. a. O. Er sagt: „der Satz, daß usurae usurarum nicht gefordert werden können, hat mehr in dem bekannten Odio des canonischen Rechts gegen alle Zinsen, als in der Natur der Sache ihren (seinen) Grund." — Der Satz ist aber viel älter als das canonische Recht.

13) A. L. R. §. 818—821. a. a. O. — Nach der Reg.-Instr. für Westpreußen v. 21. Septbr. 1773, §. 13. Nr. IV. g. gilt dieß in Westpreußen nicht. Ueber die ältere Preuß. Gerichtspraxis und das Magdeb. Prov.-Recht s. m. Hymmen Beiträge V. S. 387.

dig, er bezahlt für die beiden letzten Jahre, und will über den ältesten Jahresrückstand einen Schuldschein ausstellen. Es folgt weder aus den Worten des Gesetzes, noch aus der Natur der Sache, daß dieß nicht angehen sollte.

b. Muß der ganze Rückstand wenigstens seit zwei Jahren fällig sein, oder kann schon der Rückstand aus den beiden letzten Jahren capitalisirt werden?

Die Praxis [14]) nimmt das letztere, und wie es scheint ganz richtig [15]) an.

2. Zögerungszinsen von Zinsen können von dem Tage der Rechtskraft eines Erkenntnisses, wodurch Jemand zur Bezahlung eines Zinsenrückstandes verurtheilt worden, gefordert werden, wenn vor Ablauf der im Urtel bestimmten Frist die Zahlung nicht geleistet wird.

Ein executorisches Zinszahlungsmandat soll diese Wirkung nicht haben, weil das zur Verhütung des Zinswuchers gegebene Gesetz nicht ausdehnend erklärt werden könne [16]). Der wahre Stand der Sache ist jedoch der umgekehrte. Das Capitalisi-

---

[14]) Rescr. vom 27. August 1814. Jahrb. III. S. 263.

[15]) Merkel ad §. 819 frägt: warum nicht auch über Einjährige? Die Beschränkung hat keinen andern Grund als Willkühr, und dabei läßt sich über das Warum nicht disputiren. Es ist eine Art Vormundschaft über leichtsinnige und unbesonnene Schuldner. Das Französische Recht gestattet Zinsen schon von einem Einjährigen Rückstande, sowohl aus einer Uebereinkunft als ex mora. Art. 1154.

[16]) R. v. 1. März 1822. J. B. XIX. S. 161. — Simon u. v. Stramff Rechtsspr. III. 155.

ren der Zinsen ist an sich erlaubt, und nur durch Polizei-Gesetze eingeschränkt. Einschränkungen aber, so wie überhaupt bloß willkührliche Bestimmungen können nicht ausgedehnt werden. Nun vertritt das Mandat die Stelle eines Urtels, wenn keine Einwendungen gemacht werden, und von der Prozeßform können die materiellen Rechte der Partheien nicht abhängig sein; es müßten sonst, wenn der Grundsatz richtig wäre, von keiner Summe, die im Bagatell-Prozesse einzuklagen ist, dergleichen Zinsen mehr gefordert werden können, wenn der Beklagte Contumax ist, weil in diesem Falle die Citation auch executorisch wird, und die Stelle des Urtels vertritt.

3. Außer diesen beiden Fällen können weder vertragsmäßige noch Zägerungszinsen von Zinsen gefordert werden.

Es versteht sich von selbst, daß alle die Fälle, welche schon nach dem gemeinen Rechte nicht unter das Verbot fallen (Note 6 bis 10), auch nach Preußischem Rechte dieser Beschränkung nicht unterworfen sind. Auch beziehen sich dieselben nicht auf Grundzinsen [17]).

§. 17.

c. Wirkung unerlaubter Zinsen.

Nur die civilrechtlichen Wirkungen unerlaubter Zinsen kommen hier in Betracht [1]). Nach Römischem Rechte

---

[17]) A. L. R. II. 7. §. 481.

[1]) Nach altem Röm. Rechte mußte poena quadrupli gezahlt werden. L. 2 C. Theod. h. t. Im Justinianeischen

konnten die, über das gesetzlich erlaubte Maaß gezahlten, Zinsen als solche nicht[2]) zurückgefordert werden[3]); sie verringerten aber ipso jure[4]) das Capital, und wenn dieses getilgt war, konnten sie als zuviel gezahltes Capital condicirt werden[5]), wenngleich die Requisite der Condictio indebiti eigentlich fehlen. Namentlich fehlt das Requisit des Irrthums. Deshalb heißt die Zahlung in der all. L. 26 pr. auch nur eine Solutio quasi indebita. Passender erscheint die Condictio ob turpem vel injustam causam; denn wer etwas bezahlt, wissend daß er

---

Rechte ist nur noch infamia übrig. L. 20. C. II. 12. Das canonische Recht excommunicirte und versagte das christliche Begräbniß und die Fähigkeit ein Testament zu machen. c. 3 X. h. t. u. c. 2. in 6 h. t. Die Reichsgesetze bestraften mit dem vierten Theil des Capitals. Reichs-Absch. vom 1530 Tit. 26 §. 7. und von 1548 Tit. 17 §. 7. Reichs-Polizei-Ordn. von 1577 Tit. 7 §. 8. Das Allg. Landrecht straft die Wucherer mit einer fiscalischen Geldbuße im Betrage des ganzen verschriebenen Capitals und der Zinsen. §. 1274. Tit. 20 Th. II. Bei den Zinsen werden doch wohl auch die erhobenen gemeint.

[2]) Paulus Sent. rec. L. II. Tit. 14 §. 2. — L. 28 pr. D. de cond. ind. (XII. 6.)

[3]) Haubold ad Heinecii antiquit. L. III. Tit. XV (XIV.) §. 13 Note 1 bemerkt, die Zinsen wären als eine quasi poena morae prästirt worden; und das poenae nomine gezahlte könne nicht zurückgefordert werden. L. 46 D. de Reg. juris. — Die allg. L. 40 u. 42 de reb. cred. (XII. 1) bezieht sich jedoch nur auf Verzugs-Zinsen.

[4]) L. 4. 11 pr. C. de compens. (IV. 31). — Leyser Sp. 215. m. 10. — Weber de usuris indibite solutis §. 23 — 26. — Dessen Versuche über das Civil-Recht Nr. IV. S. 330 u. f.

[5]) L. 26 pr. D. de cond. ind. (XII. 6). — L. 18. 26. §. 1. C. h. t. — M. s. jedoch L. 26 §. 1 D. de condictione indebiti.

es nicht schuldig sei, und ohne daß eine auch nur scheinbare causa vorhanden ist, der giebt donandi animo[6]). Dagegen kann in dem vorliegenden Falle allerdings eine causa da sein, sie ist aber auf Seiten des Empfängers turpis oder doch injusta. Eine condictio sine causa ist es nicht, wie Glück[7]) meint, denn die causa ist in der That vorhanden und dauert auch fort, sie ist nur injusta. Von Einigen ist die Zurückforderung überhaupt bestritten[8]).

Das canonische Recht gestattete die Rückforderung aller Zinsen[9]), und die Reichsgesetze[10]) erklärten den Zinsvertrag über[11]) das erlaubte Maaß für null und nichtig. Das Allgemeine Landrecht hat denselben Satz

---

[6]) L. 1 D. de cond. ind. — L. 53 D. de reg. jur.

[7]) Th. XXI. S. 129 und der dort allg. Winkler de condictione immodici foenoris. Lips. 1765 pag. VI. sq.

[8]) Cramer Observat. jur. Tom. I. No. 100 §. 2. Tom. IV No. 105. Zoller Disq. quaestionis: utrum per condictionem repeti possint usurae? Lips. 1768. — Ueber die Zurückforderung unerlaubter Zinsen s. m. J. God. Bauer Progr. de usuris sorti imputandis vel repetendis. Lips. 1760. in Opusc. I. No. 26. Ad. D. Weber de usuris indebite solutis; earumque tam repetitione quam in sortem imputatione. Suerini 1781. und in dess. Versuchen über das Civilrecht Nr. IV. George Jac. Friedr. Meister de eo quod justum est in usuris pecuniae mutuae, annuisque reditibus, indebite solutis, tum condicendis, tum de sorte detrahendis. Gottingae 1786. 4. — Thibaut Versuche B. II. Abthl. 5. Nr. 3. — Röder Abhandlungen Nr. 5.

[9]) c. 17. 18. X de usuris (V. 19.)

[10]) Reichs-Pol.-Ordn. von 1577. Tit. 17 §. 8.

[11]) Einige behaupten die Nullität des ganzen Contracts. Mevius Dec. P. VIII. Dec. 185. No. 1. S. dagegen aber: Gail. Obs. pract. Lib. II. obs. 4 u. 5. — Leyser

angenommen: es kann das, was über die gesetzlich erlaubten Zinsen gezahlt ist, nebst Zinsen (§. 10 Nr. II. 4 und §. 16 Note 7) zurückgefordert werden, und zwar binnen sechs Jahren nach völlig abgetragener Schuld [12]). Die Condiction verjährt also mit Ablauf des sechsten Jahres vom Tage der Tilgung der Schuld an gerechnet.

Dem Schuldner steht auch, wie sich versteht, um so mehr frei, die gezahlten unerlaubten Zinsen bei der Rückzahlung des Capitals auf dieses zu compensiren. Die Meinungen waren aber darüber getheilt: wie die Anrechnung geschehen könne, indem Einige [13]) die Abrechnung alljährlich machen, Andre [14]) aber die übermäßigen Zinsen in Einer Summe erst bei der Zurückzahlung des Capitals abrechnen wollten. Weil aber die Compensation in dem Augenblicke, wo die Gegenforderung entsteht, ipso jure eintritt [15]), so ist die erstere Meinung ohne Zweifel die richtige, und aus dem nehmlichen Grunde ist der Satz auch nach dem Allgemeinen Landrechte [16]) für

---

Sp. 216 m. 7. — Cramer Wetzlarsche Nebenstunden Thl. 19 Nr. 3. — de Boehmer ad Carpzow qu. 92. obs. 4. — Nach französischem Rechte findet auch eine bloße Reduction statt. Ges. vom 3. Septbr. 1807 Art. III. Auch gestattet die französische Jurisprudenz die Rückforderung der über das erlaubte Maaß gezahlten Zinsen. Maleville ad Art. 1906. Zachariae Französisches Civil-Recht §. 327. —

12) A. L. R. Th. II. Tit. 20. §. 1272.

13) Leyser Med. Sp. 215. m. 10. und die, Note 8 angeführten, Schriftsteller.

14) Müller Observ. pract. ad Leyserum. Tom. III. Fasc. I. obs 410 und der Note 7 angeführte Winkler.

15) L. 4. Cod. de compensat. (IV. 31.)

16) I. 16 §. 301. Sobald die Forderung, durch welche die Compensation gesetzmäßig begründet wird, entstanden ist,

giltig zu halten. Der Römische Grundsatz dagegen: usurae indebitae non repetuntur [17]), ist nicht verändert, und gilt noch. Er ist im Allgemeinen Landrechte nicht ausdrücklich anerkannt, dessen praktische Gültigkeit ergiebt sich aber von selbst, weil es an einem Rechtsgrunde fehlt, aus welchem der Zahlende sie zurückfordern könnte, indem er durch die Zahlung die Verzinslichkeit anerkennt, mithin nicht condiciren kann [18]). Es muß also die Rückforderung der auf gar nicht stipulirte Zinsen geleisteten Zahlung für unstatthaft erklärt werden. Dieß setzt aber voraus, der Zahlende habe gewußt, daß keine Zinsen stipulirt worden. Glaubt er irrthümlich: es bestehe eine ausdrückliche Verabredung, und zahlt er bloß um sich von dieser vermeintlichen Verbindlichkeit zu befreien, so ist es damit wie mit jeder andern Schuld, deren Existenz der Zahlende irrthümlich voraussetzt, und es giebt keinen Grund, warum dieser factische Irrthum hier nicht dieselbe Wirkung wie sonst überall haben soll. Von gemeinrechtlichen Praktikern ist jedoch auch in diesem Falle die Condictio indebiti versagt, theils weil die L. 26 D. l. c. solches bestimme, theils weil der Schuldner eine moralische Verbindlichkeit habe, Zinsen für das ihm zum Gebrauch überlassene Geld zu zahlen [19]). Beide Gründe beruhen aber auf einem Mißverständniß. Die Lex 26

---

wird auch die Schuld, soweit die Compensation reicht, für erloschen erachtet."

[17]) L. 3 Cod. h. t. Vergl. Code civil, Art. 1906.

[18]) Meister l. c. (Note 8) §. 10. 11 u. Weber l. c.

[19]) Leyser med. Spec. 148 m. 6. — Müller ad Leyser Tom. II. fasc. I. Obs. 286. — v. Braun: ob das Darlehn gemeiniglich verzinslich sei, im Schottischen jurist. Wochenblatte B. II. Nr. 21. — Richter Dec. 71. No. 17. — Schilter Exercit. XXII. th. 9.

pr. muß darauf bezogen werden, daß der Schuldner, wenngleich er weiß, daß keine Stipulation Statt gefunden, doch Zinsen gezahlt hat, weil er sich dazu, wenngleich irrthümlich, für verpflichtet gehalten. In diesem Falle wird durch die Zahlung und Annahme derselben als Zinsen eine unförmliche Obligation contrahirt und sogleich erfüllt; die Zinsobligation wird in demselben Augenblick, wo sie durch Zahlung wieder getilgt wird, unförmlich contrahirt, wenn man sich den Hergang der Sache, wie er vorzugehen pflegt, denkt. Der Schuldner kommt nehmlich aus irgend einem Beweggrunde, vielleicht weil er fürchtet, der Gläubiger möchte ihm das Geld nicht länger lassen, zu dem Gläubiger, und offerirt ihm Zinsen für das schuldige unverzinsliche Capital. Der Gläubiger antwortet: gut denn, ich nehme das Anerbieten an. Dieß ist im Resultat nicht anders, als wenn die Forderung von dem Gläubiger ausgegangen, und von dem Schuldner ohne Weiteres bewilligt worden wäre. Dabei kann es nicht darauf ankommen, aus welchem Grunde er sich verpflichtet gefühlt hat, dieses Anerbieten zu machen, oder die Forderung zu bewilligen, wenn er nur nicht ausdrücklich voraussetzt, daß er eine vermeintliche Civilobligation solviren wolle. Denn sagte der Schuldner bei seiner Offerte: ich komme, diejenigen Zinsen zu bezahlen, welche ich nach der und der Stipulation schuldig bin, und eine solche Stipulation existirte gar nicht, wie dem Gläubiger auch wohl bekannt, so wäre die Sache ganz anders. Der Gläubiger sähe daran gleich, daß der Schuldner in einem factischen Irrthume ist, und keinesweges etwas anbieten oder bewilligen will, was ihm nicht durch rechtlichen Zwang abgenöthigt werden könnte. Dieser Unterschied muß auch nach heutigem Preuß. Rechte von Einfluß auf die Frage sein: ob gezahlte, aber vorher nicht versprochene Zinsen condicirt werden können. Erklärt der Zahlende nicht ausdrücklich, daß er nicht jetzt erst anzutragende, sondern aus einem bereits vorhandenen rechtsverbindlichen Versprechen, dessen Existenz er irrthümlich voraussetzt, zahlen wolle, so ist die Zurückforderung unstatthaft, weil er dann bloß eben jetzt angebotene und angenommene Zinsen zahlt, und das Anbieten und Annehmen von Zinsen, die vorher noch nicht versprochen worden, bei einem schon vorhandenen Schuldverhältniß täglich geschehen kann.

Die Ansicht von der moralischen Verbindlichkeit beruht auf dem unrichtigen Begriff von der Natural-Obligation (§. 3 Nr. III). Eine, aus der Moral entstehende, Pflicht ist keine Natural-Obligation, und das s. g. Naturrecht hat ebenfalls mit der Natural-Obligation nichts zu schaffen.

Wenn keine Zurückforderung der, über das versprochene Maaß gezahlten, Zinsen zulässig ist; so findet auch die Abrechnung auf das Capital nicht Statt [20]).

Sind Naturalien geliefert oder Handlungen geleistet worden, so werden dieselben, um Behufs der Condiction festzustellen: wieviel über das erlaubte Maaß gezahlt worden ist, nach dem oben (§. 9 S. 89) angegebenen Grundsätzen zu Gelde angeschlagen. Soll aber ermittelt werden: ob ein strafbarer Wucher vorgefallen, so kommen andere Grundsätze zur Anwendung. Es wird nehmlich zu diesem Zweck der Werth der bedungenen Lieferung oder Leistung, nach dem niedrigsten Preise, welcher in den sechs nächstvorhergehenden Jahren vor der Lieferung

[20] Kann Jemand, welcher mehr Zinsen bezahlte als wozu er verpflichtet war, diese zurückfordern oder müssen sie ihm auf das Capital angerechnet werden? in Amelang und Gründler Archiv B. I. H. 1. No. II. med. V.

oder Leistung Statt gefunden hat, veranschlagt; und wenn der Betrag den erlaubten Zinsfuß um mehr als Ein Prozent übersteigt, so ist ein strafbarer Wucher vorhanden. Die Condiction wird hierdurch aber nicht bedingt [21]).

§. 18.

c. Interusurium.

Johann Friedr. Polack Mathesis forensis 3. Ausg. Leipzig 1756. I. Abthl. 2. Kap. 6. Abth. §. 49 — 71. S. 82, — 106. — Gottfr. Daniel Hoffmann de jurisconsulto mathematico, et in specie Analysta circa antichresin et interusurium. Tub. 1767. Fratrum Becmannorum Tract. math. jurid. de interusurio. Götting. 1784. 4. — Schneidt Specimen arithmeticae ad materiam de usuris, antichresi, interusurio et reditibus annuis applicatae. Wirceb. 1784. 4. Diese Schrift schlägt einen Mittelweg ein, und will bald die Leibnitzsche bald die Hoffmannsche Methode angewendet wissen. — Zimmermann über Anatocismus und Interusurium. Frankf. 1798. — Ed. Schrader civilist. Abhandlungen Nr. 2. — Seuffert Erörterungen Abthl. 1 Nr. 19. — Dann, über das Interusurium oder den gegenwärtigen baaren Werth einer erst künftig zahlbaren Summe, mit zwei Tabellen und mehreren Beispielen. gr. 4. Ulm 1823. — Ferd. Zachariae über die richtige Berechnungsart des Interusurii nach Grundsätzen des Römischen Rechts. Greifswalde 1831. 8. — Göschen Grundriß S. 220.

Mit den Zinsen nahe verwandt ist das Interusurium, commodum medii temporis s. repraesentationis, Disconto oder Rabat. Dies sind umgekehrte Verzugszinsen. Wer eine schuldige Summe Geldes zu spät

---

[21]) Th. II. Tit. 20 §. 1283.

bezahlt, muß das Interesse erstatten, welches in Verzugszinsen zu bestehen pflegt. Es kann aber der umgekehrte Fall eintreten, daß etwas früher bezahlt wird als es fällig ist, so daß also dadurch zuviel bezahlt werden würde, wenn das Ganze gegeben werden sollte. Um dieses auszugleichen dient das Interusurium, gleichsam Zinsen, welche der Gläubiger dem Schuldner giebt. Die Frage dabei ist: wie hoch sollen solche angenommen werden? Offenbar auf so viel als die Differenz beträgt, so daß Jeder von Beiden, der Schuldner wie der Gläubiger, gegenwärtig nur soviel giebt und beziehungsweise erhält, daß der Gläubiger künftig am Zahlungstage, wenn er das Geld bis dahin so nutzt, wie es genutzt werden kann, eben soviel hat, als wenn er dann die Forderung vollständig gezahlt erhielte [1]). Ueber die Regeln zur Bestimmung des Interusurium finden sich drei verschiedene Meinungen.

1. Die von Benedict Carpzow [2]), welche die älteste, und offenbar unrichtig ist. Darnach soll der reine Zinsbetrag für den zu früh gezahlten Zeitraum abgezogen werden. Daß dies unrichtig ist, ergiebt sich daraus, daß wenn zwanzig Jahre zu früh gezahlt werden sollte, gar nichts zu zahlen sein würde. In der Anwendung ist diese Regel aber am leichtesten, und für kurze Zeiträume ist diese Unrichtigkeit auch nicht sehr merklich, auch findet sich dieses Prinzip in den Quellen angewendet [3]).

---

[1]) L. 1 §. 10 D. ad leg. falc. (XXXV. 2). — L. 24 §. 2. D. soluto matrimonio. (XXIV. 3.)

[2]) In dessen Decis. P. III. dec. 275 und bei Philippi de Subhastationibus. p. 230 sq.

[3]) L. 88 §. 3. D. ad leg. falcid. (XXXV. 2).

2. Die von Gottfr. August Hoffmann [4]). Nach dieser muß ein unbekanntes Kapital gesucht werden, welches mit Hinzurechnung seiner einfachen Zinsen, auf die zu früh gezahlte Zeit, dem künftig zu zahlenden gleich kommt. Man multiplicirt nach dieser Regel das bekannte Kapital mit sich selbst, und dividirt das Produkt mit 100 + der Zinsen des bekannten Kapitals für den Zeitraum, auf welchen zu früh gezahlt werden soll. Der Quotient ist dasjenige Kapital, welches jetzt zu bezahlen, und welches mit Hinzurechnung seiner Zinsen bis zum Zahlungstage soviel, wie das künftig fällig werdende Capital, beträgt. Z. E. 100 Rthlr. sollen nach 6 Jahren gezahlt werden, so ist die Formel, nach der gewöhnlichen Regel=de=tri: 10,000: 100 + 30 = $76\,^{12}/_{13}$.

$76\,^{12}/_{13}$ Rthlr. sind also jetzt für die nach 6 Jahren fälligen unverzinslichen 100 Rthlr. zu zah-

4) Von richtiger Berechnung des Interusurii. Leipzig 1735. Zuerst in einem Anhange zu dessen Prudentia oeconomica (von der Klugheit, hauszuhalten.) P. I. — Dagegen C. v. Claussberg in dessen demonstrativer Rechenkunst. Darauf: Gottf. Aug. Hoffmanns Demonstrationen von richtiger Berechnung des Interusurii, worinnen zugleich das, was von dieser Materie in dem Anhange ermeldten Autoris seiner Prudenciae oeconomicae befindlich ist, wider die von C. v. Claussberg in dessen demonstrativer Rechenkunst gemachte Einwürfe vertheidigt wird. Abgedruckt in Polack l. c. S. 129 sq. Anhänger derselben Meinung ist auch Polack, welcher S. 93 §. 61 sq. einen Auszug aus der Hoffmannschen Schrift mittheilt. — Dagegen: Kurzer Anhang zu Joh. Friedr. Polack's Mathesi forensi betr. die Berechnung des Interusurii, von Bilfinger. Bei Polack l. c. S. 116—128. Neuerdings ist die Hoffmannsche Methode vertheidigt von Schrader l. c.

len; denn 76 $^{12}/_{13}$ Rthlr. geben in 6 Jahren zu 5 Prozent Zinsen 23 $^{1}/_{13}$ Rthlr., wodurch die Summe auf 100 Rthlr. gebracht wird. Das abzuziehende Interusurium erhält man, wenn man das bekannte Capital mit den Zinsen von 100 Rthlr. auf die Zeit, für welche zu früh gezahlt werden soll, multiplicirt, und das Produkt, wie vorher, mit 100 + derselben Zinsen dividirt z. B. $30 \times 100 : 130 = 23^{1}/_{13}$.

3. Die Leibnitzsche [5]). Dieß ist die Hoffmannsche, mit der Modification, daß nicht bloß einfache Zinsen, sondern auch Zinsen von Zinsen, mit dem zu suchenden unbekannten Capital summirt werden. Für das erste Jahr beträgt das Interusurium $^{1}/_{21}$, und wenn es auf längere Zeit ermittelt werden soll, wird der Bruch $^{20}/_{21}$ so oft mit sich selbst multiplizirt als es Jahre sind, welche zu früh gezahlt werden soll: denn es verhält sich das künftig fällige Capital zu seinem gegenwärtigen Werthe, wie die Zahl 21 mit der Zahl der zu früh zu zahlenden Jahre weniger Eins multiplicirt, zu der Zahl 20, ebenfalls mit dieser Zahl von Jahren multiplicirt, so daß wenn 100 Rthlr. 4 Jahre zu früh gezahlt werden sollen, die jetzt zu zahlende Summe gleich ist: $\frac{20^3}{21^3}\,100$, oder $\frac{160000}{191181}\,100 = 82\,\frac{52058}{191181}$ Rthlr.; denn aus dieser Summe entstehen, wenn sie zu fünf Prozent angelegt, und die aufkommenden Zinsen gleich wieder zinsbar gemacht werden, mit Ablauf von 4 Jahren genau 100 Rtlr.

---

[5]) Leibnitz Meditatio jucidico-mathematica de interusurio, inserta actis eruditorum ad a. 1683 p. 425 seq.

Diese Methode ist die richtigste, und hat auch die meisten Anhänger [6]), ist jedoch in der Anwendung nicht immer ohne Schwierigkeit [7]), weshalb Einige die Hoffmannsche regelmäßig, und die Leibnitzsche ausnahmsweise anwenden wollen [8]). Einige erklären sich gegen die Leibnitzsche Methode deshalb, weil auf Anatocismus nicht gerechnet werden dürfe [9]). Dieß ist ein Mißverständniß; denn es ist nicht die Rede vom Anatocismus, d. h. von Einforderung der Zinsen von Zinsen von einem Schuldner, sondern von der Ausmittelung des Nutzens, den ein ordentlicher Verwalter seiner Güter von dem Gelde ziehen würde, wenn er es gleich hätte [10]); und dabei ist das Austhun der einge-

---

[6]) Albr. Gotth. Kästner Progr. pro justitia calculi interusurii Leibnitz. Lips. 1747. — Ueber die Zinsen, welche der Gläubiger vergütet; im deutsch. Museum 9 St. Septbr. 1783, und 10 Stück, 1783 Octbr. — Fratr. Becmannorum l. c. — Hommel Rhaps. obs. 306. — Bilfinger l. c. — Thibaut System §. 289.

[7]) Horn Diss. de interusurio, et in Sent. et Resp. Class. XIII. resp. 4. — Berger Oec. jur. Lib. IV. Tit. XXIX. th. IV nov. 1. — Joh. Ernst. Just. Müller. Einige Gedanken über des Freiherrn v. Leibnitz und Lic. Gottf. Aug. Hoffmann verschiedene calculos interusurii; zum praktischen Nutzen des Publici entworfen, nebst den dazu berechneten 3 Hülfs-Tafeln von Christlieb Adolph Lieben. Dresd. 1788. — Joh. Nicl. Müller Auseinandersetzung eines der schwersten Fälle aus der Interusurien-Rechnung. Göttingen 1785.

[8]) Schneidt a. a. O. — Schrader l. c. §. 1. 6. 7. 8. — Seuffert l. c.

[9]) Polack l. c. §. 56—58. — Schrader.

[10]) Bilfinger l. c. §. 25. 26.

nommenen Zinsen so erlaubt, wie jede andere unverbotene Art der Benutzung des Eigenthums.

Die ganze Lehre ist wenig praktisch; denn es kann nicht vorkommen, daß Jemand wider seinen Willen früher die Leistung anzunehmen, und sich dafür etwas abrechnen zu lassen schuldig sein sollte[11]); wenn dieß aber mit seinem Willen geschieht, so wird auch eine Vereinbarung über die Zwischennutzung Statt finden, es wäre denn, daß über die frühere Annahme in der Art ein Vertrag zu Stande käme, daß der Gläubiger sich den Abzug gefallen lassen wolle, welcher vom Richter bestimmt werden würde. Dieser Fall ist jedoch so äußerst selten, daß es der Mühe nicht werth ist, sich dabei aufzuhalten. Ein anderer Fall kann bei einem legato debito vorkommen, wenn es sich frägt, wieviel der Legatar als ihm wirklich legirt, dem Fiskus zu versteuern habe; denn das versteuerbare Objekt ist das Interusurium[12]). Aber auch hier kann der Legatar die Ausmittelung des Interusuriums vermeiden, wenn er das Legat ausschlägt und seine Forderung behält.

Wegen dieser praktischen Seltenheit des Interusuriums ohne Vereinbarung ist in den Rechtsbüchern über die Berechnungsart desselben nichts bestimmt. Es findet sich aber eine Anwendung des

---

[11]) Auch nach Römischem Rechte galt keine Ausnahme. Daß L. 21 §. 2 D. soluto matrimonio (XXIV. 3), wie Wening-v. Ingenheim B. III. §. 28 Note w. meint, eine Ausnahme enthalten sollte, ist nicht einleuchtend; denn es hängt in dem dort vorgetragenen Fall ebenfalls von der Willkühr der Frau ab, von der Rückforderung ihrer dos vor der Zeit, abzustehen.

[12]) L. 1 §. 10 D. ad leg. falc. (XXXV. 1).

Carpzowschen Prinzips im Concurse bei dem Fall, wenn ein Schuldner der Masse eine sofort zahlbare Post (debitum purum) schuldig ist, und dagegen eine noch nicht fällige Forderung (Creditum in diem) an die Masse hat. Alsdann soll er compensiren können, jedoch die Zinsen bis zum Verfalltage vergüten [13]). Dieses Prinzip muß also nach Preußischem Rechte für sanctionirt angesehen werden. In dem Falle, wo der Schuldner berechtigt sein sollte, gegen Abzug des Disconto früher zu zahlen als er schuldig, würde man natürlich den, dem Schuldner (Discontonehmer) erlaubten, Zinsfuß der Berechnung zum Grunde legen [14]), etwanige Kosten und Ausgaben auf Gewinnung der Nutzungen oder Zinsen abziehen [15]), und nach Maaßgabe des Ueberrestes das Interusurium festsetzen.

§. 19.

2. Schadenersatz und Interesse.

Donelli Commentar. juris civilis Lib. XXVI. c. 13—25. — Christ. Guilielm. Wehrn doctrina juris explicatrix principiorum et causarum damni, habita doli mali, culpae, morae, ejusque quod interest, ratione, prae-

---

13) A. G. O. I. 50 §. 159. Vergl. Corp. jur. Frid. Th. II. Tit. 26 §. 119. In Sachsen ist die Leibnitzsche Methode officiell für die richtige anerkannt, in einem, von Müller im Promptuar. sub V. Interusurium allegirten Rescr. v. 25. Octbr. 1724.

14) L. 36 §. 5. D. de heriditatis petit. (V. 3.) — L. 46 D. h. t.
Nov. 131 c. 12. — Schrader l. c. §. 4 u. p. 158 Note *

15) L. 36 §. 5 D. de hered. petit. (V. 3). — L. 46 D. h. t.

standi. Lips. 1795. — Franz Schömann Lehre vom Schadensersatze. 2 Th. gr. 8. Giessen 1807. — Fr. Hänel Versuch einer kurzen und faßlichen Darstellung der Lehre vom Schadensersatze, nach heutigem römischen Rechte. 8. Leipz. 1823. —

A. L. R. Th. I. Tit. 6.

C. W. Ludwig Erläuterung der Rechtstheorie vom Schadensersatz aus erlaubten Handlungen, vom Besitz, vom Eigenthum und von eigenen Erwerbsarten des Eigenthums, nach den Grundsätzen des Allg. Preuß. Landrechts ꝛc. gr. 8. Glogau, ohne Jahr (1812).

a. Begriff von Schaden.

Unter Schaden versteht man zunächst und eigentlich jede Verletzung eines körperlichen Gegenstandes, in weiterer und figürlicher Bedeutung ist Schade alles, was den Zustand einer Sache oder einer Person verschlechtert. In dieser Bedeutung heißt Schade im weitesten Verstande jede Verschlechterung an Gesundheit, Ehre, Vermögen und Seele; und im gewöhnlichen engeren Sinne versteht man darunter eine Verringerung des Eigenthums, oder Verlust am Vermögen [1]). Diese letztere Bedeutung pflegt man in der gemeinrechtlichen Sprache dem Worte „damnum“ beizulegen [2]), welches man auch zuweilen mit den Worten: „damnum pecuniarium“ auszudrücken pflegt; im engern Sinne verstehen die Römischen Juristen unter „Damnum“ jede Rechtsverletzung [3]). Das Allgemeine Landrecht verbindet damit den weitesten Begriff, und nennt Schade

[1]) Adelung sub voce. Schade.

[2]) L. 151 und 203 D. de reg. juris. — L. 2 und 3 D. de damno infecto (XXXIX. 2.). L. 2 §. 11 D. ne quid in loco publico fiat (XLIII. 8.) — L. 31 D. de dolo malo. (IV. 3).

[3]) L. 151 D. de reg. juris.

„jede Verschlimmerung des Zustandes eines Menschen, in Ansehung seines Körpers, seiner Freiheit, oder Ehre, oder seines Vermögens [4]).

Die neuern gemeinrechtlichen Juristen nennen den bereits erlittenen Schaden (d. datum s. factum) einen positiven Schaden, (damnum emergens), oder damnum schlechthin, wenn er in einer Verringerung des bereits vorhandenen Vermögens besteht; ist hingegen bloß ein erlaubter Gewinn vereitelt, so nennt man ihn negativen oder privativen Schaden, auch entgangenen Gewinn, (lucrum cessans s. lucrum interceptum). Beides zusammen nennen die Römischen Juristen „id quod interest, interesse“ [5]). Jene Terminologie der gemeinrechtlichen Schriftsteller wird auch in dem Allgemeinen Landrechte vorausgesetzt; denn es rechnet

„Vortheile, die Jemand erlangt haben würde, wenn eine gewisse Handlung oder Unterlassung nicht vorgefallen wäre, zum entgangenen Gewinn,“

und nennt den Schaden und den entgangenen Gewinn zusammen „vollständige Genugthuung“ [6]).

Ist ein Schade nicht durch den Beschädigten selbst verursacht: denn quod quis ex culpa sua damnum sentit, non intelligitur sentire [7]); so frägt sich:

1. wann soll Ersatz eines vorhandenen Schadens geleistet werden?
2. was ist zu leisten?

---

[4]) §. 1. h. t.

[5]) L. 21. 22. 23 D. ad legem Aquil. (IX. 2). L. 13 pr. D. ratam rem haberi (XLVI. 8). Glück Th. IV. §. 322.

[6]) §. 5 und 7. h. t.

[7]) L. 205 D. de reg. jur. (L. 17) A. L. R. §. 19—21. h. t.

Auf die erstere Frage beziehen sich die Begriffe von casus, dolus und culpa, welche zuvor dargestellt werden müssen, ehe die Frage selbst, oder die allgemeinen Grundsätze über Schadens-Ersatz abgehandelt werden können; die andere hat die Schätzung des Interesses zum Gegenstande.

§. 20.

b. Zufall. (*casus.*) *Periculum.*

Donellus Libr. XIV. c. 6. — Chr. Henr. Breuning de praestatione casus. Lips. 1758. — Eberh. Otto de praestatione casuum solitorum, insolitorum et insolitissimorum; in illius Dissertatt. — Joh. Aug. Reichardt de casu, obligationem tollente; particula prior, constituens regulam catholicam, de praestatione casus. Jenae 1767. 4. — Joh. Chr. Brandenburg, Specimen juridicum, sistens principia quaedam generalia de damno casuali, ejusque praestatione. Goett. 1793. 4. — Wächter im Archiv für civil. Praxis B. XV. S. 97 ff. und S. 188 sq.

I. Die Lehre vom Schadensersatz bezieht sich auf zwei Hauptfälle. Der eine ist der, wo aus einer Rechtsverletzung erst Obligationen entspringen, welche vorher noch nicht vorhanden waren, und welche auf Ersatz so wie auf Strafe gehen können. Diese gehören in den speciellen Theil. Der andere Fall ist der, wo bei einer bereits bestehenden Obligation ein Schade entsteht. Von diesem ist hier die Rede.

So lange der ursprüngliche Gegenstand der Obligation geleistet werden kann, ist darauf der Zwang gerichtet. Fehlt es an der Möglichkeit dazu, so muß von zwei Dingen eins geschehen: entweder muß man die Obligation fallen lassen, oder es muß ein Surrogat, d. i.

das Interesse an deren Stelle treten. Ob das eine oder das andere eintreten muß, hängt davon ab: ob die Unmöglichkeit der ursprünglichen Erfüllung durch ein Naturereigniß entstanden ist, oder durch den Willen und das Handeln des Schuldners. Für jeden dieser beiden Fälle muß es eine Regel geben, nach welcher zu entscheiden: ob die Obligation fallen, oder ein Surrogat an ihre Stelle gesetzt werden soll.

Liegt die Unmöglichkeit in einem Naturereignisse, so heißt dieses: Zufall, Unglück, casus, casus major, fortuitus casus, vis major, vis naturalis, vis divina, fatum, damnum fatale[1]), und der dadurch entstehende Schade: periculum[2]); doch ist periculum oft gleichbedeutend mit casus[3]). Zufall ist alles, was ohne menschliches Zuthun sich ereignet, also etwas negatives. Ist das Ereigniß kein reiner Zufall, d. h. ist die Unmöglichkeit der Erfüllung zwar zunächst Naturereigniß, aber doch mittelbar von einer willkührlichen Handlung abhängig, so gilt es nicht für Zufall, sondern es ist dem vorher gedachten

---

[1]) L. 1 §. 4 D. de oblig. (XLIV. 7.) — L. 18 D. commodati. (XIII. 6.) L. 15 §. 2. L. 59 D. locati conducti. (XIX. 2). — L. 2 §. 7 D. de administratione rerum. (L. 8). — L. 24. §. 4 de damno infecto (XXXIX. 2) — L. 3 §. 1 D. nautae, caupones. (IV. 9). — Casus, mehr im Plural als im Singular gebräuchlich.

[2]) Tit. Dig. de periculo et commodo. (XVIII. 6.) — L. 9 §. 9. L. 11 pr. D. de rebus creditis (XII. 1). — L. 5 §. 11. L. 10 §. 1 D. commodati (XIII. 6).

[3]) L. 5 §. 2 D. commodati. (XIII. 6) — L. 62 D. de rei vind. (VI. 1). L. 1 D. de peric. et commodo. (XVIII. 6) — L. 1 C. de peric. nominator. (XI. 33). Zuweilen heißt es ohne weitern Zusatz so viel wie furti periculum. L. 14 pr. und §. 1 D. de periculo. (XVIII. 6). — L. 5 §. 13 D. commodati. (XIII. 6).

zweiten Falle zuzurechnen: denn es ist Regel: casus dolo vel culpae subordinatus [4]). Neuere theilen hiernach den Zufall in casus merus und casus mixtus. Eine andere Eintheilung der Unglücksfälle ist hergenommen von der Gewöhnlichkeit oder Ungewöhnlichkeit. Darnach sollen sie casus soliti, c. insoliti und c. insolitissimi sein. Man sieht, daß dieser Eintheilungsgrund ganz unbestimmt [5]) ist, und außerdem ist diese Eintheilung ohne allen Einfluß auf das Recht und daher völlig müssig [6]). Wer den Zufall zu tragen hat, der trägt ihn immer, er mag sich oft oder selten ereignen, denn die Seltenheit ist kein Modus, ihn auf Andere zu übertragen.

Unmöglich heißt die Leistung oder Erfüllung einer Obligation nur alsdann, wenn sie für Jeden unmöglich sein würde, nicht aber wenn sie nur individuell unmöglich ist; es wird hier also eine objective Unmöglichkeit verstanden, z. B. wenn Jemand ein specielles Thier lie-

---

[4]) L. 1 §. 4 D. de obl. et act. (XLIV. 7). — L. 18 pr. D. commodati. (XIII. 6).

[5]) Während Struben, rechtl. Bedenken, Th. III. B. 16 S. 178 einen ungewöhnlichen Zufall einen solchen nennt, welcher sich da wo von ihm die Frage ist, so selten ereignet, daß man ihn zu fürchten keine Ursache hat, will Bartolus nur einen solchen, der sich alle Tausend Jahre einmal ereignet, für einen solchen ansehen.

[6]) Die Wichtigkeit dieser Eintheilung haben abgehandelt: Joh. Casper Lecken Diss. de imputatione casuum solitorum, insolitorum et insolitissimorum. Duisb. 1715. — Ev. Otto Diss. de praestatione casuum solitorum, insolitorum et insolitissimorum. Traj. ad Rhen. 1723, et in ejus Dissert. juris publici et privati P. I. No. 6. — Dagegen: Müller ad Struvium Exercit. XIX. th. 41 Nota δ. — Carl Gottfr. von Winkler rechtliche Abhandlung von Kriegsschäden der Pächter und Miethleute (Leipzig 1796. 8). Abschn. I. Hptst. 2 Nr. 10 u. f. S. 35.

fern soll, welches vor der Uebergabe gestorben ist. Subjective Unmöglichkeit gilt nicht für Unmöglichkeit, z. B. wenn Jemand Geld geben soll und keins hat [7]). Das Allgemeine Landrecht fügt jedoch zwei Modificationen hinzu:

1. wenn durch eine zufällige Veränderung der Umstände die bestimmte Erfüllungsart mit einer unvorhergesehenen Gefahr verbunden worden, soll der Berechtigte, wenn er dennoch auf diese Erfüllungsart besteht, die Gefahr übernehmen, und
2. wenn bei dieser zufälligen Veränderung der Umstände mit der bestimmten Art der Erfüllung eine wahrscheinliche Gefahr des Lebens, der Gesundheit, oder der Freiheit für den Verpflichteten verbunden ist, so soll er zur Erfüllung auf die bestimmte Art gar nicht angehalten werden können [8]).

Ein juristischer Grund zu diesen Modificationen ist nicht vorhanden: dieselben sind rein positiv. Es frägt sich dabei aber: soll in diesem Falle, wo der Verpflichtete nicht schuldig sein soll, auf die bedungene Art zu erfüllen, die Unmöglichkeit der Erfüllung für zufällig, oder für willkührlich hervorgebracht angesehen werden; denn die Folgen sind je nach dem verschieden. Das Allgemeine Landrecht enthält darüber keine directe Entscheidung. Nach dem allgemeinen Grundsatz des Allgemeinen Landrechts aber, daß wenn der Zufall, durch welchen eine solche Veränderung in den Umständen herbeigeführt worden, sich nicht in der Person des Verpflichteten ereignet hat, der Verpflichtete dafür einzustehen nicht

---

[7]) L. 137 §. 4 D. de verbor. obligat. (XLV. 1). — A. L. R. I. 5 §. 371.

[8]) A. L. R. a. a. O. §. 375. 376.

schuldig ist [9]), muß angenommen werden, daß dieser Fall der objectiv-casuellen Unmöglichkeit gleich zu setzen.

II. Wir sind davon ausgegangen, daß bei eingetretener Unmöglichkeit der Erfüllung eine zweifache Behandlung der Obligation denkbar sei, nehmlich: entweder, daß ein Surrogat an ihre Stelle gesetzt werde, oder daß sie falle. In dem letztern Falle läßt sich die Sache wieder auf zweierlei Art ansehen: entweder so, als wäre die Obligation erfüllt; oder so, als hätte sie niemals existirt. Welches von beiden angenommen wird, ist praktisch sehr wichtig, und macht einen großen Unterschied: denn wird die Obligation für erfüllt angesehen, so muß bei lästigen Verträgen auch der Andere erfüllen; wird sie als gar nicht vorhanden gewesen erachtet, so ist auch der Andere zu nichts verbunden.

Vor allem ist hierüber der Contrakt zu befolgen [10]). Ist aber nichts bestimmt, so steht nach Römischem Rechte als Regel an der Spitze:

> die casuelle Unmöglichkeit gilt für vollendete Erfüllung. Creditoris est rei periculum. Casus a nullo praestatur [11]).

Diese Regel gilt sowohl bei Obligationen auf ein

---

[9]) Ebd. §. 369.

[10]) L. 1 pr. L. 10 pr. D. de periculo (XVIII. 6). — L. 7 §. 15 D. de pactis. (II. 14). — L. 1 §. 35 D. depositi. (XVI. 3). — L. 39 D. mandati. (XVII. 1). — L. 9 §. 2. L. 13 §. 5 D. locati conducti. (XIX. 2). — A. L. R. I. Tit. 5 §. 261 und Tit. 11 §. 95.

[11]) L. 183 D. de regulis juris. (L. 17). — Jo. Aug. Reichardt de casu obligationem tollente. Jenae 1767. §. 4.

Geben[12]), als bei denen auf ein Thun oder Leisten[13]), und eben so bei Obligationen stricti juris[14]) wie bei bonae fidei[15]). v. Wening-Ingenheim behauptet in seinem Civilrecht, Buch III. §. 31., daß bei Erfüllung einer Obligation auf ein Thun oder Leisten der Debitor den Zufall trage; und will solches durch L. 26. §. 6. D. mandati (XVII. 1) beweisen. Diese Stelle enthält jedoch gerade das Gegentheil. Es heißt:

„Non omnia, quae impensurus non fuit, mandatori „imputabit, veluti quod spoliatus sit a latronibus, „aut naufragio res amiserit, vel languore suo „suorumque adprehensus, quaedam erogaverit: „nam haec magis casibus quam mandato im„putari oportet.“

Hier ist also von der Actio mandati *contraria* die Rede; und bei dieser ist der Mandatarius nicht Debitor, sondern Creditor. Zudem berührt dieser Fall nicht eigentlich die vorliegende Frage, da der Zufall, welcher den Debitor bei der Erfüllung trifft, ohne ihn an der Erfüllung zu verhindern, auf die Obligation keinen Einfluß hat. Jeder muß sein eigenes Unglück tragen! Anders würde es sein, wenn das aufgetragene Geschäft gerade ein solches wäre, bei dessen Ausrichtung sich der Geschäftsträger der Gefahr einer solchen Beschädigung

---

12) L. 23. 33. 37. 51. D. de verbor. obligat. (XLV. 1). — L. 92. 107 D. de solution. (XLVI. 3).

13) L. 19. §. 9 u. 10. L. 38 D. locati conducti. (XIX. 2). — L. 1. §. 13 D. de extraordinariis cognitionibus. (L. 13).

14) L. 23 D. de verb. obl. (XLV. 1). — L. 47. §. 6. D. de legat. I. (XXX).

15) §. 3. J. de emtione. L. 7. pr. L. 8 pr. D. de periculo (XVIII. 6).

nothwendig aussetzen müßte. In diesem Falle würde der Schade zu den Kosten der Vollziehung des Auftrags gehören.

Die eine Seite dieser gedachten Regel ist also: *casus non praestatur*, und die andere ist die: daß die Gegenleistung erfolgen muß[16]). Die dabei zum Grunde liegende Ansicht ist die, daß, wenn z. B. eine Sache zu geben versprochen worden, der Aufschub der Erfüllung etwas dem Geschäfte fremdartiges und zufälliges ist, so daß mithin dieser Umstand auf das Geschäft keine Wirkungen äußern kann. Man kann die Sache auch als eine bloße Folge der Rechtswahrheit ansehen: daß Jeder sein eigenes Unglück zu tragen hat; denn der Creditor ist Herr seines Rechts. Der Werth desselben wird dadurch, daß der Gegenstand desselben aufhört zu sein, auf Nichts reducirt. Es ist in effectu eben dasselbe, als wenn ein Darlehnsschuldner verarmt. Das Recht des Gläubigers wird dadurch nicht verändert; es gilt nur factisch nichts, weil es keinen Gegenstand mehr hat, und in so fern steht es einem de jure erloschenen

---

16) §. 3. J. de emt. — L. 5. §. 2 D. de rescindenda vend. (XVIII. 5). — L. 14 u. 15. D. de jure dot. (XXIII. 3). L. 6 C. de periculo et commodo rei venditae. (IV. 48). — Bornemann sagt in seiner Schrift von Rechtsgeschäften I. Ausg. S. 390. „Eine Modification dieser Regel tritt (nach Römischem Rechte) bei zweiseitigen Geschäften jedoch dadurch ein, daß der auf Uebergabe der untergegangenen Sache Berechtigte den auf Erfüllung der Gegenleistung dringenden Verpflichteten, den Einwand des nicht erfüllten Vertrages entgegen setzen, und dadurch sich von der Gegenleistung befreien kann." Es wäre wünschenswerth, daß der Herr Verfasser diesen Satz bewiesen hätte.

Rechte gleich[17]). Wer anders als er selbst soll das ihn treffende Unglück tragen[18])!

Von dieser Regel gelten einige Ausnahmen.

1. scheinbare, und zwar:
   a. bei alternativen Obligationen. Wenn die eine Handlung unmöglich geworden ist, so muß die andere geleistet werden[19]). Dasselbe gilt auch, wenn der Gegenstand der Leistung der Gattung nach bestimmt ist, und nicht sämmtliche zur Gattung gehörige Stücke untergehen[20]).
   b. bei bedingten Obligationen, wenn die Leistung vor Eintritt der Bedingung unmöglich wird. Dann ist der Vertrag ungültig, und es fällt mithin auch die Gegenleistung fort; denn hier ist eigentlich noch keine Obligation vorhanden, sie muß aber, wenn die obige Regel zur Anwendung kommen soll, dergestalt perfect sein, daß der Erfüllung kein wesentliches Hinderniß entgegen steht[21]).

---

17) „Nam is nullam videtur actionem habere, cui propter inopiam adversarii inanis actio est." L. 6 D. de dolo (IV. 3). — „Wo nichts ist, da hat der Kaiser sein Recht verloren."

18) L. 33 in fine. D. de regul. juris. (L. 17).

19) L. 2. §. 3 D. de eo quod certo loco. (XIII. 4). — L. 34. §. 6 D. de contrahenda emtione. (XVIII. 1). — L. 30. §. 5 D. ad legem Falcidiam. (XXXV. 2). — L. 16 pr. D. de verbor. obligat. (XLV. 1).

20) L. 1. §. 4 D. de obligat. et act. (XLIV. 7). — L. 42 D. de jure dotium. (XXIII. 3). — §. 2. J. quibus modis re contrahitur. (III. 15). — L. 11. Cod. si certum petatur. (IV. 2).

21) L. 8 pr. D. de periculo. (XVIII. 6). — Fragment. Vatic. §. 16.

e. bei Innominat-Contracten. Wird bei diesen die Gegenleistung unmöglich, so kann das Gegebene aus dem Grunde zurückgefordert werden, weil der Gläubiger, vermöge des jus poenitendi das Geschäft jederzeit aufrufen kann[22]), in soweit nicht etwa das Interesse des Debitors wegen der zur unmöglich gewordenen Gegenleistung bereits getroffenen Anstalten die empfangene Leistung absorbirt; denn in diesem Falle der bereits angefangenen Gegenerfüllung unterliegen auch die Obligationen aus Innominat-Contracten der allgemeinen Regel[23]), zum klaren Beweise, daß sie davon keine Ausnahme machen.

2. wirkliche Ausnahmen aber machen folgende zwei Fälle:

a. wenn der Schuldner in Mora ist. Dann heißt es: *casus praestatur*, und es ist dabei gleichgültig: ob derselbe Schaden auch den Gläubiger, wenn die mora solvendi nicht eingetreten wäre, getroffen haben würde, oder nicht; denn der Gläubiger hätte das ihm Vorenthaltene schon vor Eintritt des Schadens weiter veräußern oder verbrauchen können[24]). Darüber

---

22) L. 3. §. 3. L. 5 pr. u. L. 16 D. de condictione causa data causa non secuta. (XII. 4).

23) L. 5 pr. D. l. c.

24) L. 5 D. de rebus creditis. (XII. 1). — L. 40 pr. D. de hereditatis petitione. (V. 3). — L. 47. §. 6 D. de legatis I. (XXX.) — L. 14. §. 11 in fine D. quod metus causa (IV. 2). — L. 15. §. 3 D. de rei vindicat. (VI. 1). — L. 12. §. 3 D. depositi. (XVI. 3). — L. 4. Cod. de periculo rei venditae. (IV. 48).

war jedoch eine Meinungsverschiedenheit unter den Römischen Juristen. **Sabinus** und **Cassius** waren der Meinung, daß wenn die Sache auch bei dem Gläubiger zu Grunde gegangen sein würde, nach der Billigkeit der Schade den Gläubiger treffen müßte. Deren Meinung ist jedoch nur historisch angeführt[25]). Mackeldey[26]) will durch diese Stellen beweisen, daß die abweichende Meinung des **Sabinus** und **Cassius** eine allgemein gültige Regel bei der sogenannten mora ex persona gewesen sei. Aber

1. die L. 40. pr. de hereditatis petitione erwähnt der Meinung des Cassius ganz deutlich nur historisch, und beschränkt sie auf den Fall des bonae fidei possessoris;

2. die L. 14. §. 1. D. depositi enthält keine allgemeine Regel für die mora ex persona, wie die L. 12. §. 3. eod. tit., welche über eben dieselbe Frage das Gegentheil sagt, ergiebt;

3. die noch angeführte L. 15. §. 4. D. ad exhibendum giebt sogar einen Gegenbeweis von dem, was daraus behauptet wird. Denn es heißt: der Schuldner oder der Beklagte müßte **auch dann**, wenn der Sclave post judicium acceptum, **wiewohl** *sine dolo vel culpa* des **Schuldners**, verstorben sei, das Interesse des Gläubigers leisten, um so **mehr**, wenn erhelle, daß der Tod nicht eingetreten sein würde, wenn der Schuldner nicht in Mora gewesen

---

[25]) L. 40 pr. D. de hereditatis petitione. (V. 3). — L. 14. §. 1 D. depositi. (XVI. 3).

[26]) Lehrbuch §. 346. Note e.

wäre. Dieser Umstand ist also nur ein Grund mehr.

Uebrigens gilt dieses (sub a.) nicht bloß von Obligationen auf ein Geben oder Leisten[27]), sondern auch von Obligationen in faciendo[28]). Der casus dolo vel culpae subordinatus gehört hierher nicht; er ist hiervon verschieden und beruht auf einem ganz andern Grunde[29]).

b. Diejenigen Obligationen, welche nicht durch eine einzelne für sich bestehende Handlung, oder momentan erfüllt werden können, sondern eine fortgesetzte, oder wiederholte Leistung derselben Handlung durch eine gewisse Zeit, oder eine sich auf einen Zeitraum ausdehnende Reihe von theilbaren Handlungen oder Leistnngen erfordern. Dahin gehört namentlich der Miethscontract, mit Ausnahme der Andingung eines Werks[30]), weil hierbei von keinen theilbaren für sich bestehenden Handlungen die Rede ist.

Bei diesen Obligationen fällt die Gegenleistung fort, wenn die Erfüllung unmöglich wird, und es wird so angesehen, als wäre kein Ver-

---

27) L. 91 pr. D. de verbor. obligat. (XLV. 1) u. die Note 21 angeführten Stellen.

28) L. 3. §. 3. L. 5 pr. D. de condictione causa data. (XII. 4). — L. 1. §. 13 D. de extraordinariis cognitionibus. (L. 13).

29) L. 5. §. 7. L. 18 pr. D. commodati. (XIII. 6). — L. 1. §. 4 D. de obligat. et act. (XLIV. 7). — L. 16 D. de condictione furtiva (XIII. 1).

30) L. 13. §. 5. L. 30 D. locati conducti. (XIX. 2). — L. 1. §. 13 D. de extraord. cognition. (L. 13).

trag geschlossen worden. Dieses gilt aber nur in dem Falle, wenn die Erfüllung gänzlich unmöglich ist, nicht aber auch alsdann, wenn sie nur unvollständig oder schlechter geschehen kann: die Ausnahme geht nur auf das periculum interitus, nicht auf das periculum deteriorationis[31]).

So weit die Grundsätze des Römischen Rechts, wie sie aus den Quellen sich ergeben, und wie sie ziemlich einfach in der practischen Anwendung zu sein scheinen.

In den Schriften der neuern Juristen wird die Lehre vom Casus und dessen Prästation sehr unklar, unpractisch und mit den Römischen Rechtsansichten nicht übereinstimmend dargestellt. Diese Lehren sind aber auf die Bildung des gemeinen Rechts und auf die Preußische Gesetzgebung von Einfluß gewesen, und können daher nicht übergangen werden.

Eine Hauptquelle der Verwirrung liegt in der unrichtigen Auffassung der Regel: *creditoris est rei periculum.* Diese ist so einfach und durchgreifend, daß sie bei einer richtigen Vorstellung der verschiedenen obligatorischen Verhältnisse für alle Fälle, welche nicht unter die beiden wirklichen Ausnahmen passen, fällt.

Man hat aber in denjenigen Fällen, wo es sich nach der Natur des Contracts um die Restitution einer Sache an deren Eigenthümer, wie z. B. beim Commodat und dem Pfandcontract, handelte, keine Anwendung jener Regel finden mögen, weil hier eigentlich der Eigenthümer den Verlust tragen müsse, und anderer Seits auch der Gläubiger, nämlich der Commodatar, dem die Sache

---

[31]) L. 19. §. 6. L. 27 pr. L. 30 pr. §. 1. D. locati conducti (XIX. 2).

unentgeltlich geliehen sei, und der Pfandinhaber, der seine Sicherheit verliere, durch den Zufall leide [32]), und doch keiner von dem andern etwas zu fordern habe. Allein bei diesem Contracte findet sich blos jene Regel angewendet. Denn der Commodant ist rücksichtlich der Restitution seiner Sache Creditor, als welcher er die Actio commodati hat. Daraus folgt, daß er nicht als Eigenthümer, sondern als Gläubiger den Zufall trägt. Auf der andern Seite ist auch der Commodatar in Beziehung auf die ihm zustehende actio contraria Gläubiger, und daher wird der Commodant durch den Zufall ebenfalls von seiner Verbindlichkeit liberirt. Eben so verhält es sich mit dem Pfandcontract.

Indeß abstrahirte man von diesen Fällen die dem Römischen Rechte fremde Regel: casum sentit dominus, welche zu ganz andern Resultaten führt. Eine Bestätigung dieser Regel fand man in der L. 58. §. 1 D. pro Socio (XVII. 2), wo Celsus entscheidet, daß Geld und Waaren, welche ein Socius in die Gemeinschaft bringen soll, und vorher durch Zufall verliert, ihm, und nicht der Gesellschaft verloren gehen. Man meinte daher, daß der Zufall bei solchen Contracten, nach welchen erst das Eigenthum übertragen werden solle (s. g. contractibus dominii translativis), den Schuldner nicht liberire, und erklärte den, bei dem Kaufcontracte geltenden, damit im Widerspruch stehenden, Grundsatz für eine Singularität, die nur allein den Kaufcontract angehe [33]). Dabei übersah man, daß in der L. 58. §. 1 D. pro Socio von einer generischen Obligation die Rede ist, von welcher der Schuldner durch den zufälligen Verlust der zur So-

---

[32]) Glück Commentar. Th. IV. S. 377.

[33]) Glück a. a. O. S. 280.

lution bestimmten Species niemals frei wird, aber nicht, wie Glück a. a. O. S. 387 mit Andern meint, darum, weil er Eigenthümer der zu Grunde gegangenen Sache war, denn dieser Umstand ist bei obligatorischen Verhältnissen einflußlos; sondern darum, weil ihm die Erfüllung nicht objectiv unmöglich geworden ist, indem er andere Stücke desselben Genus geben kann. Man lehrte also von den Obligationen auf ein Geben als Regel: casum sentit dominus, wovon der Kauf eine Ausnahme mache; und gab in Beziehung auf die Obligationen in faciendo eine Anzahl von Unterscheidungen[34]), welche in der Praxis unanwendbar sind, und die einfachen Rechtsverhältnisse völlig verwirren.

Das Allg. Landrecht hat nach dieser Lehre die auf obligatorische Verhältnisse nicht passende Regel: casum sentit dominus, angenommen, die ihm gar nicht motivirt geschienene Ausnahme beim Kauf, wie sich nachher zeigen wird, aufgehoben, und diesen Contract ebenfalls der Regel untergeordnet.

Ein anderer practisch eben so unbrauchbarer, und in den Quellen nicht begründeter Lehrsatz der gemeinrechtlichen Rechtsgelehrten ist der, daß unterschieden werden müsse: ob der Grund der Unmöglichkeit in der Person des Schuldners, oder in der des Gläubigers liege[35]). In dem erstern Falle soll die Gegenleistung fortfallen; in dem andern aber soll sie eintreten. Man ist darauf gekommen durch den häufig gebrauchten Ausdruck: „per

---

[34]) Hellfeld §. 326 u. f. — Glück a. a. O. S. 368—388 u. die dort angeführten Schriften.

[35]) Gottfr. Strauss de casu facienti nocivo. Vitemb. 1704. — Höpfner Commentar über die Institutionen. §. 761. Bucher Recht der Forderungen. II. Aufl. S. 154.

eum stetit quo minus quid fieret." Dieß bezieht sich aber nicht auf Krankheit oder Tod[36]), wie man meint, sondern auf den Willen[37]). Auch diese Ansicht ist in das Allg. Landrecht übergegangen.

So viel von den Grundabweichungen der Lehren der neuern Juristen von dem Römischen Rechte; andere weniger folgenreiche werden gelegentlich erwähnt werden.

III. Das Allgemeine Landrecht sieht, in Uebereinstimmung mit dem Römischen Rechte, ebenfalls zuerst auf den Contract[38]). Die neuern gemeinrechtlichen Juristen waren darüber uneinig: welche Arten des Zufalls für übernommen zu erachten, wenn die Verabredung nur allgemein dahin getroffen worden war, daß der Debitor den Zufall trage; und man brachte hier die vorhin erwähnte Eintheilung der gewöhnlichen, ungewöhnlichen und allerungewöhnlichsten Unglücksfälle zur Anwendung. Bei weitem die meisten[39]) meinten,

---

[36]) L. 1. §. 13 D. de extraordinar. cognition. (L. 13). „Divus Severus ab heredibus advocati mortuo eo prohibuit mercedem repeti: quia per ipsum non stetera., quo minus causam ageret." Bezöge sich also die Phrase: „per eum stetit" auf ein zufälliges Ereigniß in der Person des Nichterfüllenden, so könnte es hier nicht heißen: „per eum non steterat," sondern es müßte gerade umgekehrt heißen, da der Tod als Hinderniß angegeben ist. Diese Stelle widerlegt ziemlich überzeugend die Meinung Mackeldey's §. 315 Note i, daß unter diesen Ausdrücken ohne Zweifel auch die zufällige Verhinderung zu verstehen sei. Vergl. L. 13. §. 5 D. locati conducti. (XIX. 2).

[37]) L. 5 D. de rebus creditis. (XII. 1). Unten §. 31. 32. Nr. I. 2.

[38]) Th. I. Tit. 5. §. 261. Tit. 11. §. 95.

[39]) Unter vielen Andern vorzüglich: Otto de praestatione casuum fortuitorum insolitorum et insolitissimorum. Cap. II. §. 9. — Carpzow Jurisprud. forens. P. II.

daß wenn in einem Vertrage der Zufall ohne nähere Bestimmung übernommen worden sei, darunter nur der gewöhnliche und ungewöhnliche, nicht aber der allerungewöhnlichste verstanden werden müsse. Diese Meinung ist alt[40]). Welche Unglücksfälle aber als gewöhnliche, ungewöhnliche, und ganz außerordentliche anzusehen, darüber gab es, wie sich bei der großen Unbestimmtheit dieser Begriffe denken läßt, viele sehr von einander abweichende Meinungen[41]). Andere[42]) verwerfen diese Unterscheidung, als in den Gesetzen nicht begründet, gänzlich.

Das Allgemeine Landrecht entscheidet diese Controverse im §. 261. Tit. 5. Th. I., wo es heißt:

„Wenn ein Contrahent alle Gefahr und Schaden übernommen hat, so sind auch die ungewöhnlichen Zufälle darunter zu verstehen.“

---

const. 26 def. 8. u. const. 37. def. 17. No. 5. — Stryck de Cautelis contract. Sect. II. Cap. 9. §. 26. — Boehmer Exercit. ad Pand., Exercit. LII. Cap. II. §. 6. u. Cap. III. §. 8. (Tom. III. p. 478 u. 487). — Wernher Select. Observat. for. Tom. I. P. IV. obs. 214. No. 82—81 et P. V. obs. 39. — Leyser Medit. Vol XI. Suplem. Spec. 217 m. 15. — v. Winkler rechtliche Abhandlung von Kriegsschäden. S. 40 u. f. — Westphal vom Kauf-, Pacht- und Miethscontract. §. 35.

40) Schon bei Alexander in Consil. XXXI. No. 2 u. Bartol. in Consil. CLXXXVI. findet sie sich, nach Dracnii Summa Azonis, Col. 175. Annotat. lit. e. Von Alexander giebt es aber keine Consil.

41) Vergl. oben Note 5. Boehmer l. c. pag. 488. §. 9. wollte es dem Arbitrio judicis überlassen.

42) Arn. Vinnius Selectar. juris quaestion. L. II. c. 1. — Cocceji, Jus civile controvers. Lib. XIII. Tit. 6. qu. 9. — Puffendorf Observat. juris univers. Tom. IV. obs. 78. §. 4 u. a. m.

Wer den von vielen behaupteten Unterschied für gemeinrechtlich begründet hält, kann auch nach dieser Entscheidung des Streits noch einen Unterschied machen. Denn

1. heißt es: „wenn ein Contrahent alle Gefahr übernommen hat." Wenn also in der Verabredung der eine Contrahent nur schlechthin „den Zufall" übernimmt, so kann man sagen: er habe nicht alle Gefahr übernommen, und brauche also ungewöhnliche Zufälle nicht zu tragen.

2. heißt es: wenn ein Contrahent alle Gefahr übernommen hat, so sind auch die ungewöhnlichen Zufälle darunter zu verstehen. Man kann also sagen: die allerungewöhnlichsten sind nicht mitverstanden, denn man unterscheidet nach jener Lehre nicht bloß gewöhnliche und ungewöhnliche, sondern auch noch allerungewöhnlichste oder ganz außerordentliche Zufälle.

Allein es ist wol nicht zu zweifeln, daß durch den §. 261 die zweite Meinung, welche jeden Unterschied verwirft und jetzt auch für die allein richtige anerkannt wird[43]), hat sanctionirt werden sollen. Wer also den Zufall schlechthin, ohne nähere Bestimmung der Grenzlinie übernimmt, der übernimmt auch alle Gefahr, da kein Unterschied nicht anerkannt wird[44]), und keine bestimmte Grenze zu finden ist.

---

[43]) Von den neuesten namentlich: Bucher Recht der Forderungen, §. 47. Note 10. — v. Wening-Ingenheim Bd. II. §. 29.

[44]) Im §. 478 u. 479. Tit. 21. Th. I. des Allg. Landrechts ist von außerordentlichen und gewöhnlichen Unglücksfällen die Rede; und es ist nicht zu verkennen, daß dieses aus der Lehre jener gemeinrechtlichen Juristen hergenommen ist, da gerade vorzugsweise in Beziehung auf

Uebrigens kann der Zufall nicht blos durch **ausdrückliche** Verabredung, sondern auch durch **stillschweigende**, welche aus der Beschaffenheit des Geschäfts, oder aus der Natur stillschweigender Willenserklärungen folgen kann, übernommen werden[45]).

In Ermangelung einer contractlichen Bestimmung weicht aber das Allgem. Landrecht von dem Römischen Rechte, und auch von der Theorie der gemeinrechtlichen Juristen, wesentlich ab; denn es stellt die gerade entgegengesetzte Regel an die Spitze:

casuelle Unmöglichkeit vernichtet den Vertrag.

Es heißt nämlich Th. I. Tit. 5:

§. 364. „Entsteht die Unmöglichkeit, den geschlossenen Vertrag zu erfüllen, durch einen Zufall oder

---

Pacht und Miethe von diesen verschiedenen Arten des Zufalls die Rede ist, und darauf gewöhnlich eben dieselben Fälle aufgezählt zu werden pflegen, welche in dem Allg. Landrechte a. a. O. folgen. Allein es ist an dieser Unterscheidung dort keine andere rechtliche Folge geknüpft als die, daß wenn die an sich außerordentlichen Unglücksfälle in der Gegend nicht ungewöhnlich sind, und aus den Umständen erhellet, daß darauf in dem Anschlage oder bei Bestimmung des Pachtzinses bereits Rücksicht genommen worden, der Pächter den Unglücksfall tragen soll. Das heißt also nichts anders als: der Pächter trägt den Zufall, wenn er ihn ausdrücklich **oder stillschweigend** übernommen hat.

45) Vergl. die vorige Note. Beispiele dieser Art finden sich in L. 30. §. 4 D. locati conducti. (XIX. 2). — L. 1. §. 1 D. de aestimatoria. (XIX. 3). — L. 10 pr. §. 1 D. de jure dotium. (XXIII. 3). — Brandenburg principia quaedam generalia de casus praestatione §. 30. — Westphal vom Kauf-, Pacht- und Miethcontract. §. 1012.

durch unabwendbare Gewalt und Uebermacht, so wird der Vertrag für aufgehoben angesehen."

§. 365. „Alsdann muß jeder Theil dasjenige, was ihm von dem Andern in Erwartung der gegenseitigen Erfüllung, gegeben oder geleistet worden, zurückgeben oder vergüten."

Und Tit. 11. §. 100:

„Wird die erkaufte Sache noch vor der Uebergabe durch einen Zufall gänzlich zerstört oder vernichtet, dergestalt, daß gar keine Uebergabe erfolgen kann, so wird der Contract für aufgehoben geachtet[46])."

Man hatte dazu folgende Gründe[47]):

1. „Die Regel, heißt es, ist gegen alle Principien des Römischen Rechts selbst. Casum sentit dominus, ist eine der ersten Regeln desselben[48]). Bei

---

[46]) Das Französische Recht hat den Römischen Grundsatz. Code Civil. Art. 1302. 1148. Vergl. Pothier Traité des obligations. Nouv. edit. par Bernardi. Paris chez Letellier. (II. T. 1805. 8). No. 633. 616—619. 142. 143. Das Oesterreichische Gesetzbuch dagegen hat ganz die Grundsätze des Allg. Landrechts. §. 1447.

[47]) Suarez amtliche Vorträge bei der Schlußrevision des Allg. Landrechts. Jahrb. B. XLI. S. 17.

[48]) Oben Nr. I. u. II. ist gezeigt, daß das Römische Recht von dieser Regel nichts weiß. Man hielt aber das für Römisches Recht, was in den Compendien stand; und wenn diese über das eine oder das andere nicht übereinstimmten, so genügte dieß, um die Sache für zweifelhaft zu halten, wenn die Quellen, bei einer Untersuchung, auch noch so klar gefunden werden. Nun traf es sich aber, daß diese Regel in allen damaligen Lehrbüchern stand, daher nahm man sie für unzweifelhaft an, ungeachtet sie in Beziehung auf obligatorische Verhältnisse ein Römischer Jurist niemals hat denken, noch weniger lehren können.

dem Kaufe geht, wie bei allen übrigen titulis dominii translativis das Eigenthum erst durch die Tradition auf den Emtorem über, und gleichwohl soll er noch vor der Tradition alle Gefahr tragen"[49]).

2. „Der Römische Satz beruht ferner auf einer blo- ßen Spitzfindigkeit. Der Verkäufer, sagen die Doctores, verliert freilich durch den Untergang der Sache sein Dominium; aber der Käufer verliert dadurch ebenfalls seine Aktion, auf die Uebergabe zu klagen, weil die res tradenda nicht mehr da ist. Hingegen bleibt dem Venditori seine Action auf das Pretium, weil durch dessen Zahlung der Contract von dem Käufer immer noch erfüllt werden kann. Cf. Cocceji in Jure controv. L. XVIII. Tit. VI. qu. 2. Es ist aber unbegreiflich[50]), wie man

---

[49]) Das mußte man bei jenem Grundsatze natürlich unerklärlich finden; und Papinian und Paulus selbst hätten es nicht erklären können, wenn sie mit im Rathe gesessen hätten, vorausgesetzt, daß sie sich hätten einreden lassen: der Grundsatz sei nicht, wie sie es gelehrt: „creditoris est rei periculum," sondern heiße: „casum sentit dominus."

[50]) Das war den mehrsten Rechtsgelehrten damaliger Zeit unbegreiflich; es war ihnen aber auch genug, daß es so ganz deutlich in den Pandecten steht. Auch Glück a. a. O. S. 369, welcher das Unbestimmte und Dunkele des Hellfeld und Anderer näher bestimmen und erklären will, drückt sich so aus, daß es nicht klar ist, wie er es eigentlich versteht; die Regel aber, welche er angiebt, läßt erkennen, daß er es nicht richtig aufgefaßt hatte. „Richtiger, sagt er, wäre die Regel so zu fassen: Wenn die Leistung eines versprochenen Factums durch Zufall gehindert wird, so muß jeder Contrahent den Schaden tragen, der hierdurch einen

dem Verkäufer in dato casu eine Aktion auf Zahlung des Pretii nachgeben kann, da er doch nicht mehr im Stande ist, die verkaufte Sache zu gewähren, und gleichwohl eine jede Actio ex contractu nothwendig voraussetzt, daß der Kläger von seiner Seite den Contract erfüllen könne und wolle."

3. „Die Römische Theorie ist auch wider die natürliche Billigkeit. Der Käufer, der die Sache noch nicht in seinem Gewahrsam hat, der darüber noch gar nicht disponiren, der nicht die geringsten Vorkehrungen zu ihrer Erhaltung und Sicherheit treffen kann, der noch nicht den geringsten Nutzen von ihr gezogen hat, sollte dennoch schuldig sein, das Kaufgeld zu bezahlen, ob ihm gleich sein Verkäufer die Sache nicht mehr gewähren kann."

4. „Diese Theorie führt auf große Weitläuftigkeiten

Vortheil verliert, welchen er vermöge des geschlossenen Contracts mit vollkommenem Rechte erwarten konnte. Nach dieser Regel wird also derjenige allemal einen Schaden leiden, dem das Factum geleistet werden sollte, der Casus mag sich in seiner eigenen oder in der Person des Andern, der das Factum versprochen hatte, ereignen, weil der Unglücksfall die Verbindlichkeit, das Factum zu leisten, aufhebt." Dabei allegirt er L. 185 D. de regulis juris. Offenbar denkt er sich unter dieser Aufhebung der Verbindlichkeit nicht eine Liberation des Debitors, sondern eine Vernichtung des Contracts. Denn wäre er sich des Satzes: casuelle Unmöglichkeit gilt für Erfüllung, bewußt gewesen, so hätte er zur Erklärung der Legalstellen nicht die vielen unklaren, und zur Anwendung unbrauchbaren Regeln aufstellen, und so viele Unterschiede und Unterabtheilungen machen können, welchen auch der beste Römische Jurist das Römische Recht nicht ansehen würde.

und Verwickelungen. Der Verkäufer muß in dem Zwischenraum bis zur Tradition die Function eines Depositars und Administrators bei der Sache übernehmen; er muß die Conservationskosten der Sache tragen; er muß über die Früchte und Nutzungen Rechnung legen ꝛc. Es bedarf wohl keiner Ausführung, wie schwankend und bedenklich ein solches Verhältniß sei, und zu wie vielen Streitigkeiten und Prozessen selbiges Anlaß geben könne."

„Die im Gesetzbuche angenommene Theorie ist also der Natur der Sache und des Geschäfts, den Prinzipiis des Römischen Rechts und der natürlichen Billigkeit gemäß. Sie simplificirt diese sonst so sehr verwickelte Materie ausnehmend, und verdient also wohl vor dem Jure Romano den Vorzug."

Die Folge der landrechtlichen Regel ist, daß wenn bereits von der andern Seite etwas geschehen, Alles, so viel als möglich, wieder in den vorigen Stand gesetzt werden muß. Dasjenige, was bereits von dem Andern in Erwartung der gegenseitigen, unmöglich gewordenen, Erfüllung gegeben oder geleistet worden, soll zurückgegeben oder vergütigt werden. Dabei ist, heißt es: der Zurückgebende als ein redlicher Besitzer anzusehen; doch soll kein Theil durch einen Zufall mit dem Schaden des Andern etwas gewinnen. Derjenige also, welcher die Sache zurückgiebt, soll dem Andern so viel vergüten, als er daraus in seinen Nutzen wirklich verwendet hat[51]). Hieraus folgt, daß auf die Bestimmung des §. 366:

„dabei ist der Zurückgebende als ein redlicher Besitzer anzusehen,"

[51]) A. L. R. I. 5. §. 365—368. u. I. 16. §. 14. Vergl. L. 98. §. 8 D. de solut. (XLVI. 3). — L. 83. §. 5 D. de verb. obl. (XLV. 1).

kein großes Gewicht zu legen ist; denn der **redliche** Besitzer **wird und bleibt** Eigenthümer aller während des redlichen Besitzes gezogenen Früchte; in dem vorliegenden Falle aber muß der Zurückgebende **auch die Früchte, selbst die schon genossenen,** erstatten; auch kann selbstredend von keiner Verjährung, wie bei dem **redlichen** Besitze hier die Rede sein. Der aus der angeführten Bestimmung zu ziehende practische Rechtssatz ist der:

> **wenn die Erfüllung einer Obligation auf der einen Seite casuell unmöglich geworden ist, so fällt auch die Gegenleistung fort, oder es muß, wenn dieselbe bereits ganz oder zum Theil erfolgt ist, dem Gläubiger so viel zurückgegeben oder vergütigt werden, als er haben würde, wenn er nicht erfüllt, sondern die Sache dem Andern bloß zur Verwaltung gegeben hätte.**

Die obige allgemeine Regel gilt jedoch nur alsdann, wenn die Erfüllung für immer unmöglich geworden ist. Tritt bloß eine Verhinderung ein, so bleibt die Obligation bei Kräften, und muß erfüllt werden, wenn das Hinderniß gehoben wird [52]), nur muß die Sache unterdeß nicht verschlechtert worden sein, indem das periculum deteriorationis, nach dem Allg. Landrechte, **dieselbe Wirkung** wie das periculum interitus hat. (Unten V. 1. a.)

IV. Eine Ausnahme von dieser Regel macht:

1. **der Fall der Mora.**

Die Mora äußert hier, nach der Natur der Sache,

---

[52]) Einl. §. 108. Th. I. Tit. 16. §. 2 u. 3. Vergl. Tit. 21. §. 299 u. f.

einen andern Einfluß bei dem Zufall, als nach Römischem Rechte. Nach diesem sollte der Debitor nur im Falle einer mora solvendi das periculum tragen, was nach dem Allgemeinen Landrechte schon aus der Regel folgt. Da also diese Regel die entgegengesetzte des Römischen Rechts ist, so könnte auch nur die entgegengesetzte Mora eine Aenderung bewirken. So ist es auch wirklich. Die Regel erleidet eine Ausnahme in der Art, daß der umgekehrte Grundsatz des Römischen Rechts zur Anwendung kommt:

a. wenn der Gläubiger bei Eintritt der casuellen Unmöglichkeit in *mora accipiendi* war. Nach Römischem Rechte überträgt jede Mora, sie sei verschuldet oder nicht, das periculum auf den Säumigen. Nach dem Allgemeinen Landrechte aber soll nur bei einer culposen Mora der Casus prästirt werden. Es heißt Th. I. Tit. 11:

§. 102. „Hat der Käufer durch seine Schuld die Uebergabe verzögert, so kann der Verkäufer Schadloshaltung fordern."

§. 103. „Zu dieser Schadloshaltung gehört auch die Bezahlung des Kaufpreises, sobald der Käufer auch nur durch ein mäßiges Versehen Schuld daran ist, daß die Sache von ihm zur gehörigen Zeit nicht übernommen worden."

§. 98. „Hat der Käufer den Verzug der Uebergabe verschuldet, so haftet der Verkäufer nur für einen solchen Schaden, der an der Sache durch seinen Vorsatz oder grobes Versehen entstanden ist.

In einer andern Stelle ist dieses nicht so klar. Es ist §. 939 ebendaselbst.

> „Wird die Uebernehmung des fertigen Werks von dem Besteller ohne rechtlichen Grund verzögert, so muß letzterer alle Gefahr tragen."

> §. 940. — „Ueberdieß muß der Besteller dem Werkmeister für den bedungenen Lohn Zögerungszinsen, vom Ablaufe der bestimmten Zeit an, wo das Werk fertig war, entrichten, und allen sonstigen, aus der verzögerten Uebernahme entstandenen Schaden, oder die durch längere Aufbewahrung der Sache verursachten Kosten vergüten."

Diese Unklarheit muß aber einer ungenauen Redaction zugeschrieben, und die Worte: „ohne rechtlichen Grund" müßen hier für gleichbedeutend mit schuldbar erachtet werden, so daß keine Abweichung der letztern Stelle von den erstern anzunehmen. Denn in dem Wesen der Sache ist kein Grund zu finden, warum es bei dem Verdingungsvertrage in dieser Beziehung anders als beim Kaufcontracte sein sollte; auch findet sich gar keine Andeutung, daß eine Abweichung beabsichtigt worden, und überdieß kann von einer Zögerung im technischen Sinne nicht gesprochen werden, wenn ein rechtlicher Grund vorhanden ist, die Uebernahme zu verweigern. Ausgeschlossen von dieser Ausnahme und der Regel unterworfen bleiben die durch einen Zeitraum unausgesetzt zu erfüllenden Obligationen, z. B. Pacht und Miethe, der Dienstvertrag.

b. Die *mora solvendi* verpflichtet in sofern zum Ersatz des zufälligen Schadens, als derselbe nur durch die Mora entstanden und sonst nicht eingetreten sein würde[53]). Es ist also hier die Meinung des Cassius[54]) (Nr. II. 2. a.) angenommen, welche auch nach Französischem Rechte gesetzlich anerkannt ist[55]). Ausgenommen hiervon aber sind die aus einer strafbaren Handlung entstandenen Obligationen. Bei diesen muß nach dem Allg. Landrechte, so wie nach Römischem Rechte der Schuldner unbedingt für den Casus haften, ohne Rücksicht darauf, ob der zufällige Schade auch bei dem Gläubiger eingetreten sein würde[56]). Der Grund davon ist kein anderer als der, auf welchem die allgemeine Regel des Römischen Rechts beruht, nämlich: weil der Schuldner von Anfang in Mora ist, und der Gläubiger vor dem Zufall hätte anderweit über die Sache disponiren können, wenn sie ihm nicht entzogen worden wäre. Der Grund ist also keinesweges ein besonderer[57]), es fehlt daher an einem

---

[53]) A. L. R. Th. I. Tit. 3. §. 13. — Tit. 6. §. 16. — Tit. 7. §. 241. 243. — Tit. 11. §. 97. 926. — Tit. 13. §. 249. — Tit. 14. §. 72. 141. — Tit. 20. §. 131. — Tit. 21. §. 251. —Tit. 16. §. 16. 18. Vergl. unten §. 34. Nr. I. 1.

[54]) L. 40 pr. D. de hereditatis petitione. (V. 3). L. 14. §. 1 D. depositi. (XVI. 3).

[55]) Code civil. Art. 1302. §. 2.

[56]) A. L. R. I. 7. §. 242. — L. 20 D. de condictione furtiva. (XIII. 1). — Auch nach Französischem Rechte. Code civil, Art. 1302 §. 4.

[57]) L. c. „quia videtur qui primo invito domino rem contrectaverit, semper in restituenda ea, quam nec debuit

juristischen Grunde zur Abweichung von der Regel bei andern Obligationen, wie Cassius auch zugiebt, indem er sich bloß auf Billigkeit beruft [58]), ohne daß berücksichtigt wird, daß es eben so unbillig ist, den Gläubiger unter der Mora des Schuldners den Zufall leiden zu lassen, da, wenngleich z. B. der Tod des Thiers auch bei ihm erfolgt sein würde, er doch vorher schon darüber hätte anderweit disponiren, und dadurch den Schaden von sich abwenden können.

2. Der Fall des *casus dolo vel culpae subordinatus*. Die Folgen eines solchen Casus (C. mixtus) müssen nach dem Grade des dabei concurrirenden Versehens, eben so wohl nach dem Landrechte wie nach Römischem Rechte vertreten werden [59]). Nach Römischem Rechte gehört dieser Fall, wie vorhin bemerkt worden ist, wegen Verschiedenheit des Grundes, nicht hierher, nach der dem Allg. Landrechte eigenen Rechtsansicht aber ist der Grund in beiden Fällen der nämliche; denn in dem einen wie in dem andern wird die Verbindlichkeit, für den Zufall einzustehen, auf die Imputation bezogen, daher nach dem Allg. Landrechte der in Rede stehende Fall ebenfalls hierher gehört.

Zur Anwendung der Regel ist im Allgemeinen Folgendes bestimmt:

a. die zufälligen Folgen einer in den Gesetzen

---

auferre, moram facere. L. 8. §. 1. eod. tit." — semper enim moram fur facere videtur."

[58]) L. 14. §. 1 D. depositi. (XVI. 3).

[59]) I. 13. §. 50. 249. — I. 14. §. 14. 20. 29. 33. 34. 85. — I. 20. §. 131. — Tit. 21. §. 251.

gemißbilligten Handlung sollen vertreten werden[60]).

b. der zufällige Schade soll unbedingt ersetzt werden, wenn die Handlnng gegen ein Strafgesetz verstößt[61]).

c. bei der Tutel ist die Regel anders angewendet. Der Vormund soll für den zufälligen Schaden nur in so fern haften, als der, aus einem Zufall entstandene Schaden durch ein grobes oder mäßiges Versehen des Vormundes verursacht worden ist. Man hat aber nicht beabsichtigt, hierdurch etwas neues und besonderes für die Tutel zu bestimmen, wie man nach den Worten annehmen könnte, sondern man hat bloß die allgemeine Regel anwenden wollen, wie das Allegat des §. 13. Tit. 3. Th. I. ergiebt[62]).

V. Anwendung der obigen Regel: daß der Casus die Obligation aufhebt..

1. bei Obligationen auf ein Geben.

a. bei dem Kaufe ist der Vertrag aufgehoben, wenn die Sache untergeht[63]).

Dasselbe gilt bei dem periculo deteriorationis[64]), während nach Römischem Rechte die Verschlechterung ohne Einfluß bleibt. Eine Ausnahme von dieser Regel in Betreff der Gefahr der Verschlimmerung macht

---

60) I. 3. §. 13.

61) I. 6. §. 16.

62) II. 18. §. 282. Das dabei befindliche Allegat: Einleitung §. 13. soll heißen: I. 3. §. 13.

63) I. 11 §. 100.

64) §. 95. 96 ebendaselbst.

aa. der Kauf in Pausch und Bogen[65]),

bb. der Kauf eines Inbegriffs von Sachen[66]).

Die Grenze des Ueberganges des periculi ist nach der Regel die Uebergabe. Eine allgemeine Ausnahme davon manchen die gerichtlichen nothwendigen Verkäufe[67]). Ob bei einem eintretenden Schaden die Uebergabe für vollzogen anzusehen ist, oder nicht, läßt sich im allgemeinen nicht bestimmen, sondern diese rein factische Frage muß in jedem einzelnen Falle, nach Bewandniß der Umstände, besonders beurtheilt werden. Die in den Gesetzen enthaltenen Bestimmungen für gewisse zweifelhafte Fälle[68]) sind bloße Anwendungen des leitenden Grundsatzes. Das, worauf es ankommt, ist die wechselseitige Einwilligung; denn die Uebergabe ist ebenfalls ein Vertrag[69]), so wie die Zahlung[70]); es kommt also nur darauf an: ob wechselseitige Einwilligung als vorhanden anzunehmen ist oder nicht; und in dieser Beziehung gelten die allgemeinen Regeln von Willenserklärungen, und beziehungsweise vom Anerbieten und der Annahme[71]). Die Bestimmung über die Uebergabe unter Abwesenden, im §. 128 u. 129, ist bloß eine Anwendung davon beim Kauf. Der §. 133 l. c. enthält im geringsten keine singulaire Bestimmung.

---

[65]) §. 117 und 120 ebendas.

[66]) §. 121 l. c.

[67]) §. 95. 98. 100. 342 ebendas. und Tit. 5 §. 322.

[68]) I. 11 §. 128–133. 770. 771.

[69]) Daraus erklärt sich das constitutum possessorium I. 7. §. 71.

[70]) Zu meiner großen Verwunderung wurde mir dieser Satz in der allerneuesten Zeit im Spruchcollegio bestritten. Der Opponent schien in der Zahlung nur ein Factum zu sehen.

[71]) A. L. R. I. 5 §. 78. 80–82.

Bornemann[72]) meint: derselbe sei ganz singulair, und enthalte eine bloß für Kaufverträge gegebene Bestimmung; das generelle Prinzip dagegen sei in den §§. 770. 771

---

[72]) Rechtsgeschäfte I. Aufl. S. 392.

Es heißt dort unter andern S. 391:

„In der Lehre von Kaufs- und Verkaufsgeschäften ist nehmlich bestimmt, daß die Uebergabe als vollzogen erachtet werden solle, sobald 1) der Vertrag abgeschlossen und 2) nach der ausdrücklichen oder stillschweigenden Anweisung des Käufers die verkaufte Sache dessen Bevollmächtigten ausgehändigt, oder auf die Post gegeben, oder dem Fuhrmann oder Schiffer überliefert werden, und für eine stillschweigende Genehmigung wird es schon erachtet, wenn der Käufer der von dem Verkäufer gewählten Uebersendungsart mit der, auf die davon erhaltene Nachricht, zunächst abgehenden Post nicht widersprochen hat. I. 11 §. 128—133. Bei dem Darlehnsvertrage dagegen ist verordnet, daß der Schuldner die Gefahr der Gelder trage, bis dieselben in dem Hause des Gläubigers gehörig abgegeben worden, und daß eine Ausnahme von der Regel nur alsdann stattfinde, wenn der Gläubiger die Art der Versendung selbst vorgeschrieben habe; so daß also in diesem Falle eine stillschweigende Genehmigung nicht genügt, um die Gefahr auf den Berechtigten zu übertragen. I. 11 §. 770. 771. — Welche von beiden Bestimmungen enthält nun das generelle Prinzip, oder gilt die eine etwa, wenn von der Ueberlieferung, die andere, wenn von der Rückgabe einer Sache die Rede ist? Nach dem Register beim Worte „Uebergabe“ scheint das in Bezug auf Kaufverträge Gesagte generell sein zu sollen. Dem kann aber nicht so sein, denn dadurch, daß der Berechtigte die von dem Verpflichteten gewählte Art der Uebermachung stillschweigend genehmigt oder gar nur derselben nicht geradezu widersprochen hat, ist weder körperlich noch symbolisch eine Besitzergreifung erfolgt, und eine solche ist, nach den generellen Vorschriften

h. t. ausgedrückt. Dieß scheint nicht richtig. Beide Stellen enthalten etwas Allgemeines, aber in Anwendung auf zwei specielle, und von einander ganz verschiedene Fälle. Die §§. 118 und 129 bestimmen nämlich, daß die Uebergabe für vollzogen erachtet werden solle, wenn der abwesende Käufer

1. die Uebersendung verlangt,
2. die Art der Uebersendung vorschreibt, oder dem Verkäufer zu wählen überlassen hat, und
3. der Verkäufer die Sache hiernach der bestimmten oder gewählten Gelegenheit wirklich überliefert hat.

Dieß erscheint ganz in der Ordnung; denn dieser Bote, Fuhrmann u. s. w. ist der Bevollmächtigte des Käufers. Wenn nun aber der Käufer zwar ebenfalls die Uebersendung der gekauften Sache ausdrücklich verlangt, jedoch sich über die Art zu erklären unterlassen hat, wie soll dies ergänzt oder ausgelegt werden? Das natürlichste wäre, daß der Verkäufer darüber anfrüge. Die Sache würde aber in vielen Fällen diesen Aufschub nicht leiden; und der Verkäufer schließt daher so: „der Käufer verlangt die Uebersendung; er hat die Art zu bestimmen vergessen; es wird ihm also ganz recht sein, statt der

immer erforderlich, wenn die Uebergabe als stattgefunden angesehen werden soll. I. 7 §. 61—64*). Daher müssen wir annehmen, daß die für Kaufverträge gegebenen Bestimmungeu singulair sind."

*) Die Uebergabe kann ja auch per mandatarium empfangeu werden, und in effectu ist es völlig gleich: ob der Berechtigte unmittelbar einen solchen ernennt, oder ob er dem Tradenten aufträgt, ihm einen gewissen Fuhrmann oder Schiffer dazu zu bestellen.

Rückfrage die beste Art zu wählen und ihm solches gleich anzuzeigen: ist ihm diese dann nicht recht, so wird er es äußern.“ Dieser Schluß des Verkäufers ist der Sache ganz angemessen, denn er ist mit einem Mandatarius in gleichem Falle, dessen Instruction keine bestimmte Vorschrift über die Art der Ausrichtung des Auftrags enthält. Ausgeführt aber soll der Auftrag werden, deshalb ist es Rechtens: daß Ausdehnungen der Vollmacht, welche nach der Natur des Geschäfts oder der bekannten Absicht des Machtgebers, nothwendig sind, für unerlaubte Abweichungen von der gegebenen Vorschrift nicht angesehen werden[73]). Es bedarf daher auch eigentlich zur gültigen Vollziehung der Uebergabe nicht einmal einer stillschweigenden, noch weniger ausdrücklichen Genehmigung der Art der Uebersendung, wenn deren Wahl dem Käufer ausdrücklich oder stillschweigend überlassen ist, weil derselbe schon in dem Auftrage zur Uebermachung liegt. Dieser Grundsatz ist von der Praxis ausdrücklich anerkannt[74]). Wenn also dem Käufer die gewählte Art der Uebersendung auch mißfallen sollte, so ist darum nichts destoweniger die Uebergabe wirklich und rechtsgültig vollzogen. Nur in Beziehung auf die Verantwortlichkeit des Verkäufers, zu welcher er nach Maaßgabe des von ihm als Beauftragten zu vertretenden Grades des Versehens verbunden ist, kann es von Wichtigkeit sein: ob der Käufer als Auftragender auch die Art der Vollziehung des Auftrags genehmigt hat; und dieses muß vernünftiger Weise angenommen werden, wenn ihm dieselbe berichtet wird, und er dagegen nicht sogleich

---

[73]) A. L. R. I. 13 §. 53.

[74]) Präjudicat des Cassations- und Revisions-Hofes, gegründet auf das Allgemeine Landrecht; in Simon und von Strampff Rechtsspr. III. S. 337.

etwas erinnert. Dieß ist es was der gedachte §. 133 a. a. O. ausspricht, indem er lautet:

„Es gilt für eine stillschweigende Genehmigung der von dem Verkäufer gewählten Art der Uebermachung, wenn der Käufer auf die erste davon erhaltene Nachricht seine Mißbilligung derselben nicht mit der ersten abgehenden Post erklärt hat.“

Hierbei ist aber der Fall vorausgesetzt, wo der Käufer die Uebergabe an dem Orte, wo die Sache ist, oder der Verkäufer wohnt, ausdrücklich oder stillschweigend annehmen will, oder anzunehmen schuldig ist (§. 46 am Ende.); denn sonst hat er nicht nöthig, einen Bevollmächtigten an diesem Orte zu halten oder, durch seinen Auftrag an den Verkäufer, sich einen solchen in der Person des Fuhrmanns, Schiffers oder der Post bestellen zu lassen, als von welcher Pflicht diese Bestimmungen, nach dem ausdrücklichen Inhalt des §. 128, ausgehen; vielmehr ist es dann lediglich Sache des Verkäufers, auf eigene Kosten und Gefahr die Sache an den Ort ihrer Bestimmung hinzuschaffen.

Davon durchaus verschieden ist der Fall, von welchem in den §§. 770. 771 die Rede ist. Dieser betrifft die Rückzahlung eines Darlehns, welche an dem Wohnorte des Gläubigers geschehen soll. Hier interessirt der Gläubiger dabei gar nicht, auf welche Art der Schuldner das Geld hinschaffen will, mithin geht dazu in der Regel auch von ihm kein Auftrag aus. Daher bestimmt der §. 770 ganz richtig:

„Wohnt der Schuldner an einem andern Orte, und müssen also die Gelder versendet werden, so trägt der Käufer die Gefahr so lange, bis dieselben in dem Hause des Gläubigers gehörig abgegeben sind.“

Verlangt nun der Gläubiger die Uebersendung von dem

Schuldner ohne nähere Bestimmung, so ist solches nicht, wie in dem vorigen Falle, ein Auftrag, sondern eine bloße Erinnerung an das, was der Schuldner zu thun schuldig ist; und es folgt keinesweges daraus, daß der Schuldner dieser Erinnerung wegen, eine ihm beliebige Art der, auf seine Kosten zu bewirkenden, Uebermachung auf Gefahr des Gläubigers wählen kann. Anders verhält es sich, wenn ihm der Gläubiger eine bestimmte Art der Versendung ausdrücklich vorschreibt. Hier bleibt er nicht bei der bloßen Mahnung stehen, vielmehr giebt er einen Auftrag, bei dessen Ausrichtung der beauftragte Schuldner, wie sich von selbst versteht, für die Folgen nicht einzustehen braucht. Diesem ist die Vorschrift des folgenden §. 771 ganz angemessen:

> „Eine Ausnahme hiervon findet Statt, wenn der Gläubiger die Art der Versendung selbst vorgeschrieben hat."

Es ist also, wie gesagt, weder in den Bestimmungen der §§. 138. 129. 133, noch in den §§. 770. 771 etwas singulaires, und eben so wenig erscheint die Bestimmung der letztern als etwas abweichendes von der Regel, wie derselbe Herr Verfasser in seiner systematischen Darstellung des Preußischen Civilrechts vermeint[75]).

---

[75]) Band I. S. 509. Nach dem dort Vorgetragenen scheint der Herr Verfasser seine frühere Meinung dahin geändert zu haben, daß er in der, in den §§. 770 und 771 enthaltenen Bestimmung, die er früher für allgemein hielt (Note 72), jetzt eine Abweichung von der Regel zu finden, und es scheint, als wenn er die in den §§. 128. 129 und 133 angewendeten früher von ihm für Singularitäten erklärten Grundsätze nunmehr für die Allgemeinen hielte. Damit harmonirt jedoch wieder nicht die in der Note ** S. 509 angeführte Bemerkung: „Wie es in Ansehung der Sachen, welche Jemand aus andern

Die Anwendung des Prinzips, daß mit der Uebergabe die Gefahr übergehe, kann die besondern Schwierigkeiten, welche der Herr Verfasser findet [76]), nicht haben, wenn die einzelnen Fälle gehörig individualisirt, und nach ihrer rechtlichen Natur unterschieden werden. Die gefundene Schwierigkeit scheint durch eine solche Unterscheidung wenigstens bei dem, von demselben a. a. O. vorgetragenen, Beispiele beseitigt werden zu können.

Es ist der, in der L. 11 pr. D. de rebus creditis (XII. 2.) von Ulpian erwähnte Fall, wenn Jemand von einem Andern Geld leihen will, dieser Andere aber kein Geld hat, und ihm eine Sache giebt, um sie zu verkaufen und das Geld als Darlehn zu behalten, die übergebene Sache jedoch vor dem Verkaufe durch Zufall untergeht. Die Stelle autet also:

„Rogasti me ut tibi pecuniam crederem, ego, cum non haberem, lancem tibi dedi, vel massam auri, ut eam venderes, et nummis utereris: si vendideris, puto mutuam pecuniam factam. Quod si lancem, vel massam sine tua culpa perdideris prius, quam venderes, utrum mihi an tibi perierit quaestionis est. mihi videtur Nervae distinctio ve-

Gründen überliefern muß, zu halten ist, darüber bestimmt das Landrecht nichts. Da indessen bloßes Stillschweigen noch keine Einwilligung involvirt, so können die in der Lehre von Kaufverträgen aufgestellten Grundsätze nicht generalisirt, dürfen vielmehr nur auf solche Verträge angewendet werden, welche überhaupt nach den Regeln der Kaufverträge zu beurtheilen sind." Die Uebergabe ist aber bei Einem Vertrage wie bei dem Andern immer von der nämlichen Natur: Uebergabe ist Uebergabe; und die Frage: ob sie geschehen, gehört nicht auf das Rechtsgebiet, sondern ist quaestio facti.

76) Von Rechtsgeschäften S. 395.

rissima, existimantis, multam interesse, venalem habui hanc lancem, vel massam, nec ne: ut, si venalem habui, mihi perierit, quemadmodum si alii dedissem vendendam: quod si non fui proposito hoc, ut venderem, sed haec causa fuit vendendi, ut tu utereris, tibi eam periisse; et maxime, si sine usuris credidi."

Die Stelle entscheidet zwei Fragen. Erstlich die: ob auf solche Weise ein Darlehnscontract contrahirt werden könne. Ulpianus sagt: puto mutuam pecuniam factam. Früher war dieses so nicht gewesen[77]). Zweitens: wer das periculum trage. Wenn man die beiden Fälle, welche Nerva unterscheidet, genau betrachtet, so findet man die reine Anwendung der Römischen Rechtsregel: periculum rei creditoris est. In dem erstern Falle, sagt Nerva, ist ein ganz gewöhnliches Geschäft vorhanden; der, welcher die Sache verkäuflich hat, trägt zufällig dem, der ein Darlehn von ihm verlangt, auf, die Sache zu verkaufen, und das Geld gleich zu behalten. Daß der Darlehnssucher, und nicht ein Anderer, mit dem Verkaufe beauftragt ist, ist eine zufällige Begebenheit, welche keinen Einfluß hat. Das Geschäft ist in dem einen wie in dem andern Falle ein Mandat; denn der Verkauf geschieht nicht des Darlehnssuchers wegen, sondern ist das Geschäft des Gebers, der es für sich durch einen Andern verrichten läßt. Geht hierbei die Sache vor dem Verkaufe durch Zufall unter, so trifft natürlich den Mandanten der Schade, weil es dessen Geschäft ist[78]). Ganz anders ist es, wenn der Geber für sich kein Geschäft aus dem Verkaufe der

[77]) L. 34 pr. D. mandati. (XVII. 1).

[78]) L. 20 §. 2 D. de praescriptis verbis. (XIX. 5). — vascalarii esse detrimentum; quia ejus quoque causa sit missum."

Sache macht. Wer kein Geschäft treiben will oder zu treiben hat, kann keins auftragen, folglich kann hier von einem Mandat nichts vorkommen: „non fui proposito hoc ut venderem, sed ut tu utereris, haec causa fuit vendendi," heißt es. Der Geber will hier gar nicht Selbst als Verkäufer durch den Andern gelten; er will überhaupt kein dergleichen Geschäft machen, sondern vielmehr, er giebt dem Andern die Sache mit dem Ueberlassen: sich selbst dafür irgend wie Geld zu verschaffen. Das hier zu Stande gekommene Geschäft ist ein eigenthümlicher Contract, ein negotium gestum proprii contractus [79]), ein Innominatcontract. Daraus entsteht eine alternative Obligation (§. 34 Nr. V.) entweder auf Zurückgabe der Sache, oder auf Zahlung des Geldwerths nach den Regeln einer Darlehns-Obligation, welche durch den Verkauf der Sache von selbst als Folge des ursprünglichen Contracts entsteht. So lautet die lex contractus; und daher hat der Gläubiger, so lange bis die Sache wirklich verkauft ist, eine actio praescriptis verbis, nach dem Verkaufe aber die Darlehnsklage [80]). Bei alternativen Obligationen muß das Andere geleistet werden, wenn das Eine untergeht, und hieraus folgt, daß in dem vorliegenden Falle der Schuldner den Geldwerth entrichten muß, wenn er nicht die Sache mehr zurückgeben kann, mithin muß er deren zufälligen Untergang tragen [81]). Nach dem Allgemeinen Landrechte kann es auf diese Unterscheidung nicht ankom-

---

[79]) L. 19 pr. D. eod. tit.

[80]) L. 19 pr. D. de praescr. verbis. (XIX. 5).

[81]) L. 4 pr. D. de rebus cred. (XII. 1). Gotofred notirt zu dieser Stelle Nr. 14.: „an ut praestet etiam casum fortuitum? Sic puto: casus enim fortuiti ad dominum

men, weil die alternativen Obligationen unter die Regel fallen.

Wir setzen aber noch eine anscheinend noch schwierigere Parallelstelle her, einestheils, um die Consequenz der Römischen Juristen, in der Anwendung des Grundsatzes: creditoris est rei periculum bei genauer Unterscheidung der verschiedenen Fälle, noch mehr zu zeigen, anderntheils, weil die darin vorkommenden Verschiedenheiten auch für das Preußische Recht gelten. Es ist die L. 17 §. 1 D. de praescriptis verbis: „Si margarita tibi aestimata dedero, ut aut eadem mihi adferres, aut pretium eorum: deinde haec perierint ante venditionem: cujus periculum sit? et ait Labeo, quod et Pomponius scripsit, *si quidem ego te venditor rogavi, meum esse periculum: si tu me, tuum: si neuter nostrum, sed duntaxat consensimus, teneri te hactenus, ut dolum et culpam mihi praestes.*“ Beim ersten Anblick scheint die Stelle keinen Beweis für die allgemeine Gültigkeit jenes Grundsatzes zu geben; bei näherer Betrachtung enthält sie aber eine scharfsinnige Anwendung desselben. Jemand hat einem Andern Edelsteine zu einem bestimmten Preise gegeben, um ihm entweder diesen Preis, oder die Steine zurückzugeben. Es ist also, wie es auf das erste Ansehen scheint, eine alternative Ob-

rei pertinent — qualis est in hac specie is, qui accepit. — Sed demus in hac specie, accipientem dominum non fuisse, quod hic venditio non antea contracta fuisse videatur, quam res vendita fuerit, quod minime successit: id tamen constabit, hoc negotium, de quo nunc quaeritur, innominatum esse, — in contractibus innominatis deperditae rei, ante venditionem, periculum ad eum pertinere, qui deposito se obtulit. —“

L. 8 C. Si certum petatur. (IV. 2).

ligation vorhanden, bei welcher der Debitor jedesmal das periculum tragen muß. Man sollte also meinen: daß es auch in diesem Falle also sein müßte. Labeo und Pomponius aber sagen: dieß läßt sich aus der vorgetragenen Verabredung noch nicht beurtheilen, sondern es kommt auf die nähern Umstände an, um die Beschaffenheit des Geschäfts zu erkennen; denn es sind drei Fälle möglich, in deren jedem die Sache eine andere ist. Will nämlich der Geber die Steine verkaufen und hat er den Uebernehmer zu diesem Geschäfte aufgefordert (*ego te venditor* rogavi): so trägt der letztere das periculum nicht. Warum? Weil der Geber der Venditor, und der Uebernehmer bloß Besorger des Geschäfts für ihn ist, mithin das Geschäft das des erstern bleibt, gerade so wie in einem der Fälle in der vorigen Stelle. Daher hat der Geber als Gläubiger aus dem Auftrage des ihm verbleibenden Verkaufsgeschäfts, dem Grundsatze zufolge, das periculum zu tragen. Wenn aber der Uebernehmer den Geber aufgefordert, mit ihm dieses Geschäft zu machen, so soll der Uebernehmer das periculum tragen. Warum? Weil in diesem Falle nicht der Geber Herr des Verkaufsgeschäfts, folglich nicht der Beauftragte des Gebers ist, vielmehr in seinem eigenen Interesse negotiirt, und daher ex propria causa schuldig ist, alternativ entweder die Steine oder den Preis zu bringen. Wenn sie aber sich gegenseitig, d. h. im eigenen Interesse sich den Antrag machen, so haftet der Uebernehmer nur für dolus und culpa lata. Warum? Weil in diesem Falle das Verkaufsgeschäft gemeinschaftlich ist, die Steine aber nicht, so daß der Geber Creditor auf Zurücklieferung bleibt.

b. Bei der Pacht und Miethe wird es eben so beurtheilt[82]). Nach dem Allg. Landrechte

---

[82]) I. 21 §. 299 — 308.

folgt dieß aus der Regel; im Römischen Rechte sind diese Fälle als Ausnahmen behandelt.

2. Bei Obligationen auf ein Thun gilt ebenfalls die allgemeine Regel [83]); es giebt aber viele Modificationen.

a. Wenn die Gegenleistung zufällig ganz unmöglich ist, so ist zu unterscheiden:

aa. ob von der einen Seite Alles geleistet ist. Alsdann soll dieser Theil sich begnügen mit Vergütigung des gemeinen Werths der versprochenen Sache, oder des gewöhnlichen Lohns der geleisteten Handlung [84]). Dieß ist keine consequente Anwendung der Regel. Denn der Vertrag soll im Falle des Casus ungültig und aufgehoben sein; folglich müßte auch der, welcher schon erfüllt hat, das Geleistete schlechthin zurückfordern können.

bb. ob nur ein Theil geleistet ist. Alsdann kann dafür contractmäßige Vergütigung gefordert werden. Auch dieses ist keine consequente Anwendung der Regel, hat aber das nützliche, daß eine Ausmittelung des Werths des zum Theil geleisteten vermieden wird. Kann das Verhältniß des Geleisteten zum Nichtgeleisteten nicht ausgemittelt werden, so tritt eine folgerechte Anwendung der Regel ein, d. h. der Leistende kann gewöhnliche Vergütigung, nach dem Gutachten von Sachverständigen fordern [85]).

---

83) I. 11 §. 879.

84) §. 882. Tit. 5. §. 301.

85) §. 886. 887 a. a. O.

b. wenn die Leistung nur zum Theil durch Zufall unmöglich wird. Hier wird unterschieden:

aa. ob die Unmöglichkeit durch eigene Schuld oder doch durch einen, sich in der Person des Handelnden ereigneten Zufall eingetreten ist. Alsdann kann für das Geleistete nur in sofern Vergütung gefordert werden, als der Andere sonst mit dem Schaden des Leistenden reicher werden würde [86].

bb. ist der Rest der Leistung durch einen Casus unmöglich geworden, so soll für das Geleistete gewöhnliche Vergütung gegeben werden [87], ausgenommmen bei der locatio conductio operarum, wo contractmäßige Vergütigung folgt [88]. Der Grund davon ist wol der, weil dadurch eine Ausmittelung des Werths vermieden wird, indem bei der locatio conductio operarum sich das Verhältniß des Geleisteten in der Regel leicht übersehen läßt, und der contractmäßige Lohn von dem gewöhnlichen nicht abzuweichen pflegt.

So ist es bei theilbaren Handlungen.

Bei untheilbaren Arbeiten gelten folgende Regeln:

a. Die Materialien gehen dem Eigenthümer verloren, sei er der Besteller oder Arbeiter;

b. für die Arbeit wird nichts bezahlt;

---

[86]) §. 883—885. 913. 919 ebendas.

[87]) §. 885 ebend.

[88]) §. 908. 917. 920 ebend.

c. der Vertrag ist auch für die Zukunft aufgehoben, ausgenommen, wenn die Materialien dem Arbeiter gehören; alsdann kann er noch einmal anfangen, wenn dazu noch Zeit übrig ist.

Dieselben Grundsätze gelten auch beim Verlagscontracte[89]).

Hiervon gilt bei Bauten wieder eine Ausnahme, denn hier soll aller Zufall den Bauherrn treffen[90]).

Diese Regeln gelten bei der absoluten Unmöglichkeit. Wenn aber nur die Art der Erfüllung unmöglich geworden, so ist zu unterscheiden:

a. die Unmöglichkeit ist durch einen in der Person des einen Contrahenten sich ereigneten Zufall entstanden. Alsdann soll eine andere Erfüllungsart substituirt werden, nach der Wahl des andern Contrahenten[91]).

b. der Zufall liegt außer den Contrahenten. Dann wird der Vertrag so wie bei der absoluten Unmöglichkeit behandelt: er ist aufgehoben[92]).

§. 21.

c. Commodum.

Unter Commodum versteht man alle accessorischen Vortheile bei einem obligatorischen Verhältnisse überhaupt, namentlich den Zuwachs, die Nutzungen und Früchte[1]).

---

[89]) §. 1010. 979. ebend.

[90]) §. 959. 963. 961. 967 a. a. O.

[91]) Tit. 5. §. 369—372.

[92]) §. 373 ebend.

[1]) L. 7 pr. D. de peric. (XVIII. 6.) — L. 38. §. 10. 11 D.

Von demselben ist Regel: wer das periculum trägt, hat auch das commodum [2]); jedoch muß der Verkäufer, wenn er das Kaufgeld erhalten hat, darum Zinsen zahlen, um nicht doppelte Früchte zu ziehen [3]). Eine Ausnahme von der Regel macht der unredliche Besitzer, welcher zwar die Gefahr des Zufalls zu tragen hat, aber nicht die Früchte genießt [4]).

§. 22.

d. Dolus und Culpa.

A. L. R. Th. I. Tit. 3. §. 15—25. Tit. 5. §. 277—284.

v. Gönner Revision des Begriffs und der Eintheilung von Dolus. Landshut 1810. — Die vorzüglichsten ältern Schriften sind: Hugo Donellus Commentar. Lib. XXI. c. 7. — Christ. Guil. Wehrn Doctrina juris explicatrix principiorum et causarum damni, habita doli mali, culpae, morae, ejusque, quod interest, ratione, praestandi. Lipsiae 1795. 8. — Außerdem: Jac. Godofred Commentar ad legem 23 D. de regulis juris; in Opp. 798 seq. — Celsus Bargalius de dolo et culpa etc. Francof. a. M. 1601. fol. Norimb. 1700. fol. — Henr. Bocerus Comment. in legem 23 Pandectarum de regulis juris. Tub. 1611. 8. — Nicol. Burgund (Bourgoing) Tractatus de periculis et culpa in contractibus. Lovanii 1618. 8. Colon. 1662.

---

de usuris. (XXII. 1). — L. 39. §. 1 D. de leg. I. (XXX). L. 173. §. 1 D. de reg. jur. (L. 17).

[2]) §. 3. J. de emtione et vend. (III. 23. [24]). — L. 7 pr. D. de peric. (XVIII. 6). — L. 22. §. 3 in fine. C. de furtis (VI. 2). — A. L. R. I. 9. §. 99. 100. u. Tit. 11. §. 105. 183.

[3]) A. L. R. §. 109. 110 a. a. O.

[4]) A. L. R. I. 7. §. 211. 223. 248.

12. Bruxellis 1674. 4. — Henr. Cocceji, de doli, culpae et negligentiae praestationibus in quolibet negotio. Heidelb. 1672; in illius Exercitat. curiosis. Lemg. 1722. II. Vol. 4. Eine Streitschrift gegen Struv, welcher in exercitat. ad Pand. XIX. §. 41 zwei Grade vertheidigte. Dagegen s. m. Struv. in Decis. sabbathinis, und hiergegen: Cocceji Collationes jurid. — Justus Meier, Tractatus de culpa in contractibus praestanda; cura et cum annotationibus Friedr. Schrag. Argentor. 1693. 8. — Guil. Prosteau, Prof. juris Aureliensis, Recitationes ad legem 23 D. de regulis juris (in Meermanni Thesauro juris civilis et canonici. Tom. III. pag. 483 seq.) — Christfr. Waechtler, Commentarius ad Ulpiani Leg. 5. §. 2. Commodati, et legem 23 Digestor. de regulis juris, sive de gradibus culpae in contractibus. Vitemb. 1680. 4. — Chr. Thomasius, de usu practico doctrinae difficillimae juris Romani, de culparum praestatione in contractibus. Halae 1705. — Henn. Boehmer Diss. de imputatione culpae propriae, praes. Christ. Wildvogel def. Jenae 1734. — Reinhardt de dolo et culpa. Erf. 1734. — Jo. Just. Schierschmidt, de inculpatione culpae circa contractus emtionis venditionis, locati conducti, emphyteuseos, societatis aut mandati. Lips. 1735. 1738. 1741. — Seg. Flerens, de triplici culpa. Hardern. 1736. — Friedr. Esaia a Puffendorf Commentar. juris naturalis et civilis de culpa. Lemg. 1741. — Jo. Gottl. de Hackemann culpa methodo demonstrativa pertractata. Halae 1741. — Heinr. Rennemann D. de culpa. (in dessen Jurispr. Rom. Germ. No. 21). — Ritterhusius Commentar. in celiberrimam legem 23 D. de diversis regulis juris antiqui. Argentor. 1759. 4. — Diteric. Runge de legali fundamento culpae in abstracto et concreto, ut dicitur, per interpretationem legem 32 Digestor. depositi eruto. Gött. 1751. — Friedr. Theoph. Zoller de eo quod justum est circa praestationem culpae. Lips. 1773. — Le Brun essai sur la praestation des fautes. Paris 1761, de novo, avec une dissertation du Pothier sur cet essai, a Paris 1813. (Vertheidigt zwei Grade. Man s. darüber: die Recension von Hasse, in der Zeitschrift für geschichtliche

Rechtswissenschaft. B. IV. S. 189 u. f., und Themis Th. 8 p. 129.) — Jo. Carl Gries de generibus et gradibus culpae. Goett. 1805. — Franz Schömann Handbuch des Civilrechts Th. I. Nr. 5 S. 161 und Th. II. Nr. 10. (Auch unter dem besondern Titel: Lehre vom Schadensersatz 2 Th. Giessen und Wetzlar 1803.) — Egid. von Löhr, die Theorie der Culpa. Giessen 1806. — Schömann, Prüfung der Culpa des Hrn. Egid. v. Löhr. Giessen und Wetzlar 1806. Dagegen: Egid. von Löhr, Beiträge zur Theorie der Culpa. Giessen und Darmstadt 1808. 4. — Schömann Fragmente aus seinen civilistischen und criminalistischen Vorlesungen. Jena 1810. — Maier de culpa ejusque speciebus et gradibus. Tub. 1807. — Leonh. Dresch de indole et gradibus culpae. Manhem. 1808. — Jo. Casp. Gensler Exercitat. juris civilis ad doctrinam de culpa. Fasc. 1. Jenae 1813. — Johann Christian Hasse, die Culpa des Römischen Rechts. Kiel 1815. 1818 (das Hauptwerk.) — Hasse's Darstellung, in der allgemeinen Literatur-Zeitung von 1818. Stück 194—196. Heidelberger Jahrbücher 1815. St. 60. — Gensler Beitrag zur Lehre von der Diligenz und Culpa. Heidelberg 1819. 2te Ausg. 1828. — Christ. Friedr. Elvers doctrina juris civilis Romani de culpa. Goett. 1822. — P. L. Kritz über die Culpa nach Römischem Rechte. Leipzig 1823. — Math. Simons Diss. de culpa secundum jus Romanum et hodiernum. Leodii 1823. — A. M. J. Molitor de culpa; in Annal. acad. Leodiensis. 18$^{26}/_{27}$.

Eine Rechtsverletzung kann von der Art sein, daß sie nicht selbst schon eine Obligation erzeugt, sondern nur in einer schon bestehenden eine Modification hervorbringt. Dahin gehört die Lehre vom Dolus und von der Culpa, welche sich an die Lehre vom Casus anknüpft. Die letztere schloß sich an die Frage an: was geschehen solle, wenn es ohne Jemandes Zuthun unmöglich geworden, das ursprüngliche Object der Obligation zu leisten. Die Unmöglichkeit der Leistung kann aber auch ihren Grund in dem Willen des Schuldners haben, und darin liegt gewöhnlich eine Rechtsverletzung. Es fragt sich: wie dadurch die an sich schon bestehende Obligation modificirt wird. Damit beschäftigt sich die Lehre vom Dolus und von der Culpa.

Wir gingen davon aus:

1. daß die Erfüllung der Obligation unmöglich geworden;
2. daß die Unmöglichkeit durch den Willen, und die damit in Verbindung stehende Handlung des Schuldners herbeigeführt worden. Dieß nennt man Imputation.

Imputation ist also die Beziehung einer Handlung auf den Willen des Handelnden [1]). Allgemeine Grundsätze über die Imputation haben die Römischen Juristen nicht entwickelt, sondern sie haben die vorhandenen Grundsätze nur in der Anwendung auf specielle Fälle ausgebildet. In der Imputation liegt zweierlei:

1. Das Ereigniß muß mit der physischen Kraft des Schuldners in einer Causal-Verbindung stehen. Diese physische Ursache des Ereignisses kann in der Person des Schuldners entweder allein, oder zugleich, d. h. zum Theil liegen. Ist aber der Verletzte selbst ganz oder zum Theil mit schuld, so ist von Zurechnung gar nicht die Rede, wenn auch auf den Debitor etwas von der Schuld fällt [2]).

2. Das Ereigniß muß auch auf dem freien Willen

---

[1]) v. Almendingen Darstellung der rechtlichen Imputation. Gieß. 1803.

[2]) L. 203 D. de reg. jur. — L. 61 §. 7 D. de furtis (XLVII. 2.) — A. L. R. I. 6 §. 19 20. 21.

des Schuldners beruhen[3]). Darin liegen zwei Momente:

a. der Schuldner muß überhaupt willensfähig sein;

b. er muß in diesem besondern Falle das Ereigniß gewollt haben.

Das Wesentliche ist also die unmittelbare Beziehbarkeit des Ereignisses auf den Willen als Ursache. Dieß ist der Dolus. Er kann bestehen in faciendo und in non faciendo, oder in einem Wollen oder vorsätzlichem Nichtwollen[4]). Dolus ist also das Wollen einer folgenden Rechtsverletzung. Die Römer verbinden damit immer den Begriff einer schändlichen Gesinnung, gleichbedeutend mit fraus[5]), und gebrauchen das Wort nicht anders als in einer verächtlichen Bedeutung, ohne daß jedoch diese Nebenbedeutung von Makel eine practische Folge hätte. In solchen Fällen, wo, wenngleich der animus nocendi vorhanden, nichts Schändliches oder Unmoralisches in der Handlung liegt, namentlich wenn Jemand in einer an sich guten Gesinnung, z. B. aus Mitleiden gegen einen Dritten, einem Andern schadet, wird der Dolus im Römischen Begriffe negirt, und nur als culpa lata angesehen[6]). Die civilrechtlichen Folgen in Rücksicht des Schadensersatzes

---

[3]) L. 5 §. 1 und 2 D. ad legem Aquil. (IX. 2). — L. 16 D. de obl. et act. (XLIV. 7.)

[4]) L. 44 D. mandati. (XVII. 1.)
„Dolus est, si quis nolit persequi, quod persequi potest, aut si quis non exegerit, quod exigere, solvere (soleret.)

[5]) L. 1 §. 2 D. de dolo (IV. 3.) L. 2 §. 5 D. de doli mali exceptione. (XLIV. 3). L. 15 §. 1 D. de judiciis. (V. 1.)

[6]) L. 7 §. 7 D. de dolo malo (IV. 3.) L. 7 pr. D. depositi. (XVI. 3). — L. 8 §. 10. L. 29 pr. mandati. (XVII 1.)

sind aber in beiden Fällen ganz dieselben. Zu den unvorsätzlichen Handlungen werden auch gerechnet alle Fälle der subjectiven Unmöglichkeit, auf welchen der Begriff des Dolus keine Anwendung findet [7]).

Dolus ist hiernach der Gegensatz von Casus. Zwischen beiden steht ein anderer Begriff, der der culpa in der Mitte. Dieser beruht auf der Ansicht, daß jeder in seinen Rechtsverhältnissen einen gewissen Grad von Aufmerksamkeit, Besonnenheit und Ueberlegung anwenden solle. Hat er solchen nicht angewendet, und ist die Erfüllung dadurch unmöglich geworden, so sagt man, dieses sei durch seine Culpa geschehen. Bei der Culpa, im Gegensatz von Dolus, beabsichtigt man die eingetretene Rechtsverletzung nicht. Daher steht die Culpa zwischen Dolus und Casus: sie hat Verwandschaft mit beiden. Bei den Römischen Juristen hat der Ausdruck: „culpa" eine zweifache Bedeutung. Zuweilen heißt er nämlich die Imputation, Zurechnung, Schuld überhaupt, so daß darunter sowohl der Fall des Dolus, als der der Culpa zu verstehen ist [8]). Hauptsächlich aber bezeichnet er den zwischen Casus und Dolus in der Mitte liegenden Fall; und diese Culpa im engern Sinne kann wieder eine positive oder negative sein, d. h. in faciendo oder non faciendo bestehen. Das, was man das Imputable nennt, ist bei dem Dolus immer etwas positives, ein Wollen; bei der Culpa aber immer etwas negatives, ein unvorsätzliches oder nicht überleg-

— L. 11 §. 2 D. de custodia (XLVIII. 3) — Hasse a. a. O. §. 17.

[7]) L. 7 §. 7 D. de dolo (IV. 3). — L. 7 pr. D. depositi. (XVII. 3.) — L. 8 §. 10 D. mandati. (XVII. 1).

[8]) L. 5 §. 1 und 2 D. ad legem Aquil. (IX. 2).

tes Nichtwollen oder Unterlassen[9]). Die Culpa hat, wie schon oben erwähnt worden, zwei juristische Anwendungen:

1. eine Anwendung auf ein specielles Gebiet, außer dem Falle einer schon bestehenden Obligation, wo die Regel gilt: wer des andern Sache beschädigt (damnum injuria datum), muß entschädigen. Wenn aus Culpa eine Beschädigung fremder Sachen hervorgegangen ist, erzeugt sie nach Römischem Rechte eine Actio legis Aquiliae. Man nennt sie daher gewöhnlich „aquilische Culpa". Das Allgemeine Landrecht hat denselben Grundsatz. Die Abhandlung dieser Lehre gehört in den speciellen Theil.
2. eine Anwendung bei schon bestehenden Obligationen, welche hierher gehört. Bei dieser Anwendung kommt der Ausdruck: diligentia vor, und namentlich bei Obligationen, wo der Debitor zu einem positiven Fleiße verpflichtet ist. *Diligentia*, Fleiß, Sorgfalt, bezeichnet den Gegensatz der Culpa, und heißt dasjenige, wodurch die rechtswidrige Culpa in Beziehung auf eine schon bestehende Ob-

---

[9]) L. 91 pr. D. de verb. oblig. (XLV. 1).
Klein (in Annal. der Gesetzgebung B. XII S. 186 u. f., und Grundsätzen des gemeinen deutschen und Preußischen peinlichen Rechts §. 120—122) bestimmt das Verhältniß des Dolus zur Culpa dahin, daß er das Wesen des Dolus in einen positiv bösen Willen oder den Entschluß, eine unerlaubte Wirkung hervor zu bringen, oder eine gebotene nicht hervorzubringen; das Wesen der Culpa aber in einen negativ bösen Willen, worunter er den Mangel des guten Vorsatzes, die zur Vermeidung gesetzwidriger Handlungen erforderliche Fähigkeit und Aufmerksamkeit auszubilden oder anzustrengen, verstehet, setzt.

ligation vermieden wird [10]). In Beziehung auf die aquilische Culpa kommt der Ausdruck nicht vor. *Negligentia* ist jede Nachlässigkeit schlechthin, welche nicht Unrecht oder Rechtsverletzung ist; in der Zusammenstellung mit „*magna*,“ aber bedeutet sie eine rechtswidrige Nachlässigkeit oder Culpa [11]). Die Ausdrücke: „diligentia diligentis, exacta, summa, oder diligentia“ schlechthin, sind gleichbedeutend, und werden immer der culpa levis schlechthin entgegengesetzt. Davon verschieden ist aber die diligentia, quam quis suis rebus adhibet, welche der *culpa in concreto* entgegengesetzt wird. *Custodia*, Bewahrung, Bewachung, ist die diligentia in re custodienda, eine Species der diligentia, und findet in der Regel nur bei beweglichen Sachen statt, nur nicht bei Sclaven, ausgenommen bei fugitivis [12]), niemals bei Grundstücken [13]).

Soviel von dem Römischen Rechte.

Das Allgemeine Landrecht enthält keine hiervon abweichenden Grundsätze. Es erfordert zur Zurechnung ebenfalls:

1. ein Ereigniß, welches durch die physische Kraft eines Menschen hervorgebracht ist;
2. einen freien Willen, durch welchen die Kraft sich geäußert hat; also überhaupt Willensfreiheit, und

---

10) Hasse die Culpa des Römischen Rechts. Cap. 5 S. 178. 179. 440.

11) L. 226 D. de verb. signif. (L. 16). „magna negligentia culpa est.“

12) L. 5 §. 6 D. commodati. (XIII. 6) — L. 21. 36 §. 1 D. de rei vind. (VI. 1).

13) L. 55 pr. D. locati. (XIX. 2.)

Richtung dieses Willens auf das Ereigniß als Folge der Thätigkeit oder des Handelns [14]).

Dolus ist also auch im Sinne des Allgemeinen Landrechts eine, mit Bewußtsein, absichtlich zum Zweck einer Rechtsverletzung vorgenommene Handlung [15]). Der technische Ausdruck dafür ist: Vorsatz. Damit ist nicht der Nebenbegriff einer moralischen Nichtswürdigkeit verbunden, wie mit der Römischen Bezeichnung, sondern um diese Bedeutung damit zu verbinden, wird der Ausdruck mit dem Eigenschaftswort: böse, zusammengesetzt. Böser Vorsatz, böse Absicht, sind gleichbedeutend mit dem Römischen Begriffe „dolus.“ In practischer Hinsicht ist jedoch auch nach dem Allgemeinen Landrechte dieser Zusatz ohne allen Einfluß.

Eben so kennt das Allgemeine Landrecht ein, zwischen den beiden Gegensätzen von dolus, Vorsatz, und Casus, Zufall, liegendes Mittelglied, die Culpa, unter der technischen Benennung von „Versehen“. Das Versehen hat ganz so, wie im Römischen Rechte die Culpa, seine zwei verschiedenen Beziehungen:

einmal, in sofern dadurch erst ein obligatorisches Verhältniß erzeugt wird, (die s. g. aquilische Culpa) [16]), und

sodann, in sofern es bei einer schon bestehenden Verbindlichkeit vorfällt, und Modificationen des Verhältnisses erzeugt [17]).

Man versteht unter Versehen im Allgemeinen:

jede willkührliche widerrechtliche Hand-

---

[14]) A. L. R. I. Tit. 3 §. 7. 12 und Tit. 6 §. 39.

[15]) Vergl. A. L. R. II. 20 §. 26.

[16]) Th. 1. Tit. 6.

[17]) Th. 1 Tit. 5 §. 277 u. f.

lung oder Unterlassung, deren rechtsverletzende Folgen nicht beabsichtigt worden.

Aufmerksamkeit ist das dem Versehen Entgegengesetzte, wodurch das Versehen vermieden wird[18]). Es ist nicht ganz gleichbedeutend mit der Römischen „Diligentia," insofern nehmlich diese letztere sich bloß auf eine schon bestehende Obligation bezieht, während die landrechtliche Aufmerksamkeit ganz allgemein auf jede Culpa, die aquilische und nicht aquilische, Bezug hat[19]).

§. 23.

aa. Grade der Culpa.

I. Der Dolus, Vorsatz, hat keine Grade, denn es giebt nur Ein Wollen. Die, die Culpa verhindernde, Diligentia oder Aufmerksamkeit aber ist die Anwendung einer Kraftanstrengung, daher hier Grade Statt finden. Diese können aber nur durch Vergleichung mit einem Normalmaaße entstehen. Es ließe sich denken, daß als Maaßstab angenommen werden sollte: der Durchschnitt der von dem Vorsichtigsten allgemein anzuwendenden Aufmerksamkeit (culpa in abstracto), oder die in jedem einzelnen Falle von dem Handelnden, nach seiner Individualität, gewöhnlich angewendete Achtsamkeit (culpa in concreto). Im Römischen Rechte kommen beide zur Anwendung. Der erste Maaßstab ist die Regel, der andere eine Ausnahme. Bei dem zur Regel gemachten Maaß

---

18) I. 3 §. 16. 17.

19) I. 3. §. 16. II. 20 §. 28.

von Aufmerksamkeit wird aber nicht alle nur denkbare Sorgfältigkeit gefordert, durch welche eine Rechtsverletzung hätte vermieden werden können, sondern es wird nur die Sorgfalt, die bei jedem vorausgesetzt werden kann, und zwar diejenige, die ein sorgfältiger vorsichtiger Mann anzuwenden pflegt, verlangt. Dabei liegt der Begriff eines homo frugi, diligens, bonus pater familias, eines Mannes von guter Besonnenheit, zum Grunde [1]. Der Fleiß eines solchen wird zum Maaßstabe genommen. Was bei Anwendung der Achtsamkeit eines solchen Mannes geschieht, ist Casus [2].

Früher, bis auf die neueste Zeit, wurden von den Juristen allgemein drei Grade angenommen: culpa lata, levis und levissima. Diese sollten in der Regel in abstracto angenommen, und in wenigen Fällen sollte ausnahmsweise nur culpa in concreto berücksichtigt werden. Man unterschied die Fälle, wo der Schuldner allein, oder wo beide, der Schuldner und Gläubiger zugleich, oder wo der Schuldner gar keinen Vortheil hätte. In dem erstern Falle sollte der Schuldner culpa levissima, in dem andern culpa levis, und in dem dritten nur culpa lata vertreten [3]). Diese Eintheilung hat einestheils nichts Römisches; denn culpa levis und levissima ist im Römischen Rechte als gleich-

---

[1]) Hasse die Culpa 2c. S. 121. 91 n. 3. 131. 132.

[2]) L. 11 D. de periculo. (XVIII. 6). — L. 31. D. ad legem Aquil. (IX. 2). — L. 25 §. 7 D. locati. (XIX. 2).

[3]) Höpfner Commentar §. 757. — Schömann Handbuch des Civil-R. Th. I. Nr. 5 S. 161 u. f. u. Prüfung der Culpa des Herrn C. v. Löhr. Giessen und Wetzlar 1803. — Joh. Casper Gensler Exercitat. jur. civ. ad doctrinam de culpa. Fasc. I. Jen. 1813. 8. — J. Casper Gensler Beitrag zur Lehre von der Diligenz und Culpa. Heidelberg 1819. — Glück a. a. O. Th. IV. S. 350 u. f.

bedeutend zu nehmen, indem diese Ausdrücke keine Gegensätze bezeichnen, anderntheils hat sie etwas unpractisches in ihrer Anwendung, indem es an Grenzen zur Unterscheidung der einzelnen Fälle fehlt. Die Anhänger dieses Systems selbst erklären dasselbe für ein schweres Problem für den Richter[4]). Der Richter ist dabei einem dunklen unbestimmten Gefühle überlassen: was zehn für culpa levis halten, werden zehn Andere für culpa levissima erklären: es ist mit dieser Theorie in Praxi nichts auszurichten[5])

Diesem Systeme entgegen ist das Donell'sche von zwei Graden[6]). Hiernach giebt es eine lata culpa und eine levis oder levissima; levis oder levissima heißt die Culpa schlechthin, oder das, was nicht bloß Casus ist. Wenn aber Gründe hinzutreten, die Culpa härter zu beurtheilen, so ist sie lata culpa. Regel ist: bei Culpa schlechthin oder levis und levissima culpa, bezieht sich

---

[4]) Glück a. a. O. S. 335.

[5]) Hasse die Culpa rc. S. 127 u. f. und Zeitschrift für geschichtliche Rechtswissenschaft. B. IV. S. 198. Le Brun, S. 21. 30. — Der Herr K. G. Rath Bornemann findet diese Theorie, nach dem Geist des Allgemeinen Landrechts unbedenklich natürlich, und durchaus practisch. Von Rechtsgeschäften S. 411. Dem erstern ist nicht zu widersprechen, da in dem Allgemeinen Landrechte ganz derselbe Geist, wie er in der damals gangbaren Theorie des Römischen Rechts lebte, herscht; was an dem zweiten ist, erkennt jeder Richter, d. h. ein Practiker, welcher darnach urtheilen soll, von selbst. Schon Le Brun S. 21. 30 sagt treffend: es könne das kein Richter gebrauchen, dem es um materielle, nicht bloß formelle Gerechtigkeit zu thun sei. Jahrb. für gesch. R. W. B. IV. S. 198.

[6]) Nach Donellus a. a. O. Cap. 7 am evidentesten bewiesen durch Hasse in der angeführten Schrift.

gewöhnlich auf die Fälle, wo der Schuldner Vortheil von den Geschäften hat. Wo er gar keinen Vortheil hat, soll er sich nur einer lata culpa enthalten. Diese lata culpa kommt in zwei ganz verschiedenen Fällen vor. Das Wesen derselben beruht nehmlich darauf, daß außer dem allgemeinen Wesen der Culpa noch etwas mehr dazu tritt. Die Grundsätze des Römischen Rechts sind diese:

1. der geringste Grad der Culpa beruht darin, daß dasjenige unterlassen worden ist, was der optimus pater familias gethan haben würde [7]). Dieser Vorwurf begründet nur Culpa schlechthin oder culpa levis [8]).

2. Tritt zu dieser Culpa ein gravirender Umstand, so ist es lata culpa. Es finden sich zwei Gründe der Erschwerung:

   a. Wenn der Grad der Nachlässigkeit und Unbesonnenheit so auffallend ist, daß ihn auch ein ganz gewöhnlicher Mensch nicht begangen haben würde [9]);

   b. wenn Jemand in einem Rechtsverhältniße, oder bei der Besorgung eines fremden Geschäfts, fremde ihm anvertraute Sachen absichtlich von seinen eigenen in der Behandlung nachtheilig unterscheidet [10]). Dazu muß ein concreter Fall vorliegen.

---

7) L. 11 D. de peric. (XVIII. 6). — L. 31 D. ad leg. Aquil. (IX. 2). — L. 137 §. 2 D. de verb. Obl. (XLV. 2.)

8) Hasse a. a. O. S. 89—92. 121. 134.

9) L. 213 §. 2. L. 228 pr. D. de verbor. significat. (L. 16).

10) L. 22 §. 3 D. ad S. C. Trebell. (XXXVI. 1). — L. 32. D. depositi. (XVI. 3).

Die culpa levis wird, in Beziehung auf ihre rechtlichen Folgen, dem dolus gleich geachtet[11]).

Bei der levis culpa wird in gewissen Verhältnissen nicht nach Graden, sondern auf andere Weise unterschieden. In einigen Fällen wird nämlich der Schuldner darin gelinder behandelt, daß er sich auf seine Gewohnheit, wie er seine eigenen Sachen zu behandeln pflegt, berufen darf. Hat er eben so auch fremde Sachen behandelt, so ist er vermöge des Beweises der diligentia rebus suis consueta frei von der Prästation der levis culpa[12]). Dieses kann bei Obligationen sowohl in faciendo als in non faciendo vorkommen[13]). Diese Culpa wird der culpa lata in sofern gleich geachtet, als sie gleich dieser jedesmal vertreten werden muß, weil die diligentia quam suis rebus nicht salva fide und nicht sine fraude, d. h. wissentlich, vernachläßigt werden könne[14]). Sie hat keine Grade[15]). Wer sich durch die

---

[11]) L. 7 §. 1 D. de suspect. tutor. (XXVI. 10). — L. 226 D. de verb. signif. — L. 32 D. depositi. (XVI. 3). — L. 1 §. 5 D. de obligat. et action. (XLIV. 7).

[12]) Dieß hat erst Hasse a. a. O. §. 27—35 klar gemacht.

[13]) L. 1 pr. D. de tutelae. (XXVII. 3). — §. 9. J. de societate. (III. 26). — L. 52. §. 11 D. pro Socio. (XVII. 2). — Donellus l. c. meinte, diese Art von Culpa komme bloß bei den Unterlassungen in Betracht.

[14]) L. 32 D. depositi. (XVI. 3). „Si quis non ad eum modum, quem hominum natura desiderat, diligens est, nisi tamen ad suum modum curam in deposito praestat, fraude non caret: nec enim salva fide minorem iis, quam suis rebus, diligentiam praestabit.“ (Celsus). — Vergl. L. 22. §. 3. D. ad. SCtum Trebell. (XXXVI. 1). — Glück a. a. O. S. 327, Note 16 hat die Stelle des Celsus ganz mißverstanden.

[15]) Wilh. Hier. Brückner Diss. de culpa, quae concretive talis dicitur. Jenae 1693. §. 16. Doch ist auch das Ge-

Ausrede der diligentia suis rebus consueta schützen will, muß, vorausgesetzt, daß nach der Beschaffenheit des Rechtsgeschäfts diese Ausrede statthaft ist, seine Gewohnheit beweisen; umgekehrt muß der Gläubiger den Beweis führen, daß die levis culpa durch den erschwerenden Umstand, daß der Schuldner einen absichtlichen Unterschied zwischen seinen und den Sachen des Gläubigers in der Behandlung gemacht habe, in lata culpa ausarte. Wenn die Rede von einer aquilischen Culpa ist, wird auf die Ausrede der diligentia rebus suis consueta nicht gesehen, weil die diligentia[16]), wie oben schon bemerkt ist, sich nur auf obligatorische Verhältniße bezieht. Dieß sind die Grundsätze des Römischen Rechts.

II. Das Allgem. Landrecht hat, nach der damaligen Theorie der Lehrer des gemeinen Rechts, das System von drei Graden angenommen. An der Spitze steht auch hier die Regel: daß jeder zur Vorsicht und Aufmerksamkeit verbunden sei[17]). Das Römische Recht nimmt als Normal-Vorsicht die eines diligentissimus oder optimus paterfamilias an; das Allg. Landrecht aber nimmt als Norm nur einen mittlern Durchschnitt an, und fordert nur denjenigen Grad von Aufmerksamkeit,

> den ein ordentlicher Hausvater in seinen eigenen Angelegenheiten gewöhnlich anwendet[18]),

---

gentheil behauptet worden. Wehrn Doctrina juris explicatrix principiorum et causarum damni, habita doli mali, culpae, morae, ejusque quod interest, ratione, praestandi. (Lipsiae 1795. 8). Cap. IV. §. 15. pag. 125.

[16]) L. 10 pr. D. communi dividundo. (X. 3).

[17]) I. 3. §. 16. 17.

[18]) II. 18. §. 275 u. 276, wo man diese Bestimmung nicht sucht. Vergl. I. 3. §. 18.

und nimmt dabei auf die eigenthümliche Beschaffenheit oder Geisteskräfte dieser oder jener bestimmten Person keine Rücksicht [19].

Das Versehen ist eingetheilt in ein grobes, mäßiges und geringes.

Ein grobes Versehen ist dasjenige, welches ohne Anstrengung der Aufmerksamkeit vermieden werden konnte;

ein mäßiges das, welches man durch gewöhnliche Anstrengung der Aufmerksamkeit vermeiden konnte;

ein geringes dasjenige, dessen Vermeidung eine besondere Sachkenntniß und Fähigkeit, oder eine ungewöhnliche Anstrengung der Aufmerksamkeit voraussetzt [20]. Bei Sachverständigen beruht das geringe Versehen auf einer Unwissenheit in Dingen, welche der Handelnde verstehen soll, oder zu verstehen behauptet [21].

---

[19]) I. 3. §. 24. 25.

[20]) I. 3. §. 18. 20. 22. Diese Definitionen sind fast wörtlich aus den Compendien genommen. Vergl. Höpfner a. a. O. und Glück a. a. O. S. 326—332.

[21]) §. 7. J. de lege Aquil. — Leyser Med. Sp. 154. m. 11. Nach den Grundsätzen des Römischen Rechts ist dies ein gewöhnliches Versehen. Wer eine Sache nicht versteht, muß davon bleiben. Dieß macht die Sache einfach. Woran soll aber in andern Fällen erkannnt werden: ob eine ungewöhnliche Aufmerksamkeit erforderlich war oder nicht; und welche Aufmerksamkeit ist eine ungewöhnliche? Glück meint a. a. O. S. 333: es sei z. B. ein geringes Versehen, wenn Jemand die Thüre seines Schlafgemachs verschließe, aber nicht zugleich den Nachtriegel vorschiebe. Er hält also das Verschließen und das Verriegeln zusammen, für eine ungewöhnliche Aufmerksamkeit. Wenn dieser Jemand es aber immer so zu thun gewohnt ist, warum soll diese gewöhnliche Aufmerksamkeit ihm zugleich ungewöhnlich sein?

Hierbei ist folgendes zu bemerken:

1. Das Römische Recht kennt, wie wir gesehen haben, zwei Anwendungen der Culpa auf verschiedenen Gebieten: einmal so, daß dadurch erst eine Obligation erzeugt wird, und sodann, daß dadurch bei einer schon bestehenden Obligation Modificationen hervorgebracht werden (s. g. aquilische und nicht aquilische Culpa). Die erstere besteht, nach Römischem Rechte, allemal in einem Thun und Handeln, außer wenn das Unterlassen als Fortsetzung eines vorausgegangenen Thuns, also beides als ein Ganzes zu denken ist[22]). Hieraus hat man den allgemeinen Grundsatz abstrahirt: die Culpa bestehe in faciendo, und sei dann gleichbedeutend mit der aquilischen Culpa; und in non faciendo oder culpa non aquilia[23]). Dieser Satz ist unrichtig: nicht jede culpa in faciendo ist zugleich auch eine s. g. aquilische Culpa; denn nicht jedes schädliche Thun erzeugt, außer dem Falle einer Obligation, einen Anspruch ex lege Aquilia[24]), daher ist die culpa in faciendo nicht identisch mit der s. g. aquilischen Culpa[25]). Man behauptet ferner[26]): daß dieser Satz keineswegs dem Römischen Rechte eigenthümlich sei, sondern so sehr in der Natur der gesellschaftlichen Verhältnisse liege, daß diese Theorie sich auch im Allg. Landrechte

---

[22]) L. 8. L. 27. §. 9. u. L. 30. §. 3. D. ad leg. Aquil. (IX. 2).

[23]) Bornemann von Rechtsgesch. S. 401.

[24]) L. 27. §. 25. 26. 27. L. 41. 42. D. ad leg. Aquil. (IX. 2). Vergl. Hasse §. 27.

[25]) Hasse §. 27—30.

[26]) Bornemann a. a. O. S. 405. 406.

vorfinden müße. Dieses sei auch der Fall; denn da nach I. 3. §. 26 niemand zu einer Handlung gezwungen werden könne, so sei er berechtigt, sie zu unterlassen; und daraus folge nothwendig, daß auch nach dem Allg. Landrechte, außer dem Falle eines obligatorischen Verhältnisses, eine Culpa nicht durch ein Unterlassen, sondern nur durch ein positives Thun oder Handeln verübt werden könne; und dieses soll im Tit. 6. Th. I. anerkannt sein. Die beiden vorher erwähnten verschiedenen Anwendungen der Culpa kommen, wie sich denken läßt, im Allg. Landrechte wirklich vor; aber nicht richtig ist es, daß nach demselben, außer dem Falle einer Obligation, ein Anspruch nur aus einer schädlichen *culpa in faciendo*, und niemals durch ein schädliches Unterlassen entstehen könnte; und hierin liegt eben eine wichtige Abweichung des Allg. Landrechts von dem Römischen Rechte. Der Titel 6 erkennt es nirgends an, daß nur durch ein positives Handeln eine zu vertretende Culpa begangen werden könnte. Die dafür angeführten §§. 8 u. 9 bestimmen:

„Wer Jemanden ohne Recht Schaden zufügt, der kränkt oder beleidigt denselben."

„Unterlassung einer Zwangspflicht wird einer Kränkung oder Beleidigung gleich geachtet." Vergl. §. 12.

Die letztere Bestimmung soll sich, wie man sagt, nur auf solche Zwangspflichten beziehen, welche schon durch ein vorhandenes obligatorisches Verhältniß bestehen; und somit, wird behauptet, stimme der Umfang des, nach dem Allgem. Landrechte, außer einem obligatorischen Verhältniße zu vertretenden Versehens, mit dem der aquilischen Culpa des Römischen Rechts überein. Ein Beispiel wird die Unrichtigkeit dieser Meinung deutlicher zeigen: Ein wild gewordenes Thier reißt sich von seinem Führer los, und rennt durch die offene Thüre eines Hauses. In dem Augenblicke, wo der nacheilende Aufseher die Thürschwelle überschreiten will, wirft ein Windstoß die Thüre vor ihm zu, und das Schloß schließt sich von der Erschütterung, so daß der Aufseher durch Zufall ausgeschlossen ist. Das Thier ist durch das Haus in den Hof und dort gegen eine Thüre, die einen Cloak verschließt, gerannt, hat diese Thüre aufgesprengt, und ist in die, zufällig sehr angefüllte, Grube gefahren. Der ganz allein im Hause anwesende Hausherr sitzt an einem Fenster, welches die Aussicht nach dem Hofe hat, und sieht, daß das Thier mit dem Kopfe nach unten in der ganz nahen Grube steckt, und sich unmöglich wenden kann. Ihm ist die Beschaffenheit der Grube wohl bekannt, und er weiß, und denkt es auch, daß das Thier ohne die schleunigste Hülfe umkommen muß. Er will auch, da er den Vorfall mit der Hausthüre durch Zurufen kennen gelernt hat, dem vorne pochenden und rufenden Aufseher öffnen; aber er befindet sich gerade bei einer sehr interessanten antiquarischen Untersuchung, welche ihn so sehr anzieht, daß er dieselbe erst bis zu einem gewissen Ruhepunkte fortsetzen will. Darüber vergeht ein solcher Zeitraum, daß der Aufseher, als ihm endlich geöffnet wird, zu spät kommt. Das Thier ist unterdeß in der Flüßigkeit erstickt, und es wird zugestanden, daß es hätte gerettet werden können, wenn der Aufseher in den ersten zehn Minuten eingelassen worden wäre. Soll der

Hausherr für die Nachläßigkeit, ohne welche das Thier nicht umgekommen sein würde, keinen Ersatz leisten? Der Preußische Richter wird ihn schwerlich davon freisprechen. Denn der Andere hatte ein Recht, sich sein Thier aus dem Hause wieder abzuholen, woran er nicht verhindert werden durfte[27]), der Hausbesitzer hatte daher die Zwangspflicht, sein Haus zu öffnen, ohne daß dieselbe in einem obligatorischen Rechte begründet war. Er sahe selbst, daß dies keinen Aufschub leiden konnte, wenn Schaden verhütet werden sollte; er öffnete aber doch nicht zur rechten Zeit, und führte durch Unterlassung einer Zwangspflicht, welche in keinem schon bestehenden obligatorischen Verhältnisse ihren Grund hatte, den Schaden herbei. Ein anderes einfaches Beispiel ist der Fall, wo Jemand sein Haus an der Straße zu repariren vernachläßigt, und wo durch dessen Einsturz vorübergehende Thiere beschädigt und getödtet werden. Ein solcher Eigenthümer hat die Zwangspflicht, sein Gebäude zur Verhütung von Schaden im baulichen Stande zu erhalten, folglich verletzt er seine Zwangspflicht durch Unterlassung[28]). Ein Gutsbesitzer wurde zum Schadensersatz für ein ertränktes Gespann Pferde verurtheilt, weil er die Reparatur des Weges über seine Feldmark unterlassen hatte, wovon die Folge gewesen war, daß sich an einer Stelle viel Wasser gesammelt hatte, welches mit einer dünnen Eisdecke belegt war. Ein Fuhrmann, der auf frisch gefallenen Schnee in der Dunkelheit des Weges zwischen den zu beiden Sei-

---

27) Einleitung §. 93. Tit. 3. §. 38. u. 39.

28) I. 8. §. 37. 38.

ten gepflanzten Bäumen fährt, bricht ein, und beide Pferde ertrinken ohne alle Schuld des Fuhrmanns. Die §§. 59—61. u. 66. Nr. 1. selbst enthalten Beispiele von bloßen Unterlassungen oder von einer vertretbaren culpa in non faciendo.

Man behauptet, in Folge der so eben als unrichtig gezeigten Meinung, ferner[29]): daß auch in dem Falle eines obligatorischen Verhältnisses ein in faciendo begangenes Versehen nicht nach den von Verträgen geltenden Regeln, sondern nach der Bestimmung des Tit. 6, vom Schadensersatze aus unerlaubten Handlungen, beurtheilt werden müße.

Der §. 17. dieses Titels verordnet zwar:

„Was wegen der bei Verträgen zugefügten Schäden statt finde, wird im vorhergehenden Titel bestimmt."

Allein es soll, so sagt man, die Natur der Sache der Ausschließung der Bestimmungen des Titel 6. entgegenstehen, und die Zurückweisung auf die Lehre von Verträgen soll sich lediglich auf die omissiven Versehen beziehen. Eben so soll in der Lehre vom Versehen bei Verträgen §§. 277—290. Tit. 5. lediglich nur von omissiven Versehen die Rede sein. Auch dieß ist ein Irrthum; denn es kann einerseits positive Handlungen geben, welche außer dem Fall eines Vertrages zu nichts verpflichten, während sie auf ein schon bestehendes obligatorisches Verhältniß von Einfluß sind[30]), und auf der andern Seite können, wie eben gezeigt worden, culpose Unterlassungen auch außer dem Falle eines Vertrags verpflichten. Das wahre an der Sache ist, daß

---

[29]) Bornemann l. c. S. 407. 408.

[30]) Hasse §. 27.

in diesem Punkte das Allg. Landrecht von dem Römischen Rechte nicht abweicht, d. h. wenn das bei einem Vertragsverhältniß vorgefallene Versehen von der Art ist, daß es auch außer dem Falle des Contracts verpflichten würde, oder, mit andern Worten: wenn beide Klagen oder Ansprüche concurriren; so hat der Gläubiger die Wahl: welchen von beiden er geltend machen will[31]), was bei uns, wo es keine formulas actionum giebt, schon durch einfache Erklärung und Berufung auf die gesetzliche Bestimmung in der Klageschrift geschieht, so daß die Wahl nicht eben auffällt.

2. Das Römische Recht unterscheidet, wie bemerkt worden, eine culpa in concreto und in abstracto. Auch das Allg. Landrecht nimmt an, daß nur die culpa in abstracto Regel sei; hiervon gelten aber gewisse Ausnahmen, wo auf die eigenthümliche Beschaffenheit oder Geisteskräfte der Person Rücksicht genommen wird[32]). Man könnte denken, daß in diesen Fällen eine diligentia suis rebus consueta erfordert würde, so daß hierin sich eine Uebereinstimmung des Landrechts mit dem Römischen Rechte vorfände. Wahrscheinlich hat man dieselbe bei der Redaction auch beabsichtigt, und man setzt dieselbe, bei Darstellung der landrechtlichen Lehren, unbedenklich voraus[33]). Eine nähere Betrachtung und Vergleichung ergiebt aber eine bedeutende Abweichung. Die Römische diligentia rebus suis consueta begründet eine Ausrede für den Schuldner, indem er gelinder behandelt werden soll, und er

---

[31]) L. 18. §. 1 D. commodati. (XIII. 6).

[32]) I. 3. §. 21. 25.

[33]) Bornemann a. a. O. S. 413.

sich dadurch von Prästation einer begangenen culpa in abstracto freimachen kann. Das Allgemeine Landrecht aber wendet die Sache um, und stellt es so, daß dadurch die lata culpa aus dem zweiten Entstehungsgrunde, wo Jemand die fremden Sachen vor seinen eigenen, in der Behandlung nachtheilig auszeichnet, ausgedrückt wird. Dasselbe bestimmt nämlich:

a. beim Depositum, Tit. 14. §. 11. 12:

„In allen Fällen ist der Uebernehmer nur verpflichtet, die ihm anvertraute Sache mit eben dem Fleiße zu verwahren, als er bei seinen eigenen Sachen von gleicher Art zu thun pflegt."

„Kann hiernach der Grad seiner Verantwortlichkeit nicht abgemessen werden, und ist die Art der Verwahrung seinem Gutbefinden lediglich überlassen worden: so haftet er nur für ein grobes Versehen."

Also, der Depositar soll haften:

1. nur für lata culpa. Er soll aber auch haften:
2. wenn er absichtlich oder wissentlich einen Unterschied zwischen seinen eigenen und den fremden Sachen macht, und die letztern in einem concreten Falle schlechter behandelt. Dieß ist jedoch auch lata culpa.

Für mehr hat er nicht zu haften, also namentlich nicht für levis culpa. Dadurch kommt die Sache practisch gerade so wie nach Römischem Rechte zu stehen, nach welchem der Depositar auch für lata culpa haftet; denn gegen die Prästation der levis culpa schützt gerade die diligentia rebus suis consueta, mithin ist der Fall ihrer Anwendbarkeit hier beim Depositum, wo nach dem Allg. Landrechte nur culpa lata geleistet werden soll, nicht vorhanden; es kann davon überhaupt nur da die Rede sein, wo der Schuldner culpa levis in abstracto würde prästiren müssen, wenn ihm die Ausrede der diligentia quam suis rebus nicht zustände.

Zur nähern Verständigung muß hier noch darauf aufmerksam gemacht werden, daß namentlich Herr K. G. Rath Bornemann (von Rechtsgesch. I. Aufl. S. 413) die culpa quam quis rebus suis adhibet so darstellt, als wenn dieselbe dem Gläubiger zum Vortheil gereichen sollte. Er sagt: „Kann ihm jedoch nachgewiesen werden, daß er in Verwahrung seiner eigenen Sachen von gleicher Art aufmerksamer zu sein pflege, so wird, nach dieser seiner gewöhnlichen Aufmerksamkeit, der Grad seiner Verantwortlichkeit abgemessen.“ Ferner: „— doch bleibt — die Prästation der diligentia quam suis rebus stehen, wenn der Depositar in seinen eigenen Angelegenheiten, noch aufmerksamer als ein gewöhnlicher Mensch ist.“ Hiernach würde also ein außerordentlich exacter und vorsichtiger Mann gerade in solchen contractlichen Verhältnissen, wo der Schuldner, vermöge der dabei concurrirenden besondern Verhältnisse, gelinder fortkommen soll, als bei andern Contracten, viel schlimmer daran sein, als bei diesen andern Contracten. Was also zur mildern Behandlung des Schuldners in solchen Verhältnissen eingeführt ist, das soll ihm, der doch bei andern Contracten nicht schlimmer daran ist als jeder Andere, bei jenen Verhältnissen nicht nur nicht zu statten kommen, sondern es soll ihm noch zum Nachtheil gereichen. Dieß kann nicht richtig sein, und hat gewiß nicht in der Absicht der Redactoren des Landrechts gelegen. Ein concreter Fall macht den Begriff dieser culpa in concreto oder diligentia quam quis suis rebus adhibet klarer. Jemand macht einen gewöhnlichen Menschen zu seinem Depositar. In dem Hause des Depositars entsteht Feuer,

Der Depositar rettet seine und die deponirte Sache zugleich; statt sie aber in Sicherheit zu bringen, giebt er in der Verwirrung beide einem ihm unbekannten Menschen, der sich damit nicht wieder meldet. Dieß wird man für ein mäßiges, wenn nicht für ein grobes, Versehen halten. Bei seiner Verantwortung beruft er sich darauf, daß es ihm an Umsicht fehle, und daß er es so gut gemacht habe, wie er es in dem Augenblicke angemessen gefunden, und macht den Einwand, daß er dieselbe Aufmerksamkeit auf die deponirte Sache wie auf seine eigene verwendet habe. Mit dieser Einrede wird er vermuthlich frei ausgehen. So stellt sich die Sache, wenn der Schuldner, vermöge des besondern Contractverhältnisses, sich auf seine eigene diligentia quam suis rebus adhibet berufen darf. Wie läßt sich der Fall alsdann denken, wenn ihm seine major negligentia quam suis rebus zur culpa lata werden soll? Dieß ist nicht anders möglich, als wieder in einem concreten Falle; denn in abstracto giebt es keine diligentia quam suis rebus, wie Hr. K. G. R. Bornemann sie sich vorzustellen scheint, und es fehlt gänzlich an einem abstracten Normal-Grad-Messer für Personen, welche aufmerksamer und exacter als gewöhnlich sind. Wollte man einen solchen erfinden, so müßten erst die ungewöhnlich aufmerksamen Menschen nach gewissen Merkmalen classificirt, für sie ein besonderer Gradmesser erdacht, und dieser dann erst mit dem Gradmesser für gewöhnliche Menschen in ein Verhältniß gesetzt werden, welches einleuchtend sich practisch nicht ausführen läßt. Von einer culpa in concreto kann möglicherweise nur in einem concreten Falle die Rede sein. Ein Fall dieser Art ist es, wenn in dem angeführten Beispiele der Depositar seine eigene Sache wissentlich einem bekannten und sichern Manne, und die fremde, weil sie als solche ihn nicht so interessirt, einem Unbekannten überliefert hätte. Denkt man sich einen sehr umsichtigen Mann als Depositar, so müßte, wenn man prätendiren wollte, daß er nach seiner gewohnten Geistesgegenwart und Umsicht verfahren solle, ihm in dem gedachten Falle die Exception nicht zu statten kommen, wiewohl er in ähnlichen Fällen mit seinen eigenen Sachen es vielleicht immer wieder so machen würde, was man nicht wissen kann, wenn man ihn unter gleichen Umständen, nicht mit ihm selbst vergleicht. Er muß in jedem einzelnen Falle sein eigener Maaßstab sein. Dieß ist ein Hauptrequisit der diligentia quam suis rebus, und dazu gehören gleichzeitige, unter gleichen Umständen statt gefundene, Handlungen desselben Subjects, in Beziehung auf seine eigene und auf fremde Sachen zugleich, sonst läßt sich keine Vergleichung anstellen. Erst daraus ergiebt sich: ob Jemand mit einer major negligentia quam suis rebus fremde Sachen behandelt. Wer auf solche Art die Nachläßigkeit über seine eigene steigert, der ist in lata culpa, weil, wie Celsus sagt, derjenige, welcher nicht mit der gewöhnlichen Vorsicht handelt, und obenein auch nicht einmal ad suum modum aufmerkt, dem Dolosen ähnlich ist[34]).

b. beim Mandate, Tit. 12. §. 55 u. 56:

„In der Regel ist der Bevollmächtigte bei Vollziehung des Auftrags, zu demjenigen Grade des Fleißes und der Aufmerksamkeit, welchen er in seinen eigenen Geschäften derselben Art anzuwenden pflegt, verpflichtet."

„Kann hiernach der Grad seiner Verantwortlichkeit nicht ausgemittelt werden; oder hat er

---

[34]) „Nam — fraude non carit: nec enim salva fide minorem iis, quam suis rebus, diligentiam praestabit. Dieß ist allemal culpa lata. Vergl. Note 14.

den Auftrag gegen Belohnung übernommen: so muß jedes mäßige Versehen überhaupt von ihm vertreten werden."

Hiernach hat der Mandatar zu prästiren:

1. lata culpa, und dazu gehört es, wie gesagt, wenn er die fremden Geschäfte wissentlich nachläßiger als seine eigenen behandelt.

2. culpa levis in abstracto, wenn seine Aufmerksamkeit nicht ausgemittelt werden kann, und wenn er Belohnung erhält. Es frägt sich:

   1. kann er sich in dem Falle, daß er seine gewohnte Art zu handeln nachweiset, von aller weitern Verantwortlichkeit freimachen, wenn er nach dieser Art gehandelt hat? Wahrscheinlich ist dieß gemeint, nur soll der rechte Grad beobachtet worden sein.

   2. Nach welchem Maaßstabe sollen aber hier die Grade der Verantwortlichkeit gemessen werden? Denn der §. 56 spricht von der Ausmittelung des **Grades** der Verantwortlichkeit, und der §. 55 von dem Grade der **gewohnten** Aufmerksamkeit, es müßen also mehrere Grade dabei gedacht sein.

Die Meinung geht wol dahin, daß der Mandatar culpa lata und levis zu prästiren habe, sich aber durch den Einwand der beobachteten diligentia rebus suis consueta von der Prästation der levis culpa befreien könne.

c. beim Gesellschaftsvertrage, Tit. 17. §. 211: „Gesellschafter sind bei dem Betriebe des gemeinschaftlichen Gewerbes zu demjenigen Grade von Fleiß und Aufmerksamkeit verpflichtet, den ein Jeder in seinen eigenen Geschäften anzuwenden pflegt."

Nach der Fassung ist dies wieder nichts besonderes. Die in eigenen Geschäften gewohnte Aufmerksamkeit muß ein Jeder in jedem Rechtsverhältniße anwenden, sonst begeht er, nach der obigen Ausführung, eine lata culpa. Die Stelle drückt also nichts anderes aus, als:

Gesellschafter stehen in der Regel nur für lata culpa.

Vermuthlich ist es nicht so gemeint, sondern es soll eben so wie bei dem Mandate heißen: Gesellschafter haften für culpa lata und levis, doch befreit der Beweis der angewendeten diligentia rebus suis consueta von der Prästation der culpa levis.

Nur in einem einzigen Falle macht das Allg. Landrecht von der diligentia quam suis rebus eine deutliche Anwendung. Dies geschieht bei der Dos. Der Mann soll nämlich bei Verwaltung der, der Frau gehörigen, Capitalien, auch für ein mäßiges Versehen haften; doch soll auf den Einwand der prästirten, ihm nach seinen persönlichen Fähigkeiten und Einsichten eigenthümlichen, Aufmerksamkeit Rücksicht genommen werden[35]). Dieß ist nichts singulaires[36]), sondern nichts anders, als was in den vorher gedachten Fällen b. u. c. wahrscheinlich auch gemeint ist.

§. 24.

bb. Regeln von der Prästation der Culpa.

α. Außer dem Falle eines obligatorischen Verhältnisses.

I. Die aquilische Culpa hat nach dem Römischen Rechte keine Grade, d. h. es muß jede unter die lex

---

[35]) II. 1. §. 551. 555.

[36]) Bornemann a. a. O. S. 115 ist dieser Meinung.

Aquilia fallende Culpa, oder alles das, was nicht reiner Casus ist, prästirt werden.

Das Allgem. Landrecht hat darüber keine ausdrückliche Bestimmung, und aus den vorhandenen Vorschriften folgt, daß ein geringes Versehen, außer dem Falle eines Contracts, nicht verpflichtet, vorausgesetzt, daß die, aus einem solchen Versehen vorgenommene, Handlung nicht ausdrücklich in den Gesetzen gemißbilligt ist, denn in diesem Falle muß selbst der Zufall prästirt werden [1]). Ein geringes Versehen soll nämlich nur ausnahmsweise vertreten werden, wo die Gesetze solches vorschreiben; bei Verträgen, wo der Schuldner allen Vortheil allein hat; bei Handlungen, die eine besondere Sachkenntniß voraussetzen; und bei Obligationen ex lege [2]). Nun schreibt das Allgem. Landrecht in der Lehre vom Schadensersatze außer dem Falle einer Obligation solches nicht vor, sondern es heißt bloß §. 15:

> „In Fällen, wo auch ein geringes Versehen vertreten werden muß (Tit. 3. §. 22. 23), haftet der Beschädiger nur für den durch ein solches Versehen entstandenen unmittelbaren Schaden."

Von den §§. 22. u. 23. Tit 3, auf welche verwiesen wird, definirt der Erstere den Begriff des geringen Versehens, und der folgende §. 23. bestimmt:

> „Ein geringes Versehen darf nur derjenige vertreten, welchen die Gesetze besonders verpflichten, vorzügliche Fähigkeiten oder Kenntnisse, oder eine mehr als gewöhnliche Aufmerksamkeit bei einer Handlung anzuwenden

Hiernach findet sich also bei diesem Punkte eine wich-

---

1) I. 3. §. 13 u. Tit. 6. §. 16.

2) Th. I. Tit. 3. §. 23. Tit. 5. §. 279. Tit. 16. §. 13.

tige Abweichung des Landrechts von dem Römischen Rechte, welche um so merkwürdiger ist, als nach der, zur Zeit der Redaction des Allgem. Landrechts herrschenden, Theorie und üblichen Praxis kein Zweifel war, daß bei der aquilischen Culpa jeder Grad derselben prästirt werden mußte, und das Römische Recht gerade bei dieser Lehre, und nur bei dieser allein, die hier zu prästirende Culpa als levissima bezeichnet[3]).

Diese Abweichung ist beabsichtigt worden. Denn der Entwurf zum Allgemeinen Gesetzbuche bestimmt Th. II. Tit. 3 §. 11:

> „Wegen eines geringen Versehens haftet der Beschädiger nur für den unmittelbar veranlaßten Schaden."

An die Stelle dieser Bestimmung ist der vorher angeführte §. 15 Tit. 6 getreten. In der Anwendung aber hat man sich nicht daran gebunden, und konnte sich auch, nach früher ausgesprochenen allgemeinen Grundsätzen, nicht in jedem Falle binden. Darum aber kann man nicht annehmen[4]), daß die Redactoren später in der Anwendung den, im §. 15 aufgestellten, Grundsatz für unhaltbar, und einen andern, nämlich den ursprünglich im Entwurfe §. 11 aufgestellten, für richtig gehalten, und daher um jenen umgeänderten §. 15 Tit. 6 sich nicht weiter bekümmert haben. Nach dem Landrechte, wie es jetzt vorliegt, sind zwei verschiedene Arten von Handlungen, wodurch außer dem Falle eines obligatorischen Verhältnisses Verbindlichkeiten entstehen können, zu unterscheiden. Es giebt nämlich Handlungen, welche in den Ge-

---

[3]) L. 44 D. ad legem Aquil. (IX. 2), bekanntlich die einzige Stelle, wo dieser Ausdruck einmal vorkommt.

[4]) Bornemann, Civilrecht, B. I. S. 314 will es als klar annehmen.

setzen gemißbilligt oder verboten, und andere, welche an sich erlaubt sind. Bei Handlungen der erstern Art müßen selbst die zufälligen Folgen vertreten werden, mithin kann der Beschädiger nicht frei ausgehen, wenn er obenein noch ein Versehen begangen hat. Dieß bestimmt:

Tit. 3 §. 13:

„Auch müßen die blos zufälligen Folgen einer in den Gesetzen gemißbilligten Handlung in sofern vertreten werden, als der Zufall nur durch diese Handlung schädlich geworden ist."

Tit. 6 §. 16.

„Der aus einer Handlung entstandene zufällige Schade darf nur alsdann vergütigt werden, wenn die Handlung selbst wider ein Verbotsgesetz ist; oder wenn der Handelnde durch ein solches gesetzwidriges Verhalten in die Umstände, wodurch er zu der Handlung veranlaßt worden, sich selbst gesetzt hat."

Bei Handlungen oder Unterlassungen der andern Art dagegen haftet der Handelnde nur für ein mäßiges Versehen. Dieß ist anerkannt in den §§. 56 u. 57 Tit. 6:

„Wer eines andern unwillkührliche Handlung, wodurch derselbe sich selbst oder einem dritten schädlich geworden ist, aus Vorsatz, grobem oder mäßigem Versehen veranlaßt hat, haftet für den dadurch verursachten Schaden."

„Gleiche Verbindlichkeit hat der, welcher die über Wahn- und Blödsinnige oder über Kinder unter sieben Jahren ihm obliegende Aufsicht gröblich oder auch nur aus einem mäßigen Versehen vernachläßigt."

Jedoch ist dieser Grundsatz in Einem Falle nicht angewendet. Diese Abweichung enthält der §. 38. a. a. O:

„Wer gefährliche Handlungen an einem dazu unter öffentlicher Genehmigung bestimmten Orte und zur erlaubten Zeit vornimmt, haftet nur für die schädlichen Folgen, die aus Vorsatz oder **grobem** Versehen entstanden sind."

Nach der Regel sollte hier auch ein **mäßiges** Versehen vertreten werden. Man könnte geneigt sein, diesen Fall für eine Ausnahme anzusehen, welche darin ihren Grund hätte, daß wenn die Obrigkeit ihre Erlaubniß giebt, von derselben auch die nöthigen Sicherheitsmaßregeln genommen werden müßen, um mögliche Beschädigungen zu verhüten, so daß durch dergleichen Handlungen nicht leicht Jemand ohne eigenes grobes Versehen Schaden nehmen kann. So ist es aber nicht, vielmehr ist der Grund zu dieser scheinbaren Ausnahme ein juristischer, der nämlich, daß der Handelnde von seinem Rechte Gebrauch macht; denn wenn ihm die obrigkeitliche Genehmigung ertheilt worden ist, so ist ihm das Recht zu solchen Handlangen zu der bestimmten Zeit und an dem bestimmten Orte zugestanden. Wer aber durch Ausübung seines Rechts einem Andern schadet, der haftet nur für Dolus und culpa lata. (Vergl. unten Nr. II. 1. S. 263).

Hiernach hat das Allgemeine Landrecht folgende Grundsätze:

1. ist die Handlung oder Unterlassung, wodurch einem Andern außer dem Falle einer Obligation Schaden zugefügt worden, erlaubt, so wird **in der Regel** nur Dolus, culpa lata und culpa levis vertreten;
2. ist die Handlung die Ausübung eines Rechts, so haftet der Handelnde nur für culpa lata. (Vergl. unten Nr. II. 1. in fine S. 270).

3. ist die Handlung oder Unterlassung in den Gesetzen ausdrücklich gemißbilligt oder verboten, so muß auch ein geringes Versehen vertreten werden. Dasselbe ist der Fall, wenn die Gesetze besonders verpflichten, vorzügliche Fähigkeiten oder Kenntnisse, oder eine mehr als gewöhnliche Aufmerksamkeit bei einer Handlung anzuwenden.

Eine Abweichung von dem gemeinen Rechte ist hier allerdings vorhanden; doch harmonirt dieses nicht mit den, von den Redactoren bei einer andern Gelegenheit ausgesprochenen, Ansichten. (§. 25 Nr. II. 2. Lit. b.)

Dagegen aber ist anzunehmen, daß auch nach dem Allgemeinen Landrechte bei der s. g. aquilischen Culpa die Ausrede der diligentia rebus suis consueta nicht Statt findet [5]), wiewohl freilich der landrechtliche Ausdruck „Aufmerksamkeit" eben so in als außer dem Falle eines Contracts gebraucht wird, und also, wie schon oben angeführt worden, mit der Römischen diligentia nicht identisch ist. Entscheidend ist aber, daß die Berufung auf die in eigenen Angelegenheiten gewohnte Sorgfalt nur in den Fällen zulässig ist, wo sie dem Verpflichteten, wegen seines besondern Verhältnisses zu dem Berechtigten, ausdrücklich nachgelassen ist.

II. Um nach Römischem Rechte, außer dem Falle eines obligatorischen Verhältnisses, durch Culpa zum Schadensersatze verpflichtet zu werden, wurde, wie vorhin mit mehrern bemerkt worden, eine culpa in faciendo consistens erfordert.

---

[5]) I. 3 §. 25. — Daß sie nach Römischem Rechte nicht Statt finde, ist zwar ebenfalls nirgend ausdrücklich ausgesprochen; es folgt aber erstlich aus dem Begriffe der diligentia, und sodann aus L. 10 pr. D. communi dividundo. (X. 3.) — Hasse a. a. O. §. 14. 15. 36. 41.

Das Allgemeine Landrecht aber weicht darin ab, indem sowohl durch ein **Thun** wie durch ein **Unterlassen** die Verbindlichkeit zum Schadensersatze enstehen kann. Dieses Unterlassen setzt jedoch eine, durch das Gesetz begründete, Zwangspflicht etwas zu thun voraus. (Vergl. den vor. §.)

Dieses Thun und Unterlassen muß indeß ein **widerrechtliches** (damnum *injuria* datum) sein. Daraus folgt:

1. **wer sich bloß seines Rechts bedient, der haftet für keinen**, einem Andern daraus entstehenden Schaden [6]). Der Mißbrauch aber, d. h. ein solcher Gebrauch des Rechts, welcher nach seiner Natur nur die Kränkung eines Andern zur Absicht haben kann, ist eine zum Schadensersatz verpflichtende rechtswidrige Handlung [7]). Eine durch Mißbrauch des Rechts zugefügte rechtswidrige Beschädigung ist es, wenn unter mehrern möglichen Arten der Ausübung gerade diejenige, welche dem Andern schädlich wird, absichtlich um zu schaden, gewählt wird [8]). Nach gemeinem Rechte war die-

[6]) Nach der Regel: „**Qui jure suo utitur, nemini fecit injuriam.**“ **L. 55. 151** und **155 §. 2 D. de reg. jur. (L. 17). L. 26 D. de damn. infecto. (XXXIX. 2). L. 13 §. 1 D. de injur. (XLVII. 10).** — Man nennt diesen Schaden **damnum indirectum**, auch **damnum in consequentiam veniens. Hugo Grotius de jure belli ac pacis. Lib. II Tit. XXI No. 10.** Vergl. unten **§. 28** Note **11.**

[7]) **I. 8 §. 27. 28. — L. 21 §. 12. L. 26 D. de damno infecto. (XXXIX. 2).**

[8]) **L. 1 §. 12 D. de aqua et aquae plav. XXXIX. 3). — L. 38 D. de rei vindicatione. (VI. 1). — Sam. Stryck**

ses eine bestrittene Frage. Die Meinung der mehrsten ging dahin, daß die Ausübung des Rechts, ohne alles eigene Interesse, bloß in der Absicht, um einem Andern dadurch zu schaden, geschehen sein müsse, wenn sie als Unrecht angesehen werden, und zum Ersatz des Schadens verpflichten solle[9]). Andere waren der Meinung, es komme darauf nicht an: ob der Handelnde auch zugleich Vortheil oder Interesse dabei habe, sondern bloß darauf: ob er in der Absicht, dem Andern dadurch zu schaden, handele[10]). Das Allgemeine Landrecht hat eine mittlere Meinung angenommen, indem es unterscheidet, ob die Ausübung des Rechts noch auf eine andere Art möglich war. Ist dieses, und es wird die dem Andern schädliche Art absichtlich, um ihm zu schaden, gewählt, so soll Ersatz geleistet werden[11]). Hierher gehört auch der Fall des redlichen Besitzers, welcher die von ihm beschädigte Sache für die seinige hält. Bornemann ist der Meinung, daß der Berechtigte bei der Ausübung seines Rechts auch für ein mässiges Ver-

---

Disp. de jure aemulationis, quae exstat Vol. III Disp. 17 und bes. francof. ad Viad. 1678. — Hagemann pract. Erort. B. 6 S. 85. — Hufeland Handb. I. p. 92. — Pütter's auserlesene Rechtsfälle. Band I. Th. 2 decis. LXV.

9) „Eum haud facere damnum, sagt Wehrn in Doctrina etc. Cap. I. §. 2 pag. 15: qui jure suo haud ad solum animum alteri, citra quam nostra intersit, nocendi directo, utitur justo modo." Vergl. auch die in der vorigen Note angeführten Schriften.

10) Stryck a. a. O. und Usus mod. Lib. VII. Tit. 2 §. 23. Vergl. L. 3 D. de operibus publicis. (L. 10.)

11) Einleitung §. 68 Th. I. Tit. 6 §. 36 u. 37. Tit. 8 §. 28.

sehen haften müsse. Er sagt [12]): in Gemäßheit der allgemeinen Grundsätze sei es genug, wenn der Handelnde diejenigen Vorsichtsmaaßregeln und Vorkehrungen treffe, welche unter den obwaltenden Umständen ausdrücklich vorgeschrieben seien, oder gewöhnlich beobachtet würden. Habe er also diese Vorkehrungen verabsäumt, und sich eines groben oder mäßigen Versehens schuldig gemacht, so hafte er für die schädlichen Handlungen. Kunst- und Sachverständige sollen hierbei sogar für ein geringes Versehen haften. Diese Darstellung ist jedoch dem, weiterhin (S. 270) sich bestätigenden, schon vorhin Nr. I. 2. S. 261 angeführten, allgemeinen Rechtsgrundsatze, und den ausdrücklichen Worten der gesetzlichen Bestimmung zuwider, welche im §. 37 Tit. 6 so lautet:

> „Er muß aber den Schaden vergüten, wenn aus den Umständen klar erhellet, daß er unter mehrern möglichen Arten der Ausübung seines Rechts diejenige, welche dem Andern nachtheilig wird, in der Absicht, denselben zu beschädigen, gewählt habe."

Der Handelnde soll also in der Absicht um zu beschädigen, die schädlich gewordene Handlung ausgewählt, d. h. dolose gehandelt haben; nicht aber wird er für ein mäßiges Versehen verantwortlich gemacht. Eine andere Frage ist es: ob er nicht für culpa lata haftet, ungeachtet dieses nicht ausgedrückt ist. Nach Römischem Rechte ist dieses völlig unzweifelhaft [13]), und auch die ge-

---

[12]) Civilrecht Band II. S. 309—312.

[13]) Vergl. oben §. 23 Note 11 und 31, und L. 1. §. 1 D. Si mensor falsum modum dixerit. (XI. 6.)

meinrechtlichen Juristen lehrten zur Zeit der Redaction des Allgemeinen Landrechts, wie vorher und nachher: daß wenn die Gesetze auch nur des Dolus allein gedenken, dennoch darunter auch die Culpa lata mit begriffen sei, wenn es bloß auf Schadensersatz ankomme[14]). Dieser Satz ist fast wörtlich in das Allgemeine Landrecht aufgenommen worden. Es heißt Th. I. Tit. 3 §. 19:

> „Die Folgen eines groben Versehens werden, in sofern es auf den Schadensersatz ankommt, eben so zugerechnet, wie die Folgen des Vorsatzes.

Dadurch ist das bisherige[15]) Recht ausdrücklich bestätigt, und sonach muß der in der Ausübung seines Rechts Begriffene den dadurch zugefügten Schaden auch alsdann ersetzen, wenn er unter mehreren Arten der Ausübung gerade die schädliche auch nur aus grobem Versehen gewählt hat. Weiter geht aber seine Verantwortlichkeit nicht.

Es giebt noch einige besondere Fälle, wo der Handelnde als ein solcher angesehen wird, welcher in der Ausübung seines Rechts begriffen ist. Dahin gehört:

a. Der Fall des redlichen Besitzers. Dieser haftet wegen der Beschädigungen der Sache nur für Dolus und culpa lata, quia quasi *suam*

---

[14]) Glück Th. IV. S. 310. — Lauterbach Colleg. theor. pract. Pandectar. L. XIII. Tit. 6 §. 33 — Cocceji Jus controv. civile Lib. III. Tit. 2. qu. 2 u. 1,— Höpfner Commentar §. 756 u. v. A.

[15]) Frid. de Behmer Novum jus controversum. Tom. II. observat. 136.

rem neglexit[16]), welchen Satz das Allgemeine Landrecht I. 7 §. 219 anerkennt:

„Für Verschlimmerungen der Sache, die sich während seiner Besitzzeit ereignet haben, darf der redliche Besitzer nur in so fern haften, als sie durch sein grobes Versehen entstanden sind."

Nach erfolgter Litiscontestation, und im Preußischen Rechte nach insinuirter Klage, hat er die Pflichten eines unredlichen Besitzers[17]), welcher selbst für Beschädigungen durch Unterlassungen, selbst für den Zufall haften muß, wenn dieser die Sache in dem Besitze des Eigenthümers nicht würde betroffen haben[18]). Dieß ist eine Folge der Mora[19]). Der Eigenthümer

---

16) L. 31 §. 3 D. de hereditatis petitione. (V. 3.) — L. 25 §. 11 D. eod. und L. 45 D. de rei vindicatione. (VI. 1).

17) L. 25 §. 7 D. de hereditatis petitione. (V. 3).
„— post litem contestatam omnes incipiunt malae fidei possessores esse — et post motam controversiam omnes possessores pares fiunt et quasi praedones tenentur." —
L. 20 §. 11 L. 31 §. 3 D. eod. — L. 15 §. 3. L. 16 §. 1. L. 27 §. 2. L. 33. L. 36 §. 1. L. 45. 51. 58. 63. D. de rei vindicat. (VI. 1.) — L. 4 §. 3 D. finium regendorum. (X. 1). — A. L. R. I. 7 §. 222.

18) L. 31 §. 3 D. de hereditatis petitione (V. 3). — L. 36 §. 1. L. 45 D. de rei vindicat. (VI. 1). — A. L. R. a. a. O. §. 229. 240. 241.

19) Vergl. oben §. 20. Nr. IV. 1. b. S. 213 u. L. 10 Cod. de acquir. vel retinend. possess. (VII. 32.) Christoph Christ. Hasse Diss. de litiscontestatione an et quatenus bonae fidei possessor per eam in mala fide constituatur. Goett. 1780.

kann das, was er mit der Eigenthumsklage nicht hat erlangen können, mit der Actio legis Aquiliae fordern[20]), welches ihm auch nach Preußischem Rechte freisteht, vorausgesetzt, daß über den Gegenstand nicht schon in dem Eigenthums-Prozeße gestritten und erkannt worden ist. Dieser Fall ist in der Beziehung, daß der malae fidei possessor auch für schädliche Unterlassungen einstehen muß, keineswegs, weder nach Römischem Rechte, noch nach dem Allgemeinen Landrechte, als eine Ausnahme von der Regel anzusehen[21]): nach dem erstern nicht, weil der Fall entweder von der Art ist, daß aus der unerlaubten Handlung der Besitzergreifung selbst eine Klage entsteht, und alsdann ist jede schädliche Unterlassung als Fortsetzung der unerlaubten Handlung anzusehen[22]); oder das Verhältniß wird durch die Litiscontestation ein obligatorisches quasi ex contractu[22]); nach dem Allgemeinen Landrechte aber schon darum nicht,

---

[20]) L. 13 und 14 D. de rei vindicat. (VI. 1.) — Westphal System des Römischen Rechts über die Arten der Sachen, Besitz und Eigenthum. §. 938. — Cocceji Tractat. de doli et culpae praestatione. Diss. III. §. 21 No. IX.

[21]) Bornemann von Rechtsgeschäften S. 411 hält dies für eine Ausnahme von der Regel. — v. Wening-Ingenheim, Civilrecht B. II. §. 38 sieht diesen Fall auch als Ausnahme an.

[22]) L. 8. 27 §. 9. L. 30 §. 3 D. ad legem Aquiliam. (IX. 2).

[23]) L. 3 §. 11 D. de peculio. (XV. 1). — Carl. God. Winkler Diss. de discrimine inter litiscontestationem jure veteri ac hodierno, et utriusque effectibus. Lipsiae

weil darnach überhaupt die s. g. aquilische Culpa auch in non faciendo bestehen kann.

b. der Fall, wenn Jemand gefährliche Handlungen mit obrigkeitlicher Genehmigung an einem dazu obrigkeitlich bestimmten Orte, und zur erlaubten Zeit, z. B. Wettrennen oder Schießübungen, vornimmt, wo nur Dolus und culpa lata prästirt wird. (Vergl. S. 261 u. 263.) Hierin stimmt das Allgemeine Landrecht mit dem Römischen Rechte überein [24]).

c. der Fall, wenn zur Abwendung einer dringenden Gefahr die Sache eines Andern beschädigt wird. Dieses geschieht z. B. bei Ausübung der Nothwehr [25]), oder wenn bei einer Feuersgefahr das benachbarte Gebäude niedergerissen wird, um das Feuer von dem anstoßenden Ge-

---

1751. Sect. II. Bucher Recht der Forderungen §. 52. S. 170. Dieser Satz ist von Einigen bestritten, namentlich von: Joh. Ortw. Westenberg de causis obligationum. Diss. II. Cap. III §. 27 und Diss. VI. Cap. V. §. 11. — Walch Introduct. in controvers. juris civilis. Sect. III. Cap. 6 §. 2. — Weber von der natürlichen Verbindlichkeit §. 27 S. 82. — Dagegen: Glück a. a. O. Th. VI. S. 191.

[24]) §. 4 J. de lege Aquilia. (IV. 3). — L. 9 §. ult. und L. 50 D. ad legem Aquiliam. (IX. 2). — L. 7 §. 4. L, 4. 5. §. 3. L. 52 §. ult. eod. — Noodt de lege Aquilia Cap. 7. — A. L. R. I. 6 §. 38.

[25]) L. 4. 5 pr. 45 §. 4 D. ad leg. Aquil. (IX. 2). „Qui, quum aliter se tueri non possunt, damnum culpa dederint, innoxii sunt; vim enim vi defendere omnes leges omniaque jura permittunt." A. L. R. Einleit. §. 78. Th. I. Tit. 7 §. 142. Th. II. Tit. 20 §. 522 und 528.

bäude abzuhalten[26]). Aber auch hierbei ist der Handelnde für Dolus und culpa lata, nicht aber für culpa levis verantwortlich[27]).

Alle diese Fälle haben das Gemeinsame, daß der Handelnde bei der Beschädigung in dem Gebrauche seines Rechts ist[28]); und geben die Bestätigung für den oben (Nr. I. in fine sub 2 S. 261) aufgestellten Grundsatz: daß der Handelnde, unter dieser Voraussetzung, nur für Dolus und culpa lata, welche sich besonders auf die gewählte Art der Ausübung bezieht, haftet.

2. Die Handlung oder Unterlassung muß willkührlich sein, sonst kann sie nicht dolose oder culpose, mithin nicht widerrechtlich sein. Daher wird ein, durch unwillkührliche Handlungen verursachter, Schade dem Handelnden nicht zugerechnet[29]). Wer sich aber selbst in einen vorübergehenden Zustand versetzt hat, in welchem er seiner Vernunft nicht mächtig ist, muß auch den in diesem Zustande unwillkührlich verursachten Scha-

---

[26]) L. 49 §. 1 D. eod. — L. 3 §. 7 D. de incendio. (XLVII. 9). Dieser Grundsatz findet sich in den Feuer-Ordnungen wieder.

[27]) A. L. R. II. 20 §. 516 verbunden mit I. 3 §. 19. Vergl. Tit. 5 §. 277.

[28]) Marginal zu §. 515 Tit. 20. Th. II. und zu §. 36—37 Tit. 6 Th. I. des A. L. R.

[29]) A. L. R. I. 6 §. 39. — L. 5 §. 2 D. ad leg. Aquil. (IX. 2). — L. 12. 14 D. ad legem Corneliam de sicariis. (XLVIII. 8). — L. 40 D. de regulis juris. (L. 17). — L. 14 D. de off. Praesid. (I. 18). — L. ult. D. de administrat. et pericul. tutor. (XXVI. 7).

den ersetzen[30]). Dahin gehört besonders die Trunkenheit, und ein durch freiwilligen Genuß verursachter Zustand von Raserei[31]). Doch muß auch hierbei wieder auf den Grad der Schuld, und die Art der Handlung, um nach derselben, zufolge obiger Grundsätze zu beurtheilen, welcher Grad dem Handelnden anzurechnen, gesehen werden[32]). Soweit stimmt das Allgemeine Landrecht mit dem gemeinen Rechte überein. Nun folgt aber eine Bestimmung, durch welche der in Rede stehende Grundsatz, daß die Handlung eine willkührliche sein müsse, um zu verpflichten, eigentlich aufgehoben wird. Es heißt:

> §. 41. „Wenn Wahn- und Blödsinnige, oder Kinder unter sieben Jahren Jemanden beschädigen, so kann nur der Ersatz des unmittelbaren Schadens aus ihrem Vermögen gefordert werden."

„Diese Abweichung von der Theorie, heißt es in einer Anmerkung zu §. 34. l. c. des Entwurfs: nach welcher ein von solchen Personen verursachter Schaden allerdings für einen bloßen Zufall zu achten ist, gründet sich auf die natürliche Billigkeit. Wenn ein Wahnwitziger einen Schaden verursacht, der aus seinem beträchtlichen Vermögen leicht ersetzt werden kann, so würde es eine auffal-

---

30) A. L. R. a. a. O. §. 40. — Stryck Usus modern. Lib. IX. Tit. 3 §. 2.

31) Carpzow Disput. quaest. 115 No. 16 und Pr. crim. quaest. 116. No 39. — Stryck l. c.

32) A. L. R. II. 20 §. 22. — Eggers deutsche Gesetzgebung Th. II. S. 53 §. 62.

lende Härte enthalten, wenn der Beschädigte, der dadurch, ohne die geringste Schuld von seiner Seite, in seinen Vermögensumständen gänzlich zurückgesetzt worden, alle Vergütung entbehren sollte. Man verweiset denselben zwar gewöhnlich an den Aufseher des Kindes oder des Wahnsinnigen; aber eines Theils hält es oft schwer, diesen einer vernachläßigten Aufsicht zu überführen, und andern Theils ist sein Vermögen vielleicht zum Ersatz nicht hinreichend [33]."

Was hier aus Billigkeit bestimmt wird, ist altdeutsches Recht [34]), welches zwar hin und wieder in Sächsischen Gerichtshöfen vorzugsweise vor dem Römischen Rechte zur Anwendung gekommen, aber doch durch das für billiger gehaltene Römische Recht verdrängt worden ist [35]).

---

[33]) Vergl. Eggers a. a. O. §. 66. Dieser will, daß Aeltern und Vormünder die Handlungen ihrer Kinder und Pflegebefohlenen allerdings vertreten. Dies würde etwa mit den Römischen Noxalklagen übereinkommen, bis auf die noxae datio, die dann um gerecht zu sein, auch noch nachgelassen werden müßte.

[34]) Sachs. Sp. B. 2. Art. 65. u. B. 3. Art. 3.

[35]) Leyser Spec. 532. m. 3. — Berger Jurispr. crim. p. 145. — Carpzow qu. crim. 143. m. 15. 16. qu. 145. n. 21. Von mehrern Lehrern des gemeinen Rechts, heißt es bei Bornemann, im Civilrecht I. S. 252: sei diese Bestimmung des Allg. Landrechts in Bezug auf Rasende bereits angenommen worden. Es ist keiner dieser mehreren Lehrer genannt, und uns ist davon keiner bekannt geworden. Gribnerus soll, wie Leyser bemerkt, in einer Disp. de incestis novercae matris nuptiis, corol. 2, der angenommenen gemeinen Meinung, daß das Römische Recht auch in Sachsen anzuwenden, hinzugefügt haben, daß mit der natürlichen Billigkeit die Meinung der-

Durch diese Bestimmung des Allg. Landrechts ist eine so wesentliche Abänderung des von ihm selbst angenommenen Grundsatzes bewirkt, daß man nicht mehr sagen kann: die schädliche Handlung müsse eine willkührliche sein, wenn sie einen Anspruch auf Ersatz des dadurch verursachten Schadens begründen solle. Jedoch ist dieses auch wieder dadurch modificirt, daß der Anspruch nur in subsidium, und nur in sofern zugelassen werden soll, als dadurch dem Beschädiger nicht der nöthige Unterhalt rc. entzogen wird.

§. 25.

β. Bei einem obligatorischen Verhältnisse.

I. Dolus wird überall prästirt, und culpa lata gilt, wie so eben gezeigt worden ist, sowohl nach Römischem wie nach Preußischem Rechte, in Beziehung auf den Schadensersatz, nur nicht in Beziehung auf Strafe, dem Dolus gleich, so daß überall da, wo bloß der Prästation des Dolus ausdrücklich gedacht ist, die culpa lata mit verstanden ist. In den Römischen Rechtsquellen ist

---

jenigen mehr harmonire, welche Kinder zum Ersatze des angerichteten Schadens für verpflichtet hielten; denn es sei kein Grund vorhanden, warum die Kindheit eines Andern mir mehr als ihm schädlich sein solle. Leyser bemerkt dazu, es lasse sich über die Billigkeit für beide Fälle zwar discutiren, aber er bleibe bei der Meinung, daß das angenommene Römische Recht billiger sei, weil ein Willen- und Verstandesloser weder sich noch seine Güter obligiren könne, und ein casus fortuitus dem, der ihn leide, und keinem andern Unschuldigen schaden müsse. Es zeigt sich hier wieder, daß das, was Einem billig scheint, ein Anderer für unbillig hält.

unter dem Ausdruck: dolus und culpa, allemal die levis culpa gemeint [1]), weil die lata culpa sich von selbst versteht, und eine levissima, als verschieden von der levis, nicht anerkannt wird. Das Allg. Landrecht weicht in diesem Sprachgebrauche nothwendig ab, und drückt jedesmal den geringern Grad des Versehens aus, oder bedient sich des Ausdrucks: „jedes Versehen."

II. Wegen Leistung der culpa levis und levissima gelten nach Preußischem Rechte folgende Regeln:

1. Ein mäßiges Versehen soll in der Regel immer prästirt werden; bei Verträgen jedoch nur in sofern beide Theile aus dem Vertrage unmittelbaren Vortheil zu erwarten haben. Hat der Schuldner gar keinen Nutzen zu hoffen, so haftet er nur für ein grobes Versehen [2]). Dieß soll auch bei Vermächtnissen in dem Verhältnisse des Onerirten zu dem Honorirten der Fall sein [3]). Nach der Regel müßte auch ein mäßiges Versehen vertreten werden, weil der Onerirte keinesweges als ein solcher anzusehen ist, welcher bei der Sache gar keinen Vortheil hat, da die Leistung des ihm auferlegten nur für Gegenleistung gelten kann [4]), vorausgesetzt, daß er noch etwas übrig behält. Unter dieser Voraussetzung

---

[1]) L. 8. §. 3 D. de precario (XLIII. 26). — L. 1. §. 2 D. si is qui testament. (XVII. 4). — L. 5. §. 2. D. commodati. (XIII. 6). — L. 23 D. de regulis juris. (L. 17).

[2]) A. L. R. Th. I. Tit. 3. §. 21. Tit. 5. §. 278. 280. Tit. 7. § 13 u. 240. Tit. 9. §. 415. 451. Tit. 14. §. 100 u. 106. Tit. 20. §. 91. 611. 642. Th. II. Tit. 8. §. 701. 705. 1471. 2003.

[3]) A. L. R. Th. I. Tit. 12. §. 308 u. 293.

[4]) L. 108 pr. §. 2 D. de legat. I. (XXX.) — L. 47. §. 5. — L. 26. §. 1. u. L. 114. §. ult. D. eod.

gilt daher auch nach Römischem Rechte keine Abweichung von der Regel[5]). Die Bestimmung des Allgem. Landrechts hat aber ihren geschichtlichen Grund in den Meinungen einiger Juristen, welche den Erben nur für Dolus und culpa lata für verpflichtet hielten[6]), indem sie die Sache so ansahen, als wenn der Honorirte nur allein den Vortheil habe, und zu diesem Resultate dadurch kommen, daß sie bloß das Verhältniß des Onerirten zum Honorirten, nicht aber das des Erblassers zu beiden vor Augen hatten. Dieser Ansicht ist das Allgemeine Landrecht bei jener Bestimmung gefolgt.

2. Ein geringes Versehen soll nur als Ausnahme vorkommen:
   a. bei Verträgen, wo der Schuldner allein Vortheil hat[7]).
   b. bei Erfüllung der ex lege entstandenen Verbindlichkeiten. Man könnte hieraus folgern, daß überhaupt bei Obligationen, welche außer dem Falle eines Vertrages entstehen, z. B. auch bei der s. g. aquilischen Culpa, in sofern man die daraus entstehenden Verbindlichkeiten auch zu den gesetzlichen rechnet, allemal ein geringes Versehen prästirt werden müsse.

---

5) §. 10. J. de testamentis ordinandis. — Voet Comment. ad Pand. Tom. II. Tit. XXX. §. 50 drückt dieses so aus: „totum negotium quod agitur testamenti ordinandi gratia, inter testatorem et heredem agi creditur, adeoque in dispositione testatores principaliter vertitur heredis utilitas."

6) Man fand dieses in L. 32. §. 5 D. de legatis II. (XXXI.) vorgeschrieben.

7) A. L. R. I. 5. §. 279.

Die Bemerkungen der Redactoren zu der ursprünglichen Fassung der Bestimmung lassen auch deutlich erkennen, daß man eigentlich die Entstehung der Verbindlichkeit außer dem Falle eines Vertrags, namentlich die s. g. aquilische Culpa, im Sinne gehabt hat. Gegen die ursprüngliche Fassung, wonach überhaupt der Schuldner, welchem die Erfüllung unmöglich wurde, den Andern entschädigen sollte, war monirt worden, daß nothwendig ein solcher Grad der Culpa vorausgesetzt werde, den der Verpflichtete vertreten müße. Dieß müße in der Fassung deutlicher gemacht werden. Darauf wurde vorgeschlagen, daß bei Erfüllung einer unmittelbar aus dem Gesetze entspringenden Verbindlichkeit der Verpflichtete jedes Versehen vertreten müße. Zu diesem Voto findet sich in der revisio monitorum folgende Bemerkung von Suarez:

> Ad §. 12. ist die Frage zu entscheiden, welchen gradum culpae in diesem Falle der Verpflichtete bei der entstandenen Unmöglichkeit zu vertreten habe. H. G. glaubt, culpam levissimam, und ich würde solchem beitreten. Denn Verbindlichkeiten, die immediate ex lege entspringen, sind entweder Folgen einer unerlaubten Handlung, und dann ist die Sache klar. Oder die ex lege entspringende Verbindlichkeit ist so beschaffen, daß der Verpflichtete die Handlung, woraus solche entspringt, ganz aus freier Willkühr vorgenommen hat, und dann harmonirt es mit den allgemeinen Grundsätzen, daß er dabei eine mehr als gewöhnliche Aufmerksamkeit anwenden müsse [*])."

Hiernach hätte man eine ganz andere Bestimmung als den §. 13 Th. I. Tit. 16 erwarten sollen. Die Stelle lautet:

---

*) Bornemann Civilrecht II. S. 542.

„Ist die Erfüllung eine unmittelbar aus dem Gesetze entspringende Verbindlichkeit dem Verpflichteten, auch nur durch ein geringes Versehen unmöglich geworden: so muß er den Berechtigten schadlos halten."

Diese Fassung verrückt den rechtlichen Gesichtspunkt. Man findet überhaupt keinen Grund, warum man in Beziehung auf den Grad der Culpa zwischen der Entstehung, und der Erfüllung einer Verbindlichkeit unterscheiden will. Sodann leuchtet nicht ein: weshalb bei der Erfüllung einer, durch aquilische Culpa einmal entstandenen, Verbindlichkeit ein höherer Grad von Aufmerksamkeit angewendet werden soll, als bei der Erfüllung eines Kaufcontractes. Was sich dafür bei jener sagen läßt, kann bei diesem noch in einem höheren Maaße behauptet werden; während sich die Sache bei der Entstehung anders verhält. Aber die Stelle spricht ganz speciell nur von der Erfüllung einer unmittelbar aus dem Gesetze entspringenden Verbindlichkeit. Die Beschädigung aus Versehen, außer dem Falle eines Contracts, kann man aber nicht Erfüllung einer Verbindlichkeit nennen.

c. bei Handlungen, welche besondere Sach- oder Kunstkenntnisse voraussetzen, wie z. B. die Heilung; oder wobei die Anwendung vorzüglicher (natürlicher) Fähigkeiten; oder eine mehr als gewöhnliche Aufmerksamkeit, wie z. B. bei der Pflege eines kranken Thiers, beim Receptum, beim Lohnfuhrcontracte, verlangt wird[9]). Unwissenheit in Dingen, welche Jemand verstehen soll oder zu verstehen vorgiebt, wird als Culpa angerechnet[10]). Denn wer eine Kunst

---

[9]) A. L. R. I. Tit. 5 §. 281. u. Tit. 3. §. 23.

[10]) „Imperitia medici culpae adnumeratur." §. 7. J. de lege

ausübt, die er nicht ordentlich versteht, muß für die Folgen seiner Unwissenheit einstehen; und wer bei guten Fähigkeiten davon in Geschäften, wo es gerade darauf ankommt, keine Anwendung macht, der begeht eben dadurch eine Nachläßigkeit. Daher war den Römischen Juristen dieses alles nichts weiter, als eine gewöhnliche Culpa.

d. wenn ohne Aufforderung des Berechtigten und ohne Noth eine Einmischung in fremde Geschäfte geschehen ist [11]).

Dieß stimmt mit der, zur Zeit der Redaction des Allgem. Landrechts gangbaren Theorie völlig überein [12]). Nach Römischem Rechte kommt es aber bloß darauf an: ob nach der Natur der Obligation der Schuldner Vortheil davon erwartet oder nicht. In dem erstern Falle steht er für culpa levis, in dem letztern nicht. Wenn der Schuldner Vortheil erwartet, so ist es gleichgültig: ob er nur einseitig solchen hat, oder der Gläubiger ebenfalls; es ist nicht nöthig: daß beide Theile Vortheile erwarten [13]).

Aquilia. (IV. 3). — Vergl. A. L. R. Th. II. Tit. 10. §. 88 u. 89.

11) A. L. R. Th. I. Tit. 9. §. 457. Tit. 13. §. 215. Th. II. Tit. 18. §. 166. 278. 280. 281.

12) Bei Leyser Sp. 551 de culpa, med. I. finden sich die in dem A. L. R. I. 5. §. 278—280 enthaltenen Bestimmungen fast wörtlich: „In quocunque negotio par est utriusque utilitas, — ibi uterque praestat levem culpam. In quocunque negotio unius om. . is est utilitas, alterius nulla, ille praestat culpam levissimam, hic — latam.“ Vergl. Höpfner Commentar über die Institutionen §. 759 u. 912. — Glück Commentar Th. IV. §. 321 b.

13) L. 17 §. 2 D. de praescriptis verbis. (XIX. 5). — L. 10.

Von diesen Regeln giebt es folgende allgemeine Ausnahmen:

1. die Willkühr der Contrahenten; denn es ist, wie nach Römischem Rechte, erlaubt, die subsidiarisch geltenden gesetzlichen Regeln durch Vertrag abzuändern, nur über den Dolus ist eine solche Verabredung im Voraus nicht zulässig, und das pactum: ne dolus praestetur ist nichtig, wogegen der doloser Weise angerichtete Schade eben so wie jede andere Forderung erlassen werden kann[14]). Das Allgemeine Landrecht hat also die hierüber erhobene Controverse nach der richtigen Meinung entschieden[15]). Dagegen ist ein anderes Bedenken durch eine directe Bestimmung nicht erledigt worden, das nämlich: ob das pactum: ne culpa lata praestetur, gültig sei. Einerseits verneinte man dieß[16]), weil die culpa lata in Beziehung auf Schadensersatz dem Dolus völlig gleich stehe; an-

---

§. 1 D. commodati. (XIII. 6). — Die Hauptstellen sind: L. 5 §. 2 D. commodati. — L. 108 §. 12 D. de legatis I (XXX). — L. 23 D. de regulis juris. (L. 47.)

14) A. L. R. I. Tit. 5 §. 283. Tit. 16 §. 400. Tit. 20 §. 210. 211. — L. 23 D. de regulis juris (L. 17). — L. 6 §. 9 D. de act. emt. (XIX. 1). — L. 1 §. 7 D. depositi. (XVI. 3) — L. 27 §. 3. 4. D. de pactis. (II. 14). — Christoph Friedr. Harpprecht de conventione super dolo futuro. Tüb. 1750.

15) Leyser Spec. 516 m 1 und 2 behauptet die Gültigkeit des pacti: ne dolus praestetur, weil es in L. 34 C. de transact. heißt: „volenti dolus non infertur.“ Dort ist jedoch von einem Vergleiche über einen schon begangenen Dolus die Rede. Vergl. Müller Observat. pract. ad Leyserum. Tom. V. Fasc. II. obs. 858. — Donellus Comment. ad h. L. 34. pag. 112.

16) Berger Oecon. juris. Lib. III. Tit. VIII §. 2 Not. 2.

dererseits hielt man eine solche Uebereinkunft für wirksam, weil das pactum: ne depositi agam, in der L. 27 §. 3 in fine, und L. 7 §. 15 D. de pactis für rechtsbeständig erklärt werde, und sich dieses, da es nicht von der Prästation des Dolus befreien solle, auf die Culpa beziehen müsse, der Depositar aber nur für culpa lata hafte [17]). Nach der Bestimmung des Allgemeinen Landrechts im §. 400 Tit. 16 Th. I. könnte man annehmen, daß die Unwirksamkeit der Verabredung sich nur auf den Dolus beziehen solle; denn es heißt:

„Dagegen ist eine Verzichtleistung auf Rechte, die aus künftigen unerlaubten Handlungen entstehen möchten, unwirksam."

Dagegen ist der Grundsatz, daß die culpa lata dem Dolus gleich zu achten, auch in Beziehung auf die darüber im Voraus getroffene Uebereinkunft, bei einem speciellen Rechtsgeschäft angewendet. Diese Anwendung findet sich beim Pfandcontracte, im §. 240 und 241 Tit. 20:

„Ein Vertrag, wodurch der Schuldner dem Ersatze aller von dem Pfandinhaber verursachten Beschädigungen zum Voraus entsagt, ist für ersteren unverbindlich."

„Doch kann die Vertretungspflicht des Pfandinhabers auf solche Beschädigungen, die aus Vorsatz oder grobem Versehen zugefügt worden, durch Vertrag gültig eingeschränkt werden."

Eine weitere Einschränkung, also eine Einschränkung auf den Dolus allein, wird nicht für zulässig erklärt. Dadurch ist die Meinung, daß auch ein pactum: ne culpa lata praestetur nicht gelte, bestätigt.

---

17) Noodt de pactis. Cap. XIX. pag. 538.

2. Es giebt viele Fälle, in welchen diese Verabredung, vermöge einer allgemeinen Rechtsregel, stillschweigend vorausgesetzt wird. (Vergl. §. 26 Nr. I.)
3. die Mora modificirt alle Fälle [18]).

§. 26.

cc. Uebersicht der Anwendung der Regeln.

I. Die erste Klasse der Obligationen sind solche, wo der Schuldner keinen eigenen Vortheil bezweckt. Bei diesen gilt die Rechtsregel (§. 25 in fine Nr. 2): „nemini officium suum, quod ejus, cum quo contraxit, non etiam sui commodi causa susceperat, damnosum esse debet" [1]). Vermöge derselben wird stillschweigend vorausgesetzt, daß nur culpa lata prästirt werden solle. Dagegen fällt diese Voraussetzung fort, wenn sich Jemand unaufgefordert, zur Besorgung fremder Angelegenheiten, erbietet oder drängt; denn dieser muß, weil ein Anderer es vielleicht sorgfältiger besorgt haben würde, entweder die gehörige Sorgfalt anwenden, oder seine Hände davon lassen [2]). Zur Klasse dieser Geschäfte gehört:

1. Das Depositum. Nach Römischem Rechte haftet, zufolge der Regel, der Depositar nur für Do-

---

[18]) A. L. R. I Tit. 16 §. 18. Tit. 7 §. 210. Tit. 12 §. 300. Tit. 11 §. 72. 87. Tit. 11 §. 98. — L. 17 D. de periculo. (XVIII. 6). — L. 9 D. soluto matrimonio. (XXIV. 3).

[1]) L. 1. §. 35 D. depositi. (XVI. 3).

[2]) L. 17 §. 3 D. commodati. (XIII. 6). L. 53 §. 3 D. de furtis. (XLVII. 2).

lus und culpa lata[3]). Eben so nach dem Allgemeinen Landrechte[4]). Den angenommenen Grundsätzen zufolge gilt eine Ausnahme:

a, wenn das Depositum in ein anderes Geschäft übergeht, welches unter andern geschieht, wenn für die Aufbewahrung Entgeld gegeben, also der Verwahrer zur Custodia gemiethet[5]), oder wenn die Sache gebraucht wird[6]).

b, wenn der Depositar sich ungebeten und ohne Noth dem Geschäfte unterzogen hat. Ein Mißverständniß der hierüber sprechenden Stelle der Pandecten hat eine Controverse verursacht. Es heißt in der L. 1 §. 35 D. depositi:

> „Sed et si se quis *deposito obtulit*, idem Julianus scribit, periculo se depositi illigasse: ita tamen, ut non solum dolum, *sed etiam culpam et custodiam* praestet, non tamen casus fortuitos."

Die custodia hielt man für einen höhern Grad der Culpa, nämlich für culpa levissima, und da dieses mit andern Stellen, namentlich mit

---

[3]) §. 3 J. depositi. (III. 14. [15]). — L. 1 §. 8. 10. 47. D. depositi. (XVI. 3). — L. 31 D. eod. L. 5 §. 2 D. commodati. (XIII. 6). — L. 1 D. de his qui notantur infamia. (III. 2). Schömann Lehre vom Schadensersatz B. I. S. 197.

[4]) I. 14 §. 11—13. Vergl. oben §. 23 Nr. 2 lit. a. S. 252.

[5]) L. 1 §. 9 D. depositi. (XVI. 3). Hasse von der Culpa S. 188. 191. — A. L. R. a. a. O. §. 17.

[6]) A. L. R. a. a. O. §. 83. — Nettelbladt Commentat. de deposito irregulari. Sect. I. Cap. IV. membr. III. §. 52 sq. — Anders nach dem Preuß. Landr. Buch IV Tit. 4 Art. 2 §. 3.

Cap. 2 X. de deposito, wonach der sich angebotene Depositar nur für culpa levis haften soll, nicht stimmen wollte, so sagte man: die L. 1 §. 35 setze voraus, daß der Depositar sich einem Andern vorgedrängt habe; sonst bleibe er immer nur für culpa levis verhaftet[7]). Andere dagegen verwerfen diesen Unterschied und behaupten, daß der Depositar, welcher sich angeboten, allemal für culpa levissima einstehe[8]). Wenn man aber weiß, daß Custodia eine Species der Diligentia (diligentia in custodiendo) ist, und daß die Diligentia der Culpa entgegensteht, so ist die L. 1 §. 35 klar; sie enthält bloß: daß der Depositar, welcher sich anbietet, culpa prästiren soll, worunter culpa levis als der geringste Grad des Versehens verstanden wird. Hiernach ist die letztere Meinung, wonach in diesem Falle jedes Versehen vertreten werden soll, die richtige, nur daß die Lehre von der levissima culpa ein Irrthum ist, der jedoch als ein gesetzlich sanctionirter Satz gilt.

Nach dem allgemeinen Grundsatze des Landrechts (oben §. 25 Nr. II. 2 lit. d und Nr. 11) müßte also der sich unaufgefordert angebotene Depositar auch ein geringes Versehen vertre-

---

7) Wehrn Doctrina juris Cap. III §. 7 pag. 69. sq. — Lauterbach Colleg. theor. pract. Pand. Lib. XVI Tit. III. §. 31. — Berger Oecon. juris. Lib. III Tit. II §. 13. Nota 2.

8) Voet Comment. Lib. XVI Tit. 3 §. 7. — Huber Praelect. ad Institut. Tit. quibus mod. re contrah. oblig. §. 14. — Höpfner Commentar, §. 759 Nr. 5. — Glück Th. IV. S. 352 Not. 73 u. v. A.

ten. So ist es aber nicht, vielmehr verläßt hier das Allgemeine Landrecht jenen Grundsatz. Es heißt im §. 18 Tit. 14 Th. I.:

„für ein mässiges Versehen muß der Verwahrer haften, wenn er sich zur Verwahrung einer Sache aus eigener Bewegung, ohne Noth, und ohne alle vorhergegangene Aufforderung des Niederlegers angeboten hat."

Diese Abweichung erklärt sich aus der vorgetragenen Meinungsverschiedenheit der gemeinrechtlichen Schriftsteller; und es ist die Ansicht der erstern für die Quelle des Landrechts anzusehen. Bornemann[9]), welcher diese Abweichung übergeht, und bloß anführt, daß der Depositar, wenn er Entgeld erhält, oder sich angeboten hat, culpam levem prästiren müsse, fügt hinzu: „doch bleibt auch in diesen Fällen die Prästation der diligentia quam suis rebus stehen, wenn der Depositar in seinen eigenen Angelegenheiten noch aufmerksamer als ein gewöhnlicher Mensch ist." Nicht gleichwohl oder doch, sondern um so vielmehr bleibt diese Diligentia stehen, da sogar culpa levis in abstracto prästirt werden soll, und schon ohnedieß die diligentia quam suis rebus gefordert wird. Aber der Schuldner kann sich seinerseits in den Fällen, wo er für culpa levis stehen soll, nicht darauf berufen, d. h. er soll in diesen Fällen nicht so gelinde behandelt werden, wie der De-

---

[9]) Von Rechtsgeschäften S. 314. Auch in dem Civilrecht B. III. S. 411 ist die Abweichung von dem in andern Fällen angewendeten Grundsatze nicht bemerkt.

positar sonst behandelt wird, indem er mit der diligentia quam suis rebus frei ausdeht, sondern hier soll er culpa levis in abstracto prästiren. Die culpa quam suis rebus in der Anwendung, wie sie Bornemann meint, ist eine lata culpa (§. 23). Damit sie aber zur lata culpa werde, genügt nicht, wie der Herr Verf. voraussetzt, daß der Depositar in seinen eigenen Angelegenheiten noch aufmerksamer als ein gewöhnlicher Mensch sei, denn dieß wäre wieder etwas abstractes, während hier von etwas concretem die Rede ist; vielmehr wird dazu erfordert, daß er nachlässiger als er selbst sei, und zwar wissentlich, d. h. daß er in einem concreten Falle seine eigene Sache vorzugsweise gehörig bewahre, während er weiß, daß die fremde Sache sich in gleichem Falle der Gefahr befinde. Eine vorsätzliche, d. h. eine sich vorher vorgenommene Vernachläßigung muß es gerade nicht sein: das Wissen von der fremden Sache ist genug. Es muß aber auch eine wirkliche Vernachlässigung sein. Diese ist es nicht, wenn der Depositar seine und die deponirte Sache zugleich aus einer dringenden Gefahr unmöglich retten kann, wovon beim Depositum näher die Rede sein wird.

2. das Commodat, auf Seiten des Commodanten[10]).

Nach Römischem Rechte haftete auch der Commodatar, zufolge derselben Regel, in den Fällen bloß

---

[10]) A. L. R. I. 21 §. 257.

für culpa lata[11]), wenn bei dem Depositum nur der Vortheil des Commodanten bezweckt wurde, wovon das Allgemeine Landrecht in der Art abweicht, daß, statt der sonst zu prästirenden culpa levissima, nur für levis culpa eingestanden werden soll[12]).

3. der Schenkungsvertrag[13]).

Nach Römischem Rechte fielen noch einige Innominatcontracte, namentlich die Fälle, wo ein liberales Geschäft (die Ausübung einer ars liberalis) versprochen worden war, z. B. das Geschäft des Feldmessers, unter diese Regel, weil nach den Rechtsansichten der Römer sich Niemand zu einem solchen Geschäfte civiliter verbinden konnte, wenn auch ein Honorar oder ein Proxeneticum dafür versprochen worden war, wogegen der Dolus und die ihm gleich stehende lata culpa, unter allen Umständen, eine Civil-Obligation erzeugte[14]). Die heutigen Rechtsansichten sind hierin anders[15]).

Von dieser Regel giebt es zweierlei Ausnahmen:

1. solche Geschäfte dieser Classe, wo diligentia, d. h.

---

[11]) L. 5 §. 10 D. commodati. (XIII. 6.)

[12]) I. 21 §. 219.

[13]) I. 11 §. 1078. 1081. Vergl. L. 18 §. 3 D. de donation. (XXXIX. 5).

[14]) L. 1 §. 1 D. si mensor falsum modum dixerit. (XI. 6). — L. 2 D. de proxeneticis. (L. 14). — Heinr. Frid. Schorch Diss. de proxenetis. Erf. 1766. §. 7. — Riccius Exercitat. juris cambialis duodecima de proxinetis cambiorum et mercium. Goett. 1781. §. 46.

[15]) A. L. R. II. 8. §. 1339 — Conr. Otto Lührsen Diss. de proxenetis publicis ex jure germanico, praesertim Hamburgensi spectatis. Gött. 1795. Sect. V. §. 28.

culpa levis in abstracto, prästirt werden muß. Dahin gehört:

a. die *negotiorum gestio*, zufolge des vorhin schon erwähnten Grundsatzes [16]). Nach dem Allgemeinen Landrechte muß er sogar culpa levissima prästiren, zufolge der Regel §. 25. Nr. II. 2 lit. d. [17]) ausgenommen, wenn die Geschäfte bloß zur Abwendung eines drohenden Schadens besorgt worden sind, wo das Allgemeine Landrecht, in Uebereinstimmung mit dem Römischen Rechte, bloß für culpa lata verantwortlich macht [18]).

b. das Mandat. Der Grund dieser Ausnahme liegt in der versprochenen Geschäftsleistung, welche eine positive Thätigkeit erfordert, wodurch sich dieses Rechtsgeschäft von dem Depositum wesentlich unterscheidet. Eine solche Geschäftsleistung kann nur dann gelingen, wenn Sorgfalt angewendet wird. Diese wird daher nach der Natur des Geschäfts immer als stillschweigend bedungen angesehen; so daß der Mandatar durch sein Versprechen verpflichtet wird, das übernommene Geschäft ordnungsmäßig auszurichten [19]). Deshalb soll er für culpa levis

16) L. 11 D. de negotiis gestis. (III. 5.) — §. 1 in f. J. de obligat. quae quasi ex contr. (III. 28).

17) I. 13 §. 245. Auch nach L. 11 D. de negot. gest. (III. 5). muß selbst für den Zufall Ersatz geleistet werden, wenn der Geschäftsführer ein gewagtes Geschäft unternimmt, welches der Prinzipal gewöhnlich nicht zu unternehmen pflegt.

18) I. 13 §. 237. L. 3 §. 9 D. de negotiis gestis. (III. 5).

19) L. 17 §. 3 D. commodati. (XIII. 6). „— voluntatis

einstehen. Das Allgemeine Landrecht weicht hiervon in der Art ab, daß der Mandatar sich mit seiner Gewohnheit soll entschuldigen können. Nur ausnahmsweise, nämlich: alsdann, 1) wenn der Auftrag gegen Belohnung, und 2) wenn er von einem als Sach- oder Kunstverständigen übernommen worden, soll der Mandatar sich mit der Ausrede der diligentia rebus suis consueta nicht frei machen, sondern culpa levis in abstracto prästiren, und der Sach- oder Kunstverständige soll, wenn er Belohnung erhält, sogar für ein geringes Versehen haften[20]). Auch diese Abweichungen haben ihren geschichtlichen Grund in den verschiedenen einander widerstreitenden Rechtsmeinungen der Juristen jener Zeit. Man konnte sich die klaren Bestimmungen des Römischen Rechts nicht erklären, und fand sie inconsequent, weil der Bevollmächtigte ja auch keinen Vortheil habe, und daher nicht einzusehen sei, warum er nicht eben so gut wie der Depositar sich mit seinem gewohnten Leichtsinn solle entschuldigen können[21]). Die Anhänger dieser Meinung wollten daher nur dolus und culpa lata als Regel annehmen. Die Mehrzahl entschied sich jedoch für culpa levis. Die Redactoren

est enim suscipere mandatum, necessitatis consumare." — L. 5 §. 1 D. mandati. (XVI. 3). — §. 11 J. de mandato. (III. 27). — Donellus Commentar ad L. 11 Cod. mand. No. 44.

[20]) I. 13 §. 55—58.

[21]) Glück Commentar, Th. XV. S. 262 u. f., wo die Schriften für die verschiedenen Meinungen zahlreich angeführt sind.

des Allgemeinen Landrechts, haben einen Mittelweg genommen, und dem Depositar den Einwand der diligentia rebus suis consueta gegeben.

Der Fall, wo Bezahlung versprochen worden, kann eigentlich als Ausnahme nicht angesehen werden, weil dann das Rechtsgeschäft ein Miethscontract ist; auch nach Römischem Rechte wurde ein solches Geschäft als operarum conductio angesehen, ausgenommen das Geschäft des Procurators, dem ein Salarium versprochen werden konnte, ohne daß sich dadurch das Wesen des Geschäfts veränderte (Note 15 und 17). Die Angabe Bornemann's a. a. O. S. 414, in Beziehung auf das belohnte Mandat ist zum Theil irrthümlich. Er sagt: „Auch hier weicht „das Römische Recht von den Grundsätzen des „Landrechts ab. Das Römische Recht unter„schied nämlich, ob die Ausübung einer ars li„beralis, oder einer andern Handlung vom Man„datar übernommen worden, und verpflichtete „im erstern Falle den Mandatar nur zu einer „culpa lata, weil derselbe als Geschenk„geber angesehen wurde — im andern zur „culpa levissima. Diese Ansicht hat kein Römischer Jurist gehabt. In der That sind diejenigen Fälle, wo ein Salarium versprochen werden konnte, ohne daß sich das Rechtsgeschäft änderte, und wo wegen des versprochenen Salarii von keiner Schenkung die Rede sein konnte, gerade solche, wo man liberale Dienste leistete[22]). Der Grund, warum nur für

[22]) L. 6 pr. L. 7. L. 56 §. 3 D. mandati. (XVII. 1). — L. 1 und 2 C. mandati. (IV. 35).

Dolus und culpa lata gehaftet wurde, war ein ganz anderer (Note 14).

2. solche Geschäfte, wo nur Diligentia quam quis rebus suis adhibere solet, prästirt wird. Dahin gehört nach Römischem Rechte die Tutel und Curatel. Der Tutor und Curator müßte eigentlich nach den Regeln des Mandats beurtheilt werden. Allein dagegen kommt in Betracht, daß dieses Geschäft unfreiwillig übernommen wird; denn hat sich der Tutor selbst angeboten, so ist er wie der Mandatar für culpa in abstracto verantwortlich, und muß omnem diligentiam prästiren[23]); ferner, daß der Tutor und Curator während der Dauer seines Officii in keinem obligatorischen Verhältnisse, sondern in einem munus publicum steht. Hiernach müßte er gar, zufolge der Regel, nur culpa lata leisten. Dagegen streitet aber wieder die Begünstigung der Pupillen, und deshalb schlug man im Römischen Rechte den Mittelweg ein.

Das Allgemeine Landrecht weicht davon gänzlich ab. Nach demselben muß der Vormund levis culpa in abstracto prästiren[24]), und ausnahmsweise in einigen Fällen sogar levissima[25]), in einigen andern Fällen aber wieder nur culpa lata[26]). Nach dem Landrechte gehört hierher auch das Mandat (Nr. 1 lit. b).

---

[23]) L. 53 §. 3 D. de furtis. (XLVII. 2). — Das heißt aber nicht, wie man es es mit Höpfner Commentar §. 442 gewöhnlich verstanden hat, für culpam levissimam, denn diligentia ist, wie gesagt, kein Grad der Culpa.

[24]) II. 18 §. 275. 276.

[25]) §. 277—281 a. a. O.

[26]) §. 283—285 a. a. O.

II. Die zweite Klasse der Obligationen sind solche, wo beide, der Schuldner und der Gläubiger, Vortheil bezwecken, und daher culpa levis prästirt werden soll. Hierzu gehören: der Kauf[27]), die Pacht und Miethe[28]), mit dem Mandate gegen Entgeld[29]), der Pfandcontract[30]), das Verhältniß der Erben zu den Erbschaftsgläubigern[31]), der Ususfructus[32]), die Innominatcontracte, namentlich: der Trödelcontract[33]), die gewagten Geschäfte[34]), und Verträge über Handlungen, wobei, nach dem Allgemeinen Landrechte, alle Innominatcontracte generalisirt und

---

27) I. 11 §. 104. 55. — §. 3 J. de emtione. (III. 23. [24]) — L. 5. §. 2 D. commodati. (XIII. 6). — L. 31 §. 11. 12. D. de aedil. edicto. (XXI. 1). — L. 13 §. 16 D. de act. emti. (XIX. 1). — Hasse S. 386 und 513.

28) I. 21 §. 278. — L. 28 u. 1 C. de locato conducto. (IV. 65.) §. 5 J. de locato conducto (III. 24. (25).) L. 25 §. 7 D. locati conducti. (XIX. 2). Hasse S. 494.

29) I. 13 §. 56.

30) I. 20 §. 169. 170. 142. 181 und 189. — L. 13 §. 1 D. de pignoratitia actione. (XIII. 7). — §. 4. J. quibus modis re contrahitur. (III. 14 [15]). — L. 19. C. de pignoribus. (VIII. 14). — L. 5. 6. 8. C. de pignoratitia actione. (IV. 14). — Hasse S. 211. 495. — Gesterding Pfandrecht §. 30.

31) I. 9 §. 445. 451. — L. 26 §. 1 D. de legat. I. (XXX). — L. 47 §. 5 L. 108 §. 12 eod.

32) I. 21 §. 15. 16. 105. 132. — L. 9 pr. L. 13 §. 2. L. 15 §. 3. 7. L. 65 pr. L. 66 D. de usufructu. (VII. 1). — L. 1 §. 7. L. 2 D. usufructuarius quem admodum. (VII. 9).

33) I. 11 §. 516. Nach Römischem Rechte war es hierbei anders. L. 1 §. 1 D. de aestimatoria. (XIX. 3). — L. 17 §. 1 D. praescriptis verbis. (XIX. 5).

34) I. 11 §. 512 513. — L. 3 C. de nautico foenore (III. 33).

unter Eine Regel gebracht werden[35]), während im Römischen Rechte, in Beziehung auf diese Rechtsgeschäfte, über die culpa nichts allgemeines ausgesprochen ist, sondern jeder Fall besonders beurtheilt wird[36]).

Bei dieser Klasse von Rechtsgeschäften kommen zweierlei Ausnahmen vor:

1. solche, wo die modificirte Culpa zur Anwendung kommt, indem nur diligentia rebus suis consueta gefordert wird. Der Grund davon ist ebenfalls stillschweigende Voraussetzung, weil die dauernden Verhältnisse, wobei diese Art von Culpa vorkommt, sich gerade auf freie Wahl des Individuums, und auf Zufriedenheit mit den individuellen Eigenschaften desselben gründen.

Dergleichen Verhältnisse sind:

a. Societät[37]). „Wie ist aber die Culpa zu prästiren, wenn die diligentia quam suis rebus nicht ausgemittelt sein sollte?" frägt Bornemann[38]), und fügt hinzu: „Das Gesetz hat darüber keine Bestimmung, doch muß der Gesellschafter unbedenklich alsdann ein mäßiges Versehen vertreten, weil derselbe immer ein Be-

---

[35]) I. 11 §. 879.

[36]) L. 17 §. 1. 2. 4. L. 20 §. 2. D. praescr. verb. (XIX. 5). — L. 10 §. 1 D. commodati. (XIII. 6). — L. 1 §. 10 D. depositi. (XVI. 3).

[37]) §. 9 J. de societate (III. 25. [26]) Sufficit talem diligentiam communibus rebus adhibere socium, qualem suis rebus adhibere solet. Nam qui parum diligentem socium sibi adsumit, de se queri, sibique hoc imputare debet." L. 72 D. pro Socio. (XVII. 2). A. L. R. I. 17 §. 211.

[38]) Rechtsgeschäfte S. 415.

vollmächtigter, sodann aber auch der Gesellschafts-vertrag ein zweiseitiges Geschäft ist." Jede Bedenklichkeit erledigt sich von selbst aus der Betrachtung der Sache von dem rechten Standpunkte. Die diligentia rebus suis consueta befreit den Schuldner in Fällen, wo er gelinder behandelt werden soll und deshalb sich darauf berufen darf, von der Verantwortung für ein begangenes Versehen; die Sache reducirt sich also, wie schon früher angedeutet worden, auf einen Einwand, und wenn derselbe nicht bewiesen werden kann, so bleibt die Verantwortlichkeit stehen.

Die *communio incidens* wird zwar im Römischen Rechte nach denselben Grundsätzen beurtheilt[39]). Das Allgemeine Landrecht weicht hiervon aber ab, und bestimmt, daß culpa levis in abstracto vertreten werden soll[40]), wiewohl in der Sache kein Grund liegt, etwas anderes gelten zu lassen, als was bei vertragsmäßig entstandenen Gemeinschaften angenommen ist, zumal nach dem Landrechte es auch für eine communio incidens gilt, wenn der Vertrag in der Form mangelhaft ist, in welchen Fällen ebenfalls eine freiwillige Wahl eingetreten, und eine Zufriedenheit mit der Individualität des Mitberechtigten vorauszusetzen ist.

b. Die ehemännliche Verwaltung des Eingebrachten[41]). Nach dem Allgemeinen Land-

---

[39]) L. 25 §. 10 D. fam. ercisc. (X. 2).

[40]) I. 17 §. 58.

[41]) L. 17 pr. D. de jure dotium. (XXIII 3). — L. 11 in f. C. de pactis conventis. (V. 14). A.L.R. II. §. 554. 555.

rechte gilt dieses jedoch nur von den Capitalien. Wegen der Verringerung der Mobilien haftet er nur für ein grobes Versehen[42]), und in Bezug auf Immobilien soll er für culpa levis in abstracto einstehen[43]), eine Abweichung von der Regel, wobei das eigenthümliche Verhältniß, man sieht nicht: warum? unberücksichtigt geblieben ist.

2. Die andere Art der Ausnahme ist die, wo der Schuldner auch für ein geringes Versehen haften muß. Dahin gehört das Receptum der Sachen eines Reisenden, von Seiten des Gastwirths[44]), der Lohnfuhrcontract[45]), und die Tutel in einigen Fällen[46]). Nach Römischem Rechte fallen diese Rechtsgeschäfte unter die allgemeine Regel[47]), weil es keinen dritten Grad der culpa giebt.

Eine dritte Art der Ausnahme des Römischen Rechts, wo nur culpa lata zu prästiren, nämlich beim Precarium[48]), weil dasselbe kein Contract, sondern eine Art von bloßer Liberalität oder Gutwilligkeit ist, welche keine Civil-Obligation hervorbringt[49]), kennt das Landrecht nicht.

---

[42]) §. 561 ebendas.

[43]) §. 595 l. c. und I. 21 §. 132.

[44]) A. L. R. II. 8 §. 417.

[45]) §. 2159 a. a. O.

[46]) II. 18. §. 277—281.

[47]) L. 3 §. 1 D. Nautae, caupones. (IV. 9). — L. 7. pr. §. 1. D. eod.

[48]) L. 8 §. 3. 6. 8 D. de precario. (XLIII. 26).

[49]) Deshalb gab es dafür keine Klage, wenn keine Beschädigung durch Dolus oder Culpa lata eingetreten war. Dieß wird in L. 8 §. 3 D. de precario gemeint, welche Stelle Westphal im System des Römischen Rechts über

III. Die dritte Klasse von Geschäften sind solche, wobei der Schuldner allein Vortheil bezweckt. Hier muß er ein geringes Versehen prästiren. Hierher gehört namentlich der Leihcontract[50]). Diesem Geschäfte gleich gestellt ist das Verhältniß des Beklagten bei der Reivindication[51]). Nach Römischem Rechte gehören diese Fälle zur zweiten Classe, weil es an einer dritten fehlt.

§. 27.

dd. 1. Vererbung, u.
2. Beweis der Culpa.

Fr. Alef de onere probandae culpae actori nunquam incumbenti, in diebus Acad. Heidelb. 1753. 4. No. XX. p. 565 sqq.

I. Die Frage: welchen Grad des Versehens, außer der lata culpa, die Erben zu vertreten haben, war nach gemeinem Rechte streitig. Die Erben eines Vormundes und der obrigkeitlichen Personen wurden im Römischen Rechte nur für ein grobes Versehen ihres Erblassers verantwortlich gemacht[1]). Einige wollten hieraus eine allgemeine Regel herleiten; die große Mehrzahl hielt dieses aber nur für eine Ausnahme bei der Vormundschaft,

---

die Arten von Sachen u. s. w. §. 107 gänzlich mißversteht. Glück, Th. IV. S. 353 wiederholt dessen mißlungene Erklärung wörtlich, bloß mit dem Zusatze: „unstreitig."

[50]) I. 21 §. 248.

[51]) I. 7 §. 240.

[1]) L. 4 D. de magistr. conven (XXVII. 8). — L. 1. Cod. de hered. tutor. (V. 75).

weil in der Regel „non ex persona heredum conditio obligationis immutatur[2])“, so daß Einige[3]) nicht einmal bei den Erben des Vormundes eine Ausnahme gestatten wollten.

Das Allgem. Landrecht hat die gemeine Meinung, welche für die richtige zu halten ist, recipirt, und läßt die aus einem Versehen entstandene Verbindlichkeit zum Schadensersatz in der Regel unverändert auf den Erben übergehen[4]), aber ausnahmsweise die Erben des Vormundes und des Vormundschaftsrichters, in dem Falle, wenn die Klage von dem Erblasser noch nicht beantwortet worden ist, nur für culpa lata haften[5]).

II. Was den Beweis der Cylpa betrifft, so kommt es darauf an: ob die Culpa Grund der Klage ist. Dieß kann sowohl in als außer dem Falle eines Contractsverhältnisses vorkommen. Der gewöhnliche Fall ist jedoch die widerrechtliche Beschädigung außer einem obligatorischen Verhältnisse. Hier muß nach dem Grundsatze: daß derjenige, welcher eine Thatsache behauptet, aus welcher er rechtliche Folgen ableitet[6]), zu beweisen habe, der

---

[2]) L. 2. §. 2 D. de verbor. obligat. (XLV. 1).

[3]) Wehrn Doctrina cit. Cap. IV. §. 40. — Cujacius Observat. Lib. XIII. Cap. 39. — Thomasius Diss. de culpa tutoris ab heredibus praestanda. Halae 1701. (in Collect. Diss. T. II. No. 51). — Kern Diss. de obligatione tutoris defuncti ex persona heredis haud mi nuta. Gött. 1782.

[4]) Th. I. Tit. 6. §. 28. Th. II. Tit. 10. §. 145. 128.

[5]) II. 18. §. 293. 294. 304.

[6]) A. G. O. Einleitung §. 16 u. Tit. 13 §. 28. — L. 2. 18 §. 2 D. de probat. (XXII. 3). — L. 1. 23 Cod. eod. L. 4 C. de edendo. (II. 1.)

Kläger den Beweis der Verschuldung führen[7]). Die Culpa kann als etwas in der Gesinnung liegendes niemals direct bewiesen, sondern muß durch die Reflexion des Richters aus wahrnehmbaren Thatsachen abstrahirt werden. Der Beweis hat also nur eine äußerlich wahrnehmbare Handlung zum Gegenstande. Ist durch eine unerlaubte Handlung Schaden verursacht, so genügt der Beweis dieser Handlung, und die Schuld wird alsdann vermuthet, so daß der Beklagte den Beweis seiner Schuldlosigkeit führen muß[8]). War die Handlung an sich erlaubt, so muß der Kläger demonstriren: worin die Rechtswidrigkeit liegt.

Bei obligatorischen Verhältnissen gestaltet sich die Sache gewöhnlich so, daß der Beklagte seine Schuldlosigkeit excipirt und daher beweisen muß, um sich von der Contractsklage frei zu machen. Allgemeine Regeln lassen sich darüber nicht angeben; jeder concrete Fall muß nach seiner Individualität beurtheilt werden. Wer für jedes Versehen aufkommen muß, hat den Zufall, wenn er sich darauf beruft, zu beweisen[9]). Haftet der Schuldner (Beklagte) nicht für jedes Versehen, so excipirt er bloß das Ereigniß, wodurch die Erfüllung unmöglich geworden; und der Kläger muß dann replicando behaupten und beweisen, daß dabei eine solche Culpa

---

[7]) A. L. R. Tit. 3 §. 15. Tit. 6 §. 24.

[8]) Tit. 6 §. 25 u. 26 l. c. — Hasse §. 23. — L. 18 §. 1 D. de probat. (XXII. 3). — L. 19 §. 1 D. cod.

[9]) A. L. R. I. 21. §. 253. II. 8. §. 417. 1916. 2159. I. 7. §. 210. 211. — L. 3 §. 1. L. 5 D. nautae caupones. (IV. 9). — L. 1 §. 13. L. 4 D. de magistratibus conven. (XXVII. 8). — L. 11 D. de probat. (XXII. 3). — L. 9 §. 4 D. locati cond. (XIX. 2). — L. 3 §. 1 D. commodati. (XIII. 6). — L. 27 § 2 D. mand. (XVII. 1).

des Beklagten concurrirt, welche nach der Natur des Geschäfts von ihm vertreten werden muß. Die diligentia rebus suis consueta muß allemal der Beklagte, wenn er sich durch den Einwand derselben in Fällen, wo dieß zuläßig ist, freimachen will, beweisen. Das Römische Recht kennt noch einige Präsumtionen:

1. Wenn der Debitor zur custodia, d. h. diligentia in custodia verbunden ist, und die Sache wird entwendet, so gilt die Vermuthung, sie sei durch Culpa des Inhabers gestohlen worden, bis der Beweis des Gegentheils geführt ist. Dieß wird so ausgedrückt: der Debitor trage das periculum furti, und eben dasselbe heißt es, wenn ihm die actio furti zugeschrieben wird [10]). Wird die Sache aber mit Gewalt entwendet, so wird casus präsumirt, und der Gläubiger muß die Nachläßkeit des Inhabers beweisen.

2. Bei körperlichen Beschädigungen, welche der in Verwahrung des Debitors befindlichen Sache durch einen Dritten zugefügt werden, wird in Beziehung auf den Debitor Casus präsumirt, d. h. seine Culpa muß ihm bewiesen werden [11]).

Etwas ähnliches findet sich auch im Landrechte bei dem Verwahrungsvertrage, und dem damit verwandten Recepto, welches Fälle der Römischen Custodia sind. Wird nämlich eine verschloßen oder versiegelt deponirte Sache beschädigt, und der Verwahrer beweiset, daß das Schloß oder Siegel ohne sein Zuthun verletzt worden,

---

[10]) L. 14 §. 12 D. de furtis. (XLVII. 2). — L. 5 D. nautae coupones (IV. 9).

[11]) L. 19. commodati. (XIII. 6). — L. 40 u. 41 D. locati. (XIX. 2). — I. 11. de periculo. (XVIII. 6).

so soll Casus präsumirt werden[12]; und der Gastwirth soll von der Vertretung eines an den aufgenommenen Sachen entstandenen Schadens frei sein, wenn dieser Schade durch äußere Gewalt und Zufälle, die der Wirth, bei der sorgfältigsten Aufmerksamkeit, weder vorhersehen noch verhüten können, entstanden ist[13]. Für solche äußere Gewalt und Zufälle würde z. B. Einfall der Feinde, Brand in des Nachbars Hause, Raub, gewaltsamer Einbruch u. s. w. gelten müssen[14], so daß die Bestimmung mit den erwähnten Römischen Präsumtionen fast übereinkommen würde. Ob aber ein im eigenen Hause entstandener Brand für einen solchen Zufall zu halten, d. h. ob der Wirth seine Unschuld an der Entstehung beweisen, oder ob ihm seine Schuld bewiesen werden müsse, könnte bezweifelt werden. Da er jedoch von der Vertretung nur alsdann frei ist, wenn er beweiset, daß er die Zufälle bei der sorgfältigsten Aufmerksamkeit weder vorhersehen noch verhüten können, so muß er die Anwendung dieser seiner sorgfältigsten Aufmerksamkeit nachweisen, und, wenn er dieß nicht kann, auch für den in seinem Hause den aufgenommenen Fremden entstandenen Brandschaden haften. Nach dem Allg. Landrechte ist dieses aber nicht auf andere Fälle, namentlich nicht auf Pacht und Miethe auszudehnen. Unter den gemeinrechtlichen Schriftstellern war diese Frage sehr bestritten[15]. Geht man davon aus, daß ein solcher Schuldner, wel-

---

[12]) I. 11 §. 33.

[13]) II. 8. §. 417.

[14]) Hagemann Landwirthsch. R. §. 68.

[15]) Wegen L. 3 §. 1 D. de off. praef. vigil. (I. 15). „— plerumque incendia culpa fiunt inhabitantium —“ Vergl. L. 11 D. de periculo. (XVIII. 6). — L. 5 C. de pigneratit. act. (IV. 24).

cher omnem culpam prästiren muß, sich von der Contractsklage excipiendo durch den zufälligen Untergang der Sache befreien will, so hat die Meinung, daß er den eingewendeten Zufall, mithin auch die zufällige und in Beziehung auf ihn schuldlose Entstehung des Brandes beweisen muß, viel für sich. In den französischen Gerichtshöfen des geschriebenen Rechts war diese Meinung allgemein herrschend [16]), und ist durch die Gesetzgebung sanctionirt [17]). In Deutschland hat sich diese Meinung nicht so geltend machen können, vielmehr ist die entgegengesetzte für die opinio communis zu halten [18]), welche von der sächsischen Gesetzgebung bestätigt worden ist [19]). Dasselbe muß auch von dem Allgemeinen Landrechte angenommen werden, wenn keine feuerpolizeiwidrige Unvorsichtigkeit oder Handlung vorgefallen ist [20]).

---

[16]) Pothier du contract de Louage. No. 193 sq. — Maleville Commentar ad Art. 1733.

[17]) Code civil Art. 1733. 1734.

[18]) Gail Obs. Lib. II. obs. 21. No. 66. — Mynsinger Cent. 6. obs. 88. Mascardus de probation. concl. 891. No. 17 sq. — Stryck Usus modern. Lib. I. Tit. 15 §. 2. — Voet. Comment. ad Pand. Lib. IX. Tit. 2 §. 20. 21. — Wernher Obs. T. I. P. I. obs. 200. No. 6. — Quistorp Abhandlung: ob ein Hausvater, in dessen Wohnung Feuer ausgekommen, bei verursachtem Schaden, den Mangel der Fahrläßigkeit beweisen müsse? (in dessen Beiträgen zur Erläuterung verschiedener Rechtsmaterien. Nr. XIV.)

[19]) Decis. 79 u. 80. v. J. 1661.

[20]) I. 21. §. 516. II. 20. §. 1555. I. 6. §. 25.

§. 28.

e. Interesse.

aa. Im Allgemeinen.

D. Burkhard Wilhelm Pfeiffer Abhandlung: Was ist Interesse und in wie fern kann eine, wegen besonderer von einem Geschäft abhangenden Vortheile erhaltene Warnung die Verbindlichkeit des ganzen Interesses bewirken? mit Hinsicht auf den §. 285—290 des 5ten Titels des I. Theils des Preuß. Gesetzbuchs (in seinen vermischten Aufsätzen über Gegenstände des deutschen und römischen Privatrechts. Marburg 1803. 8. S. 227—245). — Donellus Comment. L. XXVI. — Wehrn Doctrina juris cit. Cap. VI. p. 349 sq.

I. Bisher sind die Begriffe von Casus, Dolus und Culpa dargestellt, und damit ist die erste Frage in Betreff des Schadensersatzes erledigt: wann ein solcher Ersatz geleistet werden soll. (§. 20. in f.) Wir kommen jetzt zu der andern Frage: was oder wie viel soll der leisten, welcher ein Surrogat zu leisten schuldig ist?

Das Allg. Landrecht stellt zu Anfang eine allgemeine Theorie auf, welche es jedoch in den einzelnen Anwendungen nicht befolgt. Diese Theorie, deren Quelle die damalige Rechtsphilosophie ist[1]), ist folgende: Die Folgen einer Handlung sind nämlich unmittelbar oder mittelbar. Unmittelbar sind diejenigen, welche aus einer Handlung an und für sich betrachtet, nach dem natürlichen und gewöhnlichen Laufe der Dinge zu ent-

---

[1]) Vergl. Hugo Grotius de jure belli ac pacis. Lib. II. cap. XXI. No. 10. — Darjes Institut. jurispr. univers. §. 330. 337.

stehen pflegen[2]). **Mittelbar** heißen diejenigen Folgen, die nur aus der Verbindung mit einem fremdartigen Ereigniße, oder mit einer ungewöhnlichen Beschaffenheit entstehen[3]). Diese mittelbaren Folgen werden **zufällige** genannt, wenn sie nicht vorausgesehen werden konnten[4]).

Für welche Folgen soll man einstehen?

1. Für **unmittelbare** Folgen soll **immer** eingestanden werden. So bestimmt es nämlich der §. 7. Tit. 3, wo es heißt:

   „Soweit eine Handlung frei ist, werden die unmittelbaren Folgen derselben dem Handelnden allemal zugerechnet."

   Diesem entgegen heißt es im §. 14 ebend.:

   „Der **Grad** der Zurechnung bei den **unmittelbaren** sowohl, als bei den mittelbaren Folgen einer Handlung richtet sich nach dem Grade der Freiheit bei dem Handelnden."

   Und §. 24 wieder:

   „Bei der Zurechnung der freien Handlungen nehmen die Gesetze auf die eigenthümliche Beschaffenheit oder Geisteskräfte dieser oder jener bestimmten Person keine Rücksicht."

   Man sinnt vergeblich darüber: wie die Bestimmung des §. 14 **practisch** anzuwenden, und es erscheint die Vorschrift des §. 7 als die practisch allein anwendbare, da, wenn einmal feststeht, wie weit eine Handlung frei ist, sie soweit auch zugerechnet werden muß, ohne daß es bei den unmittelbaren Folgen derselben noch weiter auf Grade ankommen kann.

---

[2]) I. 3 §. 4. Tit. 6 §. 2.

[3]) I. 3 §. 5. Tit. 6 §. 3.

[4]) I. 3 §. 6. Tit. 6 §. 4.

Es scheint daher durch den §. 14 nur derselbe Gedanke wie im §. 7 ausgedrückt zu sein.

2. Die mittelbaren Folgen sollen vertreten werden[5]):

   a. wenn man dieselben wirklich beabsichtigt hat;

   b. wenn man, ohne sie gerade zu beabsichtigen, sie doch vorausgesehen hat;

   c. wenn es bei Anwendung der schuldigen Aufmerksamkeit möglich war, sie vorauszusehen. Diese Möglichkeit des Voraussehens soll aber nach dem Grade der Culpa beurtheilt werden, welche man in dem Geschäfte zu vertreten hat.

3. Die unmöglich vorauszusehenden, d. h. die zufälligen, werden nicht zugerechnet, ausgenommen bei dem s. g. casus mixtus[6]). Denkt man sich als Folge einer Handlung einen Schaden, so hat man die Eintheilung desselben in unmittelbaren, mittelbaren und zufälligen Schaden[7]), welcher letztere von dem casus fortuitus zu unterscheiden ist (Note 8). Der Eintheilungsgrund hiervon ist die Entstehungsart; daher nennt man auch wohl den unmittelbaren Schaden: damnum dolosum; den mittelbaren: damnum culposum[8]).

---

[5]) I. 3 §. 8—10 u. 12.

[6]) §. 11 u. 13 ebendas.

[7]) Tit. 6 §. 12—4. „Zufällig" heißt dieser Schade daher, weil er nicht nothwendig aus der Rechtsverletzung, sondern nur durch ihr Zusammentreffen und Zusammenwirken mit zufälligen Umständen entsteht.

[8]) Darjes l. c. §. 338. „Intulit vero ille damnum vel moraliter agendo, vel non moraliter agendo. Si hoc, damnum dicitur casuale, a fortuito distinguendum. Si illud, intulit damnum aut culpose, aut dolose agendo.

Bei gemeinrechtlichen Schriftstellern sind dafür die Ausdrücke: damnum circa rem, und damnum extra rem gebräuchlich [9]).

II. Nach seinen Bestandtheilen zerfällt der Schaden:

1. in wirklichen Schaden, damnum emergens, damnum positivum, welcher in einer Verringerung des wirklich schon Vorhandenen besteht [10]);
2. in entgangenen Gewinn, lucrum cessans, damnum privativum, welcher in der Vereitelung einer Verbesserung oder Vermehrung besteht [11]). Bei Bestimmung des entzogenen Gewinnes wird nur auf solche Vortheile gesehen, die entweder nach dem gewöhnlichen Laufe der Dinge und der Geschäfte des bürgerlichen Lebens, oder vermöge gewisser schon getroffener Anstalten und Vorkehrungen, vernünftiger Weise erwartet werden konnten [12]).

Beide Arten zusammengenommen heißen: das In-

Si hoc, damnum dicitur dolosum, ab aliis directum, si illud, culposum, ab aliis indirectum."

[9]) Entnommen aus L. 21 §. 3 D. de act. emti venditi. (XIX. 1), in welcher Stelle der Ausdruck: utilitas circa rem einmal vorkommt.

[10]) I. 6. §. 12.

[11]) §. 5. l. c. „Vortheile, die Jemand erlangt haben würde, wenn eine gewisse Handlung nicht vorgefallen wäre, werden zum entgangenen Gewinn gerechnet." Hugo Grotius l. c. „Primum, aliud esse damnum directe datum, aliud quod in consequentiam venit. Directe datum voco quo cuiquam aufertur ad quod jus proprium habet. Per consequentiam, quo fit ut quis non habeat quod habiturus alioqui fuisset, cessante scilicet conditione etc." Doch besteht hierin der mittelbare Schade nicht allein.

[12]) §. 6. l. c. — L. 29 §. 3 D. ad legem Aquil. (IX. 2).

tereſſe, omnis utilitas, id quod interest, oder vollſtändige Genugthuung[13]).

Verhältniß der beiden Eintheilungen zu einander:

1. der unmittelbare Schade iſt immer zugleich auch ein wirklicher Schade, aber umgekehrt iſt der wirkliche Schade nicht immer auch ein unmittelbarer, weil der wirkliche Schade auch mittelbar zugefügt werden kann. Wer alſo einen unmittelbaren Schaden erſetzen ſoll, erſetzt immer nur einen wirklichen, ein damnum emergens, wer aber einen wirklichen Schaden erſetzen ſoll, iſt nicht bloß alsdann dazu ſchuldig, wenn es auch zugleich ein unmittelbarer iſt.
2. der mittelbare Schade kann ſowohl einen wirklichen Schaden als entgangenen Gewinn in ſich begreifen; aber der entgangene Gewinn iſt immer nur ein mittelbarer Schade.

In der Regel wird bloß der poſitive Schaden erſetzt. Vollſtändige Genungthuung wird in folgenden Fällen geleiſtet:

1. bei Verträgen:
   a. im Falle des Dolus und der culpa lata, mit einer Ausnahme bei der Ceſſion. Wenn nämlich die Forderung unter dem Nominalwerth gekauft iſt, ſo ſoll ſich das Intereſſe nicht auf den Nominalwerth ausdehnen, wenn der Cedent auch betrüglich gehandelt hat[14]). Dieß ſcheint zwar inconſequent, hat jedoch das für ſich, daß der Betrug eigentlich nicht die Urſache des dem Ceſſionar entgangenen Gewinnes iſt.

---

[13]) §. 7 l. c. Tit. 5. §. 286. 287. Pfeiffer l. c.

[14]) I. 11. §. 424. 425. 441.

b. Im Falle der levis und levissima culpa nur

aa. von Kunst- und Sachverständigen,

bb. von dem, welcher gewarnt worden, daß von seiner übernommenen Handlung besondere und ungewöhnliche Vortheile für den Andern abhangen [15]);

cc. wenn Jemand eine Handlung, zu deren Unterlassung er ausdrücklich verpflichtet worden, dennoch begeht [16]). Dieser allgemeine Grundsatz, welchen man aus dem Grunde ausgesprochen hat, „weil es sich gar nicht denken lasse, daß Jemand eine Handlung, deren Unterlassung er versprochen habe, begehe, ohne vorsätzlich seine übernommene Pflicht zu übertreten [17]),“ ist jedoch in der Anwendung unbeachtet geblieben, indem gerade in der Lehre von Verträgen über Handlungen, in Uebereinstimmung mit den allgemeinen Grundsätzen, festgesetzt worden ist, daß wenn Jemand zu bloßen Unterlassungen verpflichtet sei, und dieser Verpflichtung zuwider handele, er nach dem Grade der ihm dabei zur Last fallenden Verschuldung den Andern entschädigen solle [18]). Der Unterschied, welcher zur Vereinigung beider Stellen zwischen solchen Handlungen gemacht wird [19]), zu deren Unterlas-

---

15) I. 5 §. 285—290. — Pfeiffer a. a. O.

16) I. 5 §. 291.

17) Bornemann Civilrecht II. S. 510.

18) I. 11 §. 890.

19) Bornemann von Rechtsgesch. I. Ausg. S. 425. u. Civ. R. II. S. 511 Note *

sung der Promittent schon ex lege verbunden war, und solchen, zu denen der Promittent vor dem Vertrage nicht verbunden war, so daß sich die Stelle I. 5 §. 291 auf die erstere Art, und §. 890 Tit. 11 auf die letztere beziehen soll, hat keinen Grund, und ist bei der, in den Materialien sich findenden, vorhin angeführten Bemerkung von Suarez (Note 17) zum §. 291 um so mehr zu verwerfen, als daraus zu entnehmen ist, was man sich dabei gedacht hat. Der §. 291 setzt also einen Dolus voraus, und hat, bei der speciellen Bestimmung des §. 890 Tit. 11, welche für den Fall des Vorsatzes das nämliche enthält, weiter keine Bedeutung.

2. außer dem Falle eines Vertrags:
   a. bei Dolus und culpa lata;
   b. bei der levis culpa nur zum Theil. Es soll nämlich nur ein solcher entgangener Gewinn ersetzt werden, den der Beschädigte durch den gewöhnlichen Gebrauch desjenigen, woran er gekränkt worden, erlangt haben würde, wenn die Kränkung nicht vorgefallen wäre[20]). Dieser Fall ist eigentlich vom damnum nicht verschieden.

Die gemeinrechtlichen Juristen sind darüber nicht einig, in welchen Fällen bloß das directe Interesse, und in welchen auch das indirecte geleistet werden muß. Nach Römischem Rechte laßen sich folgende Regeln annehmen:

1. wenn die Obligation aus einem Delict entspringt, so muß auch das indirecte Interesse prästirt wer-

---

[20]) I. 6 §. 10—13. Tit. 9 §. 284. Tit. 20 §. 323. 329. 331.

den[21]). Die Bestimmung des Allg. Landrechts ist diesem ähnlich.

2. bei andern Obligationen ist in der Regel nur das directe Interesse zu leisten, jedoch mit der Ausnahme, daß wenn Dolus vorkommt, die Obligation die Natur der Obligationen aus Delicten annimmt[22]). Dieß ist jedoch nicht unbestritten[23]).

III. Wenn eine individuelle Sache hat verschafft werden sollen, so besteht das directe Interesse in dem Werthe derselben. Es giebt nach Römischem Rechte einen doppelten Werth: ein pretium commune, gemeinen Werth, welcher nach den gewöhnlichen Preisen angeschlagen wird, und ein pretium singulare oder den individuellen Werth, welchen die Sache unter besondern Umständen hat. Dieser ist wieder doppelt, denn man unterscheidet das pretium affectionis, quod non pretio sed affectu aestimandum[24]), und das pretium του interesse singularis[25]).

Das Allg. Landrecht hat ähnliche Bestimmungen. Es wird ein gemeiner, ein außerordentlicher Werth, und ein Werth der besondern Vorliebe (Pretium affectionis) unterschieden[26]).

---

21) L. 67 §. 1 D. de furtis. (XLVII. 2). — L. 22 pr. D. ad leg. Aquil. (IX. 2).

22) L. 13 pr. §. 1 u. 2 und L. 21 §. 3 D. de actione emti. (XIX. 2). — L. 19 D. de pericul. (XVIII. 6).

23) Aus L. 2 §. 8 D. de eo quod certo loco (XIII. 4) construiren manche die umgekehrte Regel.

24) L. 36 D. de bonis libertor. (XXXVIII. 2). — L. 54 pr. mandati. (XVII. 1).

25) L. 3 D. de in litem jurando. (XII. 3).

26) Eine Abhandlung hierüber s. in Siewert's Materialien B. IV. S. 99—124. (unbefriedigend und unklar).

1. Der gemeine Werth ist der Nutzen, welchen die Sache einem jeden Besitzer gewähren kann, und auch aus Annehmlichkeiten und Bequemlichkeiten entsteht. Es sollen aber nur solche Annehmlichkeiten und Bequemlichkeiten, welche einem jeden Besitzer schätzbar sind, in Anschlag kommen[27]). — Man kann also nicht auf solche Annehmlichkeiten und Bequemlichkeiten sehen, welche einzelnen Besitzern nach ihren Neigungen gewährt werden; es ist daher nicht mit Bornemann[28]) anzunehmen, daß z. B. bei Abschätzung eines Gartens auch das Vergnügen anzuschlagen, welches der Garten jedem Besitzer wirklich gewährt, oder gewähren kann. Eben so gut müßte bei Abschätzung einer Jagdgerechtigkeit das Vergnügen in Anschlag kommen, welches Jagdliebhaber bei Ausübung der Jagd haben, während eine große Anzahl von Besitzern gar kein Vergnügen daran findet. Die Annehmlichkeit und Bequemlichkeit muß eine solche sein, welche einem jeden Besitzer schätzbar ist. Was darunter gemeint ist, zeigt die A. G. O. II. 6 §. 16. Es giebt nämlich Grundstücke, deren gemeiner Werth in dem Nutzen besteht, welche sie ihrem Besitzer gewähren; und andere, bei welchen sich der davon zu erwartende Vortheil hauptsächlich nur auf Vergnügen und Annehmlichkeiten einschränkt. Bei Grundstücken der erstern Art, z. B. nutzbaren Obst-, Küchen- und Gemüsegärten, wird bloß auf den Ertrag gesehen, und es kommt nicht in Anschlag, wenn ein solcher Garten zufällig nebenher auch noch Vergnügen gewährt; denn ein solches ist nicht

---

[27]) I. 2 §. 112. 113.

[28]) Civilrecht I. S. 292.

Jedem, der einen nutzbaren Garten um des Nutzens willen erwirbt, schätzbar. Bei Grundstücken der zweiten Art aber, wie z. B. bei bloßen Lust- und Ziergärten, wird das bloße Vergnügen und die Annehmlichkeit als gemeiner Werth angeschlagen[29]), weil diese einem jeden Besitzer schätzbar sind; denn wer solche nicht schätzt, besitzt dergleichen bloß zum Vergnügen dienende Sache nicht.

2. „der außerordentliche Werth einer Sache, heißt es: erwächst aus der Berechnung des Nutzens, welchen dieselbe nur unter gewissen Bestimmungen oder Verhältnissen leisten kann"[30]). Also 1, der Nutzen, welchen eine Sache, 2, nur unter gewissen Bestimmungen oder Verhältnissen leisten kann, ist der außerordentliche Werth. Hiernach würde z. B. eine Feuerspritze, ein Geschütz, wohl nur einen außerordentlichen Werth haben, der aus der Berechnung des Nutzens entsteht, den die Spritze bei einer Feuersbrunst, das Geschütz bei einer Belagerung verschafft, und der sehr groß sein kann. Das Beispiel, welches Bornemann a. a. O. S. 293, wahrscheinlich aus der L. 22. §. 1 D. ad L. Aquil. entnommen (Note 31), zur nähern Bezeichnung des außerordentlichen Werths anführt, ist nicht glücklich gewählt, weil es ein Fall des gemeinen Werths ist. Denn ein Pferd, welches zu einem Zuge gehört, (doch wahrscheinlich deßhalb, weil es nach seiner Gestalt und Farbe zu den

---

29) Ein Kunstwerk hat daher auch einen gemeinen Werth. Simon u. v. Strampff. III. S. 339.

30) I. 2 § 114.

Andern paßt?) gewährt dadurch gar keinen Nutzen, sondern nur Annehmlichkeit und Vergnügen: ein Pferd von anderer Farbe würde denselben Nutzen gewähren; es fehlt mithin das Requisit des außerordentlichen Werths. Ein gewisses, nicht bloß des Nutzens wegen zusammengebrachtes Gespann Pferde ist eine, den bloßen Lust- und Ziergärten in dieser Beziehung ähnliche Sache; was dasselbe seiner Gleichheit wegen mehr werth ist, als ein Gespann von ungleicher Gestalt und Farbe, gehört noch zum gemeinen Werth desselben. Es wird das geschätzt, was das Ganze durch das Herausreißen eines Theils an seinem gemeinen Werthe verloren hat, nicht aber das herausgerissene Stück, welches für sich genommen vielleicht sehr wenig werth sein kann[31]). Was (Note 30) gemeint wird, ist wohl der Fall, wenn eine Sache auch noch einen andern ungewöhnlichen Gebrauch neben ihrem gewöhnlichen, zuläßt, z. B. ein Landgut, welches vermöge einer gefundenen Quelle eine einträgliche Anlage neben dem Landbau zuließe; oder Tauben, welche sich als Briefboten gebrauchen lassen, und dadurch ihrem Besitzer, der zugleich eine commerzielle Briefspeditionsanstalt hat, nützen; ferner: der seinen blinden Herrn führende Hund, der seinem Herrn, aber nicht jedem

---

[31]) L. 22 §. 1 D. ad L. Aquil. (IX. 2). Item causae corpori cohaerentes aestimantur, si quis ex comoedis et symphoniaris, aut gemellis, aut quadriga, aut ex pari mularum unum vel unam occiderit, non solum enim peremti corporis aestimatio facienda est, sed et ejus ratio haberi debet, quo caetera corpora depretiata sunt."

Andern, dadurch, daß er demselben einen sonst für Geld anzunehmenden Begleiter erspart, wirklichen pecuniairen Nutzen verschafft; endlich der zu Künsten abgerichtete Hund eines herumreisenden Menschen, der aus der Vorzeigung dieses Hundes ein Gewerbe macht; denn auch von diesem Hunde kann nicht Jeder, sondern nur ein solcher Besitzer, der sich mit einem solchen Gewerbe befaßt, Nutzen ziehen. Der außerordentliche Werth ist also eigentlich nichts anderes, als der eigentliche Werth einer speciellen Sache, mit Rücksicht auf die Möglichkeit ihrer besondern Nutzbarkeit; denn nur diese besondere, gerade ihrem gegenwärtigen Besitzer, nicht jedem Andern in seinen Verhältnissen mögliche, Nutzbarkeit stellt den außerordentlichen Werth der Sache dar. Es ist practisch nicht richtig, daß das Landrecht diesen individuellen Werth nicht zum directen Schaden rechnet, und ihn nicht in jedem Falle erstatten läßt. Denn für den beschädigten Blinden und den Herumziehenden z. B., ist der Verlust solcher Thiere ein directer Schade, welcher sich so hoch beläuft, als sich der Nutzen, den sie ihm gewähren, veranschlagen läßt. Die Sache kommt hier also practisch so zu stehen, daß wenn der Beschädiger, nach Maaßgabe des Grades seiner Schuld, nur eine Summe, welche weniger als jener Nutzen beträgt, zu erstatten hat, der Beschädigte, bloß wegen der Schuld des Beschädigers, einen Theil seines wirklichen Verlustes, an dem er ganz unschuldig ist, tragen soll. (cf. §. 29 Nr. I.)

3. Der Werth der besondern Vorliebe gründet sich auf gar keinen Nutzen, sondern auf bloße Einbildung des Besitzers; welche aus bloß zufälli-

gen Eigenschaften oder Verhältnissen einer Sache, die derselben in der Meinung ihres Besitzers einen Vorzug vor allen andern gleicher Art beilegen[32]). Dahin gehören z. B. Angebinde oder Andenken von gewissen Personen, große Seltenheiten für den Kenner und Kunstfreund, u. s. w. Diesen Werth, der überhaupt nur bei Sachen, welche dauern, und sich durch den Gebrauch nicht verbrauchen, vorkommt[33]), kann daher eigentlich kein Anderer als der Besitzer selbst ermessen, weil es dabei gerade auf seine Neigung und Vorstellung ankommt.

Hierbei sind noch einige Bemerkungen über die Ausdrücke: Nutzen und Nutzungen, deren sich das Landrecht bei Bestimmung des Sachenwerths bedient, zu machen. Es heißt:

§. 109. „Unter dem Nutzen einer Sache wird aller Gebrauch verstanden, welchen Jemand von derselben zu machen berechtigt ist."

§. 110. „Nutzungen heißen die Vortheile, welche eine Sache ihrem Inhaber, unbeschadet ihrer Substanz gewähren kann."

§. 111. „Der Nutzen, welchen eine Sache ihrem Besitzer leisten kann, bestimmt den Werth derselben."

Man soll dieselben häufig unverständlich gefunden, und zur Verwirrung soll besonders §. 110, der, wie Bornemann sagt, allerdings zwischen den §. 109 u. 111 nicht hätte eingeschoben werden sollen, beigetragen haben; es würde daher, meint dieser Schriftsteller, zweckmäßiger

---

[32]) §. 115. l. c.

[33]) Cramer Opusc. T. II. No. 11. p. 255. Thomasius de pretio affectionis in res fungibiles non cadente. Halae 1701. 1727. 4.

sein, diesem §. bei der bevorstehenden Revision eine andere Stelle anzuweisen[34]). Keins von allem diesem erscheint als gegründet. Es findet sich nicht, daß man diese Stellen so häufig unverständlich gefunden hat, wie sie denn auch in Wahrheit nicht unverständlich sind[35]); es findet sich noch weniger, daß der §. 110 durch die Stellung, welche er zwischen 109 und 111 einnimmt, eine Verwirrung, die gar nicht existirt, angerichtet hat, noch anrichten kann, und es scheint daher nicht zweckmäßig, ihm eine andere Stelle zu geben; vielmehr scheint uns die jetzige Folgeordnung völlig natürlich[36]). Nutzung ist objectiv eine Species von Nutzen, der §. 110 steht daher ganz logisch erst hinter und nicht vor 109; die Nutzungen werden unter dem Nutzen (objectiv) mitbegriffen, aber nicht umgekehrt der Nutzen unter den Nutzungen.

Dagegen ist die Fassung des §. 109 in anderer Beziehung ungenau. Er bestimmt: daß unter dem Nutzen einer Sache aller Gebrauch verstanden werde, welchen Jemand von derselben zu machen berechtigt sei. Wer also keine Berechtigung hat, der kann eine Sache nicht nutzen. Der malae fidei possessor brauchte also niemals die Nutzungen zu erstatten. Der §. müßte daher lauten:

Unter dem Nutzen einer Sache wird aller Gebrauch verstanden, welchen Jemand von derselben macht.

---

34) Bornemann Civilrecht. I. S. 293. Note*

35) In Simon's Materialien. III. S. 21 sq. wo über den Verstand dieser Stellen gehandelt wird, ist er ganz richtig verstanden.

36) Die Gesetzrevision hat auch keinen Grund gefunden, auf eine Abänderung dieser Stelle anzutragen. Pensum XIII. Seite 20.

§. 29.

bb. Taxation des Interesse.

Wenn das Interesse in dem Werthe einer Sache besteht, und der Richter das Quantum bestimmen soll, so muß feststehen: 1) welcher Werth zur Anwendung kommen soll, 2) nach welcher Zeit, und 3) nach welchem Orte die Berechnung zu machen.

I. Das erstere richtet sich nach dem Grade der Verschuldung. Nach Römischem Rechte kommt in der Regel nur der gemeine Werth zur Anwendung, zu welchem aber auch der individuelle Werth gehört, der nach Preußischem Rechte als außerordentlicher Werth davon getrennt ist; das pretium singulare nur im Falle des Dolus bei bonae fidei judiciis [1]).

Das Allgemeine Landrecht bestimmt Folgendes:

1. Der gemeine Werth macht die Regel aus; alles übrige ist Ausnahme [2]). In einigen Fällen kommt auch noch ein höchster [3]), und in andern ein mittler [4]) gemeiner Werth vor:
2. Die Ausnahmen sind diese:
   a. bei Verträgen, wodurch Sachen gegen Handlungen, oder Handlungen gegeneinander versprochen werden, soll der außerordentliche Werth, oder, nach dem Grade der Verschuldung, der Werth der besondern Vorliebe ersetzt werden, wenn von einer Seite durch Leistung

[1]) L. 33 pr. D. ad legem Aquil. (IX. 2). L. 54 pr. D. mandati. (XVII. 1). Donelli Commentar Lib. XXVI. c 15. Glück Commentar Th. IV. S. 438.

[2]) I. 2 §. 117. Tit. 6 §. 88.

[3]) I. 9 §. 283. 305. Tit. 6 §. 85.

[4]) I. 6 §. 92 u. 93.

der Handlung vollständig erfüllt ist, und die Gegenleistung durch die Schuld des Andern unmöglich wird [5]).

b. bei einem, durch die Gesetze zum Besten des gemeinen Wesens begründeten, nothwendigen Verkaufe soll auch der außerordentliche Werth bezahlt werden [6]).

c. wenn eine legirte fremde Sache dem Legatar nicht geschafft werden kann [7]).

d. bei Beschädigungen wird, wenn der Schade vorsätzlich zugefügt ist, der Werth der besondern Vorliebe, und wenn er culpa lata verursacht ist, der außerordentliche Werth erstattet [8]).

Wie zu diesen Unterscheidungen das practische Bedürfniß fehlt (§. 28 Nr. III. 2 in f.), so ist auch kein Rechtsgrund abzusehen, warum diese Regeln gegeben sind, und die Quantität des wirklichen Schadensersatzes nicht nach dem zugefügten Verluste, sondern nach dem Grade der Verschuldung des Beschädigers abgemessen, und warum dem Beschädigten sein Eigenthum in dem einen Falle vollständig und in dem andern unvollständig ersetzt werden soll, da er doch, wie recht und billig, in keinem Falle, unter der Schuld eines Andern zu leiden braucht. Der außerordentliche Werth ist eigentlich bloß der ordentliche Werth einer besondern Species, und so gut ein Vermögensstück wie jede andere Sache. Das Verhältniß einer solchen Sache zu einer andern ist zu ver-

---

[5]) I. 11 §. 880.

[6]) I. 11 §. 9.

[7]) I. 12 §. 378.

[8]) I. 6 §. 85—87. Tit. 2 §. 19.

gleichen mit dem eines schönen Pferdes zu einem schlechten. Den außerordentlichen Werth einer Sache versagen, heißt daher soviel, wie den Eigenthümer des schönen Pferdes zwingen, sich mit dem gewöhnlichen Preise eines ordinairen Pferdes in abstracto zu begnügen; denn der gewöhnliche Werth einer Sache von außerordentlichem Werthe läßt sich auch nur nach Gutdünken in abstracto fordern, weil man eben von dem vorliegenden Individuum keine Taxe machen, sondern dessen eigenthümliche Güte und Nutzbarkeit wegdenken, also etwas abstractes (gemeines) an dessen Stelle setzen soll. Die gemeinrechtlichen Schriftsteller machen eine ähnliche Abtheilung des Interesses in commune und singulare (affectio). Das erstere bedeutet den Anschlag nach gewöhnlichem Preise, das andere ist das des Werths der besondern Vorliebe [9]). Von dem außerordentlichen Werth einer Sache weiß man nichts.

Nach Römischem Rechte war die Festsetzung dem billigen Ermessen des Richters überlassen [10]): nach dem Landrechte dagegen, und nach dem gemeinen Rechte, soll der Werth einer Sache in der Regel, wenn die Gesetze keine Ausnahme zulaßen, durch die Schätzung vereideter Sachverständigen bestimmt werden [11]). Justinian verordnete [12]), daß in den Fällen, wo das ursprüngliche Ob-

---

9) L. 33 D. ad leg. Aquil. (IX. 2). — L. 63 D. ad leg. Falcid. (XXXV. 2). — Donell. cap. 15. — Glück Commentar IV. S. 438.

10) L. 3 D. de eo quod certo loco. (XIII. 4). L. 24 D. de regulis juris. — L. un. C. de sentent. quae. (VII. 47). Gans Obligationen-Recht p. 118 sq.

11) I. 2 §. 116. — I. 11 §. 8. 61. Tit. 12 §. 378. Mich. Gottfr. Wernher Commentationes in Pandectas. L. XII. tit. III. §. 8.

12) L. un. C. de sententiis quae pro eo. (VII. 47).

ject individuell, oder nach Qualität und Quantität genau bestimmt war (casus certi), das Interesse sich nur bis auf das alterum tantum der Hauptsache belaufen sollte; bei unbestimmten Objecten ließ er es bei der gewöhnlichen Berechnung, auch fand die Bestimmung nicht bei Delicten, oder bei einer bloß mangelhaften Erfüllung Anwendung [13]). Etwas ähnliches bestimmt das Allgemeine Landrecht [14]) gerade nur bei Beschädigungen an Sachen für den Fall, daß der Werth der vernichteten Sache nicht mit hinlänglicher Zuverlässigkeit ausgemittelt werden kann, und der Schade aus Vorsatz oder grobem Versehen verursacht worden. Alsdann soll nehmlich derjenige Werth, welchen eine Sache von derselben Art, und von mittlerer Güte gehabt hat, durch Sachverständige festgesetzt werden. Mit diesem mittlern Werthe soll sich der Beschädigte begnügen, wenn der Schade nur aus mäßigem oder geringem Versehen zugefügt worden ist.

„Ist aber, heißt es §. 94: der Schade aus Vorsatz oder grobem Versehen verursacht worden, so muß der Beschädigte auch zur eidlichen Bestärkung eines höhern Werths, nach richterlichem Ermessen, zugelassen werden."

§. 95. „Doch darf auch dieser höhere Werth den doppelten Betrag des von Sachverständigen angegebenen mittlern Werths niemals übersteigen."

Auf Grund dieser Bestimmung sagt Bornemann [15]):

---

[13]) §. 10. J. de vi bonor. raptor. (IV. 2). — L. 43—45 D. de act. emti. (XIX. 1). — L. 23. pr. §. 2. D. ad leg. Aquil. (IX. 2). — L. 13 pr. §. 1. 2. D. de act. emti. (XIX. 1). — L. 19 §. 2 D. locati cond. (XIX. 2). — Glück a. a. O. 448—450.

[14]) I. 6 §. 92—95.

[15]) Civilrecht I. S. 295.

„Kann nur (?) der Ersatz des außerordentlichen Werths einer Sache verlangt werden, so darf dieses Maximum den doppelten Betrag des von den Sachverständigen angegebenen mittleren gemeinen Werths niemals übersteigen."

Es ist aber nirgend bestimmt, und es kann auch nicht für richtig anerkannt werden, daß der außerordentliche Werth einer Sache sich höchstens nur auf das Doppelte des mittleren gemeinen Werths einer solchen Sache belaufen soll, da selbstredend der individuelle oder außerordentliche Werth viel mehr als der doppelte gemeine Werth betragen kann. Soll z. B. Jemand, der sich dadurch ernährt, daß er einen zu gewissen mechanischen Verrichtungen abgerichteten gemeinen Hofhund, im Umherziehen, für Geld zeigt, sich für dieses ihm vorsätzlich getödtete Thier mit 4 Rthlr. absinden lassen müssen, weil der gemeine Werth eines Hundes solcher Art etwa 2 Rthlr. beträgt? Oder soll der Blinde, welcher von seinem dazu abgerichteten Hunde geleitet wird, sich mit 2 Rthlr. für diesen ihm vorsätzlich erschlagenen, und nur durch einen Lohndiener zu ersetzenden, Führer begnügen müssen, weil man einen Hund derselben Art gemeiniglich für 1 Rthlr. kauft? Der höchste gemeine Preis, nicht der individuelle Werth ist es, den der §. 95 meint.

II. In Absicht der Zeit, nach welcher die Berechnung zu machen, unterscheidet das Römische Recht zwischen Obligationen stricti juris und bonae fidei. Bei stricti juris Obligationes, wurde auf die Zeit der Litiscontestation, und bei bonae fidei Obligationen auf die Zeit der res judicata gesehen[16]). Wenn ein Termin ausge-

---

[16]) L. 3 §. 2. D. commodati. (XIII. 6). — L. 22 D. de rebus cred. (XII. 1).

macht war, wurde bei stricti juris Obligationen die Aestimation auf den bestimmten Tag zurückgezogen [17]); bei bonae fidei Obligationen war für diesen Fall nichts bestimmt; man muß aber annehmen, daß auch hier auf das tempus rei judicatae gesehen wurde. Mora modificirte dies Alles.

Das Allgemeine Landrecht sieht in der Regel auf die Zeit der Entstehung des Schadens oder der Obligation auf Schadensersatz [18]). Tritt bei einem schon bestehenden obligatorischen Verhältnisse eine Beschädigung ein, so ist die Zeit der Erfüllung der Obligation der Zeitpunkt, wo die Forderung auf Schadensersatz zur Existenz kommt [19]). Von dieser Regel gilt eine Ausnahme. Nach Römischem Rechte soll nämlich im Falle einer Mora (und bei Delicten ist der Beschädiger von Anfang in Mora) den Werth nach dem höchsten Preise, welcher irgend einmal vom Eintritte der Mora bis zur Litiscontestation, und beziehungsweise bis zur res judicata gegolten hat, geschätzt werden, da niemals die Mora dem Säumigen zum Vortheile gereichen kann; nur wenn die Sache vor der Litiscontestation, und beziehungsweise bis zur Entscheidung, untergegangen war, wurde auf den höchsten Preis, von dem Zeitpunkte der Mora bloß bis zum Untergange gesehen, weil nach dem Untergange die Aestimation dieser Sache nicht mehr steigen konnte [20]).

---

[17]) L. 22 D. de rebus creditis. (XII. 1). — L. 4 D. de condict. triticiaria. (XIII. 3). — L. 59. 60 D. de verb. obl. (XLV. 1).

[18]) I. 6 §. 83. 88. Tit. 9 §. 283. 305.

[19]) I. 11 §. 859. Vergl. I. 16 §. 74.

[20]) L. 3 D. de condictione triticiaria. (XIII. 3). — L. 8 §. 1 D. de condictione furtiva. (XIII. 1). — Huber Praelect. ad Pand. L. XIII. Tit. 13 No. 7 und 8.

Das Allgemeine Landrecht hat diese Bestimmung auf eine ähnliche Weise angewendet, jedoch mit der doppelten Abweichung:

1. daß nicht die Mora der Grund der Anwendung ist[21]), sondern daß nur bei Beschädigungen aus Vorsatz oder grobem Versehen, und bei betrüglicher Vermengung einer fremden Sache mit den eigenen, der Grundsatz gilt; und
2. daß nicht bloß bis zum Untergange der Sache, sondern ohne Rücksicht auf denselben, bis zum Zeitpunkte der Klagebehändigung, welcher an die Stelle der Römischen Litiscontestation und res judicata gesetzt ist, von Zeit der Entstehung des Schadens an, auf den höchsten Werth gesehen wird. Das frühere Preußische Recht hatte den Grundsatz des Römischen von bonae fidei Obligationen angenommen, und dehnte den Zeitraum bis zur Publication des Urtels aus[22]). Dieser Grundsatz hat jedoch in der Anwendung Schwierigkeit, weil bei der Publikation keine Aenderung mehr geschehen kann, wenn seit der Beweisaufnahme noch eine Erhöhung eingetreten ist.

Hiernach wird ausnahmsweise:

a. bei Beschädigungen der höchste Werth, welchen die beschädigte Sache in dem Zeitraume zwischen der Schadenszufügung und der dem Beschädiger zugestellten Klage gehabt hat, vergütigt[23]);
b. bei betrüglicher Vermischnng fremder Sachen mit

---

[21]) I. 11 §. 859. Das Preußische Landrecht v. 1721 hat den Römischen Grundsatz. B. IV. Tit. 1. Art. 3 §. 4.

[22]) Corpus juris Friederic. Th. IV. T. 8 §. 8.

[23]) I. 6 §. 85.

eigenen, der höchste Werth der fremden Sache, so wie derselbe zwischen dem Zeitpunkte der widerrechtlichen Anmaaßung und der zugestellten Klage gewesen ist, erstattet[24]). Dieses ist jedoch auf andere Sachen, als wobei es nur auf das genus ankommt, und wohin namentlich rohe Materialien zur Verarbeitung, Samen und Pflanzen, oder Sachen, welche sich zur Vermengung und Vermischung mit andern eignen, gehören, nicht auszudehnen, weil in Fällen, wo von einer Species die Rede ist, der Werth ohne Rücksicht auf die Species nicht ermittelt werden kann, so daß nach deren Untergange eine Erhöhung ihres Preises nicht mehr zu denken ist. Bei solchen Gegenständen wird also, eben so wie nach gemeinem Rechte, nach einem höchsten Preise auch nur in dem Zeitraume von der Beschädigung oder Entziehung bis zum Untergange die Frage sein können.

III. Der Ort, wonach die Schätzung geschehen soll, ist nach Römischem Rechte[25]) der, wo erfüllt werden soll. Dieß war bei bonae fidei Obligationen da, wo die Sache sich befand, wenn sie speciell gegeben werden sollte, und wenn von fungiblen Sachen die Rede war, da, wo geklagt wurde[26]). Das Allgemeine Landrecht hat hierüber gar keine Bestimmung. Man muß daher den vorher gültig gewesenen und nicht abgeänderten

---

24) I. 9 §. 302.

25) L. 22 D. de reb. creditis. (XII. 1). — L. 4 in f. D. de condict. triticiaria. (XIII. 3).

26) L. 12 §. 1 D. depositi. (XVI. 3.) L. 3 in f. D. de act. emti. (XIX. 1.)

Grundsatz aus dem Grunde, weil derselbe weder durch einen andern, noch sonst aufgehoben worden ist, noch jetzt für gültig halten, und den Werth einer Sache nach dem Orte, wo die Erfüllung geschehen soll, schätzen. Bei Vertragsverhältnissen ist dieser Ort nach der Verschiedenheit der Fälle bestimmt[27]); in Rücksicht auf Beschädigungen ist darüber nichts besonderes festgesetzt. Es muß daher der Bestimmung des §. 27 und 52 Tit. 16 nachgegangen werden, wonach alsdann, wenn weder Willenserklärungen, noch die Natur des Geschäfts, noch besondere Gesetze den Ort der Erfüllung näher bestimmen, dieselbe da geleistet und angenommen werden muß, wo der Verpflichtete sich aufhält, d. h. wo der Verpflichtete zur Zeit der Entstehung der Verbindlichkeit gewohnt hat. (Vergl. unten §. 45)[28]). Dieses würde mit dem angeführten Grundsatze des Römischen Rechts, daß wenn fungible Sachen prästirt werden sollen, da, wo geklagt wird, zu erfüllen ist, ziemlich übereinkommen.

§. 30.

cc. *Juramentum in litem.*

Donelli Commentar. Lib. XXVI c. 6—12. — Glück Comment. XII. §. 813—819. — Jo. Borcholt de in litem jurando. Helmst. 1598, in illius Dissertat. — Jo. Ulr. de Cramer de jurejurando in litem, tam affectionis, quam veritatis. Marb. 1736. — Ejud. Diss. de ju-

---

[27]) I. 5 §. 217—251. Tit. 11 §. 769.

[28]) Bornemann (Rechtsgesch. S. 433) meint, daß außer einem Vertragsverhältnisse nach dem Orte, wo der Berechtigte beschädigt worden, taxirt werden müsse. Das möchte in manchen Fällen zu keinem Resultate führen.

ramento in litem singularis interesse. Ib 1741, et in illius Opusc. — Plotus seu Ploto, de in litem jurando. Colon. 1584. 4. Osnabrugi 1676. 4. — Taber de in litem jurando; in ill. operib. — Jac. Tetens de in litem jurando; in Dissertat. Basil. — Lauterbach de jurejurando in litem. Tub. 1659. (in ejus Collect. Disputat. Vol. II. No. 144). — Jo. Nerger, de juramento in litem affectionis et veritatis. Vitemb. 1668. — Slevogt, de vora indole et natura jurisjurandi in litem. Jenae 1707. — Leyser de in litem jurando Specimen. Medit. CXLVI. — Jo. Laurent. Dorn, de jurejurando in litem, pretii affectionis figmento liberato. Altdorf 1730. — Luc. v. Kampe de juramento in litem. Traj. ad Rh. 1741. — A. J. Turin Progr. de juramento in litem. Frford. 1775. — F. L. Meyer. Diss. de juramento in litem affectionis et veritatis. Gött. 1805. — Joh. Bernh. Müller, Versuch über den Schätzungseid. Jena und Leipzig. 1806. — Franz Ludw. Wirschinger Versuch einer neuen Theorie über das juramentum in litem. Landshut 1806. — F. C. Leonh. Drummer Theorie des Würderungseides (Eine gekrönte Preisschrift). Bamb. und Würzb. 1806 — Gensler im Archiv für die civilist. Praxis B. 4 S. 293. — Gesterding Ausbeute von Nachforschungen über verschiedene Rechtsmaterien I. Th. 1826. gr. 8. S. 27.

Unter gewissen Bedingungen kann der Kläger durch seinen eigenen Eid den Beweis über den Werth seiner Sache führen. Dieser Eid ist der Würderungs- oder Schätzungseid, jus jurandum in litem, juramentum in litem, welchen der Richter dem Kläger auflegt, um dadurch den Preis einer Sache, die ihm von dem Beklagten restituirt oder gegeben werden sollte, aber ob dolum und contumaciam des Beklagten nicht restituirt oder gegeben werden kann, oder um den Betrag eines Schadens zu bestimmen [1]). Die Lehre über diesen Eid ist früher sehr verwickelt dargestellt worden.

---

[1]) Allg. G. Ordn. I. 22 §. 9.

I. Die Bedingungen dieses Eides sind folgende:

1. durch denselben muß ein Interesse ermittelt werden sollen. Wo also die Ermittelung eines besonderen Interesses nicht vorkommt, da fällt er von selbst fort, wie z. B. beim Gelddepositum, wenn nicht etwa wegen der Mora ein besonderes Interesse noch dazu kommt [2]), weil bei Geld das Interesse feststeht; oder in Fällen, wo schon das Gesetz ein gewisses Interesse festgesetzt hat [3]). Gewöhnlich geht er auf das Pretium singulare oder affectionis, daher er auch juramentum in litem affectionis genannt wird.

2. Nach Römischem Rechte findet er nur bei den Realklagen, und solchen persönlichen Klagen Statt, die auf eine Restitution oder Exhibition gehen [4]). Bei andern persönlichen Klagen, z. B. ex emto vendito wegen unterbliebener Uebergabe, ist ein jus jurandum in litem nicht zulässig [5]). Es wurde aber von mehrern gemeinrechtlichen Schrift-

[2]) L. 3 D. de in litem jurando. (XII. 3.) — Thomas. Diss. de pretio affect. in res fungib. non cadente. Cap. II. §. 20. Wernher Obs. T. II. P. IV. obs. 223. Mich. G. Wernher Commentationes in ff. Lib. XII. Tit. 3 §. 3.

[3]) L. 3 D. de in litem jurando. (XII. 3).

[4]) L. 2 §. 1 D. eodem. L. 68 D. de rei vindicat. (VI. 1.)

[5]) L. 19 D. de periculo. (XVIII. 6). — L. 4 C. de act. emti vend. (IV. 49). — Jo. Fr. Eisenhardt de jurejurando in litem affectionis, in emtione venditione cessante. Helmst. 1750. — in opusc. p. 73. Struv Synt. jur. c. exerc. XVII. th. 61. — Donell. Lib. XXVI. §. 8. — Faber de error. pragm. XVII. err. 9. — Ob er auch bei actionib. stricti juris gebraucht wurde, ist bestritten. L. 5 §. 4 und L. 6 D. de in litem jurando (XII. 3.) sprechen dafür. S. auch Glück XII. 415. Dagegen: von

stellern behauptet, daß derselbe ganz allgemein, in allen Rechtssachen, wo die Erfüllung einer Obligation ob dolum vereitelt worden, statthaft sei[6]). Der Codex Frieder. March.[7]) war mit dem Römischen Rechte übereinstimmend; die Gerichtsordnung[8]) aber hält diesen Eid ganz allgemein für ein Mittel, den Werth einer Sache oder den Betrag eines Schadens zu bestimmen, ohne ihn auf gewisse Arten von Klagen einzuschränken. Hierin hat also das neue Preußische Recht die von dem Römischen abweichende Meinung mehrerer Rechtsgelehrten[9]) angenommen.

8. Es wird Dolus und Contumacia des Beklagten vorausgesetzt[10]). Doch wird auch hier die culpa lata dem Dolus aequiparirt[11]).

Wening-Ingenheim Buch III. §. 17 u. Drummer l. c. §. 16., welche diese Stellen auf das jusjurandam in litem veritatis beziehen.

6) Wegen der Worte Ulpian's in f. L. 68 D. de reiviud. (VI. 1). „Haec sententia generalis est et ad omnia sive interdicta, sive actiones in rem, sive in personam snnt, ex quibus arbitratu judicis quid restituatur, locum habet,“ ungeachtet gerade nur von solchen persönlichen Klagen die Rede ist, welche auf eine Restitution gehen. Müller Promptuar. s. v. juram. in litem affect. No. 2. Leyser Spec. 147. coroll. 2. Jo. Aug. Doundorf Commentarius de jurejurando in litem affectionis, in emtione venditione non cessante. Quedlinb. 1776. Wirschinger l. c. §. 78.

7) Th. III. Tit. 33 §. 1.

8) I. 22 §. 9. 10. 12 No. 3.

9) Glück a. a. O. S. 115—120.

10) L. 2 §. 1. L. 4 §. 4. L. 5 §. 3 D. de in litem jurando. (XII. 3). — A. G. O. I. 22. §. 11. — A. L. R. I. 6. §. 94. 134. Tit. 9 §. 459. Tit. 14 §. 31. Tit. 20 §. 192.

11) L. 2 C. de in litem jurando. (V. 53). — A. L. R. I. 6.

4. Der Richter muß den Eid injungiren, und die Zulässigkeit nach billigem Ermessen beurtheilen. Er hat dabei ein ganz freies Arbitrium[12]), und kann den Eid, wenn er es für gut findet, vorenthalten; nach Römischem Rechte kann er ihn sogar, wenn er schon geleistet ist, bei Seite setzen und anders sprechen, welches nach Preußischem Rechte[13]), wonach auf keinen weitern Beweis gesehen werden soll, nicht statthaft ist. Dagegen steht dem Preußischen Richter frei, bei Bagatellobjecten das den Umständen nach der Wahrscheinlichkeit angemessene Maximum, ohne Eidesleistung, dem Kläger festzusetzen[14]). Man beobachtete eine solche Praxis auch schon nach gemeinem Rechte, um soviel als möglich die Vervielfältigung der Eide zu verhindern[15]).

5. Der Beweis muß nicht aliunde geführt werden

---

§. 91. A. G. O. l. c. §. 11. „Eben so findet die Zulassung zu diesem Eide nur alsdann Statt, wenn der Gegentheil durch gewaltthätiges oder betrügliches, durch äußerst nachläßiges oder widerspenstiges Betragen dazu – Veranlassung gegeben hat,“ d. h. durch dolus, culpa lata und coutumacia.

12) L. 4 §. 1 D. eod. „Deferre autem jusjurandum judicem oportet: — si alius detulerit jusjurandum, vel non delato juratum sit, nulla erit religio.“ L. 5 §. 1 eod A. G. O. I, 22 §. 10. 18.

13) A. G. O. l. c. §. 26. Vergl. L. 11 D. eodem. Schon nach gemeinem Rechte sollte dies nicht zuläßig sein. Berger Elect. Disc. for. Tit. XXXI. Obs. 2 und P. I. Suppl. Tit. XXXI. §. un. Cramer Obs. jur. univers. T. IV obc. 1035.

14) A. G. O. a. a. O. §. 10

15) Leyser Spec. 146 m. 5.

können[16]). Es wird behauptet[17]), daß der Kläger, wenn er durch seine eigenen Handlungen oder Unterlassungen veranlaßt, daß der wahre Betrag auf andere Art nicht mit Zuverlässigkeit ausgemittelt werden kann, kein Recht habe, zum juramento in litem gelassen zu werden, selbst bei Beschädigungen aus Vorsatz oder grobem Versehen nicht, weil die Verdunkelung der Werthschätzung nicht zur Beschädigung mitwirkt. Dieser Grund erscheint nicht concludent. Daraus, daß der Beschädigte nicht für die gewöhnlichen Mittel, einen vollständigen Beweis zu führen, gesorgt hat, folgt nicht, daß er seiner, ihm zur Strafe des Dolus des Beschädigers zustehenden, übrigen Rechtsmittel verlustig gehen müsse. Der angeführte Schriftsteller beruft sich für seine Meinung auf §. 203 Tit. 15 Th. II. und §. 18 Tit. 6 Th. I. des A. L. R. Man darf diese Stellen aber nur ansehen, um sich zu überzeugen, daß dieselben dazu gar nicht passen. In der ersten Stelle ist bestimmt, daß wenn Gelder oder Pretiosen auf der Post verloren gehen, der Betheiligte einen vollständigen Beweis führen müsse, wenn bei der Aufgabe die verloren gegangenen Gegenstände nicht declarirt worden. Dieß ist etwas singulaires, und steht zu dem juramento in litem in gar keiner Beziehung. In der zweiten Stelle heißt es, daß der Beleidiger von

---

16) L. 4 §. 3 D. de in litem jur. — Lauterbach Collect. D. eod. tit. th. 5. Wernher Obs. T. I. P. I. Obs. 37 No. 2. — A. G. O. a. a. O. §. 10. „Dieser Eid findet nur alsdann Statt, wenn der Werth oder Betrag auf andere Art nicht ausgemittelt werden kann."

17) Grävell Commentar zur G. O. III. S. 296.

der Vergütung eines aus Vorsatz oder grobem Versehen zugefügten unmittelbaren Schadens durch die mit eintretende Verschuldung des Beschädigten nicht befreit werde. Diese Bestimmung ist jener Meinung gerade entgegen. Es frägt sich aber: welche Folgen hat es, wenn der Beschädigte vorsätzlich die vorhandenen Beweismittel in der Absicht bei Seite schafft, um die Größe des Schadens zu verdunkeln, und dadurch vielleicht zur eidlichen Bekräftigung einer größern Summe zu gelangen als sonst geschehen sein würde? Die Folgen werden darin bestehen, daß unter solchen Umständen der Richter desto strenger im Arbitriren des Maximum sein wird, zu dessen Beeidigung er den Kläger verstattet; aber gänzlich versagen kann er ihm den Eid nicht, wenn einmal die Beschädigung aus Vorsatz des Beleidigers feststeht, da alsdann der Schade doch irgend eine Größe haben muß, und der vorsätzliche Beschädiger in keinem Falle vom Ersatze befreit wird.

6. Es muß eine Ursache sowohl der Affection als des pretii singularis angegeben und wahrscheinlich gemacht werden; und diese wahrscheinliche Ursache muß von der Art sein, daß verständige Leute das pretium affectionis billigen [18]).

7. Das Juramentum wird nur in favorem des Klägers, zur Strafe des Dolus und der Contumacia des Beklagten, und niemals gegen den Willen des Klägers auferlegt [19]). Man gestattete daher nach

---

[18]) Mevius Decis. P. VII. No. 183. — Leyser Sp. 146 m. 1. — A. G. O. a. a. O. §. 18.

[19]) L. 1 und 2 C. de in litem jurando. (V. 53). — L. 71 D. de rei vind. (VI. 1).

gemeinem Rechte dem Kläger auch noch nach rechtskräftiger Entscheidung, von dem ihm zuerkannten Eide wieder abzugehen, und denselben zurückzuschieben oder einen andern Beweis zu führen[20]). Schon das Corpus juris Fridericianum hat dieses geändert und festgesetzt, daß eine Zurückschiebung des juramenti in litem überhaupt gar nicht Statt finde, auch, wenn einmal darauf erkannt worden, das Gewissen nicht mehr mit Beweise vertreten werden könne, weil der Kläger bei der Verhandlung der Sache alle zur Ausmittelung des Werths ihm bekannten Beweismittel anzuzeigen verbunden, und dabei auch der Eidesdelation sich zu bedienen berechtigt gewesen sei[21]). Die Allg. Gerichtsordnung hat diese Bestimmung beibehalten[22]). Hiervon ist noch der Fall verschieden, wenn der Kläger nach entschiedener Sache, statt den ihm zuerkannten Würderungseid zu leisten, die Sache selbst von dem widerspenstigen Beklagten fordert. Z. B. es maaßt sich Jemand als falscher Erbe eine Erbschaft an. Der wahre Erbe fordert von ihm die Erbschaft nach einem zu edirenden Inventario. Der falsche Erbe edirt kein Inventarium, und der wahre Erbe verlangt nun sein Interesse, welches er mit dem juramento in litem beweisen will. Nach ergangenem Erkenntniße wird er inne, daß er viel zu wenig gefordert hat. Er will daher von seiner Forderung des Interesses abgehen, und ein Inventarium edirt wissen, um danach die Erbschaft selbst zu

---

20) Leyser l. c. med. 4.

21) IV. 8 §. 11.

22) I. 22 §. 17.

fordern. Es frägt sich: ob dieses angeht und der falsche Erbe nun noch durch executivische Maaßregeln zur Herausgabe eines Inventariums, und zur Rechnungslegung angehalten werden kann. Nach gemeinem Rechte gilt dies für unzweifelhaft [23]). Auch nach Preußischem Rechte muß dies für zulässig gehalten werden. Denn der Beklagte wird durch die rechtskräftige Entscheidung über den Betrag des Interesses noch nicht liberirt; und der Kläger ist nicht gehindert, das geforderte Surrogat fahren zu lassen, und die Sache selbst zu verlangen, welche zu restituiren der Beklagte noch nicht liberirt ist. Der Kläger kann also die Sache und den Prozeß wegen des Interesses aufgeben, und von neuem auf Edition eines Inventariums und einer Rechnung klagen. Die exceptio rei judicatae findet nicht statt, weil nicht über dieselbe Frage, nicht einmal über dasselbe Object, prozessirt wird.

8. Der Richter muß voraus eine Summe arbitriren, über welche hinaus nicht geschworen werden kann, wogegen aber dem Kläger unbenommen bleibt, eine mindere Summe zu beschwören [24]). Ist von dem Pretium singulare oder affectionis die Rede, so ist auch keineswegs das Maximum auf das Doppelte des gemeinen Werths beschränkt [25]).

---

[23]) Puffendorf Obs. jur. univ. Tom. III. obs. 124. — Leyser Sp. 116 m. 4.

[24]) L. 4 §. 2. L. 5 §. 1 D. in litem jurando. (XII. 3) Corpus juris Friederic. IV. 8 §. 8. A. G. O. I. 22 §. 25. A. L. R. I. 6 §. 91. 134. Tit. 9. §. 459 Tit. 14. §. 31. Tit. 20. §. 192.

[25]) L. 4 §. 3. L. 5 §. 2 D. eod. Leyser l. c. coroll. 1. Gi-

Die Stellen der Pandecten, welche dem Richter auflegen, das Maximum vor oder nach der Eidesleistung zu bestimmen, haben eine Verschiedenheit der Meinungen veranlaßt. Es heißt nämlich:

L. 68 D. de rei vind. (VI. 1).

„—Si vero non potest restituere, si quidem dolo fecit, quo minus possit, is quantum adversarius in litem sine *ulla taxatione in infinitum* juraverit, damnandus est."

u. L. 4 §. 2. D. de in litem jurando. (XII. 3).

„Jurare autem in infinitum licet."

Gleich darauf aber:

„Sed, an judex modum jurijurando statuere possit, ut intra certam quantitatem juretur, ne arrepta occasione, in immensum juretur, quero? et quidem in arbitrio esse judicis, deferre jusjurandum, nec ne, constat."

Es soll also das juramentum sine ulla taxatione in infinitum, und doch auch wieder nur intra certam quantitatem, welche der Richter festsetzen soll, geschworen werden können, ne arrepta occasione in immensum juretur. Hierdurch ist die Meinung veranlaßt, daß bei der Reivindication der Kläger gegen den Beklagten, qui dolo desiit possidere, in infinitam, ohne daß der Richter das Quantum moderire, solle schwören können[26]). Ein sol-

---

phan. Explanat. leg. diff. Cod. ad leg. un. de sentent. quae pro eo. (VII. 47). S. oben §. 29 Nr. I.

[26]) Anton Faber Conjectur. juris civil. Lib. XVI. cap. 17 pag. 580. — Leyser Spec. 99 cor. 3, der jedoch später, im Spec. 146 m. 3 die Erklärung der Glosse, daß das Gesetz dem Kläger gar keine Taxe bestimme, und ihm so hoch zu schwören gestatte, wie er wolle, daß aber der

cher Unterschied zwischen dem Falle der Reivindication und andern Klagen ist aber nicht begründet. Der scheinbare Widerspruch erklärt sich aus der Römischen Gerichtsverfassung. Sine ulla taxatione" und „in infinitum" bezieht sich auf das Verhältniß des Prätors zum Judex, d. h. der Prätor soll in die zu ertheilende Formel oder in das Commissorium, wie wir es nennen würden, keinen Werth, keine Taxe setzen [27]), aber der Judex soll befugt sein, ein gewisses Maaß zu bestimmen, über welches hinaus nicht mit rechtlicher Wirkung geschworen werden kann, „ne arrepta occasione in immensum juretur."

II. Es frägt sich, in wiefern es bei diesem Eide auf das Verhältniß der Partheien zu einander, und auf die Conditionen derselben, ankomme. Nach gemeinem Rechte war dieß nicht ohne Zweifel. Diese zweifelhaften Fälle sind in der Gerichtsordnung entschieden.

1. Es kommt auf das besondere Verhältniß der Par-

Richter eine gar zu übertriebene Forderung ermäßigen könne, mit der Faberschen Auslegung verbindet, und dadurch eine, noch um einen Grad fehlerhaftere Erklärung giebt. Faber hält die ganze L. 68 für einen Tribonianismus, und auch Huber Eunom. Rom. Lib. VI. §. 9 u. Lib. XII. p. 496 hält die Worte: „sine ulla taxatione" für einen unächten Zusatz aus einer durch Unwissenheit in den Text gekommenen Randglosse. Drummer a. a. O. §. 17. wiederholt eigentlich nur die Erklärung der Glosse.

[27]) Dieß ist jetzt aus Gajus IV. §. 51 klar. „Incertae vero condemnatio pecuniae duplicem significationem habet; est enim una cum aliqua praefinitione, quae vulgo dicitur, cum taxatione velut etc. — diversa est, quae infinita est, velut si rem aliquam a possidente nostram esse petamus, id est, si in rem agamus, vel ad exhibendum; nam illic ita est: quanti ea res erit tantam pecuniam N. N. A. A. condemna etc."

theilen zu einander nicht an; es können daher auch Kinder wider ihre Aeltern, Unterthanen wider ihre Obrigkeit, und Personen geringern Standes gegen Höhere zu diesem Eide gelassen werden[28]).

2. Der Eid kann auch gegen die Erben des ursprünglichen Schuldners Statt finden[29]). Weil derselbe allemal Dolus und culpa lata, oder Contumacia des Schuldners voraussetzt, und nur in poenam des Beklagten dem Kläger gegeben wird, eine noch nicht erkannte Verzögerungs-Strafe aber von dem Erben nicht vertreten zu werden braucht; so war dieses nicht unzweifelhaft. Nach gemeinem Rechte wurde gegen den Erben der Eid nur dann zugelassen, wenn der Tod des Schuldners erst nach der Litiscontestation eingetreten wär, oder der Erbe selbst in Erfüllung der Verbindlichkeit seines Erblassers Dolus oder Contumacia sich zu Schulden kommen ließ[30]). Gegen den Erben des Erben fand das juramentum in der Regel gar nicht Statt[31]). Nach dem Grundsatze der Gerichtsordnung aber, wonach es auf den eigenen Dolus und auf die Rechtshängigkeit der Sache nicht ankommt, muß man es auch in diesem Falle annehmen.

---

[28]) I. 22 §. 13.

[29]) §. 14. l. c.

[30]) L. 4 C. de in litem jurando. (V. 53). — Lauterbach Compend. jur. Tit. de in litem jurando. — Wernher Obs. T. II. P. IX. obs. 88. — Carpzow Decis. LXXIV. No. 14. — Struv. Syntagma jur. c. th. 61. Tit. de jurejur. — Michael Gottfr. Wernher Commentationes. L. XII. Tit. 3 §. 6.

[31]) Wernher Obs. T. III. P. II. obs. 433.

3. Auch der Erbe des Gläubigers und Klägers kann diesen Eid leisten, ohne Unterschied, ob der Erbe selbst den Prozeß führt, oder erst nach gesprochenem Urtel in die Stelle seines Erblassers tritt. Der Beklagte kann also in dem letztern Falle nicht, wie bei einem andern nothwendigen Eide, fordern, selbst zum Eide verstattet zu werden, nicht darum, weil seine Unwürdigkeit dazu schon in der Verstattung seines Gegners zu diesem Eide ausgesprochen worden[32]), denn die Würdigkeit oder Unwürdigkeit des Beklagten, der denselben niemals schwören kann, wenn er auch noch so würdig ist, kommt nicht in Betracht; sondern weil das juramentum in litem seiner Natur nach nur dem Kläger vom Richter deferirt wird. Der Erbe kann aber nach entschiedener Sache auch eben so wenig wie der Erblasser selbst, den Eid zurückschieben, oder sein Gewissen mit Beweis vertreten. Es frägt sich aber: soll er über die Affection des Erblassers de ignorantia, oder über seine eigene Würdigung de veritate schwören. Dürfte er über die Affection des Erblassers schwören, so würde dieser Eid weiter nichts beweisen, als daß der Erblasser sich in dieser Art wirklich geäußert habe; ein solcher Eid stände also mit der unbeeidigten Angabe des Erblassers auf gleicher Linie. Es muß also, wenn der Eid etwas beweisen soll, der Erbe selbst schätzen, über seine eigene Affection schwören, und es ist seine Sache, sich über die Beschaffenheit des beschädigten oder vernichteten Gegenstandes, wenn er solchen nicht gekannt hat, die nöthige

---

[32]) So behauptet Grävell im Commentar zur G. O. III. S. 299.

Ueberzeugung zu verschaffen, wenn er schwören will[33]). Grävell[34]) meint ganz allgemein, der Erbe brauche nur de ignorantia zu schwören, geht aber nicht näher darauf ein, was der Erbe denn eigentlich hier de ignorantia schwören soll.

4. Für beschädigte Personen, welche wegen persönlicher Unfähigkeit sich selbst vor Gericht nicht vertreten können, also Bevormundete, Kinder unter väterlicher Gewalt, leisten deren Vertreter diesen Eid. Nach Römischem Rechte konnte der Minor, also ein eidesmündiger Curande, als dominus litis, selbst den Eid schwören, wenn sein Tutor oder Curator nicht schwören wollte. In der Sache liegt kein Grund, dieses nicht auch nach Preußischem Rechte gelten zu lassen[35]).

5. Ein zu nothwendigen Eiden für unfähig Erklärter wird ebenfalls zum juramento in litem gelassen; aber, wie es heißt: nur alsdann, wenn sein Gegentheil sich eines Betrugs oder einer vorsätzlichen Beschädigung schuldig gemacht hat[36]). Die culpa lata und die Contumacia würde also hier ausnahmsweise nicht in Betracht kommen. Die culpa lata steht aber dem Dolus gleich, und der Contumax ist gewöhnlich in dolo.

III. Mit dem juramento in litem affectionis ist verwandt:

---

[33]) A. G. O. I. 22 §. 16. Mich. God. Wernher Comment. L. XII. Tit. 3 §. 6. — Struv Synt. jur. civ. th. 61. Tit. de jurejur.. ibique Müller.

[34]) Commentar zur Gerichtsord. III. S. 299.

[35]) A. G. O. l. c. §. 16. — L. 4 D. de in litem jurando. (XII. 3).

[36]) §. 16 l. c.

1. Das juramentum in litem veritatis, auch quantitatis, welches mit dem vorigen sehr oft verwechselt oder für gleichbedeutend gehalten worden ist[37]). Damit beschwört Jemand seine Forderung, wenn die Schuld gewiß, aber die Größe der Schuld zu ermitteln unmöglich ist. Man hat es auch oft schlechthin juramentum in litem genannt. Dieser Eid hat eigentlich mit dem juramentum in litem seiner Natur nach nichts gemein, sondern ist eine Species des Erfüllungseides, was bei jenem nicht der Fall ist. Derselbe ist daher nicht bedingt durch Dolus und Contumacia, sondern wird, wie jeder Erfüllungseid, ohne Rücksicht auf den Grad der Schuld auferlegt, setzt einen angefangenen aber unvollständig gebliebenen Beweis voraus, welches bei dem juramentum in litem nicht wesentlich nöthig ist, und kann auch, nach Umständen, dem Kläger versagt, und als Reinigungseid über ein Quantum minimum dem Gegner auferlegt werden; er beschränkt sich nicht auf den gemeinen Werth, sondern kann auch zum vollständigen Beweise des individuellen Werths gebraucht werden, wenn dieser gefordert werden kann, welches nicht immer durch dolus und culpa lata bedingt wird (§. 29 Nr. I.), wogegen er, seiner Natur gemäß, als Ergänzungsmittel des Beweises auf Affectionen nicht ausgedehnt werden kann, weil bloße Affectionen und deren Würdigung kein Gegenstand eines gewöhnlichen Beweises sind, und also der Fall der Ergänzung

37) Wissenbach ad Pandect. Vol. I. disp. 24 No. 44. — Walch Introduct. in controv. jur. civ. Sect. IV. cap. II. §. 3. — Thomasius de pretio affectionis in res fungibiles non cadente. Cap. III. §. 3.

eines solchen Beweises nicht vorkommen kann. Es ist ganz consequent, daß das Preußische Recht dieses Eides als eines besondern gar nicht gedenkt.

2. Das juramentum Zenonianum[38]) wird für eine Species des juramenti in litem gehalten. Es unterscheide sich, sagt man, von dem gewöhnlichen juramento in litem dadurch, daß auch die causa obligationis, nämlich der Verlust der Sachen, mit beschworen werden könne, während das gewöhnliche juramentum in litem bloß auf das Interesse oder den Umfang des Nachtheils gehe[39]). Dieß ist aber eine reine Verwechselung des Interesse mit der causa obligationis. Der Fall, welcher dazu Veranlassung gegeben hat, war eine eigenmächtige, gewaltsame Entsetzung einer Person aus dem Besitze. Zeno[40]) sagt dazu: wenn es feststeht, daß der Kläger Gewalt gelitten hat, und bloß über die dabei fortgekommenen, oder angegriffenen und beschädigten Sachen Zweifel ist, so soll der Kläger, wenn er sonst

---

[38]) Jac. Reinhardt Select. Observat. ad Christinaei decis. Vol. I. obs. 59. — Ferd. Gotth. Fleck Diss. II. de remedio spolii. Lips. 1797. — Horn de Sacramento Zenoniano. Vit. 1701. — Steudner de Sacramento Zenoniano. Altd. 1682. — Anderson de juram. Zenoniano. Lugd. Bat. 1697.

[39]) Faber de error. pragm. Decad. XVIII. err. 8. Ej. conject. XVI. 13 No. 21. XVI. 17. No. 26. v. Wening-Ingenheim B. III. §. 17. — Andere halten ihn für eine, von dem juramento in litem ganz verschiedene Eidesart. Glück a. a. O. §. 819. S. 476. — Faber l. c. Lib. XVI. cap. 13 pag. 571. — Donell. Comment. Lib. XXVI. cap. 6.

[40]) L. 9 C. unde vi (VIII. 4). — Wiederholt in Cap. 7 X. de his, quae vi metusve causa. (I. 40).

nicht die einzelnen verloren gegangenen Stücke beweisen kann, nach vorheriger richterlichen Schätzung, auch die Aestimation der verlornen Stücke eidlich manifestiren, und die beschworene Summe soll der Richter zuerkennen. Dieses ist eine Anwendung des gewöhnlichen juramenti in litem auf den vorliegenden Fall, und keinesweges eine besondere Art von Eid. Denn der Verlust der Sachen ist nicht die causa, sondern bezieht sich lediglich auf das Interesse; die eigentliche causa hierbei ist die verübte Gewalt, welche freilich anderswie bewiesen werden muß. Ist die causa aber dargethan, so handelt es sich bloß noch um das Interesse oder die Größe des Schadens, der aus der Gewalt entstanden ist; und dieses Quantum zu bestimmen, ist in Ermangelung anderer Beweise gerade das juramentum in litem das rechte Mittel. Der Verlust beweglicher Sachen bei erlittener Gewalt gehört mit zum Umfange des Schadens, der Eid also, worin dieser Verlust mit beschworen wird, bezieht sich bloß auf die Größe des Schadens. Daher halten Andere diesen Eid lediglich für eine consequente Anwendung des gewöhnlichen juramenti in litem[41]), welchen jene um deswillen, weil die Verordnung, worin diese Anwendung gemacht wird, von Zeno ist, mit dem besondern Namen des juramenti Zenoniani belegen. Nach dem Preußischen Rechte, welches ebenfalls diesen Eid als einen besondern nicht kennt, hat es ebenfalls keine Schwierigkeit,

---

[41]) v. Savigny Besitz. IV. Ausg. p. 417 Note 1, wo die frühere Meinung geändert ist. — Cujacius ad L. 9 C. unde vi. Opp. T. IX. p. 1160. — Wirschinger Versuch einer neuen Theorie des juram. in lit. §. 81.

das juramentum in litem auf gleiche Fälle anzuwenden; denn der Kläger braucht bloß zu beschwören: daß er den Betrag des ihm durch die und die Handlung zugefügten Schadens, nach seiner Ueberzeugung auf so und so hoch wirklich schätze[42]); wobei ihm denn die Anrechnung der verlornen Stücke unbenommen ist. Dieser Eid ist auch bei unrechtmäßigen Pfändungen zuläßig[43]).

3. Das juramentum minorationis oder minutionis, Minderungseid[44]), welcher darin besteht, daß wenn der Kläger seine Forderung aus einer gewaltsam erlittenen Beschädigung nicht bestimmt liquidiren kann, sondern in Pausch und Bogen fordert, der Beklagte eine niedere Summe beschwören darf. Dieser dem Römischen und Preußischen Rechte ganz unbekannte Eid fand bloß nach Sächsischem Rechte Statt[45]), ist aber in dem neuen Sächsischen Rechte aufgehoben[46]).

---

[42]) A. G. O. I. 22 §. 25.

[43]) Gail de pignorat. obs. 18. — Leyser Sp. 146. m. 8.

[44]) Christ. Kremberg de juramento minutionis. Vitemb. 1630. — Christ. Phil. Richter de juramento minorationis. Jenae 1639. — Jo. Basil. Wideburg de juramento minorationis seu minutionis. Jenae 1710. 1757. 4. — Conr. Guil. Strecker, de juramento minorationis. Erf. 1724.

[45]) Sachs. Sp. III. 47. 51. Ord. Pr. S. Tit. XXXI. — Leyser Sp. 146 cor. 3.

[46]) Müller Versuch über den Schätzungseid. §. 17. S. 72.

§. 31.

f. Mora.

A. L. R. I. 16 §. 16—26. 66—71.

Donellus de usuris, fructibus, de mora etc. Francof. 1589. in Opp. T. X. — Ant. Contius de diversis morae generibus. Biturig. 1587. 8. et in opp. p. 534 sq. — Aem. Ferretus Libellus de mora et interesse. Lugd. 1546. Erf. 1586. 8. Osnabr. 1675. 8.; in illius Opp. Francof. ad M. 1598. 4. — Dom. Arumaeus, Comment. de mora. Jenae 1603. 8. — 1608. 12. Deventriae 1617. 8. Leodii 1701. 8. — Cels. Bargalius de dolo et culpa etc. mora etc. Francof. ad M. 1604. fol. Norimb. 1700. fol. Petrus Peck seu Peckius, seu de Beck de mora. — Taco a Glins, de mora. Amstelod. 1649. 8. — Henric. Hahn, de mora. Helmst. 1650. — H. de Cocceji, de mora. Heidelb. 1681.; in exercitt. I. 59. — Chr. Fr. G. Meister Diss. morae notionem sistens. Gött. 1715., et in Opusc. Tom. I. No. IV. pag. 225 seq. — Chr. Guil. Wehrn doctrina juris explicatrix principiorum et causarum damni, doli mali, culpae, morae etc. Lipsiae 1795. — Hennig Ratjen de mora secundum juris Romani Principia comm. de prior. Kiliae 1824.

aa. Begriff und Arten.

Eine Rechtsverletzung kann durch bloße Unterlaßung auch dadurch eintreten, daß eine Obligation nicht zur bestimmten Zeit erfüllt wird. Dabei frägt sich: welche Modificationen hierdurch eintreten. Hierauf bezieht sich die Lehre von der Mora. Die bloße Unterlaßung der rechtzeitigen Erfüllung begründet aber, nach Römischem Rechte, für sich allein noch keine Verbindlichkeit zur Entschädigung, weil es ungewiß ist, ob der Andere sich dadurch verletzt findet, oder ob die Unterlassung nicht vielmehr mit seinen Wünschen übereinstimmt. Damit also die Unterlassung zur unzweifelhaften Rechtsverletzung werde, muß etwas positives hinzutreten: dieß ist die Interpellation. Diese qualificirte Unterlassung heißt Mora (Verzug, Zögerung), zuweilen auch frustratio, dilatio, cessatio [1]), auch wird oft die Umschreibung: „per eum stetit, quo minus etc.,“ oder „per te factum quo minus etc.“ als technisch für Mora gebraucht [2]). Ein solcher Verzug läßt sich auch auf der Seite des Gläubigers denken; es giebt also eine mora debitoris vel solvendi, und eine mora creditoris vel accipiendi.

§. 32.

bb, Bedingungen der *mora solvendi.*

I. Die mora solvendi setzt voraus:

1. eine wirksame Obligation. Diese muß quoad exercitium *praesens*, d. h. fällig und klagbar sein [1]). Daher kann z. B. bei zweiseitigen Verträgen der eine Contrahent nicht eher in Mora versetzt werden, als wenn der Andere bereits erfüllt hat, oder zu erfüllen bereit ist [2]). Dazu muß denn, nach Römischem Rechte, noch

---

[1]) L. 37 in fine D. mandati. (XVII. 1). — L. 3 §. 4. L. 17. L. 21 D. de usuris. (XXII. 1).

[2]) Vergl. den folg. §. 32 Nr. I. 2, u. oben S. 202 Note 36.

[1]) L. 88 D. de reg. jur. (L. 17) — L. 40 D. de rebus cred. (XII. 1). — L. 49 §. 3. L. 127 D. de verbor. obligat. (XLV. 1). — L. 51 D. de pactis. (II. 14).

[2]) L. 18 §. 1 D. de periculo. (XVIII. 6). — L. 24 C. de eviction. (VIII. 24). — L. 40 in f. D. de rebus cred. (XII. 1). — A. L. R. I. 16 §. 22. 23. Tit. 5 §. 232. 271.

2. eine Interpellation, Mahnung kommen; denn die mora fit non ex re, sed ex persona[3]). „Sed cum quaeratur, sagt Pomponius in der L. 5: an per te factum sit (quo minus id mihi dares) animadverti debebit, non solum in potestate tua fuerit id, nec ne, aut dolo malo feceris quo minus esset vel fuerit, nec ne, *sed etiam, si aliqua justa causa sit*, propter quam intelligere deberes, *te dare* oportere.“ d. h.: um zu wissen: ob du in Mora bist, muß darauf gesehen werden, nicht allein ob es in deiner Gewalt stand oder nicht, oder ob es in deinem bösen Willen lag, zu geben oder nicht, sondern auch: ob ein geeigneter Umstand vorhanden ist, aus welchem du einsehen mußtest, daß du zu geben verpflichtet warst. — Wollte man diese justa causa auf die Obligation beziehen, so hätte Pomponius eine Absurdität gesagt; denn die Obligation wird ja als unzweifelhaft vorausgesetzt. Die „justa causa, propter quam intelligere deberes, te dare oportere“ bezieht sich also auf den Willen und das Verlangen des Gläubigers, daß der Schuldner jetzt geben solle. Pomponius will also sagen: „Du bist in Mora, wenn du den Willen und das Verlangen des Gläubigers, daß du zur Zeit geben sollst, vernommen hast.“ Das Requisit der Interpellation hat einen guten Sinn. Der Grund nehmlich, aus dem die Erfüllung später, als ursprünglich verabredet worden, geschieht, kann unter

---

[3]) L. 32 pr. §. 1 D. de usuris. (XXII. 1). — L. 23 D. de verbor. oblig. (XLV. 1) — L. 5 D. de rebus cred. (XII. 1).

ondern auch in einem **beiderseitigen** Vortheil liegen, mithin kann es an einer Rechtsverletzung fehlen. Der Richter kann daran, daß ursprünglich eine Zeit der Erfüllung verabredet worden, allein noch nicht erkennen: ob in dem Benehmen des Schuldners eine Rechtsverletzung des Gläubigers liegt, oder nicht. Um diesen Zweifel zu heben, ist die Interpellation als allgemeine Bedingung, unter welcher die Verspätung als eine Rechtsverletzung angesehen wird, vorgeschrieben. Doch darf die erste Voraussetzung, daß die Obligation fällig sei, nicht fehlen, sonst ist die Mahnung zu früh und für nicht geschehen zu erachten (Note 1).

Die Interpellation besteht in einer simpeln gerichtlichen oder außergerichtlichen Anzeige des Creditors an den Debitor, daß die Erfüllung erwartet werde. Einzelne gemeinrechtliche Schriftsteller wollten nur eine gerichtliche Mahnung gelten lassen, weil Niemand sein eigener Richter sein könne[4]); aber die gemeine Meinung, und die Preußische Gerichtspraxis[5]) verwarf dieß. Diese Anzeige muß jedoch auf eine, nach Zeit und Ort angemessene Art (opportuno loco), dem Debitor selbst, oder, wenn derselbe zu zahlen juristisch unfähig ist, demjenigen, der dessen juristische Persönlichkeit ersetzt, geschehen[6]). Einmalige Interpellation genügt[7]), und die dadurch bewirkte Mora geht auch

---

4) Madihn Principia juris Rom. P. I. §. 121.

5) Hymmen Band VIII. S. 177.

6) L. 21 §. 2. L. 32 §. 1 D. de usuris. (XXII. 1). — L. 21 und 49 §. 2 D. de verbor. obligat. (XLV. 1). — A. L. R. I. 16 §. 21.

7) L. 32 D. de usuris. (XXII. 1). — L. 26 D. soluto ma-

auf die Erben über[8]). Die mora solvendi setzt ferner voraus:

3. daß auf die gehörig geschehene Interpellation die Erfüllung sine justa causa[9]) unterblieben ist[10]). Es wird also erfordert, daß dem Schuldner die Unterlassung imputirt werden kann, ohne daß dabei auf die Grade der Schuld Rücksicht genommen wird. Es genügt, wenn der Schuldner weiß oder wissen muß, daß er gerade jetzt zu zahlen schuldig ist. (Oben Nr. 2). Unter den gemeinrechtlichen Juristen ist jedoch bestritten: ob die Mora eine schuldbare sein müße, oder nicht, um nachtheilige Folgen für den Zögernden hervorzubringen[11]). Das Allgemeine Landrecht hat die gemeine Meinung sanctionirt, wonach die Mora nur so weit, als sie auf die Regeln der Culpa zurückzuführen ist, in Betracht kommt[12]). Dieß ist jedoch nicht so zu

---

trim (XXIV. 3). — Die L. 122 §. 3 D. de verbor. oblig. (XLV. 1). L. 38 D. de minorib. (IV. 4). L. 59 §. 5 D. mandati. (XVII. 1) beziehen sich nicht auf den Rechtsgrundsatz, sondern auf eine bloß factische Wiederholung der Mahnung, wie außer Andern, Noodt de foenore L. III. cap. 9. ausführlich zeigt.

[8]) L. 27 D. de usuris. (XXII. 1). — L. 87 §. 1 D. de legatis II. (XXXI).

[9]) L. 21 D. de usuris. (XXII. 1). — L. 40 D. de rebus cred. (XII. 1). — A. L. R. h. t. §. 26, und Tit. 14 §. 72. Tit. 18 §. 775.

[10]) L. 32 pr. D. de usuris.

[11]) Für die erstere Meinung sind die meisten; unter andern: Donell l. c. c. 5. Noodt de foenore etc. Lib. III. c. 9. Dagegen: Schömann vom Schadensersatz. Th. II. S. 12 u. f., und Handbuch S. 291, und Fragemente S. 50 u. ff.

[12]) §. 26 h. t. Tit. 14 §. 72. Tit. 18 §. 776. Tit. 21 §. 251

verstehen, daß der Gläubiger den Beweis der Verschuldung des Debitors führen müßte; vielmehr ist es Sache des Schuldners, sich von der factisch nachgewiesenen Mora zu purgiren, d. h. durch Allegirung und Nachweisung einer justa causa darzuthun, daß die Thatsachen, welche zur Mora gehören, in dem vorliegenden Falle keine Mora hervorgebracht haben. Es wird also keinesweges der Beweis einer Negative, sondern vielmehr einer affirmativen Behauptung, nehmlich des Daseins einer andern Thatsache (rechtlichen Grundes) von dem Säumigen verlangt [13]. Als justa causa wird angesehen:

a. wenn zur Anstalt Zeit gebraucht, oder sonst durch Unmöglichkeit oder Zufall die Erfüllung aufgehalten wird [14].

b. wenn Jemand bona fide glaubt, nichts schuldig zu sein [15].

c. wenn Jemand in öffentlichen Angelegenheiten abwesend zu sein genöthigt wird, ohne daß er für den Fortgang seiner Geschäfte vorher gehörig hat sorgen können [16].

---

[13]) I. 11 §. 939. Vergl. oben S. 212. Dieser Grundsatz gilt auch im Crim. Rechte. Crim. Ordnung §. 367. 373.

[14]) L. 21 D. de usuris. (XXII. 1). — L. 73 und 137 §. 2 — 4 D. de verbor. obligat. (XLV. 1). — L. 23 §. 1 D. de receptis. (IV. 8). — A. L. R. I. §. 26 h. t. Tit. 6 §. 39. Tit. 11 §. 96. 102. 216.

[15]) L. 63 und 42 D. de reg. juris. — L. 24 pr. D. de usuris. (XXII. 1). — L. 82 §. 1 D. de verbor. obligat. (XLV. 1).

[16]) L. 23 und 17 §. 3 D. de usuris. (XXII. 1). — Vergl. A. L. R. I. 9 §. 518.

d. wenn der Creditor geflissentlich dem Schuldner den Verlust der ihm von demselben zu gebenden Sache verursacht hat[17]).

II. Von der Regel, daß nur durch Interpellation Mora hervorgebracht werden könne, wird von Vielen der Fall ausgenommen; wenn die Erfüllung schon vorher auf eine bestimmte Zeit ausbedungen, oder sonst festgesetzt worden war. Hier, sagen sie, tritt die Mora mit Ablauf des Termins von selbst ein, ohne daß es noch einer Mahnung bedürfte. Dieses drücken sie so aus: dies interpellat pro homine[18]). Dieselbe hat aber in dem Römischen Rechte keinen Grund[19]). Wenn ein Tag bestimmt ist, von welchem an die Obligation fällig sein soll, so liegt darin nicht mehr als in dem Falle, wenn kein Tag ausdrücklich verabredet ist; denn es ist gleichviel, ob der Tag stillschweigend oder ausdrücklich bestimmt ist, welches erstere dadurch geschieht, daß kein Tag hinzugefügt wird, da dies die Folge hat, daß die Forderung sogleich fällig ist[20]). Ein innerer Grund

---

[17]) L. 6 D. de doli mali. (XLIV. 4). — Vergl. A. L. R. I. 5 §. 361.

[18]) Höpfner Commentar §. 755. Thibaut im Archiv für civil. Praxis B. 6 Nr. 2, und B. 16 S. 182. — Mackeldey Th. II. §. 345. — Henr. Lotz. Diss. nonnullos de morae initio quaestiones tractans. Wirceb. 1825. — Glück. Commentar Th. IV. S. 405. — Bucher Recht der Forderungen §. 56. Am ausführlichsten über die s. g. mora ex re handelt Noodt l. c. Lib. III. c. 10.

[19]) v. Schröter über die Regel: dies interpellat pro homine; in der Zeitschrift für Civilrecht und Prozeß; von Linde, Marezoll u. v. Wening-Ingenheim. Neustetel im Archiv für die civil. Praxis B. 5 Nr. 8.

[20]) L. 14 D. de reg. jur. — L. 141. D. de verb. obl. (XLV. 1).

ist also gar nicht vorhanden, in dem Einen Falle Mora, und in dem Andern keine Mora anzunehmen, vielmehr findet, wenn man von der Ratio der Interpellation ausgeht, in dem einen wie in dem andern Falle eben derselbe Zweifel Statt: ob in der Zögerung eine Rechtsverletzung liegt oder nicht. Die Hauptstellen, in welchen diese Regel ausgedrückt sein soll, sind:

L. 12 C. de contr. emt. (VIII. 38) (Justinian.) „—Sancimus: ut si quis certo tempore facturum se aliquid vel daturum stipulatur, vel quae stipulator voluit, promiserit et adjecerit, quod si statuto tempore minime haec perfecta fuerint, certam poenam dabit: sciat minime se posse debitor ad evitandam poenam adjicere, quod nullus eum admonuit: sed etiam citra ullam admonitionem eidem poenae pro stipulationis tenore fiet obnoxius: cum ea quae promisit, ipse in memoria sua servare, non ab aliis sibi manifestari debeat poscere.“

und L. 23. D. de obl. et act. (XLIV. 7) (Africanus):

„Trajectitiae pecuniae nomine, si ad diem soluta non esset, pona (uti adsolet) ob operas ejus qui eam pecuniam peteret, in stipulationem erat deducta: is qui eam pecuniam petebat, parte exacta petere desierat: deinde interposito tempore interpellare instituerat. Consultus respondit: ejus quoque temporis quo interpellatus non esset, poenam peti posse; amplius etiam si omnino interpellatus non esset: nec aliter non committi stipulationem, quam si per debitorem non stetisset, quo minus solveret: alioquin dicendum est, si is, qui interpellare coepisset, valetudine impeditus interpellare desisset, poenam non committi. De illo sane potest dubitari, si interpellatus ipse moram fecerit: an quamvis pecuniam postea offerat, nihilominus poena committatur? Et hoc rectius dicitur. Nam et si arbiter ex compromisso pecuniam certo die dare jusserit, neque per eum qui dare jussus sit, steterit: non committi poenam respondit. — Hoc idem dicendum, et cum quid ea lege venierit, ut nisi ad diem pretium solutum fuerit, inempta res fiat."

Diese Stellen beweisen gerade das Gegentheil; denn in denselben ist der Fall ein ganz anderer als Mora: es ist darin von einer **bedingt** stipulirten Strafe die Rede; und damit hat es, wie es am Schlusse der letzten Stelle ausdrücklich heißt, gerade dieselbe Bewandniß, wie mit jeder andern Obligatio *sub conditione.* Die Bedingung ist in diesen Stellen nicht Mora, sondern unterbliebene Erfüllung bis zu einem gewissen Tage; und damit die Bedingung als eingetreten zu betrachten, ist eben nichts weiter nöthig, als daß die Erfüllung wirklich unterblieben ist; denn **hierin**, und in nichts anderm, besteht gerade die **Bedingung.**

Mehr Schwierigkeit macht die L. 114 D. de verb. obl. (XLV. 1).

„Si fundum certo die praestari stipuler, et per promissorem steterit, quo minus ea die praestetur, consecuturum me quanti mea intersit moram facti non esse."

Aus L. 17 §. 4 D. de usuris (XXII. 1) geht aber entschieden das Gegentheil davon hervor:

„Ex locato qui convenitur, nisi convenerit: ut tardius pecuniae illatae usuras deberet, non nisi ex mora usuras praestare debet."

Was außerdem noch gegen diese Regel spricht, ist der Umstand, daß wenn die Fälligkeit der Obligation auf einen gewissen Tag hinausgeschoben wird, der Tag nicht zum Vortheile des Creditors, sondern des Debitors bestimmt ist, weil sonst gleich erfüllt werden müßte[21]). Wollte man also Bestimmung eines Tages so interpretiren, daß mit demselben Mora eintreten sollte, so würde er zum Vortheil des Creditors hinzugefügt sein. Man muß also jener Stelle einen andern Sinn geben, indem man annimmt, daß die Bedingungen der Mora vorausgesetzt werden, und nur von den Wirkungen derselben die Rede ist.

Ferner behauptet man bei zweiseitigen Verträgen, daß wenn von einer Seite erfüllt worden, der Andere dadurch von dem Augenblicke des Empfanges der Leistung in moram versetzt sei[22]). Zum Beweise beruft man sich auf den beim Kaufcontracte geltenden Grundsatz, daß der Käufer, nach der Uebergabe, das nicht bezahlte Kaufgeld verzinsen müsse[23]). Allein diese Zinsen haben einen ganz andern Grund und müssen, ohne alle Mora, fructuum vice, fructuum perceptorum ratione, die sonst der Käufer doppelt ziehen würde, gezahlt werden[24]). Daß aber bei zweiseitigen Verträgen durch die Leistung von der einen Seite der Andere nicht in Verzug gesetzt wird, ist schlechthin vorausgesetzt[25]).

---

21) L. 41 §. 1 D. de verb. Obl. (XLV. 1).

22) Meister cit. Diss. morae notionem sistens §. 48.

23) L. 13 §. 20 D. de act. emti. (XIX. 1). — Fragm. Vatic. §. 2.

24) L. 5 C. de act. emti. (IV. 49). — L. 3 C. in quib. caus. in int. (II. 41). — Vergl. §. 10 Nr. II. 2.

25) L. 5 §. 1 D. de praescr. verb. (XIX. 5). — Vergl. oben §. 10 Nr. I. 2.

III. Wiewohl man also die Regel: dies interpellat pro homine, nach dem Römischen Rechte, nicht für richtig halten kann, so ist dieselbe doch in dem Preußischen Rechte sancionirt, und mithin gültig. Nach dem Allgemeinen Landrechte gelten daher die vorhin vorgetragenen Bedingungen der Mora nur unter der Voraussetzung:

daß die Zeit der Erfüllung weder durch Willenserklärungen, noch durch richterlichen Ausspruch, noch durch besondere Gesetze bestimmt ist[26]).

Mit dem bestimmten Zahlungstage hat bei bedingten Zahlungen der Eintritt der Bedingung von dem Augenblicke an, wo solcher dem Schuldner bekannt geworden ist, gleiche Wirkung[27]). In beiden Fällen macht es keine Aenderung, wenn auch der Gläubiger sich um die Zahlung nicht gemeldet, sondern stillschweigend Nachsicht gegeben hat[28]). Es kommt also nichts darauf an: ob in der Mora eine Rechtsverletzung liegt oder nicht; es kann sogar die Verspätung dem Wunsche und Vortheile des Gläubigers entsprechen. Dagegen hat das Landrecht die Meinung, daß bei zweiseitigen Verträgen bloß die Erfüllung des Einen Contrahenten den Andern ohne weiteres in Verzug setze, nicht angenommen[29]).

Das Römische Recht nimmt aber in folgenden Fällen eine mora ex re an, wo der Schuldner ohne Interpellation ipso jure in mora ist:

---

[26]) I. 16 §. 20 67.

[27]) Ebd. §. 86. Dadurch ist diese Frage gegen die Meinung entschieden, daß bei bedingten Forderungen, nach Eintritt der Bedingung, noch eine Interpellation nöthig sei. Voet. Comment. Lib. XXII. Tit. 1 §. 26.

[28]) §. 69 h. t.

[29]) Ebendas. §. 23.

1. bei Diebstahl und gewaltsamer Entsetzung aus einer unbeweglichen Sache[30]), wo der Dieb von Anfang in Mora ist;

2. wenn der Creditor minderjährig ist; indeß wird ausdrücklich gesagt, daß es nicht eigentlich Mora sei, sondern nur die Wirkungen derselben angenommen würden[31]);

3. bei dem Schuldner des Fiscus[32]);

4. bei dem Schuldner eines Legats ad pias causas[33]);

5. wenn der Schuldner nicht zu finden, so erläßt der Richter, wenn der Gläubiger sich an ihn wendet,

---

[30]) L. 8 §. 1. L. 20 D. de cond. furtiva. (XIII. 1.) — L. 7 C. de cond. ob turp. caus. (IV. 7). — L. 1 §. 35 und L. 19 D. de vi. (XLIII. 16).

[31]) L. 3 C. in quib. caus. in integrum. (II. 41). — L. 5 C. de act. emti. (IV. 49). — L. 87 §. 1 D. de legat. II. (XXXI). Ein Präjudicat aus der frühern Preußischen Gerichtspraxis s. m in Hymmen B. VIII. S. 61. Dem Herrn Dr. Bielitz ist auch hierbei eine kleine Verwechselung begegnet, wie man sie mitunter in seinem Commentar findet. Er allegirt nämlich II. S. 688 §. 827 Note 13 dieses Präjudicat, neben Leyser Spec. 244, (wahrscheinlich doch m. 8) zum Beweise der Behauptung, daß einige Rechtslehrer die Freiheit des Fiscus von der Verpflichtung: Zögerungszinsen zu zahlen auch auf unmündige Personen und milde Stiftungen ausgedehnt hätten. Zufällig sagt aber der allegirte Rechtslehrer Leyser in der angef. Stelle gerade das Gegentheil, und in der That ist es niemals Jemand eingefallen, dieses fiscalische Recht auf Pupillen auszudehnen.

[32]) L. 17 §. 5 D. de usuris. (XXII. 1).

[33]) L. 46 §. 4 D. de episcop. et cler. (I. 3).

ein Decret, wodurch „ex re moram esse" verfügt wird[34]).

Alle diese Fälle sind dem Preußischen Rechte unbekannt.

§. 33.

Bedingungen der *mora accipiendi.*

Roman. Teller de mora creditoris. Lips. 1765.

Der Gläubiger kommt in Mora, wenn er die ihm zu rechter Zeit, und an dem gehörigen Orte (opportuno loco) angebotene Leistung aus einem unerheblichen oder doch zweifelhaften Grunde (sine justa causa) nicht annimmt[1]). Das Anerbieten muß jedoch ein wirklich reelles, d. h. ein solches sein, worauf der Gläubiger die Leistung auf der Stelle anzunehmen im Stande ist, wenn er das, was er seinerseits dazu thun muß, zu thun bereit ist. Hieraus folgt, daß man nicht, wie gewöhnlich geschieht[2]), zwischen beweglichen und unbeweglichen Sachen unterscheiden kann, um zu bestimmen: ob der Schuldner bei dem Anbieten die Sache mit zur Stelle bringen müße; sondern vielmehr, daß es darauf ankommt, ob der Schuldner die Sache dem Gläubiger hinzubringen verpflichtet ist, oder nicht. Hat der Schuldner, nach der

---

[34]) L. 23 §. 1 D. de usuris. (XXII. 1). L. 2 D. de nautico foenore. (XXII. 2).

[1]) L. 39. 72 pr. D. de solut. (XLVI. 3). — L. 73 §. 2. L. 122 pr. D. de verb. obl. (XLV. 1). — L. 3 §. 4 D. de act. emti. (XIX. 1). — L. 39 D. de regul. juris. (L. 17). — L. 6 C. de usuris. (IV. 32). — A. L. R. I. 16 §. 215. 216. 218.

[2]) Glück Th. IV. S. 408. — Stryck Us. mod. Lib. XLVI. Tit. 3 §. 16.

Verabredung, oder nach der Natur des Geschäfts, an dem Orte, wo der Gläubiger sich befindet, zu erfüllen, so muß er, wenn etwas gegeben werden soll, den Gegenstand, in Qualität und Quantität vollständig, mitbringen und anbieten, und wenn etwas geleistet werden soll, sich dazu gehörig angeschickt, zu ihm begeben, und sich zu der Handlung erbieten. In diesen Fällen kann also eine bloße oblatio verbalis nicht genügen, weil wenn auch der Gläubiger bereit wäre, die Erfüllung doch auf der Stelle nicht geschehen könnte; daher auch die auf ein solches Anerbieten gegebene Erklärung, daß er die Leistung nicht annehmen wolle, keine nachtheilige Wirkung für ihn hat[3]). Muß sich aber der Gläubiger an einen andern Ort verfügen, um die Erfüllung anzunehmen, sei es daß eine bewegliche oder unbewegliche Sache zu übergeben, oder eine Handlung zu leisten; so genügt die Veranstaltung und die ihm zu machende Anzeige: daß alles zu der bestimmten Zeit und an dem bestimmten Orte bereit sei. Bleibt er darauf aus, so ist er in Mora[4]). Bleibt der Schuldner ebenfalls aus, so ist keiner von beiden in Mora, weil keiner dem andern etwas vorzuwerfen hat. Jedes von dem Gläubiger allein ausgehende Hinderniß versetzt ihn in Verzug. Daher kommt derselbe auch dadurch in Mora, daß er z. B. die dem Schuldner zur Uebersicht nöthige Rechnung vorenthält[5]), oder, wenn er mit dem Geschäfte unzufrieden, damit umgeht, dasselbe anzufechten, ohne damit durch-

---

[3]) A. M. Struck a. a. O. und Teller l. c. §. 7. Man s. dagegen aber die Note 1 angef. Stellen, und L. 9 §. 1 D. de pignorat. act. (XIII. 7). — L. 19 C. de usuris. (IV. 32). — Nov. 91. c. 2.

[4]) L. 18 pr. D. de pec. const. (XIII. 5).

[5]) L. 4 C. de usuris pupillar. (V. 56).

kommen zu können [6]). Die Deposition ist, um den Gläubiger in Verzug zu setzen, auch nach Preußischem Rechte, in keinem Falle erforderlich [7]). Ob die Erfüllung dem Gläubiger zu rechter Zeit, und auf die gehörige Art angetragen worden ist, muß nach Beschaffenheit des Rechtsgeschäfts und der Umstände in jedem concreten Falle, nach den angegebenen Grundsätzen, besonders beurtheilt werden [8]).

§. 34.

dd. Wirkungen der Mora.

I. Gemeinschaftliche.

Gemeinsame Wirkung der Mora ist, daß keinem seine Mora zum Vortheil gereichen kann [1]).

II. Wirkung der mora solvendi.

1. Der Debitor trägt nach Römischem Rechte, so wie nach dem Allg. Landrechte, das periculum rei, oder die Obligation wird durch dessen Mora perpetuirt, d. h. der Casus liberirt ihn nicht mehr [2]). Daraus

---

[6]) L. 24 D. de receptis. (IV. 8). — A. L. R. I. 16 §. 218. verbis: „oder doch zweifelhaftem Grunde verweigert." Vergl. Nettelbladt System. elem. jurispr. posit. Germ. §. 310.

[7]) Nettelbladt l. c. war mit m. A. der Meinung wegen L. 6 u. 19 C. de usuris (IV. 32). — L. 9 C. de Solut. (VIII. 43) u. Nov. 91 c. 2, wo aber die Wirkungen der mora accipiendi, und der der Deposition unterschieden werden. Vergl. Voet Commentar. Lib. XLVI. Tit. 3 §. 28 u. 29.

[8]) L. 32 D. de usuris. (XXII. 1).

[1]) L. 37 in fine D. mandati. (XVII. 1).

[2]) L. 5 pr. D. de rebus creditis. (XII. 1). — L. 23. 82

folgt von selbst, daß er nicht bloß für das geringste Versehen, sondern selbst für den Casus haftet[3]). Doch sollte er sich nach der, in den Pandecten historisch angeführten, abweichenden Meinung (§. 20 Nr. II. 2 a. S. 197) von der Prästation des Casus durch den Beweis befreien können, daß die Sache bei dem Gläubiger von demselben Zufalle würde betroffen worden sein, ausgenommen, wenn die Verbindlichkeit aus einer strafbaren Handlung entstanden war, wo es auf diesen Unterschied nicht ankommen sollte[4]). Aus dieser schon im Römischen Rechte antiquirten, aber von den Glossatoren[5]) wieder aufgenommenen Meinungsverschiedenheit haben die Neuern, wiewohl nicht ohne Widerspruch, den allgemeinen Satz gezogen, daß man zwischen einer mora in rem d. h. wenn die Forderung ex delicto entstanden, und keine Mahnung nöthig sei; und einer solchen mora, die auf einem Delicte nicht beruhe, unterscheiden müße. In dem erstern Falle solle der Schuldner schlechterdings für die Gefahr stehen, wenn die Sache auch bei dem

§. 1. L. 91 §. 3 u. 4 D. de verb. oblig. (XLV. 1). — L. 21 in fine D. de usuris. (XXII. 1). Oben S. 213. Note 53.

[3]) Chr. G. Gmelin Diss. de casu post moram praestando. Tüb. 1804.

[4]) L. 40 pr. D. de heredit. petit. (V. 3) „in praedonis persona Proculus recte existimat: in bonae fidei possessoribus Cassius." Unter dem Praedo verstehen aber die Römischen Juristen bekanntlich jeden malae fidei possessor, nicht gerade einen Räuber oder solchen, der den Besitz gewaltsam ergriffen hat.

[5]) Vergl. darüber: Reichardt de casu obligationem tollente. §. 5.

Gläubiger von demselben Zufalle betroffen worden sein würde; in dem letztern dagegen sollte sich der Schuldner durch diesen Einwand, den er übrigens beweisen müße, befreien können[6]). In den Stellen, wodurch dieser Unterschied bewiesen werden soll[7]), wird die Prästation des Casus lediglich der Wirkung der Mora zugeschrieben, ohne Rücksicht auf den Entstehungsgrund der Obligation; und in andern Stellen[8]) geschieht ganz das nämliche, ungeachtet das dort in Rede stehende Klagerecht nicht ex delicto entstanden ist, zum klaren Beweise, daß das Römische Recht den ihm zugeschriebenen Unterschied gar nicht kennt. Diese Theorie ist jedoch in das Allg. Landrecht übergegangen, und es ist durchgängig Grundsatz, daß der Säumige den Zufall bei Verbindlichkeiten ex maleficio unbedingt, bei andern Obligationen aber nur alsdann trägt, wenn sonst der Zufall nicht eingetreten sein würde (s. oben S. 213), welches jedoch der Debitor unter allen Umständen beweisen muß, weil die Behauptung: daß der Zufall nicht ohne die Mora eingetreten sein würde, nicht ad fundandam intentionem gehört, sondern vielmehr der Schuldner sich von der Klage, die durch bloße Allegirung des

6) Guill. Prousteau Recitat. ad L. 23 D. de reg. jur. Cap. XXVII. §. 23—29. (Meermann Thesaur. Tom. III. p. 543). — Wernher Observ. for. Tom. I. P. IV. obs. 214 No. 91 sq. — Glück a. a. O. S. 411—417.

7) L. 8 §. 1 D. de condictione furtiva. (XIII. 1). — L. 7 C. de condict. ob turpem causam. (IV. 7). — L. 11 §. 11 D. quod metus causa. (IV. 2).

8) L. 47 §. 6 D. de legat. I. (XXX.) — L. 15 §. 3 D. de rei vindicat. (VI. 1). — L. 12 §. 3 D. depositi. (XVI. 3)

Unterganges, und daß der Beklagte wegen seiner Mora für den Zufall hafte, begründet ist, excipiendo frei machen will[9]).

2. bei alternativen Obligationen verliert der Debitor die Wahl[10]), nach Preußischem Rechte wird dieses jedoch erst dann angenommen, wenn es der Schuldner zur Execution kommen läßt, und man verlangt in Praxi, daß die Klage auf die alternative Leistung gerichtet werde[11]);

3. er muß von Zeit der Mora an, nach Römischem Rechte, jedes Interesse prästiren[12]), welches bei Geldschulden aus bonae fidei contractibus gewöhnlich in Zinsen besteht[13]), sich aber auch höher belaufen kann (S. 115 Note 81). Das Allgem. Landrecht führt die Mora, wenn von einem Scha-

---

[9]) Donellus Commentar. ad. L. 23 D. de verbor. oblig. — Prousteau l. c. §. 28 in fine. Sowohl aus den angeführten, aus der Natur der Sache folgenden, als auch aus geschichtlichen Gründen, hebt sich der Zweifel, welchen Bornemann, Rechtsgeschäfte S. 333 bei dem Commodate, wegen der Fassung des §. 251 Tit. 21, in Betreff der Beweislast findet. Nach der Theorie, welche das Allg. Landrecht sanctionirt hat, galt in dieser Beziehung keine Ausnahme, auch fehlte es dazu, namentlich beim Legate, an Grund, und das A. L. R. enthält keine abweichende Bestimmuug.

[10]) L. 2 §. 2. 3 D. de eo quod certo loco. (XIII. 4). — L. 3 pr. D. de usuris. (XXII. 1).

[11]) Vergl. Verordnung über die Execution in Civil-Sachen vom 4. März 1834. §. 9. Ges.-Samml. S. 33.

[12]) L. 3 pr. 38 §. 1. L. 32 §. 2 D. de usuris. (XXII. 1).

[13]) L. 17 §. 3. 4. L. 32 §. 2. L. 34. 41 D. eodem. Nur bei der Schenkung gilt aus Billigkeit eine Ausnahme. L. 22 D. de donat. (XXXIX. 5).

den als Folge derselben, und Erstattung des Interesses die Rede ist, auf die Regeln von der Culpa zurück[14]). Bei Geldschulden werden, eben so wie nach gemeinem Rechte, in der Regel landübliche Zinsen als Interesse gezahlt, und ausnahmsweise wird ein höheres Interesse nur alsdann erstattet, wenn es versprochen worden, oder wenn der Säumige aus Dolus oder grobem Versehen in Mora ist[15]). Dagegen ist der Grundsatz des gemeinen Rechts, daß wenn in der Zwischenzeit die zurückgehaltene Sache ihren Werth verändert, der stattgefundene höchste Preis prästirt werden muß, weil der Gläubiger, wenn die Erfüllung zur rechten Zeit geschehen wäre, auf das vortheilhafteste für sich hätte speculiren können[16]), nicht angenommen[17]).

4. Nach der Meinung mehrerer Rechtslehrer hat die mora debitoris, nach Römischem Rechte, auch die Wirkung, daß der Gläubiger von dem Contracte wieder abgehen kann[18]). Nach Preußischem Rechte

---

[14]) I. 16 §. 17. 26. Tit. 14 §. 72. Tit. 18 §. 776. Tit. 21. §. 251.

[15]) I. 11. §. 827. 833. 834. Vergl. §. 10. Nr. I.

[16]) L. 3 D. de condict. triticiar. (XIII. 3). — L. 8 §. 1 D. de condict. furt. (XIII. 1). — L. 3 §. 3. L. 21 §. 3 D. de act. emti. (XIX. 1). — L. 22 D. de reb. cred. (XII. 1).

[17]) I. 11. §. 859. Vergl. unt. S. 367. Das Preuß. Landr. v. 1721 B. IV. Tit. 1. Art. 3 §. 3 hat den Römischen Grundsatz.

[18]) L. 6 C. de pactis inter emtorem. (IV. 54). — L. 56 D. de contrah. emt. (XVIII. 1). — L. 6 D. de lege commiss. (XVIII. 3). — Wittich de jure ob moram resiliendi de pactis lege commissória etsi haud adjecta. Cass. 1796. 8. — Thibaut System §. 103. — Bucher a. a. O. §. 56. — Eben so nach Französischem Rechte. Code civil. Art. 1184. Dagegen Noodt Probabil. Lib. IV. cap. 2.

findet dieß in der Regel nicht Statt [19]). Davon gelten aber folgende Ausnahmen:

a. wenn der Schuldner ohne rechtmäßigen Grund die Erfüllung verweigert, so kann der Gläubiger ganz zurücktreten [20]).

b. bei Käufen über bewegliche Sachen unter 50 Rthlr. ist der Rücktritt von Seiten des Verkäufers zulässig, wenn der Käufer, innerhalb der bestimmten Zeit, die Sache nicht abholt, oder wenn der Käufer das beim Handel nicht creditirte Kaufgeld nicht zahlt [21]).

c. bei Käufen nach Maaß und Gewicht kann der Käufer abgehen, wenn etwas daran bei der Uebergabe fehlt, und die Nachlieferung bis zum Ablaufe der Zeit nicht mehr geschieht, weil sonst keine Mora eintritt [22]).

d. bei jedem gerichtlichen nothwendigen Verkaufe kann die Sache zurückgenommen werden, wenn zu der festgesetzten Zeit keine Zahlung erfolgt [23]).

e. der Besteller eines bedungenen Werkes kann von dem Vertrage zurücktreten, wenn das Werk durch Zögerung des Werkmeisters zur bestimmten Zeit nicht abgeliefert wird [24]).

f. dasselbe gilt beim Verlagscontracte [25]).

---

[19]) I 5 §. 393. 394. Tit. 11. §. 231.

[20]) I. 5 §. 397. Der Weigerungsgrund muß jedoch vorher von dem Richter verworfen worden sein.

[21]) I. 11 §. 229. 230. 226.

[22]) §. 207—209 ebendas.

[23]) §. 346 a. a. O.

[24]) §. 938 a. a. O.

[25]) §. 1001 l. c.

g. bei dem Meths- und Pachtvertrage kann der Miether oder Pächter zurücktreten, wenn die Sache nicht bedungenermaaßen, also nicht zur rechten Zeit, oder nicht in der verabredeten Beschaffenheit, übergeben wird. Eben so kann der Verpächter oder Vermiether den Contract aufkündigen, wenn der Schuldner mit dem Zinse für zwei Termine in Mora ist[26]).

Die Bestimmungen des §. 908 u. f. Tit. 11., wo von dem Zurücktritte von einem Lohnvertrage mit Handarbeitern, auch bei eingetretenem Zufalle die Rede ist, gehören hierher nicht.

III. Die Wirkung der mora accipiendi besteht

1. darin, daß nach Römischem Rechte das periculum den Creditor trifft, welches sich besonders bei der obligatio alternativa und der obligatio generis dandi zeigt. Dieß wird häufig so ausgedrückt: der Schuldner werde durch die Mora des Gläubigers liberirt[27]). Nach dem Allg. Landrechte ist es ganz anders. Schon vorhin (§. 20) ist vorgetragen, daß bei eintretender mora accipiendi nur alsdann, wenn sie verschuldet ist, gewisse nachtheilige Folgen für den säumigen Gläubiger eintreten. Diese Folgen sind nach dem Grade der Verschuldung verschieden.

A. Bei dem Kaufe wird zwischen dem periculo interitus und deteriorationis unterschieden:

a. bei Verschlimmerungen trifft den säumigen Käufer der Zufall ohne Unterschied des Grades sei-

---

[26]) I. 21 §. 272. 273. 298.

[27]) L. 105 D. de verb. obl. (XLV. 1). — L. 72 pr. D. de solut. (XLVI. 3). — Gesterding Nachforschungen Th. I. S. 261.

ner Verschuldung, also auch alsdann, wenn er bloß aus geringem Versehen säumig ist[28]), d. h. er muß die verschlechterte Sache nehmen, und das bedungene Kaufgeld zahlen.

b. bei dem gänzlichen Untergange der Sache dagegen soll er

aa. den Verkäufer schadlos halten, wenn er überhaupt nur schuld an der Zögerung ist;

bb. das Kaufgeld aber nur alsdann zu zahlen schuldig sein, wenn er aus mäßigem Versehen in Mora ist[29]).

Wenn also der Käufer nur aus geringem Versehen in mora accipiendi ist, so kann der Verkäufer nicht das Kaufgeld, wohl aber Schadloshaltung fordern. Es frägt sich also: worin soll diese Schadloshaltung bestehen, wenn dazu das Kaufgeld nicht gehört? Es ist zwar bekannt, daß die Schadloshaltung noch mehr als das Kaufgeld betragen kann, daß es aber noch eine geringere gäbe, ist nicht einleuchtend; denn der Schade des Verkäufers besteht ja gerade darin, daß er das Kaufgeld nicht erhalten soll. Daß nur im Falle der culpa levis der säumige Käufer das Kaufgeld hat bezahlen sollen, ist, nach Bornemann's[30]) Mittheilung, aus den Materialien unzweifelhaft. Es heißt: Suarez habe den Käufer zur Zahlung des Kaufgeldes sogar nur alsdann verpflichten wollen, a. wenn bei des Käufers mora accipiendi Vorsatz oder gro-

---

[28]) A. L. R. I. 11 §. 98.

[29]) §. 102 u. 103 l. c.

[30]) Civilrecht II. S. 574.

des Versehen zum Grunde liege, und b. wenn klar erhelle, daß der Zufall die Sache nicht würde betroffen haben, wenn der Käufer solche justo tempore übernommen hätte. Es sei indeß concludirt worden: daß wenn des Käufers mora accipiendi ex culpa levi herrühre, das Kaufgeld ohne Unterschied gezahlt werden müße.

B. Bei Verträgen über ein verdungenes Werk dagegen soll der Besteller alsdann, wenn er die Uebernehmung des fertigen Werks ohne rechtlichen Grund verzögert, alle Gefahr tragen, und überdieß noch dem Werkmeister für den bedungenen Lohn Zögerungszinsen zahlen, auch allen sonstigen, aus der verzögerten Uebernahme entstandenen Schaden, oder die durch längere Aufbewahrung der Sache entstandenen Kosten vergüten[31]). Hierbei ist von einem Grade des Versehens nicht die Rede.

Aus diesen Anwendungen ist zu entnehmen, wie unklar diese Lehre in dem Allgem. Landrechte ist. Soviel aber ist gewiß, daß ganz entschieden nur eine schuldbare Verzögerung nachtheilige Folgen für den Zögernden haben soll, nur daß der Säumige den Beweis der rechtmäßigen Zögerungsgründe führen muß (Oben §. 32 Note 3). Gleichwohl will Bornemann[32]) behaupten, daß dieser Bestimmungen ungeachtet, der Zufall allemal den Gläubiger treffen müsse, wenn er auch nur zufällig, z. B. durch Krankheit verhindert worden sei, die Sache zu übernehmen. Dieß ist nicht einmal nach Römischem Rechte anzunehmen, noch viel weniger aber nach dem

[31]) I. II. §. 939. 940.

[32]) Civ.-R. II. S. 575.

Allg. Landrechte. Um dieß zu übersehen, muß die Ausführung des Herrn Verf. näher betrachtet werden. Es heißt: „Es hat zwar seine Richtigkeit, daß eine mora accipiendi im rechtlichen Sinne, erst dann vorhanden ist, wenn der Berechtigte durch ein zu vertretendes Versehen, beim Kaufvertrage mithin durch seine culpa levis, die Uebernahme verzögert hat. Bei der Frage: von welchem Tage ab die Gefahr der Verschlimmerungen und des Unterganges der versprochenen Sache auf den Berechtigten übergeht, kann indessen m. E. nur darauf: ob ein bloßer Zufall die Uebergabe verzögert hat; oder dieß nicht der Fall ist, gesehen werden. Eine Entschädigungsforderung, die allerdings nur unter der Voraussetzung einer zu vertretenden Culpa der in Anspruch genommenen Person zuläßig sein würde, liegt in casu gar nicht vor. Die Frage ist vielmehr die, ob die bisherige Verbindlichkeit des Verpflichteten zu Gunsten des Berechtigten fortdauern darf, wenn der letztere auch nur durch ein geringes Versehen oder einen Zufall, der sich in seiner Person ereignet hat, z. B. durch Krankheit verhindert worden, die Sache zu dem bestimmten Termin zu übernehmen? Ob nämlich die nothwendige Folge eines solchen Ereignisses, daß nämlich die Sache in den Händen des Verpflichteten der Gefahr ausgesetzt bleibt, diesem aufzubürden ist oder den Berechtigten, der doch allemal den vertragswidrigen Zustand veranlaßt hat, treffen muß?“

Die Klarheit scheint durch diese Vorstellungsart nicht zu gewinnen. Allerdings kann die Sache auf jene Frage reducirt werden; aber davon ist die Frage von einer Entschädigungsforderung, wenn man die Klage ex contractu auf Erfüllung (z. B. Bezahlung des Kaufgeldes) so nennen will, ganz unzertrennlich; es liegt also jedesmal eine solche vor. Die Sache ist ganz einfach diese: Ein

Gutsbesitzer kauft von einem andern benachbarten Gutsbesitzer ein Pferd. Es wird verabredet, daß der Käufer dasselbe am nächsten Sonntage, als am Tage der Uebergabe, abholen solle. Der Käufer macht an diesem Tage sich rechtzeitig auf den Weg zur Uebernahme. Unterweges wird er vom Blitze getroffen und so beschädigt, daß er auf der Stelle bleibt, und nicht sprechen kann. Er wird von Unbekannten aufgehoben und in der Gegend untergebracht. Natürlich trifft er so wenig als ein Stellvertreter für ihn ein. In der folgenden Nacht brennt des Verkäufers Gut, durch den Blitz entzündet, ab, und das Pferd kommt dabei, ohne alle Schuld eines Menschen, um. Wer trägt den Schaden? oder mit andern Worten: kann der Verkäufer das Kaufgeld fordern, oder nicht? Nach der Meinung Bornemann's muß er es fordern können; denn, fährt er zur Beantwortung der von ihm aufgeworfenen Fragen fort: Mir scheint letzteres nicht bloß, wie im Landrechte geschieht, rücksichtlich der Verschlimmerungen, sondern auch rücksichtlich der Gefahr des Untergangs gelten zu müssen. Denn abgesehen davon, daß ein Grund des gemachten Unterschiedes nicht abzusehen ist, spricht auch für meine Ansicht theils die natürliche Billigkeit, die gerade in dieser Lehre von den Redactoren dem Römischen Rechte entgegen gestellt worden, theils der Umstand, daß hier von den Folgen einer dem Berechtigten unmöglich gewordenen Handlung in Bezug auf diesen selbst die Rede ist." Also die Gründe Bornemann's, warum unser Käufer das umgekommene Pferd deshalb, weil er vom Blitze getroffen worden, und es daher nicht zur bestimmten Zeit hat übernehmen können, bezahlen soll, sind:

1. natürliche Billigkeit. Es liegt vielleicht in unserer Subjectivität, daß wir gerade das Gegentheil für natürlich billig finden.

2. weil Jeder die Folgen der Unmöglichkeit einer Handlung, in so fern die Unmöglichkeit in seiner Person liegt, und die Handlung sich auf seine Person bezieht, tragen muß. Wenn dieß für richtig angenommen wird, was folgt daraus für unsern Fall? Die Handlung, welche dem Käufer unmöglich geworden, war die Uebernahme. Die Folge davon, in Beziehung auf seine Person, ist, daß die Uebernahme nun gar nicht mehr geschehen kann: er erhält das Pferd nicht. Daß er dessenungeachtet aber dasselbe bezahlen soll, folgt nicht; um dieses zu vermitteln, muß noch mehr dazu kommen. Es kommt darauf an: ob unser Käufer in Mora ist. **Ulpianus** verneint es nach Römischem Rechte ganz bestimmt[33]), und nach dem Allg. Landrechte muß man es noch viel mehr verneinen.

Das bisher Vorgetrage bezieht sich auf eine Species. Die Frage ist, welchen Einfluß die mora accipiendi bei einer alternativen Obligation hat. Es läßt sich Jemand von zwei Sclaven Einen, entweder den **Dama**, oder den **Erotes** versprechen. Der Promissor hat die Wahl, und will den **Dama** übergeben. Der Stipulator verzögert die Annahme, und **Dama** stirbt darauf. Es frägt sich: kann der Stipulator nun den **Erotes** fordern, oder nicht, und muß er im letztern Falle doch bezahlen? **Javolenus** behauptet das letztere, „Nam, sagt er: si per debitorem mora non esset, quominus id, quod debebat, solveret, *continuo* eum debito liberari[34]).“ Das Allg. Landrecht hat keine Bestimmung für diesen Fall; das Römische Recht lehrt uns aber, wie die Sache zu behan-

---

[33]) L. 23 §. 1 D. de receptis. (IV. 8).

[34]) L. 105 D. de verb. obl. (XLV. 1). — L. 72 §. 4 D. de solut. (XLVI. 3).

deln ist. Es wird nämlich durch die Wahl des dazu Berechtigten die zu gebende Sache eine Species (§. 5 Nr. II.), und nun gelten davon die allgemeinen Regeln. Dieß ist der Grund, warum in dem von Javolen erzählten Falle, der Promissor von der ursprünglich alternativen Obligation durch den Casus liberirt wird.

b. Bei generischen Sachen gilt etwas Aehnliches. Marcellus gedenkt des Falles, daß Jemand, der eine schuldige Summe Geldes dem Creditor bringt, welche dieser sine justa causa anzunehmen verweigert, und welche darauf der Debitor sine sua culpa verliert, von der Schuld frei sei[35]). Das Genus wird hierdurch ebenfalls zur Species; und in sofern nach den Grundsätzen des Landrechts überhaupt der Creditor wegen seiner Mora den Verlust tragen muß, ist er auch in diesem Falle davon nicht zu entbinden.

Außer diesem Falle kann bei einer Obligatio generis der Debitor durch die Mora des Creditors nicht befreit werden. Wohl aber muß dieselbe auf die Werthsbestimmung von Einfluß sein. Nach Römischem Rechte soll, wie in dem entgegengesetzten Falle der mora solvendi der Debitor den höchsten Preis von Zeit der Mora bis zur res judicata zahlen muß, der Gläubiger im Falle der mora accipiendi sich mit dem niedrigsten begnügen[36]). Hiervon ist das Allg. Landrecht abgegangen, und hat im Falle der mora solvendi dem Gläubiger die Wahl zwischen den Sachen nebst Verzugszinsen, oder dem Werthe der Sachen zur Verfallzeit; im Falle der mora accipiendi aber dem Schuldner die Wahl: entweder die Sa-

---

[35]) L. 72 pr. D. de solut. (XLVI. 3).

[36]) L. 3 §. 4 D. de act. emti. (XIX. 1). Vergl. L. 37 D. Mandati. (XVII. 1). Dazu Cujac. ad Afric. tract. VIII. in explicat. L. 37 mandati.

chen zu geben oder den zur verabredeten Zeit der Ablieferung gestandenen Werth zu entrichten, gelassen[37]).

Aus dieser Darstellung der landrechtlichen Lehren in Beziehung auf das periculum im Falle der mora accipiendi ergiebt sich, daß es oft vorkommen kann, daß der Creditor in Mora ist, ohne daß darum der Schuldner von der Gefahr befreit wird. Was soll nun der Schuldner thun, um sich davon loszumachen? Das Allg. Landrecht giebt ihm den Rath zu deponiren.

„In allen Fällen, heißt es: wo die Uebergabe ohne Schuld des Verkäufers aufgehalten wird, kann derselbe von aller Verantwortung gegen den Käufer dadurch, daß er die Sache zur gerichtlichen Aufsicht und Verwahrung übergiebt, sich befreien[38]).“

Man[39]) hat die Wirkungen einer rechtmäßigen Deposition mit den Wirkungen der mora accipiendi in Verbindung gebracht, weil es I. 16 §. 228 heißt:

„Durch eine rechtmäßige, wirklich geleistete Deposition geht die Gefahr der gerichtlich niedergelegten Sache auf den Gläubiger über;“

und Bornemann fügt hinzu: „Es hat also den Anschein, als sei hier der Gesetzgeber von dem Grundsatze ausgegangen, daß erst die Deposition einer schuldigen Summe oder Sache den Debitor von der Pflicht, die Gefahr zu tragen, liberire.“ Dieß ist zuweilen, aber nicht immer,

---

[37]) I. 11. §. 859. 860. II. 7 §. 479. Nach Preuß. Landr. v. 1721 braucht der Debitor im Falle der mora accipiendi die Sachen nur in natura zu überliefern, ist dazu aber auch verpflichtet, der Preis sei gestiegen oder gefallen. B. IV. Tit. 1 Art. 3 §. 4. Vergl. Note 17.

[38]) A. L. R. I. 11 §. 99. Tit. 16 §. 229. 234.

[39]) Bornemann l. c. S. 570.

zwar allerdings der Fall, jedoch in Beziehung auf die Wirkungen der Deposition ganz gleichgültig; diese stehen zu den Wirkungen der mora accipiendi in gar keiner Beziehung. Bekanntlich ist die mora accipiendi nur Einer von mehreren möglichen Depositionsgründen. Wenn nun auch ohne Rücksicht auf diesen Einen Grund, die Wirkung einer rechtmäßigen Deposition ganz allgemein ausgedrückt ist, so heißt dieses weder: daß die mora accipiendi für sich, ohne Deposition, den Schuldner nicht von der Gefahr befreit, noch: daß überhaupt etwas über die Folgen der Mora habe bestimmt werden sollen.

Die Wirkung einer rechtmäßigen Deposition besteht nicht bloß, wie in der obigen Stelle etwas undeutlich ausgedrückt ist, in Befreiung von der Gefahr, sondern in Befreiung von der ganzen Verbindlichkeit. Diese Wirkung hat aber die mora accipiendi in keinem Falle, folglich muß der Schuldner deponiren, nicht nur, wenn er befreit sein will, sondern auch in den Fällen, wo die mora accipiendi nicht einmal von dem periculo befreit. Dieß ist namentlich der Fall:

1. bei der Obligatio alternata und generis dandi, wenn nicht etwa noch im Zustande der Absonderung ein Casus dazu kommt, wie vorhin erwähnt worden;
2. bei andern Obligationen, wenn bei des Gläubigers Mora nicht wenigstens culpa levis zum Grunde liegt;

folglich bleibt die Deposition ganz richtig das einzige Sicherungs-Mittel des Schuldners, wenn auch der Creditor in Mora ist.

Die Wirkung der mora accipiendi besteht:

2. sowohl nach dem Landrechte, wie nach Römischem

Rechte darin, daß wenn der Debitor für culpa levis einstehen mußte, er nur noch für Dolus und culpa lata haftet[40]). Endlich besteht sie

3. darin, daß der Debitor von den nachtheiligen Folgen der Mora befreit wird. Es fallen daher die Zinsen und Strafen ex mora fort[41]). Diese müßen jedoch wirklich bloß in der Mora ihren Grund haben; ist noch ein anderer Grund dazu vorhanden, so kann natürlich die mora accipiendi, wodurch bloß die mora solvendi und deren Folgen gehoben werden, diese Zinsen u. s. w. nicht hemmen, sondern alsdann muß der Debitor deponiren[42]). Das Landrecht bestimmt ebenfalls, daß schon das Anbieten der Zahlung, oder der, der Zahlung gleichen, Deposition, die Wirkung der mora solvendi aufhebe, und mithin von Zögerungszinsen, Conventionalstrafen und andern nachtheiligen Folgen des Verzugs[43]), aber nicht von Zinsen aus einem andern gesetzlichen Grunde[44]), befreie. Die Präsentation des Depositionsgesuchs, wenn darauf die Deposition folgt, und für rechtmäßig erklärt wird, gilt der Erinnerung des

---

40) L. 5 u. 17 D. de periculo. (XVIII. 6). — L. 9 D. solut. matrim. (XXIV. 3).

41) A. L. R. I. 11 §. 98. 112. — L. 23 §. 3. L. 24 D. de receptis. (IV. 8). — L. 73 u. 122 §. 3 D. de verb. obl. (XLV. 1). — L. 7 D. de usuris. (XXII. 1). — L. 39. 161 D. de regul. jur. (L. 17). — A. L. R. I. 16. §. 24 u. 25.

42) L. 7 D. de usuris (XXII. 1). — L. 6. 9 C. de usuris. (IV. 32).

43) I. 16 §. 229.

44) I. 11 §. 111. 112.

Gläubigers zur Annahme seiner Forderung, wodurch er in moram accipiendi versetzt wird, gleich. (Note 43).

§. 35.

ee. *Purgatio morae.*

Sam. Stryck de purgatione morae. Francof. ad Viadr. 1667. und in Diss. Francof. T. 1 No. 8 p. 140 sq. — Cypr. Regn. ab Oosterga de purgat. morae. Ultraj. 1671.

Die Mora wird aufgehoben, d. h. die nachtheiligen Wirkungen fallen fort (mora purgatur):

1. Durch gänzliche Tilgung der Hauptobligation. Das wäre nichts besonderes, denn es versteht sich völlig von selbst, daß wenn die Verbindlichkeit aufgehoben ist, von keiner Mora weiter die Rede sein kann. Der Sinn aber ist der, daß wenn die Hauptobligation irgendwie getilgt wird, ohne daß die aus der Mora entstandenen Nebenverbindlichkeiten erfüllt worden, und der Gläubiger eine solche Erfüllung oder Aufhebung sich gefallen läßt, die Nebenverbindlichkeiten aus der Mora für die Vergangenheit erlaßen, und daher mit erloschen sind. Der juristische Grund davon ist, daß die Accessionen, und daher auch die Ansprüche ex mora nur mit der Hauptklage gefordert werden können [1]). Wollte der Gläubiger, nachdem er die Zahlung der Hauptschuld ohne Vorbehalt angenommen, von neuem klagen, so würde ihm die doli exceptio entgegen stehen [2]).

---

[1]) L. 49 §. 1 D. de act. emti. (XIX. 1.) — L. 129 §. 1 u. L. 178 D. de regul juris. (L. 17). — L 4 C. depositi. (IV. 34). — L. 13. 26 C. de usuris. (IV. 32).

[2]) L. 23 pr. D. de receptis. (IV. 8).

Nach dem Preußischen Rechte würde jener juristische Grund zwar nicht gelten, weil man auch Nebenansprüche für sich geltend machen kann[3]); aber daß die Quittungsleistung ohne Vorbehalt über die Hauptschuld als Erlaß der nicht wirklich mitbezahlten Verzugszinsen zu interpretiren, erkennt auch das Landrecht an[4]). Ein solcher Erlaß wird nach Römischem Rechte namentlich auch bei der Novation angenommen, wenn dabei die Forderungen aus der Mora übergangen werden[5]). Eben dasselbe gilt, wenn an Stelle der bisherigen Obligation, nach bereits eingetretener Mora, eine neue bedingte treten soll; denn wenngleich hierdurch allein noch nicht die alte Obligation gänzlich aufgehoben wird, so giebt doch dadurch der Gläubiger eine neue Frist[6]).

Dieselben Gründe gelten auch im Preußischen Rechte. Hauptsächlich aber bezieht sich die Frage von der Aufhebung der Mora auf den Fall, wenn die Obligation fortbesteht. Hierbei ist Regel:

---

[3]) Westphal in der Lehre des gemeinen Rechts vom Kauf, Pacht und Miethscontract, §. 557, wollte dieß schon nach gemeinem Rechte zufolge der Regel: ubi non deficit jus, ibi non deficit actio, indem er die Grundsätze des Römischen Rechts für eine Römische Aengstlichkeit erklärte. Diese Meinung hat aber weder bei Theoretikern noch in der Praxis Eingang gefunden.

[4]) I. 11 §. 847. Vergl. oben §. 10 in f.

[5]) L. 8 pr. u. 18 D. de novat. (XLVI. 2). — L. 17 D. de cond. furt. (XIII. 1). — L. 29 §. 1 D. de verb. obl. (XLV. 1).

[6]) L. 14 pr. D. de novat. (XLVI. 2). — L. 72 §. 1. 2 D. de solut. (XLVI. 3). — Vergl. L. 31 pr. D. de novat. u. L. 56 §. 8 D. de verb. obl. (XLV. 1). — Dazu Cujac. ad L. 56 §. 8 in Commentar. ad D. de V. O. in Comment. ad Julian. Dig. L. 52.

die Aufhebung geschieht nur pro futuro; die schon begründeten Ansprüche aber werden nicht beseitigt [7]).

In dieser Art wird die Mora aufgehoben:

2. Durch Bewilligung einer neuen Frist [8]); denn dadurch hört die Mora von diesem Augenblicke an, aber nicht für die Vergangenheit, auf, eine Rechtsverletzung zu sein. Eine solche Einwilligung kann auch stillschweigend gegeben werden. Dafür wird aber eine stillschweigende Nachsicht des Gläubigers, d. h. ein Stillschweigen bei der Zögerung des Schuldners, oder die Annahme von Abschlagszahlungen, noch nicht angesehen [9]). Eine Ausnahme davon gilt bei Erbzinsgütern, wo die Strafe der Mora des Erbzinsmanns für erlassen angesehen wird, wenn der Erbzinsherr auf den rückständigen Erbzins Abschlagszahlungen angenommen hat [10]). Diesen Mittelweg hat das Landrecht bei der Verschiedenheit der Meinungen unter den gemeinrechtlichen Juristen genommen,

---

[7]) L. 23 pr. D. de receptis. (IV. 8). — L. 31 pr. D. de novat. (XLVI. 2). — A. L. R. I. 16 §. 24. 70. „— so können letztere (die Verzugszinsen) bis zum Ablaufe der Nachfrist nicht gefordert werden.“ D. h. von dem Zeitpunkte der gegebenen Nachfrist an bis zu deren Ablauf. Hierher gehört die Bemerkung von Suarez: „Der Satz: ultima mora nocet, ist nicht ganz richtig. Man denke sich einen Fall, ubi dies interpellat pro homine. Er macht keine Anstalt zur Zahlung, ungeachtet sich der Creditor zu deren Empfangnahme bereit zeigt. Endlich nach Jahr und Tag offerirt er die Zahlung, und nun ist der Creditor in mora accipiendi. Sollte da der Debitor für die Zwischenzeit nicht usuras morae zahlen müßen?“

[8]) L. 29 pr. D. de verb. obl. (XLV. 1). — A. L. R. l. c. §. 70.

[9]) A. L. R. l. c. §. 69. 58.

[10]) I. 18. §. 777.

indem Einige, wegen der Einfalt der Landleute, die Entziehung des Erbzinsguts wegen versäumter Entrichtung des Zinses anders nicht zulassen wollen, als wenn ihnen bei dem Contracte selbst diese Strafe ausdrücklich bekannt gemacht worden [11]), Andere aber auf diese Einfalt gar keine Rücksicht nehmen wollen [12]). Ferner:

3. Durch den Eintritt der Mora des andern Contrahenten. Mit dem Zeitpunkte des Eintritts der Mora des Andern fallen die Folgen der frühern Mora für die Zukunft fort, wenn die Lage noch unverändert ist. (§. 34 Note 41). Die bis dahin durch die frühere Mora schon erworbenen Rechte erlöschen nicht [13]). Dieß ist der Fall, wenn der säumige Schuldner die Zahlung offerirt, und der Gläubiger die Annahme verweigert. Um jedoch den schon ex mora angefangenen Lauf der Zinsen zu hemmen, verlangten viele gemeinrechtliche Juristen die Deposition, weil Hauptschuld und Verzugszinsen nur Eine Obligation seien, diese aber durch bloße Oblation nicht getilgt werden könne. Davon wollte man aber bei der mora ex persona eine Ausnahme gelten lassen [14]). Es fehlt jedoch jeder Grund, warum ein Accessorium nicht fortfallen könnte, während die Hauptschuld fortbesteht,

---

[11]) Gabke Bauernrecht. §. 451.

[12]) Hagemann Landwirthschaftsrecht. §. 72.

[13]) L. 17 D. de periculo. (XVIII. 6). „Cum omnia in integro essent." — L. 32 pr. D. de receptis. (IV. 8). — L. 15 D. de novat. (XLVI. 2). — A. L. R. I. 16. §. 24 u. 25. Vergl. Note 7.

[14]) Hellfeld Diss. de oblatione debiti usurarum initium, non vero earum cursum inceptum impediente. Jenae 1778. — Voet. Comment. Lib. XXII. Tit. 1. §. 17. — Hoffacker Principia juris. Tom. III. §. 1841. — Glück a. a. O. S. 419—421.

und es ist inconsequent, dieses in einem Falle anzunehmen und in dem Andern nicht. Das Preußische Recht verlangt die Deposition nicht (Note 13).

Ist nicht zu ermitteln, wie lange die erste Mora gedauert hat, d. h. welche Folgen dadurch entstanden sind, so wird bloß auf die gewisse letzte Mora gesehen[15]. Hiervon ist der Fall verschieden, wenn beide Theile gleichzeitig in Verzug kommen. Alsdann hebt eine Mora die andere auf, d. h. es ist keiner von beiden in Mora, und es bleibt alles unverändert[16].

§. 36.

3. Privatstrafen.

Unter Privatstrafen versteht man die Folgen einer Rechtsverletzung, insofern dieselben von der Wiederher-

---

[15]) L. 24 D. de recept. (IV. 8). — L. 91 §. 3. L. 73. §. 2 D. de verb. obl. (XLV. 1). — L. 17 D. de peric. (XVIII. 6). — L. 37 in f. D. mand. (XVII. 1). — A. L. R. l. c. §. 21. 25. Der §. 25 nennt die letzte gewisse Mora die „spätere" Zögerung. Grävell meint in seiner Generaltheorie der Verträge S. 210: „Unter der spätern Zögerung muß hier unbedenklich(!) die ältere, diejenige, welche am längsten gedauert hat, verstanden werden. Denn von dieser ist gewiß (sic), nicht nur, daß sie existirt, sondern auch von wo ab sie existirt hat und also die rechtlichen Folgen eingetreten sind." Schon Bornemann S. 311 von Rechtsgeschäften (Ed. II. S. 316) hat gesagt, daß diese Bemerkung eine Nichtbeachtung des Römischen Rechts und der Natur der Verhältnisse verrathe. Man kann hinzufügen, daß sie unjuristisch, unlogisch, und auch gegen den Sprachgebrauch ist.

[16]) L. 51 pr. de act. emti. (XIX. 1). — Glück a. a. O. S. 425. — A. L. R. I. 16. §. 22.

stellung der Rechtsverletzung unabhängig sind, und mithin der Verletzte dadurch bereichert werden soll. In dieser Beziehung theilten die Römer ihre actiones personales ein in actiones rei persecutoriae und poenales. Unter Pönalklagen verstand man aber sowohl solche quae ex maleficio poenae causa oriuntur (Pönalklagen im subjectiven Sinne), als auch solche, quae poenae persequendae causa comparatae sunt, (Pönalklagen im objectiven Sinne). Die Bestimmung des Römischen Rechts, daß Pönalklagen nicht auf die Erben des Beklagten übergehen, bezieht sich auf die objectiven Pönalklagen [1]). Nach dem gemeinen Rechte, sagt man, fallen heut zu Tage alle objectiven Pönalklagen fort. Dieß ist nur alsdann richtig, wenn in Stelle der Privatstrafen eine öffentliche getreten ist. Durch diese ist die Römische Privatstrafe absorbirt. Wo aber keine öffentliche Strafe substituirt, und die Aufhebung der Privatstrafe auch nicht aus einem besondern Verfassungsgrunde zu folgern ist, da muß eine Privatstrafe noch jetzt zulässig sein [2]).

Nach Preußischem Rechte sind die Privatstrafen so gut wie ganz verschwunden: bei Forstdefraudationen sind sie noch im Gebrauche.

III. Beschränkung des Objects.

§. 37.

A. Zwang zur Leistung des Objects.

Der Schuldner muß genau das, worauf die Obligation geht, nicht mehr und nicht weniger, leisten. Von

---

[1]) L. 1 D. de alienatione, judicii mutandi causa. (IV. 7).

[2]) Leyser Spec. 56 m. 2. — Wernher Observ. forens. P. III. obs. 24. — Schweppe Lehrbuch §. 510. — Da-

dieser Regel gelten nach Römischem Rechte folgende Ausnahmen:

1. eine allgemeine bei dem ältern Römischen Prozeße, in welchem die Verurtheilung gewöhnlich in Gelde geschah. (Vergl. oben S. 43).
2. Datio in solutum. Wenn der Debitor kein Geld hat, so kann er dem Creditor seine beste Sache, keine schlechtere, anbieten, und der Creditor muß dieselbe nach der Taxe annehmen [1]).

Von diesen beiden Ausnahmen kommt im Preußischen Rechte nichts vor.

3. bei der Obligatio in faciendo. Wenn das Factum nicht zur rechten Zeit geschieht, oder durch Culpa des Schuldners unmöglich gemacht ist, so kann der Gläubiger das Interesse fordern. (§. 5 Nr. III).
4. Leistung der Aestimation, welche darin besteht, daß statt einer Leistung Geld gegeben wird.

Diese beiden Ausnahmen gelten auch noch nach Preußischem Rechte. (Vergl. §. 5 S. 44—46).

Wenn der Gläubiger die Obligation nicht erfüllen kann, so ist seine Person verhaftet, und in frühester Zeit wurde er sogar Sclave. Nach altem Römischem Rechte

---

gegen: Thomaseus de usu act. poenal. jur. rom. in for. germ. in Diss. acad. T. I. No. 20. — Hufeland Lehrbuch §. 366.

[1]) Vergl. §. 5 Nr. III. S. 43 Note 43, wo jedoch Nov. 4, nicht 14, zu lesen. — Sam. Stryck de beneficio dationis in solutum, ad Novell. 4 c. 3. Francf. ad Viadr. 1666. 1667. (in opp. I. 9). — G. Wernher de beneficio dationis in solutum. Helmst. 1660. — H. Schönfeld de datione in solutum. Altd. 1693. — Joh. Gottf. Amand Weidner Lehre von der Zahlung und Angabe an Zahlungsstatt. Jena 1799. 8.

konnte der Zwang nur gegen die Person unmittelbar gerichtet werden; und nur mittelbar, nämlich dadurch, daß dem Gläubiger die Person addicirt und der Schuldner dadurch bewogen wurde, Verfügungen über sein Vermögen zur Befriedigung des Gläubigers zu treffen, konnte dieser an das Vermögen des Schuldners kommen [2]). Hierin war das ältere deutsche Recht dem alten Römischen Rechte sehr ähnlich. Auch nach diesem konnte der Gläubiger sich nicht an die Güter, sondern nur an die Person des Schuldners halten; und der Richter gab ihm dieselbe zu eigen oder „zur Hand und Halfter" [3]). Später wurde die Personalexecution ein subsidiarisches Hilfsmittel, welches auch im Justinianeischen Rechte noch als persönliche Haft, nur nicht mehr als Sclaverei, vorkommt [4]). Gemeinrechtlich ist jedoch dieses Mittel als ein ordentliches nicht mehr vorhanden, weil es durch das canonische Recht, aus Mißverständniß der L. 12 C. de act. et obl. (IV. 10), worin es bloß heißt, daß ein Freier, wegen einer Schuld, nicht mehr Sclave werden (serviren) solle, aufgehoben worden ist [5]); dagegen kommt es noch als außerordentliches Executionsmittel in Fällen, wo der Schuldner durch sein Verschulden in Ver-

---

[2]) Gellius L. XX. c. 1. — Gajus IV. §. 21—25.

[3]) Sachs. Sp. III. Art. 39. — Magdeb. Weichbild. 27. — Lüb. Stat. I. Tit. 3 §. — In der Nürnberger Reformation hat sich das zu Eigengeben schon in ein Einsperren in den Schuldthurm verwandelt. Eichhorn Rechtsgesch. §. 456 n. b. Engau de tradit. debitoris ad manus creditoris, vulgo von Gebung des Schuldners an Hand und Halfter. Jenae 1746. 4. — Bodmann rheingauische Alterthümer S. 641. Grimms deutsche Rechtsalterthümer S. 615.

[4]) L. 12 C. de act. et obl. (IV. 10).

[5]) c. 2 X de pignor. (III. 21).

mögensverfall gerathen ist, vor; und in Wechselsachen ist es das gewöhnliche. Eine große Anzahl particularrechtlicher Executionsordnungen aber folgen dem Römischen Rechte, und behandeln den Personalarrest als ordentliches aber letztes Executionsmittel. Bevor daher zu demselben geschritten werden kann, muß die Execution in das Vermögen fruchtlos ausgefallen sein. Bei der Realexecution ist überall eine gewisse Ordnung vorgeschrieben [6]). Nach Römischem Rechte [7]) sollte zuerst das Mobiliar-Vermögen, und erst bei Ermangelung oder Unzulänglichkeit desselben sollten die Immobilien, und auch diese nur in einer gewissen Ordnung, angegriffen werden; wenn körperliche Sachen fehlten, sollten Rechte und ausstehende Forderungen an die Reihe kommen. Dem Schuldner wurde zur Genügung des Erkenntnisses, nach älterem Rechte, eine Frist von 30 Tagen (Nr. 2), später von 2 Monaten [8]), nach Justinianeischem eine von 4 Monaten [9]), nach deutscher Gerichtspraxis eine nicht überall gleiche [10]) verstattet. Es bildete sich aber die Regel aus, daß außer der in dem Erkenntnisse festgesetzten Frist noch eine neue, eine s. g. Verwarnungsfrist, gewährt wurde, ehe man die angekündigte Execution vollstreckte. Diese neue Frist entstand aus dem Verfahren, wonach auf das Exe-

[6]) Mittermaier der gemeine deutsche bürgerliche Prozeß. B. III. S. 118 u. f.

[7]) L. 15 D. de re judic. (XLII. 1). L. 5 §. 9 D. de reb. eor. quib. sub. tut. (XXVII. 9).

[8]) L. un. C. Theod. de usuris rei jud.

[9]) L. 9 C. de execut. rei jud. (VII. 53.) — L. 1 u. 2 C. de usuris rei jud. (VII. 54).

[10]) Kopp Nachrichten von den Hessenkasselschen Gerichten Th. I. S. 492. Emmerich Frankenberg Gewohnheiten in Schminke monum. p. 738. Vergl. oben §. 10 Nr. I.

cutionslibell ein Termin zur Vollstreckung der Execution angesetzt wurde[11]).

Diese Grundsätze gelten im Allgemeinen auch im Preußischen Rechte. Zuvörderst ist es Praxis, daß in dem Erkenntnisse eine Frist von 8—14 Tagen zur Befolgung gegeben wird (Vergl. S. 97). Sodann ist es gesetzlich vorgeschrieben, daß auf das zulässige Executionsgesuch ein Monitorium mit einer Frist von 8 Tagen bis 4 Wochen erlassen wird, nach deren Ablauf erst die Vollstreckung erfolgt[12]); und zwar durch folgende Mittel[13]):

1. Pfändung und Verkauf der beweglichen Sachen. Dabei ist die Vorschrift des Römischen Rechts wiederholt, daß die dem Schuldner entbehrlichsten Stücke zuerst genommen werden sollen[14]). Der Schuldner muß auf Verlangen des Gläubigers sein Vermögen eidlich manifestiren, sobald die Execution in das Mobiliare ohne Erfolg ist oder gehemmt wird, oder wenn es nach dem Ermessen des Richters klar ist, daß der Gläubiger aus dem vorhandenen Mobiliare nicht werde befriedigt werden[15]). Mehrere Particular-Prozeßordnungen schreiben vor, daß dem Schuldner gewisse unentbehrliche Gegenstände, z. B.: Acker- und Wirthschaftsgeräthe und das zum Landbau nothwendige Vieh, Handwerkszeug, nothwendige Betten und Kleider, nicht genommen werden sollten. Diese Vorschrift enthielt auch die Kammergerichts-

---

11) Stryck Usus mod. L. XLII. 1 §. 48.

12) A. G. O. I 24 §. 31. Verordnung über die Execut. in Civil-Sachen. Vom 4. März 1834. §. 5.

13) A. G. O. I. 24 §. 68—141.

14) §. 70 l. c. — L. 15 §. 2 D. de re jud. (XLII. 1).

15) Verordn. vom 4. März 1834 §. 11. — Auch nach Sächs. R. Rivinus Enunciata juris ad Ord. Proc. jud. Sax. elect. coll. (Hildburghaus. 1749. 4.) Tit. 39 en. 17.

Ordnung [16]). Die Allgemeine Gerichts-Ordnung hat dieselbe wiederholt, nur mit der Ausnahme, daß Betten nur in sofern, als Kranke und Wöchnerinnen darin liegen, und Kleider gar nicht von der Execution ausgenommen sind [17]); es versteht sich aber von selbst, daß die täglichen Kleider nicht genommen werden können. Bei Einziehung öffentlicher Abgaben und von Gerichtskosten aber sollen die nothwendigsten Betten für den Schuldner, dessen Frau und Kinder, und Kleider, das unentbehrliche Hausgeräth und ein Stück Milchvieh gelassen werden [18]). Eine ähnliche aber ganz allgemeine Bestimmung hat das französische Recht [19]).

2. Beschlag der ausstehenden Forderungen [20]). Nach gemeinem Rechte war es Regel, daß dieselben erst nach den Immobilien an die Reihe kommen konnten [21]), auch war dieß in einigen Particular-Executionsordnungen vor-

---

[16]) Tit. 54 §. 16. „Hiervon sind jedoch derer Schuldner tägliche Kleidungen, ingleichen derer Handwerker zu ihrer Profession gehöriges Werkzeug, und auf dem Lande Pflug und Ackerzeug, wie auch das zur Hofwehr derer Unterthanen gehörige Vieh auszunehmen." Vergl. Ord. Proc. Magd. c. 46 §. 8. — L. 7 und 8 C. quae res pignori. (VIII. 17). — Authent. Agricultores ad L. 8 C. eod. Nov. 32. 34.

[17]) §. 71. l. c. Vergl. Thibaut §. 862. Gabke Bauernrecht §. 450. — Münter Weiderecht §. 231. — Hagemann Landw. R. §. 71 Nr. 5.

[18]) Cab. O. vom 30. Novbr. 1825, und R. vom 27. Octbr. ej. a. Jahrb. XXVI. S. 389.

[19]) Code de procedure Art. 592.

[20]) A. G. O. l. c. §. 101 seq. Ges. vom 4. Juli 1822. G. S. p. 178.

[21]) Mittermaier d. Prozeß B. III. S 120. 124.

geschrieben[22]), während nach andern[23]) die Forderungen vor den Immobilien genommen werden sollten. Nach Preußischem Rechte werden dieselben zu dem Mobiliare gerechnet und können, nach der Wahl des Gläubigers, vor oder nach der Auspfändung angegriffen werden[24]). Erst in neuerer Zeit ist durch das Gesetz vom 4 Juli 1822 ein angemessener Modus executionis in Forderungen vorgeschrieben. Der Gläubiger kann sich auf zweifache Art daraus bezahlt machen:

a. dadurch, daß er die Forderung einzieht und das Empfangene sich auf seine Forderung anrechnet. Dazu bedarf er eines richterlichen Decrets, wodurch er zum Procurator in rem suam gemacht wird, welches nach den Regeln einer Assignation beurtheilt wird, und ein prätorisches Pfandrecht, mithin die 5te Klasse in Concursen, wirkt[25]).

b. dadurch, daß er die Forderung ganz oder zum Theil, mit oder ohne Zinsen, wie er es gut findet, da er sich aus jedem Theile des Vermögens seines Debitors befriedigen kann, nach dem Nennwerthe in Zahlung annimmt. Dieß geschieht durch eine, von dem Richter ertheilte Cessions-(Ueberweisungs-)Urkunde. Hierin liegt eine Novation; der Exequendus wird liberirt und haftet nur als Cedent, indem der Richter für den Exequendus handelt[26]).

---

22) Cod. jud. bavar. cap. 18 §. 3. Kori Sächs. Prozeß S. 334.

23) Oesterlei Hannöv. Proz. Th. II. S. 417.

24) A. G. O. l. c. §. 101.

25) Ges. vom 1. Juli 1822 §. 4, und Verordn. vom 4. März 1834 §. 14 in f.

26) Gesetz vom 4. Juli 1822 §. 6—9. — Vergl. Jahrbüch. XXXIX. S. 393.

Auf gleiche Weise geschieht die Beschlagnahme und Uebereignung von Geldrenten[27]).

Schuldpapiere, welche auf Börsen einen marktgängigen Cours haben, können nach dem Börsen-Cours, wofür sie verkäuflich sind, in Zahlung angenommen werden. Dazu bedarf es keiner richterlichen Cessionsurkunde; sondern nur der Aushändigung gegen Quittung über die dadurch gewordene Zahlung; will der Executionssucher aber dergleichen Papiere nicht in Zahlung annehmen, so erfolgt deren Verkauf durch einen vereideten Mäkler[28]). Nicht marktgängige Schuldpapiere können nicht verkauft werden[29]). Besoldungen und Pensionen können auf ähnliche Weise in Beschlag genommen, und dem Executionssucher angewiesen werden[30]).

3. **Beschlag der Gutseinkünfte.** Hierdurch wird noch kein prätorisches Pfandrecht an das Grundstück erlangt[31]).

4. **Immission in das Grundstück.** Die gemeinrechtliche Immission im eigentlichen Verstande, wodurch der Gläubiger persönlich in den Besitz und die Verwaltung des Grundstücks kam, ist, wenn der Schuldner es nicht ausdrücklich gestattet, nicht zulässig, vielmehr geschieht die Administration durch eine Sequestration, welche die Nutzungen erhebt und dem Gläubiger,

---

27) §. 10 a. a. O.

28) §. 11—20 l. c. Das Gesetz enthält zugleich instructive Vorschriften für das Benehmen des Richters.

29) Jahrb. XL. S. 172.

30) A. G. O. §. 106—109. Anh. z. A. G. O. §. 160—170. Jahrb. XIV. 215. XVIII. 291. XXVIII. 91. XXXI. 276.

31) A. G. O. §. 110. 115 l. c.

nach Anweisung des Gerichts, zahlt[32]). Namens des Gläubigers besitzt der Sequestrator, daher der Gläubiger das prätorische Pfandrecht durch die Einleitung der Sequestration, und zwar von dem Tage an, wo der Administrator eingeführt wird, erwirbt, wenngleich er selbst nicht zum Besitz gelangt. Da hiernach für den Pfandgläubiger ein Stellvertreter besitzt, welcher seine Anweisungen von dem Richter erhält, so erklärt es sich natürlich, daß wenn nach eingeleiteter Sequestration noch ein anderer Executionssucher das Grundstück angreifen will, zu dessen Immission weiter nichts gehört, als ein Decret des Richters, wodurch dieser Gläubiger für immittirt erklärt wird[33]), oder mit andern Worten: eine Willenserklärung des durch seinen Sequestrator detinirenden Richters, daß er zugleich auch im Namen dieses neuen Executionssuchers besitzen werde. Hieraus folgt, daß eine Immission per decretum ohne schon vorhandene Sequestration ein Unding ist, eben so wie ein Besitz, wenn Jemand den Animus zu besitzen hat, ohne den Besitz zu ergreifen. Es folgt ferner, daß es eben so ungereimt ist, denjenigen Gläubiger, auf dessen Antrag die Beschlagnahme des Grundstücks erfolgt, nach eingeleiteter Sequestration per decretum zu immittiren; denn er ist ja eben derjenige, welcher durch diese Sequestration ipso facto immittirt worden ist[34]). Die Lehre von der Immission ist jedoch

---

[32]) §. 116—140 l. c. Ueber Administrationen s. die Instruction vom 17. April 1812, und Nachtrag vom 24. April 1817.

[33]) A. G. O. I. 50 §. 417.

[34]) So einleuchtend diese beiden Sätze sind, so häufig wird in Praxi von unerfahrenen Richtern dagegen gefehlt, und dieses kommt daher, daß ihnen das Verhältniß der Immission per decretum zu der Sequestration, unklar ist.

in Beziehung auf das dadurch entstehende prätorische Pfandrecht auf Immobilien antiquirt. Denn nach dem neuesten Rechte erwirbt der Gläubiger schon durch solche Erkenntnisse, Vergleiche und Zahlungsverfügungen, aus welchen die Execution stattfindet, also durch jeden executorischen Titel, für Kapital, Zinsen und Kosten, und für die Kosten der Eintragung, einen Titel zum Pfandrecht auf die dem Schuldner gehörigen Immobilien[35]), woraus das Vorrecht der fünften Klasse von selbst folgt. (§. 53 Nr. XI). Nur in Beziehung auf Mobilien ist sie noch practisch gültig.

5. Durch Subhastation der Grundstücke, welche jedoch erst alsdann zulässig ist, wenn es sich ergiebt, daß eine einjährige Sequestration kein Mittel zur Befriedigung des Extrahenten ist[36]). Es ist aber Sache des Schuldners, nachzuweisen, daß die Einkünfte nach Abzug der Wirthschaftskosten, Reallasten und sämmtlichen Hypothekenzinsen hinreichen, die beizutreibende Forderung innerhalb Jahresfrist zu tilgen, und dieser Nachweis, welcher bei städtischen Grundstücken durch ein Attest des Magistrats, bei Rittergütern durch ein Attest des Landraths, oder wenn das Gut zum ritterschaftlichen Credit-Systeme gehört, durch ein Attest der Credit-Direction, bei andern ländlichen Grundstücken durch das der Ortspolizeibehörde, geführt werden kann, muß innerhalb der in dem Zahlungsbefehle bestimmten vierwöchentlichen Frist geschehen[37]).

Nach der Allgemeinen Gerichtsordnung konnten diese Executionsmittel nur nach und nach in der auf-

---

[35]) Verordn. vom 4. März 1834 §. 22.

[36]) A. G. O. l. c. §. 141.

[37]) Verordn. vom 4. März 1834 §. 21.

geführten Ordnung angewendet werden; die neueste Gesetzgebung [38]) hat diese Bestimmungen über die Beobachtung der Executionsgrade aufgehoben, und dem Gläubiger steht jetzt die Wahl frei, an welchen Gegenstand des Vermögens seines Schuldners er sich zuerst halten will, ausgenommen:

a. wenn ihm ein Pfand bestellt worden und solches noch im Besitze des Schuldners ist, in welchem Falle der Schuldner verlangen kann, daß der Gläubiger zuerst aus diesem Befriedigung suche;

b. wenn der Schuldner nachweiset, daß der reine Ueberschuß der Revenüen Eines Jahres zur Tilgung der beizutreibenden Forderung hinreicht, wo er darauf antragen kann, daß die Subhastation ausgesetzt, und inzwischen nur mit Beschlagnahme der Revnüen, oder mit Sequestration des Grundstücks, nach der Wahl des Gläubigers, verfahren werde.

6. Fehlt jedes andere zureichende [39]) Executions-Object, so kann sich der Gläubiger an die Person des Schuldners halten. Dieß kann geschehen:

a. dadurch, daß der Schuldner angehalten wird, die Schuld abzuarbeiten, so jedoch, daß die Arbeiten seinen Kräften und Kenntnissen angemessen, und für seinen Stand nicht entehrend, oder nach seiner Religion nicht Gewissenszwang sind [40]). Dieß ist ein Ueberrest des altdeutschen Gebens zur Hand und Halfter [41]).

---

[38]) §. 11 und 24. l. c. A. L. R. I. 20 §. 46.

[39]) R. v. 9. Septbr. 1823. Jahrb. XXII. 83.

[40]) A. G. O. l. c. §. 112. Ein Jude sollte das neue Testament abschreiben, wozu ihn der Richter nicht anhielt.

[41]) de Selchow Elementa juris germanici privati hodierni §. 259.

b. durch persönliche Haft [42]). Kann der Schuldner sich nicht selbst ernähren, so muß der Gläubiger die Alimente für ihn hergeben [43]), und zwar im Voraus an den Gefangenwärter [44]). Die Gefangenschaft soll jedoch in der Regel nicht über ein Jahr dauern. Wenn der Arrest auf den Antrag des Extrahenten oder eines Andern verlängert werden soll, so muß nachgewiesen werden:

daß Wahrscheinlichkeit zur Befriedigung durch die Fortdauer des Arrestes vorhanden sei; oder

daß der Schuldner durch einen unmoralischen Lebenswandel sein Zahlungsunvermögen sich zugezogen habe.

Werden jedoch nach Ablauf der einjährigen Haft neue Schulden contrahirt, so kann auch der Personalarrest von neuem verhängt werden.

7. Wird der Schuldner seiner Haft entlassen; so kann der Gläubiger endlich noch eidliches Angelöbniß

---

[42]) A. G. O. l. c. §. 143. L. 1. 8 C. qui bonis cedere possunt. (VII. 71).

[43]) A. G. O. l. c. Anh. zur A. G. O. §. 175. 176. 177. R. v. 6. Mai 1805. Mathis IV. 309. — R. v. 12. Septbr. 1812. Jahrb. I. 252. — R. v. 9. Januar 1797. Ed. Samml. X. 915. — R. v. 19 und 27. Mai 1803. N. Arch. III. 112. — R. v. 13. Febr. 1805. Ed. Samml. XI. 2889. — Ob auch nach gemeinem Rechte der Gläubiger seinen Schuldner im Schuldthurme zu alimentiren verpflichtet, ist bestritten. Martin ad O. P. Sax X Tit. 52 §. 6 No. 1. Dagegen: Brunnemann ad L. 34 D. de re jud. — Wernher Obs. T. I. P. IV. obs. 129 No. 2

[44]) A. L. R. I. 16 §. 61. Jahrb. XL. 434.

von ihm fordern, daß er den Gläubiger, sobald es ihm irgend möglich sein werde, befriedigen wolle [45]).

Nach Französischem Rechte ist der Personalarrest kein gewöhnliches Executionsmittel, sondern nur ausnahmsweise zulässig [46]):

a. in Handelsfällen, auch gegen den Nicht-Kaufmann [47]);

b. im Falle eines Stellionats [48]);

c. im Falle eines nothwendigen Depositums; zur Execution possessorischer Urtheile; gegen öffentliche Beamte, wider Notarien, Sachwalter, Huissiers in gewissen Fällen ihrer Amtsverwaltung; gegen Sequester und Verwahrer [49]);

d. zur Vollstreckung eines petitorischen Urtels auf Räumung eines Grundstücks [50]);

e. gegen Fremde, die in Frankreich keinen Wohnsitz haben und verurtheilt sind, an einen Franzosen Zahlung zu leisten [51]).

Der Arrest findet auch in diesen Fällen nicht Statt: gegen Minderjährige; wenn die Summe unter 300 Fr. be-

---

[45]) A. G. O. l. c. §. 146. Cab. O. vom 5. Juli 1832. Ges. S. p. 176.

[46]) Ges. v. 15. Germinal. l'an VIII Berriat St. Prix Cours S. 550. Carré traité II. p. 386. Zachariae Handb. B. IV. S. 22.

[47]) Code de commerce Art. 636. Pardessus Cours du droit commercial. T. IV. p. 237. p. 243. Vincenz Exposition methodique T. I. p. 149.

[48]) Code civ. Art. 2059.

[49]) Code civil. Art. 2060. 2062.

[50]) Art. 2061.

trägt; wider siebenzigjährige Personen; wider Frauenspersonen, außer im Falle des Stellionats [52]).

Diese strenge Execution kann beschränkt werden: durch richterliche Stundung, durch cessio bonorum, und durch das Beneficium competentiae.

B. Stundung.

§. 38.

1. durch Terminalzahlung.

Peter Schulze de solutione particulari. Fancf. ad Viadr. 1682. — Peter Müller de solutione minoris summae in deductionem majoris, vulgo auf Abschlag. Jenae 1711. — Sam. Friedr. Willenberg de solutione particulari. Gedani 1722. — Jo. Georg. Scherz de solutione particulari. Argent. 1735. — C. L. Crell de solutione particulari. Vit. 1756. — R. C. Henne de creditore ad particul. solutionem accipiendam in nonnullis casibus obligato. Erf. 1773.

Die unfreiwillige Stundung kann eine theilweise sein, oder sich auf die gange Forderung beziehen. Eine theilweise Stundung findet Statt bei Stückzahlungen. Nach Römischem Rechte konnte keinem Gläubiger wider Willen Stückzahlung aufgedrungen werden [1]), außer in dem Falle, wenn ein Theil der Forderung liquide, und

---

[51]) Ges. vom 10 Septbr. 1807 Art. 1. Code civil. Art. 14.

[52]) Code civil. Art. 2064—2066.

[1]) L. 41 §. 1 D. de usuris (XXII. 1). — L. 13 §. 8 D. de act. emti. (XIX. 1). L. 9 C. de solut. (VIII. 43). — §. 1 in f. J. quibus modis toll. obl. (III. 30). — Gesterding Nachforschungen Th. III. S. 410.

der andere bestritten war[2]). Die gemeine Praxis gestattete aber doch Ausnahmen aus s. g. gerechten Gründen, z. B. bei Kriegscalamitäten[3]), oder wenn der Debitor ohne seine Schuld in Vermögensfall gerathen war[4]); oder wenn die Schuld aus verschiedenen Summen bestand; oder wenn ein Schuldner die Person mehrerer Schuldner vorstellte[5]), welche beiden letztern Fälle eigentlich keine Ausnahmen sind.

Das Preußische Recht gestattet folgenden Schuldnern wider den Willen des Gläubigers Terminalzahlungen, welche nach dem Ermessen des Richters bestimmt werden:

1. den Künstlern und Handwerkern, welche kein anderes zur Bezahlung zureichendes Mobiliarvermögen, als das zum Betriebe ihrer Kunst oder Profession nöthige Werkzeug und Materiale besitzen[6]). Die Geräthschaften eines Schankwirths, und das einem Gastwirthe zum Betriebe der Gastwirthschaft nothwendige Mobiliare werden von der Praxis dem Werkzeuge der Professionisten gleich geachtet. Sind diese Terminalzahlungen aber so gering, daß der Gläubiger binnen 3 Jahren durch

---

[2]) L. 21 D. de rebus cred. (XII. 1). — Wernher Obs. T. 1. P. I. obs. 305 n. 105 sq.

[3]) Mevius Decis. P. II. dec. 236 P. V. dec. 105. P. VI. dec. 384. — Cramer Obs. jur. un. T. II. P. I. obs. 803.

[4]) Leyser Sp. XII. m. 4.

[5]) Bucher Recht der Forderungen S. 534.

[6]) A. G. O. I. c. §. 95. Anh. z. A. G. O. §. 195. R. v. 21. Decbr. 1800. N. A. II. 18. — R. v. 3. Mai 1804. §. 7. Paalzow's Mag. VII. p. 275. — R. v. 4. Apr. 1807. Mathis V. 89. — R. v. 30. Apr. 1819. Jahr-Büch. XIII. 256. — R. v. 20. Febr. 1832. Jurist. Zeit. 1832. col. 773.

dieselben nicht vollständig befriedigt werden kann, so ist er nicht verpflichtet sich dieselben gefallen zu lassen[7]).

2. Stadt- und Dorfgemeinen und ganzen Klassen von Mitgliedern derselben, und moralischen Personen, wozu auch Judengemeinden gehören[8]). Diese können vom Richter nicht unmittelbar mit Execution belegt, vielmehr müssen jederzeit durch die Verwaltungsbehörde, auf Requisition des Richters, die etwanigen Zahlungsmodalitäten regulirt werden[9]).

3. Schuldnern, welche zur Cessio bonorum verstattet worden sind, und wegen des Ausfalls beim Concurse von neuem in Anspruch genommen werden[10]).

4. Concursmassen bei vorläufigen Vertheilungen[11]).

§. 39.

2. Durch Moratorium.

Allg. G. O. Th. I. Tit. 47.

a Freundeberg seu Freundsberg, alias etiam Freudenberg, de rescriptis moratoriis, sive induciis quinquennalibus. Marburg 1629. 4. Frcf. ad M. 1635. 1637. 1667. Fol. — Alb. Phil. Frick Meditationes de moratorio. Kilon. 1770. — Leyser Specim. XII. — J. H. Boehmer de literis respiratoriis, in Exercitt. ad Pand. Tom. III.

---

[7]) B. v. 4. März 1834. §. 14 in f.

[8]) Rescr. v. 22. April 1833. Jahrb. XLI. 467.

[9]) Anh. z. A. G. O. §. 153.

[10]) A. G. O. I. 48 §. 44.

[11]) A. G. O. I. 50 §. 545.

exerc. 46 p. 159 sq. et Halae 1722. — Georg Phil. Muhl, Practische Beiträge zur Rechtslehre von Moratorien. Mannheim 1798. II. Th. 8. — Happel Anleitung zum Verfahren, Concurs-Prozesse abzuwenden. I. Abschn. p. 5—68. — Lotz civil. Abhandl. S. 283. — Puchta Prozeß §. 101—108. — Grattenauer Abhandlung über den General-Indult. Breslau 1807.

a. Erfordernisse.

Eine Stundung für die ganze Schuld konnte nach Römischem Rechte gegen den Willen einzelner Gläubiger dadurch erlangt werden, daß die Stimmenmehrheit der Gläubiger, welche nicht nach Köpfen, sondern nach dem Betrage der Forderungen gezählt wurde, einen Aufschub bewilligte, wenn ein Gemeinschuldner die cessio bonorum antrug [1]). Wenn der Schuldner auf diese Weise keinen Indult erlangen konnte, so stand es ihm frei, sich an den Kaiser zu wenden, und um einen Anstandsbrief, (eisernen Brief, moratorium, literae induciales, respirationis, securitatis, induciae quinquennales) zu bitten, wodurch den Gläubigern für eine Zeit lang die Actio judicati, die Execution, versagt wurde. Gewöhnlich geschah dieses auf fünf Jahre, daher das Moratorium in der alten deutschen Praxis Quinquenel [2]) heißt. Wiewohl nicht der Richter, sondern nur der Regent den Aufschub ertheilen konnte, so knüpfte das Römische Recht ihn doch an die Bedingung, daß der Schuldner nachwiese, wie er ohne seine Schuld nur zur Zeit zahlungsunfähig sei, und nach Verlauf einer gewissen Zeit volle Befriedigung werde leisten, sich dabei auch im Nahrungsstande werde

---

[1]) L. 8 C. qui bonis cedere. (VII. 71).

[2]) Reichspol.-O. von 1577. Tit. XXIII.

erhalten können, und daß er dafür Bürgschaft bestellte[3]). Dieses Institut ist auch nach Deutschland gekommen, von der Praxis aber sehr frei behandelt worden, wodurch ein sehr ungewisser und zweifelhafter Rechtszustand in dieser Materie entstanden ist. Die häufige Ertheilung eiserner Briefe von Seiten der Kaiser hatte die Bestimmung durch Reichsgesetze[4]) zur Folge, daß das Moratorium einem Schuldner von dem Kaiser nicht ohne Untersuchung gegeben werden sollte. Nicht weniger war die Befugniß des Kaisers zur Ertheilung von Moratorien für die mittelbaren Territorien Gegenstand von Erörterungen geworden[5]). Dem Französischen Rechte ist es fremd.

Nach Preußischem Rechte ist dieses Institut ein wirkliches Rechtsmittel. Der Indult kann nur bei dem Richter gesucht werden, und dieser erkennt, nach feststehenden, größtentheils aus dem gemeinen Gerichtsgebrauche entlehnten Rechtsgrundsätzen salvis remediis durch Urtel und Recht: ob und auf wie lange das erbetene Moratorium zu bewilligen, oder nicht.

Das Moratorium kann gegen einen einzelnen Gläubiger, und gegen mehrere uno actu gleichzeitig erlangt werden. Das erstere heißt ein Special-Moratorium, das letztere General-Moratorium[6]).

---

[3]) L. 4 C. de precib. princ. off. (I. 19). — L. 8 C. qui bonis cedere. (VII. 71).

[4]) Reichspol. O. von 1577. Tit. 23 §. 4.

[5]) Moser's Abhandl. verschiedener Rechtsmaterien. Ulm 1772 St. VIII. — Pütter von Moratorien, ob und wie weit dieselben aus Landesherrlicher oder auch Kayserlicher Macht zu ertheilen sein; in den Beiträgen zum deutschen Staats- und Fürstenrechte. Th. II. Nr. XV.

[6]) A. G. O. l. c. §. 6. Berger Consultt. No. 833. Merkel Commentar ad §. 65 meint, es könne auch gegen

I. In der Regel soll das Special-Moratorium nicht länger als auf Ein Jahr, und das General-Moratorium nicht länger als auf Ein, Zwei, bis höchstens Drei Jahre zugestanden werden; ganz besondere Umstände können jedoch ausnahmsweise die Bewilligung einer längern Frist bewirken [7]). Die Zeit wird von dem Tage der Rechtskraft des Erkenntnisses gerechnet. Dieß ist zwar ausdrücklich nur in Beziehung auf das General-Moratorium [8]) bestimmt, wogegen eine ähnliche Bestimmung in Beziehung auf das Special-Moratorium fehlt; es ist aber zwischen beiden keine wesentliche Verschiedenheit, und also kein Grund, hierin das Eine anders als das Andere zu behandeln [9]). Da jedoch die Wirkungen des Moratoriums schon während der Instruction der Provocation eintreten, so scheint es überhaupt an Grund zu fehlen, die Frist erst vom Tage der rechtskräftigen Entscheidung zu rechnen, und also dem Schuldner mehr als er verlangt zu gewähren. Diese Bestimmung ist daher ganz positiv.

II. Es ist die Frage: ob die einmal gegebene Frist verlängert, oder mit andern Worten: ob ein neues Moratorium gegen die nämlichen Gläubiger bewilligt werden kann. In der Regel muß dieß verneint werden [10]). Da jedoch die Abmessung der Frist überhaupt dem rich-

---

einen einzelnen Gläubiger ein Generalmoratorium erlangt werden. Dieß würde dem mit Einem Gläubiger gemachten Concursprozeß ähnlich sein.

[7]) §. 25 u. 85 l. c.

[8]) §. 85 l. c. Entsch. der Ges. Commiss. v. 7. Januar 1783. Klein's Annalen I. 76.

[9]) Merkel Commentar ad §. 25.

[10]) Arg. §. 99 l. c. wonach der Gläubiger, gegen welchen schon ein Special-Moratorium bewilligt worden, sich auf das General-Moratorium nicht mehr einzulassen braucht.

terlichen Arbitrio nach Beschaffenheit der Umstände überlassen ist, so hindert nicht, bei hinzugekommenen neuen Umständen, welche, wenn sie bei Nachsuchung des ersten Indults schon bekannt gewesen wären, vielleicht gleich eine längere Fristbewilligung zur Folge gehabt haben würden, noch einmal ein Moratorium zu geben. Jedenfalls muß dem Schuldner mit seiner neuen Provocation rechtliches Gehör gegeben werden, und unterdeß kann die Execution nur als Sicherheits-Maaßregel, wenn es einer solchen bedarf, vollstreckt werden [11]).

III. Es kann nicht im Voraus auf das Moratorium Verzicht geleistet werden, ausgenommen von Kaufleuten oder solchen Schuldnern, welche sonst ein bürgerliches Gewerbe im Großen treiben, z. B. Inhaber von Fabriken, Apotheker, Rheder, Seeschiffskapitaine, Personen, welchen die Wechselfähigkeit durch den Richter beigelegt ist [12]). Dazu muß man auch solche Gutsbesitzer rechnen, welche neben dem Landbau noch ein anderes bürgerliches Gewerbe, z. B. Brandweinbrennerei oder Brauerei im Großen oder fabrikmäßig betreiben. Diese Frage war nach gemeinem Rechte sehr bestritten. Einige [13]) meinten: die Entsagung des Moratorii im Voraus sei ganz allgemein gültig, weil alle Rechtsentsagungen, welche nicht gegen ausdrückliche Gesetze oder dolose geschähen, zuläßig seien. Andere [14]) dagegen ver-

---

[11]) R. v. 21. Novbr. 1812. Jahrb. I. 275.

[12]) A G O. l. c. §. 100. A. L. R. II. 8. §. 718—724. 371. 747.

[13]) Leyser Sp. XII. m. 1. — Freudenberg l. c. Tit. VII. concl. 26 No. 1 seq. — Stryck de abusu rescript. morat. Cap. II. No. 9. — Boehmer l. c. p. 198. — Schüler D. de eo, quod justum est in induciis morat. §. 30.

[14]) Hilliger ad Donellum L. XXII. cap. 9. lit. M. — Struv.

theidigen die gerade entgegengesetzte Meinung. Da diese von der Preußischen Gesetzgebung sanctionirt ist, so sollen ihre Gründe hier folgen. Sie sagen:

a. Das Römische Moratorium sei von den gemeinrechtlichen Indultbriefen (rescriptis respirationis) ganz verschieden, schon darin, daß es nur mit Zustimmung der Mehrzahl der Gläubiger, und nur auf 5 Jahre sei gegeben worden, während diese nach gemeinem Rechte von dem Landesherrn als ein Privilegium auch über 5 Jahre hätten concedirt werden können[15]. Dabei liegt ein Irrthum zum Grunde.

b. Das Moratorium werde nicht bloß zum Vortheile des Debitors, sondern aus Rücksichten für das gemeine Wohl gegeben[16].

c. Landesherrliche Verfügungen, welche eine Species der Gesetzgebung seien, könnten durch Privatverträge nicht unwirksam gemacht werden[17].

d. Die Umstände könnten sich seit der Entsagung sehr geändert haben.

Exercitt. XIV. th. 28, und Müller ad. h. l. p. 230. — Lauterbach Compend. D. p. 582. — Puffendorf Observ. jur. un. T. II. obs. 23. — Hartleben med. ad Digest. Sp. XV. m. 3.

[15]) Frid. Es. Puffendorf Obs. jur. un. T. II. obs. 22. §. 1 u. 2. — Anton Faber error. pragmat. Error. III. Dec. 25. — Cramer obs. jur. un. T. II. P. 1. obs. 459. — Elsasser über die Ertheilung der Anstandsbriefe, in den gemeinnützigen juristischen Beobachtungen u. Rechtsf. B. II. Nr. XII.

[16]) Puffendorf l. c. T. II. Obs. 23. — Hartleben med. ad D. Sp. XV. m. 3.

[17]) Faber in Cod. L. I. Tit. 19. def. 20.

e. Die Gläubiger könnten sich nicht über Arglist des Schuldners beklagen, da sie nichts verlören, sondern nur soviel Frist geben sollten, wie zu ihrer gänzlichen Befriedigung erforderlich sei.

Die Anhänger dieser Meinung wollten auch die, in der Preußischen Gesetzgebnng angenommene, Ausnahme nicht einmal in Beziehung auf Wechselschulden gestatten [18]).

IV. Das Moratorium findet nur gegen Geldschulden Statt, nicht aber gegen Obligationen auf ein Thun oder auf das Geben einer speciellen oder generischen Sache [19]). Es findet also auch nicht Statt, wenn eine Summe Geldes herausgegeben werden soll, welche als Species zu betrachten, z. B. wenn eine Summe Geldes versiegelt oder sonst gehörig unterschieden, deponirt oder zu einem andern Zwecke als zum Verbrauche geliehen ist [20]). Aber auch gegen folgende wirkliche Geldschulden findet ausnahmsweise das Moratorium nicht statt, oder hat das General-Moratorium keine Wirkung:

1. Wechselschulden. Nur solche Wechselschuldner, welche keine kaufmännischen Rechte haben, können das General-Moratorium, aber keinen Specialindult, auch gegen ihre Wechselgläubiger nachsuchen [21]). Die gemeine Praxis wollte das Mo-

---

18) Berger Cons. No. 830. — Cramer Obs. jur. univ. T. I. Obs. 361.

19) A. G. O. l. c. §. 2. — Boehmer l. c. Cap. III. §. 3 sq. und Exercitt. ad D. T. III. p. 189 cap. III. §. IV. — Joh. Heinr. Frick l. c.

20) Boehmer l. c. — Happel l. c. §. 37. 42 sq. — Voet Lib. XLII. Tit. 3 No. 17.

21) A. G. O. l. c. §. 66 u. 96 No. 9.

ratorium auch gegen Wechselgläubiger gelten lassen[22]).

2. Rückständige und laufende öffentliche Abgaben und gemeine Lasten.

3. Forderungen öffentlicher Kassen, d. h. fiskalischer Kassen, und Geldstrafen[23]). Dies stimmt mit der gemeinrechtlichen Praxis überein, insofern man das Moratorium gegen den Landesherrn und den Fiskus nicht gelten ließ[24]); man legte aber auch den Forderungen der Kirchen und milden Stiftungen[25]), den Pupillen und Minderjährigen[26]) gleiche Rechte bei.

4. Laufende Zinsen der schuldigen Capitalsposten und Rückstände, welche nur bis auf zwei Jahre vom Tage des bewilligten oder zuerkannten Moratorii zurückgehen, nicht aber ältere Rückstände, gegen welche das Moratorium allerdings gilt.

5. Laufende jährliche Renten, Zinsen, Canones und andere dergleichen wider den Schuldner oder des-

---

[22]) Berger Cons. cons. 830.

[23]) R. v. 14. Novbr. 1801. — Stengel XV. 220.

[24]) Anton Faber in Cod. Lib. I. Tit. 9. def. 20 No. 9, und Lib. VII. Tit. 31. def. 7. — Boehmer l. c. cap. III. §. VI. pag. 191. - Hilliger ad Donellum L. XXII. c. 9 lit. m. — Voet L. XLII. Tit. 3 n. 17.

[25]) Hilliger l. c. — Menochius de arbitrariis judicum quaestionibus. L. II. c. 203 No. 2. Dagegen: Boehmer l. c. §. VII. p. 192. — Berger Diss. de his quae circa praescript. morat. fals. trad. §. 30.

[26]) Carpzov Asyl. debitor. c. IV. th. 61 N. 49. 50. — Lauterbach Coll. theor. pract. Lib. V. Tit. 1 §. 53. — Doch auch nicht unbezweifelt, Menochius l. c. No. 23. — Hilliger l. c. — Boehmer l. c. §. VIII. pag. 193.

sen Güter zustehende jährliche Hebungen. Nach dem gemeinen Gerichtsgebrauch müßen laufende Prästationen geleistet werden[27]).

6. Laufende Alimente, auch nach der opinio communis[28]);

7. Laufende Mieths- und Pachtgelder für in Bestand genommene Immobilien, wozu auch die des ganzen Jahres, in welchem auf das Moratorium angetragen worden, nicht aber die aus frühern Jahren gehören. Das laufende Jahr ist von dem Tage der eingereichten Provocation zurückzurechnen, so daß die in diese Zeit fallenden Termine gefordert werden können. Bestimmt ist diese Berechnungsart nicht; sie folgt aber aus der Analogie der Berechnung der privilegirten Rückstände in Concursen. Diese Bestimmung ist ebenfalls aus der gemeinen Praxis entnommen[29]); diese wollte aber auch noch den Kaufpreis für Commestibilien[30]), und für, in öffentlicher Auktion oder Subhastation gegen ausbedungene gleich baare Zahlung erstandene Sachen[31]), die Dos, und Kosten zum Studiren[32]) ausnehmen.

8. Kurrentes Gesindelohn und Deputat, ingleichen Erziehungs- und Unterrichtskosten für die Kinder des

---

[27]) Voet Lib. XLII. Tit. 2 No. 17 §. XVI. — Happel §. 42. 43. 45—47.

[28]) Rivinus, Spec. exceptionum dilatoriarum forensium. c. 37 No. 5. — Boehmer cap. III. §. V. und Happel a. a. O. — Voet l. c.

[29]) Boehmer l. c. §. XII. pag. 196.

[30]) Rivinus l. c. No. 8.

[31]) Voet l. c.

[32]) Hierüber waren jedoch die Meinungen different. Vergl. Boehmer l. c. §. IX. pag. 191.

Schuldners, mit Inbegriff der innerhalb des ersten Jahres vor Anbringung der Provocation fällig gewordenen Rückstände. Von gleicher Art wird in dieser Beziehung der tägliche Lohn für Arbeiten solcher Personen, welche von dem Lohne ihren Unterhalt genießen, zu erachten sein, da wenn solchen Personen ihr täglicher Verdienst vorenthalten werden könnte, es vielen von ihnen viel schlimmer gehen würde, als dem mit Execution belegten Schuldner, der doch nur conservirt werden soll, soweit es ohne eigenen empfindlichen Schaden des Gläubigers geschehen kann. Hierher gehören die Gebühren der Justizcommissarien, das Arztlohn, Tagelohn gemeiner Handarbeiter und Handwerker[33]).

9. Schulden, welche daher entstanden sind, daß der Schuldner anvertrautes Gut verzehrt hat, und es also in Natur nicht zurückgeben kann[34]). Die gemeine Praxis nahm jedes debitum ex causa delicti aus[35]).

V. Die Erfordernisse des Moratorii sind:

1. Daß der Provocant an und für sich hinlängliches Vermögen besitze, um den Anforderungen seiner Gläubiger zu genügen;

2. Daß Umstände vorwalten, welche es ihm un-

---

[33]) R. v. 1. Septbr. 1810. — Mathis IX. S. 545. — Boehmer l. c. §. XIII. — Faber Cod. Sabaud. Lib. I. Tit. IX. def. 20. No. 7. — Dan. Moller seu Moeller, quinque Libri semestrium, Lib. IV. semest. VI. No. 2. — Reinh. Rosa ad Moller ad h. l. No. 4. — Rivinus Spec. except. dilator. for. c. 37 No. 4. — Carpzow Jurispr. for. P. I. c. 28 def. 34 No. 1 u. 2. — Voet l. c.

[34]) A. G. O. l. c. §. 97. Nr. 8.

[35]) Rivinus l. c. No. 8. — Voet l. c. — Boehmer §. X.

möglich machen, ohne seinen Ruin sogleich prompte und baare Zahlung zu leisten;

3. Daß gegründete Hoffnung und Aussichten vorhanden sind, daß er durch Verstattung der erbetenen Nachsicht in den Stand kommen werde, seine Gläubiger zu befriedigen, und sich zugleich in seinem Nahrungsstande zu erhalten[36]).

4. Daß der Schuldner nicht latitire, oder auf der Flucht sei[37]).

5. Daß der Schuldner die Forderung des Gläubigers, gegen welchen er auf das Moratorium provocirt, nicht ohne allen Grund (dolose) in Abrede gestellt, sich nicht der Strafe des frevelhaften Leugnens schuldig gemacht, nicht ohne allen rechtlichen Grund, bloß aus Chikane und zum Verschleif der Sache die Appellation in der Hauptsache ergriffen hat, und daß die Provocation auf das Moratorium selbst nicht ohne Noth aus bloßer Chikane und zum Verschleif der Sache angebracht ist[38]).

6. Daß der Schuldner den Gläubigern für Capital, Zinsen und zu besorgende Deteriorationen, durch Hypothek, Pfand oder annehmliche Bürgen hinreichende Sicherheit bestellt. Kann der Schuldner dergleichen Sicherheit nicht bestellen, so muß er sich in der Disposition über sein Vermögen, während der Moratorienzeit, solche Einschränkungen gefallen lassen, durch welche der Zweck der Sicherstellung der Gläubiger erreicht wird. Welche Modalitäten dieserhalb zu treffen, ist in Ermangelung gütlicher Uebereinkunft zwischen dem Schuldner und den Gläubigern dem richterlichen Ermessen überlassen. Die

---

[36]) A. G. O. I. c. §. 3.

[37]) §. 5. l. c. Vergl. Voet Lib. XLII. 3 No. 21.

[38]) §. 32—34. l. c. Vergl. Boehmer l. c. p. 195.

Maaßregeln können darin bestehen, daß z. B. dem Schuldner in der Bewirthschaftung des Gutes ein Aufseher zu bestellen, oder die Wirthschaftsbeamten oder Pächter dahin zu vereiden, daß sie die Revenüen, nach Abzug einer billigen Competenz, an den Aufseher oder ad depositum judiciale abliefern sollen; daß die ausstehenden Forderungen mit Arrest belegt, und, sofern sie fällig sind, ebenfalls ad depositum eingezogen werden; daß das zum täglichen Gebrauche des Schuldners nicht nöthige Mobiliar in gerichtliche Verwahrung genommen, oder daß ihm bei Fortsetzung seiner Handlung ein Aufseher bestellt wird, welcher die Einnahmen an sich zu nehmen hat u. s. w.; niemals aber darf der Schuldner dieser Sicherheitsmaaßregeln wegen, der Verwaltung seines Vermögens gänzlich entsetzt werden[39]). Auch hiermit stimmt die gemeine Praxis überein, nur will diese da, wo die Controlle nicht möglich ist, selbst die Administration dem Schuldner entziehen[40]). Einige wollten dagegen juratorische Caution zulaßen[41]).

Unter diesen Erfordernißen wird das Moratorium selbst gegen den einstimmigen Widerspruch der Gläubiger zuerkannt, und eben so wird, wenn eins oder das andere der Erforderniße fehlt, die Provocation gegen die Widersprechenden abgewiesen, wenn auch die Mehrzahl der Gläubiger dafür wäre, dem Schuldner das Moratorium zu verstatten, so daß es also niemals auf die Stimmen der Gläubiger bei Entscheidung der Frage ankommt: ob dem Schuldner Nachsicht zu bewilligen; wogegen die

---

39) §. 24 u. 81 No. 5, u. §. 74. l. c. — L. 4 C. de precib. imper. off. (I. 19).

40) Mevius Decis. P. VI. dec. 366. — Happel l. c. §. 59—61.

41) Boehmer l. c. cap. II. §. XIV.

jenigen Gläubiger, welche dem Schuldner gütlich die Frist gestatten, daran gebunden bleiben, wenn die Provocation auch als ungegründet gegen die Widersprechenden verworfen werden sollte[42]).

§. 40.

b. Wirkungen und Wiederaufhebung.

I. Das Moratorium hat im Allgemeinen die Wirkungen eines Stundungsvertrages, und schützt gegen die Folgen der Mora; jedoch treten wegen des dem Gläubiger dabei angethanen Zwanges einige Modificationen hinzu:

1. Während der Dauer des Moratorii findet wider den Schuldner, wegen der Forderungen, in Ansehung welcher es gegeben worden, keine executivische Verfügung Statt[1]). Diese Wirkung tritt schon mit der Zulaßung des Gesuchs ein, und es muß deshalb die etwa schon verfügte Execution sistirt werden[2]). Nach dem gemeinrechtlichen Gerichtsgebrauch war das letztere controvers[3]).

---

[42]) A. G. O. a. a. O. §. 57. 79.

[1]) §. 37. 97 h. t.

[2]) §. 63 h. t. Anh. zur A. G. O. §. 308.

[3]) Für die Execution: Leyser Sp. XII. m. 3. — Boehmer l. c. cap. III. §. 11 pag. 195. — Cramer Obs. jur. univers. T. II. P. 1 obs. 459. Dagegen: Berger Diss. de his, quae circa praescriptionem moratoriam falso traduntur. §. 14. — Hartleben Med. ad D. Spec. XV. m. 4. — Em. Ehrenfr. Bunsov de valore rescripti moratorii contra rem judicatam. Traj. ad Rhen. 1747. — Faber in Cod. Sabaud. L. I. T. IX. def. 4.

Gegen solche Gläubiger, welche nicht zugezogen worden sind, und wegen solcher Schuldner, welche erst nach Ertheilung des Moratorii contrahirt sind, hat es keine Wirkung[4]). Wird ein Special-Moratorium erst nach rechtskräftiger Entscheidung der Hauptsache und erst in der Executionsinstanz angebracht, so bleibt die Execution zulässig, bis die dem Gläubiger gebührende Sicherheit bestellt ist[5]).

2. Die laufenden Zinsen, so wie zweijährige Rückstände, müßen auch während der Instruction des Indults, und während der Moratorienzeit gezahlt werden[6]), selbst auch Verzugszinsen, und zwar diese vierteljährlich, vom Tage der Mora an[7]). Da dem Moratorium durchaus dieselben Wirkungen wie einem Stundungsvertrage zugeschrieben werden, so wird gemeinrechtlich behauptet,

---

[4]) §. 97. 101 u. 104 h. t. Lauterbach de beneficio rescr. morat. §. 31. — Boehmer l. c. cap. III. §. 12. — Voet l. c. in f. — Happel §. 74.

[5]) A. G. O. Tit. 24 §. 42. Tit. 47 §. 9. Anh. z. A. G. O. §. 306. V. v. 4. März 1831 §. 7.

[6]) §. 37 u. 97 Nr. 3. Anh. z. A. G. O. §. 309. Gemeinrechtlich waren die Meinungen hierüber different. Man s. vorzüglich: Chladenius seu Chladny de rescriptis moratoriis cursum usurarum non sistentibus. Vit. 1730. 1757. — Boehmer l. c. cap. II. §. 16. — Stryck de abusu rescr. morat. §. 16. — Berger de his quae circa rescr. morat. falso traduntur §. 18—21. — Brunnemann Comment. ad L. 2 C. de precibus Imp. off. — Elsässer über die Ertheilung der Anstandsbriefe. §. 84, in den gemeinnützigen juristischen Beobachtungen. B. II. Nr. XII. — Walch introduct. in controv. jur. civ. Sect. IV. cap. III. membr. I. §. 5. — Gebr. Overbeck Meditationen über verschiedene Rechtsmaterien. Band II. Medit. 75.

[7]) §. 38 h. t.

daß die Zögerungszinsen fortfallen[8]). Andere[9]) dagegen sind der entgegengesetzten Meinung, und diese hat das Preußische Recht sanctionirt. Eine andere Frage ist es, ob während der Moratorienzeit Verzugszinsen anfangen können. Wenn aber der erzwungene Indult die Mora in Beziehung auf den Fortlauf der Zinsen nicht purgirt, so kann sie diese Wirkung auch nicht in Ansehung des Anfangs der Mora äußern.

3. Daraus, daß das Moratorium die Wirkung eines Stundungsvertrages hat, würde auch folgen, daß alle Klagen gehemmt würden, welches auch nach der gemeinrechtlichen Praxis angenommen ist[10]). Das Preußische Recht aber modificirt auch hier die Wirkungen des Moratorii dahin, daß alle bereits anhängigen Prozesse gehörig fortgesetzt, die in der Moratorienzeit neu eingehenden Klagen zugelassen, und die Sachen, jedoch nur bis zur Execution, fortgesetzt werden müßen, auch Kapitalsaufkündigungen mit rechtlicher Wirkung geschehen können[11]). Die Worte des §. 97 — „und es können ihm weder Kapitalsaufkündigungen geschehen," sind ungenau gewählt und sollen so viel heißen, daß die Kapitalien während der Indultzeit nicht eingefordert werden können, wenn

---

[8]) Carpzow Jurispr. forens. P. II. const. 30 def. 46 et in Asyl. deb. c. I. Sect. 8 No. 39. — Moller Libri quinque Semestrium, L. IV. semestr. 7. — Wehner Practicarum observationum s. v. Anstandsbrief. Boer. Dec. 296. — Vitriarius Instit. juris publici. L. III. Tit. II. §. 32. — Happel §. 56.

[9]) Boehmer cap. II. §. 16. — Mevius Discussio levaminum inopiae debitorum. Sect. VIII. c. 4 No. 32 sq. — Stryck l. c.

[10]) §. 10 J. de except. (IV. 13.) — Leyser Sp. XII. cor. 2 u. 3. — Boehmer c. II. §. 16.

[11]) §. 62 u. 111. l. c.

die Kündigungsfrist unterdeß auch abläuft. Der §. 111 sagt darüber ganz bestimmt: „Es versteht sich von selbst, daß während der Indultjahre die Gläubiger — Kapitalsaufkündigungen thun — können.“

4. Eine Modification der Wirkungen des Moratorii ist es ferner, daß Compensationen durch das Moratorium nicht gehindert werden, mit Ausnahme des speciellen Falls, wenn der Gläubiger die Schuld eines Dritten an den Schuldner freiwillig, titulo singulari übernommen hat, und der Schuldner diese von ihm einfordert. Alsdann kann der Gläubiger die Compensation seiner eigenen gestundeten Forderung nicht entgegen setzen[12]. Mit diesem speciellen Falle ist ein anderer sehr ähnlich, welcher öfter zur Umgehung des Moratorii angewendet worden ist[13], der nämlich: wenn der Gläubiger seine Forderung, wegen welcher dem Schuldner das Moratorium verstattet worden ist, um sich bezahlt zu machen einem Schuldner des Schuldners cedirt, damit dieser in Anspruch genommene Schuldner des Schuldners die an sich gebrachte, durch das Moratorium gestundete, Forderung mit seiner Schuld compensire. Der gemeinrechtliche Gerichtsgebrauch ließ hier die Compensation nicht zu, weil das Mittel in fraudem privilegii erdacht sei (Note 13). Das Landrecht entscheidet zum Theil diesen Fall im §. 256 Tit. 16:

„Wer seinem Schuldner freiwillig oder auf richterlichen Befehl Zahlungsfristen gestattet hat, kann das, was er demselben in der Zwischenzeit schuldig wird, auf die nächstkünftigen Zahlungstermine abrechnen.“

---

12) A. L. R. I. 16 §. 356—358.

13) Boehmer l. c. cap. III. § 3 pag. 189.

Der in Anspruch genommene Schuldner des Schuldners kann also die an sich gebrachte gestundete Forderung auf seine Schuld nicht anrechnen, wenn diese seine Schuld älter ist als das Moratorium. Die Entscheidung ist also nicht auf den Fall anwendbar, wenn die Schuld dieses Dritten an den Schuldner erst in der Moratorienzeit entstanden ist; denn alsdann würde die Compensation nach §. 356 zuläßig sein. Man wird daher in diesem Falle auf den Grund der gemeinrechtlichen Praxis zurück gehen und sehen müssen: ob das Cessionsgeschäft in der Absicht, die Wirkung des Moratorii gegen den cedirenden Gläubiger zum Nachtheil des Schuldners zu vereiteln, vorgenommen ist. Dieß wird anzunehmen sein, wenn der Cessionarius und der Schuldner des Schuldners von dem Moratorio unterrichtet gewesen ist, in welchem Falle dessen Compensationseinwand durch die replicatio doli unwirksam werden muß.

5. Der Gläubiger wird durch den, seinem Schuldner verstatteten, Indult gegen seine eigenen Gläubiger nicht geschützt, selbst wenn seine Forderung, wegen welcher dem Schuldner das Moratorium verstattet worden, das einzige Mittel wäre, sich gegen seine eigenen Gläubiger zu conserviren, wenn er auch darüber, daß sein Schuldner conservirt wird, zu Grunde geht. Nur alsdann, wenn er an sich zum Moratorio qualificirt ist und ebenfalls darauf provociren will, müßen seine Gläubiger sich eben dieselbe Sicherheit gefallen lassen, welche er anzunehmen, nach vorheriger Prüfung, also nicht in contumaciam, durch Urtel und Recht schuldig erkannt worden ist [14]).

6. Den Erben des, während der Indultjahre ster-

---

[14]) A. G. O. §. 43. 44. l. c.

benden Schuldners, kommt das Moratorium nicht zu statten [15]).

7. Ob das Moratorium dem Bürgen zu Gute komme oder nicht, darüber waren die Meinungen sehr getheilt. Eine große Anzahl [16]) verneinte es schlechthin; eine andere eben so große Zahl [17]) behauptete es. Nach einer dritten Meinung [18]), welche einen Mittelweg einschlug, sollte zwar der Bürge an sich das, dem Prinzipalschuldner concedirte, Moratorium nicht opponiren können, aber es sollte ihm indirect dadurch helfen, daß ihm die exceptio excussionis vel cedendarum actionum zu statten käme. Die erste Preußische Gesetzgebung hier-

---

[15]) §. 113. l. c. Boehmer l. c. cap. II. §. 10. Happel §. 70.

[16]) Vorzüglich: Voet Comment. XLII. 3. 19. — Büchner Beweis, daß das einem Schuldner ertheilte Moratorium dem Bürgen nichts nütze. Gött. 1780. — Schüler Diss. de eo quod justum est in induc. morator. §. 89. — Menoch de arbitrariis judicum quaestionib. L. II. cent. III. cas. 203 No. 26. — Kleinhaus Diss. de morator. §. 88. — Homborg de litteris moratoriis. cap. V. §. 31. — Walch introduct. in contr. jur. civil. Sect. III. cap. IV. membr. II. Subs. II. §. 22. — Coler Proc. exec. P. I. cap. IV. No. 21. — Berlich Decis. 225 No. 14.

[17]) Boehmer l. c. cap. II. §. 11. — Freudenberg l. c. concl. 46 No. 4. — Frick l. c. und Diss. de exceptione literar. respirationis debitor. fidejuss. proficiente. Helmstadii 1779. — Busch de exceptione morator. §. 22 p. 22. Finkelthaus de morator. praescript. th. 17. — Estor Deutsche Rechtsgelehrsamkeit. P. II. cap. 34. §. 2725. — Hartleben Med. ad D. Sp. XV. m. 7.

[18]) Jo. Georg Schloer et Jo. Anzmann Vindiciae veritatis fidejussorem, obtento a debitore principali rescripto moratorio a creditore conveniri haud posse. Mogunt. 1782. Vergl. Happel §. 69 sq. — Straus Diss. de controv. circa induc. morat. §. 14.

über[19]) entschied diese Streitfrage dahin, daß der Bürge sich mit dem, dem Prinzipalschuldner ertheilten, Indult gegen den Gläubiger schützen könne, vorausgesetzt, daß die Bürgschaft nicht in der Art übernommen sei, daß der Gläubiger, mit Uebergehung des Hauptschuldners, sofort den Bürgen angreifen könne. Das Landrecht[20]) beschränkte dieses auf einen nicht längern als einjährigen Indult. Bei der gleichzeitigen Redaktion der Gerichtsordnung[21]) muß dieß indeß übersehen worden sein, denn in dieselbe ist die alte Bestimmung des Corpus juris Frideric. wörtlich übertragen. Es ist aber der Rechtssatz des später als die Gerichtsordnung publicirten Landrechts neuer; er muß daher vor dem ältern gelten[22]).

II. Die Wiederaufhebung des Indults vor Ablauf der Zeit erfolgt:

1. zur Strafe des Schuldners wegen Unwürdigkeit desselben:

a. wenn der Schuldner während der Indultjahre die Zinsen nicht richtig und prompt zahlt[23]);

---

[19]) Corpus juris Fried. Th. II. Tit. 23 §. 91.

[20]) I. 14 §. 299.

[21]) I. 47 §. 114.

[22]) Grävell Cred.-Ges. I. S. 281 Note ** erklärt zwar die Gerichtsordnung für neuer als das A. L. R., wiewohl das letztere ein Jahr später publicirt ist, giebt aber doch dem Landrecht aus dem Grunde den Vorzug, weil dort sedes materiae sei. Es ist aber für die Gültigkeit einer gesetzlichen Bestimmung an sich gleichgültig, an welcher Stelle sie steht; außerdem ist für die in Rede stehende Frage aber gerade hier in der Lehre von den Wirkungen des Moratorii Sedes materiae.

[23]) A. G. O. l. c. §. 37. 110.

b. wenn derselbe eine üble Wirthschaft führt, die Gebäude eingehen läßt, das Gutsinventarium schwächt rc.[24]);

c. wenn er es zu einer Wechsel-Execution kommen läßt[25]);

d. wenn er bei Nachsuchung des Generalindults Gläubiger verschwiegen hat, falls er die daraus entstehende Vermuthung, daß er seine Gläubiger und das Gericht zu hintergehen gesucht habe, nicht widerlegen kann[26]);

e. wenn er neue Schulden contrahirt oder ältere Schulden unvorsätzlich verschwiegen hat, und ohne das den frühern Gläubigern zur Sicherheit bestellte Vermögen anzugreifen, auf Andringen nicht bezahlen kann[27]).

2. zur Sicherheit der Gläubiger, wenn auch ohne Schuld des Gemeinschuldners sich in dessen Vermögenssubstanz, oder in dem zur Sicherheit des Gläubigers angewiesenen Objecte eine solche Veränderung zuträgt, daß die ehehin für hinlänglich erkannte Sicherheit nicht mehr gewährt wird[28]).

3. zum Vortheile der Gläubiger, wenn dem Schuldner während der Indultzeit ein solches neues Vermögen zufällt, daß er dadurch in den Stand kommt, seine sämmtlichen Creditoren auch früher zu bezahlen[29]).

---

[24]) §. 110. l. c.

[25]) §. 66. l. c.

[26]) §. 102. 103 und 108.

[27]) §. 106. 107. 108.

[28]) §. 41. 110. l. c.

[29]) §. 116. l. c.

§. 41.

3. Durch *Cessio bonorum.*

T. G. D. I. 48.

Math. Brunus de cessione bonorum. Col. Agr. 1591. 8. Lugd. 1593. 4. Col. 1622. fol. Adr. Beier de cessione bonorum. Jenae 1697. 4. — Georg. Ad. Struve de flebili beneficii cessionis adjutorio. Jenae 1666. — Christ. Wildvogel de aequitate flebilis beneficii cessionis bonorum. Jenae 1702. 1703. — Jer. Eber. Link de cessione bonorum. Argent. 1740. — Arn. Ant. v. Gaben de cessione bonorum. Lugd. Bat. 1785. Dabelow Conc. §. 117 ff. G. J. Yssel de Scheper de cessione bonorum sec. juris Romani et hodierni praecepta. Lugd. Bat. 1824. — Car. Gust. Ulbricht Diss. de cessione bonorum sec. jus Rom. et Saxon. spectata Lips. 1828.

A. Das älteste Römische Recht, welches bloß persönlichen Credit und kein Mittel, unmittelbar an das Vermögen des Schuldners zukommen kannte, gestattete dem Gläubiger die unmenschlichste Grausamkeit gegen die Person des plebejischen Schuldners, selbst Tödtung [1]), um ihn durch Aengstigung zur freiwilligen Zahlung aus

[1]) Gellius XX. 1. Quintilian Institut. orat. III. 6. 84. Niebuhr Röm. Geschichte B. II. I. Ausg. S. 310 ff. 2te Ausg. S. 668. — Bynkershoeck Obs. juris Rom. L. I. c. 1. — Jo. Fried. Jugler Diss. Dubia de sectione debitorum apud Romanos interpretatione Bynkershoekianne opposita. Lips. 1741. 4. Jo. Taylor Comment. ad legem Decemviralem de inope debitore in partes dissecando. Cantabr. 1742. 4. et in Fellenbergii Jurispr. ant. T. I. p. 565 sq. — Jo. Herrmann de Raadt Diss. de statu, conditione et juribus debitorum obaeratorum apud Romanos. Groning. 1763. 4. et in

seinem Vermögen, oder doch zur äußersten Anstrengung, Rath zu schaffen, zu vermögen. Eine, durch Aufsehen erregende schmähliche Behandlung eines jungen wohlgebildeten Schuldknechts von Seiten seines grausamen Schuldherrn, veranlaßte Lex Poetillia Papiria (a. U. 427. 28 oder 429) milderte diese Härte darin, daß der nicht ex maleficio obligirte Schuldgefangene nicht mehr gefesselt werden sollte; und unterwarf das Vermögen dem Anspruche des Gläubigers, hob aber keinesweges die persönliche Haft auf[2]). Die missio in bona debitoris, welche der Gläubiger nunmehr erwirken konnte, berechtigte denselben zwar zum Verkaufe der Güter, um sich daraus bezahlt zu machen; dadurch wurde aber der Schuldner, wenn dieselben zur Befriedigung unzureichend waren, noch immer nicht von der persönlichen Verhaftung befreit, sondern der Prätor befahl, daß der Gläubiger ihn mit sich führen konnte (duci jubere), wodurch der Schuldner in das Verhältniß eines mancipi welches noxae causa gegeben war, kam (addictus)[3]), und zu dem zog ihm der Verkauf der Güter, welcher in Masse (per universitatem) geschah[4]), Infamie zu[5]). Dieses

Oelrichs Thes. 18. Dissertt. Belg. Vol. III. T. I. p. 298 sq. — Heinecii Antiquit L. 1. Append. §. 30. Lib. III. Tit. 30 §. 2 sq.

[2]) Livius VIII. c. 28. — Cicero de republica II. 33. 34. — Niebuhr l. c. B. I. 2te Ausg. 604. 3. Ausg. S. 611. — Schrader Vermuthung über den wahren Sinn der Lex Petillia Papiria; in Hugo's Civ. M. B. V. S. 181.

[3]) Lex de Gallia cisalpina. Cicero pro Flacco c. 21. Gellius XX. c. 1. Quintilian Institut. V. 10. Gajus III. §. 189. 199. L. 34 D. de re jud. (XLII. 1).

[4]) Gajus III. §. 77—79. IV. 35. — Fried. Car. Gust. Stieber de bonorum emtione apud veteres Romanos

noch immer sehr hatte Schuldverhältniß wurde für unglückliche Schuldner durch eine Lex Julia gemildert, welche bestimmte, daß ein solcher, welcher unverschuldet[6]) in die Lage gekommen war, seinen Gläubigern nicht gerecht werden zu können, freiwillig ohne richterliche Mitwirkung sein Vermögen dem Gläubiger sollte überlassen (bonis cedere) dürfen. Dadurch sollte er der persönlichen Haft und der Infamie entgehen, und den Ausfall, welchen die Gläubiger erleiden würden, erst alsdann, wenn er zu bessern Vermögensumständen gelangt sein würde, abtragen, dabei aber auch nur quantum facere potuit leisten, d. h. die Competenz haben[7]). Die Gläubiger erhielten ein der missio in possessionem ähnliches Recht, aber nicht das Eigenthum; jedoch konnte der Schuldner nicht mehr agere noch condemnari[8]). Die Abtretung konnte durch jede unförmliche außergerichtliche Erklärung ebenso gut wie vor Gericht geschehen[9]). So

---

P. 1. Lips. 1827. — Dazu: Unterholzner in der Tüb. krit. Zeitschr. für Rechtswissensch. B. 6 S. 229. — v. Savigny in der Zeitschr. für gesch. R. W. B. II. S. 375.

[5]) Gajus II. §. 154. — Cicero pro Quintio c. 15. L. 3 C. Th. de inoff. testam.

[6]) L. 1. C. Theod. qui bonis cedere poss. Vergl. L. 22. §. 1. L. 51 D. de re jud. (XLII. 1). — L. 63 §. 7 D. pro Socio. (XVII. 2). — L. 37 §. 1 D. de minoribus (IV. 4).

[7]) L. 1. 8. C. qui bonis cedere. (VII. 71). — L. 11 C. ex quib. causis infamia. (II. 12.). — L. 3 C. de bonis auct. jud. (VII. 72). — L. 4 pr. 6 und 7 D. de cessione bonor. (XLII. 3). — §. 40 J. de act. (IV. 6). — Thibaut civil. Abhandlung. B. I. Nr. 16.

[8]) L. 4 C. h. t. L. 17 pr. D. de receptis. (IV. 8).

[9]) L. 9 D. de cess. bonor. (XLII. 3). — L. 6 C. qui bonis cedere. (VII. 71).

lange der Verkauf noch nicht vollendet war, konnte die Erklärung widerrufen werden [10]). Nach dem neuern Römischen Rechte besteht der Hauptvortheil der cessio bonorum, ausser der Befreiung von der persönlichen Haft, in dem ehemaligen bloßen Nebenvortheile, nämlich in dem Schutze wegen der Schuldreste durch das Beneficium competentiae; denn die mit dem Verkaufe des Vermögens per universitatem für den Schuldner verbundene Infamie, gegen welche dieses Mittel vorzüglich schützen sollte, fällt nach Justineaneischem Rechte, mit der bonorum venditio im Ganzen, von selbst fort. Gegen neue Creditoren hat er aber das Beneficium competentiae nicht [11]). Nirgend wird im Justineaneischen Rechte gesagt, daß nur der Unschuldige und Unglückliche das Beneficium haben solle. Es muß aber diese Bedingung vorausgesetzt werden, da sonst jeder Schuldner solches gebraucht, und nie eine Personal-Execution Statt gefunden haben würde. Die Cessio bonorum blieb die alte, und die damit verbundenen Vortheile waren dieselben, nämlich: Befreiung von der persönlichen Haft, Befreiung von der Infamie, und das beneficium competentiae. Indeß nennt Justinian das Rechtsmittel doch immer flebile, misere, nach welchem Vorgange diese Rechtswohlthat auch in der Gerichtsordnung (I. 49. §. 1) eine traurige heißt. Dieß geschieht wohl daher, weil der Schuldner ganz ausgezogen werden konnte, und doch immer eine infamia facti daraus folgte. Deshalb gab ihm Justinian ein noch besseres Privilegium in der dunkeln

---

10) L. 3. 5 D. eod. L. 2. 4 C. eod.

11) L. 4 §. 1 D. ibid. L. 3 C. de bonis auctorit. jud. (VII. 72). — Schweppe System des Concurses §. 25. — Voet. L. XLII. 3 No. 8 in f. — Anderer Meinung ist Thibaut in civil. Abh. B. I. Nr. 16. S. 350.

Novelle 135. Diese bezieht sich auf einen einzelnen Rechtsfall. Ein Schuldner Zosarius war durch Unglück insolvent geworden und klagte darüber, daß der Richter ihn gezwungen habe, wider seinen Willen bonis zu cediren. Justinian verfügte darauf, daß keiner dazu gezwungen werden könne, sondern wenn ein durch Unglück Verarmter schwöre, daß er keine Zahlungsmittel habe, solle er von Verfolgungen befreit bleiben. Darin lag für den Schuldner zweierlei: er sollte nicht der persönlichen Haft unterliegen, und der strengen Vermögens-Execution entgehen, er sollte mithin seinen nothdürftigen Unterhalt behalten, wodurch eine Art von beneficium competentiae im neuern Sinne begründet wurde. Man nennt dieß das beneficium ejurationis [12]). Die Novelle ist zwar nicht glossirt, ihre Grundsätze sind aber doch in der Praxis angewendet worden.

B. Das Preußische Recht hat die Grundsätze des neuesten Römischen Rechts, nach welchen sich der gemeine Gerichtsgebrauch richtete, angenommen. Dasselbe mildert die Strenge der Executionsgesetze gegen unglückliche Schuldner ebenfalls dadurch, daß es ihnen gestattet, ihr Vermögen an ihre Gläubiger abzutreten [13]).

I. Dieser Rechtswohlthat kann, was in der gemeinen Gerichtspraxis streitig war, im Voraus nicht entsagt werden, sowohl weil durch die Entsagung die ratio commiserationis nicht fortfällt, als auch, weil niemand auf seine persönliche Freiheit verzichten kann [14]). Es hat

[12]) In den Motiven der Gesetz-Revis. Pensum V. S. 2 wird, nach Dabelow S. 117 berichtet, dieses beneficium sei unter Sulla eingeführt worden.

[13]) A. G. O. l. c. §. 2. 3.

[14]) A. G. O. l. c. §. 31. A. L. R. I. 5 §. 192. Voet Comment. L. XLII. 3 §. 3. 5. Cocceji Jus con-

aber keinen Zweifel, daß der Schuldner seine Provocation und Erklärung nach Preußischem Rechte eben so wie nach Römischem wieder zurücknehmen kann, wenn er die Gläubiger befriedigt. Nach Preußischem Rechte kann aber nicht, wie nach Römischem, die Güterabtretung ohne Mitwirkung des Richters geschehen, vielmehr muß der Schuldner, welcher die Rechtswohlthat genießen will, seine Erklärung mit einem vollständigen und richtigen Verzeichnisse seines Vermögens und seiner Schulden, seinem persönlichen Richter übergeben; und darauf können die Gläubiger, welche davon durch den Richter Kenntniß erhalten, das Vermögen für sich gleich in Beschlag nehmen lassen, sie können dieses jedoch auch nach Gutbefinden unterlassen, in welchem Falle natürlich der Schuldner die Verwaltung und Disposition behält, wenn nicht etwa der Fall von der Art ist, daß der Richter ex officio den Concurs eröffnen, und folglich auch das angebotene Vermögen in Beschlag nehmen muß [15]).

II. Ob aber diese Abtretung den Genuß des beneficii cessionis zur Folge hat, das muß nach vorheriger Erörterung durch richterliches Erkenntniß festgesetzt werden, wenn auch alle anwesende Gläubiger es freiwillig einräumen. Die hierin liegende Abweichung des Preußischen Rechts von dem Römischen besteht darin, daß nach diesem nur dann, wenn die Person des Schuldners

---

trovers. Lib. XLII. 3 qu. 3. Mevius Discuss. levam. inop. debitor. cap. VIII. n. 44. Bachovius ad Treutler Vol. II. diss. XXIV. th. 28. T. III. p. 32. Peter Müller ad Struv. exercitt. 44 th. 28. Das Gegentheil vertheidigten: Stryck cautel. contract. sect. II. cap. 1. §. 39. Olearius de renunciat. cess. bonor. a debit. facta. Lips. 1703. Walch introductio in controv. Sect. IV. cap. 3 membr. 1 §. 2.

[15]) A. G. O. l. c. §. 8. 15. 25.

von einem oder mehreren Gläubigern angegriffen wurde, und der Schuldner sich mit der exceptio beneficii cessionis bonorum schützen wollte, der Richter darüber erkannte, ob er sich des beneficii zu erfreuen habe; welches so oft geschahe als der Debitor von neuem in Anspruch genommen wurde; wogegen nach Preuß. Rechte vorweg, ein für alle Mal, ohne daß gerade die Person des Schuldners zur Zeit bedroht wird, ein Verfahren über diese Frage statt findet, und ein generelles Erkenntniß ergeht, welches alle Gläubiger, selbst solche, welche bei dem Verfahren nicht zugezogen worden sind, wenn sie nicht beweisen können, daß etwas Erhebliches verschwiegen oder übersehen worden, wider sich gelten lassen müssen[16]).

III. Die Bedingungen dieser Rechtswohlthat sind:

1. Der Schuldner muß wirklich durch Unglücksfälle, und nicht durch unnützen Aufwand, unbesonnene Unternehmungen oder Uebelthaten in den gegenwärtigen Vermögensverfall gerathen sein. Dasselbe wurde nach L. 1 C. Theodos. erfordert, weil aber die Stelle in dem Justineaneischen Codex fortgelassen ist, wurde von Vielen[17]) behauptet, daß es auf diese Requisite nicht ankomme, ja daß selbst durch Verschwendung und Unbesonnenheit des Schuldners der Vermögensverfall herbeigeführt worden sein könne, ohne daß er dieserwegen des beneficii unwürdig werde. Es ist aber die entgegengesetzte Meinung[18]) von dem Gerichtsgebrauche angenommen, und auch von der Preußischen Gesetzgebung recipirt worden.

---

[16]) A. G. O. l. c. §. 8. 15. 48.

[17]) Leyser Sp. 474 m. 4. — Püttmann de cessione bonorum contumeliosa. Lips. 1784.

[18]) Heinecii Dig. P. VI. §. 250. — Voet Comment. L. XLII. Tit. 3 No. 2.

2. er muß sein gesammtes Vermögen den Gläubigern treulich anzeigen, und nach einer eidlich zu bestärkenden Specification überlassen, nichts verheimlichen oder auf die Seite gebracht haben, keine Gläubiger erdichten und nicht colludiren. Hat er gar nichts, was er den Gläubigern überlassen könnte, so hindert dieses nicht, sich zum Genusse der Rechtswohlthat zu qualificiren. Der gemeine[19]) wie der Preußische[20]) Gerichtsgebrauch hat diesen, von der vorher erwähnten unglossirten Novelle 135 angeführten Grundsatz sanctionirt.

3. er muß sich durch sein übriges Betragen des Schutzes und der Wohlthaten des Staats, so wie des Mitleidens seiner Gläubiger nicht unwürdig machen[21]).

Unwürdig sind diejenigen welche

a. in den mit ihren Gläubigern geführten Special-Prozessen, der Strafen des frevelhaften Läugnens durch Urtel und Recht schuldig befunden worden sind;

b. sich auf die Flucht begeben;

c. zu einer Zeit, wo ihnen der Verfall ihres Vermögens schon bekannt gewesen, durch Contrahirung neuer Schulden, durch Veräußerungen, durch Gratificationen an einzelne Gläubiger, oder andere dergleichen Dispositionen, etwas zum Nachtheil ihrer Gläubiger oder einzelner davon, wenn gleich ohne Erfolg, vorgenommen haben[20]).

---

[19]) Wernher Observ. T. I. P. VIII. obs. 480. T. II. P IX. obs. 120. — Dabelow Conc. S. 135 ff.

[20]) Merkel Comment. z. A. G. O. §. 1 h. t. A. G. O. l. c. §. 3 Nr. 2 und §. 6.

[21]) A. G. O. l. c. §. 4—6.

[22]) Ebendas. §. 7.

IV. Die Wirkungen des beneficii sind:

1. Befreiung von persönlicher Haft wegen aller und jeder, zur Zeit der Güterabtretung schon vorhanden gewesener, Schulden, auch der Wechselschulden[23]), nur nicht wegen neuer, erst nach der Cession contrahirten Schulden[24]). Auch wegen einer alten Schuld kann in dem Falle, wenn Erben des Schuldners die Forderung geltend machen, und der Schuldner bei der Instruction die exceptio concessi beneficii nicht vorbringt, in der Executionsinstanz das beneficium nicht mehr vorgeschützt werden; sondern der Schuldner muß sich in solchem Falle gegen die Erben so wie gegen neue Gläubiger aufs neue qualificiren[25]).

2. Wegen des Ausfalls, welchen die Gläubiger leiden, und von dessen Nachzahlung er nicht befreit wird, muß ihm Nachsicht gegeben werden, bis er zu bessern Vermögensumständen gelangt, und alsdann müssen ihm Terminalzahlungen nachgelassen werden[26]).

3. Wegen dieser ausgefallenen Forderungen kommt dem Schuldner das beneficium competentiae zu Statten[27]). Nach der einen Auslegung des Röm. Rechts[28]) soll dem Schuldner, wegen aller spätern Schulden das Beneficium zustehen; nach einer andern von der Praxis angenommenen Meinung aber nur gegen die bei

---

[23]) Wegen dieser war der gemeine Gerichtsgebrauch nicht übereinstimmend.

[24]) §. 3. 32. 34. 35. 49.

[25]) §. 36. l. c.

[26]) §. 37. 39—44.

[27]) §. 38. l. c.

[28]) L. 4 pr. §. 1. L. 6 u. 7 D. de cess. bonor. (XLII. 3). — §. 14 J. de act. (IV. 6). — L. 3 C. de bonis auct. jud. (VII. 71).

dem ersten Concurse ausgefallenen Gläubiger wegen dieses Restes. Diese letztere Meinung ist im Preußischen Rechte recipirt.

V. Der Schuldner kann des beneficii cessionis wieder verlustig erklärt werden, wenn nach der Zulassung neue Umstände zum Vorschein kommen, woraus ein unredliches Betragen gegen die Creditoren erhellet [29]).

VI. Auch gegen einen einzelnen Gläubiger kann sich der Schuldner zur Rechtswohlthat der Güterabtretung qualificiren. Ist er nicht in Folge der Einwilligung des Gläubigers, sondern auf gehörige Untersuchung, durch richterliches Erkenntniß, der Rechtswohlthat für würdig erklärt worden, so gilt dasselbe auch gegen andere, nachher in ihn dringende ältere, Gläubiger, sofern diese nicht beweisen, daß die Umstände sich geändert haben, oder daß etwas Erhebliches vom Schuldner verschwiegen oder vom Richter übergangen worden [30]). Dieß ist ebenfalls der gemeinen Gerichtspraxis entlehnt.

Grävell [31]) kann sich nicht denken, wie hiernach das Verfahren eingeleitet werden soll, indem, wenn auch das Andringen eines einzelnen Gläubigers die Veranlassung gebe, doch das Verfahren mit ihm allein schon mit der Verfügung auf die Provocation von selbst ein Ende nehme, und in ein allgemeines übergehe, weil der Richter nach §. 15 Tit. 47 ex officio die sämmtlichen Gläubiger convociren müsse, um die weitere Einleitung bestimmen zu lassen; und aus dem Begriffe der Güterabtretung auch nothwendig folge, daß das Vermögen selber nicht bloß einem, zufällig gerade andringenden Gläubiger, sondern

---

[29]) §. 33. l. c.

[30]) §. 46—49. l. c.

[31]) Comment. zu den Cred. O. I. S. 314 N. *.

allen Gläubigern zu ihrer prioritätischen Befriedigung überlassen werden müsse; daher er diese Bestimmung bloß auf den speciellen Fall beziehen will, wo der Provocant gar kein Vermögen mehr besitzt, und also nichts abtreten kann. Beide Argumente sind nicht ganz richtig. Der §. 15 bestimmt keineswegs, daß der Richter auf die angebrachte Provocation sämmtliche Gläubiger convociren solle, sondern er bestimmt nur, daß den sämmtlichen bekannten Gläubigern, welche entweder am Orte sich befinden, oder Bevollmächtigte daselbst bei den Acten bestellt haben, das Cessionsgesuch communicirt werden soll, damit sie, wenn sie wollen, auf die Beschlagnehmung des Vermögens, so wie auf Concurseröffnung antragen können. Auswärtige also, welche keine Bevollmächtigte haben, und unbekannte, bleiben unberücksichtigt. Es kann daher die Provocation sehr wohl ohne Zuziehung sämmtlicher Gläubiger instruirt werden, und dieß muß sogar geschehen, wenn der Schuldner sein Gesuch ausdrücklich nur gegen Einzelne namentlich gerichtet hat. Es hat auch niemand dabei Nachtheil als er selbst, weil, wenn er über die Gesinnung der übrigen nicht Gewißheit hat, er sich der Gefahr aussetzt, den Prozeß mit jedem Einzelnen von neuem durchmachen zu müssen. Ein solches specielles Verfahren ist also sehr wohl denkbar alsdann, wenn der Schuldner nur einen bekannten, außerdem aber noch unbekannte Gläubiger hat; ferner alsdann, wenn nur Ein Gläubiger anwesend, alle übrigen aber entfernt sind, und er gegen den Anwesenden allein das Gesuch richtet; endlich alsdann, wenn er überhaupt das Gesuch nur gegen einen oder einzelne von mehrern Anwesenden richtet, wo die übrigen zwar, um ihre Maaßregeln darnach nehmen zu können, davon benachrichtigt, aber bei der Instruction, wider den Willen des Schuldners, nicht weiter zugezogen werden. Man kann nicht mit Grävell einen Jeden für thörigt halten, welcher, wenn es bloß in seinem Belieben stände, nicht lieber eine Special-, als eine Generalprovocation anbrächte, da er, wie Grävell meint, unbedenklich leichter mit Einem als mit allen Gläubigern durchkommen würde, und die Wahl des Impatraten hätte. Vielmehr kann, unter Umständen, gerade die Special-Provocation thörigt sein, da wenn der Schuldner von den übrigen angegriffen wird, er mit Jedem, welcher übergangene Umstände von Erheblichkeit anführt, von neuem prozeßiren muß. Sodann ist es auch keine nothwendige Folge der Güterabtretung, daß das Vermögen selber nicht bloß Einem, sondern allen Gläubigern überlassen werden müsse. Ursprünglich und sehr lange war, wie sich vorhin gezeigt hat, das erstere sogar der gewöhnliche Fall, mithin kann es der Natur der Sache nicht zuwider sein. Einem überlassen, d. h. ausgehändigt werden, kann es freilich nicht. In diesem Sinne wird es Keinem überlassen; der Schuldner offerirt es bloß zur Beschlagnehmung durch den Richter. Dazu gehört aber der Antrag eines oder mehrerer der Gläubiger, mit Ausnahme einiger Fälle, wo der Richter ex officio den Concurs eröffnen muß. Trägt keiner der Gläubiger auf die Concurseröffnung an, so bleibt alles wie es ist, und es kann auf den Antrag eines Jeden, der einen executorischen Titel hat, gewöhnlichermaaßen die Vollstreckung der Execution in das offerirte Vermögen verfügt werden. Verfolgt ein Einziger auf diese Weise sein Recht, während alle übrigen stillschweigend zusehen, und wird dadurch das ganze Vermögen verbraucht, so kann man allerdings sagen, daß das Vermögen einem einzigen, zufällig andringenden Gläubiger überlassen worden ist.

§. 42.

4. Durch das *Beneficium competentiae.*

A. G. O. I. 49.

Jo. Wibel de beneficio competentiae. Tub. 1647. — Lauterbach de beneficio competentiae. Tub. 1658. et in Diss. acad. T. I n. 13. — J. V. Bechmann de beneficio competentiae. Jenae 1676. — Geo. Ad. Struve de beneficio competentiae. Jenae 1679. — Klein de eo quod justum est circa beneficium competentiae. Rost. 1686; in illius Collectione Disputationum juridicarum, de selectis utriusque juris materiis, quae prodibat Berolini 1706. 4. — Jo. Christoph Falkner de beneficio competentiae. Jenae 1688. — E. F. Goclenius de beneficio competentiae. Rint. 1702. — J. B. de Wernher de beneficio competentiae generali et speciali nobilibus competente. Vit. 1709; in Observationibus forensibus. T. II. P. 7. — E. Tenzel de beneficio competentiae. Erf. 1719. — Jo. Chph. Regner de vero beneficii compet. fundamento. Lips. 1738. — Frank a Lichtenstein seu Praeses Jo. Aug. Hellfeld de beneficio competentiae, ex proprio aeque ac tertii jure competente. Jenae 1763; in Oper. minor. T. I. No. 25. —

a. Allgemeine Regeln.

I. Es giebt Fälle, wo Jemand weniger giebt als er schuldig ist, nämlich nur soviel er hat, wie er schaffen kann. Condemnatur in id quod facere potest. Die Wohlthat, welche für den Schuldner darin liegt, bestand nach älterem Römischen Rechte darin, daß die harten persönlichen Zwangsmittel, und die Infamie des Schuldners fortfielen. In dem neuern Römischen Rechte ist von beiden nicht mehr die Rede; dagegen hatte sich dabei noch ein Nebenvortheil gebildet, welcher darin bestand, daß man dem Schuldner ließ, was er zu seiner Nothdurft gebrauchte. Dieser ist allein im neuen Rechte übrig geblieben, und heißt in der modernen Rechtssprache Competenz[1]). Dieß Beneficium machte der Schuldner, nach Römischem Rechte, mit einer Exception geltend, so jedoch, daß die naturalis obligatio stehen blieb, und daß selbst die Civil-Obligation wegen des Restes künftig, wenn er zu bessern Umständen gelangte, wieder in Wirksamkeit trat; zu Sicherheit dessen der Schuldner Caution durch nuda promissio leisten mußte[2]). Nach Preußischem Rechte kann auch durch eine Provocation die Rechtswohlthat der Competenz geltend gemacht werden[3]), und man muß auch annehmen, daß eine Natur-Obligation übrig bleibt, welche mit der Verbesserung der Vermögensumstände des Schuldners wieder in eine Civil-Obligation übergeht[4]). Es versteht sich aber von selbst, daß es auch excipiendo geltend gemacht werden kann, selbst noch in der Executionsinstanz[5]).

II. Bei der Berechnung ejus quod facere potest wird nach Römischem Rechte nur auf die eingeklagte Schuld zur Zeit der Condemnation gesehen, mit Aus-

---

1) L. 173 pr. D. de reg. juris. — L. 19 §. 1 D. de re judicata (XLII. 1). — §. 37. 38 J. de act. (IV. 6). Nov. 135.

2) L. 63 §. 4 D. pro Socio. (XVII. 2). — L. 8 C. soluto matrimonio. (V. 18). — L. un. §. 7. C. de rei uxor. act. (V. 13).

3) A. G. O. h. t. §. 14.

4) Vergl. oben §. 3 Nr. 5. A. G. O. §. 23. l. c.

5) Carpzow Jurispr. for. P. I. const. 32 def. 15. — Ej. Processus juris T. XXV. Art. 6 §. 4. — Zanger de except. P. II. c. 15. n. 4. — Cramer Obs. jur. un. T. III. obs. 796. — Berlich Concl. practic. P. I. concl. 84. n. 37. — Mevius P. II. Decis. 329 n. 4.

nahme der Schuld aus einer Schenkung, wo auch auf die übrigen Schulden des Debitors Rücksicht genommen wird; mit andern Worten: in dem letztern Falle werden, um das quantum facere potest festzustellen, sämmtliche Schulden von dem Activ-Vermögen abgezogen, in dem erstern wird bloß auf die gerade jetzt zur Execution gebrachte Forderung gesehen [6]). Das Preußische Recht macht keinen solchen Unterschied; und man muß annehmen, daß außer dem Falle eines förmlichen Concurses ebenfalls bloß auf den Betrag der eben auf Execution stehenden Forderung gesehen wird. Ist dieselbe so bedeutend, daß wenn sie aus dem Vermögen bezahlt würde, zwar noch soviel wie zur Competenz des Schuldners erforderlich ist, übrig bleibt, dieses aber von den übrigen Creditoren, welche nicht schuldig sind eine Competenz zu bewilligen, aufgerieben werden, und also der Schuldner auf solche Weise ganz um die Competenz kommen würde, so muß der Schuldner auf das Andringen dieses zur Competenz verpflichteten Gläubigers sich zur Cessio bonorum erbieten, und auf Aussetzung der Competenz förmlich provociren.

III. Das Beneficium competentiae ist höchst persönlich und geht nicht auf die Erben über [7]). Man hat die Frage aufgeworfen: ob dasselbe cedirt werden könne. Höchst persönliche Rechte oder Beneficien können niemals an andere abgetreten werden. Indessen wird die Erhebung der fälligen Competenzgelder Andern auch mit der Befugniß, sie für sich zu behalten, selbst im Voraus

[6]) L. 54. D. soluto matrim. (XXIV. 3). L. 16. 19. 49 D. de re jud. (XLII. 1).

[7]) L. 7 pr. D. de except. (XLIV. 1.) — L. 24. 25 D. de re judic. (XLII. 1). — L. 12—13 D. soluto matrim. (XXIV. 3).

übertragen, und in dieser Art auch eine Cession mit rechtlicher Wirkung geleistet werden können, jedoch nur unter der Voraussetzung eines onerosen Titels, weil sonst daraus hervor gehen würde, daß der Schuldner der Competenz nicht bedürfte [8]).

IV. Ausgeschlossen wird das Beneficium:

1. Durch Dolus [9]). Man versagt daher auch nach gemeinem Gerichtsgebrauche das Beneficium nur dolosen und solchen Schuldnern, welche durch Verschwendung verarmt sind [10]), und legt auf die abweichende Meinung, daß der, welcher auf das Beneficium Anspruch macht, beweisen müße, er sei durch Unglücksfälle insolvent geworden [11]), kein Gewicht. Das Preußische Recht setzt die Erforderniße des beneficii cessionis bonorum voraus [12]).

2. Durch vorhergegangene Entsagung. Das Römische Recht macht hierbei eine Ausnahme mit dem Ehemanne, dessen Verzicht in dem Vertrage mit der Frau als contra bonos mores angesehen und daher als unwirksam betrachtet wird [13]). Aus diesem Grunde bezog man diese Ausnahme auch auf andere Verhältniße, wel-

---

[8]) Hellfeld l. c. §. 30. — G. A. Joachim de cessione beneficii competentiae. Lips. 1733.

[9]) L. 63 §. 7. L. 67 §. 3. L. 68 §. 1 D. pro socio. (XVII. 2). — L. 22 §. 1. L. 51 D. de re jud. (XLII. 1).

[10]) Boehmer Decis. et Cons. T. I. P. I. resp. 121 No. 13. — Puffendorf process. civ. P. II. cap. V. §. 5. — Struben rechtliche Bedenken, Th. IV. B. 23.

[11]) Leyser Diss. quousque nobilibus competat beneficium competentiae. §. 19. 20.

[12]) A. G. O. h. t. §. 17. 23. 31.

[13]) L. 14 §. 1 D. soluto matrim. (XXIV. 3).

che dieselbe Rücksicht gebieten[14]), z. B. auf die Aeltern. Das Preußische Recht gestattet gar keine Ausnahme. Gemeinrechtlich nahm man an, daß eine allgemeine Entsagung aller Einwendungen auch eine Entsagung dieser Rechtswohlthat enthalte[15]). Das Preußische Recht läßt nur eine ausdrückliche Entsagung gelten[16]).

3. Durch eigenen Mangel des Gläubigers an dem nöthigen Unterhalte, falls er dem Schuldner etwas zur Competenz aussetzen müßte[17]). Dahin gehören namentlich laufende Alimente, worunter solche verstanden werden, welche vom Tage der angemeldeten Klage an laufen[18]). Nach Römischem Rechte kommt es hierauf nicht an, und zwar aus dem Grunde nicht, weil der eigene Mangel die Verurtheilung des Schuldners in quantum facere potuit nicht hindern konnte, da deren Wirkung nur in Ausschließung der persönlichen Haft und der Infamie, die, wenn sie auch eintrat, den eigenen Mangel des Creditors nicht beseitigte, bestand. Nachdem aber bloß der spätere Nebenvortheil zur Hauptsache, und aus dem ursprünglichen Institute eine Alimentationsanstalt geworden, ist dieser Grundsatz, welchen schon der gemeine Gerichtsgebrauch anerkannte[19]), eine consequente Folge der veränderten Natur der Sache.

---

14) Stryck de cautel. contract. Sect. II. cap. X. §. 23.

15) Cannegiesser Collect. Decis. sum. appell. trib. Hess. Cass. T. II. Dec. 223.

16) A. G. O. l. c. §. 17 lit. c. A. L. R. I. 5. §. 193.

17) A. G. O. l. c. §. 17 lit. b.

18) Anh. zur A. G. O. §. 168 und Cab.-Ord. v. 8. März 1835. Circ.-R. v. 7. Juni 1835. Jur. Zeit. 1835. S. 700. und Schr. des Just. M. v. 19. October 1832. J. B. XL. Seite 426.

19) Cannegiesser l. c. Nr 15 u. 16.

4. Dadurch, daß der Schuldner noch Kräfte, Mittel und Gelegenheit hat, sich auf eine, seinem Stande gemäße, Art seinen Unterhalt selbst zu erwerben [20]). Mit diesem Grundsatze verhält es sich genau eben so, wie mit dem vorhergehenden; die gemeine Praxis wendete ebenfalls denselben schon an, und versagte daher solchen Schuldnern, welche ihren Unterhalt aliunde haben, oder als Künstler, Handwerker und Tagearbeiter sich solchen verschaffen konnten, das Beneficium competentiae [21]).

Die beiden letztern, aus der veränderten Natur des Instituts hervorgegangenen, Grundsätze haben aber das besondere, daß sie nicht, wie die beiden erstern, das Beneficium ganz und gar, sondern bloß die daraus folgende Verbindlichkeit des Gläubigers zur Aussetzung des Unterhalts, nicht aber die jetzt zur Nebensache gewordene Befreiung von der persönlichen Haft ausschließen. Wenn also bloß aus einem dieser beiden Gründe die Competenz versagt wird, so muß der Schuldner doch mit den persönlichen Zwangsmitteln verschont bleiben.

Ueberhaupt kommt es auf alle diese Gründe der Ausschließung der Competenz nur alsdann an, wenn das Beneficium bloß aus Rücksichten für das Interesse des Schuldners gegeben wird. Das Preußische Recht kennt aber noch eine Competenz, welche aus Rücksichten für das öffentliche und das Interesse anderer Personen bewilligt wird, und bei dieser kommt es darauf gar nicht an [22]).

---

[20]) A. G. O. l. c. §. 17 lit. b. u. §. 28.

[21]) Pütter's auserlesene Rechtsfälle. B. II. Resp. 231. Nr. 92. - Hellfeld l. c. §. 5.

[22]) A. G. O. l. c. §. 27. 31.

Nur ausnahmsweise ist auch diese Competenz gänzlich ausgeschloßen:

a. bei Schulden, welche aus einer unerlaubten Handlung entstanden sind[23]), welches jedoch von Alimenten, die uneheliche Kinder von ihrem unehelichen Vater zu fordern haben, nicht angenommen wird, weil das Recht des Kindes auf Alimente zu den Rechten der Status, nicht zum Obligationen-Rechte gehört[24]).

b. bei laufenden Alimenten. (Note 18).

c. bei kurrenten öffentlichen Abgaben, jedoch soll, wenn auch wegen anderer Schulden auf Besoldungen und Pensionen schon Beschlag gelegt ist, nur die eine Hälfte der zu entrichtenden Abgaben von dem freien Antheil der Besoldung oder Pension, die andere Hälfte aber von dem den Gläubigern zur Befriedigung dienenden Antheile vorweg genommen werden[25]), wodurch den Gläubigern, die sonst unbedingt würden nachstehen müßen, ein Beneficium gegeben ist.

V. Das Beneficium competentiae bewirkt für den Schuldner die Aussetzung des nöthigen Unterhalts und Befreiung von der persönlichen Haft[26]). Zu der dem Schuldner auszusetzenden Competenz gehört nothdürftige Kost, Wohnung, Kleidung und Geräthschaft für den Schuldner und dessen Familie, für die letztere jedoch

---

[23]) Anh. z. A. G. O. §. 169. L. 22 §. 1, L. 52 D. de re jud. (XLII. 1). — L. 21 §. 6 D. de act. rerum amotarum. (XXV. 2).

[24]) R. v. 10. Mai 1833. J. B. XLI. S. 465.

[25]) Anh. z. A. G. O. §. 170.

[26]) Cannegiesser a. a. O. T. I. decis. 154 No. 17.

nur so lange er selbst darauf Anspruch hat[27]). Wiewohl also nicht standesmäßiger Unterhalt gewährt werden muß, so ist doch die Nothdurft nach den Bedürfnissen des Schuldners, mit Rücksicht auf seine gewöhnte Lebensart, und seinen Stand und Alter zu ermessen[28]). Wenn mehrere Gläubiger die Competenz aussetzen sollen, welches gewöhnlich bei einem Concurse eintritt, so müßen diejenigen, welche den zur Competenz ausgesetzten Theil der Masse erhalten würden, wenn keine Competenz zu bewilligen wäre, den Abzug leiden. Daraus folgt, daß mehrere mit gleichem Vorrechte versehene Creditoren pro rata beitragen müßen. Es soll von ihnen ein solches Capital durch verhältnißmäßige Abzüge zusammengebracht werden, als erforderlich ist, um aus den Zinsen desselben die Competenz zu gewähren; wogegen sie sich nach Erlöschung der Competenz in das Capital wieder theilen[29]). So war es schon nach der gemeinen Praxis[30]); denn das Römische Recht kann darüber, aus den angeführten Gründen, keine Bestimmungen enthalten. Außer dem Falle des Concurses kann die Competenz auf zweierlei Art bestellt werden. Entweder so, daß dem Schuldner alle Güter genommen werden, und der Gläubiger ihm jährlich eine gewisse Alimentensumme zahlt, in welchem

---

27) A. G. O. l. c. §. 15. — Hellfeld l. c. §. 4. — Stryck de remed. civitat. obaerat. competent. cap. IV. No. 63. — Cramer Obs. T. III. obs. 896.

28) A. G. O. l. c. §. 18. Hellfeld l. c. §. 2.

29) A. G. O. §. 20 l. c. — Nach diesem Grundsatze ist in dem, in der jurist. Zeit. 1834 S. 1137 mitgetheilten Falle, der keinesweges, wie der Ref. meint, etwas besonderes hat, die Competenz eines Vasallen, auf zwei Lehne vertheilt.

30) Horn Resp. et Sent. Cl. XII. resp. 19 No. 1. — Hellfeld l. c. §. 28.

Falle der Gläubiger Schuldner der Alimente wird; oder so, daß dem Schuldner gewisse Güter gelassen werden, um sich aus den Früchten derselben zu unterhalten. In diesem Falle bleibt der Schuldner Eigenthümer davon so lange er lebt, oder bis aus andern Gründen die Competenz fortfällt; und die Gläubiger werden berechtigt sein, Sicherheitsmaaßregeln für sich zu treffen[31]).

VI. Welche Wirkung hat das Beneficium competentiae in Beziehung auf den Bürgen? Daß der Bürge nicht die dem Prinzipalschuldner zustehende Exceptio competentiae hat, um sich gegen die Excussion bis auf das letzte zu schützen, ist eine Sache für sich, da der Grundsatz: Exceptiones, quae *personae* cujusque cohaerent, non transeunt ad alios, gar keine Ausnahme leidet[32]). Aber das dem Hauptschuldner zustehende beneficium suspendirt die Civilobligation, und die Frage ist die: ob und in wie fern der Bürge von der exceptio mit der Wirkung, daß der Gläubiger diesen Rest aus dem Grunde, weil dem Schuldner das benef. comp. zustehe, und durch dasselbe die Civilobligation aufgehoben worden, gar nicht fordern könne (§. 3 B. Nr. 4), Gebrauch machen kann, oder vielmehr für dasjenige, was der Gläubiger von dem Hauptschuldner nicht erhalten kann, weil er demselben eine Competenz bewilligen muß, haftet. Denn wenn der Bürge für diesen Fall aufkommen muß, so hilft das beneficium competentiae dem Prinzipalschuldner dann nichts, wenn der Bürge mit der actio mandati, oder einer ihm sonst zustehenden eigenen Klage, seine Schad-

---

[31]) Hellfeld l. c. §. 26.

[32]) L. 7 pr. D. de except. (XLIV. 1). — L. 23 D. de re judicata. (XLII. 1). — Donell ad L. 23 D. de re jud. Ant. Perez Praelectiones in Codicis novem libros, ad Tit. de re jud. No. 32.

loshaltung in solidum suchen kann. Wollte man aber, um auf solche Weise dem Hauptschuldner sein Beneficium nicht zu vereiteln, den Bürgen soweit entbinden, so würde wieder der Gläubiger, der vielleicht gerade wegen seines Verhältnisses zum Schuldner Bürgschaft verlangt hat, um seine Forderung kommen, die er, wohlwissend, daß er von dem Schuldner wegen des demselben zustehenden Beneficii, das Ganze nicht erhalten würde, durch die geforderte Bürgschaft zu sichern glaubte. Nach der gemeinen Meinung ist die letztere Rücksicht überwiegend, und der Bürge für den Ausfall verhaftet[33]). Es finden sich aber auch verschiedene abweichende Meinungen, welche aus der erstern Rücksicht dem Bürgen, und dadurch mittelbar dem Hauptschuldner zu Hilfe kommen wollen. Dahin gehört der Vorschlag, daß der in Anspruch genommene Bürge dem Hauptschuldner litem denunciiren solle, damit dieser den Prozeß übernehme und die exceptio opponire[34]), welche Cautel jedoch als vergeblich von Andern verworfen wird[35]). Eine andere Meinung machte, nach Analogie des S. C. Macedoniani die Ausnahme: wenn der Prinzipalschuldner Interesse dabei habe, daß der Bürge die

---

33) Bachowius ab Echt Commentar in Institut. ad §. 40 de act. — Bart. Caepolla Tractatus de Cautelis. No. 185. Cella D. an fidejubens pro persona nobili aut illustri creditori in tantum teneatur, quantum hic ob beneficium competentiae debitori lege vel observantia concessum, accipere non potuerit. Erlang. 1784. — Rivinus D. de beneficio competentiae, in opusc. a filio editis. pag. 72 sq.

34) Jo. Schneidewin Commentar. in Institut. ad §. 38 de act. No. 7.

35) Bachovius l. c.

exceptio gebrauche[36]), durch welche Ausnahme die ganze Regel so ziemlich aufgehoben worden sein würde. Eine dritte, von Hert vertheidigte, Meinung war die, daß dem Bürgen der Einwand des dem Hauptschuldner zustehenden beneficii competentiae in den Fällen zu statten kommen solle, wo dasselbe dem Schuldner schon bei Entstehung der Schuld zugestanden habe, z. B. den Aeltern, Socien; nicht aber alsdann, wenn der Schuldner das beneficium erst später erlangt habe, wie z. B. der, welcher bonis cedirt[37]). Dieser Meinung hat sich die Redaction des Landrechts angeschloßen, und I. 14 §. 281 u. 282 zwar nicht dasselbe, aber etwas ähnliches bestimmt:

> „Was der Gläubiger um deswillen, weil er dem Schuldner wegen der im Gesetze bestimmten persönlichen Verhältniße, eine Competenz laßen muß, von demselben nicht erhalten kann, ist er auch von dem Bürgen zu fordern nicht berechtigt."

> „Außerdem aber haftet der Bürge für den Ausfall, welchen der Gläubiger bei dem Hauptschuldner, wegen einer demselben aus andern gesetzlichen Gründen zukommende Competenz erleidet."

Der Grund des beneficii liegt nämlich entweder in einem persönlichen Verhältniße, oder in einem gewißen obligatorischen, je nachdem dem Schuldner mit Rücksicht auf sein persönliches Verhältniß zum Schuldner, oder wegen des Entstehungsgrundes, der Art oder Beschaffenheit der Schuld, das Beneficium zusteht. Man kann es auch so ausdrücken, daß entweder wegen des Subjects,

---

[36]) L. 9 §. 3 D. ad S. C. Maced. (XIV. 4). — Stryck de jure ex alt. persona perf. cap. VI. No. 206.

[37]) Jo. Nic. Hert de transitione privilegii personalis ad alios. §. 28. Giess. 1690; et in Opusc. Vol. I. P. III. pag. 39.

oder wegen des Objects der Obligation das Beneficium gegeben wird. In den Fällen der erstern Art soll der Bürge nicht für den Ausfall haften. Hieraus ergiebt sich die Unrichtigkeit der Meinung Bornemann's[38]), wonach sich die Verhaftung des Bürgen nur auf diejenigen Fälle beziehen soll, wo das Beneficium wegen des Interesses dritter Personen (A. G. O. I. 47 §. 27. 31) bewilligt wird.

VII. Es frägt sich: ob Gläubiger, welchen nicht die exceptio beneficii competentiae entgegen steht, sich an dasjenige, was andere zur Competenz verpflichtete dem Schuldner haben lassen müßen, halten können. Hiervon kann nur außer dem Falle des Concurses die Rede sein; denn im Concurse erledigt sich die Sache von selbst. Aus dem Römischen Rechte ist keine directe Entscheidung zu entnehmen. Wenn aber nach den Grundsätzen desselben entschieden werden sollte, so müßte man sagen, daß einem Gläubiger, dem die exceptio benef. comp. nicht gemacht werden kann, gar nichts im Wege steht, das zu nehmen, was er bei dem Schuldner noch findet, gleichviel, aus welchem Grunde es der Schuldner noch besitzt. Bei der Veränderung, welche das Wesen des Instituts schon im neuesten Röm. Rechte, noch mehr aber durch die gemeinrechtliche Praxis erlitten hat, kann jedoch diese Consequenz des Römischen Rechts nicht mehr leiten. Der gemeine Gerichtsgebrauch hatte schon den Grundsatz angenommen, daß das, zur Competenz des Debitors bestimmte, Object von andern Gläubigern nicht angegriffen werden könne[39]). Doch findet sich auch

---

[38]) Civ.-R. II. S. 552.

[39]) Pütter's auserlesene Rechtsfälle, B. II. Resp. 251. Nr. 71.

die Meinung, daß es wegen anderer Schulden objectum executionis sein könne[40]). Diese ist indeß, nach der jetzigen Lage der Sache, nicht für richtig anzunehmen. Der zur Aussetzung einer Competenz verpflichtete Gläubiger überläßt das dazu bestimmte Object dem Schuldner nur auf Zeit, und unter stillschweigendem Vorbehalt seiner, durch die Executionsvollstreckung daran erworbenen, dinglichen Rechte. Im Falle des Concurses ist dieses ganz einfach und klar[41]). Außer dem Falle des Concurses tritt es nicht so erkennbar hervor; es ist aber juristisch nicht anders. Dieses Recht besteht in einem Pfandrecht; statt daß der Judex, oder dessen Executor, oder der Creditor detinirt, will und soll der Schuldner detiniren. Dieß liegt schon in der Römischen Cautio quod si ad meliorem fortunam pervenit, etiam quod minus persolvit, hoc restituere procuret[42]). Der Gläubiger hat aber auch das Mittel, sich zum Eigenthümer, und den Schuldner zum Nutznießer zu machen, da es nur von ihm abhängt, auf welche Weise er dem Schuldner den Unterhalt gewähren will. Hat der Gläubiger jedoch keine weitern Sicherheitsmaaßregeln für sich getroffen, so bleibt ihm doch jenes Pfandrecht, so daß man noch immer zu dem Resultat gelangt, daß vor ihm kein anderer Gläubiger die Execution in ein solches Object vollstrecken lassen kann. Das Preußische Recht hat eine Bestimmung, welche diesem, durch die gemeine Praxis ausgebildeten, Grundsatze entspricht. Es ist der §. 21 Tit. 29 Th. I. der A. G. O.:

---

40) Manzius Patrocin. depauperatorum. (Norimb. 1640. 8). Decad. III. qu. 7 No. 141.

41) A. G. O. l. c. §. 22. 20.

42) L. un. §. 8 C. de rei uxor. act. (V. 13). L. 63 §. 4 D. pro socio. (XVII. 2).

„Wenn sämmtliche oder einige Gläubiger des Gemeinschuldners demselben zu seiner Erhaltung eine Competenz bewilligen, oder zur Zahlung einer Competenz schuldig erkannt worden sind, soll dieselbe wegen keiner, auch nach eröffnetem Concurse kontrahirten, Schuldforderungen mitt Arrest belegt werden können."

Hier ist zwar zunächst das Interesse des Schuldners, nämlich der Unterhalt desselben, also der Ertrag der zur Aufbringung der Competenz bestimmten Sache, Gegenstand der gesetzlichen Bestimmung, und dieselbe soll aus dem Grunde, weil er mit den Alimenten auf gleiche Stufe gesetzt wird, von andern Gläubigern nicht angegriffen werden können; es bliebe also noch immer das Capital oder die Sache, aus deren Ertrag die Competenz genommen wird, mit Vorbehalt derselben, zum Nachtheil derjenigen Gläubiger, welche die Competenz haben gewähren müssen, anzugreifen; allein man erkennt, daß die Gesetzgebung die Substanz dieser Sache nicht als das Eigenthum des Schuldners ansieht. Auch dabei läßt sich noch einwenden, daß bei dieser Bestimmung an den Fall des Concurses gedacht ist; allein es ist zum Beweise, daß der, von der gemeinen Praxis sanctionirte, Grundsatz auch nach Preußischem Rechte gelte, hinlänglich, daß die Gesetzgebung diesen Grundsatz gekannt, in einer Beziehung Anwendung davon gemacht, und sonst nichts neues festgesetzt hat, was ausdrücklich oder folgerecht den bis dahin gegoltenen Grundsatz unanwendbar machen könnte.

VIII. Die Competenz hört wieder auf[43]:

a. durch den Tod des Schuldners;

[43]) A. G. O. l. c. §. 23—26.

b. durch eine solche Verbesserung seiner Vermögensumstände, daß er der Competenz zu seinem Unterhalte ganz oder zum Theil nicht mehr benöthigt ist;

c. dadurch, daß der Gläubiger selbst nachher in einen solchen Verfall seiner Umstände geräth, daß er der ausgesetzten Summe zu seinem eigenen Unterhalte benöthigt ist. Wenn mehrere gemeinschaftlich die Competenz hergeben müßen, so müßen die Andern in diesem Falle den Beitrag des Ausscheidenden übertragen.

d. wenn neue Umstände zum Vorschein kommen, woraus ein unredliches Betragen (Dolus) gegen den Gläubiger erhellet. In diesem Falle fällt das Beneficium gänzlich fort, mithin hören alle Wirkungen desselben auf, d. h. es ist der Personalarrest wieder zuläßig.

§. 43.

b. Einzelne Fälle.

Das Beneficium competentiae steht entweder absolut, gegen Jedermann, oder nur relativ in Beziehung auf gewisse Personen zu.

I. Absolut, gegen Jedermann und allgemein steht es alsdann zu, wenn dabei ein öffentliches Interesse, oder das Interesse des Andern oder dritter Personen, z. B. der Gläubiger selbst, concurrirt. In allen diesen hierher gehörigen Fällen muß der Bürge für den Ausfall haften (§. 42 Nr. VI.) Dieses Beneficium haben[1]):

---

[1]) A. G. O. l. c. §. 27.

1. Militairbediente. Nach Römischem Rechte mußten dieselben aber im Kriege gedient haben[2]). Der gemeine Gerichtsgebrauch verlangte jedoch nur activen Dienst im stehenden Heere[3]), und nach Preußischem Rechte haben selbst Pensionisten das Beneficium[4]). Auf die Ehefrauen der Militairs dehnt man es nicht aus[5]). Dagegen wollte man es auf den Ritterstand, und endlich allgemein auf Adlige ausdehnen. Der Grundsatz ist auch öfter in judicando nach gemeinem Rechte angenommen worden[6]), doch ist derselbe immer streitig[7]) und der Ge-

---

[2]) L. 18 D. de re jud. (XLII. 1).

[3]) Hellfeld l. c. §. 25 seq. — Boehmer Decis. et Consult. T. III. P. III. dec. 682 No. 6. 7. — Struben rechtliche Bedenken. B. IV. Bed. 69.

[4]) A. G. O. l. c. §. 29. Anh. §. 162. 163 u. f.

[5]) Boehmer l. c. T. II. P. I. resp. 545. No. 27.

[6]) Müller ad Struv exercit. 44 §. 20. — Cramer Observ. jur. un. T. III. obs. 883.

[7]) Dafür waren unter andern: Wernher in der ang. Diss. Carpzow Jurispr. for. P. I. const. 32 def. 15, u. Proc. T. XXV. a. b. No. 21. 35. Ders. in Decis. 260. — Kreidemann Traktat vom deutschen Adel qu. 4 No. 59. ICti Erford. apud Schorch No. 202. 57. — Hert Decis. 623 N. 1. — Boehmer l. c. T. II. P. I. resp. 545. N. 8. Leyser Sp. 681 m. 34, dieser jedoch nur in Beziehung auf den Sächs. Adel. Dagegen: Lauterbach in der angef. D. th. 34. — Mauritius de nobilitate imprimis Germ. §. 34. — Conr. Wilh. Strecker de beneficio competentiae nobilibus non competente. Erf. 1738. — Esbach ad Carpzow l. c. — Puffendorf Proc. civ. P. II. cap. V. §. 5. — Struben rechtl. Bed. B. I. Bed. V. und B. IV. Bed. LXIX. — Covarruvius var. Resol. II. cap. 1 No. 4. — Manzius Patrocin. pauperum Dec. 3. q. 1 N. 87. — Brunnemann in L. 16 D. de re jud. — Cannegiesser Decis. summ. prov. sen. appell. trib. Hess. Cass. T. I. Dec. 153 No. 10. Decis. 154 No. 1.

richtsgebrauch darin nicht gleichförmig gewesen. Dagegen war darüber kein Zweifel, daß den Vasallen eben so wie den Soldaten, das Beneficium gebühre[8]). Dieses ist für das Preußische Recht in sofern von Interesse, als etwas davon sanctionirt worden ist. Den Adeligen, als solchen ist zwar das Beneficium nicht beigelegt, wohl aber den

2. Vasallen[9]).

3. Geistliche. Die gemeine Meinung war darüber getheilt; der Gerichtsgebrauch hatte sich aber dafür entschieden[10]). Die Praxis bewilligte auch den niedern Kirchenbedienten eine Competenz[11]), und dieses muß auch nach dem Preußischen Rechte angenommen werden, da jeder, welcher in einer geistlichen Bedienung steht, das Beneficium genießen soll.

4. Civilbediente, sowohl mittelbare als unmittelbare[12]). Die Quelle dieses Rechtssatzes ist ebenfalls die gemeine Praxis[13]). Diesen gleichstellen wollte man die Doctoren[14]), namentlich: die Doctoren der Rechte, und die

---

[8]) Struben a. a. O. — Cannegiesser l. c. T. I. Dec. 151 No. 7.

[9]) A. L. R. I. 18 §. 350—357.

[10]) Boehmer Exercitt. ad D. T. III. exerc. 45. c. IV. §. 9—12. Man wollte den Beweis aus c. 3 X de solut. (III. 23) führen. — Covarruvius Variar. Resol. L. II. c. 1. — Carpzow Dec. 260 und Jurispr. for. P. I. const. 32 def. 32 i. f.

[11]) Hommel Rhaps. obs. 136.

[12]) A. G. O. l. c. §. 27 und Anh. §. 161.

[13]) Struben rechtl. Bed. B. I. Bed. 7.

[14]) Carpzow Decis. 260.

Advocaten[15]), die Theologen und Mathematiker[16]), die Magister der Philosophie[17]). Diese Gleichstellung der Doctoren mit den Civilbedienten, welche von Andern auch bestritten ist[18]), läßt das Preußische Recht nicht gelten, nur die Justiz-Commissarien genießen so wie nach gemeinem Rechte die Advocaten dasselbe Recht[19]); dagegen dehnt es das Beneficium aus auf

5. alle diejenigen, welche eine Präbende, oder gewisse jährliche Hebungen und Einkünfte, die an deren Lebenszeit gebunden sind, zu genießen haben. Auch einer Wittwe, welche aus ihrer Ehestiftung Leibgedinge, Witthum oder Alimente zu fordern hat, muß von ihren eigenen Gläubigern eine Competenz gelassen werden[20]).

Die Competenz beträgt bei den Beamten das ganze Gehalt bis 400 Rthlr., und von dem Ueberschuß noch die Hälfte; bei Pensionairs die ganze Pension bis 200 Rthlr., und von dem Ueberschuß noch die Hälfte; die den Subalternoffizieren zu machenden Abzüge sind auf 2 Rthlr. bei einem Fähnrich und Secondelieutnant, und 3 Rthlr. bei einem Premierlieutnant von der Infanterie; und auf 3 und 4 Rthlr. bei denselben Graden von der Cavallerie, monatlich festgesetzt. Die Verzichtleistung auf

---

15) Berlich Concl. pract. P. I. c. 80 n. 53. — A. Kaestner de beneficio competentiae advocatis competenti. Lips. 1736.

16) Carpzow Jurisp. for. P. 1 const. 32 def. 18. — Philippi Consideratt. jurid. in ordinat. process. jud. L. IV. 60 n. 14. — Richter Decis. P. I. dec. 24 n. 4.

17) JCti Hall. T. I. Lib. II. cons. 24.

17) Lauterbach l. c. §. 34. — Puffendorf Obs. jur. un. T. III. obs. 51. — Donell ad L. 18 de re jud.

19) Anh. z. A. G. O. §. 161.

20) A. G. O. l. c. §. 20, und Tit. 24 §. 109.

diese Competenz ist unwirksam[21]). Bei allen übrigen wird die Competenz durch den Richter festgesetzt[22]).

II. Relativ steht das Privilegium entweder gegen gewisse Personen wegen des stattfindenden persönlichen Verhältnisses, oder aus gewissen privilegirten Gegenständen und Forderungen zu[23])).

1. wegen bestimmter persönlicher Verhältniße haben es:

a. Verwandte in auf- und absteigender Linie, untereinander. Das Römische Recht[24]) spricht nur von Aeltern und Kindern, der gemeine Gerichtsgebrauch hatte es aber allgemein auf Ascendenten und Descendenten ausgedehnt[25]). Stiefeltern und Siefkindern ist das Privilegium nach der Preußischen Gesetzgebung eben so wie nach dem gemeinen Rechte versagt[26]). Der gemeine Gerichtsgebrauch dehnte es auch auf den, wegen Alimentation belangten, unehelichen Vater aus[27]), welche Ausdehnung das Preußische Recht, nach welchem ein uneheliches Kind juristisch gar keinen Verwandten väterlicher Seits hat, nicht kennt.

---

[21]) Anh. z. A. G. O. §. 160. 162. 165. 163.

[22]) A. G. O. l. c. §. 18. 19 und 33.

[23]) A. G. O. l. c. §. 16.

[24]) §. 38 J. de act. (IV. 6). — L. 7 §. 1 D. de obseq. parent. et patr. praest. (XXXVI. 15). — L. 16. 17 D. de re jud. (XLII. 1).

[25]) Rivinus de benefic. compet. in opusc. a filio edit. p. 64 sq. — Höpfner Commentar. §. 1138. — Meier Colleg. Argent. Tit. de re jud. th. 34.

[26]) Voet Lib. XLII. T. 1. No. 46.

[27]) Richter Decis. P. II. dec. 88 n. 35.

b. Schwiegerältern gegen Schwiegerkinder (der Schwiegervater gegen den Schwiegersohn) in Ansehung der versprochenen Mitgabe [28]).

c. voll- und halbbürtige Geschwister unter einander. Das Römische Recht kennt diesen Fall nicht; der gemeine Gerichtsgebrauch aber hat das Privilegium auch auf die Geschwister bezogen, weil es in der L. 63 D. pro socio, wo davon unter den Socien die Rede ist, heißt: cum societas jus quodammodo fraternitatis in se habet [29]). Doch war der Satz bestritten [30]). Die Preußische Gesetzgebung hat indeß die gemeine Meinung angenommen.

d. Ehegatten unter einander, wegen desjenigen, was einer dem andern vor oder während der Ehe schuldig geworden, aber nicht wegen der erst nach Trennung der Ehe unter ihnen contrahirten Schulden; und zwar ohne Unterschied: ob die Ehe noch besteht oder getrennt ist [31]). Aus diesem Grunde versteht es sich von selbst, daß ein Ehemann wegen der seiner Ehefrau zu zahlenden Ali-

---

28) L. 21 und 22 D. de re jud. L. 15 §. 2. L. 17 pr. D. soluto matrimon. (XXIV. 3).

29) Meier Colleg. Argent. l. c. th. 34 n. 1. — Ludovici in Doctr D. XLII. 3 §. 7. — Hertius Dec. 620 n. 1. — Georg Frid. Krause Disput. de fundamento beneficii competentiae ad L. 63. D. pro socio. Vit. 1750. — Thibaut über die logische Auslegung des Röm. Rechts §. 23.

30) Lauterbach a. a. O. th. 32.

31) L. 20 D. de re jud. (XLII. 1). — L. 28 D. sol. matrim. (XXIV. 3). — §. 37. J. de act. (IV. 6). — Vergl. jedoch L. 20 §. 6 D. de act. rer. amotar. (XXV. 2). — Berger Oec. jur. L. III. T. IX. th. 6 No. 8.

mente nicht zum Personalarrest gebracht werden kann, was man zweifelhaft gefunden hat[32]). Auf putative Ehegatten dehnt es der gemeine Gerichtsgebrauch nicht aus[33]), und das nämliche gilt auch nach Preußischem Rechte[34]). Derjenige Ehegatte aber, welcher bei Trennung der Ehe für den schuldigen Theil erklärt worden ist, hat gegen den unschuldigen das Privilegium nicht. Sind beide Ehegatten für schuldig erklärt, so conpensirt sich die Schuld, d. h. sie bleiben einander zur Competenz verpflichtet[35]). Es wird kein Unterschied dabei gemacht: ob die Schuld des einen für überwiegend erachtet worden oder nicht, wenn sie nur Beide schuldig befunden sind[36]).

Dieß sind diejenigen Fälle, in welchen der Bürge für den Ausfall, den der Gläubiger wegen der auszusetzenden Competenz erleidet, nicht zu haften braucht. (§. 42 Nr. VI).

2. aus privilegirten Gegenständen und Forderungen steht das Privilegium zu:

a. Handlungsgenossen untereinander, in sofern die Forderung des Gläubigers aus der bestandenen Societät entspringt. Das Beneficium gebührt also nach Preußischem Rechte nicht, wie nach gemeinem Rechte[37]), allen Gesellschaftern jeder Art.

---

[32]) Rescr. vom 20. Aug. 1806. Mathis III. S. 415.

[33]) Hert. de matrimonio putativo, in opusc. Vol. I. P. I p. 293.

[34]) A. L. R. II. 1. §. 952.

[35]) A. G. O. h. t. §. 16 No. 4.

[36]) Gräffell findet dieses zweifelhaft. Commentar zu den Cr.Ges. I. S. 291 Note *.

[37]) L. 63 D. pro socio (XVII. 2). — §. 38 J. de art. (IV. 6). Boehmer Decis. et Cons. T. II. P. I. resp.

b. dem Schuldner aus einem Schenkungsversprechen[38]), wenn auch eine **belohnende** Schenkung versprochen worden[39]),

c. dem Schuldner nach der Cessio bonorum in Rücksicht des nachher wieder erworbenen Vermögens, wenn er wegen des Restes der schon früher contrahirten Schulden anderweit in Anspruch genommen wird[40]),

d. dem Schuldner des Fiscus wegen öffentlicher Abgaben, und dem Schuldner des Gerichtsherrn, wegen Gerichtskosten[41]),

e. dem Wahn- und Blödsinnigen, und Kindern, wenn sie wegen Beschädigungen in Anspruch genommen werden[42]),

f. dem redlichen Besitzer einer Erbschaft, wenn er dieselbe gegen Entgeld veräußert und verbraucht hat[43]).

Die letzten drei Fälle sind dem gemeinen Rechte nicht entlehnt; dagegen hat das Römische Recht noch andere, welche das Preußische nicht aufgenommen hat. Diese sind:

---

325 n. 18. 27. Jo. Bernh. Friesii Progr. de beneficio competentiae et sociis universal. et particul. competente. Jenae 1713.

38) Vergl. L. 19 §. 1. L. 30 D. de re jud. (XLII. 1).

39) Stryck D. de bene merit. Cap. IV. n. 77.

40) L. 4 6 D. de cessione bonor. (XLII. 3). — L. 3 C. de bonis auctorit. judicis possid. (VII. 72). — Vergl. oben §. 41 Nr. II. 4. c.

41) Cab. Ordr. vom 30. Novbr. 1835. — Rescr. vom 27. Decbr. 1825. Jahr. B. XXVI. S. 388.

42) A. L. R. I. 6 §. 41 ff.

43) A. L. R. I. 9 §. 499. II. 18 §. 844. ff.

a. Patrone und Freigelassene untereinander[44]), welche in den ehemaligen Unterthanen ein Analogon gefunden hätten;

b. filii familias rücksichtlich ihres peculii militaris[45]), und wegen der unter väterlicher Gewalt contrahirten Schulden, wenn sie enterbt oder emancipirt worden[46]).

V. Nebenbestimmungen des Objects einer Obligation.

§. 44.

1. Zeit der Erfüllung.

A. L. R. I. 5 §. 230—246.

Die Zeit der Erfüllung einer Verbindlichkeit ist entweder ganz unbestimmt gelassen, oder durch Hinzufügung eines Termins (dies) festgesetzt, oder in die Willkühr des Schuldners gestellt.

I. Wenn kein dies bestimmt ist, so ist der Schuldner, nach Römischem Rechte, gleich zur Zahlung verpflichtet[1]), wenn nicht die Natur der Leistung eine Zeit

---

[44]) L. 17 D. de re jud. (XLII. 1).

[45]) L. 7 D. de castrense peculio. (XLIX. 17). L. 4 C. de execut. rei jud. (VII. 53).

[46]) L. 2 und 4 pr. §. 4 D. quod cum eo qui in aliena potestate. (XIV. 5).

[1]) L. 14 D. de reg. juris. L. 41 §. 1 D. de verb. Obl. (XLV. 1). Vergl. oben §. 32 Nr. II.

erfordert, in welchem Falle solche boni viri arbitrio bestimmt wird[2]). Dieß soll nach einer neuen Ansicht[3]) mehr eine theoretisch hingestellte als practisch geltende Norm, und daher soll es auch ein unbestrittener gemeinrechtlicher Grundsatz sein, daß in Ermangelung einer gesetzlichen oder contractlichen Bestimmung die Zeit der Erfüllung arbitrio judicis festzustellen. Unbestritten ist dieser Grundsatz in sofern, als er gemeinrechtlich so wenig wie im Römischen Rechte vorkommt; vielmehr sind alle gemeinrechtlichen Juristen darin einig, daß wenn kein Tag verabredet ist, und zur Erfüllung keine besondern Anstalten getroffen werden müssen, die Erfüllung gleich, presenti die, erfolgen muß. Davon muß man den Fall unterscheiden, wo der Schuldner die geforderte Erfüllung unter dem Vorwande verzögert, daß er damit wegen Kürze der Zeit nicht zu Stande kommen könne. Alsdann muß freilich das Urtheil des Richters eintreten, aber nicht Behufs der Bestimmung der Zeit der Erfüllung, sondern darüber: ob die Ausrede gegründet, und also der Schuldner in Verzug gekommen ist, oder nicht, oder mit andern Worten: ob der Gläubiger eine pluspetitio tempore begeht; denn dieß ist der Punkt, auf den es dabei practisch ankommt.

Das Landrecht spricht den Römischen Rechtssatz nicht allgemein aus, sondern macht nur specielle Anwendung davon[4]). Der vorhandene allgemeine Satz ist anders ausgedrückt, das practische Resultat ist aber, richtig betrachtet, dasselbe. Es heißt nämlich I. 5:

§. 230. Ist die Zeit der Erfüllung in dem Vertrage

---

[2]) L. 137. §. 2—4 D. eod. t.

[3]) Bornemann Civ. R. II. S. 552 §. 185.

[4]) I. 11 §. 92. 215. 221. 931. 1000—1004.

nicht bestimmt, so tritt, bei entstehendem Zweifel, die richterliche Bestimmung ein."

„§. 321. Dabei muß der Richter auf die wahrscheinliche Absicht der Partheien bei dem Geschäft; auf der Zweck, wozu der, dem etwas geleistet werden soll, sich solches vorbedungen hat; und auf die übrigen bei Schließung des Vertrags vorgewalteten Umstände Rücksicht nehmen."

Die Sache ist hierdurch nicht so gestellt, daß der Gläubiger erst darauf klagen soll, daß der Richter eine Zeit zur Erfüllung bestimme, welches die Folge hätte, daß diese Zeit erst in dem Urtel ausgesprochen würde, wiewohl schon während des Prozeßes und vorher mehr denn zuviel Zeit dazu vorübergegangen sein könnte; sondern die Sache steht so, daß der Gläubiger interpellirt, und der Schuldner unter dem Vorwande, daß er zur Erfüllung eine Zeit brauche, nicht erfüllt. Der Gläubiger wird ihm eine Frist bewilligen, oder nicht. Bewilligt er ihm keine, oder erfüllt der Schuldner auch mit Ablauf der bewilligten Frist nicht, so wird der Gläubiger klagen; und bei diesem Prozeße kommt es zur Sprache: ob der Gläubiger zu früh klagt, oder nicht. Das letztere ist der Fall, wenn der Richter findet, daß der Schuldner gar keine, oder nicht mehr Zeit als bewilligt worden, nöthig gehabt; das erstere, wenn das Geschäft von der Art befunden wird, daß die seit der Interpellation vergangene Zeit nicht hinlänglich gewesen. Ist auch die Dauer des Prozeßes bis zum Urtel, nach dem Ermessen des Richters, noch nicht zureichend, so wird er wahrscheinlich in dem Urtel noch eine Frist bestimmen, innerhalb welcher die Erfüllung geschehen soll, und den Kläger in die Kosten verurtheilen, weil zu früh geklagt ist; im entgegengesetzten Falle aber wird er vermuchlich den Bekl. pure verurtheilen, und sich in den Gründen darüber auslassen, daß der Bekl. zur Erfüllung Zeit genug gehabt habe.

Von dieser, im Resultate mit dem Römischen Rechte so ziemlich übereinkommenden, Regel finden zwei Ausnahmen Statt:

a. bei einem bloß wohlthätigen Vertrage hängt die unbestimmt gebliebene Zeit der Erfüllung von dem Verpflichteten ab, d. h. sie kann bis zum Tode desselben verschoben werden, so weit nur durch den Verzug das dem Andern eingeräumte Recht nicht wieder vereitelt wird [5]);

b. bei Darlehnsverträgen muß eine dreimonatliche, und wenn das Darlehn nicht mehr als 50 Rthlr. beträgt, eine vierwöchentliche Aufkündigung vorhergehen [6]).

II. Ist ein Termin bestimmt, so soll im Zweifel angenommen werden, daß der ganze Tag zur Erfüllung dient, und erst nach dessen völligem Ablaufe geklagt werden kann [7]). Unbestimmte Ausdrücke in Beziehung auf die Zeitbestimmung werden nach den Umständen interpretirt. Ist eine nahe Zeit durch unbestimmte Ausdrücke, z. B. durch „ehestens, „nächstens", „in diesen Tagen" angedeutet worden, so kann die Erfüllung zu jeder Zeit gefordert werden [8]). Wird die Zeit der Erfüllung nach wiederkehrenden Zeitabschnitten bestimmt, so wird die

---

5) I. 5 §. 233.

6) I. 11 §. 761. 762.

7) I. 5 §. 241 und Tit. 3 §. 47. L. 42 D. de verb. obl. (XLV. 1). — §. 2 J. de verb. obl. (III. 16). — §. 26 J. de inutilibus stipul. (III. 20).

8) I. 5 §. 235.

nächstfolgende darunter verstanden; und wenn „einige" oder „etliche" Zeitabschnitte ausgemacht sind, so versteht man darunter zwei[9]). Nach Römischem Rechte ist der dies bloß zu Gunsten des Debitors beigefügt, d. h. der dies bedeutet soviel wie eine ihm bewilligte Frist, und daher kann der Debitor auch früher gültig zahlen[10]); indessen kann ausnahmsweise auch die Absicht dahin gehen, daß gerade an dem bestimmten Tage gezahlt werde[11]).

Das Landrecht legt dem Termine nicht die Bedeutung der Fristbewilligung bei, sondern hält dafür, daß die Verabredung zum Vortheile beider Contrahenten geschehen, weil der Berechtigte darnach seine Einrichtungen getroffen habe, und daher wünsche, daß er vor Ablauf der Frist zur Annahme des Versprochenen nicht genöthigt werde, daher vor dem Termine die Erfüllung weder geleistet, noch angenommen zu werden braucht[12]). Gegen diese Bestimmung waren Monita gemacht und es war vorgeschlagen worden, was auf Grund einer Meinung der Practiker schon andere Gesetzgebungen angenommen hatten[13]), daß wenn der Schuldner das Interusurium

9) L. 41 pr. und L. 13 D. de verb. obl. (XLV. 1). — L. 17 §. 3 D. de manumissis testamento. (XL. 4). L. 217 §. 1 D. de verb. signif. (L. 16).

10) L. 70 D. de solut. (XLVI. 3). — L. 38 §. 16. L. 41 §. 1 D. de verb. obl. (XLV. 1) — L. 17 D. de reg. juris. — Bucher l. c. S. 147 meint, vor Ablauf der Frist wäre die Obligatio eine naturalis obligatio!

11) L. 15 D. de annuis legatis. (XXXIII. 1). — L. 122 D. de verb. obl. (XLV. 1).

12) I. 5 §. 241.

13) Z. B. das Preuß. Landr. v. 1721 Buch IV. T. 1 Art. 3 §. 6.

zu entrichten erbötig, oder wenn von einer zinsfreien Schuld die Rede sei, der Creditor die Zahlung auch vor dem Termine anzunehmen schuldig sein möge. Dieses Monitum beseitigte Suarez mit der Bemerkung: daß die Monenten an das periculum des Geldes nicht gedacht hätten, welches der Creditor citra obligationem zu übernehmen nicht verpflichtet worden, und wobei er oft ein wichtiges Interesse haben könne, z. B. in einer belagerten Stadt, auf der See bei einem Sturme, u. s. w.[14]). Das nämliche läßt sich jedoch bei jeder Fristbewilligung sagen; es war indeß diese Ansicht schon in der gemeinen Praxis in Gebrauch gewesen[15]). Wer vor der Zeit, ehe der Andere die Erfüllung anzunehmen braucht, ohne dessen Genehmigung erfüllt, haftet bis zum Ablaufe des Termins für alle bis dahin die Sache betreffende Zufälle, und eben so als wenn er nicht erfüllt hätte; und eine zu früh geleistete Handlung muß zur bestimmten Zeit wiederholt, oder wenn dieß nicht geschehen kann, der Berechtigte schadlos gehalten werden; wobei es sich von selbst versteht, daß die Vortheile, zu welchen der Berechtigte durch die zu früh geleistete Handlung gekommen ist, dem Verpflichteten zu Gute gerechnet werden[16]). Für eine stillschweigende Genehmigung der zu frühen Erfüllung wird es angesehen, wenn der Berechtigte die Leistung ohne Vorbehalt annimmt[17]). Daher ist das von Bornemann[18]) angeführte Beispiel, daß wenn A. dem B. nach zurückgelegtem zwanzigsten Jahre 1000 Rthlr. zahlen solle, er solche aber dem Vormunde

---

[14]) Bornemann l. c. S. 556.

[15]) Berger Cons. cons. 1056. arg 1.

[16]) I. 5 §. 242—244.

[17]) §. 245 l. c.

[18]) Civil-Recht l. c. S. 557.

des B. früher zahle, und der Vormund das Geld durchbringe, A. noch einmal zahlen müße, nicht richtig. Denn wenn der Vormund die Zahlung ohne Vorbehalt annimmt, so genehmigt er sie auch, folglich ist die Erfüllung mit seiner Zustimmung ganz gültig geschehen; vorausgesetzt, daß der Vormund überhaupt authorisirt ist, Zahlungen zu erheben. Hat derselbe eine solche Authorisation nicht, so muß der Schuldner auf jeden Fall noch einmal zahlen, die Zahlung mag zu früh, oder zu spät, oder zur rechten Zeit geschehen sein. Die freiwillig zu früh geschehene Zahlung kann unter dem Vorwande, daß sie zu früh geleistet worden, nicht widerrufen worden [19]).

III. Ist die Erfüllung der Willkühr des Schuldners überlassen, so tritt die Verbindlichkeit dazu erst mit dessen Tode für die Erben des Verpflichteten ein, wenn alsdann, nach der Natur des Gegenstandes, die Erfüllung noch möglich ist; es darf indeß der Verpflichtete nichts vornehmen, was darauf abzielt, die Erfüllung unmöglich zu machen [20]).

Es kann zweifelhaft sein, was die Contrahenten in dieser Beziehung haben verabreden wollen. Solche unbestimmten Ausdrücke, wodurch die Erfüllung nach Möglichkeit oder nach Gelegenheit versprochen worden, sollen so interpretirt werden, daß wenn die Verbindlichkeit erst aus diesem Vertrage entsteht, die Erfüllung als der Willkühr des Verpflichteten überlassen angesehen werden soll; wenn aber die Verbindlichkeit schon vor dem Vertrage rechtlich begründet war, z. B. wenn über

---

[19]) §. 216 l. c.

[20]) §. 238. 239. 240. l. c. — L. 11 §. 6. L. 41 §. 13 D. de legat. III. (XXXII). — L. 9 D. qui sine manumissione. (XL. 8). — L. 46 §. 2. D. de verb. obl. (XLV 1).

den Ersatz eines durch Beschädigung zugefügten Schadens ein Vergleich geschloßen wurde, es so angesehen wird, als wenn gar keine Zeit bestimmt wäre[21]).

§. 3.

2. Ort der Erfüllung.

Allg. L. R. I. 5 §. 247—252.

Zacharias Prueschenk a Lindenhoven de eo quod certo die et loco dari oportet. Jenae 1642. — Jo. Strauch de cond. de eo quod certo loco. Jenae 1674. — Donelli Commentarii ad T. D. de eo quod certo loco. (XV. 13). — Jo. Matth. Magnus Ration. et different. juris civil. L. I. cap. 14—20; in Meermann Thesaur. III. p. 280 sq. — J. F. de Retes Praelect. ad D. de verb. obl. P. 2. tract. 4; in Meermann Thes. VII. p. 415 sq. — J. S. Stryck de loco solutionis. Halae 1705. — Gans Obligationenrecht. S. 71 ff. — Glück Commentar XIII. S. 341.

I. Wo der Gläubiger den Schuldner zur Leistung zwingen kann, da hat auch der Schuldner das Recht zu erfüllen. Ist dieser Ort bestimmt, so ist kein Zweifel: der Gläubiger braucht an keinem andern Orte die Leistung anzunehmen, kann sie aber auch nicht anderswo fordern[1]). Um in diesem Falle bei negotiis stricti juris dem Dolus des Schuldners, der sich vielleicht an dem verabredeten Orte nicht antreffen ließ, zu entgehen, gab der Prätor dem Gläubiger die Actio de eo quod certo loco, bei welcher sogar das indirecte Interesse we-

---

[21]) §. 236. 237. l. c.

[1]) L. 3. 9. 10. D. de eo quod certo loco. (XIII. 4). — §. 33 J. de act. (IV. 6).

gen des veränderten Ortes berechnet wurde[2]). Diese Actio arbitraria fand bloß bei negotiis stricti juris Statt; denn bei negotiis bonae fidei bedurfte es derselben nicht, weil die eigenthümlichen Klagen selbst schon arbitrair waren[3]). Nach dieser Einrichtung konnte der Gläubiger bei jeder Art von Geschäften klagen wo er wollte, jedoch so, daß der mit der Actio de eo quod certo loco in Anspruch genommene Schuldner von dieser Klage entbunden wurde, wenn er dafür, daß er an dem gehörigen Orte erfüllen wolle, Caution bestellte, weil sonst der Gläubiger aus Chicane unnöthigerweise hätte an einem andern Orte klagen können; wogegen, wenn es wirklich zur Condemnation kam, auch das indirecte Interesse geschätzt wurde, weil dann immer Dolus auf der Seite des Beklagten vorhanden ist[4]). Wenn aber der Ort unbestimmt ist, so gelten nach Römischem Rechte in subsidium folgende Regeln:

1. sind mehrere Orte conjunctim genannt, und die Leistung läßt sich theilen, so kann an jedem dieser Orte zum Theil erfüllt werden[5]);
2. sind mehrere Orte alternativ genannt, so geht es nach einem ähnlichen Grundsatze wie bei einer alternativen Obligation, d. h. der Schuldner hat die Wahl, jedoch nur bis zur Klage; diese kann dann der Gläubiger anstellen an jedem Orte, wo er mit dem Schuldner zusammen trifft; und wo geklagt wird, muß erfüllt werden, mit der einen, zum Besten des Schuldners zugelaßenen Ausnah-

---

[2]) L. 1. 7 §. 1. L. 8. 5 u. 6 D. eod. — §. 33 J. eod.

[3]) L. 7 pr. D. eod. L. 16 §. 1 D. de pec. const. (XIII. 5).

[4]) L. 4 §. 1. L. 3 u. 2 pr. §. 8 D. de eo quod certo loco. (XIII. 4).

[5]) L. 2 §. 4 D. eod.

me, daß eine nicht fungible Sache nur da geleistet zu werden braucht, wo sie sich befindet, sie müßte denn dolo malo fortgebracht worden sein[6]). Diese begünstigende Ausnahme gilt bloß bei arbitrairen Klagen; bei Actionibus stricti juris bleibt es bei der Regel, daß an dem Orte der Condemnation erfüllt werden muß[7]). Dieß kommt jedoch nach dem neuesten Römischen Rechte wenig, nach gemeinem Rechte gar nicht in Betracht; und der practisch gültige Grundsatz ist einfach der:

> wenn Jemand etwas geben oder thun soll, so ist es der Willkühr des Creditors überlassen, wo er den Debitor dazu zwingen will und kann; und diese Regel hat nur die eine Ausnahme, daß wenn eine nicht fungible Sache zu geben ist, dieselbe dort übergeben wird, wo sie sich ohne Dolus des Beklagten befindet.

Eine Ausnahme will man mit den Obligationen auf ein Thun machen, weil L. 21 D. de operis libertorum (XXXVIII. 1) bestimmt, daß die Operae libertorum an dem Aufenthaltsorte des Patronus, auf dessen Kosten geleistet werden müßten. Wenn aber der Gläubiger die Kosten des Transports bezahlt, so ist ja der Schuldner nicht verbunden, dahin abzuliefern; denn um den Kostenpunkt und die Gefahr handelt es sich gerade; weiß man, wer diese trägt, so hat die Frage kein Interesse. Diese Stelle begründet also keine Ausnahme für Obligationen auf ein Thun. Aus dieser nichts entscheidenden Stelle

---

6) L. 38 D. de judiciis. (V. 1). — L. 47 §. 1 D. de legatis I. L. 22 D. de rebus creditis. (XII. 1). — L. 12 §. 1 D. depositi. (XVI. 3). — L. 11 §. 1 D. ad exhibendum. (X. 4). — L 3 §. 4 D. de act. emti. (XIX. 1).

7) L. 137 §. 4 D. de verb. obl. (XLV. 1). — §. 33 J. de act. (IV. 6).

haben Einige[8]) sogar eine allgemeine Regel für den Ort der Erfüllung abstrahiren wollen.

II. Das Landrecht hat diesen geschichtlichen Boden verlassen, und etwas ganz neues bestimmt. Die ursprünglich[9]) vorgeschlagenen, auch schon neuen, Sätze sind nachher nicht angenommen worden und gewähren, da sie auch zur Aufklärung der spätern im Landrechte aufgestellten, ganz abweichenden Sätze gar nichts beitragen könnnen, kein Interesse. Nach dem Allg. Landrechte ist die Sache diese:

Regel ist: die Obligation soll an dem gegenwärtigen Aufenthalsorte des Schuldners erfüllt werden[10]).

Diese Regel ist jedoch bloß bei wohlthätigen Verträgen angewendet[11]). Bei allen übrigen Obligationen findet sich gar keine Anwendung davon, sondern bei onerosen Geschäften sind, ohne Rücksicht auf jene allgemeine Regel, andere Sätze aufgestellt:

1. Ein Geben soll geschehen an dem Wohnorte des Gläubigers zur Zeit des abgeschloßenen Vertrages[12]).

2. Ein Thun soll geschehen an dem Wohnorte des Schuldners zur Zeit des geschloßenen Vertrages[13]). „Denn, sagt Bornemann[14]): nur zu der bestimmten Handlung hat sich der Verpflichtete verbindlich gemacht. Wenn daher aus dem Vertrage nicht erhellet, daß die

---

[8]) Leyser Sp. 528 m. 10. — Stryck l. c. — Struv Exercitt. XLVII. §. 75. — Hellfeld Jurispr. §. 1929.

[9]) Bornemann l. c. S. 580—582.

[10]) I. 16 §. 27.

[11]) I. 5 §. 249.

[12]) §. 248. l. c.

[13]) §. 250. l. c.

[14]) Civ.-R. II. S. 583.

Handlung an einem andern Orte geleistet werden soll, so kann kein anderer als der damalige Wohnort des Verpflichteten gemeint worden sein. Nur an diesem braucht daher z. B. ein Maler das Portrait welches bei ihm bestellt worden, anzufertigen." Nach dieser Entscheidung hätte also jene Dame zu Memel, welche ein zu Berlin wohnender, auf seiner Kunstreise durch Memel kommender, Maler zu malen sich verpflichtet hatte, ohne daß der Ort aus dem Vertrage erhellte, mit dem Maler nach Berlin reisen müßen, um sich dort von ihm malen zu laßen. Das fällt auf, und ist bei näherer Beleuchtung auch wirklich unrichtig. Der Grund davon liegt darin, daß diese Obligation keinesweges, wie Bornemann meint, in einer Handlung, in einem Thun, sondern in einem Geben besteht. Die Handlung würde in dem Malen bestehen. Was hat der, welcher sein Portrait verlangt, davon, daß er gemalt wird? Es kommt ihm darauf an, daß er sein Portrait erhält. Mit einem solchen Vertrage verhält es sich nicht anders als wenn Jemand sich verpflichtet, die Originalzeichnung von einer Landschaft oder von einem Werke der Baukunst u. dgl. zu liefern. Auf welche Weise er sich dazu in den Stand der Möglichkeit setzt, ist dem Gläubiger gleichgültig; dieser erwartet die Uebergabe des bedungenen Werks. Der Debitor wird sich also in jenem Falle, wo er die Memeler Dame malen sollte, eben so zu ihr nach Memel begeben müßen, wie er genöthigt ist, in die bestimmte Landschaft zu reisen, um davon die versprochene Zeichnung zu nehmen. Ganz anders ist es bei Obligationen, welche wirklich in einem Thun bestehen, wie z. B. mit dem Lehrcontracte. Wer sich ein Handwerk, eine Kunst von Jemand lehren laßen will, der muß sich natürlich in die Werkstatt des Meisters verfügen.

3. Die Erfüllung einer Obligation, welche nicht

durch Vertrag entstanden ist (ex lege), soll an dem Wohnorte des Schuldners erfüllt werden[15]). Ob an dem zur Zeit der Entstehung, wie ad 1 u. 2 oder, wie nach der allgemeinen Regel, an demjenigen zur Zeit der Zahlung, ist nicht bestimmt, deßhalb muß es aber bei der Regel bleiben.

Hiernach bleibt für die eigentliche Regel keine Anwendung mehr übrig, man muß daher annehmen, der §. 27 Tit. 16 Th. I., welcher jene Regel: daß in Ermangelung einer besondern Bestimmung des Ortes die Erfüllung da, wo der Verpflichtete sich aufhält, geleistet und angenommen werden soll, festsetzt, habe keine practische Gültigkeit, und die Regel dahin bestimmen:

> die Erfüllung geschieht an dem Orte, wo der Schuldner zur Zeit der Entstehung der Verbindlichkeit seinen Wohnsitz hatte.

Davon gelten zwei Ausnahmen, nämlich;

1. Wenn etwas gegeben werden soll, gleichviel ob ein genus oder eine species, so muß es an dem Orte, wo der Gläubiger zur Zeit der Entstehung der Obligation wohnte, gegeben werden, nur werden Immobilien hiervon eine sich von selbst verstehende Ausnahme machen.
2. Die Erfüllung eines bloß wohlthätigen Vertrages, und einer Obligation ex lege, braucht nur da zu geschehen, wo der Verpflichtete sich gerade aufhält.

Bei Darlehnen ist diese Regel, oder vielmehr die erste Ausnahme von der Regel, consequent angewendet[16]). Bei dem Kaufe ist es aber sonderbar gefaßt. Zuerst

---

[15]) I. 16 §. 52.

[16]) I. 11 §. 769—777.

werden die allgemeinen Regeln von Zeit und Ort der Erfüllung anerkannt; denn es heißt I. 11 §. 94:

„Uebrigens finden wegen des Orts und der Zeit die allgemeinen im Titel von Verträgen enthaltenen Bestimmungen auch hier Anwendung."

Dann aber werden dieselben durch eine andere Regel entkräftet, welche im §. 93 l. c. so lautet:

„Uebergabe der Sache und Zahlung des Kaufpreises muß, wenn nicht ein anderes verabredet worden, an demselben Orte geschehen."

Welcher Ort ist nun gemeint? Der, wo die Sache sich befindet, so daß der Käufer die Transportationskosten und die Gefahr tragen muß [17]). Es ist aber der Ort entscheidend, wo nach den vorher gedachten Grundsätzen die Uebergabe geschehen soll, und durch den §. 93 ist nur das bestimmt, daß an dem nämlichen Orte auch die Zahlung des Kaufpreises zu leisten, wenn darüber nicht eine besondere Verabredung getroffen ist.

Diese Regeln gelten, wie sich versteht, nur in subsidium, wenn über den Ort nichts bestimmt worden ist. Die Bestimmung braucht aber nicht immer ausdrücklich zu geschehen; es kommt bloß darauf an, was die Contrahenten gewollt haben. In dieser Beziehung weiset das Landrecht den Richter an: die unklare oder mangelnde Bestimmung nach der Natur des Geschäfts, oder der deutlich erhellenden Absicht der Contrahenten zu ergänzen [18]). Sind mehrere Orte alternativ bestimmt so ist die landrechtliche Bestimmung der Römischen ähnlich: es soll nämlich im zweifelhaften Falle der Schuldner die Wahl haben [19]); diese Wahl ist aber nicht, wie nach

---

17) §. 128—133. l. c. Vergl. oben §. 20.
18) I. 5 §. 217.
19) §. 251. l. c.

Römischem Rechte, durch Anstelluug der Klage beschränkt; es muß daher bei der Executionsvollstreckung durch den Richter derjenige Ort gewählt werden, welcher nach dessen Ermessen dem Schuldner am vortheilhaftesten ist. Eben so fehlt es an einer Bestimmung für den Fall, wenn mehrere Orte conjunctim genannt sind; man wird also dann den bis dahin gültig gewesenen Grundsatz noch ferner anerkennen müßen, daß eine theilbare Erfüllung theilweise an jedem Orte geschehen muß, wobei, nach dem Grundsatze des Landrechts, der Schuldner die Größe dieser Theile zu bestimmen hat. Bei nicht theilbaren Leistungen können die conjunctim bestimmten Orte nur eine alternative Bedeutung haben. Es kann auch kommen, daß die Erfüllung an dem bestimmten Orte unmöglich ist. Ist die Unmöglichkeit rein zufällig, so kommen die Regeln vom Zufalle in Anwendung, d. h. der Vertrag ist aufgehoben; ist durch Schuld des einen oder des andern Theils die Unmöglichkeit herbei geführt, so geht es nach den Regeln von der Culpa [20]).

VI. Concurs.

A. G. O. I. 50.

Franc. Salgado de Samoza Labyrinthus creditorum concurrentium ad litem, per debitorem communem inter illos causatum. Antw. 1653. Gen. 1660. Francof. ad Moen. 1663. 4 T fol. Lugd. 1665. 1672. 2 Tomi fol. Venetiis 1701. 2 T. fol. Lugd. 1757 fol. Die Hauptautorität für den gemeinrechtlichen Concurs. — Amati Rodriguez Tractatus de concursu et privilegiis creditorum in bonis debitorum et de eorum praelationibus.

---

[20]) §. 369 sq. Vergl. oben §. 20. 22. 23.

Madriti 1616. fol. Venetiis 1614. fol. cura Ant. Mariae Bertoli. Genevae 1665. fol. — David Mevii Theatrum concursus creditorum. Gryphisw 1637. 4. Dessen Discussio lavaminum inopium debitorum. Strals. 1652. 4. und mehrere Decisiones desselben. — Antonii a Mara (Pseudonymi, sive veri autoris Eliae Schneegas) Tractatus de concursu creditorum in foro civili formando. Brunswici 1689. 1718. 4. — Jo. Brunnemann Praelectiones publicae de processu concursus creditorum. Frf. ad Viadr. 1692. 1697. cum notis et accessionibus Sam. Strykii. Ibid. 1707. 1719. 4. Colbergae 1732. 4. Frcf. 1712. Gehört zu den bessern Schriften. — Jac. Friedr. Ludovici Einleitung zum Concursprozeß, zuerst Halle 1710, dann öfter; zuletzt mit Anmerk. v. Schlitte 1719. 4. Christ. Gmelin Lehre von dem materiellen Concurs der Gläubiger, in ihrem Zusammenhange aus den ächten Grundsätzen vorgetragen. Erlangen 1775. 8. — Ad. Sebast. Kraft praktische Anmerkungen über den Concursprozeß, sowohl überhaupt als besonders in Franken. Erlangen 1786. — Christian Christoph Dabelow ausführliche Entwickelung der Lehre vom Concurse der Gläubiger. Halle 1792—95. 2te Ausg. Halle 1801. Eine seichte Arbeit. — Ludw. Heinr. v. Almendingen gen. Harscher über den materiellen und formellen Concurs der Gläubiger; gegen Ch. Ch. Dabelow zu Halle u. Giess. 1797. 8. — Just. Claproth Einleitung in die summarischen Prozeße. Gött. 1777. 1793 und 1808. Abschn. 4. Für die Praxis eine gute Arbeit. — Joh. Carl Kornemann Theoretisch-practische Abhandlung vom Concurs-Prozeß. Marb. 1796. 8. — Joh. Chph. Schmid Grundsätze vom Concurs-Prozeße nach gemeinen und Nürnbergischen Rechten. Nürnberg 1791. 4. — J. M. Schmidt Concurs-Ordnung. Würzburg 1796. 8. — Georg Conr. Happel Erörterung der beim Concurs-Prozeße vorkommenden wichtigsten Gegenstände. Giess. 1803. 8. — Jac. Friedr. Weishaar über Concurs und Präcurs. Heilbronn und Rotenburg 1802. 8. — Aug. Siegm. Kori System des Concursprozeßes nach gemeinem und sächsischem Rechte. Leipz. 1807 und 1828. — Alb. Schweppe System des Concurses der Gläubiger. Kiel 1812. 1824 und zuletzt 1829. Carl Frider. Reinhardt Lehre vom Gant und Gantverfahren, nach Römischem, gemeinem und Wirktembergischen Rechte. Stuttg. 1819. — W. H. Puchta über den Concurs-Prozeß. Erlangen 1827. Von den allgemeinen Werken über Prozeß besonders: Martin Lehrbuch des gemeinen Civil-Prozeßes. Gönner Handbuch des gemeinen deutschen Prozeßes B. IV. Abtheilung 82. Eine historische Entwickelung ist darin nicht zu suchen. — Mittermaier der gemeine deutsche bürgerliche Prozeß. Dritter Beitrag S. 170—220.

Ueber Preuß. Recht: Anleitung zur Behandlung und Entscheidung der Liquidations- und Concurssachen; in Hymmen B. III. S. 127—149. Sehr dürftig. — M. C. F. W. Grävell Commentar zu den Creditgesetzen des Preußischen Staats practischen Theils in ihrer Vollständigkeit und ihrem Zusammenhange. Zweiter Band, enthaltend die Lehre vom Concurs und den Liquidations-Prozeßen. Berlin 1815. 8. Diese Schrift besteht in einem Abdruck der Gesetze und Verordnungen mit einigen Noten.

§. 46.

A. Begriff und allgemeine Grundsätze des Concurses.

1. Nach Römischem Rechte.

Wenn alle nebeneinanderstehende Obligationen eines Debitors nicht vollständig können erfüllt werden, so wird die eine oder die andere auf eine Geldgeben reducirt, und dadurch ausgeglichen. Dieß läßt sich jedoch nur da denken, wo Geld im Vermögen des Schuldners vorhanden ist, oder aus andern Gegenständen geschafft werden kann. Ist aber Insolvenz, d. i. das Verhältniß, wo die Summe der Schulden die Summe des Vermögens übersteigt, vorhanden, welches man auch materiellen oder imminenten Concurs nennt, so reicht keine Rechtsregel und kein Recht aus. Hat ein solcher Schuldner nur Einen Gläubiger, oder sucht nur Einer der mehrern Gläubiger seine Befriedigung, so tritt ein gewöhnliches Executions-Verfahren ein. Sind aber mehrere Gläubiger vorhanden, so entsteht Concurs. Die Lehre, wie diese mehrern Gläubiger untereinander zu beurtheilen, und in welchem Verhältnisse sie zu einander stehen, wird gewöhnlich, wie auch in der Preußischen Gesetzgebung, in dem Prozeße abgehandelt; dieß ist aber eben so wenig passend, als wenn die Lehre von der Erwerbung des Eigenthums als Anhang zur Prinzipal-Intervention abgehandelt würde. Der materielle Concurs oder das s. g. Concursrecht gehört hierher, wenngleich zu dessen Verständlichkeit auch manches von dem Verfahren hineingezogen werden muß.

Die Aufgabe des Concurses ist: wie mehrere Creditoren das unzureichende Activ-Vermögen unter sich vertheilen sollen.

Das erste, was geschehen muß, ist die Grenzbestimmung dieses Activ-Vermögens, und die Ausscheidung alles Fremdartigen, d. h. die Constituirung der Activmasse. Hierher gehört auch die Beurtheilung der Vindications-Ansprüche; denn die Vindicanten sind nicht Creditoren, sondern Separatisten, und gehören nicht in den Concurs[1]). Auch das Pfandrecht, in sofern es ein dingliches Recht ist, gehört zu den Vindications-Ansprüchen; denn dessen Gegenstände sind auch nicht mehr im Vermögen enthalten. Der Pfandgläubiger ist zugleich aber auch Creditor, was der Vindicant nicht ist; daher hat sein Recht eine doppelte Natur; und wegen dieser zweideutigen Natur seines Verhältnisses gehört er mit in den Concurs, hat dabei aber ein besonderes Vorrecht. Außer den Vindi-

---

[1]) **L. 24 §. 2 D. de rebus auct. jud. (XLII. 5).**

canten und Hypothekarien giebt es noch einige besondere Separatisten, wovon nachher die Rede sein wird.

Ist die Activ-Masse constituirt, so ist zu bestimmen: was geschehen soll, damit die Befriedigung der Gläubiger vor sich gehe. Hier kann ein gütlicher Aufschub stattfinden, oder ein Accord, und dieser unter verschiedenen Modificationen; oder endlich eine Vereinigung unter den Gläubigern [2]). Dieß sind dann nicht Gegenstände des eigentlichen Rechtsverfahrens. Wenn eine solche außergewöhnliche Ausgleichung nicht eintritt, so erfolgt die Vertheilung durch den Richter, und es frägt sich: nach welchen Regeln diese geschehen soll. Hierauf bezieht sich die Lehre von der Rangordnung oder Priorität der Gläubiger. Diese Rangordnung der Gläubiger gehört nicht zu den Wirkungen des Concurses, sondern geht dem Concurse schon voraus, und hängt von der Beschaffenheit der Rechte und Forderungen ab, welche in den Concurs mitgebracht werden müssen. Im Concurse äußert die Qualität einer Forderung oder eines Rechts nur ihre Wirkung in Bezug auf die factische Gültigkeit; was aber sonst aus der Natur und Beschaffenheit rechtlich folgt, das folgt daraus ohne die Existenz eines Concurses, wie schon bei einer andern Gelegenheit zur Widerlegung der Meinung, als wenn die auf die Priorität bezüglichen Eigenschaften einer Forderung oder eines Verhältnisses nur im Falle eines formellen Concurses Realität hätten, gezeigt worden ist [3]).

Das Römische Prinzip ist einfach:

die Pfandgläubiger gehen den simpeln Gläubigern vor.

---

[2]) §. 588—629 l. c. Vergl. Tit. 49 §. 1—13.

[3]) Abhandlung über die Frage: Ist die Hypothek nach Preußischem Rechte, ein accessorisches oder ein selbstständiges dingliches Recht ꝛc. S. 21. Marienwerder 1831. Vergl. Simon und von Strampf Rechtssprüche B. II. S. 361.

Hiernach werden zwei Hauptklassen gemacht. In der ersten stehen die Pfandgläubiger, in der zweiten die übrigen. Von den Pfandgläubigern werden die privilegirten zuerst, und dann die übrigen befriedigt, wodurch aus der ersten Hauptklasse zwei entstehen. Die Gläubiger der zweiten Hauptklasse werden ohne alle Priorität befriedigt, und es kommen nur einige völlig positive, auf keinem Prinzipe beruhende Ausnahmen vor, welche sich weiter nicht erklären lassen, als daß sie sich auf positive Gesetze gründen. Von diesen ausgezeichneten Gläubigern werden einige vor den Pfandgläubigern, und einige nach den Pfandgläubigern befriedigt, so daß die zweite Hauptklasse in drei zerfällt, von welchen die eine die erste, die andere die vierte, die dritte die fünfte und letzte bildet. Hieraus erklären sich die im Römischen Rechte vorhandenen fünf Klassen. Diese sind:

I. Die absolut privilegirten Gläubiger. Hierher gehören nach Römischem Rechte bloß die Leichenkosten[4]). Einige[5]) wollen hier auch die Concurskosten, über deren Platz gestritten ist, ansetzen. Eine andere Meinung geht dahin, daß die Kosten gar keinen Platz im Concurse haben, sondern jedem Gläubiger pro rata abgezogen werden sollen. Das Resultat hiervon ist ganz anders als wenn die Ansetzung in der ersten Klasse geschieht; denn in diesem Falle muß eigentlich der Letzte die Kosten ganz allein tragen. Die zweite Meinung, wonach die Kosten pro rata abgezogen werden, ist recipirt[6]), und auch die

---

[4]) L. 45 D. de religiosis. (XI. 7).

[5]) Möser: Also sollten die Kosten eines Concurs-Prozeßes billig nicht auf sämmtliche Gläubiger vertheilt werden. Patriotische Phantasien Th. III. Nr. 57. — Leyser med. de sumtibus concursus. Sp. 481. m. 4 und 5.

[6]) D. Nettelblatt de sumtibus concursus creditorum. Halae 1751. Puffendorf Obs. jur. univ. T. IV. obs. 249, welcher

richtige; denn keiner kann zur Hebung kommen, ohne daß das vorgeschriebene Verfahren beobachtet wird, wodurch nothwendig die Kosten entstehen. Die Kosten sind also die conditio sine qua non, ohne welche jener Zweck nicht zu erreichen; dieselben haben also kein Privilegium, sondern werden Jedem vorweg als Geschäftskosten abgerechnet, wie bei jedem andern Geschäfte [7]).

II. Die privilegirten Pfandgläubiger.

Diese sind:

1. Fiscus wegen der öffentlichen Abgaben,
2. wer zum Ankauf einer Militia Geld leiht,
3. die Ehefrau wegen der Dos,
4. Pupillen an der mit ihrem Gelde erkauften Sache,
5. wer ad restitutionem aedium baares Geld leihet oder Baumaterial liefert,
6. der Verkäufer einer unbeweglichen Sache wegen des creditirten Kaufgeldes.

III. Die nicht privilegirten Pfandgläubiger.

IV. die privilegirten persönlichen Gläubiger pro rata, mit Ausnahme des Fiscus, welcher Allen vorgeht. Einige dieser Gläubiger haben später ein gesetzliches oder stillschweigendes Pfand erhalten; diesen ist daher das Privilegium exigendi überflüßig. Hierher gehört:

1. der Fiscus wegen aller seiner Forderungen mit Ausnahme der Geldstrafen, welche ganz zuletzt kommen,

---

früher der entgegengesetzten Meinung zugethan gewesen. T. II. obs. 181. — Leyser Sp. 481 m. 4. 5. Der Referent beim V. Pensum der Gesetz-Revision S. 209 hält, nach Dabelow, die erstere Art die Concurs-Kosten zu bezahlen, für die gemeinrechtliche.

[7]) L. 8 D. depos. (XVI. 3). — L. 72 D. ad leg. Falc. (XXXV. 2).

2. derjenige, welcher Geld zur Erbauung eines Hauses hergiebt [8]),
3. die Ehefrau wegen ihrer Dos,
4. Pupillen und Curanden mit der actio tutelae wegen aller und jeder Forderungen gegen den Vormund [9]).

Diese scheiden hier aus, und kommen, je nachdem sie ein privilegirtes, oder nur ein simples gesetzliches Pfandrecht erlangt haben, in die zweite oder dritte Klasse.

Es bleiben nur noch übrig:

1. der Regent und dessen Gemahlin [10]).
2. Städtische Gemeinden, wegen aller ihrer Forderungen, was man auch auf Kirchen und milde Stiftungen ausgedehnt hat [11]).
3. die Braut mit der Condictio sine causa [12]).
4. die unter Curatel stehenden Personen, welchen nicht, wie den Pupillen und Minderjährigen, ein Pfandrecht zusteht [13]).
5. der, welcher zur Erbauung oder Ausbesserung eines Schiffes Geld creditirt, ohne sich eine Hypothek auszubedingen [14]).
6. der, welcher bei einem Argentarius Geld unverzinslich deponirt, was jetzt auf alle unverzinsliche Deposita ausgedehnt wird [15]).

---

[8]) L. 24 §. 1 D. de bonis auct. jud. (XLII. 5). — L. 1 D. de cess. bonor. (XLII. 3). L. 35 D. de rebus creditis (XII. 1).

[9]) L. 19 §. 1. L. 24 pr. D. de reb. auct. jud. (XLII. 5).

[10]) L. 6 §. 1 D. de jure fisci. (XLIX. 14).

[11]) L. 38 §. 1 D. eod. tit. — c. 1. 2. 3. 7 X. de in integrum restitut. (I. 41). — Clem. un. de in integrum rest.

[12]) L. 17 §. 1. L. 18 D. de rebus auctor. jud. (XLII 5).

[13]) L. 19—23 D. eod tit.

[14]) L. 26. 34 D. eod.

[15]) L. 24 §. 2 D. eod. L. 7 §. 2 und 3. L. 8 D. depos. (XVI. 3).

V. Die übrigen Gläubiger, für deren Vorzug sich nichts sagen läßt, und welche man gewöhnlich Chirographarii nennt. Von diesen hat keiner vor dem Andern einen Vorzug. Ein Verzug der Zeit nach kann nämlich seinen Grund nur in einem dinglichen Rechte haben. Diese Chirographarien haben nun zwar auch ein Pfandrecht durch die Concurseröffnung erworben; aber das haben sie eben gleichzeitig erhalten [16]).

§. 47.

2. Nach Preußischem Rechte.

a. Einleitung.

Die erste gesetzliche Bestimmung ist die Conc.- und Hypotheken-Ordnung vom 4. Febr. 1722 [1]).

Die vorhergehende kurze Darstellung des Römischen Rechts war nöthig, um zu zeigen, daß die Preußische Gesetzgebung, so verwickelt sie auch zu sein scheint, dennoch mit dem gemeinen Rechte zusammenhängt, und daß selbst die sieben Klassen mit dem ante omnes und dem post omnes auf die Römischen fünf Klassen zurückzuführen sind. Wir haben es zuvörderst mit den Separatisten, und dann mit den Gläubigern in sieben Klassen und post omnes zu thun.

Zu den Separatisten kommen außer den Römischen noch einige bloß dem Preußischen Rechte eigenthümliche, wogegen einige Römische wieder als Concursgläubiger behandelt, dabei aber doch wieder mit ihrer Befriedigung nach der Beendigung des Concurses nicht aufgehalten werden.

---

[16]) L. 6 C. de bonis auctorit. jud. (VII. 72). — L. 6 §. 7 D. quae in fraudem. (XLII. 7).

[1]) Corp. Const. March. T. II. Abth. II. S. 103.

Die 1ste Klasse enthält solche Interessenten, welche nach Römischem Rechte als Separatisten behandelt werden;

die 2te Klasse solche, welche in die Erste Klasse kommen;

die 3te Klasse von Gläubigern ist durch das Preußische Hypothekenwesen erst geschaffen, und kommt im gemeinen Rechte gar nicht vor;

die 4te Klasse correspondirt der zweiten Klasse des gemeinen Rechts;

die 5te Klasse entspricht der dritten Klasse;

die 6te Klasse entspricht der vierten, und

die 7te der fünften.

§. 48.

b. Von den Separatisten.

Jeder Gläubiger, welcher eine zufällige, vor Eröffnung des Concurses entstandene, auf Geld oder Geldeswerth gerichtete, Forderung [1]) an den Gemeinschuldner hat, und im Concurse geltend macht, wird als Concursgläubiger angesehen. Zur Gültigkeit der Forderung in diesem Sinne wird nur verlangt, daß sie de jure gelte; ob de facto? das soll eben erst ausgemacht werden. Die Forderung muß vollständig gültig, d. h. klagbar ein. Von dieser Regel werden Ausnahmen zugelaßen [2]), nämlich:

1. mit der Obligatio sub conditione, und
2. mit dem Debitum in diem.

Nach Römischem Rechte konnte auch der Gläubiger bei einer obligatio sub conditione auf missio in posses-

---

[1]) A. G. O. h. t. §. 267.

[2]) §. 155. 555. 556. 336 ebend.

sionem antragen[3]). Die anscheinend widersprechenden Stellen[4]) haben den Sinn, daß ein Gläubiger sub conditione oder in diem bei eintretender Insolvenz zwar auf missio in possessionem, aber noch nicht auf bonorum venditio antragen könne. Wenn jedoch andere Gläubiger mit fälligen Obligationen darauf antragen, werden die Forderungen sub conditione oder in diem nach Abzug des Interusurii mit berichtigt. Nach heutigem gemeinem Rechte ist es ebenfalls so, weil der Concurs zuerst nur eine Administration zur Sicherheit der Gläubiger ist, und noch keine Zahlung eintritt. Kommt es zur Auszahlung, so erhalten die Gläubiger sub die ihre Befriedigung nach Abzug des Interusurii; die Gläubiger sub conditione aber werden zwar locirt, wenn aber bei der Distribution die Condition noch nicht erfüllt ist, so erhalten die folgenden Gläubiger ihre Befriedigung sub conditione restituendi. Das Preußische Recht wählt einen noch sicherern Weg: es wird nämlich das Capital bis zum Verfalltage in der Masse zurückbehalten (Note 1).

Also, die Forderung eines eigentlichen Concursgläubigers muß vor Eröffnung des Concurses entstanden; das Object derselben muß auf Geld gerichtet, und sie muß im Concurse geltend gemacht, d. h. angemeldet sein. Hiernach sind ausgeschloßen diejenigen, welche im allgemeinen unter der Benennung der Separatisten begriffen werden. Dazu gehören:

I. die s. g. Massegläubiger,

welche in zwei Hauptklassen zerfallen, nämlich: in Obli-

---

[3]) L. 6 pr. 7 §. 14 D. quibus ex causis in possessionem (XLII. 4).

[4]) L. 4 pr. D. de separat. (XLII. 6). — L. 14 §. 2 D. quibus ex causis in poss. — L. 50 pr. D. de peculio. (XV. 1).

gationen, welche von den Gläubigern oder dem Curator selbst contrahirt sind, und in Obligationen, welche die Gläubiger als passive Repräsentanten des Gemeinschuldners übernehmen müßen.

A. Obligationen, welche von den Gläubigern oder dem Curator selbst contrahirt worden sind insbesondere: die Contracte, welche zur Verwaltung der Masse nothwendig werden; alle Quasicontracte, zu welchen die impensae gehören, die zum Besten der Masse verwendet werden, wohin auch die Concurskosten gehören; ferner die aus der Aufhebung der von dem Gemeinschuldner geschloßenen Contracte entstehenden Ansprüche, wegen der aus solchen Contracten noch vorhandenen Sachen des andern Contrahenten. Alle hierher gehörigen Fälle laßen sich nicht aufzählen. Unter andern fallen unter diesen allgemeinen Grundsatz:

1. die Kosten.

Es ist schon (§. 46 Nr. 1) erwähnt, daß nach der richtigen, aus dem Wesen der Gemeinschaft nothwendig folgenden, Ansicht die gemeinschaftlichen Kosten von jedem zur Perception gelangenden Gläubiger pro rata getragen werden müßen. Die Preußische Gesetzgebung hat diesen Grundsatz sanctionirt, aber die darauf gebauten practischen Bestimmungen sind nicht alle folgerecht, und verletzen sogar zum Theil einzelne Rechte. Es ist bestimmt:

a. Sämmtliche Communkosten, soweit sie nicht der Immobilarmasse zur Last fallen, wo sie dem Letzten abgezogen werden, weil das jüngere Pfandrecht dem ältern nachsteht, werden von sämmtlichen zur Hebung gelangenden Gläubigern pro rata percepti getragen[5]).

b. Reicht die Gemeinmasse zur Tragung der Com-

---

[5]) A. G. O. h. t. §. 163. 529.

munkosten nicht aus, so wird der Ausfall aus der Immobiliarmasse genommen, wo er dem letzten Percipienten entgeht[6]). Diese Bestimmung widerspricht dem angenommenen Grundsatze und verletzt das dingliche Recht eines Dritten, welcher mit den Personalgläubigern und deren Befriedigungsobjecte gar keine Gemeinschaft hat. Mit welchem Rechte soll Jemand schuldig sein, aus seinem Pfande für einen Andern, der ihn nichts angeht, die Kosten der Executionsvollstreckung in ein anderes Object zu bezahlen?

c. Die Vindicanten und die Faust-Pfandgläubiger tragen zu den Communkosten nichts bei[7]), weil sie keine Gemeinschaft mit den übrigen Gläubigern haben.

d. Der Fiskus und alle Kassen und Institute mit fiscalischen Rechten sind von Beiträgen zu den Communkosten befreit, und müßen von den übrigen Gläubigern mit übertragen werden[8]). Es werden also die übrigen Gläubiger ohne einen Rechtsgrund gezwungen, für einen Andern die Kosten zur Herbeischaffung des Objects zu dessen Befriedigung zu tragen.

2. Diejenigen, welche zur Reparatur der Gebäude, zur Ergänzung des Vieh- oder Feldinventariums, zur Anschaffung des Saat-, Brod- und Futterkorns, zum Retablissement der Unterthanen, zum Abtragen der currenten Lasten und Abgaben, und überhaupt zur Aufbewahrung, Erhaltung, bessern Benutzung

---

[6]) §. 535. h. t.

[7]) §. 628. h. t.

[8]) §. 531. 532. h. t. Anhang §. 374.

oder Versilberung der zur Masse gehörigen Sachen, etwas vorgeschossen, geliefert, creditirt oder Dienste geleistet haben[9]).

Die Zeit, zu welcher alles dieses geschehen muß, ist die nach erfolgter Beschlagnahme des Objects für die Gläubiger, auf welches die Verwendung geschehen ist. Die Prioritäts-Ordnung a. a. O. sagt: „nach eröffnetem Concurse.“ Es kann aber kommen, daß einzelne Vermögensgegenstände schon vor Eröffnung des formellen Concurses in Beschlag genommen, und darauf Kosten verwendet werden, welche nicht mehr dem Gemeinschuldner, sondern der Gläubigerschaft zu gute kommen, und bei deren Verwendung wirklich mit dieser contrahirt wird, wie z. B. bei Sequestrationen der Fall ist, die vor Eröffnung des Concurses eingeleitet worden sind. Das Criterium eines Massegläubigers besteht darin, daß nicht mehr mit dem Gemeinschuldner, sondern mit den andringenden Gläubigern contrahirt worden ist[10]).

3. Diejenigen, von welchen der Curator ein Darlehn aufnimmt[11]).

4. Alle Wirthschafts- und Verwaltungsbeamte, welche beibehalten oder erst angenommen werden, in Ansehung ihres, nach der Beschlagnahme des verwalteten Gutes oder Geschäfts fällig werdenden Lohnes[12]).

5. Diejenigen, deren mit dem Gemeinschuldner

---

[9]) §. 269. h. t.

[10]) Simon und v. Strampff Rechtssprüche I. S. 235 und 267. — Vergl. Motive der Gesetz-Revision. III. Pens. Seite 23.

[11]) §. 271. h. t. u. Anh. §. 338.

[12]) §. 243. 245 sq. h. t. Anh. §. 332.

abgeschlossene Rechtsgeschäfte von der Gläubigerschaft wieder aufgerufen werden[13]).

6. Diejenigen, welche sich nach eröffnetem Concurse mit dem Gemeinschuldner in ein Geschäft eingelassen haben, in Ansehung desjenigen, was daraus zur Masse geflossen, und wodurch dieselbe reicher geworden[14]).

B. Obligationen, welche die Gläubiger als passive Repräsentanten des Gemeinschuldners übernehmen müssen.

Hierher gehören:

1. die Theilungsklagen.

Mit denjenigen, welche mit dem Gemeinschuldner im gemeinschaftlichen Besitz und Eigenthum sind, und mit der Theilungsklage auftreten können[15]), müssen sich die Gläubiger auseinandersetzen[16]). Dahin gehört namentlich:

a. die Theilung einer dem Gemeinschuldner angefallenen Erbschaft. Dieses Falles ist nirgends gedacht. Nach den Grundsätzen der Gerichtsordnung würde er zur I. Klasse gehören, wenn der Cridarius im Besitze der zu theilenden Erbschaft ist; wenn aber ein Miterbe im Besitze ist, ergiebt sich die Separat-Auseinandersetzung von selbst.

b. die Theilung einer gemeinschaftlich besessenen einzelnen Sache, z. B. eines Hauses. Sind darauf Schulden versichert, so entsteht die Frage: wie es mit deren Bezahlung gehalten werden soll. Dieselben könnten nämlich so behandelt werden, daß wenn z. B. die Quote des Gemeinschuldners Ein Drittel beträgt, das ganze Drittel des, aus dem, Behufs der Theilung veranlaßten,

---

[13]) § 294. h. t.

[14]) §. 36 h. t.

[15]) Brunnemann Proc. conc. cred. Cap. V. §. 9.

[16]) A. G. O. h. t. §. 289. 294 h. t.

Verkaufe des Hauses gelös'ten Kaufgeldes zur Concurs-Masse gezahlt würde, und die Hypotheken-Gläubiger dieses gemeinschaftlichen Grundstücks gehalten wären, das Eine, auf den Gemeinschuldner fallende, Drittel ihrer Forderung bei der Concurs-Masse zu liquidiren. Es könnte aber auch so verfahren werden, daß die auf der gemeinschaftlichen Sache haftenden Schulden vorweg aus dem Erlöse bezahlt würden, und die Masse ihren Antheil nur von dem Ueberreste erhielte. Das Resultat beider Fälle ist für die Gläubiger, wenn sie mehr als zweijährige Zinsrückstände zu fordern haben, verschieden. Es muß aber das letztere Verfahren Statt finden, sowohl, weil die Hypothek untheilbar ist, und die Gläubiger sich wegen ihrer Forderung an jeden Theil des Grundstücks für das Ganze halten können [17]), mithin sich wegen eines Theils ihrer Forderung nicht in den Concurs eines der Mitbesitzer verweisen zu lassen brauchen; als auch, weil die Mitbesitzer, eben wegen dieser Solidarität, von ihrem Genossen Sicherheit für die Erfüllung seiner Verbindlichkeit, und daher Berichtigung der Schulden aus dem Erlöse der gemeinschaftlichen Sache vor der Theilung fordern können [18]).

Eine solche Auseinandersetzung muß z. B. auch zwischen dem Schäfer, welcher statt des Lohns einen aliquoten Theil der Heerde besitzt, und diesen Theil entweder durch Einwerfung der Anzahl Schaafe ohne Unterscheidung in natura, oder durch Bezahlung des Werths dieses Antheils an den Gutsbesitzer, erworben hat. Ein solcher Schäfer ist nicht Gläubiger des Gutsbesitzers, sondern Miteigenthümer der Heerde, braucht daher den Werth seines Antheils nicht bei der Concursmasse zu li-

---

[17]) A. L. R. I. 17 §. 106.

[18]) §. 302. 303. 147 a. a. O.

quidiren, sondern kann vorweg Auseinandersetzung mit der Masse fordern. Der Grundsatz ist von der Gesetzgebung auch anerkannt[19]).

Nach gemeinem Rechte rechnet man hierher auch die Kosten für die Beerdigung des erst während des Concurses verstorbenen Gemeinschuldners. Das Römische Recht, auf welches man sich beruft[20]), bestimmt dieß nicht; und noch weniger ist nach Preußischem Rechte[21]) die Concursmasse schuldig, den nach eröffnetem Concurse verstorbenen Gemeinschuldner beerdigen zu lassen, da diese Begräbnißkosten eine neue Schuld ausmachen, welche bei dem bereits schwebenden Concurse nicht concurriren

19) Das Edict vom 16. August 1797 wegen Abschaffung des Schaaf-Vorviehes bestimmt: „Um auch den Schäfern und ihrem Gesinde das in dem (in die Heerde eingeworfenen) Vorvieh — gehabte Capital zu sichern, befehlen Wir Allerhöchst, daß die Brodherren eine zinsfreie Obligation ausstellen müssen, welche vor allen übrigen Anforderungen, sie mögen entstehen woher sie wollen, und ohne, selbst wenn ein Concurs entstehet, je eines Kostenbeitrags unterlegen zu sein, den Vorzug haben solle.“ Zinsfrei muß die Obligation darum sein, weil die Schäfer eine pars quota an der Nutzung der ganzen Schäferei haben; und ein bestimmtes unveränderliches Capital kann in der Obligation auch nicht verschrieben werden, weil sich die Heerde qualitativ und quantitativ vermindern oder vermehren kann, so daß dadurch auch das Capital des Schäfers steigt und fällt. Die auszustellende Obligation ist bloß das Instrument über die Erwerbung eines gewissen Antheils an der Heerde. Dieses Edict, welches Rabe nach seiner Anzeige in der Sammlung Preuß. Ges. B. XIII. S. 328 nicht hat auffinden können, ist abgedruckt: Neue Sammlung schlesischer Verordnungen B. V. Nr. CCLXXVI. S. 568, und bezieht sich bloß auf Schlesien.

20) L. 14 §. 1. L. 16. 26. 45. D. de religiosis. (XI 7).

21) A. G. O. h. t. §. 365. 218.

kann. Aus demselben Grunde ist jene Behauptung selbst den Grundsätzen des gemeinen Rechts widersprechend. Ein solcher Gemeinschuldner muß, wenn er nicht soviel wie zu seiner Beerdigung nöthig ist, schon wieder erworben hat und verläßt, und auch keinen Erben hat, wie ein jeder andere Arme[22]) von der Commune beerdigt werden.

2. die Klagen aus noch nicht erfüllten Contracten, welche die Gläubiger nicht aufrufen wollen[23]).

3. die Reallasten, namentlich alle Königliche, Kreis-, Kämmerei- und Feuersocietätskassen, und sonstige öffentliche Institute, z. B. Kirchen- Schul-Corrections-Anstalten, wegen aller erst nach der Concurseröffnung fällig werdenden Lasten, Abgaben und Beiträge[24]) von den zur Masse gehörigen Grundstücken, desgleichen die Prästationen an Kirchen- und Schulbedienten. Hierzu gehören auch die noch unvollendeten Kirchen- Schul- und andere öffentliche Bauten, zu welchen der Gemeinschuldner als Besitzer eines Guts beizutragen verpflichtet ist[25]). Namentlich haben die der Gerichtsbarkeit zur Last fallenden Gerichtslasten, folglich auch die zu übertragenden Inquisitionskosten, die Natur der öffentlichen Lasten und Abgaben[26]), was man ohne Grund hat bestreiten wollen. Ob dergleichen Kosten als currente anzusehen sind, entscheidet die Zeit der Ausschreibung, nicht die Zeit zu welcher das Bedürfniß derselben entstanden ist[27]).

Die Zinsen eines, zur Ablösung von Domainen-Ab-

---

[22]) Leyser Spec. 481. cor. 1.

[23]) A. G. O. h. t. §. 252. 258 h. t. §. 65 No. VII. unten.

[24]) §. 270 a. a. O.

[25]) Merkel Commentar zur A. G. O. ad §. 269 h. t.

[26]) R. vom 30. Juni 1828. Jahr. B. XXXI. S. 290.

[27]) R. vom 11. Septbr. 1827. Jahr. B. XXX. S. 135. — R. v. 2. April 1832. XXXIX. S. 401.

gaben aufgenommenen, und an Stelle derselben **Rub. II.** des Hypothekenbuchs eingetragenen Capitals haben mit den abgelösten Abgaben, an deren Stelle das Capital getreten ist, gleiche Rechte[28]).

Diese Prästationen von den Grundstücken gehen jedoch den eingetragenen Hypotheken nur soweit vor, als ihre Entstehung älter ist; sonst muß die Veräußerung ohne sie geschehen, wenn dieß zur Befriedigung der ältern Hypotheken nöthig ist, und die Masse leistet auf die currenten Termine keine Zahlung. (Vergl. unten §. 56 Nr. 6). Wäre also z. B. die Erwerbung der Jurisdiction neuer als die Eintragung der Hypotheken, so müßten die Gerichtslasten nachstehen.

4. Regiments- u. Bataillons-Kassen, welche dem Gemeinschuldner als Offizier zur Anschaffung der Equipage Geld geliehen haben, wegen der aus diesen Darlehnen ihnen zustehenden Forderungen[29]). Dieß ist ein ganz singulairer Fall, und gehört eigentlich nicht hierher. Zu den Separationen kann er nicht gezählt werden, weil keine einzelnen Gegenstände separirt, sondern diese Darlehne aus der bereitesten Masse, vorweg vor allen sonstigen Forderungen, wie solche Namen haben mögen, bezahlt werden sollen. Dieß kann sich indeß nur auf die wirkliche Masse beziehn, und thut den Eigenthumsrechten der Vindicanten, wenngleich diese erst in der ersten Klasse folgen, keinen Eintrag. Wahrscheinlich ist aber auch die Absicht nicht dahin gegangen, auch nur den Realgläubigern ihr Recht zu entziehen, vielmehr scheint bloß ein Privilegium auf die Gemein-Masse beabsichtigt worden zu sein, und scheint auf die heutigen Verhältnisse über-

---

[28]) Verordn. v. 16. März 1811. §. 6. Ges. Samml. S. 162.

[29]) Cab. O. v. 20. Aug. 1810. Mathis IX. S. 318. Anhang zur A. G. O. §. 353 und 166.

haupt nicht mehr zu passen; denn die Zeit vor 1810, wo es den jungen Offizieren oft an Mitteln sich zu equipiren fehlte, und von ihren Kammeraden (nicht aus Königlichen Kassen) Vorschüsse dazu erhielten, machte eine besondere Sicherung dieser Vorschüsse nöthig.

Von diesen Massegläubigern gelten, weil sie eben keine Concursgläubiger sind, zwei in der Praxis zuweilen schon verkannte Grundsätze:

1. sie können nicht präcludirt werden; und
2. sie brauchen die Kosten der Liquidation ihrer Forderung nicht zu tragen, denn sie liquidiren eigentlich nicht, sondern sie klagen wider die Concursmasse oder das corpus creditorum, oder den Curator als Inhaber der Masse, nicht gegen den Contradictor, und ihr Verhältniß ist genau dasselbe wie das eines jeden Klägers zu seinem Beklagten. Es kommen daher die allgemeinen Grundsätze über die Kosten eines Prozeßes und resp. deren Erstattung zur Anwendung. Wenn der Richter, weil ihm das Verhältniß nicht klar ist, die Forderung solcher creditores creditorum in der Classificatoria locirt, so wird dadurch an den Rechten derselben in Ansehung der Kosten nichts geändert.

II. Die Separatisten im engern Sinne,

d. h. solche, welche zwar eigentliche Concursgläubiger sind, aber aus einem speciellen Grunde ihre Absonderung von der Concursmasse verlangen können. Im Allgemeinen haben nämlich sämmtliche Concursgläubiger ein Recht auf die ganze Masse; die Absonderung einzelner Stücke zur Befriedigung Einzelner ist also nicht möglich, selbst in Ansehung der Pfandgläubiger, welche zwar zunächst aus dem einzelnen Object ihres Pfandrechts befriedigt, aber deshalb doch nicht abgesondert werden. Allein ausnahmsweise ist gewissen Gläubigern die Aussonderung einzelner

Theile des Vermögens zu ihrer ausschließlichen Befriedigung nachgelassen. Durch diese s. g. Separation[30]), welche schon im Römischen Rechte begründet ist, wird nebenher ein Particular-Concurs gebildet. Die Arten derselben sind:

I. Die Separation der Erbschaftsgläubiger[31]).

Wenn die Gläubiger eines Verstorbenen durch den Antritt der Erbschaft von Seiten des insolventen Erben, und durch ihre Vermischung mit den Gläubigern dieses Erben zu verlieren fürchten, so können sie darauf antragen, daß zu ihrem Besten der Nachlaß von dem eigenthümlichen Vermögen des Erben abgesondert, und zu ihrer Befriedigung vorzüglich verwendet werde[32]). Dasselbe Recht gebührt auch den Legatarien[33]). Dadurch wird ein Particular-Concurs eröffnet, von welchem die

---

[30]) Lauterbach de Separationibus bonorum Tub. 1655. Jo. Volkmar Bechmann, de Beneficio separationis. Jenae 1674. 1675. 4. Joh. Tob. Carrach de differentiis juris Romani et Germanici in beneficio separationis. Halae 1740. Leyser de beneficio separationis. Spec. 489.

[31]) A. L. R. I. 16 §. 500—512. A. G. O. h. t. §. 272—286. D. de separationibus. (XLII. 6). — C. de bonis auct. jud. poss. seu venund. et de separationibus bonorum. (VII. 72). — Leyser l. c. Alb. Phil. Frick de debitoris demortui creditoribus hypothecariis ad separationis beneficium admittendis. Helmst. 1785. — Otto Maur. Stuebel de jure separationis L. 1 §. 1 D. de separationibus definitio questiones tres. Lips. 1822. — Dyckmeester Diss. de separatione bonorum sec. princip. juris Rom. Lug. Bat. 1823. L. Hidinga de Praetore auxilium separationis creditoribus praestante. — Gröning. 1823. Fritz im Archiv für civil. Praxis B. XII. S. 226.

[32]) A. L. R. §. 500 l. c. A. G. O. l. c. §. 273. L. 1 §. 1 D. h. t. L. 2 C. h. t.

[33]) A. G. O. §. 277 h. t. L. 6 pr. D. h. t.

Gläubiger des Erben ausgeschlossen sind, und von dem zur Concursmasse des Gemeinschuldners nur dasjenige fließt, was nach Befriedigung aller Erbschaftsgläubiger, ohne Rücksicht auf die Qualität ihrer Forderungen, imgleichen der Legatarien, und zwar beider vollständig an Kapital, Zinsen und Kosten, übrig bleibt[34]). Der Grund liegt darin, daß den Gläubigern durch die Successio per universitatem wider ihren Willen ein neuer Debitor substituirt wird. Um sie dadurch nicht zu gefährden, gab der Prätor das Mittel der Separation. Dieselbe ist besonders den chirographarischen Gläubigern, und den Legatarien dienlich; denn diejenigen, welche ein Pfand- oder Hypothekenrecht haben, bedürfen deren nicht[35]). Es bedarf dazu bloß eines Antrags bei dem Richter, welcher causa cognita die Separation decretirt. Die Wirkung davon ist:

a. Die Vereinigung und Vermischung des Activ-Vermögens des Erblassers und Erben, auch wenn letzterer von der Rechtswohlthat des Inventarii keinen Gebrauch gemacht hätte, wird zum Besten der Separationsberechtigten verhindert[36]).

b. Die Erbschaftsstücke, welche mit dem Vermögen des Erben schon vermengt sind, müßen, so weit es angeht, wieder abgesondert werden[37]).

c. Die Dispositionen des Erben über einzelne Erbschaftsstücke haben in Beziehung auf die Separationsberechtigten keine Wirkung[38]); was er mit aus der Erbschaft genommenen Mitteln erwirbt, gehört zu derselben[39]).

---

[34]) A. G. O. §. 277 l. c. A. L. R. §. 501 l. c.

[35]) A. L. R. l. c. §. 506.

[36]) §. 502. l. c.

[37]) A. G. O. l. c. §. 275. 274.

[38]) L. 1. §. 3 D. h. t. A. L. R. I. 11. §. 447.

[39]) L. 5. D. h. t. A. G. O. h. t. §. 276.

d. die abgesonderte Erbschaft wird ausschließlich für die Erbschaftsgläubiger und Legatarien allein versilbert, und es entstehen dadurch zwei Concurse unter dem Namen des Erben und Gemeinschuldners, denn der Erblasser ist nicht Cridarius[40]). Die eigenen Gläubiger des Gemeinschuldners sind bei dem Verfahren über die Erbschaft unbedingt ausgeschloßen, und haben nur auf den Ueberschuß Anspruch[41]); dagegen hatten aber, nach Römischem Rechte, auch die Erbschaftsgläubiger wegen des Ausfalls kein Recht an das Vermögen des Erben, und zwar aus dem nämlichen Grunde, aus welchem sie die Separation zu fordern berechtigt waren, nämlich weil sie den wider ihren Willen erhaltenen neuen Debitor für ihren Schuldner nicht annehmen wollten. Unter den Römischen Juristen war hierüber eine Meinungsverschiedenheit gewesen, indem Einige dafür hielten, daß dasjenige, was nach Befriedigung der eigenen Gläubiger des Erben von dessen Vermögen übrig bleiben möchte, an die Erbschaftsgläubiger kommen sollte. Allein Paulus verwarf auch dieses: cum enim separationem petierunt, recesserunt a persona heredis et bona secuti sunt, et quasi[42]) defuncti bona vendiderunt, quae augmenta non possunt recipere[43]), d. h. sie haben den Erben

[40]) L. 3 pr. D. h. t. A. G. O. h. t. §. 278.

[41]) L. 3 u. 5 D. h. t.

[42]) quasi, weil es an einem Erben nicht fehlte, auf dessen Namen die venditio bonorum, durch welche der Gemeinschuldner infam, und sein Andenken, wenn er schon verstorben war, beschimpft wurde, geschehen konnte. Um eine solche ignominia noch nach dem Tode abzuwenden, diente im Nothfalle eben der heres necessarius, der statt des Verstorbenen seinen Namen für die bonorum venditio und die damit verbundene Infamie hergeben mußte. Gajus II. §. 154.

[43]) L. 5. L. 1 §. 17 u. L. 3 §. 2 D. h. t.

nicht für ihren Debitor angenommen, sondern den Verstorbenen für ihren Gemeinschuldner betrachtet, als wenn er keine Erben hätte; mit andern Worten: sie wollen den Fall so behandeln, als wenn ihr Schuldner ohne einen Erben verstorben wäre; in diesem Falle aber ist kein Zuwachs mehr möglich. Die Preußische Gesetzgebung ist hiervon abgegangen, und gestattet den ausgefallenen Gläubigern der unzureichenden separirten Erbschaft zur Concursmasse des Erben, und an dessen Person zurück zu gehen, wobei ihnen nur das beneficium inventarii entgegen gesetzt werden kann, insofern dieses dem Erben zusteht[44]). Die Vorrechte, die in persönlichen Verhältnissen zu ihrem ursprünglichen Schuldner, dem Erblasser, ihren Grund haben, können in dem Concurse des Erben nicht geltend gemacht werden, eben weil jene Verhältnisse nur zu dem Erstern, nicht aber zu deßen Erben bestanden haben oder bestehen[45]). Das Recht, auf Separation anzutragen, haben sämmtliche Gläubiger des Erblassers, wenn ihnen derselbe auch nur sub die vel sub conditione schuldig gewesen ist[46]); ferner die Fideicommissarien und Legatarien[47]), nicht aber der Erbe selbst, weil derselbe, wenn er die Erbschaft pure antritt, für seine Person in solidum haftet, weshalb auch der Concurs auf seinen Namen ausbricht. Davon gilt nach Römischem Rechte eine Ausnahme nur für den heres necessarius[48]), welche jedoch, seitdem das Beneficium inventarii eingeführt worden, keine practische Wichtigkeit mehr hatte. Eben so wenig stand nach Römischem Rechte

---

[44]) A. G. O. h. t. §. 278.

[45]) §. 283. l. c.

[46]) L. 4 pr. D. h. t.

[47]) L. 6 pr. D. eod. A. G. O. l. c. §. 277.

[48]) L. 1 §. 18 D. eod. §. 1 J. de hered. qualitate. (II. 19). Gajus II. §. 152—155.

den Gläubigern des Erben zu, auf Separation der insufficienten Erbschaft anzutragen [49]), aus dem einleuchtenden Grunde, weil dem Creditor nicht verwehrt ist, neue Schulden zu machen. Nur in dem Falle, wenn der Erbe in fraudem seiner Gläubiger die Erbschaft angetreten hatte, kam der Prätor extraordinarie zu Hilfe [50]). Auch hiervon ist die Preußische Gesetzgebung abgegangen und hat festgesetzt, daß wenn Jemand eine verschuldete Erbschaft ohne Vorbehalt der Rechtswohlthat das Inventarii übernommen, und dadurch außer Stand gesetzt worden ist, seinen eigenen und den Erbschaftsgläubigern zugleich ein Genüge zu leisten, die eigenen Gläubiger, deren Forderungen älter als der Erbanfall sind, und innerhalb Jahresfrist nach der Antretung der Erbschaft eingeklagt, und bis zum eröffneten Concurse durch Execution zu realisiren versucht worden sind, auf die Absonderung des eigenen Vermögens des Gemeinschuldners von der Erbschaft antragen können. Dieses Recht ist nicht auf den Fall einer Fraus des Schuldners beschränkt, sondern unbedingt. Dadurch ist also gewissermaaßen die Befugniß eines Jeden, nach Belieben Schulden zu contrahiren, welches durch die unbedingte Antretung einer Erbschaft eben so wie durch Bürgschaft oder Expromission geschieht, negirt. Damit steht aber schon eine unmittelbar folgende Bestimmung in Widerspruch, indem zum Nachtheil solcher Erbschaftsgläubiger, denen der Erbe, vor eröffnetem Concurse, ein Pfand- oder Hypothekenrecht in seinem eigenen Vermögen bestellt hat, auf die Absonderung nicht soll angetragen werden können [51]). Ein innerer Grund ist für diese rein positiven Bestimmungen nicht.

---

49) L. 1 §. 2 D. h. t.

50) L. 1 §. 5 D. eod.

51) A. L. R. l. c. §. 507—512.

Das beneficium separationis geht verloren:

1. wenn der Erbe als Schuldner angenommen wird. Nach Römischem Rechte geschahe dieß schon, si personam vel nomen heredis secuti sint, d. h. wenn sich die Gläubiger irgendwie freiwillig mit dem Erben eingelaßen hatten [52]. Nach Preußischem Rechte geschieht dieß jedoch nur durch eine Novation [53]).

2. Soweit die Scheidung der Erbschaft von dem eigenen Vermögen nicht mehr möglich ist [54]). Ist das in der Erbschaft vorgefundene, oder daraus gelösete Geld zum Ankaufe eines Grundstücks verwendet, welches zur Zeit der Concurseröffnung in dem eigenen Vermögen des Gemeinschuldners noch vorhanden ist, so soll das verwendete Geld aus der Losung für das Grundstück nicht zurückerstattet, sondern die Erbschaftsgläubiger sollen auf das, was nach Bezahlung der eingetragenen Hypotheken übrig bleibt, in der Vierten Klasse angesetzt werden [55]). Hierdurch ist denselben also ein Privilegium exigendi in Beziehung auf die, mit den, aus der Erbschaft genommenen, Geldern erkauften, Sache beigelegt.

3. Durch Verjährung. Nach Römischem Rechte sollte die Separation nur innerhalb der ersten fünf Jahre von Antretung der Erbschaft an gerechnet, verlangt werden können [56]). Dieß wurde jedoch schon von der gemeinen Praxis nicht mehr genau beobachtet. Nach Preußischem Rechte dauert die Zeit nur Ein Jahr, und zwar vom Tage des Absterbens des Erblassers. Man bemerke, daß hierin eine Verschiedenheit ist zwischen dem Fall, wenn die Erbschaftsgläubiger die Separation verlangen,

---

52) L. 1. §. 10. 11. 15. 16. u. L. 7 D. h. t.

53) A. L. R. l. c. §. 501.

54) L. 1 §. 12 D. eod. A. G. O. §. 275. h. t.

55) A. G. O. §. 276. 421.

56) L. 1 §. 13 D. h. t.

und dem Falle, wenn die eigenen Gläubiger des Erben darauf antragen. In diesem letztern Falle nämlich soll die Jahresfrist erst von dem Tage der Uebernahme, d. h. der Antretung der Erbschaft[57]) gerechnet werden. Man findet auch hier keinen innern Grund zu dieser Verschiedenheit, da der Umstand, daß vor der Antretung (Uebernahme) es ungewiß ist, ob der Erbe die Erbschaft annehmen werde, in dem Einen Falle so gut wie in dem Andern vorhanden ist. Die Verjährung wird unterbrochen und mithin das beneficium erhalten, wenn vor Ablauf dieses Jahres die Befriedigung von dem Erben im Wege der Klage gefordert, und die Execution wider ihn bis zum eröffneten Concurse fortgesetzt worden ist[58]), welches den Sinn hat, daß es nicht an dem Willen oder an der Nachläßigkeit des Gläubigers liegen muß, wenn er bis zur Concurseröffnung noch nicht befriedigt worden ist, d. h. er muß keine Nachsicht geben, und das gerichtliche Verfahren immer im Gange erhalten haben. Ungenau ist dieß aber immer noch; denn man kann fragen: wie lange kann der Gläubiger, ohne sich zu schaden, mit neuen Anträgen warten, wenn es wegen Mißlingens des ersten Executionsgesuchs neuer Anträge bedarf? So lange, als gewartet werden kann, um das Recht, Execution nachzusuchen, nicht verjähren zu laßen; denn so lange dieses Recht dauert, schwebt die Sache in der Executionsinstanz, folglich ist die Execution bis zum eröffneten Concurse, wenn die Eröffnung in diese Zeit fällt, fortgesetzt.

Hiernach kann es kommen, daß einige Gläubiger das Recht der Separation verloren haben, während es andern noch zusteht. Alsdann werden die letztern, mit

---

57) A. L. R. l. c. §. 508.

58) A. L. R. l. c. §. 503. A. G. O. l. c. §. 280. 281.

Ausschließung der erstern, aus der Erbschaft befriedigt, mithin müßen ihnen die letztern als nunmehrige Gläubiger des Erben nachstehen, wenn sie gleich sonst, hätten sie das Recht der Separation nicht verloren, nach der Qualität ihrer Forderungen, einen Vorzug gehabt haben würden [59]).

II. Die Separation der Gesellschaftsschulden.

Diese ist nicht Römischen Ursprungs, sondern durch die deutsche Gerichtspraxis eingeführt. Nach Römischem Rechte haften mehrere Gesellschafter den Gläubigern nur pro parte, ausgenommen, wenn der einzelne Gesellschafter Institor war und contrahirt hatte, in welchem Falle alle in solidum hafteten. Die Privatgläubiger des einen Socius haben gegen die übrigen Socien natürlich keinen Anspruch; allein diese halten sich an ihren Contrahenten und dessen Vermögen, ohne Rücksicht darauf: ob dasselbe in oder außer der Societät ist, und erlangen in sofern also mit den Societätsgläubigern gleiches Recht. Nach der deutschen Gerichtspraxis tritt aber bei der Handlungssocietät ein anderes Verhältniß ein. Die dabei zum Grunde liegende Ansicht ist die, daß die Handlungssocietät eine juristische Person sei [60]). Daraus erklärt sich

---

[59]) L. 1 §. 16 D. h. t. A. L. R. l. c. §. 505.

[60]) Eine unter einer Firma betriebene Handlung ist als das Rechtssubject hinsichtlich aller aus Handlungsgeschäften entstehenden Rechte und Verbindlichkeiten anzusehen. Von Hans Ludwig Hasselrilug (in Elver's Themis B. I. H. 1 Nr. 3). — Beitrag zur rechtlichen Erörterung der Verbindlichkeiten, welche aus dem Eintritt in eine bestehende Handlungsfirma entspringen; besonders hinsichtlich der schon vor dem Eintritt auf derselben gelastet habenden Schulden, von Dr. A. Fabor. Dagegen aber die gediegene Abhandlung: Einige Bemerkungen über den Aufsatz Nr. III. im 1sten Heft des 1sten Bandes

das Haften in solidum, und daher hat die Praxis eingeführt[61]), daß die Societätsgläubiger die Separation des Societätsvermögens von dem Privatvermögen eines jeden einzelnen Gesellschafters verlangen können, indem angenommen wird, daß der Socius seinen Beitrag zum Societätsvermögen gleichsam an die juristische Person veräußert habe. Dagegen haben die Societätsgläubiger zunächst keinen Anspruch an das Privatvermögen der Gesellschafter; indeß sind sie davon nicht ganz ausgeschlossen, sondern können sich in subsidium daran halten, wenn davon nach Befriedigung der Privatgläubiger noch etwas übrig bleibt; und hier findet die juristische Person wieder ihre Grenze. Manche Practiker behaupten auch einen Vorzug der Socien in dem Vermögen des Andern, vor dessen Privatgläubigern, welches aber von der Praxis nicht angenommen worden ist.

Die Preußische Gesetzgebung hat diese Praxis recipirt[62]). Wenn über das Vermögen eines Handlungsgesellschafters Concurs ausbricht, so findet eine, vom Concurse völlig getrennte, Auseinandersetzung Statt. Dabei werden die Passivschulden der Societät vorweg in Abzug gebracht, und die übrigen Handlungsgenossen sind nicht schuldig, sich dieserhalb in den Concurs einzulassen[63]). Erst der Ueberschuß wird zwischen der Concursmasse und

---

dieser Zeitschrift. (Elver's Themis 3tes Heft des 1sten Bandes Nr. 18 pag. 198 u. f.)

[61]) Carpzow Decis. 51

[62]) Die zweifelhafte Frage: ob eine Handlungs Societät nach Preußischem Rechte wirklich für eine juristische Person gelten muß, kann hier nicht erörtert werden. Das Geh. Ober Trib. legt diese Eigenschaft sogar jedem von mehreren Handlungs-Etablissements Einer physischen Person bei. Vergl. Note 66.

[63]) A. G. O. l. c. §. 289.

den übrigen Gesellschaftern getheilt. In sofern die Societätsgläubiger sich an die Person eines jeden Socius halten können, sind dieselben auch berechtigt, ihre unbezahlten Forderungen bei der Concursmasse zu liquidiren, wobei sie als solche vor den übrigen Gläubigern keinen Vorzug haben.

III. Die Separation der verschiedenen Handlungshäuser, oder der Creditores diversarum tabernarum. Nach Römischem Rechte fand eine Separation bei der Actio tributaria Statt[64]). Wenn ein Servus mit Wissen des Herrn peculiari merce Handel trieb, so hatten die Gläubiger das Recht, sich aus diesem Peculium zu befriedigen, wobei das Besondere galt, daß der Herr dasjenige, was er selbst von dem Servus zu fordern hatte, von dem Peculium nicht abziehen konnte, vielmehr pro rata theilen mußte. Wurde ungleich getheilt, so konnte mit der Actio tributaria gegen den Herrn geklagt werden. Die Gläubiger aus einem bestimmten Handlungszweige oder aus einer Taberna sollten eine Separation der dazu gehörigen Sachen und Forderungen haben. Als Grund wird angegeben: weil unusquisque eorum merci magis quam ipsi credidit. Die Practiker haben diese Vorschriften auch auf die Kaufleute sui juris ausgedehnt. Nach Römischem Rechte ist solche Ausdehnung zu verwerfen[65]), weil die specielle Ratio hier keine Anwendung findet, indem bei einer freien Person ihr selbst, nicht ihren Sachen creditirt wird.

Das Preußische Recht erwähnt der Separation verschiedener Handlungshäuser einer einzelnen Person nicht, die Praxis erkennt aber die juristische Persönlichkeit einer

---

[64]) L. 5 §. 15 u. 16 D. de trib. act. (XIV. 4).

[65]) L. 50 §. 1 D. de judiciis. (V. 1). Lauterbach Colleg. theor. pract. Tit. de tribut. act. §. 7.

jeden für sich bestehenden Handlung eines und desselben Herrn an[66]). Eben so muß, wenn der Gemeinschuldner Mitglied verschiedener Handlungsgesellschaften gewesen ist, aus den vorhin (Nr. II.) angegebenen Gründen, eine Separation dieser verschiedenen Häuser Statt finden.

---

[66]) Simon und v. Strampff Rechtssprüche. IV. Nr. 13. Es heißt in dem dort mitgetheilten Präjudicat des Geh. Ober-Trib. S. 136: „Thatsächlich ist es als richtig anzunehmen, — daß das unter der Firma F. W. Weddigen und Söhne in Cöln bestandene Handlungs-Etablissement in eben der Art, wie das mit gleicher Firma in Minden bestandene Handlungshaus, das Eigenthum der Gebrüder Weddigen war. — Daraus folgt allerdings, daß der Handlungsfonds beider Firmen denselben Eigenthümern zugehört hat, und daß sonach der Inhaber eines von dem Etablissement zu Minden auf das in Cöln gezogenen Wechsels, gegen die Regel, statt zweier Wechsel-Verpflichteten, deren in der Wirklichkeit nur Einen erhielt. Hierauf muß aber auch die rechtliche Wirkung dieser Gemeinschaftlichkeit der Eigenthümer beider Handlungen — beschränkt, kann aber nicht in dem Maaße ausgedehnt werden, daß dadurch der dießfallsige Wechsel die Natur des gezogenen verliere. Denn die beiden, an verschiedenen Orten bestehenden Handels-Etablissements bilden keinesweges eine unzertrennbare Einheit; sie stehen sich vielmehr als besondere selbstständige Handlungen gegenüber, und müßen eben deßhalb in ihrer kaufmännischen Wirksamkeit als verschieden betrachtet werden. — Wenn daher das Handlungshaus F. W. Weddigen und Söhne in Minden dem Handlungshause in Cöln die Leistung der Zahlung auftrug, so ist es nicht der Aussteller der Wechsel, welcher die Zahlung zu leisten versprochen hat; dieselbe ist vielmehr unbedenklich einem Dritten übertragen worden." Der eigentlich juristische Entscheidungsgrund ist also, daß die beiden Handlungen jede für sich eine juristische Person ausmachen. Es müßte sehr interessant sein, wenn der höchste Gerichtshof diesen Rechtssatz, den er für unbedenklich erklärt, bewiesen hätte.

IV. Die Separation des Lehn- und Fideicommiß-Gutes. In der Regel steht nicht die Substanz, sondern nur der Fruchtgenuß der Masse zu. Wenn aber die Güter selbst gültig verpfändet sind, so tritt eine Separation ein, in Folge welcher die Lehns- und Fideicommißgläubiger ausschließlich aus dem Lehns- und Stammgute befriedigt werden[67]).

V. Die Separation der in verschiedenen Territorien belegenen Güter des Gemeinschuldners. Wenn unter verschiedenen Territorien bloß verschiedene Provinzen desselben Landes verstanden werden, so findet die Separation nicht Statt, worüber man von jeher einig gewesen ist, und welches auch die Preußische Gesetzgebung ausdrücklich ausgesprochen hat[68]). Aber wenn die Territorien verschiedenen Landesherren unterworfen sind, behaupten Viele, daß die Separation zu Gunsten der Gläubiger eines jeden Territoriums Statt finden müße. Von den Reichsgerichten wurde die entgegengesetzte Meinung geschützt, und diese ist auch die richtige, weil, wenn den eigenen Unterthanen eine Priorität vor den Auswärtigen gegeben wird, dieß eine partielle Rechtsverweigerung ist, wozu nach dem Völkerrecht kein Staat berechtigt ist. Außerdem wird durch die verschiedenen Particularconcurse die Sache weitläuftig gemacht.

Die Preußische Gesetzgebung hatte jedoch jene Meinung recipirt, und die Separation des inländischen Vermögens von dem ausländischen, zum Besten der inländischen Gläubiger angeordnet, falls nicht Staatsverträge etwas anderes bestimmen[69]); man ist aber davon in etwas schon zurückgekommen, und läßt auch auswärtige

---

67) A. G. O. l. c. §. 330—331.

68) §. 25 sq. u. 617 seq. l. c.

69) §. 668. 669. l. c.

Gläubiger zu, jedoch nur alsdann, wenn nicht behauptet und nachgewiesen wird, daß nach den Gesetzen des Wohnorts des auswärtigen Gläubigers im gleichen Falle dort ausländische Gläubiger ausgeschloßen werden[70]). Die Sache verhält sich jetzt so:

1. Hat ein ausländischer Unterthan, welcher in Concurs verfällt, in hiesigen Landen Vermögen, so wird darüber hier ein Specialconcurs eröffnet. Zu demselben werden nur gelassen:

a. inländische Gläubiger,

b. inländische Cessionarien auswärtiger Gläubiger, deren Cession älter als der ausländische Concurs ist[71]);

c. auswärtige Gläubiger, welche mit ihren Forderungen auf ein diesseitiges Grundstück eingetragen sind, und

d. solche Ausländer, welche einen Titel zum Pfandrechte haben, mithin in der vierten oder fünften Klasse angesetzt werden müssen, und zugleich nachweisen können, daß sie bei der auswärtigen Masse, wegen Unzulänglichkeit derselben, leer ausgegangen sind[72]);

e. auswärtige Gläubiger aus solchen Orten, nach deren Gesetzen im gleichen Falle ausländische Gläubiger zugelassen werden. Das Gegentheil muß jedoch von hiesigen Gläubigern behauptet und bewiesen werden[73]).

Was nach Befriedigung dieser Gläubiger übrig bleibt, wird an den Richter des auswärtigen Concurses abgeliefert[74]).

2. Hat ein hiesiger Unterthan im Auslande Vermögen, und der auswärtige Richter eröffnet darüber Con-

---

70) Anh. z. A. G. O. §. 379.

71) A. G. O. §. 665. l. c.

72) A. G. O. l. c. §. 666. Vergl. Günther Polemik des deutschen Rechts §. 391 Nr. 5.

73) Anh. z. A. G. O. §. 379.

74) A. G. O. §. 667 l. c.

curs, so wird davon keine Notiz genommen, und den auswärtigen Requisitionen nicht genügt, vielmehr wird hier beurtheilt, in wiefern der Schuldner sich nach den hiesigen Gesetzen zum Concurse qualificirt, oder nicht. Wird hier Concurs eröffnet, so muß der Curator darauf sehen, daß bei dem ausländischen Specialconcurse keine Ungleichheit der Rechte zwischen den jen- und diesseitigen Gläubigern statuirt, und der verbleibende Ueberrest der hiesigen Masse nicht vorenthalten werde[75]).

VI. Die Separation solcher Sachen, welche dem flüchtigen oder betrüglichen Gemeinschuldner durch einzelne Gläubiger abgenommen, und der Masse zugewendet worden sind. Nach einer Stelle der Pandecten[76]) sollte ein Gläubiger, welcher vor der Missio in possessionem dem flüchtigen Schuldner etwas abgenommen hatte, dieß auf seine Forderung behalten dürfen, weil eben kein Klagerecht, keine actio in factum, gegen ihn begründet war. Daraus hat die gemeine Praxis die Regel gebildet: daß aus solchen Sachen, welche mit Hülfe eines einzelnen Gläubigers der Masse erhalten worden sind, dieser Gläubiger vor allen übrigen zu befriedigen[77]). Diese Praxis ist von der Preußischen Gesetzgebung dahin sancionirt[78]):

1. Wer einige von dem Gemeinschuldner außer Landes geschaffte, oder sonst der Creditmasse entzogene Effecten entdeckt, und dadurch bewirkt, daß die Masse einen Zuwachs erhält, oder wer den flüchtigen Schuldner selbst einholt, zur Haft bringt und dadurch veranlaßt, daß mitgenommene oder verborgene Vermögensstücke entdeckt und zur Masse gebracht werden, erhält dadurch in seiner Classe die Priorität, nach Verhältniß des der Masse ver-

---

75) §. 670. 671. l. c.

76) L. 10 §. 16 D. quae in fraudem cred. (XLII. 8).

77) Leyser Sp. 489. m. 10.

78) A. G. O. l. c. §. 183—185.

schafften Vortheils, d. h. die Summe des verschafften Vortheils wird mit der für diese Classe vorhandenen Summe, wenn sie nicht für alle zureicht, verglichen, und nach diesem Verhältnisse dem bevorzugten Gläubiger der Vortheil zugetheilt, den er sonst nicht erhalten haben würde.

2. Kann hiernach der Gläubiger seine Befriedigung nicht erhalten, so muß ihm die Hälfte des Ausfalls, welchen er bei dem Concurse erleiden würde[79]), aus der Masse vorweg bezahlt werden, doch darf die Summe den der Masse verschafften Vortheil niemals übersteigen.

Zu den Separatisten ex jure crediti gehören ferner:

VII. die Bank und die Seehandlung in Ansehung der bei ihr eingesetzten Pfänder, welche nur den nach ihrer Befriedigung verbleibenden Rest zur Concursmasse abliefern[80]).

VIII. Die Landschaften oder ritterschaftlichen Kredit-Directionen, welche nur den, nach ihrer Befriedigung an Capital, sämmtlichen Zinsen und Vorschüßen verbleibenden Ueberrest der Einkünfte und Kaufgelder der mit Pfandbriefen belegten Güter zur Concurs-Masse heraus geben[81]). Die Sequestrationen verfügen und leiten sie selbst, und die Subhastationen geschehen auf ihren Antrag durch den Realrichter[81]).

IX. Der Erbverpächter, welcher wegen seiner Forderungen aus dem Erbpachts-Contracte die Erbpachtsgerechtigkeit verkaufen lassen, sich aus dem Kaufgelde be-

---

[79]) In der Gerichtsordnung l. c. §. 485 heißt es: „Die Hälfte seines bei dem Concurse erleidenden Ausfalls." Eben so gebraucht die G. O. §. 377 l. c. den Ausdruck: handhabendes Pfand, statt Faustpfand.

[80]) Cab. O. v. 31. Januar 1827. Ges. Samml. S. 21.

[81]) A. G. O. l. c. §. 287.

friedigen kann, und nur den Ueberschuß zur Concursmasse abzuliefern hat [82]).

X. Der Versicherte, welcher beim Concurse des Versicherers die Abtretung der Rechte an den Rückversicherer gegen Erstattung der dafür gezahlten Prämie und Kosten von der Masse vorweg fordern kann [83]).

XI. Ein gleiches Recht hat der Eigenthümer verbauter Materialien wegen seiner Entschädigung dafür, auf die von demjenigen, welcher das Eigenthum des Gebäudes erhält, dem bauenden Gemeinschuldner oder dessen Concursmasse zu leistenden Entschädigung [84]).

XII. Sämmtliche Hypothekarien. Diese werden zwar in dem Klassificationsurtel, vermöge ihrer Eigenschaft als Concursgläubiger, locirt; es werden aber die Einkünfte und Kaufgelder der verpfändeten Grundstücke von der übrigen Concursmasse gänzlich getrennt, und nur die nach Befriedigung der Hypothekarien verbleibenden Ueberschüße an die Commun-Masse herausgegeben; wogegen andererseits der Ausfall bei der Commun Masse liquidirt werden kann, wenn der Gemeinschuldner zugleich persönlicher Debitor ist [85]).

XIII. Diejenigen, welche ein Compensations-Recht haben. Diese brauchen nur den Ueberrest ihrer Forderung, welcher nach Abzug ihrer Gegenforderung verbleibt, bei der Masse zu liquidiren, oder wenn ihre Forderung weniger beträgt, nur den Ueberschuß ihrer Schuld an die Masse zu zahlen [86]).

---

82) §. 382 b. l. c. A. L. R. I. 21 §. 212—215.

83) A. L. R. II. 8 §. 2015.

84) A. L. R. I. 9 §. 339.

85) A. G. O. §. 489. 392. 452. 453. h. t.

86) Ebd. §. 288.

XIV. Die Separation der Bergwerke von dem übrigen Vermögen des Gemeinschuldners [87]).

XV. Die Separation der See-Schiffe mit ihren Schulden und Lasten [88]).

III. Die Separatisten *ex jure dominii* oder die Vindicanten.

Diese sind keine Concurs-Gläubiger, weil ihr Anspruch nicht auf Geld, sondern auf eine specielle Sache geht. Die Bedingungen eines Vindications-Anspruchs sind: ein dingliches Recht, und das Vorhandensein der Sache in der Masse. Es muß also:

1. ein dingliches Recht, und zwar ein selbstständiges sein. Der gewöhnlichste Fall ist Eigenthum, und dieses wird mit der Reivindication, oder mit der Actio Publiciana [89]) verfolgt [90]). Das nehmliche Verhältniß tritt bei andern selbstständigen dinglichen Rechten ein. Dahin gehören Erbpacht, Servituten und Superficies. Hierbei versteht sich, daß das Eigenthum der Sache nach Abzug des dinglichen Rechts in der Masse bleibt. Das Pfand- und Hypotheken-Recht gehört nicht dahin, weil es nicht selbstständig ist, und die Berechtigten zugleich Concursgläubiger sind, welche sich in den Concurs einlassen müssen. Die in neuester Zeit behauptete [91]) Selbstständ-

---

87) Ebd. §. 672 sq.

88) Ebd. §. 681 sq.

89) A. L. R. I. 7 §. 161.

90) A. G. O. h. t. §. 292. 295—344. — L. 21 §. 2 D. de reb. auct. jud. poss. (XLII. 5). — L. 5 §. 18 D. de trib. act. (XIV. 4). — L. 3. C. qui bonis cedere. (VII. 71). — L. 1 C. de privil. fisci. (VII. 73).

91) Fr. Th. Boele, die Hypothek nach Preuß. Recht, als ein selbstständiges dingliches, nicht accessorisches Recht, betrachtet mit Rücksicht auf das Recognitionssystem: im neuen Archiv für Preuß. Recht und Verfahren. 2r Jahrg.

digkeit des Preußischen Hypotheken-Rechts ist grundlos. Allerdings sind selbstständige dingliche Rechte, welche mit der Entstehung und auch der Ausübung einer Hypothek große Aehnlichkeit haben, nicht bloß denkbar, sondern particularrechtlich wirklich vorhanden, wie namentlich der Danziger Pfenningszins[92]); allein von der Hypothek nach Preußischem Rechte ist eine solche Selbstständigkeit von Grund aus zu leugnen[93]). Eben so kann eine Erbschaft mit der hereditatis petitio aus dem Concurse gefordert oder vindicirt werden, vorausgesetzt, daß dieselbe mit dem eigenen Vermögen des Schuldners nicht dergestalt vermischt ist, daß die einzelnen Sachen nicht mehr unterschieden und abgesondert werden können[94]).

1stes Heft. Nr. 6. — **Bornemann**, über den §. 52 des Anh. z. A. L. R. rc.; in der juristischen Wochenschrift I. Jahrg. Nr. 5 u. f.

[92]) Danziger Willkuhr Th. II. Cap. 2. — Eine Erläuterung des Strohwischrechts in: N. Arch. B. I. S. 40. — **Rabe** Samml. B. V. S. 681.

[93]) Ist die Hypothek nach Preuß. Rechte ein accessorisches, oder ein selbstständiges dingliches Recht? Marienwerder 1831. — Dazu die Recension in der Allg. Liter. Zeit. Jahrg. 1831 Nr. 226. — Der Verf. der in der jurist. Zeit. Jahrg. 1832 Nr. 52. Col. 1216 abgedruckten Recension hat keine juristischen Gründe für seine abweichende Meinung beigebracht. — Dagegen s. m. Rescr. vom 29. Septbr. 1832. (Jur. Zeit. pro 1833. Col. 243). Rescr. v. 25. Febr. 1833. (Ebd. Sp. 961), und Präjudicat, ebd. pro 1835. Sp. 395. — Der Verf. des Aufsatzes in der jur. Zeit. Jahrg. 1835. Col. 537 behauptet gar, die Hypothek sei ein getheiltes Eigenthum. — Es hätte der Widerlegung dieser Irrlehre, womit sich der Aufsatz in Nr. 38 Col. 901 u. f. unter andern beschäftigt, kaum bedurft.

[94]) A. L. R. I. 9 §. 458. 459. 494 u. f. — A. G. O. h. t. §. 272—281.

2. Die Sachen müßen in Natur vorhanden sein. Wird die Aestimation für eine nicht mehr vorhandene Sache gefordert, so ist dieß eine gewöhnliche Concursforderung.

Die Rechte der Vindicanten bestehen darin, daß diese Personen ein unbedingtes Vorrecht haben, die Sachen vorweg nehmen, und das Concurs-Verfahren nicht abwarten. Die Reivindication muß aber bei dem Concursgerichte, gegen den Contradictor, oder vielmehr eigentlich gegen den Curator als Inhaber der Activ-Masse, zu deren Feststellung die Ausscheidung der fremden Sachen gehört, angebracht werden; sie hat aber ihren eigenen Gang; das Erkenntniß über den Anspruch wird nicht bis zum Prioritätsurtel ausgesetzt, sondern besonders abgefaßt, und die Restitution der Sachen erfolgt ohne Rücksicht auf die Distribution der Masse[95]).

Viele gemeinrechtliche Praktiker behaupten, die Vindicanten seien an die Fristen des Concurs-Verfahrens gebunden, und müßten bei der Versäumung derselben präcludirt werden. Die Meinungen darüber haben sehr variirt. Nach dem Preußischen Rechte werden diese Berechtigten aber ebenfalls präcludirt, wenn sie sich auf die Vorladung nicht melden; denn sie sind wie Gläubiger classificirt, und von der Vorladung zu dem allgemeinen Connotations-Termine sind ausdrücklich nur diejenigen ausgenommen, welche außer der Rangordnung (ante omnes) speciell genannt werden[96]). Der practische Nutzen dieses Verfahrens besteht darin, daß der Betrag der

---

[95]) Rescr. v. 31. Decbr. 1819. Jahrb. XIV. S. 212. A. G. O. h. t. §. 527. 528.

[96]) A. G. O. h. t. §. 102. 145. 146. 296 u. f. Ueber die gemeinrechtliche Praxis s. m. M. Abhandlung über die Frage: Kann ein sub hasta publica adjudicirtes Grundstück vindicirt werden? Jurist. Zeit. Jahrg. 1832. Col 159 und 160.

Masse nicht ungewiß bleibt, und die Vertheilung und Ausschüttung nicht durch spät nachkommende Realprätendenten aufgehalten werden kann. Uebrigens müssen die Vindicanten die Kosten der Vindication ebenso selbst tragen, wie die Gläubiger die Kosten der Liquidation[97]), weil die Kosten-Forderung eine reine Concursforderung ist.

Nach der Preußischen Gesetzgebung gehören nur drei Fälle hierher, wogegen alle übrigen Vindications-Ansprüche in die Rangordnung verwiesen sind.

1. Gewisse Arten von Depositis. Diejenigen nämlich, welche von dem Gemeinschuldner verklagt und zwar verurtheilt, aber wegen ihrer zur besondern Ausführung verwiesenen Gegenforderungen oder illiquiden Einwendungen zur gerichtlichen Deposition der dem Gemeinschuldner zuerkannten Summe verstattet worden sind, können die deponirten Gelder soweit zurückfordern, als die zur Separatverhandlung gewiesenen Forderungen zuerkannt werden. Eigentlich müßten diese Personen als Eigenthümer der deponirten Gelder angesehen werden, da sie nicht, um Zahlung zu leisten, deponirt haben, sondern nur, um die Execution wegen einer angeblichen sub conditione, wenn die Einwendungen unbegründet sein werden, vorläufig festgesetzten, aber in Wahrheit gar nicht vorhandenen Schuld von sich abzuwenden; sie müßten daher auch die von diesen Geldern aufgekommenen Zinsen erhalten. Die Sache ist aber so ausgedrückt, als gehörte das Geld der Masse, und als sollte der Deponent nur wegen seiner erstrittenen Gegenforderungen aus diesen Geldern befriedigt werden, so daß die dazu nicht nothwendigen Zinsen der Masse verbleiben; denn es heißt: „dergleichen Interessenten erhalten auch die inzwischen aufgekommenen Depositalzinsen, soweit dieselben zu

---

97) A. G. O. h. t. §. 292.

ihrer Befriedigung erforderlich sind." Sie sind aber sämmtlich zu deren Befriedigung erforderlich, weil, wenn die deponirte Schuld, zufolge der erörterten Einwendungen, unrichtig befunden worden, das Geld niemals Eigenthum des Gemeinschuldners hat werden sollen und können. Es heißt ferner, daß diese Interessenten zwar die Kosten der Deposition tragen müßten, den dadurch erlittenen Ausfall an ihrer Forderung aber im Concurse liquidiren könnten. Wenn die Sache aber von der vorhin gezeigten Seite angesehen wird, so können diese Interessenten wegen der Depositionskosten eigentlich keinen Ausfall an ihrer Forderung leiden, und also keinen Rest der Forderung liquidiren, sondern sie müßten die Erstattung der ihnen durch die Deposition verursachten Kosten, wozu noch andere als die von dem Gelde abzuziehenden Depositalgebühren (Depositionskosten) gehören können, aus der Concursmasse fordern. (Note 97).

2. Amtsschriften und Geräthschaften, welche dem Gemeinschuldner zur Verwaltung seines Amts, womit er etwa bekleidet gewesen ist, anvertraut worden sind, oder welche ohne Nachtheil des Dienstes nicht andern Händen haben überlassen werden können, wie z. B. Risse von Festungen, Operationspläne, geheime Nachrichten rc., müssen der Behörde vorweg verabfolgt werden. Zur Ermittelung dieser Sachen wird die Behörde zur Inventur zugezogen. Die auf solche Gegenstände von dem Gemeinschuldner verwendeten Ausgaben müssen erstattet werden, wenn es nicht vorgezogen wird, die Sachen unbrauchbar für ihren öffentlichen Zweck zu machen, und der Masse die Materialien zu lassen [98]).

3. Confiscirte Sachen [99]). Das Eigenthum geht

---

[98]) Ebd. §. 295. 215.

[99]) A. L. R. II. 14 §. 69. — L. 1 §. 2 u. 3 D. de jure

ipso jure durch die Contravention auf den Fiscus über, ohne daß es auf die Zeit der Publikation des Straferkenntnisses ankommt [100]).

Außerdem ist noch des Erbschatzes zu erwähnen, welcher, wenn er in den Händen eines Dritten ist, gar nicht zur Masse gezogen wird. Von einer Absonderung kann nicht die Rede sein, weil dieses fremde Eigenthum in diesem Falle nicht unter dem Vermögen des Gemeinschuldners sich befindet [101]).

§. 49.

c. Prioritätsordnung.

Chr. Ludw. Runde de historia, indole ac vi remediorum securitatis, quibus jure Romano prospectum est creditoribus per privilegia personalia, hypothecas tacitas et privilegia hypothecarum. Gött. 1791. — Christian Gottlieb Gmelin, die Ordnung der Gläubiger im Gantprozeße 5. Aufl. Ulm 1813. — Heinrich Reinhard die Ordnung der Gläubiger im Concurse. Dresd. 1826. — Uebersicht und Prüfung der Gesetze über die Ordnung der Gläubiger bei dem Gantprozeße, nach Römischen, Deutschen, besonders Württembergischen und Französischen Rechten. Stuttgard 1821. gr. 8.

Tabellarische Uebersicht der Lehre von der Classification der Gläubiger im Concurse, nach den Vorschriften der Allg. Gerichts-Ordnung, Allg. Landrechts und der neuern Gesetze. 3te Aufl. Berlin 1828.

---

fisci. (XLIX. 14). — L. 2 C. de vect. (IV. 61). — Lauterbach Colleg theor. pract. L. 49. Tit. 14. §. 10.

[100]) A. L. R. II. 20 §. 297. 298. — Vergl. Capitulare v. J. 805. II. cap. VII. in Georgisch p. 696 u. 697, das erste bekannte deutsche Gesetz, welches die Confiscation einführt.

[101]) A. L. R. II. 1 §. 302.

Erste Klasse.

In dieser Klasse stehen siebenzehn Posten.

I. Zurückgeforderte noch vorhandene Deposita; auch deponirte baare Gelder, vorausgesetzt, daß dieselben nicht mit des Gemeinschuldners Geldern vermischt, sondern in besondern Behältnissen oder Beuteln, mit des Deponenten Petschaft versiegelt, oder in verschloßenen Behältnissen, wozu der Niederleger den Schlüßel in Händen behalten hat, kurz, so bestimmt von andern Geldern unterschieden, daß sie vindicirt werden können, vorhanden sind, wodurch die Meinung, daß auch unversiegelt aber zinsfrei, und unter der Bedingung, daß eben dieselben zurückgegeben werden sollten, jure separationis vorweg gefordert werden könnten, beseitigt ist[1]).

II. Sachen, welche zum Gebrauch geliehen, vermiethet oder bittweise überlassen worden sind, und sich beim Ausbruche des Concurses noch vorfinden, und nach ihrer Natur durch den Gebrauch mittelst der Vermischung nicht Eigenthum des Gemeinschuldners geworden sind. Daher gehören geliehene Gelder und fungible Sachen nicht hierher. Andere Gelder, welche ohne deponirt oder creditirt zu sein, sonst auf irgend eine Art in die Gewahrsam des Gemeinschuldners gekommen, zur Zeit des eröffneten Concurses noch unvermischt vorhanden sind, und mit Gewißheit unterschieden werden können, sind hier zurückzugeben, wenn der Gemeinschuldner unredlicher Besitzer war, oder wenn er dieselben unent-

---

[1]) A. G. O. §. 296. l. c. — L. 17 §. 1 D. depos. (XVI. 3). — L. 24 §. 2 D. de reb. auct. jud. poss. (XLII. 5). Lauterbach de privilegio creditorum personali simplici. Tub. 1662. §. 17. — Id. in collegio theor. pract. XLII. 5. §. 15. — Harpprecht Consil. 73 n. 47.

geltlich erhalten hatte. Das nämliche gilt auch von den auf jeden Inhaber lautenden Papieren[2]).

III. Pfandstücke, welche bei dem Gemeinschuldner versetzt worden, und bei der Concurseröffnung noch vorhanden sind, wenn der Pfandschilling nebst Zinsen entrichtet wird. Geschieht das letztere nicht, und werden die Pfandstücke verkauft, so wird der Ueberschuß hier zuerkannt[3]). Nach gemeinem Rechte sollten Cautionen mit solchen Pfändern gleiche Rechte haben[4]). Die Preußische Gesetzgebung erwähnt dessen nicht; es folgt aber aus der Natur der Caution als eines Pfandes oder Hypothekenrechts für eventuelle künftige Forderungen, daß sie hier ebenfalls zurückgefordert werden können, wenn sie im Vermögen des Gemeinschuldners noch wirklich vorhanden, und mit Gewißheit zu unterscheiden sind. Daraus folgt auch, daß wenn dem Schuldner z. B. eine Summe Geldes als Caution gezahlt worden wäre, welche nicht abgesondert und gehörig bezeichnet vorgefunden wird, an diesem Orte nichts gefordert werden kann.

IV. Gestohlene Sachen, welche sich beim Ausbruche des Concurses noch im Besitze des Gemeinschuldners befunden haben[5]).

V. Kaufmannsgüter, welche dem Gemeinschuldner zum Verkaufe oder zur weitern Spedition anvertraut,

---

[2]) A. G. O. l. c. §. 297 — A. L. R. I. 15. §. 45—47. — L. 9 D. de rei vind. (VI. 1). — L. 8 u. 9 D. commod. — Leyser Sp. 479 m. 3. — L. 39. L. 60 §. 1 D. loc. cond. (XIX. 2).

[3]) A. G. O. §. 298. l. c. — L. 13 D. de pign. act. (XIII. 7). — Brunnemann de Processu concurs. cred. cap. IV. § 5. — Gmelin Cap. I. §. 14.

[4]) Hoffmann teutsche Reichspraxis. P. II. §. 1266. — Gmelin l. c. Cap. I. §. 7.

[5]) A. G. O. l. c. §. 299.

und noch in der Gewahrsam des Gemeinschuldners vorhanden sind; eben so die aus dem Verkaufe gelöseten, besonders aufbewahrten, und mit dem Vermerke, daß sie dem Committenten gehören, bezeichneten Gelder, und die noch ausstehenden Kaufgelder. Sind die Kommissionswaaren ohne Unterscheidungszeichen mit den eigenen Waaren des Gemeinschuldners vermischt, so muß der Kommittent, wie sich schon von selbst versteht, die einzelnen Stücke seines Eigenthums nachweisen[6]). Das Rechtsverhältniß ist, wenn es einfach bleibt, ein Mandat. Deshalb erwirbt der Commissionair nicht sich, sondern dem Committenten: von eingenommenen Geldern wird der Letztere Eigenthümer, wenn sie nicht mit andern vermischt werden, und von den creditirten Kaufgeldern ist der Committent Creditor. Alles was der Comissionair als Mandatar, vermöge des Auftrags, in seine Hände bekommt, muß er an den Committenten als den Eigenthümer herausgeben[7]), und der Committent hat sowohl die Vindikationsklage als die Mandatsklage, nach seiner Wahl. Die Vindicationsklage begründet unzweifelhaft den Locus in der ersten Klasse. Deshalb ist die von Mathis[8]) mitgetheilte Entscheidung aus dem angeführten zweiten Grunde unrichtig. Ein Kaufmann F. schickt nämlich dem Kaufmann B. drei in blanco indossirte Tratten, um solche für seine, des F. Rechnung einzukassiren. B. besorgt dieses, stellt das Geld in ein besonderes Behältniß, und giebt dabei seinen Leuten die Anweisung, dieses Geld als den Betrag für die drei Tratten an den F., wenn er sich melden sollte, auszu-

---

[6]) Ebd. §. 300. 301. — Koch de mercibus, in commissionem datis. Giess. 1766. §. 9. — Metting de mercibus in commiss. datis. Giess. 1782.

[7]) A. L. R. I. 13 §. 83.

[8]) Monatsschr. I. S. 211.

zahlen. Darauf stirbt B. plötzlich, und über sein Vermögen wird der Concurs eröffnet. Bei der Versiegelung finden sich noch in dem besondern Behältniß die für F. bestimmten Gelder. Dieser vindicirt dieselben als besonders aufbewahrte Kaufgelder der, von ihm dem Gemeinschuldner zum Verkaufe in Kommission gegebenen Wechsel, wird aber durch die Prioritätssentenz abgewiesen, und in der siebenten Klasse angesetzt; und dieses Erkenntniß wird auch in appellatorio bestätigt, und zwar aus dem Grunde,

1. weil, wenngleich die Kaufgelder besonders aufbewahrt worden, doch solches von dem Gemeinschuldner nicht mit der ausdrücklichen Vermerkung geschehen, daß sie Eigenthum seines Committenten seien. Dieser Grund kann nach den Umständen richtig sein; denn es ist eine bloße Negation des Beweises, doch scheint dieselbe der Species facti nicht recht zu entsprechen, indem danach der Gemeinschuldner allerdings die Bemerkung gemacht hatte, daß das Geld der Betrag für die, ihm von F. zum Verkaufe überschickten Tratten sei. Wiewohl dieses nur mündlich geschehen war, mußte es doch vollkommen genügen, weil hier nicht von einem Rechtsgeschäfte, wodurch Eigenthum übertragen werden soll, sondern lediglich von der Thatsache, daß der Gemeinschuldner das dem Committenten schon gehörige Eigenthum unterscheidet und von seinem eigenen absondert, folglich von keiner Form, sondern lediglich von dem Beweise einer Thatsache die Rede ist.

2. Weil hier dem Gemeinschuldner keine Waaren oder Effecten, sondern Wechsel zum Verkaufe in Kommission gegeben worden, und Wechsel nicht zu den Waaren oder Effecten gerechnet werden könnten, indem nach I. 2 §. 12 Schulddokumente, wozu doch Wechsel gehörten, zum Capitalsvermögen gerechnet, und §. 13 festge-

setzt würde, daß unter Effecten das baare und das Capitalsvermögen nicht verstanden seien. Nach kaufmännischem Gebrauche würden zwar Tratten als eine Waare angesehen, allein deshalb dürfe der Richter, der hier ganz bestimmte Vorschriften vor sich habe, sich doch keine bloße analogische Anwendung erlauben. Dieser Grund steht mit dem Wesen des Rechtsverhältnisses völlig in Disharmonie. Es ist ganz einerlei: wofür der Commissionair das Eigenthum des Committenten in die Hände bekommen hat, wenn er es nur wirklich hinter sich hat. Auf den Gegenstand des Commissionsgeschäftes kommt nichts an; der Nachdruck liegt nicht auf „Waaren und Effecten," sondern auf „in Kommission gegeben," oder mit andern Worten: auf das Rechtsgeschäft, Kommission genannt, kommt es an. Was vermöge dieses Geschäfts aus dem Eigenthume des Kommittenten in die Hände des Commissionairs kommt, gehört dem Committenten, und will man aus dem §. 300 auf Grund des Kommissionsgeschäfts die Vindication nicht zugestehen, weil das Geld nicht gerade für Waaren oder Effecten eingekommen ist, so ist es doch fremdes Geld, welches der Gemeinschuldner als unredlicher Besitzer in seinen Besitz nehmen würde, wenn er es sich zueignen wollte, und gerade solche Gelder können nach ausdrücklicher Bestimmung der Concursordnung (Note 2) aus der Concursmasse auch vindicirt werden[9]).

---

[9]) Die ausführliche Behandlung dieses speciellen Falls möge darin Rechtfertigung finden, daß man auf Grund dieses Präjudicats ohne weitere Prüfung und als unzweifelhaft angenommen hat: dieser §. 300 finde auf den Fall keine Anwendung, wenn Wechsel zum Verkaufe in Kommission gegeben, und der Betrag dafür vom Cridarius besonders aufbewahrt worden. (Merkel Commentar zur A. G. O.

Bisher ist von dem einfachen Commissionsgeschäfte, wo der Commissionair bloßer Mandatarius ist, die Rede gewesen. Es kann aber auch vorkommen, daß der Commissionair del credere steht. Del credere stehen, heißt im Allgemeinen für etwas haften[10]). Wenn der Commissionair del credere steht, so kann dieß so viel heißen, daß er für das Kaufgeld, wofür er die Waaren verkauft, einsteht; es kann aber auch bedeuten, daß er die Waaren für einen bestimmten Preis so in Kommission nimmt, daß er entweder diesen Preis abzuführen, oder die Waaren selbst zurückzugeben hat. In jenem Falle bleibt er bloß Commissionair oder Mandatar, und haftet zugleich als Bürge für den Käufer wegen des creditirten Kaufgeldes[11]). In diesem Falle wird durch die Verabredung des Preises allein auch noch nichts geändert. Wenn aber noch die Verabredung dazu kommt, daß der Committent nicht mehr als den bedungenen Preis haben wolle, und daß es in dem Willen des Commissionairs stehen solle, bis zu einem bestimmten Termine entweder den Preis zu zahlen, oder die Waare zurückzugeben, so geht das Geschäft in einen Schätzungs- oder Trödelcontract über. Nach gemeinem Rechte kann in einem solchen Falle der Committent die Waare aus der Concursmasse nicht zurückfordern, sondern muß den Preis liquidiren, weil man in der Praxis annimmt, der Gemeinschuldner sei Eigenthümer geworden[12]), wiewohl der

---

ad §. 300 h. t.); daher die Widerlegung der Gründe dieses Präjudicats hierher gehört.

10) Scheerer Wechselrecht I. S. 512.

11) L. 8 §. 3 D. de novat. (XLVI. 2). — L. 5 §. 2 D. de verb. obl. (XLV. 1). — L. 12 C. de fidejuss. (VIII. 41). — Scheerer l. c. S. 514.

12) Müller ad Struv exercitt. XXV. §. 8 lit. *a* VI. — Orth Samml. merkwürdiger Rechtsfälle. Th. V. S. 1110.

Trödler, nach Römischem Rechte, eigentlich niemals Eigenthümer, sondern nur Debitor einer alternativen Obligation wird [13]). Das Preußische Recht kommt weder mit der gemeinen Praxis noch mit dem Römischen Rechte überein. Der Trödelvertrag überträgt nämlich nach dem erstern nicht sogleich das Eigenthum auf den Commissionair; sondern der Committent ist nur nicht befugt, die Sache vor Ablauf des verabredeten Termins zurückzunehmen, und das Eigenthum geht erst mit Ablaufe des Termins über. Wird aber mit Ablaufe des Termins der bestimmte Preis nicht geliefert, so ist der Committent die Sache selbst, wenn sie sich bei dem Empfänger noch unverkauft befindet, zurückzufordern berechtigt [14]). Hieraus könnte man folgern, daß bei entstandenem Concurse über das Vermögen des Commissionair die noch vorhandene Sache, wenn vor dem Termine der Concurs ausgebrochen ist, nicht wieder zurückgenommen werden könne, weil dieses in der Zwischenzeit bis zum Termine nicht zuläßig ist; wenn aber erst nach dem Termine der Concurs eröffnet ist, sie aus der Masse zurückgefordert werden könne, weil solches dem vorigen Inhaber, wenn der bestimmte Preis nicht gezahlt wird, ausdrücklich gestattet ist. Es verhält sich aber gerade umgekehrt, denn es soll, wenn vor Ablauf des Termins der Concurs entstanden, die noch vorgefundene Sache zurückgegeben,

---

Scheerer l. c. S. 395. 511—515. 518—519. — Stryck ad Brunnemann Proc. conc. cred. Cap. V. §. 5. — J. H. Boehmer de translatione dominii in contractu aestimatorio, in Exercit. ad P. T. III. No. 54. p. 538 sq.

13) M. Pöhl's Versuch einer gründlichen Darstellung der Lehre von Innominatcontracten. Heidelb. 1821. 8 §. 12. S. 49. — Glück B. XVIII. S. 67 in f. — Mühlenbruch Pand. B. III. §. 667. Nr. V. Vergl. oben §. 34. Nr. V. u. §. 20. Nr. V. 1 a. in f.

14) A. L. R. I. 11 §. 513—515.

oder der festgesetzte Preis dafür bezahlt werden; wenn aber der Termin zur Zeit der Concurseröffnung bereits abgelaufen gewesen, die noch vorhandene Sache nicht mehr zurückgefordert, sondern nur der bedungene Preis im Concurse liquidirt werden können. (§. 520. 521). Das erstere läßt sich daraus erklären, daß sobald ein Kaufmann in Concurs verfällt, die ihm gegebenen Aufträge für widerrufen zu erachten sind[15]). Es verstößt gegen diesen Grundsatz nicht, daß die Concursmasse noch die Wahl haben soll: ob sie den bedungenen Preis bezahlen, oder die Sache zurückgeben will, weil, wenn der Preis bezahlt wird, der Grund des Widerrufs, nämlich die Insolvenz, gehoben ist. Die andere Bestimmung aber, welche sowohl dem erwähnten Grundsatze, als der Bestimmung, daß creditirte oder auf baare Zahlung verkaufte Sachen aus der Concursmasse, unter gewissen Umständen, wieder zurückgenommen werden können (§. 305), zuwider ist, läßt sich zwar aus dem Grunde erklären, daß der Gemeinschuldner schon wirklich Eigenthümer geworden ist; dieses ist aber nach A. L. R. bei dem Verkaufe auf baare Zahlung auch der Fall; und es fehlt an einem juristischen Grunde, aus welchem es in diesem Falle so, und in jenem anders sein soll[15]a) Unter den Practikern des gemeinen Rechts ist diese Frage controvers. Einige behaupten, daß weil das Eigenthum übergegangen, der frühere Eigenthümer die Sache nicht mehr fordern, sondern nur den Preis liquidiren könne[16]); Andere wollen die Zurückforderung gestatten, wenn die Sache noch in der Masse vorhanden, und der Preis noch unbezahlt ist, weil

---

[14]) A. L. R. I. 13 §. 197.

[15]a) Der §. 305 h. t. ist altes R. (N. 21 a) u. paßt nicht z. L. R.

[16]) Lauterbach Colleg. theor. pract. XIX. 3. §. 9. — Boehmer de translat. dom. in contractu aestimat. §. 43.

das Eigenthum vor der Bezahlung des Preises nicht übergehe[17]). Dieses alte Recht gilt noch im §. 305 (Nr. VII).

VI. In Kommission gekaufte Waaren[18]). Der Kommissionshandel besteht in Einkaufs- und in Verkaufscommissionen. Von den letztern ist so eben die Rede gewesen. Wenn der Gemeinschuldner im Auftrage eines Andern für dessen Rechnung Waaren gekauft hat, und entweder das Geschäft auf den Namen eines Andern abgeschloßen, oder die auf eigenen Namen gekaufte Waare als eine dem Besteller gehörige auf der Waare selbst oder in seinem Handlungsbuche bezeichnet hat[19]), so ist der Committent Eigenthümer derselben. Wegen der Bezahlung des Kaufpreises sind drei Fälle möglich:

1. Der Committent hat dazu dem Gemeinschuldner die benöthigten Gelder angewiesen, und der Gemeinschuldner hat dieselben auch bezahlt. Alsdann müssen dem Committenten die Waaren verabfolgt werden.

2. Der Gemeinschuldner hat die erhaltenen Gelder zurückbehalten, und auf Credit gekauft. Alsdann hat die Masse auch kein Eigenthum an den Waaren. Ist das Geschäft so abgeschloßen, daß die Verkäufer, nach den von Vollmachten geltenden Grundsätzen, sich an den Committenten oder an die Waaren halten können, so muß der Committent seinen Schaden bei der Concursmasse gehörigen Orts liquidiren. Können sich die Verkäufer aber nur an den Gemeinschuldner als ihren Contrahenten hal-

---

17) Gmelin in der Vorrede zur neuen Ausgabe von 1783. Früher war er anderer Meinung gewesen. Cap. I. §. 8.

18) Breuls de contractu commission. ad merces coemendas. Goett. 1800.

19) Bruels l. c. p. 21. Gutachten der Ges.-Commiss. vom 25. Octbr. 1788 in v. Klein's Annalen III. S. 315. — A. G. O. §. 302 h. t.

ten, so müßen sie das Kaufgeld im Concurse liquidiren. (§. 303).

3. Der Besteller hat für die auf seine Rechnung eingekauften Waaren keine Fonds angewiesen. Alsdann hängt es von den Gläubigern ab: ob sie die zur Zeit der Concurseröffnung noch vorhandenen Waaren dem Besteller verabfolgen, und Auslagen und Kosten dafür einfordern, oder das Geschäft aufrufen und die Waaren zur Masse einziehen wollen. Sind die Verkäufer noch unbefriedigt, und haben sie mit dem Gemeinschuldner in dessen eigenen Namen contrahirt, so daß sie sich an ihn halten können, so sollen ihnen an dieser Stelle ihre Rechte an die Waaren oder an das, was der Besteller dafür zur Masse zahlen muß, vorbehalten bleiben. Wenn die Verkäufer aber mit dem Besteller als dem Machtgeber des Gemeinschuldners contrahirt haben, und sie sich also nicht an die Masse halten können, so haben auch die Gläubiger kein Recht, die fremden Waaren für sich zu nehmen und den Besteller, der dadurch beschädigt werden würde, mit seiner zuletzt kommenden Forderung leer ausgehen zu lassen, was nach der Fassung des §. 304 a. a. O. zweifelhaft scheinen könnte.

VII. Auf baare Zahlung verkaufte Waaren. Wenn der Gemeinschuldner Waaren auf Credit gekauft hat, so kann der Verkäufer solche in der Regel nicht vindiciren, wenn sie auch noch in Natur, zur Zeit der Concurseröffnung vorhanden wären. Für creditirt wird das Kaufgeld erachtet, wenn die Sachen, wenngleich auf baare Zahlung verkauft, doch ohne geleistete Zahlung dem Käufer verabfolgt sind. Von dieser Regel gelten drei Ausnahmen: 1. wenn die Waaren erst innerhalb der letzten drei Tage vor eröffnetem Concurse dem an demselben Orte wohnenden Käufer überliefert worden sind; 2. wenn die Waaren dem Stellvertreter des an einem andern Orte wohnenden Gemeinschuldners überliefert sind, aber erst nach eröffnetem Concurse, oder zwar noch vor Eröffnung desselben, aber doch erst nachdem der Schuldner sich für zahlungsunfähig erklärt hat, in dem Wohnorte des Gemeinschuldners ankommen oder in dessen Gewahrsam gelangen[20]). Die Insolvenzerklärung ist mit dem Augenblicke anzunehmen, wo den Gläubigern, wenn auch nicht allen, die Insufficienz des Vermögens, und die Absicht des Gemeinschuldners oder dessen Erben den Gläubigern einen Vergleich anzutragen, als unzweifelhaft bekannt geworden ist, wenngleich die Ausführung dieses Vorsatzes erst später erfolgt[21]). 3. Wenn der Verkäufer, im Falle er auf baare Zahlung verkauft hat, das Kaufgeld innerhalb dreier Tage nach der Uebergabe an den Käufer, oder, wenn dieser an einem andern Orte wohnt, innerhalb dreier Tage nach dem Zeitpunkte, wo er nach der Absendung der Sache von der nicht erfolgten Zahlung hat Nachricht erhalten, und die Klage bei dem gehörigen Richter anmelden können, eingeklagt hat, oder innerhalb dieser Frist der Concurs eröffnet wird. In diesen Fällen gilt noch das alte R.: die verkaufte Sache kann, wenn sie noch in der Masse vorhanden ist, und kein Dritter solche rechtsbeständig schon erworben hat, zurückgefordert werden[21a]).

VIII. Die Hofwehr der Laßbauern[22]), und das den Pächtern gegebene Inventarium, so weit die dazu gehörigen Stücke noch in Natur vorhan-

---

20) A. L. R. I. 11. §. 134. — Simon und v. Strampff Rechtssprüche I. S. 181. 183. — v. Klein's Annalen XXIV. S. 206 ff.

21) Simon u. v. Strampff l. c. S. 290.

21a) §. 305. 309. h. t. R. v. 7. Decbr. 1789. C. C. 1789. Nr. 83.

22) Ed. v. 14. Febr. 1811. §. 18. 37. 54. Declarat. v. 29. Mai 1816. §. 43. 44.

den sind; die Entschädigung für die fehlenden oder verschlechterten Stücke müssen bei der Concursmasse liquidirt werden (§. 310. 31). Nach gemeinem Rechte war es streitig: ob dieses Recht der Vindication dem Verpächter auch alsdann zustehe, wenn dem Pächter das Inventarium für eine gewisse Taxe unter der Bedingung, daß derselbe die Gefahr trage, und an Stelle der verbrauchten oder abgenutzten Stücke andere von gleicher Qualität zurückgebe, überlassen worden, weil man annahm, daß der Pächter dadurch Eigenthümer der Species geworden. Indeß ist die Meinung, nach welcher das Eigenthum nicht auf den Pächter übergegangen, für recipirt anzunehmen[23]), und auch von der Preußischen Gesetzgebung sanctionirt. Aber auch diejenigen Practiker, welche dieser Meinung anhingen, wollten zum Theil[24]) doch dem Verpächter an denjenigen Stücken, welche an Stelle der ursprünglich übergebenen, vom Pächter wieder angeschafft worden, kein Recht einräumen; Andere dagegen behaupteten, daß die neu angeschafften Stücke gänzlich in die Stelle der abgegangenen träten, und dadurch von selbst das Eigenthum des Verpächters würden[25]), welches auch im Pr. R. ausdrücklich anerkannt ist. (§. 310).

IX. Das Eigenthum der Ehefrau, wenn sie mit dem Manne nicht in Gütergemeinschaft gelebt hat[26]),

---

[23]) Gmelin l. c. Cap. 1 §. 7. — Müller ad Struv exercit. 24 §. 14. lit. Θ. — Carpzow Jurispr. forens. P. II. const. 37 def. 19 in f.

[24]) Stryck Us. mod. XIX. 2 §. 9. — Struv diss. de jure ovium cap. 2 §. 2. — Richter de jure et privil. cred. cap. 2 m. 1 no. 28 sqq. — Boehmer Selecta quaedam capita circa locat. praed. rustic. cap. I. §. 8.

[25]) Homberg de contractu socidae §. 48. — Gmelin a. a. O.

[26]) §. 320. l. c. A. L. R. II. 1. §. 391. — Gildemeister de communione bonorum inter conjug. maxime ex Le-

zu diesem hier zu vindicirenden Eigenthum gehören: 1. Immobilien, wenn der Besitztitel auf den Namen der Frau im Hypothekenbuche berichtigt, oder doch mit dem des Mannes zugleich eingetragen ist. In dem letztern Falle wird das Eigenthum der Frau auf die Hälfte angenommen, wenn kein anderes Verhältniß eingetragen ist. Fehlt es an der Besitztitelberechtigung, so kann die Frau das Grundstück nicht verlangen, wenn es auch der Gemeinschuldner im Ehevertrage oder sonst versprochen hätte, die Ehegelder zum Ankaufe eines solchen Grundstücks zu verwenden, und diesemgemäß das in Rede stehende Grundstück auch unzweifelhaft mit den eingebrachten Geldern angekauft worden wäre. Diese Meinung war schon nach gemeinem Rechte recipirt[27]). 2. Eingebrachte, oder während der Ehe ererbte oder von Andern als dem Manne, oder zwar von dem Manne aber schon länger als drei Jahre vor der Concurseröffnung[28]) geschenkt erhaltene Effecten, welche zur Zeit der Concurseröffnung noch in Natur vorhanden sind. Sind an die Stelle der nicht mehr vorhandenen Stücke Andere angeschafft worden, so können diese gefordert werden[29]): eine Anwendung des Grundsatzes: res in locum pretii succedit[30]). Die ent-

---

gib. Bremens. §. 23. — Scheerer Gütergemeinschaft I. S. 147. — Hasse Revision. S. 170. — Boehmer de aeris alieni inter conjuges Hamburg. communione; in exercit. ad Pand. IV. p. 590. — Engau D. de bonorum inter conjuges Suev. speciatim Memming. communione §. 15.

[27]) A. G. O. §. 321. — L. 12 C. de jure dot. (V. 12). — Roth de paraph. uxor. bonis. cap. V. Sect. I. th. 11. — Gmelin l. c. Cap. I. §. 5. — Brunnemann Proc. conc. cred. cap. V. §. 42.

[28]) A. L. R. II. 1. §. 312. Anh. §. 74.

[29]) A. L. R. II. 1 §. 560.

[30]) Vergl. L. 55 D. de donat. inter virum. (XXIV. 1).

weder ausdrücklich oder nach ihrer Beschaffenheit, für die Frau allein bestimmten Brautgeschenke; in Ermangelung einer solchen Bestimmung die Hälfte der Geschenke, imgleichen die ihr von dem Manne als Brautgeschenke oder zur Morgengabe gegebene Sachen[31]). 4. Die der Frau von dem Manne zum Unterhalte gegebenen Kleider, Leibwäsche, Betten, soweit diese Sachen ihr nach ihrem Stande unentbehrlich sind. Dazu gehören Juwelen, Gold, Silber, Perlen, Kanten oder was sonst zur Pracht dient, in keinem Falle[32]). 5. Werkzeuge und Geräthschaften, welche zu dem von ihr betriebenen besondern Gewerbe gehören, aber nicht das, was durch dasselbe in stehender Ehe erworben ist, wenn es nicht zum ausdrücklich vorbehaltenen Vermögen gehört. (§. 317. 318).

X. Das Eigenthum der Kinder, sofern es noch in Natur vorhanden ist, ohne allen Unterschied, mit Ausnahme der von dem Gemeinschuldner selbst gegebenen Geschenke, welche den Kindern nur alsdann verbleiben, wenn sie dieselben zur Aussteuer erhalten haben, oder die Geschenke in gewöhnlichen Kleidungsstücken, Leibwäsche, und zu ihren Studien nöthigen Büchern und Geräthschaften bestehen[33]).

XI. Lehne und Fideicommisse. (§. 330—334).

---

[31]) A. G. O. l. c. §. 312. 313. — Stryck de jure uxoris in bonis mariti. cap. III. §. 18. — L. 29 C. de jure dot. (V. 12). — Nov. 97 cap. 6 §. 1. — Reinhardt de uxore in donat. propter nuptias neve dominium neve tacit. hyp. habente §. 5 seq. — Lauterbach Colleg. theor. pr. XXIII. 3 §. 41.

[32]) A. G. O. l. c. §. 315. — Leyser Sp. 301 m. 3.

[33]) §. 327. 328. l. c. L. 5 pr. L. 6 §. ult. C. de sec. nupt. (V. 9). — Brunnemann Proc. conc. cred. cap. V. §. 8. — Hellfeld de divers. pign. jur. liberorum in bonis parent. comp. §. 38. — Gmelin l. c. Cap. I. §. 6.

XII. Bedingungsweise überlassene Sachen (reservatum dominium). Wer dem Gemeinschuldner eine Sache unter einer, das Eigenthum einschränkenden, aufschiebenden, oder auflösenden Bedingung überlassen hat, kann, wenn solche bei Immobilien im Hypothekenbuche vermerkt worden ist, die Sache, unter den verabredeten Maaßgaben, zurückfordern; wenn der Eintritt der Bedingung aber noch ungewiß ist, so muß entweder die Veräußerung bis zur Entscheidung verschoben werden, oder so geschehen, daß der Käufer die Bedingung erfülle[34]).

XIII. Vorräthige Feuersocietäts- und Bauhülfsgelder zu den, dem Gemeinschuldner gehörenden Grundstücken, welche nicht können zur Masse gezogen, sondern schlechterdings zu ihrer Bestimmung müssen verwendet werden, und deshalb entweder den Käufern des herzustellenden Grundstücks mit auszuliefern, oder zur Bezahlung der Baugläubiger zu verwenden sind. (§. 336).

XIV. Zur Verarbeitung gegebene Materialien. Wer bei einem Handwerker oder Künstler ein Werk bestellt und dazu Materialien liefert, kann die noch unverarbeiteten und vorhandenen Materialien als sein Eigenthum zurücknehmen. Ist das Werk vollendet, so kann und muß er es nehmen; ist es aber unvollendet, so kann er sich an die davon schon verarbeiteten, und also nicht mehr in ihrem frühern Zustande vorhandenen Materialien halten. Nach gemeinem Rechte ist dieß nur alsdann zulässig, wenn die entstandene Species wieder in ihre ursprünglichen Theile aufgelößt werden kann[35]). Das

---

[34]) §. 335. l. c. — Brunnemann Proc. conc. cred. cap. V. §. 7. — Hert de revocatione dom. vel hypoth. in re vendita. Sect. I. §. 3. — Schneider de effectu et validitate reserv. dom. Sect. III. §. 42.

[35]) §. 25. J de rer. divis. (II. 1).

Preußische Recht geht aber noch weiter; es schreibt dem Besteller ein Eigenthum auch an solchen Materialien zu, die der Werkmeister von dem Vorschuße, welchen ihm der Besteller dazu ausdrücklich gegeben, erweislich angeschafft und bezahlt hat. Dieß ist eine richtige Consequenz des Mandat-Contracts, welcher in einem solchen Falle zu der locatio conductio operarum noch hinzutritt[36]). Eine ausgedehntere Anwendung dieser Regeln ist es, daß diejenigen, welche an Tuchmacher und Wollfabrikanten Materialien vorschießen, unter der ausdrücklichen Bedingung, daß diese Vorschüße mit den daraus gefertigten Waaren, nach einem für letztere im Voraus verabredeten Preise, bezahlt werden sollen, diese Waaren als ihr Eigenthum fordern können. Eine Ausdehnung liegt darin, daß die Verabredung nicht darauf geht, daß aus den Materialien eine Waare für den Lieferer gemacht, sondern daß der Lieferer nur in solchen Waaren für die Materialien bezahlt werden soll. Dieses positive Recht ist aber an drei Requisite geknüpft. (§. 342. 343. Anh. §. 355. 356). 1. die Verabredung muß ausdrücklich in der gedachten Art geschehen sein; 2. es müßen Rechnungsbücher gehalten werden, d. h. solche Bücher, worin der Lieferer die von ihm geschehene Materiallieferung, und die dafür empfangenen Zahlungen oder Gegenlieferungen einschreibt, und welche er sodann dem Fabrikanten aushändigt. Diese Bücher können durch keine Handlungsbücher oder andere Beweismittel ersetzt werden, nur allein bei solchen Personen, welche kaufmännisch eingerichtete Bücher führen, vertreten diese die Stelle der Abrechnungsbücher. 3. Die Lieferung muß innerhalb des letzten Jahres vor der Concurseröffnung geschehen sein.

XV. Materialien, welche Fabrikunternehmer an

---

36) A. G. O. I. c. §. 344. A. L. R. I. 11 §. 975—980.

ihre Arbeiter vorgeschossen haben, oder die daraus verfertigten Waaren, sofern die einen oder die andern noch vorhanden sind. Dieß ist eine Anwendung des unter der vorigen Nummer erwähnten Grundsatzes, und daher nichts Eigenthümliches. Es ist bestimmt, daß das nämliche Vorrecht auch dem Berliner Rettungsinstitute gebühre, in sofern sich die Materialien noch in den Händen derjenigen befinden, denen von dem Institute Unterstützung gegeben ist. §. 337. Anh. §. 354. Was aber ferner unter dieser Nummer bestimmt ist, ist rein positiv, und auf keinen Rechtsgrundsatz zurückzuführen. Es sollen nämlich sowohl die Fabrikunternehmer, als einzelne Fabrikanten, die den Kaufleuten und Krämern auf Kredit gegebenen Waaren, insofern dieselben noch in der Letztern Vermögen in Natur vorhanden sind, unter den am Schlusse der vorigen Nummer gedachten drei Voraussetzungen, zurückfordern können. Am mehrsten Aehnlichkeit hat dieß mit der Vindication der in Commission gegebenen Waaren. §. 338. Ed. v. 20. Sptbr. 1719 u. 26. Juli 56.

XVI. Dasselbe Recht soll auch der Fabriken-Unterstützungsfonds, sowohl in Ansehung der vorgeschoßenen noch in Natur vorhandenen Materialien, als in Ansehung der daraus gefertigten und noch vorhandenen Waaren, in dem Concurse der Fabrikanten haben. Desgleichen sollen solche unterstützte Fabrikanten wegen der an Kaufleute und Krämer auf Credit zum Absatz überlassenen, und in Natur noch vorhandenen Waaren, unter denselben drei Bedingungen, das Recht der Zurücknahme haben. §. 339. Aus der Natur der Sache ergiebt sich, daß unter allen diesen Interessenten, da ein Jeder nur sein Eigenthum, oder was in dessen Stelle getreten ist, welches namentlich mit dem, aus dem, nach der Concurseröffnung etwa geschehenen, Verkaufe gelöseten, Gelde der Fall ist, nimmt, keine Concurenz denkbar ist. §. 354.

355. Es ist aber möglich, daß ein Fabrikant von mehrern Personen Materialien zur Verarbeitung erhalten hat, und daß nicht auszumitteln ist, aus wessen Materialien die in der Masse vorgefundenen Waaren gearbeitet worden. In einem solchen Falle soll der Fabrikenfonds dem Fabriken-Unternehmer nachstehen, und mit einer andern Privatperson verhältnißmäßig concurriren. In diesem Falle sind die mehreren Concurrenten als Miteigenthümer der Waare, nach Verhältniß der vorgeschoßenen Materialien anzusehen. §. 340. 341.

XVII. Vorschüße an Unterthanen an Saat- Brod- und Futtergetreide in Natur von Seiten der Gutsherrschaft und deren Stellvertreter, welche während des letzten Wirthschaftsjahres vor dem Concurse gemacht, und durch eine richterliche Cognition in Ansehung der Nothwendigkeit, des Betrags und der geschehenen Verwendung zur Zeit der Leistung, nicht erst später, geprüft und festgestellt worden sind. Fremde haben das nämliche Recht nur alsdann, wenn sie die Vorschüße, unter gleichen Umständen, mit ausdrücklicher Einwilligung der Gutsherrschaft oder deren Stellvertreter gemacht haben. Baare Vorschüße genießen dasselbe Vorrecht nur dann, wenn der Unterthan das nöthige Getreide selbst gekauft und behandelt, die Gutsherrschaft oder der Vertreter aber dasselbe bezahlt und zugleich dafür gesorgt hat, daß es zur Saat und Fortstellung der Wirthschaft wirklich verwendet worden[37]). Diese Post ist von allen andern dieser Klasse wesentlich verschieden, und hat daher eine besondere Anweisung auf die Immobiliarmasse erhalten. §. 354. Der Vorzug derselben beruht auf altem Gerichtsgebrauch des Kammergerichts[38]).

---

37) A. G. O. l. c. §. 345–353. — Hagemann Landwirthsch. R. §. 71 n. 11. R. v. 13. März 72. u. 15. März 81.

38) Müller Resolut. 118 no. 7. — Stryck ad Brunnemann

Aus der Beschaffenheit der hier aufgezählten Ansprüche geht klar hervor, was auch im §. 355 h. t. noch wörtlich ausgedrückt ist, daß diese Classe, mit einziger Ausnahme der letzten Post, keine Creditores, sondern die Röm. Vindicanten enthält. Diese eigentlichen Separatisten, wozu noch einige Gläubiger der zweiten Classe kommen, haben auch ganz folgerecht das Privilegium, daß über ihre Ansprüche besonders erkannt werde, und ihre Befriedigung abgesondert von den übrigen Gläubigern erfolge, und daß sie auch nicht zu den Kosten beitragen[39]).

Bei dieser Klasse fehlt es durchaus an einem Prinzipe. Ein Grund, warum die Vindicanten, deren Abfindung eigentlich zur Constituirung der Activ-Masse gehört, ihrer Natur zuwider zu den Concurs-Creditoren gezogen werden, läßt sich nicht finden.

§. 56.

Zweite Klasse.

Die zweite Klasse enthält die absolut privilegirten Concurs-Creditoren, welche nach gemeinem Rechte in die Erste Klasse kommen, weil die Separatisten ex jure dominii, die nach Preuß. R. die erste Klasse bilden, nach gem. Rechte nicht classificirt werden. In dieser Klasse finden sich 14 Gläubiger, unter welchen die 10 ersten von den

---

Proc. conc. cred. Cap, V. §. 18 verb. sequuntur. — Vergl. Carpzow Jur. for. P. II. const. 28 def. 38.

[39]) §. 527. 528 l. c. R. v. 31. Decbr. 1819. Jahrb. XIV. S. 212. Walter Vinc. Wiese Programm über die Rechte einzelner Gläubiger bei Vertheilung der Concurskosten, besonders in Rücksicht auf das Separationsrecht. Rostoc. 1797. 4.

4 letzten zu trennen sind. Die erstern sollen nach einer gewissen Ordnung befriedigt werden; die letztern nicht, sondern deren Forderungen beziehen sich wieder auf specielle Fälle, wobei eine Concurrenz nicht möglich ist. §. 385.

I. Diese, welche man als Separatisten behandeln kann, sind:

1. die Pfandinhaber. §. 377 — 381. Diejenigen, welche ein s. g. handhabendes Pfand besitzen, müßen dasselbe zwar mit Vorbehalt ihres Pfandrechts zur Masse ausliefern; erhalten jedoch aus dessen Lösung, soweit sie reicht, vollständige Befriedigung: a. wegen des Capitals, b. wegen sämmtlicher rückständigen und laufenden Zinsen, c. wegen der Kosten. Den Ausfall haben sie an der Stelle, welche der Forderung nach ihrer Qualität sonst zusteht, zu fordern, und wegen dieses Restes sind sie der Zinsenbeschränkung und dem Kostenabzuge unterworfen. Bei der Unzulänglichkeit des Pfandes muß ihnen aber freistehn, die empfangene Zahlung zuerst auf Zinsen und Kosten zu rechnen, und den Rest als Capital zu liquidiren.

2. Verpächter und Vermiether quoad invecta et illata [1]). Hierzu gehören: a. eigentliche Verpächter und Vermiether, b. Erbverpächter, c. Gastwirthe. Diese haben wegen aller Forderungen, welche ihnen aus dem Pacht- und Mieths-Contracte, und aus der Aufnahme der Fremden und deren Bewirthung entstehen, also für die ganze Obligation cum omni causa, wozu auch Schäden und Kosten gehören, ein Pfandrecht an den eingebrachten Sachen, insoweit dieselben zur Zeit des eröffneten Concurses in dem vermietheten oder verpachteten Grundstücke sich befinden, oder der Gläubiger bei der frühern

---

[1]) §. 382. l. c. Anh. §. 359. A. L. R. II. 8 §. 455.

Fortschaffung sich sein Pfandrecht daran zu versichern gewußt hat.

3. Schiffer und Fuhrleute, welche wegen der ihnen gebührenden Fracht und Zollgelder und anderer Auslagen ein Pfandrecht an den transportirten Waaren haben, insofern sich diese zur Zeit des eröffneten Concurses noch in deren Gewahrsam, oder auf dem Acciseamte, oder dem Packhofe befinden. §. 383.

4. Versicherer, wegen der noch unbezahlten Prämie, in sofern dieselbe nicht creditirt worden, und der Concurs innerhalb dreißig Tage nach der Zeichnung der Police ausgebrochen ist. Alsdann haben sie ein Pfandrecht an dem versicherten Gegenstande, wenn derselbe noch in dem Vermögen des Gemeinschuldners vorhanden ist. §. 384. A. L. R. II. 8 §. 2115. Ass. O. v. 18. Febr. 1766. §. 7. 100. C. C. de 1766 No. 16.

Diese vier Gläubiger gehören nach Römischer Concurs-Ordnung als Pfandgläubiger in die vierte Classe. Daß sie nach der Preußischen Prioritätsordnung am Ende der zweiten Classe stehen, darf nicht als wichtig angesehen werden. Deren Platz ist ganz gleichgültig, und sie könnten eben so gut zu Anfang der Klasse oder auch in der ersten oder dritten stehen. Deshalb ist es ohne Einfluß, daß der Pfandbesitzer einer unbeweglichen Sache ebenfalls hier in der zweiten Klasse steht, vielmehr rangirt er mit den Hypothekengläubigern nach dem Alter der Eintragung, denn die in die zweite Rubrik des Hypothekenbuchs gehörigen Intabulate, Einschränkungen und Lasten, sie mögen an sich einer Eintragung bedürfen oder nicht, also selbst auch die Grundsteuern, welche bei Veräußerung einer Domaine verfassungsmäßig vorbedungen werden müssen und keiner Eintragung bedürfen, gehen im Collisionsfalle den Forderungen aus der dritten Rubrik nur alsdann vor, wenn letztere später, als die gedachten Einschränkungen und Lasten, eingetragen sind [2]).

II. Die übrigen 10 Posten fallen wieder in zwei Abtheilungen, je nachdem sie ein Realrecht haben und deshalb aus den Immobilien, vor den Gläubigern der dritten Klasse, befriedigt werden, oder als Personalschulden mit einem bloßen Privilegio exigendi den Hypothekengläubigern der dritten Klasse nachstehen, weil die zweite Klasse kein absolutes Vorrecht giebt. §. 393. Ein anderer practisch wichtiger Unterschied besteht darin, daß die Gläubiger der ersten Abtheilung wegen des ihnen zuerkannten dinglichen Rechts, auch in dem Concurse eines Dritten liquidiren können, während die Gläubiger der zweiten Abtheilung nur in dem Concurse ihres unmittelbaren persönlichen Schuldners Befriedigung zu fordern haben.

A. Zur Abtheilung der privilegirten Realgläubiger gehören folgende, welche in der angesetzten Ordnung befriedigt werden:

1. Fiscus mit einem zweijährigen Rückstande landesherrlicher Abgaben jeder Art, welche der Gemeinschuldner sowohl für seine Person, wie als Besitzer eines Grundstücks zu entrichten gehabt hat [3]). Es gehört also auch die Klassensteuer hierher, nur daß dieselbe als eine rein persönliche Abgabe bloß soweit, als sie bis zur Concurseröffnung für fällig anzusehen ist, gefordert werden kann; wogegen bei einem bloßen Kaufgelder- oder Revenüen-

---

[2]) A. G. O. §. 380 a. a. O. — Rescr. v. 21. Mai 1817 Jahrb. IX. 231. — Rescr. v. 3. Octbr. 1834. Jahrb. XLIV. 401.

[3]) A. G. O. h. t. §. 356. Wiebel de jure praelationis creditorum §. 8. p. 27 sq. Klügel de loco vectigalibus in concursu creditorum attribuendo §. 9 Huber Praelect XX. 4 §. 7.

Prioritäts-Verfahren, außer dem Falle eines formellen Concurses auch die laufenden, oder die während des Verfahrens fällig werdenden Termine, aus der Kaufgelder-Masse gefordert werden können, was zuweilen bezweifelt worden ist. Nach Pr. R. hat Fiscus also wegen dieser Abgaben, die erste Stelle, während ihm nach dem gem. R. die Begräbnißkosten und das Leutelohn vorgeht. Daß das Vorrecht auf eine gewiße Zeit eingeschränkt ist, hat seinen Grund darin, daß die Creditoren unter der Nachläßigkeit der Steuerbeamten in Beitreibung der Abgaben nicht leiden können, daher auch die Praktiker für eine Einschränkung geneigt waren [4]).

2. Kreis- und Communal-Kassen, Kämmereien, Gutsherrschaften, Kirchen- und Schulbediente, Damm-Societäten wegen eines gleichen Rückstandes an beständig fortlaufenden Lasten und Pflichten, welche nach den Verfassungen des Orts oder Kreises oder der Provinz von dem Gemeinschuldner zu entrichten sind; wogegen Abgaben, welche aus einem speciellen Titel, als z. B. Contracten, Erbrezessen, Testamenten, entstanden sind, nicht hierher gehören [5]). Hierdurch ist die gemeinrechtliche Controverse: ob den Städten und Magisträten, wegen solcher Lasten und Pflichten der Eingesessenen, dieselben Prärogativen wie dem Fiscus zuzugestehen, zu Gunsten dieser Kassen, mit der Maaßgabe entschieden, daß ihnen der Fiscus unmittelbar vorgeht, indessen ist die von der Preußischen Gesetzgebung sancionirte Meinung schon nach dem gemeinen Gerichtsgebrauche für recipirt anzusehen [6]).

---

[4]) Gmelin a. a. O. Cap. II. §. 9. Hert Resp. 353. n. 11.

[5]) A. G. O. §. 357. 358. h. t. Cab. O. v. 15. Aug. 1814 Gesetz. S. 73.

[6]) Brunnemann Proc. conc. cred. Cap. V. §. 19 u. §. 91. Struben rechtl. Bed. Th. IV. Bed. 165. Gemeinnützige juristische Beobacht. und Rechtsf. B. V. Nr. 6.

3. Feuersocietätskassen, Kreisjustitiariatskassen, die unter öffentlicher Autorität zur gemeinschaftlichen Uebertragung der Krimminalkosten errichteten Kassen, und die Vieh-Assecuranzgesellschaften, wegen eines Rückstandes an Beiträgen. §. 559. Instr. 23. Juli 65. R. 17. Aug. 67.

4. Liedlöhner, welche auf eine gewisse Zeit oder auf Kündigung gemiethet worden sind, und noch zur Zeit des eröffneten Concurses bei dem Gemeinschuldner, gegen ein bestimmtes jährliches, monatliches oder wöchentliches, oder nach gewissen Verhältnissen der geleisteten Arbeit bestimmtes Lohn in Diensten stehen, also nicht bloße Tagelöhner, wegen eines Lohnrückstandes, aus den letzten zwei Jahren vor Eröffnung des Concurses zurückgerechnet, gleichviel worin dieses Lohn besteht. Die zur Zeit der Concurseröffnung nicht mehr im Dienste des Gemeinschuldners stehenden Dienstleute haben dasselbe Recht, wenn sie erst bei Einführung der Sequestration von der, dieselbe dirigirenden, Behörde entlassen worden, oder insofern sie vor dem Ausbruche des Concurses, wider den Gemeinschuldner wegen des rückständigen Lohns gerichtliche Klage erhoben haben. Hierdurch hat die Controverse der Praktiker: ob es darauf ankomme oder nicht, daß die Dienstleute sich noch im Dienste des Gemeinschuldners befinden, ihre Erledigung erhalten [7]). Ob aber

---

p. 162. Engau Dec. P. II. Dec. 69 n. 1. Richter de jure prael. credit. Cap. II. membr. 5. Leyser de privilegio tributorum Sp. 182 m. 3. a Mara de conc. creditor. Lib. II. T. V. n. 5. Gmelin a. a. O. Cap. II. Nr. 7. u. v. a.

[7]) Die von der Preuß. Gesetzgebung recipirte Meinung ist die des Glossators zum Sachs. Sp. I. Art. 22. und vertheidigt von: Richter de jure et privil. cred. Cap. II. membr. 3. n. 11. Carpzow Jurispr. P. I. const. 28 defin. 25. Brunnemann Proc. conc. cred. Cap. V. §. 16. Dagegen: Stryck animadv. ad Brunnemann l. c. Winkler

die noch im Dienste befindlichen Beamten gerade im Hause des Gemeinschuldners wohnen, ist unerheblich, daher auch die Justitiarien zu dieser Klasse gehören, wenngleich sie nicht auf dem Gute wohnen; jedoch ist auch hierbei die gemeine Praxis: daß nur wegen des fixirten Gehalts, und nur wegen eines einjährigen Rückstandes, nicht aber wegen bewilligter Emolumente dem Gerichtshalter dieses Vorrecht gebühre [8]), recipirt. Dieses dingliche Recht haben aber nur diejenigen, welche dem Gemeinschuldner als Gutsbesitzer, d. h. dem Gute, und nicht der Person des Gemeinschuldners oder dem anderweitigen Gewerbe desselben, gedient haben. §. 370—373. 393. Nr. 5.

Das Preuß. Recht weicht in dieser Materie darin von dem gemeinen ab, daß es zwischen dinglichen und persönlichen Dienstleuten unterscheidet, und daß man nach der gemeinen Praxis den Lohnrückstand nicht auf eine bestimmte Zeit einschränken wollte [9]). Die Quelle dieses Vorzugs der Liedlöhner ist keine römischrechtliche Bestimmung, sondern eine alte deutsche Rechtsgewohnheit, und die Praxis [10]).

5. Diejenigen, welche Pflüger- und Drescher-

Progr. de famulorum mercenariorum locatione. Lips. 1788. 4. auch in ill. adversariorum rei judiciariae adnotationibus. No. XII.

[8]) A. G. O. l. c. §. 371 Nr. 1. Struben rechtl. Bed. III. Bed. 107. Puffendorf Obs. jur. un. T. I. obs. 205. Winkler l. c. s. v. Gerichtshalter.

[9]) Ludovici Einleit. in den Conc. Proz. Cap. X. §. 19.

[10]) Sächs. Sp. I. Art. 22. §. 2. Vergl. 5. Buch Mosis XXIV, 14. 15.— Mevius Jus Lub. P. III. T. I. Art. 1. n. 56. — Struv de operarum locat. et cond. th. 31. Leyser Spec. 484. cor. 2. — Scheffer de jure famulorum Cap. II. §. 23. — Besonders in Beziehung auf das ältere märkische Recht: Brunnemann conc. cred. Cap. V. §. 17 sq.— Cocceji Jus controv. II. S. 487. qu. 4.

lohn zu fordern haben, jedoch nur wegen der Rückstände aus dem letzten Jahre vor eröffnetem Concurse[11]). Dieß ist also eine Ausnahme von der Regel, daß nur wirkliche Dienstleute, und nicht bloße Tagelöhner, das Vorrecht dieser Klasse haben.

Die Gläubiger dieser Abtheilung erhalten ihre Befriedigung vor den Hypothekengläubigern aus der Immobiliarmasse, in der angesetzten Ordnung; wenn aber keine Grundstücke zur Masse gehören, und also die Befriedigung aus der Communmasse geschehen muß, so gehen sie der zweiten Abtheilung dieser Kl. nicht sämmtlich vor. Die alsdann statt findende Rangordnung wird am Schluße angegeben werden.

B. Zur Abtheilung der privilegirten Personalgläubiger gehören ursprünglich nur fünf; weil aber die Liedlöhner wieder in zwei Arten zerfallen, so entstehen dadurch sechs. Diese sind:

1. Fiscus in dem Vermögen seiner Kassenbedienten, vom Rendanten bis zum Boten, wegen der denselben zur Last fallenden Defecte. Die Praktiker waren darüber nicht einig: ob dem Fiscus nur eine einfache Hypothek[12]), oder auch ein damit verbundenes Privilegium[13]) zustehe. Die Pr. Gesezgeb. recipirte die letztere Meinung[14]). Wegen der daraus hervorgehenden Unsicherheit der Hypothekengläubiger ist jedoch später dem Fiscus das dingliche Recht genommen, und ihm nur das Privilegium exigendi gelassen, so daß er vor den hy-

---

[11]) A. G. O. l. c. §. 374. — Carpzow P. I. c. 28 def. 36.

[12]) Mevius Decis. P. IV. dec. 253. — Berger Oec. jur. L. II. Tit. V. §. 3 n. 5.

[13]) Huber Praelect. XX. 4. No. 8.

[14]) A. L. R. II. 14 §. 45—47. II. 20 §. 453—455. A. G. O. h. t. §. 360. 393 No. 4.

pothekarischen Gläubigern keinen Vorzug mehr hat[15]). Dasselbe Recht steht auch andern Instituten mit fiscalischen Rechten, z. B. der Bank, der Seehandlungsgesellschaft, der Haupt- Nutz- und der Brennholz-Administration, der Allgemeinen und der Offizier-Wittwen-Verpflegungs-Anstalt, nicht aber andern öffentlichen nicht fiscalischen Kassen, in Beziehung auf welche die Sache streitig war[16]), in dem Concurse ihrer Beamten zu. §. 361. 405.

2. Begräbnißkosten. §. 362—366. Nach R. R. ist dieß die einzige Post, welche allen übrigen voran geht[17]). Grundsatz ist, daß diese Kosten sich mit Rücksicht auf den Stand des Gemeinschuldners und die Ortsgewohnheit auf das nothwendigste beschränken müssen[18]). Daher sind nach Pr. R. gänzlich ausgeschlossen die Kosten: a. für Monumente, sofern es nicht eine bloße Befestigung des Grabes ist[19]); b. für Trauerkleider, mit Ausnahme der s. g. Flöre, welche nach Ortsgewohnheit zum Begräbniße selbst nothwendig sind[20]). Einige Praktiker wollten jedoch die Trauerkleider für die Kinder, oder bei besonders hohem Stande des Cridarius, passiren lassen[21]); nach Preuß. R. gilt aber gar keine Ausnahme. §. 362. c. Für Leichenpredigten und Parentationen; jedoch waren auch hierüber die Meinungen der Praktiker

---

[15]) Decl. v. 18. Apr. 1803. N. A. III. S. 142. Anh. §. 361.

[16]) Huber l. c. No. 9.

[17]) L. 14 §. 1. L. 22. L. 45. D. de relig. (XI. 7).

[18]) L. 12 §. 5. L. 14 §. 5. 6. L. 37. §. 1. D. eod. Gmelin a. a. O. Cap. II. §. 3.

[19]) L. 14 §. 4. L. 37 §. 1. D. eod. A. G. O. §. 362.

[20]) L. 14 §. 6. L. 37 D. eod. — Carpzow Jur. for. P. I. const. 28 def. 41. — Brunnemann Conc. cred. Cap. V. §. 14. 15. — Kurrer de act. funer. §. 38. — Stryck U. m. XI. 7 §. 68.

[21]) Puffendorf Animadv. jur. un. T. 1. n. 106. Leyser Sp. 484. m. 1. Carpzow l. c. def. 41.

getheilt[22]). d. Für Trauergastmahle, in Ansehung welcher die Praktiker ebenfalls für und wider stritten. Einige wollten nach der Ortsgewohnheit eine ganz mäßige Mahlzeit[23]), Andere ohne weiteres ein anständiges Trauermahl[24]), Andere wieder gar nichts[25]) gestatten, welche letztere Meinung von der Pr. Gesetzgebung recipirt ist §. 362; noch Andere wollten zwischen Adligen und Nichtadligen unterscheiden[26]). e. Für ähnlichen überflüssigen Aufwand, wohin z. B. vertheilte Almosen gehören[27]). Außer diesen gänzlich fortfallenden Posten bleiben aber noch eine große Anzahl, in Ansehung welcher, nach gemeinem Rechte, das Arbitrium des Richters, sowohl über die Nothwendigkeit an sich, als über den Betrag entscheidet[28]). Die Pr. Gesetzgebung hat dieses Arbitrium auf ein gewisses Maximum eingeschränkt, indem an dieser Stelle nur 50 Rthlr. bei einem von Adel oder einem charakterisirten Königl. Bedienten; 30 Rthlr. bei einem geringern Königl. Officianten, bei einem Banquier oder angesehenen Kaufmann; sonst aber nur 10 Rthlr. passi-

---

22) Wildvogel de eo, quod justum est circa conciones funebres. Cap. II. §. 4. Gmelin Cap. II. §. 3. A. G. O. §. 362.

23) Cramer Obs. jur. un. T. IV. obs. 1011.

24) Carpzow l. c. def. 41 no. 3 u. 4. Stryck ad Brunnemann praelect. de proc. conc. cred. Cap. V. §. 14. Ehrlich de jure sepult. Vit. 1730. Müller ad Struv exerc. XV. th. 88 not. a. Richter de jure et priv. cred. Cap. II. membr. IV. §.3 u. v. A.

25) Schilter exercit. XXI. §. 30. — Berger Oec. jur. Lib. II. T. IV. th. XLV. not. 10. — Brunnemann ad L. 14 §. 5 de relig. in Commentar ad Pand. p. 538. u. v. A.

26) Jenichen Abhandlung von der Begräbniß-Mahlzeit Leipzig 1747.

27) §. 362 a. a. O. Kurrer l. c. §. 31 sq.

28) Engau Decis. P. II. dec. 221 n. 11.

ren sollen, ausgenommen, wenn die nach der Verfassung eines Orts, ohne Rücksicht auf den Stand des Gemeinschuldners ganz unvermeidlich gewesenen Kosten sich höher belaufen. §. 363. 364. Jene als überflüssig bezeichneten Ausgaben passiren aber auch innerhalb der gedachten Quanta nicht, wenn gleich die übrigen nothwendigen Kosten das Maximum nicht erreichen. Diese gesetzliche Taxe ist ohne Zweifel zweckmäßig, nur scheint auf den Ort nicht hinlänglich Rücksicht genommen zu sein, indem in manchen Gegenden auf dem Lande für 10 Rtlr. sich ein recht anständiges Begräbniß besorgen läßt, während es in großen Städten dafür kaum christlich werden kann; auch läßt sich so etwas nicht für alle Zeiten festsetzen. Die Praxis sieht daher auf das zur Zeit wirklich Nothwendige. Welche Rechte haben die Kosten für das Begräbniß der Ehefrau, der Kinder und anderer Verwandten des Gemeinschuldners? Das R. R. bewilligt dieselben mit gleichem Vorzuge, wenn der Gemeinschuldner zur Zeit des Todes dieser Personen noch gelebt hat, und zur Tragung und Erstattung der Kosten schuldig sein würde, und dieses galt auch in der Praxis[29]). Die Gesetzgebung hat diesen Satz nicht angenommen, sondern diesen Begräbnißkosten das Vorzugsrecht der 2ten Kl. ausdrücklich versagt. §. 360.

Ist das Begräbniß nicht unmittelbar aus der Masse, sondern von einem Dritten bestritten, so müssen sich diejenigen, welche auf dessen Bestellung etwas dazu geliefert haben, an ihn halten, und ihm selbst steht die Actio funeraria, womit er eben in dieser Kl. locirt wird, zu. Man hat die Frage aufgeworfen: ob die hinterbliebene

---

[29]) §. 17 pr. D. de rebus auct. jud. (XLII. 5). — Brunnemann proc. conc. cred. Cap. V. §. 14. — Strav Synt. jur. civ. exerc. 44. th. 47.

Wittwe, und zur Alimentation verpflichtete Verwandte, wenn diese das Begräbniß besorgt haben, ebenfalls die Erstattung der Kosten fordern können, da sie in subsidium selbst verpflichtet sind, sie zu tragen. Die gemeine Praxis hat sich für die Affirmative entschieden, aus dem richtigen Grunde, daß es des Subsidii nie bedürfe, wenn der Verstorbene etwas hinterlasse[30]). Hiernach ist die Frage auch im Pr. R. zu entscheiden; denn der Nachlaß haftet principaliter für die Begräbnißkosten, und der hinterbliebene Ehegatte kann sich dieselben daraus erstatten lassen[31]). Die Prioritätsordnung bestimmt im §. 365 h. t.: „Haben die Verwandten oder sonst ein Dritter das Begräbniß bestellt, so erhalten dieselben das in dieser Klasse auszusetzende Quantum, und müssen dagegen denjenigen, welche auf ihre Bestellung Sachen dazu geliefert oder Arbeiten dazu geleistet haben, für ihre Personen gerecht werden[32]).

---

[30]) Leyser Sp. 481. m. 3.

[31]) A. L. R. II. 1 §. 435. „Können die Begräbnißkosten aus dem Nachlaß nicht bestritten werden: so ist der überlebende Ehegatte zu der Bezahlung soweit sein Vermögen hinreicht, verbunden."

[32]) Merkel Commentar ad h. §. meint: daß aus dieser Bestimmung doch hervorzugehen scheine, daß bei nachher entstandenem Concurse der hinterbliebene Ehegatte den gemachten Vorschuß in der 2ten Klasse nicht zurückfordern könne. Bloße Verwandte oder Dritte hätten auf die Erstattung in dieser Klasse Anspruch. Wenigstens werde eine Stelle (Note 31) durch die andere (der oben angef. §. 365 h. t.) einigermaaßen dunkel. Diese Bemerkung beruht auf einer unrichtigen Fassung der Frage, welche durch die letztere Stelle entschieden werden soll. Es ist nämlich nicht zweifelhaft: ob überhaupt die Begräbnißkosten aus der Masse bezahlt oder erstattet werden sollen. Dieß wird als feststehend vorausgesetzt. Die Frage ist vielmehr die: ob die Personen, welche zum Begräbniß

Ein nothwendiges Requisit der Actio funeraria ist aber, daß die Begräbnißkosten nicht donandi, sondern repetendi animo gemacht worden sein müssen[33]).

etwas geliefert oder geleistet haben, sich unmittelbar an die Masse einzeln sollen halten können, wenn sie noch nicht bezahlt sind. Dieß wird verneint, aus dem Grunde, weil die Einzelnen sich nur an ihren Contrahenten halten könnten, im Falle ein solcher, d. h. Jemand, der das ganze Begräbniß besorgt hat, vorhanden ist. Ein solcher ist allemal ein Dritter, wenn es der Curator der Masse nicht selbst ist; denn der Gemeinschuldner und dessen Creditoren sind die beiden Partheien, und jeder andere ist ein Dritter, sein persönliches Verhältniß zu dem verstorbenen Cridarius mag sein welches es will. Weil aber gewöhnlich die Verwandten sich des Begräbnisses anzunehmen pflegen, so heißt es in der angeführten Stelle: „Haben Verwandte oder sonst ein Dritter das Begräbniß bestellt u. s. w." Die Verwandten sind auch Dritte, und eben so gehört der hinterbliebene Ehegatte zu den dritten Personen. Dadurch also daß er nicht namentlich genannt ist, wird er nicht ausgeschloßen; wie es denn auch der Erwähnung der Verwandten gar nicht bedurft hätte. Die Bestimmung also ist die, daß wenn ein Dritter, mag er sein wer er will, das Begräbniß bestellt hat, so sollen sich die Lieferanten und Arbeiter, welche auf dessen Bestellung mitgewirkt haben, nicht unmittelbar an die Masse, sondern an den Besteller halten, und nur dieser soll berechtigt sein, die Kosten und Auslagen zu liquidiren. Es findet sich noch eine andere Unrichtigkeit an dem angeführten Orte des Merkelschen Commentars. Es heißt: „Bekömmt die Wittwe des Cridarii eine Wittwenpension: so muß sie davon alle Begräbniß- und Trauerkosten zahlen. Stengel VI. pag. 82." Es ist in der citirten Stelle aber nicht von Wittwenpensionen, sondern von Sterbekassengeldern die Rede. Diese sollen nicht zur Concursmasse fließen; dagegen sollen davon aber auch sämmtliche Begräbnißkosten bestritten werden.

33) L. 14 §. 7 D. de relig. (XI. 7). Hymmen Beitr. B. II. S. 123. Nr. 5 u 6.

3. Medizinalkosten. Nach R. R. haben dieselben keinen Vorzug[34]). Die gemeine Praxis hat aber angenommen, daß die Kosten der letzten Krankheit zu den Begräbnißkosten zu rechnen wären, und daher mit denselben gleiches Vorrecht hätten[35]), jedoch nicht die Kosten für eine frühere Kur[36]), eben weil man sie nur als Anhang der Begräbnißkosten gleichsam mit einschwärzte. Diesem Grundsatze gemäß versagte man sogar dann den Kurkosten den Vorzug, wenn der Gemeinschuldner geheilt worden und darauf gestorben war[37]). Dagegen ließ man für die letzte Krankheit, an diesem Orte, alle und jede Kosten passiren, namentlich: a. das Arztlohn, vorausgesetzt, daß dem Arzt die Praxis gehörig erlaubt war[38]), b. den Preis der Medicamente[39]), c. den Lohn der Krankenwärter, d. Ausgaben für Speisen und Getränke des Kranken, welche zur Kur angeordnet worden, e. Fuhrkosten für Herbeiholung des Arztes, aus dem ganz vernünftigen Grunde, daß wenn man die drei letztern Posten nicht gelten lassen wolle, auch die erstern nutzlos würden, und ganz fortfallen könnten. Die Pr. Gesetzgebung hat die gemeine Praxis zwar ihrem Grundsatze nach anerkannt, aber auf der einen Seite eingeschränkt, und auf der andern wieder erweitert. Erwei-

---

34) Henr. Bodinus de non praeferendis sumtibus ultimi morbi. Halae 1703.

35) Walch de privilegio medicorum, creditorum in concursu. Jenae 1774. — Cocceji jus controvers. Lib. 42. T. V. de privil. cred. qu. 3. — Leyser Sp. 481 m. 1.

36) Schröter in den vermischten Abhandlungen Th. I. S. 90. — Carpzow Jurispr. for. P. II. c. 28. def. 45. — Gmelin l. c. Cap. II. §. 4.

37) Struv Synt. jur. civ. exerc. 44 th. 56. — Stryck ad Brunnemann conc. cred. cap. V. §. 15.

38) Gmelin l. c. Cap. II. §. 4.

39) Thomasius de jure pharmacop. civit. c. II. §. 10.

tert ist sie darin, daß nicht bloß im Falle des erfolgten Todes für die letzte Krankheit, sondern sämmtliche in dem ganzen letzten Jahre vor eröffnetem Concurse aufgelaufenen Medizinalkosten, und zwar ohne Unterschied: ob selbige durch Krankheit des Cridars, oder der Familie desselben veranlaßt worden, an dieser Stelle gefordert werden können; ferner, daß das dem Arzt, statt der zu liquidirenden Gebühren in Pausch und Bogen versprochene Honorarium, sofern dasselbe auf einer ausdrücklichen Verabredung beruht, für das letzte Jahr vor dem Concurse dasselbe Vorrecht hat; ferner, daß selbst ältere Rückstände hier gefordert werden können, wenn sie sechs Wochen vor Ablauf des Jahres, in welchem sie entstanden, gerichtlich eingeklagt, und der Prozeß oder die Execution bis zum Ausbruche des Concurses ununterbrochen fortgesetzt worden; endlich, daß selbst die Gebühren der Hebamme und des Geburtshelfers für die Entbindung der Ehefrau des Gemeinschuldners mit den Medizinalkosten gleiche Rechte haben sollen. Eingeschränkt aber ist dieses Vorrecht auf den Lohn des Arztes, Wundarztes, Geburtshelfers und der Hebamme, und auf die Bezahlung der von einem approbirten Arzte verschriebenen Medicamente. (§. 367. 368. 371. Nr. 2). Der Lohn der Krankenwärter, das Fuhrlohn für Herbeiholung des Arztes, wenn der Arzt nicht selbst die Fuhre besorgt, die creditirte vom Arzt verordnete Kost, und andere dergleichen zur Krankenpflege nothwendige Kosten haben diesen Vorzug nicht. Dadurch ist aus dem privilegium causae ein privilegium personarum geworden.

4. Diejenigen Liedlöhner, welche nicht zum Gute, sondern zu der Person oder dem anderweitigen Gewerbe des Gemeinschuldners gehören, (§. 370. 393. Nr. 5 in f.), namentlich auch die Handwerksgesellen, wegen Lohn und

Kostgeld[40]), und Schauspieler wegen ihrer Gage in dem Concurse des Entrepreneurs[41]).

5. **Schulmeister**, sowohl in Städten als auf dem Lande, **wegen des Schulgeldes**, ingleichen Lehrmeister wegen des Lehrgeldes, welches sie für die Kinder des Gemeinschuldners zu fordern haben; jedoch nur wegen des Rückstandes aus dem letzten Jahre vor eröffnetem Concurse. (§. 375). Dieß ist neu, jedoch schon durch das Corp. jur. Frid. bestimmt.

6. **Bäcker, Schlächter, Schneider u. Schuster**, wegen der dem Gemeinschuldner und der in dessen Hause lebenden Familie zu ihrer Nahrung und Kleidung auf Credit gegebenen Bedürfnisse, jedoch nur wegen solcher Lieferungen, die in den letzten sechs Monaten vor eröffnetem Concurse geschehen sind. (§. 376. b). Dieß ist durch die Allg. Ger. Ordn. eingeführt. Nach der gemeinen Praxis kommen die Handwerksleute, wenn sie nicht Liedlöhner sind, ohne Ausnahme in die letzte Klasse[42]).

Die Gläubiger dieser Abtheilung erhalten ihre Befriedigung nur aus der Gemeinmasse. Wenn bloß Immobilien vorhanden sind, und davon nach Befriedigung der Hypothekengläubiger der 3ten Kl. nichts übrig bleibt, so gehen sie leer aus; wenn aber keine zureichende Immobilien-Masse vorhanden ist, und also auch die Realgläubiger der vorigen Abtheilung aus der Gemeinmasse befriedigt werden müssen, so rangiren sie mit denselben in folgender Ordnung, so, daß der folgende nicht eher etwas erhalten kann, als bis der vorhergehende befriedigt ist; und mehrere gleich Berechtigte, d. h. solche, welche unter

40) A. L. R. II. 8 §. 352.

41) Gmelin l. c. in der Vorr. zur Ausg. v. 1783.

42) Ludw. Boehmer de jure merced. opificium in concursu credit. Gött. 1753. §. 15.

derselben Nummer erwähnt sind, z. B. mehrere Dienstleute oder Professionisten, verhältnißmäßige Befriedigung erhalten (§. 385. 386):

1) Nr. 1 Abth. A. 2) Nr. 2 Abth. A. 3) Nr. 3 Abth. A. 4) Nr. 1 Abth. B. 5) Nr. 2 Abth. B. 6) Nr. 3 Abth B. 7) Nr. 4 Abth. A. und Nr. 4 Abth. B. verhältnißmäßig; denn es können Gutsliedlöhner vorhanden sein, ohne daß eine Immobiliarmasse existirt, z. B. wenn ein Erbpachtsgrundstück zur Masse gehört, von welchem nach Bezahlung des rückständigen Canons nichts übrig bleibt. 8) Nr. 5 Abth. A. 9) Nr. 5 Abth. B. 10) Nr. 6 Abth. B.

§. 51.

Dritte Klasse.

In der dritten Klasse werden die Hypothekengläubiger, d. h. solche, deren Forderungen wirklich in die Hypothekenbücher der zur Masse gehörigen Grundstücke eingetragen sind, angesetzt. Diese Klasse fällt also gänzlich fort, wenn keine Immobilien zur Masse gehören, oder wenn davon noch keine ordentlichen Hypothekenbücher eingerichtet sind; denn weder die Einräumung des Besitzes ohne förmliche, ins Hypothekenbuch eingetragene, Pfandbestellung, noch eine Immission, noch ein reservirtes Dominium, noch die Eintragung in Haus-, Handels-, Konsens-, Konfirmations- oder andere dergleichen nicht nach der Form und Vorschrift der Hypothekenordnung eingerichtete Bücher, sondern nur die Eintragung in förmliche Hypothekenbücher wirken eine Hypothek. (§. 3-8. 394). Wo aber die Einrichtung des Hypothekenwesens im Gange ist, da giebt es ein Surrogat der förmlichen Eintragung, d. i. die Notirung zur künftigen Eintragung (das s. g. Recognitionssystem).

Dazu gehört: a. Anmeldung des Titels zur künftigen Eintragung, b. Prüfung desselben von Seiten des Richters, c. Aufzeichnung zur künftigen Eintragung, d. Ausfertigung einer Recognition hinter dem Original-Instrumente darüber: daß der Titel geprüft, und zur künftigen Eintragung geeignet gefunden und notirt worden sei[1]). Die Recognition muß also ausdrücklich die geschehene Prüfung attestiren. Mehrere zur Masse gehörige Grundstücke werden von einander separirt. Die von den Kaufgeldern des einen Grundstücks, nach Befriedigung der darauf eingetragenen Hypothekarien, verbleibende Ueberschuß kommt zur Gemeinmasse, wenn die auf dem andern Grundstücke eingetragenen Gläubiger auch ganz oder zum Theil ausfallen[2]). Wenn umgekehrt eine Forderung auf mehrere

---

[1]) Verordn. v. 16. Juni 1820. Ges.-S. S. 106.

[2]) A. G. O. §. 387. 391. 392. Die Absonderung kann factisch schwierig sein. Jemand besaß zwei Grundstücke auf derselben Feldmark, welche seit langer Zeit auf den Nachfolger, ohne Angabe eines Preises vererbt worden waren. Bei der Separation war der Acker zusammengeworfen, und in Folge dessen waren beide Nummern auf Ein Folium zusammengetragen worden. Auf jedem hafteten aber besondere Schulden, und als die Subhastation ausgebracht wurde, taxirte man beide Grundstücke als ein Einziges zusammen, und adjudicirte sie auch so. Nachher fand sich, daß die Kaufgelder zur Befriedigung der Gläubiger nicht zureichten, und dieselben sollten nach Verhältniß des Werths eines jeden Grundstücks getheilt und separirt werden. Wie sollte man den Werth eines jeden ermitteln? Die Separationsacten ergaben nicht, wieviel Morgen Acker, und von welcher Klasse, ein jedes der beiden Grundstücke in die Gemeinheitstheilung eingeworfen hatte; sondern alles war ohne Unterscheidung zusammengefaßt worden; und die ursprünglich zu jedem Grundstücke gehörigen Stücke, nach welchem man den Werth

Grundstücke conjunctim eingetragen ist, so concurrirt sie bei jedem verhältnißmäßig[3]), so jedoch, daß jedes Grundstück in subsidium solidarisch haftet. Die Befriedigung geschieht in der Ordnung, in welcher die Eintragung auf einander folgt, ohne daß es auf den Entstehungsgrund der Forderung ankommt, weil eben hier bloß von dem Hypothekenrechte die Rede ist; es haben mithin, wie sich von selbst versteht, was aber bezweifelt worden ist, und erst durch ein besonderes Gesetz hat entschieden werden müssen, eingetragene fiscalische Strafen denjenigen Ort, der ihnen nach dem Alter der Eintragung gebührt[4]). Mehrere gleichzeitig eingetragene Forderungen participiren verhältnißmäßig. (§. 387). Es wird aber für zweifelhaft gehalten: wann mehrere Posten als gleichzeitig eingetragen anzusehen sind, ob nämlich dazu hinreicht, daß die Eintragung mehrerer, unter fortlaufenden Nummern hinter einander folgenden Posten, von ein und demselben Tage, ohne nähere Angabe der Zeit, datirt ist, oder ob in den Eintragungsformeln ausgedrückt sein muß,

---

hätte ermitteln können, waren nicht mehr zu unterscheiden; es war auch nicht festzustellen, wieviel Morgen überhaupt zu dem einen und zu dem andern ursprünglich gehört hatten. In solchen Fällen giebt es kein anderes Mittel, als den ungefähren Werth eines Grundstücks von derselben Art an diesem Orte, durch Sachverständige, in abstracto angeben zu lassen, und nach dem sich daraus ergebenden Verhältnisse die Kaufgelder zu theilen.

[3]) A. G. O. l. c. §. 391. 521—523. Ist die Hypothek nach Preuß. R. ein accessorisches oder ein selbstständiges dingliches Recht? Mar. 1831. S. 10. — Göschel Zerstreute Blätter aus den Hulfsacten eines Juristen. I. S. 119 ff. — Merkel Comment. zur Hypothekenordn. Tit. 1 §. 60.

[4]) A. G. O. h. t. §. 387. — Anh. z. A. G. O. §. 360. — Entsch. der Ges.-Commiss. v. 6. Febr. 1796; in Stengel IV. S. 288—293.

daß die unter demselben Dato eingetragenen mehrern Posten gleichzeitig eingetragen worden. Die Praxis ist hierin nicht gleichförmig. Die richtige Meinung ist wohl die, daß es in dem Hypothekenbuche ausdrücklich vermerkt stehen muß, wenn eine Post mit einer nachfolgenden nur gleiches Recht haben soll. Denn das Vorrecht unter mehrern eingetragenen Posten wird lediglich nach der Ordnung der geschehenen Eintragung bestimmt[5]), d. h. die Ordnung, in welcher die Posten im Hypothekenbuche auf einander folgen, ist auch die Ordnung in der Befriedigung der Gläubiger bei der Distribution. Es interessirt den vorstehenden Gläubiger nicht, und er braucht es nicht zu wißen: ob die Eintragung eines nachstehenden Gläubigers von dem nämlichen, oder von einem spätern Tage ist, ja es ist möglich, daß diese nachfolgende Post von demselben Tage aus dem Hypothekenschein des vorstehenden Gläubigers gar nicht zu ersehen ist, da die Ausfertigung früher als die nachfolgende Eintragung geschehen kann. Käme es also nur auf das nämliche Datum der Eintragung an, so würde es rein zufällig sein, und dem Gläubiger verborgen bleiben: ob die vorstehende Post vor den folgenden ein Vorrecht hätte oder nicht. Damit wäre der feststehende Rechtssatz: prior tempore potior jure, über den Haufen geworfen. Wer aber von Mehreren zuerst eingetragen wird, der ist gerade dadurch auch der Zeit nach früher als die Andern eingetragen; denn auf den größern oder geringern Zeitverlauf kommt nichts an[6]). Daher geben die Worte der Allg. Gerichtsordnung Th. I. Tit. 50 §. 387:

---

[5]) A. L. R. I. 20 §. 500. — Vergl. Hypoth.-Ordn. Tit. II. §. 8.

[6]) Diese Rechtsansicht liegt auch dem Circ des J. M. vom 10. Juni 1835 betr. das Verfahren bei Präsentation der

„es bestimmt nur allein „die Zeit" der erfolgten Eintragung die Ordnung, in welcher sie (bei der Classification) auf einander folgen,"

keinen andern Sinn, als die Worte des §. 500 Tit. 20 Th. 1. des Allg. Landrechts:

„das Verzugsrecht (wird) unter ihnen lediglich „nach der Ordnung" der geschehenen Eintragung bestimmt,"

es müßte denn der Ingrossator, statt eine Post Nr. 1 einzutragen, dieselbe hinter einen leer gelassenen Raum sub No. 2 eingeschrieben, und eine später angemeldete Post in den vorstehenden leeren Raum sub No. 1 ingrossirt haben, was eine Fälschung sein würde. Die Praxis versteht auch die Stelle der Gerichtsordnung nicht anders als die des Allg. Landrechts, da nach der Form der Hypothekenbücher und der Eintragungen die vorstehende Post auch der Zeit nach früher, als die folgende eingetragen worden sein muß. Nach Oestreichischem, Französischem und Baierschem Rechte soll der Tag der Eintragung das Vorrecht entscheiden, woraus folgt, daß, da auf keinen kleinern Zeitabschnitt gesehen wird, alle an dem nämlichen Tage eingeschriebenen Posten ein gleiches Vorrecht haben[7]). Von dem Grundsatze, daß die Reihefolge der Posten im Hypothekenbuche das Vorrecht derselben unter einander bestimmt, gilt eine Ausnahme,

---

zur Eintragung bestimmten Urkunden bei den Hypothekenbehörden 2c. zum Grunde.

[7]) Die Ausführung von Gönner's in seinem Commentar B. I. S. 269 u. 483, und B. II. S. 113, daß kleinere Zeitabtheilungen unpassend sein würden, weil dann bei einer Menge von Gläubigern der Unbescheidenste (und der Stärkste hätte er hinzufügen können) durch sein Vordrängen das Vorrecht erringen würde, gehört in das Reich der Fabeln.

nämlich: wenn Eintragungen geschehen sind, ohne daß der Besteller der Hypothek eingetragener Besitzer der verpfändeten Sache war, und bei der hiernächst erfolgenden Besitztitelberichtigung, wodurch jene Hypotheken gültig werden, zugleich für den Vorbesitzer ein dingliches Recht eingetragen wird, so geht dieses den erstern vor [8]).

§. 52.

Vierte Klasse.

Diese Klasse hat die Fälle der privilegirten Hypotheken der Römischen Ordnung, also die Römische zweite Klasse. Der Unterschied zwischen beiden besteht darin, daß das R. R. zugleich mit dem Vorzugsrechte ein dingliches Recht anerkennt, welches nach Pr. R. negirt wird. Dieß hat zur Folge, daß die Gläubiger der 4ten Klasse diesen Platz nur im Concurse ihres unmittelbaren Schuldners selbst, nicht in dem eines Dritten haben. Daß einem oder dem andern Gläubiger dieser Klasse ein stillschweigendes Pfandrecht, d. h. ein dingliches Recht, welches gegen jeden Dritten verfolgt werden kann, zusteht, muß verneint werden; vielmehr ist das diesen Gläubigern ehemals zuständig gewesene pignus tacitum s. legale in einen bloßen Titel zum Pfandrechte übergangen; denn das Pr. R. kennt außer den eingetragenen Hypotheken keine andere Realforderungen, als die genannten speciellen Fälle Classe I. Nr. 15 und die der Abth. A. der zweiten Klasse [1]). Eine practisch wichtige Folge davon, daß diese

---

[8]) A. L. R. I 20 §. 407. 408.

[1]) Ueber die Frage: ob die Gläubiger dieser Klasse ein pignus tacitum haben, vergleiche man Mathis: Hat nach Preuß. Gesetzen Fiskus ein stillschweigendes Pfandrecht in dem Vermögen derjenigen, mit welchen er contrahirt? in der jurist. Monatsschr. I. S. 250 ff. ferner:

Forderungen, neben dem stehen gebliebenen Privilegium, nach Preuß. Rechte nur noch einen Titel zum Pfandrecht behalten haben, besteht darin, daß diejenigen Forderungen, welche nur einen speciellen Titel haben, und daher auch nur auf die einzelne Sache, zu welcher der Titel zusteht, eingetragen werden können, im Concurse keineswegs auf diese specielle Sache oder deren Werth, wie die Römischen speciellen Hypotheken, in dieser Klasse angewiesen sind, sondern an der ganzen Gemeinmasse an diesem Ort ein Vorrecht haben. Eine einzige Ausnahme macht die Nr. VII. b. Zur 4. Klasse gehören 12 Gläubiger. Von denselben geht der zuerst genannte, der Fiscus, mit Ausnahme der Salarien-Cassen, allen übrigen vor, die folgenden rangiren nach dem Alter der Forderungen, und zuletzt folgen die fiscalischen Salarien-Cassen, wegen der von dem Gemeinschuldner restirenden Kosten, wenn es keine Untersuchungskosten sind, (§. 403. 429. Anh. §. 362.), welche in die siebente Klasse, oder eigentlich post omnes gehören[2]). Die Gläubiger sind folgende:

I. Fiscus in Ansehung der Anforderungen an den Gemeinschuldner, wegen welcher er nicht in classe I. oder II. oder III. oder, wie z. B. wegen der Geldstrafen und Untersuchungskosten, ganz zuletzt locirt wird.

Das Römische Recht legt dem Fiscus wegen aller Forderungen desselben ein allgemeines Pfandrecht in dem Vermögen des Schuldners bei[3]). In wiefern sich dasselbe aber auch auf die erst nach der Entstehung der fis-

---

den B. III. S. 205. mitgetheilten Fall. Merkel Commentar zur A. G. O. Tit. 50 §. 666.

[2]) Anh. §. 368. Hommel Rhapsod. 594. R. v. 29. Januar 1833. Jahrb. XXXVIII. p. 163. 149. 452. R. vom 18. Novbr. 1803. N. Arch. III. S. 147.

[3]) L. 5 C. vectigalia nova institui non posse. (IV. 62). L. 1. 2. 4. C. in quib. caus. pignus. (VIII. 15).

calischen Forderung erworbenen Güter erstrecke, und vor andern Pfandgläubigern privilegirt sei, war unter den gemeinrechtlichen Juristen streitig [4]). Die ältere Gesetzgebung bestätigte aber nicht bloß die gemeine Meinung, und legte dem Fiscus ein allgemeines Pfandrecht sowohl in Ansehung des beweglichen als unbeweglichen Vermögens bei, sondern dehnte das ihm zugeschriebene Vorzugsrecht vor allen übrigen Hypotheken- und Pfandgläubigern auch auf alle fiscalische Forderungen aus, mit einziger Ausnahme der Geldstrafen, welche zwar auch ein Pfandrecht haben, jedoch den eingetragenen Gläubigern nachstehen sollten, wenn nicht etwa das ganze Vermögen confiscirt wär [5]). Dieses fiscalische Privilegium

---

4) Westphal vom Pfandrechte § 161 bestritt die gemeine Meinung, wonach dem Fiscus eine privilegirte Hypothek zugeschrieben wurde. Dagegen vertheidigten die gemeine Meinung: Hellfeld de hypotheca fisci tacita in bonis post contractum quaesitis. Jenae 1771 (in Opusc. n. X. p. 212). Cap. I. §. 13, u. Schott de vera causa praerogativae hypothecae fisci in bonis a debitore post contractum adquisitis. Lips. 1772, u. Eichmann Abhandlung von dem Pfandrecht des Fiscus an den Gütern desjenigen, mit welchem er einen Vertrag eingegangen hat. Jena 1773. Schott unpartheiische Critik. Stück 52 p. 166 sq. Darauf: Eichmann Erläuterung der Abhandlung vom Pfandrechte des Fiscus 2c. Leipzig 1774, welche Drei über den Grund der fiscalischen Prärogativen uneinig waren. Gegen diese wieder: Westphal rechtliche Bestärkung der Meinung: daß herrschaftliche Forderungen aus einem Beitrage zwar mit einer stillschweigenden, doch nicht privilegirten Hypothek versehen sind. Halle 1778. Das Vorzugsrecht in bonis administratorum vertheidigt Huber Prael. Lib. XX. Tit. 4. § 8. Dagegen Mevius Dec. P. IV. dec. 253. Berger Oec. jur. L. II. T. V. §. 3 n. 5. Cocceji jur. controv. de privil. cred. qu. IX.

5) Churm. Landt. Absch. v. 26. Juli 1653 § 27. R. v. 8.

erhielt die erste Einschränkung durch das Edikt v. 19ten Aug. 1749. (C. C. M. Cont. IV. S. 163), welches im §. 35 bestimmte, daß der Fiscus in dem Concurse seiner Pächter, wegen der Forderungen aus dem Pacht-Contracte, nicht den ältern, sondern nur den jüngern Hypothekarien vorgehen solle. Das Edikt vom 3. Aug. 1769. (N. C. C. T. IV. S. 6197) erweiterte diese Einschränkung auf alle Forderungen des Fiscus aus Contracten in der Art, daß alle eingetragenen Hypotheken vorgehen sollten. Das Corp. jur. ging noch weiter und schränkte das Privilegium des Fiscus wegen der Abgaben auf einen zweijährigen Rückstand ein, verwies die ältern Rückstände hinter die eingetragenen Gläubiger, mit Vorbehalt des Vorzugs in dem Mobiliarvermögen, ließ es in Beziehung auf die Kassenbedienten bei den bestehenden Gesetzen, wonach die eingetragenen Gläubiger nachstehen mußten, und verwies alle contractlichen Forderungen, auch die aus Pacht-Contracten, hinter die eingetragenen Gläubiger zur vierten Klasse. Das darauf folgende Edict vom 8. Jannar 1785 (N. C. C. T. VII. S. 2995) schränkte auf der einen Seite das fiscalische Recht noch weiter dahin ein, daß auch in dem Vermögen der Kassenbedienten die eingetragenen ältern Gläubiger vorgehen, die jüngern aber, wie bisher, nachstehen sollten, stellte jedoch auf der andern Seite das alte Privilegium wegen der Forderungen aus Pacht-Contracten, nicht wegen anderer contractlicher Forderungen, wieder her. Die allgemeine Gerichtsordnung hat die Bestimmungen des Corp. jur. Fr. wieder hergestellt, und die

---

Januar und 30 März 1683. (Mylius Th. II. Abth. 2. S. 15). Ed. v. 24. Juli 1707. (Mylius l. c. S. 43). Ed. v. 4. Novbr. 1713 (Mylius S. 47). Hyp.- und Conc.-Ordn. v. 4. Febr. 1722 §. 135. 181.

neuere Gesetzgebung hat dazu das privilegirte Realrecht in dem Vermögen der Kassenbedienten gänzlich aufgehoben, und die Forderungen aus der Kassenverwaltung hinter sämmtliche Realgläubiger zur 4ten Klasse verwiesen. Hiernach gehören also folgende fiscalische, bloß mit einem privilegio exigendi und einem Titel zum Pfandrechte versehene Forderungen (§. 395—400) in diese Kl.: 1. die ältern als zweijährigen Rückstände der landesherrlichen Abgaben, ohne weitere Einschränkung auf eine Zeit; 2. dasjenige, was der Cridarius dem Fiskus aus einer Bürgschaft, wofür durch Pfand oder Eintragung keine besondere Sicherheit bestellt ist, schuldig geworden[6]); die einem Königl. Offizianten, der kein eigentlicher Kassenbedienter ist, anvertrauten Gelder, z. B. vergriffene, für das Depositum bestimmte Gelder (nicht wirkliche Deposital-Defekte, welche von den Depositarien bei Gerichten, von welchen die Jurisdiktion Königlich ist, gemacht sind; als welche zur zweiten Klasse gehören); Auctionsgelder, wenn der Zeitpunkt, wo sie hätten abgeliefert werden sollen, nicht früher als vier Wochen vor eröffnetem Concurse eingetreten ist; 4. dasjenige, was der Fiskus aus einem Pacht-Contrakte zu fordern hat; 5. überhaupt alle Forderungen, die dem Fiskus aus einem Kontrakt oder einem andern Grunde zustehen, und kein besseres oder geringeres Vorrecht haben; 6. der Werth der zu confiscirenden Sachen, wo derselbe nach besondern Gesetzen an die Stelle der Sachen selbst tritt[7]).

Dieses fiscalische Vorrecht haben noch die mit fiscalischen Rechten versehenen öffentlichen Institute (§. 401), namentlich: 1. die Bank, welche jedoch darauf in favorem publici, und um ihren Credit besonders auf auswär-

---

[6]) Corp. jur. Frid. Th. IV. §. 33. 36. 55.

[7]) A. L. R. II. 14. §. 71.

tigen Plätzen zu behaupten, Verzicht gethan, und sich dieselben nur gegen ihre Offizianten vorbehalten hat; 2. die Seehandlungs-Societät, welche sich jedoch desselben gegen Kaufleute, in Ansehung ihres kaufmännischen Verkehrs gänzlich begeben; und beim Creditiren von Seesalz an einen Kaufmann nur auf Einen Monat, vom Tage der Verabfolgung des Salzes an den Käufer vorbehalten hat, so daß wenn der Credit auf längere Zeit gegeben, oder nach Ablauf der einmonatlichen Frist die Klage nicht binnen drei Tagen beim Gericht angemeldet, oder nachher nicht gehörig fortgesetzt wird, die Societät nur wie ein anderer Privatverkäufer zu behandeln ist. Gegen ihre Offizianten und gegen Nichtkaufleute hat die Societät das Vorrecht behalten. 3. Die Allgemeine Wittwen-Verpflegungs-Anstalt, sowohl gegen ihre Offizianten, als gegen ihre Schuldner [8]). 4. Die Offizier-Wittwen-Casse [9]). 5. Die prinzliche Gesammtkammer. §. 402. 6. Solche gerichtliche Salarien-Cassen, deren Ausfälle aus unmittelbaren Staatskassen gedeckt werden, wozu auch die Salarienkassen der Oberbergämter gehören. Die Salarienkassen stehen übrigens allen Gläubigern dieser Classe nach, und wegen Untersuchungskosten und Strafgelder kommen sie erst post omnes [10]).

II. Aeltere als zweijährige Rückstände von Communal-Lasten und Pflichten. (§. 50 II. Nr. 2). Das Al-

---

[8]) A. G. O. h. t. §. 361. Regl. für die Allgemeine Wittwen-Verpflegungsanstalt v. 28. Decbr. 1775 §. 41. N. C. C. Tom. V. No. 63. S. 403. — Simon und v. Strampff Rechtsspr. I. S. 71.

[9]) Cab. O. v. 27. Mai 1796. Stengel B. II. S. 222. u. N. C. C. Tom. X. S. 419. Nr. 63.

[10]) A. G. O. h. t. §. 402. 403. Anh. §. 362. 368. Vergl. unten §. 56 Nr. I.

ter wird von dem Tage, wo sie hätten entrichtet werden sollen, an gerechnet. §. 357. 359. 404.

III. Oeffentliche nicht Königl. Kassen z. B. die landschaftlichen, Kreis- oder Kämmerei-, Leih- u. Damm-societäts-, Deposital-Cassen, ingleichen Domcapital, Kollegiatstifter, Klöster, Kirchen, Schulen und andere milde Stiftungen und Zünfte, in bonis administratorum. Das Alter wird von dem Tage datirt, wo der Gemeinschuldner seinen Dienst angetreten, oder die Administration angenommen hat, nicht also von da, wo der Defekt gemacht ist, weil das Alter einer Hypothek für zukünftige Forderungen nach der Hypothekbestellung, und nicht nach Entstehung der Forderung gerechnet wird. Nach gem. R. war es streitig: ob den Städten, Kirchen, Stiftungen ein allgemeines Pfandrecht in dem Vermögen ihrer Administratoren zustehe[11]). Die Theoretiker waren dagegen[12]). Die Praxis scheint sich dafür entschieden zu haben, daß sowohl den Städten, wie den Kirchen und piis corporibus[13]), nicht weniger den Zünften[14]), ad exemplum papillorum, eine gesetzliche Hypothek in dem Vermögen ihrer Administratoren beizulegen. Dieser Praxis ist die Preuß. Gesetzgebung, selbst in Beziehung auf die Zünfte gefolgt, indem sie diesen Instituten dasselbe Vorrecht, wie den Pupillen, also eine privile-

---

[11]) Huber Prael. XX. 2 §. 6 u. Tit. 4 §. 9 vertheidigt es aus denselben Gründen, aus welchen den Pupillen und Minderjährigen das Pfandrecht in dem Vermögen ihrer Verwandten zusteht.

[12]) Gmelin a. a. O. Cap. III. §. 2. — Boehmer de administratione bonorum eccl. Cap. III. §. 6. — Bauer de pignor. pupill. §. 38.

[13]) Leyser Spec. 227 m. 1 u. Spec. 228 m. 1.

[14]) Weisser Recht der Handwerker Absch. III. §. 28. S. 55. — Gmelin a. a. O. Cap. IV. §. 19.

girte stillschweigende Hypothek (Titel zum Pfandrecht mit einem Privilegio exigendi) beigelegt hat, während nach gemeinem Rechte dieses Privilegium fehlt, weil die Actio tutelae auch nicht privilegirt war.

IVa. **Die Ehefrau in Ansehung ihres Eingebrachten**, ohne Unterschied: ob es den Namen von Dotal-, oder Paraphernal-Vermögen führt, soweit es nicht mehr vindicirt werden kann. Dazu gehören auch die gültigen Geschenke, und die Morgengabe [15]). Das R. R. legte der Dos eine privilegirte Hypothek bei [16]); die Paraphernalien aber, wozu man auch die Ausstattung (apparatus muliebris) rechnete [17]), hatten nur ein simples Pfandrecht, und gehörten deshalb in die folgende Classe [18]). Eben so wird der donatio propter nuptias nur ein simples Pfandrecht zugeschrieben [19]), und die Morgengabe soll allen Gläubigern nachgesetzt werden [20]). Die Pr. Gesetzgebung hat dieses Alles der Dos gleichgemacht. In Ansehung der Entstehungszeit des Vorrechts ist das gemeine Recht beibehalten: das Vorrecht fängt von dem Tage an, wo das Vermögen der Frau dem Gemeinschuldner eingebracht, oder, wenn die Uebergabe schon vor der Ehe geschehen ist, oder die Zeit nicht ausgemittelt werden kann, von da wo die Ehe vollzogen worden

---

15) A. G. O. h. t. §. 406 sq. A. L. R. II. 1. §. 269 u: II. 8. §. 219.

16) L. 12 §. 1 C. qui potior. in pign. (VIII. 18). — L. un. §. 1 C. de rei uxor. act. (V. 13). — §. 29 J. de act. (IV. 6). — Nov. 97 c. 2. 3. Nov. 109 c. 1.

17) Schoepf Dec. 344 n. 17. 18. — A. M. Renz jura rei uxoriae ad normam sec. bon. conj. exacta §. 13.

18) L. 11. C. de dote cauta. (V. 14).

19) Gmelin Cap. III. §. 5. Mevius decis. P. I. dec. 193.

20) Strecker jur. mulier. quib. expr. hyp. a marito constituta est §. 24. Hommel Programm de jur. uxor. nobil. in conc. mariti §. 17.

ist[21]). Weil das mit dem Pfandrechte verbundene Privilegium rein persönlich ist, so konnte, bei dem Uebergange der Dotalforderung, zwar wol die damit verbundene Hypothek[22]), nicht aber das Privilegium[23]), nach R. R. mit übergehen. Nur auf die Descendenten sollte, nach dem gemeinen Gerichtsgebrauche, zufolge einer Stelle, welche in dem einzigen Falle einer Concurrenz der Kinder der verstorbenen Ehefrau mit der Stiefmutter den erstern den Vorzug giebt[24]), dieses Privilegium übergehen[25]). Das Pr. R. unterscheidet ebenfalls noch das persönliche Privilegium von dem an der Sache haftenden stillschweigenden Pfandrechte, nunmehrigen bloßen Titel

---

[21]) A. G. O. h. t. 416. L. un. §. 1 C. de rei uxoriae act. (V. 13). — L. 19 vers. jura etiam C. de donat. ante nupt. (V. 3). — Gmelin Cap. VII. §. 5.

[22]) L. un. §. 1 C. de rei uxor. (V. 13). — L. 68 D. de reg. jur. Brunnemann proc. conc. cred. Cap. V. §. 35. Malblank §. 574. Lauterbach Diss. §. 17.

[23]) §. 29 J. de act. (IV. 6). — L. 12 §. 1 D. qui potior. in pign. (VIII. 18). — Nov. 91 praef. Stryck de jur. uxor. in bonis mariti. Cap. II. §. 49.

[24]) §. 29 in f. J. de act. (IV. 6). — L. 12 §. 1 u. Auth. Si quid ex reb. C. qui potior. in pign. (VIII. 18). — Nov. 61 Cap. 1. Nov. 91 praef. N. Juristische Literatur Jahrg. 1776. p. 808 u. ff. Löhr im Archiv für civ. Praxis V. S 290. — Meissner Darstellung der Lehre vom stillschweigenden Pfandrecht. Leipzig 1803—1804. §. 171.

[25]) Zoller exerc. jur. quaestionem continens, an liberis intuitu bonorum matern. existente concursu in substantia patris cum hypotheca tacita et jus praelationis competat. Lips. 1776. — Puffendorf Obs. jur. un. T. IV. obs. 66. Gmelin Cap. III. §. 5. — v. Kamptz Revision der Lehre vom Uebergang des Brautschatz-Privil. auf die Descendenten der Ehefrau. Berlin 1811. — Glück Th. 27. S. 170 ff. — A. de Buchholz qui potiores sunt in pignore. Regiom. 1829. p. 16—27.

zum Pfandrechte (§. 422), und hat die gemeine Meinung, wonach dasselbe auf die Descendenten übergehen soll, angenommen. Eine dabei vorkommende Controverse ist unentschieden geblieben. Es frägt sich nehmlich: ob, wenn ein Descendent nur mittelbar die Dotal-Forderung erbt, ihm dann ebenfalls das Privilegium gebührt, z. B. wenn von zwei nach der Mutter hinterbliebenen Kindern das eine stirbt, und das andere dessen Antheil an der mütterlichen Dos erbt. Unter den gemeinrechtlichen Juristen wird dafür[26]) und dawider[27]) gestritten, und die Praxis hat sich bald nach der einen, bald nach der andern Meinung gerichtet. Es ist indeß die erstere Meinung für die richtige zu halten, weil einestheils Descendenten ohne Unterschied, wie sie die Dos ihrer Mutter erworben haben, in deren Stelle treten sollen, und weil andereseits der Descendent, welcher sein Geschwister beerbt, für seine Person dasselbe Vorrecht genießt, was der Verstorbene selbst hatte, so daß er dessen Ererbung nicht bedarf. Die vorher getheilt gewesene Dos kommt jetzt bloß in einer Hand, die das an sich untheilbare Privilegium schon hat, wieder zusammen. Der Umstand, daß ein Anderer an der Dos, nach dem Tode der Frau, den Nießbrauch gehabt und erst nach der Erlöschung des Nießbrauchs die Dos an die Descendenten gekommen ist, kann auf das Privilegium gar keinen Einfluß haben[28]). Das Pr. R. geht übrigens aber noch

---

[26]) a Mara de Conc. cred. II. 3 No. 97 sq. — Gmelin Cap. III. §. 5. — Huber Praelect. XX. 4. No. 11 Schol.

[27]) Carpzow Jurispr. for. P. I. const. 28 def. 98 No. 6. 7. — Mevius ad Jus Lubec. III, 1. Art. 9. No. 9. — Leyser Sp. 319 m. 5.

[28]) Ueber diese Frage wird ein Präjudicat in Simon's und v. Strampff's Rechtssp. III. 375. mitgetheilt. Dieselbe

etwas weiter, und läßt den Uebergang auch auf andere Erben alsdann geschehen, wenn die Ehefrau erst nach der Concurseröffnung gestorben ist (vergl. unten Note 30); sonst verweiset es dieselben ganz consequent in die folgende Klasse. (§. 413 h. t.). Eine andere Frage ist es noch: ob das persönliche Vorrecht cedirt werden kann. Nach dem R. R ist es anzunehmen, weil der Cessionar bloß Procurator des eigentlichen Gläubigers ist. Die gemeinen Practiker wollten jedoch dem Cessionar die Ausübung des Privilegii nicht gestatten; sie machten nur eine Ausnahme, wenn die Ehefrau dabei Interesse hatte, daß das Privilegium gelte, und wenn ein Procurator klagte[29]). Einige behaupteten, daß die Cession utiliter, wie beim Usußfructus, ratione effectuum, so lange die Frau lebe, geschehen könne[30]), welche Ansicht der so eben erwähnten Bestimmung der Conc.-Ordn. (§. 413) zum Grunde liegt. Schon die Meinungen der ältern gemeinrechtlichen Rechtsgelehrten waren hierüber sehr verschieden. Die hauptsächlichsten sind folgende[31]): Nach der einen wird unterschieden, ob die Cession von beiden Seiten nothwendig, oder ob sie freiwillig ist. Erstern Falls wird das Privilegium versagt, andernfalls nicht, wenn der Cessionarius in seinem Namen und zu seinem Vortheile auftritt, anders aber, wenn

ist nicht zweifelhaft, da die Descendenten die Dos nicht von dem Nießbraucher, sondern von der Mutter erben, mithin von Anfang an Gläubiger der Dos sind, deren Einziehung für sie, durch den Nießbrauch des Schuldners, nur suspendirt ist.

29) Gmelin a. a. O. Cap. III. §. 5.

30) Cocceji Jus controv. L. XVIII. Tit. 4. qu. 21. — Puffendorf Obs. jur. Tom. I. obs. 221.

31) Berlich. Concl. LXV. de praelat. dotis No. 91 sq.

er direct im Namen der Cedentin klagt[32]). Hierbei ist an den Römischen Procurator in rem suam gedacht. Eine andere Meinung hat Baldus, welcher unterscheidet: ob die Cedentin gestorben ist, oder nicht. In dem erstern Falle hält er das Privilegium für erloschen. In dem andern soll der Cessionarius dasselbe geltend machen können, wenn er actionem directam ex persona cedentis geltend macht, also als procurator in rem suam auftritt; nicht aber alsdann, wenn er in seinem Namen utiliter klagt[33]). Dieß kommt mit der vorigen Meinung für den zweiten Fall überein. Eine dritte Meinung unterscheidet wie Baldus, mit der Abweichung: daß nicht bloß auf den Tod der Cendentin, sondern auch ihrer Kinder gesehen werden soll, ohne den weitern Unterschied zwischen der Actio directa u. A. utilis zu machen[34]). Nach einer vierten Meinung wird unterschieden: ob die Frau ihre Rechte gegen den Mann zu ihrem Nutzen cedirt, so daß der Vortheil des Privilegiums ihr zu Gute kommt. Alsdann soll dasselbe auf den Cessionarius mit übergehen. Dieß soll aber nicht der Fall sein, wenn die Cession hauptsächlich in favorem et commodum des Cessionarii oder eines Dritten geschieht[35]). Die fünfte Meinung ist, daß ohne Unterschied das Privilegium nicht cedirt

---

[32]) Br. in L. 40 D. sol. ma'rim n. 35. u. in L. un. C. de privil. dotis n. 6 u. 8. Matth. Matthes. in L. un. C. eod. n. 4 u. 9.

[33]) Bl. in L. un. C. de priv. dotis no. 6 sub fine. Ihm folgt Mynsinger Cent. 8 Obs. 3 No. 1 sq. Jason in L. 31 §. 1. D. de rebus creditis, No. 15.

[34]) Anton Negus. tract. de pignorib. P. 2 membr. 4. no. 107 allegirt sie als die des Petr. et Cyni in L. un. C. de priv. dotis.

[35]) Baldus Novell. tract. de dote P. XII. qu. 4 n. 18.— Anton Negusanz. l. c. no. 107. — Jac. Menoch. de praesumpt. L. IV. praes. 189. n. 15.

werden kann, weil es rein persönlich sei[36]). Das Pr. R. gestattet ausdrücklich[37]) die Cession des persönlichen Vorrechts, d. h. ursprünglich eigentlich bloß die Ausübung desselben Namens der Berechtigten, von deren Person es unzertrennlich ist; jetzt, bei der veränderten Natur der Cession, ist dadurch freilich die Abnormität entstanden, daß die Erben des Cessionars bessere Rechte haben und weiter übertragen können, als die Erben der Ehefrau, woraus die Unrichtigkeit des Satzes zu ersehen ist.

Das Privilegium sammt dem Pfandrechte geht verloren: 1. durch üble Wirthschaft oder Verschwendung der Frau, oder durch Verleitung des Mannes zu einer verschwenderischen Lebensart. Wenn die Frau eines Bankerutirers an dem Verbrechen des Mannes wissentlich Theil genommen hat, so verliert sie ihr Vermögen zum Besten der Gläubiger gänzlich[38]). 2. durch Uebernahme der Schulden des Mannes[39]). 3. durch Entsagung[40]). 4. durch Ehescheidung, wenn nicht unverzüglich nach Trennung der Ehe das Eingebrachte zurückgefordert, und die Execution bis zum Ausbruche des Concurses gehörig fortgesetzt worden ist (§. 415 h. t.). Wenn zwei Dotal-

[36]) Berlich l. c. no. 105 u. der dort all. Schneider ad §. 29 J. de act. n. 70. Tiraquell. de retract. lignag. §. 26 gl. 1 No. 81.

[37]) A. G. O. h. t. §. 413. A. L. R I. 11. §. 404.

[38]) A. G. O. h. t. §. 412. — A. L. R. II. 1. §. 274. 275 u. II. 20 §. 1485—1487. — Entsch. der Gesetz-Comm. v. 28. März 1786 (Klein's Annal. I. 270). — Struben rechtl. Bed. B. V. Bed. 77. — Mevius ad Jus Lubec. P. III. T. 1 Art. 9. No. 53. — Carpzow Jur. for. P. I. const. 28 def. 85.

[39]) A. G. O. h. t. §. 410. — Gmelin a. a. O.

[40]) A. L. R. II. 1. §. 272. 273. — L. 11. L. 21. C. ad S. C. Vell. (IV. 29). — Wibel de jure prael. cred. §. 15.

Forderungen concurriren, so geht die ältere der jüngern vor[41]).

IVb. Das Witthum, wenn es wirklich ein Surrogat des Eingebrachten ist, und das letztere dafür zurück bleiben soll; jedoch nach der Wahl der Gläubiger: ob sie jenes oder dieses geben wollen[42]).

IV.c. Der Erbschatz, welchen der Gemeinschuldner in Händen hat, wird mit dem Eingebrachten verhältnißmäßig berichtigt[43]).

V. Die Kinder des Gemeinschuldners mit ihrem Peculium, soweit dasselbe nicht vindicirt werden kann. §. 417 — 419. h. t. Dazu gehört auch der bei Ehescheidungen[44]) von dem schuldigen Theile den Kindern auszusetzende Pflichttheil. Nach gem. R. haben die Kinder nur wegen der bona materna oder materni generis (was von der Mutter oder von mütterlichen Ascendenten, ex materna linea herkommt) bloß ein simples Pfandrecht, und auch dieses ist unter den Juristen nicht unbestritten[45]). Diejenigen, welche den Kindern, wegen

---

[41]) A. G. O. l. c. §. 414. 415. — L. 12 §. 1 in f. C. qui potior. (VIII. 18).

[42]) A. G. O. l. c. §. 438. Vergl. unten §. 53 Nr. IV.

[43]) A. L. R. II. 3 §. 303. 304.

[44]) A. L. R. II. 2. §. 464.

[45]) Es wird aus L. 6 §. 4 C. de bonis quae liberis (VI 61) hergenommen. Leyser Sp. 164 med. 8. Sp. 166 m. 2. Sp. 226 m. 4. — Struben rechtl. Bed. B. III. Nr. 53. — Hellfeld de diverso pignoris jure liberis in bonis parentum competente; in opusc. p. 116. — Meißner Lehre vom stillschw. Pfandrecht. §. 132. — Glück Th. XIX. S. 134. — Pfeiffer pract. Ausf. I. S. 34. — Bestritten ist es von Löhr im Arch. für civil. Praxis B. IX. S. 71. Dagegen: Mayer in der Tüb. krit. Zeitschr. II. S. 110, und Puchta in Schunk's Jahrb. V. S. 280. Auch Franke Erläut. einzelner Rechts-

des mütterlichen Dotalguts, auch außer dem Falle der Concurrenz mit der Stiefmutter, das Privilegium beilegen (Nr. IVa. Note 25), weisen ihnen wegen dieses Theiles ihres Peculii diese Klasse an. Das Preuß. R. giebt ihnen unbedingt das Vorrecht der vierten Klasse wegen alles dessen, was sie von einem Dritten, außer dem Vater, erhalten haben und in den Händen des Vaters geblieben ist. Es hat aber nicht Alles, was der Vater seinen Kindern schuldig ist, das Vorrecht der 4ten Klasse. Dieß läßt sich aus der Geschichte der Peculien[46]) genau bestimmen. Ursprünglich konnten Kinder unter väterlicher Gewalt gar kein Eigenthum haben, alles was sie erwarben, gehörte dem Pater familias. Nachher machte man mit dem s. g. peculium castrense und quasi castrense eine Ausnahme, indem man hieran den Haussöhnen ausschließlich das Eigenthum und die Verwaltung zugestand. So lange das Eigenthum mit der Verwaltung nach diesen Arten der Peculien zwischen Vater und Sohn gänzlich getrennt war, bedurfte es keiner Sicherheitsmittel für den einen oder den andern. Als aber später an den Peculien das Eigenthum den Kindern beigelegt, und den Vätern Nießbrauch und Verwaltung gelassen wurde[47]), da zeigte sich das Bedürfniß, den Kindern das in den Händen des Vaters bleibende Eigenthum derselben zu sichern. Die erste Theilung des Eigenthums und Nießbrauchs zwischen Vater und Kindern geschahe an dem Vermögen, welches die Kinder von der Mutter erbten, durch eine

materien S. 108. Hiergegen wieder: Löhr im Archiv B. X. S. 386.

[46]) C. Rau Historia juris civil. de peculiis. Lips. 1770.

[47]) L. 5 D. de jure dot. (XXIII. 3). — L. 50 D. ad S. C. Treb. (XXXVI. 1). — L. 52 D. de acquir. vel omitt. hered. (XXIX. 2). — Rau l. c. §. 9.

Verordnung Konstantin's des Gr.[48]). Später wurde dieß auf Alles, was von den mütterlichen Ascendenten, den Ehegatten oder Verlobten der Kindern an sie kam, ausgedehnt[49]), und Justinian erweiterte die Bestimmung auf Alles, was den Kindern außer dem Vater auf irgend eine andere Art zufiel[50]). Bis auf Justinian hatten indeß die Kinder noch keine Hypothek an dem Vermögen des Vaters, wegen ihres in dessen Nießbrauch und Verwaltung befindlichen Vermögens; erst dieser legte ein solches den maternis, ceterisque donationibus, quas servare necesse est, bei, um dieses in der väterlichen Gewalt befindliche Vermögen sicher zu stellen[51]). Wegen des nicht unter der väterlichen Verwaltung stehenden Vermögens blieb alles beim Alten. Es waren selbst die bona extrinsecus acquisita, von welchen den Kindern das Eigenthum zugeschrieben, und den Vätern der Nießbrauch gelassen wurde, ausgenommen (Note 51), die Praxis hat jedoch, wegen der Gleichheit des Grundes, auch auf diese die Hypothek ausgedehnt[52]). Allein darüber waren die Meinungen, in Uebereinstimmung mit dem Justin. Rechte, einförmig, daß wegen desjenigen Vermögens der Kinder, welches nicht in der väterlichen Verwaltung, sondern unter einem andern Titel in dessen Hände gekommen war, den Kindern keine Hypothek zustehe. Man stritt nur darüber, ob im Falle der Verwaltung das Pfandrecht gelte. Von einigen wird dieses

---

[48]) L. 1 C. de bonis maternis. (VI. 60). — L. 1—3 C. Theod. eod.

[49]) L. 2. 3 C. u. L. 4. 6. 7. 9. C. Theod. eod. — L. 1 u. 5 C. de bon. quae lib. (VI. 61). — L. 1. C. Theod. eod.

[50]) L. 6 C. eod.

[51]) L. 6 §. 1. 2. 4 C. eod.

[52]) Carpzow Jurispr. forens. P. I. const. 28 def. 113. — Negusantius de pign. et hyp. P. II. membr. 4. N. 13 sq.

behauptet[53]); andere leugnen es unbedingt[54]), weil die Hypothek nur für den Fall eingeführt sei, wenn dem Vater der Nießbrauch und die Verwaltung vermöge seiner väterlichen Gewalt zustehe[55]), nicht aber für die Fälle, wo der Vater gar kein Recht zur Administration habe, und wo ein besonderer Kurator bestellt werden müsse[56]). Hiernach wird die Hypothek versagt, wenn Kinder, welche nicht mehr unter väterlicher Gewalt stehen, von ihrem mütterlicher Seits erworbenen Vermögen, dem Vater etwas zur Verwaltung überlassen, oder wenn der Vater solches Vermögen seiner, noch in väterlicher Gewalt befindlichen Kinder, in Verwaltung nimmt, wovon ihm die Administration rechtlich nicht zusteht[57]). Das Pr. R. giebt den Kindern in dem Vermögen des Vaters das Vorrecht der 4ten Klasse wegen des ererbten, von ihren Pathen[58]), oder von andern als dem Vater[59]) geschenkten oder sonst eigenthümlich erworbenen Vermögens, welches der Vater an sich genommen hat, desgleichen wegen Alles, was die Kinder an Gelde, oder Geldeswerth, von einem Dritten, außer dem Vater, geschenkt erhalten, oder sonst erworben haben, und in den Händen des Vaters geblieben ist[60]). Vergleicht man diese Bestimmung mit ihrer Quelle, dem gemeinen

---

53) Hellfeld de diverso pign. etc. §. 31.

54) Lauterbach Colleg. theor. pract. L. XX. Tit.2 §. 58. — Meißner l. c. §. 133.

55) L. 8. §. 5 C. de sec. nupt. (V. 9).

56) Nov. 117 c. 1 in f.

57) Meißner l. c. §. 134. 136. 138.

58) Ueber die Pathengeschenke war ein alter Streit unter den Rechtsgelehrten. Hellfeld l. c. §. 33. — Leyser Sp. 166 m. 2. — Carpzow Jur. for. const. 25. def. 13.

59) Nur der bei Ehescheidungen ausgesetzte Pflichttheil aus dem Vermögen des Vaters macht eine Ausnahme.

60) A. G. O. l. c. §. 327. 417. 413. — A. L. R. II. 2 §. 177.

Rechte, so ist klar, daß nur dasjenige Vermögen gemeint ist, welches der Vater vermöge seiner väterlichen Gewalt an sich genommen hat, oder in seinen Händen geblieben ist, und daß mithin dasjenige, was ihm die nicht mehr in seiner Gewalt befindlichen Kinder überlassen[61]), oder was ihm von der Verwaltungscuratel aus demjenigen Vermögen, wovon ihm zufolge gesetzlicher Anordnung die Verwaltung von Anfang nicht zusteht, oder nachher entzogen ist, gegeben worden, das Vorzugsrecht dieser Klasse nicht hat. Der Fall, wo er die ihm rechtlich nicht zustehende Verwaltung factisch übernommen hat, welches öfter geschieht, wenn das Vormundschaftsgericht keine Anzeige von dem Dasein des Falles einer einzuleitenden Curatel erhält, hat nach Pr. R. keinen Einfluß auf die Rechte der Kinder. Denn in diesem Falle ist der Vater ein solcher, welcher sich pro Curatore gerirt; und in dem Vermögen der Pro-Tutoren und Curatoren haben die Curanden eben dasselbe Vorrecht, wie in dem Vermögen der wirklichen Tutoren und Curatoren; nach Pr. R. kommen aber Pupillen und Minderjährige mit der Actio tutelae ebenfalls in die 4te Klasse (Nr. VI). Es ist die Frage: ob die Kinder ein gleiches Vorrecht auch in dem Vermögen der Mutter wegen desjenigen, was ihnen dieselbe schuldig ist, haben. Der Grund dazu ist hier nicht vorhanden. Das R. R. kennt ein Pfandrecht in dem Vermögen der Mutter nur wegen der lucrorum nuptialium[62]), welche den Kindern bei Einschreitung der zweiten Ehe zufielen, aber dem Parens zur Nutznießung und Verwaltung blieben. Dieser Fall ist dem Pr. R. fremd, dagegen ist ein neuer, durch den in gewissen Fällen bei der Ehescheidung den Kindern

---

[61]) Vergl. Meißner l. c. §. 136.

[62]) L. 6 §. 2 C. de sec. nupt. (V. 9).

auszusetzenden Pflichttheil eingeführt[63]). Außerdem ist dem Pr. R. ein Vorrecht der Kinder in dem Vermögen der Mutter als solcher unbekannt[64]). Der Rang des Vorrechts richtet sich nach der Zeit, da der Vater das Vermögen an sich genommen hat[65]).

VI. Pupillen, Minderjährige, Blödsinnige, Verschwender und Abwesende gegen ihre Vormünder, und diejenigen, welche sich die Besorgung der vormundschaftlichen Angelegenheiten angemaaßt haben, mit der Actio tutelae[66]), von dem Tage der Verpflichtung, und in Beziehung auf die Protutoren, von dem Tage der Besorgung an. Das Pr. R. weicht hier in vier Punkten von dem gem. R. ab: 1. darin daß es der actio tutelae ein Privilegium beilegt, während das R. R. ihr anfänglich nur ein privilegium exigendi, und später eine simple, nicht eine privilegirte Hypothek beilegte; jedoch

---

[63]) A. L. R. II. 2 §. 461. 462. 464.

[64]) Dieß wird auch in judicando von dem II. Senate des Oberlandes-Gerichts zu Breslau angenommen. Concl. v. 20. Octbr. 1835 in der erbsch. Liq. Proz. S. G. Nr. 26.

[65]) A. G. O. l. c. §. 417. Nach gemeinem Rechte nahm es von der Zeit, da der Vater die Verwaltung zu übernehmen verpflichtet gewesen wäre, seinen Anfang. L. 6 §. 4 C. de bonis quae liber. (VI. 61). — Leyser Sp. 226 med. 5.

[66]) A. G. O. l. c. §. 421. A. L. R. II. 18 §. 295 (in welchem die „fünfte Klasse“ ein Druckfehler ist) 297. 888. 892. 914. L. 20 C. de administr. tutor. (V. 37). — L. un. §. 1 C. de rei uxor. (V. 13). — L. 7 §. 5 in f. de curatore furiosi. (V. 70). — Nov. 118 cap. 5 in f. — Bauer ex quo tempore tacita hypotheca pupilli bona tutoris afficiat. Lips. 1761. — Walch de tutore pupilli sui ante susceptam tutelam debitore; in opusc. Hal. 1785. 4. I. Sect. 1 ex 2. — Wesel de bonis tutorum tacita hypotheca devinctis. Traj. ad Rh. 1805. — Gensler im Arch. für civ. Praxis I. Nr. 27.

ist von Einzelnen[67]) auch behauptet, daß dieses Pfandrecht ebenfalls ein privilegirtes sei, so daß also die Controverse nach der letztern Meinung entschieden ist; 2. darin, daß dasselbe Privilegium den Verschwendern und Abwesenden beigelegt ist, während diesen nach R. R., nur ein privilegium exigendi zusteht, welchem zufolge sie nach der Pr. Rangordnung in die 6te Klasse gehören würden[68]); 3. darin, daß dieses Vorrecht auch in dem Concurse des Protutor gilt, wofür sich jedoch auch schon die gemeine Meinung entschieden hatte[69]); 4. darin, daß das Vorrecht nach dem A. L. R. nicht in dem Vermögen der bloßen Ehrenvormünder gilt, während nach R. R. die honorarii wie die gerentes haften[70]). Das nämliche Recht haben Pupillen und Minorennen in dem Vermögen ihres Stiefvaters, wenn die Mutter Vormünderin ist, und sich ohne Genehmigung des vormundschaftlichen Gerichts wieder verheirathet[71]).

VIIa. Dieselben Personen, wegen derjenigen Gelder, welche aus ihrem Vermögen von dem Gemeinschuld-

---

[67]) Berger de jure fisci in causis dubiis. §. 39.

[68]) L. 19—23 D. de reb. auct. jud. poss. (XLII. 5).

[69]) Nach L. 19 §. 1 D. eod. Die von dem Landrechte angenommene Meinung vertheidigen: Meißner Lehre vom stillschweigenden Pfandr. §. 117. Nr. 8. — Glück B. 19. S. 156 sq. — Gensler l. c. — Bauer de pignor. pupill. §. 21. — Lauterbach Tractatus synopt. de legali seu tacita hypotheca th. 35 §. 7 No. 38. in Diss. acad. T. IV. No. 158. Dagegen: Bingo an pupillis in bonis eorum, qui pro tutoribus prove curatoribus gesserunt, hypotheca tacita competat. Heidelb. 1816. 8. — Gonne de xenoduch. rat. cap. quae sel. §. 13.

[70]) L. 1 C. de peric. (V. 38). — Nov. 118 c. 5 in f. - Meißner l. c. §. 117. No. 5.

[71]) A. L. R. II. 18 §. 919. Vergl. unten §. 53 Nr. XII.

ner zum Ankaufe eines Grundstücks angewendet worden sind, insofern dasselbe zur Zeit des ausgebrochenen Concurses sich noch in der Masse befindet. Das Vorzugsrecht wird vom Tage der gemachten Verwendung an gerechnet (§. 422 h. t.) Dabei wird jedoch vorausgesetzt, daß der Gemeinschuldner das Geld nicht auf eine rechtsgültige Art erhalten hat[72]. Dasselbe muß auch gelten, wenn nicht baares Geld, sondern Sachen solcher Personen auf diese Art verwendet worden sind[73]. Das R. R. gab den Curanden nach ihrer Wahl das Eigenthum der erworbenen Sache[74], oder ein privilegirtes Specialpfand an derselben, wegen der Gelder[75]. Die Controverse: ob auch Mindetjährigen und anderen Curanden dieses Recht zustehe, ist durch die Bestimmung des Pr. R. beseitigt. Die Vindication hat dagegen diese Gesetzgebung nicht gestattet: es ist bloß das privilegirte Specialpfand an der Sache beibehalten. Daraus folgt, daß wenn das Grundstück nicht mehr in der Concursmasse vorhanden ist, und aus einem andern Titel kein Vorrecht zusteht, die Forderung in die 7te Kl. gehört.

VIIb. Das nämliche Recht haben die separirten Erbschaftsgläubiger an diejenigen noch in der Masse vorhandenen Grundstücke, welche der Gemeinschuldner für Gelder, die er aus der Erbschaft erhalten, angekauft hat,

---

[72]) Gmelin a. a. O. §. 102. — Glück B. 19 S. 57. — Koch de pecunia ad emendum credita privileg. et non privil. Giess. 1772 §. 12.

[73]) Meißner l. c. §. 88 No. 1.

[74]) L. 2 D. quando ex facto tut. (XXVI. 9). — Lauterbach Colleg. ad h. C.

[75]) L. 7 pr. D. qui potior in pign. (XX. 4). — L. 3 pr. D. de rebus eorum qui sub tut. (XXVII. 9). — L. 6 C. de servo pignori dato (VII. 8).

soweit die Lösung für dieselben nach Abzug der eingetragenen Hypotheken, reicht (§. 276 h. t.)

VIII. Diejenigen, welche einem Offizier zu seiner Equipage, mit Consens des Chefs, Vorschüße, welche dazu wirklich verwendet worden, gegeben haben, deren Priorität nach dem Dato des Consenses bestimmt wird (§. 423). Dieß ist zwar ein neuer Fall; er ist aber aus dem Grundsatze, auf welchen sich die privilegirten Specialpfandrechte zurückführen lassen, nämlich aus der versio in rem [76]) folgerecht abgeleitet. Es müßte daher, wenn die Equipage nicht mehr vorhanden, die Forderung eigentlich zur 7ten Kl. gehören; diese Einschränkung ist jedoch nicht gemacht.

IX. Diejenigen, welche vor Ausbruch des Concurses, zum Aufbau oder zur Ausbesserung der zur Masse gehörigen Gebäude, Materialien geliefert, Arbeiten gethan, oder Gelder, welche dazu wirklich verwendet worden sind, vorgeschoßen haben. Die Zeit des geschloßenen Contracts, oder in Ermangelung desselben die Zeit der geschehenen Lieferung, der Leistung des Vorschußes, und der Verrichtung der Arbeit bestimmt das Vorzugsrecht einer jeden Forderung. Dieses privilegirte Specialpfand des R. R. [77]) beruht auf demselben Rechtsgrunde, da-

---

[76]) Schweppe jurist. Mag. I. Heft Nr. 6. — Huber Praelect. XX. 4 No. 12—14. — J. F. Eisenhardt Diss. de jure ejus qui ad militiam emendam credidit (in opusc. Hal. 1771. 4. No. 10).

[77]) L. 1 D. in quibus causis pignus. (XX. 2). — L. 24 §. 1 D. de reb. auct. jud. (XLII. 5). — L. 21 D. de pign. act. (XIII. 7). — Nov. 97 c. 3. — S. d. vor. Not. Bülow Abhandl. I. Nr. 4. — Schröter in Linde's und Marezoll's Zeitschrift I. S. 310. — Zimmern römisch-rechtl. Unters. S. 282. 337. — de Buchholz qui potiores sunt in pignore. Regiom. 1829. p. 27.

her fällt das Vorrecht fort, wenn das Gebäude zur Zeit des ausgebrochenen Concurses nicht mehr in der Masse vorhanden ist (§. 124. 426).

X. Diejenigen, welche Vorschüße und Lieferungen zur Ergänzung oder Vermehrung des Gutsinventarii, zum Retablissement der Unterthanen, zur Anschaffung des Saat-, Brod- und Futterkorns, zur Abtragung der Gutslasten oder der von den Gütern zu entrichtenden Brandschatzungen gezahlt haben, sofern diese Forderungen nicht zur 1sten Kl. gehören (§. 49 Nr. XVII), nach der Zeit der gemachten Vorschüße, vorausgesetzt, daß das Grundstück zur Zeit des ausgebrochenen Concurses noch in der Masse vorhanden ist; sonst gehören diese Forderungen, zufolge des bei Nr. VIII. angegebenen Rechtsgrundes, zur 7ten Kl. (§. 245. 427).

XI. Versicherer, unter derselben Voraussetzung, und aus demselben Grunde, wegen der Assecuranz-Prämien der versicherten Schiffe und Waaren, wenn die Police nicht innerhalb der letzten dreißig Tage vor eröffnetem Concurse gezeichnet, und also das zur 2ten Kl. gehörige Pfandrecht schon verloren gegangen ist (§. 50 A. Nr. 4). Das Datum der erfolgten Versicherung bestimmt den Ort der Forderung in dieser Klasse (§. 427).

XII. Patrimonialgerichts-Depositalkassen, wegen der von dem Gemeinschuldner, als Gerichtsherrn oder als Gerichtshalter, gemachten Defecte, und diejenigen, welche die Auslieferung oder Wiederherbeischaffung der vergriffenen Gelder zu fordern berechtigt sind; deren Priorität nach dem Dato der erfolgten Deposition beurtheilt wird. Die Forderung wegen solcher unterschlagener Gelder, welche erst hätten zum Depositorio abgeliefert, oder an Jemand ausgezahlt werden sollen, gehört in die 6te Kl. (§. 428). Es wäre nicht nöthig gewesen, diese Depositalkassen noch unter einer besondern Nr. in der Klassifications-Ordnung aufzuführen, da sie schon zu den öffentlichen, nicht fiscalischen Kassen (Nr. III.) gehören. Es muß deshalb diesen Defecten auch ein Titel zum Pfandrechte zugesprochen werden, wenngleich der §. 428, welcher von diesen Depositalcassen spricht, bei dem §. 12 Tit. 51 Th. I. d. A. G. O., wo bestimmt ist, daß diejenigen Gläubiger, welche einen Titel zum Pfandrechte haben, zum Liquidationsprozeß zugezogen werden sollen, nicht mit allegirt ist. Denn gerade der gesetzliche Titel zum Pfandrecht begründet, wie schon die Rechtsgeschichte zeigt, die Ansetzung der Forderung in der 4ten u. 5ten Kl. (§. 666). Eine Eintragung begründet der Titel zum Pfandrechte aber natürlich nur alsdann, wenn das Pfandrecht, zu welchem der Titel zusteht, entweder ein generelles, oder zwar ein specielles aber auf ein Immobile, wie das der Baugläubiger, ist. Daher können die im §. 12 Tit. 51 ebenfalls nicht erwähnten, consentirten Equipagengelder, deren Vorrecht aus der versio in rem in Beziehung auf eine bewegliche Sache entsteht, nicht auf die Immobilien eingetragen werden, weil es ihnen an dem gesetzlichen Titel zur Hypothek an diesen fehlt. Aus diesem Grunde kann von dieser Post nicht auf jene geschlossen werden. Vielmehr hat das Vorrecht der Patrimonialgerichts-Depositalkassen den nämlichen Grund, wie das der übrigen öffentlichen Kassen, so daß zwischen den Vorrechten beider weder ihrem Grunde, noch ihrer Qualität, noch ihrem Umfange nach der geringste Unterschied ist.

§. 53.

Fünfte Klasse.

Die in dieser Klasse aufgeführten Creditoren entsprechen dem Begriffe nach den Pfandgläubigern der 3ten

Klasse der Röm. Ordnung. Daher gilt auch noch der Grundsatz, daß die ältere der jüngern vorgeht, ohne daß es dabei auf den Entstehungsgrund der Forderungen ankommt (§. 451). Es sind folgende zwölf Forderungen hierher gewiesen:

I. Alle, welche aus einem speciellen Titel (Contracten oder Testamenten) beständige jährliche Gefälle, Grundzinsen, Zehnten, Kanones u. s. w. aus den zur Masse gehörigen Grundstücken zu fordern haben, ohne daß solche eingetragen sind, und zwar die Rückstände, ohne Beschränkung auf eine gewisse Zeit (§. 430. 431). Der Unterschied zwischen den zwei Hauptarten: den vorbehaltenen, und den auferlegten Renten[1]), ist auch nach heutigem Stande der Dinge zur Beurtheilung der Rechte des Berechtigten noch wichtig, wenngleich derselbe nicht ausdrücklich von der Gesetzgebung gemacht wird. Der Contract, wodurch auferlegte Renten constituirt werden, besteht darin, daß eine jährliche Rente gegen Zahlung einer Summe Geldes erkauft wird. Man betrachtet diesen Contract (Gültenkauf) als eine eigene Art von Verträgen, und legt diesen Renten kein dingliches Recht bei, wenn nicht ausdrücklich Hypothek dafür bestellt ist. Die vorbehaltenen Renten aber entstehen dadurch, daß Jemand sein Grundstück mit dem Vorbehalte verkauft, daß ihm daraus eine jährliche Rente entrichtet werden soll, welche ganz oder zum Theil das Kaufgeld vertreten kann (Le contrat de bail à rente).

---

[1]) Runde deutsch. Priv. R. §. 505. — Mittermaier Grundsätze des deutschen Priv. R. §. 156. — Herm. Zollius de censu reservativo. Rint. 1705. — Andr. Joachim de censu constitutivo et reservativo. Lips. 1727. Pothier Traité du contract de constitution de rente; traité du bail à rente. Nov. ed. par Hutteau fils. Par. 1806. 8.

Diese Renten haben nach deutschem Rechte von selbst einen dinglichen Charakter [2]). Daher gab die deutsche Praxis den Rückständen solcher Renten [denn das Rentenrecht selbst haftete an dem Immobile, ging auf jeden Besitzer mit über, und wurde mit der actio confessoria geltend gemacht [3]] ein Pfandrecht und das damit verbundene Vorrecht im Concurse [4]), wenngleich diejenigen, welche dasselbe nach R. R., das auf dieses deutsche Rechtsinstitut gar nicht angewendet werden kann, bestreiten [5]), als Romanisten richtig urtheilen, weil dem R. R. davon nichts bekannt ist [6]). Das Pr. R. erkennt den dinglichen Charakter des Rentenrechts nicht an, wenn es nicht als ein Onus perpetuum im Hypothekenbuch eingetragen ist; als ein Ueberrest der Dinglichkeit wird aber

---

[2]) Buri von Bauergütern. §. 16. S. 86. — Boehmer doctrina de actionibus. Sect. II. cap. 2 §. 46 sq. und cap. 8. §. 116. — Schilter de bonis laudemial. §. 45. Eichhorn deutsch. Priv. R. §. 164.

[3]) Boehmer l. c. u. in D. de praescr. ann. redit. D. IV. §. 2. Rave de praescr. §. 119.

[4]) Leyser Sp. 252 m. 4. — Carpzow Jur. for. P. I. const. 28 def. 55. — Sande dec. aur. Fris. L. III. T. XII. def. 8. — Berger Oec. jur. L. III. T. VIII. th. XIII. No. 5 u. L. IV. Tit. XXXI. th. II. No. 5 u. v. A.

[5]) Huber Praelect. XX. 2 No. 11. — Lauterbach Coll. theor. pract. XX. 2 §. 129—136. — Glück B. XIX. p. 58—62. — v. Trützschler Versuch einer genauen Bestimmung des Rechts wiederkäuflicher und unablöslicher Zinsen bei entstandenen Concursen. Altenb. 1777.

[6]) Schröter vermischte juristische Abhandlungen zur Erläuterung des deutschen Privat-, peinl. und Kirchen-Rechts. B. I. p. 351 ff. Die Lex 7 D. de publicanis (XXX. 4), welche Einige auf alle Reallasten beziehen wollen, Runde Rechtslehre von der Leibzucht §. 49 S. 419, paßt nicht. L. 1 C. si propter publicas pensitat. (IV. 46).

der Titel zum Pfandrechte, und damit die 5te Kl. zugestanden, wo das Capital sammt den Rückständen gefordert werden kann. Dieß wird aber nur von vorbehaltenen Renten gelten, welchen die per testamentum auf ein Grundstück gelegten jährlichen Prästationen, die eigentlich auch vorbehalten werden, indem Ein Erbe das Grundstück, der Andere aber die jährliche Prästation daraus erhält, gleich sind (§. 460. 430). Denn bloß gekaufte Renten begründen nur ein persönliches Recht [7]), wenn dafür keine besondere Sicherheit bestellt ist; und diese Sicherheitsbestellung kann dadurch nicht geschehen, daß der Verkäufer verspricht, die Zahlung solle vorzugsweise aus einem bestimmten Grundstücke geschehen. Vorbehaltene Renten sind auch die jährlichen Prästationen, welche der Verkäufer eines Grundstücks neben dem Kaufgelde sich sehr gewöhnlich für sich, und zuweilen für andere Glieder seiner Familie ad dies vitae ausbedingt. Diese Prästationen können daher, ohne besondere Hypothek-Bestellung, bloß auf Antrag des Berechtigten eingetragen werden. Ob diese Onera in Rubr. II. oder Rubr. III., und nur auf ausdrücklichen Antrag, oder ex officio eingetragen werden müssen, darüber ist die Praxis nicht gleichförmig. Der richtige Ort ist Rubr. II., denn in diese Rubrik gehören unter andern die Real-Lasten und Pflichten, auch wenn sie nicht für beständig, sondern nur auf eine gewisse Zeit aufgelegt sind [8]); es kommt aber auf den Ort nicht wesentlich an, weil die II. Rubrik vor der III. keinen absoluten Vorzug gewährt. Dagegen braucht die Eintragung nicht ex officio zu geschehen, weil nicht alles was Rubr. II. zu vermerken ist, sondern nur die Einschränkungen des

---

7) A. L. R. I. 11. §. 611.

8) Hyp.-Ordn. Tit. II. §. 109. 113 u. Tit. I. §. 49.

Eigenthums oder der freien Disposition ex officio einzutragen sind [9]). Der Erbpachtscanon gehört nicht in diese Klasse, weil der Erbverpächter ein Separationsrecht hat (§. 48 Nr. 8). Darum ist es nichts Besonderes [10]), daß der Erbzinsherr schlimmer daran sein soll, als ein Erbverpächter. Denn der Erbverpächter ist Eigenthümer, der Erbzinsherr aber bloßer Gläubiger.

II. Die Erben der Ehefrau, und die geschiedene Ehefrau, welche ihr persönliches Privilegium verloren hat, wegen des Eingebrachten, der gültigen Geschenke und der Morgengabe (§. 432 Vergl. oben §. 52 Nr. IV.a).

III. Die Ehefrau des Gemeinschuldners wegen ihres vorbehaltenen Vermögens oder der Receptitien, von dem Tage an, wo sie der Gemeinschuldner an sich genommen hat. Weil der Locus in der V. Kl. ursprünglich nicht, wie bei der Dos, auf einem der Person gegebenen Privilegio, sondern auf einem mit der Forderung verbundenen gesetzlichen Pfandrechte beruht, so haben die Erben der Ehefrau und der separirten Ehefrau eben denselben Vorzug. Diese Art des ehefräulichen Vermögens ist den Röm. Paraphernalien gleich, und hat daher ganz folgerecht das denselben beigelegte Vorrecht des simplen Pfandrechts [11]). Dieses setzt aber voraus, daß dem Ehemanne das Vermögen zur Verwaltung anvertraut ist (Note 11). Wenn die Frau aus ihrem vorbehaltenen Vermögen ein Darlehn macht, oder wenn der Mann sich eigenmächtig davon etwas anmaaßt, oder wenn er Be-

---

9) Ebd. Tit. II. §. 121. 80. Tit. I. §. 50.

10) Merkel Comment. z. A. G. O. h. t. §. 431 findet dieß besonders bemerkenswerth.

11) L. 11 C. de pact. conv. (V. 14). — Breitschwerdt de bonis paraphernal. §. 22. — Meister de bonis uxoris ex jure Romano praesumendis non paraphernal. sed dotal. Not. 19.

schädigungen an demselben anrichtet, so entsteht daraus der Frau eben so eine Forderung an den Mann in Beziehung auf diese Art ihres Vermögens, wie aus dem Auftrage zur Administration. Man sollte also glauben, daß es auf den Entstehungsgrund der Forderung nicht ankommen könne, denn in jedem dieser Fälle wird die Frau Gläubigerin des Mannes wegen einer Forderung, welche zum vorbehaltenen Vermögen gehört, und wenn nach dem Vorrechte der Frau in dem Concurse des Mannes gefragt wird, so wird nur auf die Art des ehefräulichen Vermögens gesehen. Es ist aber gleichwohl der Grundsatz durchgreifend, daß die Forderung wegen der dem Manne überlassenen Verwaltung dieses Vermögens gemacht werden muß, wenn das Pfandrecht gelten soll. Behält also die Frau selbst die Verwaltung, und sie wird von dem Manne an dem Vermögen beschädigt, so hat die Entschädigungsforderung kein Pfandrecht. Bei Darlehnen, welche die Frau dem Manne macht, kann es zweifelhaft sein: ob die Frau oder der Mann die Verwaltung hat. Bei näherer Betrachtung zeigt sich, daß bei unzinsbaren Darlehnen die Frau eigentlich nichts zur Verwaltung behält; es ist so gut als hätte der Mann das Vermögen. Bei zinsbaren Darlehnen aber ist allerdings etwas zu verwalten übrig: die Frau hat den Zinsengenuß, und die Verwaltung besteht in der Einziehung und Verwendung der Zinsen. Daraus folgt: daß bei unzinsbaren Darlehnen der Mann als Verwalter anzusehen, d. h. daß die Darleihung des Geldes die Natur des vorbehaltenen, dem Manne anvertrauten Vermögens nicht verändert, und daher das Vorrecht der V. Kl. behält; daß dagegen bei einem zinsbaren Darlehn das dem Manne gegebene Geld die Natur des vorbehaltenen, dem Manne anvertrauten Vermögens verliert, und eine bloße

Darlehnsforderung wird, indem die Frau die Verwaltung behält, daher sie nicht die ihr beigelegte Hypothekenklage, sondern bloß die actio ex mutuo geltend machen kann [12]). Fehlt es an einer sonstigen Sicherheitsbestellung, so gehört die Darlehnsforderung zur VII. Kl. [13]). Von einem solchen Darlehn ist zu unterscheiden der Fall, wenn die Frau aus den Receptitien dem Manne Geld leiht mit der ausdrücklichen Erklärung, daß er dasselbe als Dos oder Eingebrachtes nutzen solle. Durch diese Novation wird zwar auch die Natur des vorbehaltenen Vermögens aufgehoben, aber das Gegebene gleichzeitig in Eingebrachtes oder Dos verwandelt [14]), womit das Privilegium der IV. Kl. verbunden ist.

IVa. Die Ehefrau des Gemeinschuldners, in Ansehung des Gegenvermächtnisses, Witthumsgeldes, und anderer dergleichen auf den Todesfall des Mannes verschriebenen Vortheile, sofern dieselben durch einen, vor oder bei Vollziehung der Ehe geschlossenen Contract ausgesetzt worden sind, ohne Unterschied: ob diese Vortheile mit dem Eingebrachten im Verhältnisse stehen oder nicht. Vortheile, welche erst nach vollzogener Ehe

---

12) A. G. O. h. t. §. 443. Simon u. v. Strampff R. I. S. 197.

13) Das Sächs. Recht stimmt hiermit überein. Ord. Proc. S. V. Tit. XLIII. §. So viel denn. Es ist bei einer aufmerksamen Betrachtung dieser Verhältnisse auffallend, wie in dem von Simon u. v. Strampff l. c. mitgetheilten Rechtsfalle die beiden ersten Richter, weil sie annahmen, daß da kein zinsbares Darlehn gegeben worden sei, und darum die Fünfte Klasse nicht zustehe, die Frau noch eine Klasse höher in der Vierten haben ansetzen können, da eine Novation (Umwandlung in Eingebrachtes stillschweigend nicht geschehen kann. Das Geheime Ober-Trib. änderte natürlich diese Erkenntnisse ab.

14) A. L. R. II. 1 §. 254.

ausgesetzt worden, werden in allen Fällen erst hinter der 7ten Klasse angesetzt. Sind dieselben aber durch einen lästigen Vertrag erworben, so kann das dafür Gegebene oder Ueberlassene als Eingebrachtes zurückgefordert, also der Vertrag aufgerufen werden; so daß wenn nachher die Masse sufficient wird, diese Vortheile post omnes nicht mehr gefordert werden können, nachdem vorher schon das dafür Gegebene als Eingebrachtes repetirt worden. Das Alter des Vorzugs wird von dem Tage der vollzogenen Ehe datirt. §. 434. Die s. g. Lucra nuptialia sind nach ihrer Natur und Entstehung sehr verschieden. Eine Hauptart derselben ist das s. g. Gegenvermächtniß oder die Widerlage, welche von den Romanisten der Donatio propter nuptias gleich gestellt, davon aber in sofern, als sie einen ganz andern Zweck hat, wesentlich verschieden ist, und überhaupt nicht nach R. R. beurtheilt werden kann. Aus dieser verschiedenartigen Beurtheilung der rechtlichen Natur dieses Instituts erklärt es sich, daß Einige dem Gegenvermächtniße, wie der Donatio propter nuptias[15]), das Pfandrecht der Römischen Dos zuschreiben[16]), während Andere ihm solches absprechen[17]). Eine zweite Art derselben ist das Witthum, Leibgedinge, welches in einem gewissen Jahrgelde besteht. Dieses ist ein Surrogat des Eingebrach-

---

[15]) L. 12 §. 2 C. qui potior. in pign. (V. 18). — L. 29. C. de jure dot. (V. 12). — Nov. 99. c. 1.

[16]) Richter de privil. creditor. Cap. 3. Sect. 1 §. 2. Lauterbach de donat. propter nuptias th. 55 n. 3. u. D. de tac. pign. th 21 n. 2. Heineccii D. de uxore Romana per donationem propter nuptias de alimentis secura tantum. Halae 1740. Cap. I. §. 30 sq.

[17]) Tob. Jac. Reinhardt de uxore in donatione propter nuptias neque dominium neque hypothecam habente. Erforth. 1729. §. 17 sq.

ten, daher es auch Dotalitium heißt, welches eigentlich alle Rechte des Eingebrachten haben muß[18]). Diese Art ist kein Lucrum nuptiale, sondern ein Leibgedinge, welches für die Dos, die zurückbehalten wird, zu geben ist. Deshalb mußte das von der Gerichtsordnung s. g. Witthumsgeld in der 4ten Klasse locirt werden (§. 52 Nr. IV. b). Das Gegenvermächtniß (Vidualitium) dagegen, welches als Wittwenversorgung neben Zurückerstattung der Dos gegeben wird, ist ein bloßes Lucrum, und nach der richtigen Ansicht, gemeinrechtlich ohne Vorzugsrecht.

Diese Arten der ehefräulichen Gebührnisse faßt die Preuß. Gesetzgebung ohne Unterschied zusammen, und weiset sie in die 5. Kl.; jedoch nur soweit, als der Mann zur Zeit der Aussetzung solcher Vortheile noch nicht über sein Vermögen verschuldet gewesen ist. Für diesen Fall ist das Gegenvermächtniß, ungeachtet es ein bloßes Lucrum ist, nicht nur dem Witthum, einem Surrogate der Dos, gleichgestellt, sondern es hat sogar noch Vorzüge vor demselben. Es soll nämlich dasselbe zwar, wie vorhin schon als folgerecht gezeigt worden, wirklich in der 4ten Kl. angesetzt werden; die Gläubiger aber sollen die Wahl haben: der Frau entweder das wirklich Eingebrachte, oder die, gegen Zurücklassung desselben, ausbedungenen Vortheile, beides in der 4ten Kl., zu bewilligen. Dieses heißt soviel als: wenn die Frau dem Manne für die ihr verschriebenen Vortheile etwas gegeben hat, so soll die Frau das, was die Vortheile etwa mehr als das Gegebene betragen möchten, nicht fordern können; wenn sie aber dafür gar nichts gegeben hat, so soll sie die Vortheile ganz zu fordern berechtigt sein. §. 438.

---

[18]) Gmelin a. a. O. Cap. IV. §. 26.

Da nach der Bestimmung des Witthums dasselbe mit dem Tode der Frau aufhört, so wird an der angewiesenen Stelle ein zur Aufbringung desselben erforderliches Capital locirt, und der Frau davon der Zinsengenuß überlassen. Ist aber der Gemeinschuldner noch am Leben, so fließen die Zinsen davon, so lange er lebt, der Masse ganz zu, wenn die Frau dafür nichts gegeben hat; ist es aber ein Surrogat der Dos, so erhält die Frau, während der Lebenszeit des Mannes, die Zinsen des wirklich eingebrachten und in der Masse zurückzulassenden Vermögens. §. 435. 438. 408.

IV b. Die putative Ehefrau des Gemeinschuldners, wegen des demselben überlassenen Vermögens, vom Tage der übernommenen Verwaltung an[19]), so daß also die gemeinrechtliche Controverse[20]) zu Gunsten einer solchen Frau entschieden ist.

V. Herrschaften in dem Vermögen ihrer Hausoffizianten, Bedienten und Unterthanen wegen aller, während des Dienstverhältnißes von denselben gemachten Defecte und Veruntreuungen, wohin auch die veräußerte Hofwehr, nicht aber andere, von dem Dienstverhältniße unabhängige Forderungen, gehören. §. 440. Diesen Offizianten sind auch die Beamten der Königl. Prinzen gleich zu achten, wenn sie bloße Chatullgüter unter sich haben; denn wenn sie Domainen verwalten, sind sie den

---

19) A. L. R. II. 1 §. 970. (958)

20) Gmelin a. a. O. Cap. III. §. 5. Lauterbach de tacit. pign. th. 15. Berger de tacit. pign. c. III. §. 16. und Oec. jur. L. II. T. V. §. 4. Bachov de pignor. et hyp. Frf. 1656. 4. IV. 13. 3. Thibaut System. §. 643, wo das Vorrecht vertheidigt wird. Dagegen wird es bestritten bei: Meissner a. a. O. §. 157. Glück B. 19. S. 107. u. ff. — Lauterbach Coll. th. pract. XX. 2. §. 24.

fiscalischen Kassen-Beamten gleich zu achten[21]). Das Vorrecht wird von dem Tage, wo der Gemeinschuldner den Dienst übernommen hat, datirt. §. 443. Dieß ist neues Recht.

VI. Lotterieentrepreneurs haben in dem Vermögen ihrer Collecteurs, wegen der denselben zur Last fallenden Defecte, ein gleiches Vorrecht, welches ebenfalls von dem Tage der Uebernahme des Amts an gerechnet wird. §. 441. 443. Die Lotterieeinnehmer haben dieses Recht nicht in dem Vermögen ihrer Unter-Collecteurs. Schon gemeinrechtliche Schriftsteller nehmen für die Lotterie ein Privilegium exigendi u. die 4te Kl. nach Röm. Ordnung, in Anspruch[22]); aber ein Pfandrecht, oder, nach heutigem Rechte, einen Titel zum Pfandrechte, und in Folge dessen die fünfte Klasse, hat ihm erst die Pr. Gesetzgebung beigelegt.

VII. Creditmassen in dem Vermögen der ihnen bestellten Curatoren, wegen der von diesen gemachten Defecte, vom Tage der Verpflichtung an. §. 442. 443. Hierdurch ist die gemeinrechtliche Controverse entschieden[23]).

VIII. Domcapital, Kirchen, Schulen, Hospitäler und andere milde Stiftungen (pia corpora), ingleichen Kreis-Kassen und Kämmereien, wegen ihrer Forderungen

---

[21]) A. L. R. II. 14 §. 61.

[22]) Lottorecht, oder rechtliche Betrachtungen über die Vorfälle, welche sich dabei zutragen. Coburg 1787. Gmelin a. a. O. Cap. V. §. 9.

[23]) Chp. Fr. Harpprecht Trutina pignorum 20 tacitorum, vel in dubie spuriorum vel summe dubiorum. Tub. 1795. Deutsch: Von Pfändungen. Zelle 1718. 4. §. 12, und die Mehrsten bestreiten in diesem Falle das Pfandrecht. Negusantius Tract. de pignorib. et hypothecis. Col. Agrip., zuletzt 1700. 4. P. II. membr. 4 n. 9. und mit ihm Andere vertheidigen es.

ex contractu in dem Vermögen ihrer Contrahenten; ingleichen die auf einen förmlichen kassenmäßigen Fuß eingerichteten Salarien-Cassen der Magistäte, Stadt- und anderer nicht Königl. Gerichte, wegen ihrer Gebühren und Auslagen, in dem Vermögen der Debenten, und zwar vom Tage der Entstehung durch den Contract, oder beziehungsweise der gemachten Auslagen, oder der erlassenen Verfügung, wofür die Kosten entstanden sind. §. 444. Hierdurch ist die gemeinrechtliche Controverse über diesen Punkt, zu Gunsten dieser juristischen Personen und Institute entschieden[24]). Diese Institute verlieren dadurch ihr Recht nicht, daß der Administrator im eigenen Namen contrahirt, wenn er dadurch nur wirklich das Geschäft der Anstalt besorgt, z. B. wenn ein Pfarrer aus dem Kirchenvermögen Geld verleihet, und der Schuldschein auf den Namen des Pfarrers lautet[25]).

IX. Die Unternehmer der zum Unterhalte des Potsdammschen Weisenhauses gewidmeten Fabriken, und der Gold- und Silber-Manufaktur, in Ansehung der dem Gemeinschuldner kreditirten Waaren, vom Tage des gegebenen Credits an. §. 445.

X. Diejenigen, welche von dem Gemeinschuldner Cautio pro expensis verlangt haben, und damit von dem

---

[24]) Viele vertheidigten das pignus tacitum dieser Anstalten. Engel de privil monast. priv. 29. Schultes seu Scultei Additiones ad fratrum, Modestini et Hartmanni Pistoris Quaestiones. Lips. 1599. 1600. 1613. 4 P. III. qu. 129. Noch Mehrere aber bestritten es. Leyser Sp. 228. m. 2 Mevius decis. P. VII. dec. 299 n. 4. J. H. Boehmer de nominibus ecclesiast.; in exercit. ad Pand. III. exerc. 44. c. 1 §. 16—25. Puffendorf. Obs. jur. un. T. I. obs. 158. Meissner vom stillschw. Pfandrecht. §. 190 u. f. Glück B. 19 §. 1089. S. 197.

[25]) Angenommen von dem Geh. Ob. Tribunal in dem von Merkel ad §. 444 h. t. mitgetheilten Rechtsfall.

Richter aus dem Grunde, weil der Schuldner mit Grundstücken angesessen oder sonst von bekanntem Vermögen sei, zurückgewiesen worden sind, nach dem Dato des Decrets, wodurch der Gemeinschuldner von der Kautionsbestellung entbunden worden ist. §. 446. Dieser und der vorhergehende sind neu hinzugekommene Fälle.

XI. Die Creditores immissi und alle, welche ein pignus praetorium erlangt haben, jedoch nur, wie sich von selbst versteht, in Beziehung auf die specielle Sache, an welcher sie dieses Recht erlangt haben. Die Zeit der Immission bestimmt unter mehrern die Rangordnung, und die gleich Bevorzugten, d. h. solche, welche gleichzeitig immittirt sind, und von welchen keiner etwa nach der Qualität seiner Forderung einen Platz in einer frühern Kl. hat, gehen in tributum[26]). Es kann also kein später immittirter Gläubiger eher etwas erhalten, bevor nicht der früher immittirte befriedigt ist. Dasselbe gilt auch bei der Beschlagnahme von Besoldungen, Dienst-Emolumenten, Wartegeldern, Pensionen, Fideikommiss- oder Lehns-Nutzungen, und andern an die Person des Schuldners gebundenen Einkünften, und zwar nicht bloß in Beziehung auf die bereits fälligen, sondern auch auf die künftigen Termine derselben; und selbst in Beziehung auf die künftigen Vermehrungen oder Zulagen, auch bei Dienstveränderungen[27]). Bei ausstehenden Forderungen wirkt die im Wege der Execution dem Extrahenten ertheilte richterliche Autorisation zur Einziehung der Forderung (Anweisung) ein pignus praetorium[28]). Die Controverse: ob durch die vom Richter verfügte nothwendige Subhastation, oder nur durch Einleitung der Sequestra-

---

26) A. G. O. h. t. §. 447—449. Anh. §. 364.
27) Verordn. über die Execution v. 4. März 1834. §. 16.
28) Ebd. §. 15.

tion ein pignus praetorium erworben werde[29]), ist dadurch beseitigt, daß nach dem neuesten Recht jeder executorische Titel einen Titel zum Pfandrecht giebt. Die Verordn. über die Execution in Civilsachen v. 4ten März 1834 §. 22. bestimmt nämlich: „Der Gläubiger erwirbt, durch solche Erkenntnisse, Vergleiche und Zahlungsverfügungen, aus welchen eine Execution stattfindet, für Capital, Zinsen und Kosten, und für die Kosten der Eintragung, einen Titel zum Pfandrecht auf die, dem Schuldner zugehörigen, Immobilien. Hierdurch sind alle die, welche einen solchen executorischen Titel haben, in Beziehung auf die Immobilien den immittirten Gläubigern gleichgestellt, und haben daher, aus diesen Objecten, Befriedigung in dieser Kl., nach dem Alter ihres Titels, zu fordern. §. 666. In der Praxis wird dieß noch bezweifelt.

XIIa. Die Stiefkinder des Gemeinschuldners wegen des, in den Händen ihrer Mutter verbliebenen, und vor der Verheirathung mit dem Gemeinschuldner nicht ausgeantworteten Vermögens, nach dem Tage der Verheirathung, wenn die Mutter sie nicht befriedigen kann, also nur in subsidium. §. 450. Nach R. R. bezieht sich dieses Recht der Stiefkinder gegen ihren Stiefvater nur auf den Fall, wenn die Mutter Vormünderin der Kinder gewesen, und vor Ablegung der Rechnung und Ausantwortung des Vermögens zur ferneren Ehe geschritten ist. Alsdann soll die Actio tutelae, und die damit verbundene Actio hypothecaria auch gegen den Stiefvater gehen[30]). Daraus folgt, daß der Stiefvater als Selbst-

---

[29]) Simon und v. Strampff Rechtssprüche I. S. 25 seq.

[30]) L. 2. C. quando mulier tutelae officio. (V. 35). L. 6 C. in quibus causis pign. (VIII. 15). L. 8 §. 4 C. de sec. nupt. (V. 9.) — Nov. 22. cap. 40. Meissner a. a.

schuldner haftet, und daß die Stiefkinder in dessen Vermögen das nämliche Recht wie in dem des Vormundes haben. Damit stimmt auch das A. L. R. II. 18 §. 947 und 949 überein, wo es heißt:

„Die zur Vormünderin bestellte Mutter des Pflegebefohlenen muß, wenn sie zu einer andern Ehe schreitet, dem vormundschaftlichen Gerichte, noch vor Vollziehung der Heirath, davon Anzeige machen."

„Wenn die Mutter vor regulirter Sache, ohne Genehmigung des vormundschaftlichen Gerichts sich wieder verheirathet hat; so muß ihr Mann für das, was sie aus der Vormundschaft zu vertreten hat, als Selbstschuldner haften; und die Pflegebefohlenen haben, zu ihrer Sicherheit, in seinem Vermögen, eben die Rechte wie in dem Vermögen des Vormundes."

Hiernach wäre die Sache klar. Dazu kommt aber die Bestimmung der Concurs-Ordnung §. 450:

„Wenn der Gemeinschuldner eine Wittwe oder geschiedene Ehefrau geheirathet hat, bevor mit ihren Kindern erster Ehe Richtigkeit gepflogen und deren Vermögen gehörig ausgeantwortet worden ist; so erhalten letztere, wenn ihre Mutter sie zu befriedigen nicht im Stande ist, ihre Bezahlung aus dem Vermögen des Stiefvaters in dieser (fünften) Klasse, nach dem Tage seiner Verheirathung. (A. L. R. Th. II. Tit. 1. §. 1016. 1017)."

Hiernach kommt der Anspruch also nicht in die Vierte Klasse, wo die Actio tutelae locirt ist, sondern in die

---

O. §. 115. 117. Gmelin a. a. O. Cap. IV. §. 29. — Peter Müller de odio secundar. nuptiarum. Jenae 1679. Cap. IV. §. 5. — Hellfeld de diverso pignoris jure, liberis in parentum bonis competente. Jenae 1754. §. 39 seq.

Fünfte; und der Stiefvater soll nur subsidiarisch haften. Damit harmoniren die angezogenen §§. 1016. 1017. (1004. 1005.) des A. L. R.:

„So lange, bis den Kindern ihr Vermögen gehörig nachgewiesen und ausgeantwortet, oder versichert worden, kann der neue Ehegatte, in den Gütern des Andern, keine Rechte, zum Nachtheile dieses Vermögens der Kinder aus voriger Ehe erlangen."

„Vielmehr haftet das eigene Vermögen des Stiefvaters oder der Stiefmutter, den Kindern zu ihrer Sicherheit, in sofern dieselben aus dem Vermögen ihrer leiblichen Aeltern ihre Befriedigung nicht erhalten können."

Man sieht, daß hier von zwei verschiedenen Fällen die Rede ist. Die §§. 947 und 949 Th. II. Tit. 18 sprechen von dem Falle, wo die Mutter Vormünderin gewesen ist, und also die Tutelklage stattfindet. Diese soll auch gegen den Stiefvater als gegen einen Selbstschuldner gehen, und das Vorrecht in dessen Vermögen soll eben dasselbe sein, was den Kindern in dem Vermögen des Vormundes selbst gebührt, also das der 4ten Kl. Die Concurs-Ordnung §. 450 u. die §§. 1016 u. 1017 (1004. 1005) des Landrechts Th. II. Tit. 1 handeln dagegen davon, wenn die Mutter nicht Vormünderin gewesen ist, sondern wo der überlebende Ehegatte, gleichviel ob der Vater oder die Mutter, mit den Kindern im gemeinschaftlichen Besitz des Nachlasses des Verstorbenen geblieben ist, und sich, ohne vorherige Auseinandersetzung, wieder verheirathet hat[31]). Alsdann soll der Stiefvater oder die Stiefmutter für dasjenige, welches zu prästiren der leibliche Parens mit der hereditatis pe-

[31]) A. L. R. l. c. §. 1013 (1001).

titio, oder, wenn er Miterbe ist, mit der familiae erciscundae angehalten werden kann, subsidiarisch haften, und zur Sicherheit für diese Verbindlichkeit ist den Kindern das Vorrecht der 5ten Kl. in dem Vermögen des subsidiarischen Schuldners beigelegt. Dieses ist eine beibehaltene Anwendung des von den gemeinrechtlichen Practikern, unter vielem Widerspruch, den Erbgeldern vindicirten Vorrechts[32]), und die Verhaftung des Stiefvaters nach dem Beispiele des erwähnten andern Falles ist eine positive Erweiterung der Rechte der Kinder.

Außer diesen in der Prioritätsordnung aufgeführten Fällen haben noch

XIIb. Unausgestattete Geschwister wegen der Beiträge zu ihrer Ausstattung, welche die Ausgestatteten leisten müssen, in dem Vermögen derselben, vom Tage der erfolgten Erbtheilung an, das Vorrecht der 5ten Kl.[33]). Auch dieser Fall ist ein Ueberrest des den Erbgeldern von den Practikern beigelegten Pfandrechts. (Note 32).

Nach gemeinem Rechte haben noch die Legatarien ein gesetzliches Pfandrecht in demjenigen Vermögen des Belasteten, welches aus der Erbschaft herrührt[34]). Das A. L. R. I. 12. §. 290 bestimmt, daß

---

[32]) Leyser Sp. 483. — Struv. Syntagm. jur. civ. exerc. 43 th. 46. — Puffendorf Obs. T. I. obs. 103. — Brunnemann concurs. cred. cap. 5 §. 21. — Gmelin l. c. Cap. II. §. 15.

[33]) A. L. R. II. 2. §. 318.

[34]) §. 2 J. de legat. (II. 20). — L. 1. 3. C. communia de legatis. (VI. 43). — Ueber die Controverse: ob das Pfandrecht wie jedes Pfandrecht untheilbar sei, oder nur pro rata an jedem Antheil der mehreren Onerirten hafte, s. m. Herrm. Becher de actione hypothecaria legatariis ex L. 1 C. communia de legatis contra coheredes competente non ipso jure divisa. Gryph. 1768. — Glück Comment. Th. XIX. S. 179 ff. — v. Ende

der Legatarius aus dem gesammten, nach Abzug der Schulden übrig bleibenden Nachlaß das Recht, Sicherheitsbestellung in dem Nachlaße, auch ohne besondere Einwilligung der Erben, also ein pignus legale nach gemeinen Rechtsbegriffen, oder nach Preußischen einen gesetzlichen Titel, haben solle, wodurch die gemeinrechtliche Controverse über die Theilbarkeit oder Untheilbarkeit des Pfandrechts (Note 34) für die letztere entschieden ist. Außerdem, heißt es, hat der Legatarius das in der Concursordnung näher bestimmte Vorrecht in dem Vermögen des Erben selbst. In der Concursordnung ist nur des Separationsrechts gedacht (§. 48 II. 1); in der Prioritätsordnung kommt der Legatarius weiter nicht vor. Nach dem ihm beigelegten Titel zum Pfandrechte müßte er, wenn die Separation unterbleibt, in die 5te Klasse kommen.

§. 54.

Sechste Klasse.

Lauterbach de privilegio creditorum personali simplici. Tub. 1662 in Diss. acad. T. I. no. 59. — Leyser de infimis creditoribus seu de limitibus quartae et quintae classis; in medit. Specim. 487. — Bernh. Heinr. Frister de privilegio creditorum personali. Goett. 1804. 4.

Diese Klasse enthält, dem Grundsatze nach, die privilegirten Personalgläubiger der 4ten Kl. Römischer Ordnung. Weil bloß bei dinglichen Rechten ein Vorzug nach der Zeit ausführbar ist, indem das, was der Eine

---

vermischte juristische Ausführungen. Hannov. 1816. No. 7. wo die Untheilbarkeit behauptet wird. Dagegen s. m.: Meißner l. c. §. 183. — Thibaut System §. 611. — Gesterding Nachforschungen Th. 3. S. 201 u. die bei Glück l. c. angeführten Schriftsteller dieser Meinung.

schon hat, der Andere nicht auch noch erhalten kann, hier aber der Grundansicht zufolge rein persönliche Forderungen mit einander concurriren; so ergiebt sich schon von selbst als natürlich, daß Eine vor der Andern keinen Vorzug haben kann. Dieser Grundsatz ist auch ausdrücklich anerkannt: die Gläubiger dieser Klasse werden, wenn die Masse auf sie alle nicht hinreicht, verhältnißmäßig befriedigt [1]). Nach R. R. ist es nicht in allen Fällen klar: ob ein Gläubiger für privilegirt, und in welcher Art für privilegirt zu halten, oder nicht. Die Praktiker fanden in der Bestimmung der Grenzen dieser Klasse immer große Schwierigkeiten. Zudem schien das Bedürfniß des modernen gesellschaftlichen Verkehrs eine Ausdehnung des persönlichen Privilegii auf Fälle zu erfordern, von welchen das Röm. Recht natürlich nichts wissen konnte, so daß der Vorschlag derjenigen, welche ein solches Vorrecht nur in den, in den Rechtsquellen ausdrücklich genannten Fällen, zugestehen wollten, verwerflich schien. In Ermangelung eines ausgesprochenen allgemeinen Grundsatzes konnte es aber an Differenzien zwischen denjenigen, welche eine zeitgemäße Erweiterung vertheidigten, nicht fehlen. Man suchte, nach speciellen Fällen und der Billigkeit, Regeln zu construiren [2]), die dabei zur Richtschnur dienen sollten. Diese sind:

1. Diejenigen, deren Sachen des Gemeinschuldners Treu und Glauben anvertraut, von ihm aber veruntreut oder consumirt worden sind, müssen den bloßen Chirographarien vorgehen [3]).

---

[1]) A. G. O. h. t. §. 473. — L. 32 D. arg. L. 7 §. 3 D. depositi. (XVI. 3). — Brunnemann proc. conc. cred. cap. V. §. 60. — Lauterbach l. c. §. 49. — Gmelin l. c. Cap. V. §. 10.

[2]) Lauterbach l. c. §. 12.

[3]) Mevius Consil. no. 86. — Martini Analect. forens. Tit.

2. Wer dem Cridar umsonst leihet, muß den Chirographarien, die nur gegen Zinsen geliehen haben, vorgehen[4]).

3. Wer zur Erbauung, Ausbesserung, oder zum Ankauf eines Schiffes oder Gebäudes creditirt, kommt in die 4te Kl.[5]).

Diese von speciellen Fällen abgeleiteten Regeln schienen jedoch unzureichend, und man fügte noch eine umfassendere hinzu, nämlich:

4. So oft der Gläubiger einen besondern Grund der Billigkeit, der Pietät, oder des Mitleidens für sich hat, ist er in der 4ten Kl. anzusetzen[6]). Aus diesem Grunde brachte man z. B. den Lohn der Arbeiter und Künstler[7]), das Salarium der Officianten, das Honorar der Procuratoren und Advocaten und der Lehrer, Gerichtskosten[8]), Alimente, in diese Klasse.

Dieselben Grundsätze sind bei der Redaction der Preuß. Prioritätsgesetze leitend gewesen, nach welchen folgende funfzehn Posten, wovon jedoch die drei ersten als Singularitäten zu betrachten sind, hierher gehören:

I. Alle ausgefallene Hypotheken, insofern der Gemeinschuldner zugleich persönlicher Schuldner ist (§. 452. 453); und

II. „Alle nicht eingetragenen, jedoch ge-

---

49 §. 1. — Leyser l. c. m. 1. — L. 7 §. 2 D. deposit. (XVI. 3). — L. 24 §. 2 D. de reb. auct. jud. poss. (XLII. 5).

[4]) Struv Synt. jur. civ. exercit. 44 th. 56 n. 5. — Leyser l. c. m. 2.

[5]) Hergenommen von dem speciellen Falle in L. 26 u. 34 D. de reb. auct. jud. poss. (XLII. 5). — Leyser l. c. m. 6.

[6]) Leyser l. c. m. 7.

[7]) Stryck ad Brunnemann proc. conc. creditor. c. 5. §. 65.

[8]) Vergl auch Georg Ludw. Böhmer auserlesene Rechtsfälle. B. III. Abth. II. S. 346.

„richtlich aufgenommene, oder confirmirte Dar„lehns- oder andere Schuldinstrumente; nicht „aber solche, die bloß gerichtlich recognoscirt worden „sind," wobei es keinen Unterschied machen soll, ob die Aufnehmung oder Confirmation vor dem ordentlichen, oder einem andern in- oder ausländischen Richter geschehen (§. 454).

Diese beiden Posten sind nichts anders als die gemeinrechtlichen pignora publica, und gehören, nach dem Prinzip, nicht in diese, sondern in die 5te Kl. So war es nach dem Corp. jur. Frid. Th. IV. Tit. 12 §. 81. Bei dessen Umarbeitung verließ man den Röm. Grundsatz, und setzte diese öffentlichen Hypotheken unter die privilegirten persönlichen Forderungen in die 6te Klasse. Dabei verschmähte man aber auch, mit der hergebrachten Begriffsbezeichnung die Sache selbst auszudrücken, und setzte an die Stelle der scharfbegrenzten Begriffe der öffentlich oder gerichtlich bestellten Hypotheken die sub II. angeführte unbestimmte Verordnung. Es ist vor und außer Gericht darüber viel gestritten und geschrieben[9]) worden: was man sich unter „gerichtlich aufgenommenen, oder confirmirten Darlehns- oder andern Schuldinstrumenten" zu denken habe, da ein Schuldinstrument, nachdem es längst keine literarum obligatio mehr giebt, kein Rechtsgeschäft (causa), sondern nur eine Urkunde über das Rechtsgeschäft (Cautio) ist. Nach der richtigen Ansicht, welche auch von der Praxis angenommen ist[10]), wird darunter ein privilegirtes Instrument (instrumentum guarentigiatum[11]), d. h. ein solches, aus

[9]) Grävell Commentar zu den Cred.-Ges. Th. II. S. 251 Note ***, und das dort mitgetheilte Judicat, Beilage Nr. XIII. S. 63.

[10]) Simon und v. Strampff Rechtsspr. III. S. 178 u. f.

[11]) Von dem altdeutschen Waren cavere, War, Cautio.

welchem gleich klar erhellt: wer, was, wieviel, wem, aus welchem Rechtsgrunde, wann schuldig ist (klare Brief und Siegel), aus welchem der ehemalige Executiv-Prozeß Statt fand, verstanden. Dieses ergiebt sich aus den, in den §§. 454. 482 h. t. u. 366 des Anhangs gebrauchten Ausdrücken: „Darlehns- oder Schuld-Documente (Instrumente)," in Verbindung mit dem, im §. 1 Tit. 28 u. §. 189 des Anh. gebrauchten Ausdrucke: „gerichtliche oder sonst ausdrücklich privilegirte Verschreibung"; ferner aus §. 2 Nr. 7 Tit. 28 d. G. O. u. §. 750 Tit. 11. Th. I. des A. L. R. in Verbindung mit §. 366 des Anh. zur A. G. O.; ferner aus §. 958. 959 Tit. 8 Th. II. d. A. L. R. und der Declarat. v. 16. Febr. 1817, wo von dem Vorzugsrechte privilegirter Schuldinstrumente die Rede ist, in Vergleichung mit §. 102 Th. IV. Tit. 12 des Corp. jur. Frid., wonach das Vorzugsrecht der privilegirten Schuldinstrumente das der sechsten Klasse ist; endlich aus §. 1. 2. Th. II. Tit. 4 des Corp. jur. Frid. und dem Eingange des R. vom 22. Febr. 1796 (Stengel IX. 300), in Verbindung mit §. 189 des Anh. z. A. G. O., wonach unter privilegirten Schuldinstrumenten, einseitige, gerichtliche, oder vor Notar und Zeugen, oder aber in Wechselform ausgestellte Schuldverschreibungen zu verstehen sind. Man darf aber nicht umgekehrt schließen, daß einseitige, gerichtliche, oder vor Notar und Zeugen ausgestellte, Schuldinstrumente allemal auch privilegirte Instrumente oder instrumenta guarentigiata seien; sondern dazu gehört, daß daraus die Schuld gleich klar und unzweifelhaft erhelle.

Wachter Glossar. v. Gewer, War, Waren. Du Fresne Glossar. med. et infim. latinitat. voce Warantus. Vergl. Schilter exercit. XIII. th. 15.

Dieß ist nicht der Fall, wenn die Verbindlichkeit überhaupt, oder der Zahlungstermin von einer Bedingung abhängig gemacht ist. Daher ist ein Bürgschafts-Instrument kein privilegirtes, obgleich es ein einseitig [12]) ausgestelltes ist oder sein kann. Auf der andern Seite darf man nicht annehmen, daß das Instrument nothwendig von dem Schuldner allein ausgestellt sein muß, so daß wenn z. B. das Obligatorium über ein Darlehn mit Zuziehung des Gläubigers ausgestellt worden wäre, und dieser dabei seine Acceptation erklärt hatte, möge dieselbe, wie bei Novationen, wesentlich erforderlich sein, oder nicht, das Instrument kein privilegirtes mehr sein würde. Diesen Charakter verliert es nur dadurch, daß daraus nicht gleich klar und unzweifelhaft die Schuld erhellet, was doch bei einer Novation, wenn der Fehler nicht in der Fassung liegt, offenbar der Fall ist. Dieses Merkmal fehlt aber bei solchen Instrumenten, welche über wechselseitige (synallagmatische) Verträge ausgestellt sind, weil die Verbindlichkeit des einen Contrahenten zur Erfüllung von der richtigen Erfüllung des Andern abhängt, folglich bedingt ist. Wäre also über einen solchen Contract von jedem Theile ein Instrument einseitig ausgestellt, so würde natürlich keins von beiden ein privilegirtes sein. Hiernach ist dem conventionellen Titel zum Pfandrecht jedes Vorzugsrecht im Concurse abgesprochen; dagegen ist solchen Forderungen, über welche ein guarentigiirtes Instrument vorhanden ist, ein privilegium exigendi beigelegt. Daher ist

III. den, von einem Justizkommissario aufgenommenen und gehörig vollzogenen, d. h. vor Notar und Zeugen vollzogenen, Darlehns- und andern Schuldinstrumenten ein gleiches Vorzugsrecht beigelegt (§. 472)

---

[12]) A. L. R. I. 14 §. 204.

Schon das Corp. jur. Fr. IV. 12 §. 12 hatte den privilegirten Schuldinstrumenten dieses Vorrecht gegeben, als mit dem conventionellen gerichtlichen (öffentlichen) Titel zur Hypothek noch das Vorzugsrecht der 5ten Kl. verbunden war. Nachdem diese Forderungen nicht mehr wegen der damit verbundenen öffentlichen Pfandbestellung, sondern nur in sofern, als das darüber lautende Instrument ein guarentigiirtes ist, das Vorrecht der 6ten Kl. haben sollen, wäre es nicht mehr nöthig gewesen, die vor Notar und Zeugen ausgestellten Instrumente unter einer besondern Nummer aufzuführen.

IV. Diejenigen, welche dem Gemeinschuldner Sachen in Verwahrung gegeben, geliehen, verpfändet oder bittweise unentgeltlich überlassen haben, oder wenn Effecten auf unerlaubte Art in des Gemeinschuldners Gewahrsam gekommen sind, mit dem Werth dieser Sachen, wenn sie nicht mehr vindicirt werden können, zufolge der ersten Regel der Practiker. Daher gehört der Werth vermietheter oder geliehener verbrauchbarer Sachen in die 7te Kl., weil dabei keine Veruntreuung durch den Verbrauch gedacht werden kann (§. 456); Veruntreuung aber ist der Grund des Vorzugsrechts dieser Forderungen. Deshalb gehört hierher auch die Forderung des Machtgebers für Alles, was der Gemeinschuldner als Bevollmächtigter vermöge des Auftrags für den Machtgeber in seine Hände bekommen, was er aber verzehrt, veräußert, oder sonst abhänden gebracht hat[13]). Die Vergleichung dieser Bestimmung mit ihrer Quelle zeigt, daß man davon zum Theil unrichtige Erklärungen gegeben hat[14]). Das Vorrecht der 6ten Kl., welche

---

[13]) A. L. R. I. 13 §. 81.

[14]) Merkel meint, der Gemeinschuldner müßte von dem Mandatar selbst, nicht von einem Dritten, vermöge des

unterschlagene Auctionsgelder, die schon länger als vier Wochen vor Ausbruch des Concurses hätten abgegeben werden sollen, hat denselben Grund. (§. 398 Vergl. §. 52 Nr. I.)

V. Diejenigen, welche dem Gemeinschuldner zu seinem Unterhalte, oder zur Unterstützung in seinem Gewerbe, ausdrücklich ohne Zinsen Geld vorgeliehen haben (§. 457), zufolge der zweiten Regel. Dieses im Corp. jur. Fr. noch nicht anerkannte Vorrecht des geliehenen Geldes, im Gegensatz zu dem vermietheten (gegen Zins geliehenen) hat sich aus alter Zeit her in mehreren Partikularrechten[15]) erhalten, und ist auch

Auftrags, die veruntreute Sache in die Hände bekommen haben. Es ist aber einerlei, von wem der Mandatar, zufolge Mandats, die Sache in die Hände bekommen hat, denn er ist in Absicht der ihm anvertrauten Sachen zugleich auch ein Verwahrer, folglich veruntreut er Sachen, welche ihm in Verwahrung gegeben sind. Grävell ad §. 456 will das Vorrecht der 6ten Kl. davon abhängig machen, ob die Sachen vindicationsfähig gewesen, so daß also, wenn der Cridarius z. B. ein Behältniß voll Goldstücken gestohlen hätte, der Werth des Behältnisses in der 6ten Kl., und die Summe Geldes nur in der 7ten gefordert werden könnte. Dieß ist durchaus unjuristisch und in keiner gesetzlichen Bestimmung gegründet. Die Veruntreuung ist der Grund des Vorzugs. Diese ist aber nur an unverbrauchbaren (vindicationsfähigen) Sachen möglich, indem, wenn verbrauchbare Sachen zum Gebrauch überlassen werden, das Geschäft ein Darlehn ist, wobei von keiner Veruntreuung die Rede sein kann. Deshalb ist der Schluß des §. 456, daß der Werth der geliehenen verbrauchbaren Sachen in die 7te Kl. gehört, sachgemäß.

[15]) z. B. im: Lüb. Recht III Tit. 1 Art. 12. Hamburger Fallitenordnung Art. 11. Augsburg. Stat. nach Huber Abhandl. über die Abweichung der Augsburgischen Statuten vom gemeinen Rechte. 8. Augsb. 1821. S. 105;

von der gemeinen Praxis, wiewohl nicht ohne Widerspruch [16]) anerkannt worden [17]). Die A. G. O. knüpft das Vorrecht an zwei Bedingungen, welche conjunctim vorhanden sein müssen. Das Darlehn soll ausdrücklich ohne Zinsen, wiewohl sonst umgekehrt ausdrücklich Zinsen versprochen werden müssen, um das Darlehn verzinslich zu machen; und zum Unterhalte oder zur Unterstützung des Gemeinschuldners in seinem Gewerbe gegeben worden sein, weil es ausdrücklich als ein bloßer Freundschaftsdienst, oder als eine Wohlthat für den Gemeinschuldner geleistet und angenommen worden sein muß. Aus demselben Grunde haben

VI. Diejenigen, welche dem Gemeinschuldner als Fabrikanten, zum Betriebe ihrer Nahrung Materialien vorgeschoßen haben, soweit deshalb das Vindicationsrecht in der 1sten Kl. (§. 49 Nr. 15. 16) nicht mehr Anwendung findet (§. 466. 337 u. f. h. t.)

VII. Diejenigen, welche dem Gemeinschuldner Geld zum Studiren vorgeschossen, aus demselben Grunde; imgleichen alle diejenigen, welche dem Cridarius oder dessen Kindern, in Sprachen, Künsten und Wissenschaften Unterricht gegeben haben, mit Ausnahme des in der 2ten Kl. anzusetzenden Schul- und Lehrgeldes (§. 50 Nr. 5) zufolge der vierten Regel (§. 464 h. t.)

VIII. Diejenigen, welche von dem Gemeinschuldner rückständige Kaufgelder für Grundstücke zu fordern haben, ohne daß dafür besondere Sicherheit bestellt wor-

---

Sächs. Proz. Ord. Tit. XLIX.; Schleswig-Hollsteinischer. Schrader Handbuch der vaterländ. Rechte im Herzogthum Schleswig und Hollstein. 3 Th. gr. 4. Kiel 1781 —93. B. III. S. 86.

[16]) Gmelin l. c. Cap. V. §. 3.

[17]) Leyser Sp. m. 4.

den ist, zufolge der dritten Regel (§. 458). Die Praxis hatte sich dafür entschieden, daß rückständigen Kaufgeldern für Immobilien das privilegium exigendi zustehe[18]); es ist daher dieselbe durch die Preuß. Gesetzgebung nur bestätigt. In Particularrechten ist den rückständigen Kaufgeldern zuweilen sogar ein gesetzliches Pfandrecht beigelegt[19]).

IX. Miterben des Gemeinschuldners wegen der Erbgelder, welche dieser ihnen gegen Uebernahme der zur Erbschaft gehörigen Immobilien oder Mobilien herauszuzahlen hat[20]). Zum Begriffe der Erbgelder gehört also: 1. daß sie ein Erbe dem Miterben zu zahlen hat; 2. daß sie aus dem Titel der Erbtheilung zu zahlen sind; 3. daß sie aus Immobilien oder Mobilien gezahlt werden sollen. Die gemeinrechtlichen Juristen schränkten es auf Immobilien ein[21]). Das Preuß. Recht weicht daher zwar in sofern von der gem. Praxis ab, daß es auch die auf Mobilien an Miterben herauszugebende Vergütigung für eigentliche Erbgelder erklärt; allein auf

---

18) Leyser l. c. m. 6. — Phil. Frick de juribus illius, qui alteri ad emendum credidit. Helmst. 1771. §. 2. — A. M. Lauterbach de privil. cred. §. 20. — Gmelin l. c. Cap. V. §. 5.

19) Z. B. nach dem Preuß. Landr. v. 1721. B. IV. Tit. 5. Art. 7. §. 7.

20) A. G. O. h. t. §. 459. Die Hyp.-Ordn. II. §. 83 gedenkt noch einer gesetzlichen Hypothek der Abfindungen.

21) Leyser de pecunia hereditaria Sp. 483 m. l. — Puffendorf Obs. jur. univ. T. I. obs. 103. — Cramer Obs. jur. univ. T. IV. obs. 1171. — Carpzow Jurispr. for. P. III. const. 21 def. 8: „Non quaevis pecunia, quae distinctis terminis particulariter solvitur, hereditaria est, sed solummodo ea, quam heres coheredi e bonis immobilibus ex hereditate — communiter acquisitis, titulo familiae erciscundae — praestat.“

alles das, was nicht unter den Begriff der Mobilien, worunter bloß Möbeln, Hausrath und Geräthschaften begriffen sind [22]), paßt, ist es auch jetzt noch nicht ausgedehnt, und kann auch darauf nicht ausgedehnt werden, weil keineswegs, wie es bei dem ersten Anblick scheinen möchte, in Ansehung des Grundes des privilegii exigendi par ratio vorhanden ist. Schon die Ausdehnung auf Mobilien ist eine Abweichung von dem eigenen Grundsatz des Preuß. Rechts, und solche Ausnahmen können nicht gegen den ausdrücklichen Wortsinn ausgedehnt werden. Es kann also, wenn die Theilung bloß Baarschaften, Kapitalsvermögen, edle Metalle, Gold und Silber, Juwelen, Schmuck und Geschmeide ꝛc. zum Gegenstande gehabt hat, dasjenige, was ein Erbe dem Andern herausgeben soll, weil dieser seinen Theil nicht in Natura genommen, sondern jenem überlassen hat, nicht als eigentliches Erbgeld angesehen werden, und in diese Kl. kommen, weil es namentlich bei baaren Geldern ein bloßes Darlehn ist. Wegen des den Erbgeldern beizulegenden Vorrechts finden sich unter den Practikern zwei verschiedene Hauptmeinungen. Nach der einen sollen die Erbgelder ein privilegirtes Pfandrecht haben und zur Ersten Kl. gehören, weil der Erbe, dem sein Antheil bezahlt werden soll, sein Miteigenthum nicht durch Verkauf, sondern durch den Innominat-Contract do ut des auf den Miterben übertrage, so daß jenem, wenn dieser nicht leiste, eine reivindicatio utilis zustehe, welcher zufolge derselbe eigentlich zu den Vindicanten gehöre, indeß sei es Usus, daß er nur in der 1sten Klasse locirt werde [23]). Nach der andern Meinung dagegen werden

---

[22]) A. L. R. I. 2. §. 17.

[23]) Leyser l. c. m. 1. — Brunnemann Conc. cred. c. V. §. 21. — Struv. Syntagm. jur. civ. exercit. 43 th. 16.

die Erbgelder mit den rückständigen Kaufgeldern in Eine Kathegorie gestellt, weil in der Ueberlassung des Miteigenthums des einen Erben an den andern ein wirklicher Verkauf liege, und mithin die dafür herauszuzahlenden Gelder die Natur der Kaufgelder haben müßten[24]). Diese Theorie ist die des Preuß. Rechts; daher haben die Erbgelder mit rückständigen Kaufgeldern gleiches Recht. Hieraus ergiebt sich, daß die Lehre der Practiker: wie in dieser Beziehung allein nur dasjenige, was ein Erbe dem andern aus Immobilen herauszugeben hat, für Erbgelder, welchen ein Vorzugsrecht gebührt, zu achten, ganz richtig ist; denn nur Kaufgeldern für Grundstücke steht ein solches Vorrecht zu. Ganz denselben Grundsatz hat die A. G. O. §. 458 angenommen; es ist daher eine Abweichung davon, wenn Erbgeldet aus Mobilien, welche nach dieser angenommenen Theorie doch eigentlich auch nur Kaufgelder sind, das Vorrecht der 6ten Kl. haben sollen; und darum läßt sich diese Ausnahme nicht auf andere Gegenstände ausdehnen.

X. Diejenigen, welche ex testamento oder aus dem Titel der Erbtheilung, oder aus einer unerlaubten Handlung des Gemeinschuldners, Alimente von ihm zu fordern haben, zufolge der vierten Regel, wegen der in dem letzten Jahre vor Eröffnung des Concurses fällig

---

Fredersdorf Untersuchung, wie die Concurskosten zu bezahlen. p. 15.

24) L. 1 C. communia utriusque judicii (III. 38). „Divisionem praediorum vicem emtionis obtinere placuit.“ L. 3 C. communi dividundo (III. 37). — Walchius et resp. Jo. Heinr. Mundius D. de privilegio pecuniae hereditariae creditorum in concursu. Jen. 1776. — A. G. L. Weber de pecunia hereditaria in concursu creditorum ex jure pretii residui rei venditae aestimanda. Gött. 1816. 4. Vergl. L. 1 C. communia utriusque judicii (III. 38). L. 3 C. communi dividundo. (III. 37).

gewordenen Termine, und wegen der laufenden. Die ältern Rückstände gehören in die 7te Kl. (§. 460 u. 463). Alimente aus Verträgen, z. B. Leibrenten[25]), gehören in die 7te Kl.; und Alimente aus bloßer Freigebigkeit hinter Alle (§. 463). Namentlich gehören hierher: 1. Alimente, die ein Erbe dem Andern, vermöge einer Disposition des Erblassers, oder zufolge eines mit dem Miterben geschlossenen Vertrages (Erbrezesses) zu geben hat, wenn sie nicht aus einem bestimmten Grundstücke entrichtet werden sollen; denn in diesem Falle würden sie in die 5te Kl. gehören (§. 53 Nr. I.) 2. Alimente, wozu der Cridar aus einer unerlaubten Handlung, nach Urtel und Recht verpflichtet ist. Diesen gleich gesetzt hat man 3. Alimente, welche derselbe für uneheliche Kinder zu zahlen schuldig ist (§. 461). Der Grund dieser Forderung ist aber ein anderer als der der vorigen; denn das Recht, von dem unehelichen Vater Alimente zu fordern, gehört zu den Rechten des Status[26]), daher das Kind selbst die Alimentenforderung hat, was sonst nicht möglich wäre, weil ihm durch sein Dasein keine Beschädigung zugefügt ist. Aus diesem Grunde ist es aber etwas Besonderes, daß die unehelichen Kinder aus der Concursmasse, also von den Gläubigern pro futuro Alimente erhalten sollen, während die ehelichen Kinder, deren Alimentenforderung vor dem Ausbruch des Concurses ebenfalls schon besteht, nichts erhalten sollen; denn das etwa vorhandene Urtel setzt bloß die bestrittene Verbindlichkeit in Betreff des unehelichen Kindes fest, während solche in Betreff der ehelichen anerkannt ist, so daß durch ein Urtel in der Sache selbst nichts geändert wird. Gemeinrechtlich war deshalb auch

---

[25]) A. L. R. I. 11 §. 611.

[26]) R. v. 10. Mai 1833. Jur. Zeit. pro 1834 Col. 11.

die Alimentenforderung pro futuro bestritten[27]). Dagegen gehören hierher: 4. Alimente, welche die separirte Ehefrau, so wie die separirte Frau zur linken Hand, statt der Abfindung von dem Gemeinschuldner zu fordern hat[28]). Es ist nicht richtig, was man behauptet[29]), daß diese Alimente deshalb, weil sie in die Stelle der Ehescheidungsstrafe treten, einen Titel zum Pfandrecht haben, und eigentlich in die 5te Kl. kommen müßten; denn die Ehescheidungsstrafe hat gar kein Vorrecht. Man will es bezweifeln[30]): ob der separirten Ehefrau wegen solcher Alimente das Vorrecht der 6ten Kl. gebühre, weil es im A. L. R. l. c. bloß heißt:

> „Der Mann ist verbunden, die der Frau zu reichenden Verpflegungsgelder aus seinem bereitesten Vermögen anzuweisen und zu versichern;"

wogegen es in Beziehung auf die geschiedene Frau zur linken Hand §. 931 heißt:

> „Ist dergleichen besondere Sicherheit nicht bestellt, so haben solche Verpflegungsgelder das Vorrecht der auf gerichtliche Verschreibungen gegründeten Ansprüche."

Es ist aber kein Grund, warum die wirkliche Ehefrau schlechter daran sein sollte, als die Frau zur linken Hand. Dies ist auch nicht der Fall; denn die anstatt der Abfindung der unschuldigen Frau durch Urtel und Recht zugesprochenen Alimente haben ihren Grund in einer unerlaubten Handlung, und gehören deshalb unbezwei-

---

[27]) Zoller exerc. an stuprata in concursu credit. dotem et alimenta infantis petere possit. §. 9. — Hommel Rhaps. obs. 525. — Gmelin Cap. VI. §. 2 Note V. Vergl. dagegen Wernher Obs. T. II. P. VII. obs. 85 n. 171.

[28]) A. L. R. II. 1. §. 802 u. 943 (931).

[29]) Merkel Comment. ad §. 461.

[30]) Grävell l. c. Note zu §. 455b II. S. 253.

felt eben so gut wie die der Frau zur linken Hand, in dem ganz gleichen Falle, zur 6ten Kl. Die Alimente welche der unschuldige Mann von seiner geschiedenen Frau fordern kann, haben dasselbe Recht[31]).

XI. Sportelkassen der Privatgerichte und deren Kommissarien, soweit sie nicht zu den, auf einen kassenmäßigen Fuß eingerichteten Salarienkassen gehören, und also zur 5ten Kl. gehören würden (§. 465), zufolge des 4ten Grundsatzes. Gebühren, welche ein Justitiarius für einen Boten oder Unterbedienten eingezogen und unterschlagen hat, gehören zwar nicht hierher, wie Merkel ad §. 466 meint, gleichwohl aber doch sub No. IV. aus den dort angeführten Gründen in die 6te Kl.

XII. Justizkommissarien und Notarien, wegen ihrer rückständigen Gebühren (§. 467), welche sie von dem Gemeinschuldner als ihrem Mandatar oder unmittelbaren Debitor zu fordern haben, aus demselben Grunde.

XIII. Die Medizinalkosten aus dem vorletzten Jahre unbedingt; dreijährige Rückstände aber nur alsdann, wenn bewiesen wird: daß auch durch Execution von dem Gemeinschuldner nichts zu erhalten gewesen sein würde; sonst kommen die ältern als zweijährigen Rückstände, so wie die noch ältern als dreijährigen jedenfalls, in die 7te Kl. (§. 468).

XIV. Die förmlich verlobte Braut mit demjenigen, was sie dem Gemeinschuldner in Erwartung der Heirath gegeben, anvertraut oder vorgeschossen hat, und mit der condictio sine causa zurückfordern kann (§. 470). Man stritt darüber: ob die Braut das privilegium dotis, d. h. eine privilegirte Hypothek[32]), oder nur ein pri-

---

[31]) A. L. R. II. 1. §. 809. 810.

[32]) Paul Jac. Feuerlein comment. de privilegio dotis sponsae competente. Helmst. 1772. — Walch introduct. in

vilegium exigendi[33]) zustehe. Nach den Quellen ist die letztere Meinung für die richtige anzusehen, da das ursprünglich der Frau wie der Braut gleichmäßig beigelegte privilegium exigendi durch Justinian zwar in Beziehung auf die Ehefrau, nicht aber in Betreff der Braut, in ein privilegirtes Pfandrecht verwandelt worden ist[34]). Diese richtige Meinung hat auch die Preuß. Gesetzgebung angenommen.

XV. Diejenigen, welche a) aus gezogenen oder trockenen Wechseln, b) desgleichen aus Handelsbillets und kaufmännischen Assignationen, oder c) aus, in Wechselform ausgestellten, Schulddocumenten nicht wechselfähiger Personen von dem Gemeinschuldner etwas zu fordern haben; desgleichen d) der Acceptant per Honor, wenn die Wechselkraft bei Eröffnung des Concurses noch nicht verjährt ist[35]).

1. Der Grund des Vorzugsrechts ist der, daß der Wechselbrief ein instrumentum guarentigiatum oder privilegirtes ist[36]). Daher ist es eine consequente

---

controv. jur. civ. Sect. I. cap. II. membr. I. §. 3. — Cocceji Jus controv. XX. 2 qu. 7. — Bachow de pign. et hypotheca IV. 13. 4. — Westphal Pfandrecht §. 84.

[33]) Stryck Us. mod. Lib. XX. T. 2 §. 8. — Carpzow Jurispr. for. P. II. const. 24 def. 5. — Lauterbach Colleg. theor. pract. Lib. XX. Tit. 2 §. 25. — Meißner Lehre vom stillschw. Pfandr. §. 150. — Glück XIX. 98—107.

[34]) L. 17. §. 1 D. de reb. auct. jud. poss. (XLII. 5). — L. 74 D. de jure dotium. (XXIII. 3). — L. un C. de rei uxor. (XII. 71).

[35]) A. G. O. h. t. §. 471. Anh. §. 365. 366. A. L. R. I. 11 §. 751. II. 8. §. 930. 959. 1257. 1286. 1298. 1104.

[36]) A. L. R. II. 8. §. 959. „Entsteht binnen dieser Jahresfrist Concurs über das Vermögen des Remittenten, so hat der Trassant, wegen der rückständigen Valuta, das Vorzugsrecht der privilegirten Schuldinstrumente."

Anwendung des Grundsatzes, daß nicht bloß den Wechselbriefen als solchen, mithin nicht bloß den Wechselschulden wechselfähiger Personen, sondern allen Schuldinstrumenten dieser Art, ohne Rücksicht auf die Wechselfähigkeit des Ausstellers, dieses Vorzugsrecht beigelegt ist, und der Behauptung Grävell's ad §. 471 b, daß wenn Wechsel an einem Orte ausgestellt worden, wo gar kein Wechselrecht gilt, dem Instrumente das Vorrecht der 6ten Kl. nicht gebühre, fehlt es an juristischem Grunde. Dieselbe soll dadurch bewiesen werden, daß einem Präjudicate (Stengel XI. 305) zufolge, aus einem solchen Wechsel keine Wechselklage Statt finde. Dadurch ist aber das Vorzugsrecht nicht bedingt; denn dessen Grund ist ein ganz anderer: sonst müßten die wechselförmlichen Instrumente nicht wechselfähiger Personen auch das Vorzugsrecht nicht begründen. Der Grund des Vorzugsrechts erledigt alle Zweifel und Bedenken, welche man aus der Fassung oder Stellung der einzelnen gesetzlichen Bestimmungen, z. B. über die Frage: ob Personen, welche sich nur durch trockene Wechsel wechselmäßig verbinden können, durch Acceptation von Tratten wechselmäßig verpflichtet werden, hernimmt[37]). Augenscheinlich ist dieses nicht möglich[38]), weil der Wechselprozeß

---

[37]) Man sehe darüber die Aufsätze in: Mathis II. S. 153 worin die Affirmative behauptet wird; und in Siewert's Materialien VIII. S. 197 ff., wo jene Ausführung widerlegt wird. In beiden Aufsätzen wird auf das Wesen der Sache selbst nicht weiter eingegangen. Die Ausführungen drehen sich um Ausdrücke, Worte und Stellung der Bestimmungen, und um die aus der Stellung und dem Zusammenhange mit andern Bestimmungen und ziehendem Schlüße und Erklärungen.

[38]) Auch anerkannt in dem Just. Min. Rescr. v. 12. Juli 1806. Mathis III. S. 201. Die Gründe genügen jedoch nicht.

und der ehemalige Executionsprozeß aus wechselförmlichen Instrumenten nicht wechselfähiger Personen, beides summarische Prozeße, mit dem, diesen Schuldinstrumenten beigelegten Verzugsrechte auf gleichem Grunde, nämlich darauf beruhen, daß diese Documente guarentigiirte Instrumente sind[39]). Wird also aus einem solchen Instrumente einer von diesen summarischen Prozessen in Antrag gebracht, oder im Concurse die 6te Kl. verlangt, so hängt die Bewilligung des Antrags zunächst von der Frage ab: ob das producirte Scriptum ein instrumentum guarentigiatum ist, oder nicht. Zu den wesentlichen Erfordernissen eines solchen gehört unter andern, daß daraus gleich klar erhellen müße: aus welchem Rechtsgrunde der Aussteller schuldig sei, und daß der Rechtsgrund ein solches lästiges Geschäft sein müße, aus welchem bloß für den Aussteller allein noch eine Verbindlichkeit übrig ist, wie z. B. das Darlehn. Beurtheilt man hiernach das Accept einer Tratte von Seiten einer, zum Wechselgeschäft mit trassirten Wechseln nicht fähigen Person, so sieht man gleich, daß dieses Accept kein guarentigiirtes Instrument ist, weil der Rechtsgrund nicht gleich erhellt, und weil den trassirten Wechseln ein zweiseitiges Geschäft zum Grunde liegt. Dieses ist dann nicht der Fall, wenn die dabei vorkommenden Personen die Fähigkeit haben, mit trassirten Wechseln Geschäfte zu machen, weil bei diesen Personen das Wort: „Wechsel" und das allgemeine Bekenntniß der empfangenen Valuta, ohne nähere Angabe der Art des Empfanges, den Rechtsgrund dergestalt enthält, daß es auf die Untersuchung des vorgefallenen sonstigen Geschäfts gar nicht

[39]) Danz summarische Prozeße. §. 46 S. 82. — Riccii exercit. XVII. juris cambial. de processu cambiali. Sect. II. §. 26. p. 37 seq. — Scherer Handbuch des Wechselrechts I. S. 433 u. III. S. 223.

ankommt. Für jene Personen aber ist das Wort „Wechsel“ und das allgemeine Bekenntniß der Valuta nicht ein an sich gültiger Rechtsgrund. Das gem. Recht verbindet mit den guarentigiirten Instrumenten kein Vorrecht vor den übrigen Chirographarien, und daher haben auch Wechselbriefe als solche, und wenn nicht etwa das zum Grunde liegende Geschäft bevorzugt ist, kein Vorzugsrecht[40]), wogegen viele Partikularwechselordnungen den Wechselforderungen ein Privilegium im Concurse beilegen[41]).

2. Das Vorzugsrecht dauert nur so lange als das Instrument für ein guarentigiirtes gilt, und den ehemaligen Executiv-Prozeß begründen würde; es verjährt also binnen Jahresfrist nach dem Verfalltage[42]), oder

---

[40]) Andr. Flor. Rivinus diss. de praerogativa creditorum cambialium prae chirographariis. Viteb. 1749. in Beseke Thesaur. jur. camb. P. I. c. VI. no. 43 p. 876.) Sixt. Jac. Kapf Diss. de locatione cambii proprii in concursu creditorum. Tüb. 1767 (in Beseke Thesaur. jur. camb. P. I. c. VI. no. 47 p. 964). Gmelin und Elsässer gemeinnützige jurist. Beobachtungen u. Rechtsfälle. B. V. Nr. 12 S. 229. — Heinr. Brokes Obs. de cambio in concursu cred. singulari privilegio non gaudente (in Obs. for. no. 311 p. 361). — Joh. Ge. Mönkenberg Diss. sistens adumbrationem juris cambialis in concursu cred. Gött. 1788. — Leyser Med. Sp. 133 m. 12 u. Sp. 487 cor. 1. — Cramer Obs. jur. univ. Tom. IV. obs. 1203. — Zimmerl über die Vorrechte des Wechsels im Concurse. Wien 1804. — L. F. Witt de jure debiti cambialis in conc. cred. Heidelb. 1815. u. A. — Scherer Handbuch des Wechselrechts I. voce Concurs §. 20. Doch ist auch von gemeinrechtlichen Practikern ein Vorzugsrecht vertheidigt worden. Vergl. Leyser Sp. 133 m. 12. Martens Handelsrecht §. 123.

[41]) Scherer l. c. §. 19.

[42]) A. L. R. II. 8. §. 903. 1257. 1280. 1293. Anh. z. A. G. O. §. 192.

von da an, wo der Gläubiger nicht mehr gehindert ist, sein Recht zu gebrauchen[43]). Die Verjährung, welche immer nach hiesigen Rechten beurtheilt wird, wenn auch der Wechsel außerhalb ausgestellt ist[44]), wird unterbrochen:

a. Durch Eröffnung des Concurses innerhalb der Jahresfrist, wenn die Forderung in demselben geltend gemacht wird. Doch hat diese Unterbrechung nur gegen denjenigen Wirkungen, in Beziehung auf den sie geschieht, nämlich gegen die Creditoren. Durch die Concurseröffnung entsteht neben dem persönlichen Schuldner ein zweiter Realschuldner, d. i. die Concursmasse. Die Liquidation im Concurse ist daher der Klage gegen Einen von mehreren in solidum verhafteten Wechselschuldnern gleich, wodurch die Verjährung gegen den Andern nicht unterbrochen wird. Daher erhält die Liquidation im Concurse vor Ablauf der Verjährungsfrist zwar wohl das Vorrecht der 6ten Kl., aber nicht die Befugniß, den Wechselschuldner für seine Person wechselmäßig zu belangen[45]).

b. Durch Anstellung der gerichtlichen Klage, mit dem Tage der Anmeldung bei dem Richter, wenn darauf die Insinuation wirklich erfolgt, wenn auch demnächst der Prozeß nicht fortgesetzt wird. Wird die Insinuation durch einen Umstand verhindert, so hat das darüber ausgefertigte Attest des Richters mit der wirklich erfolgten Insinuation gleiche Wirkung. Außergerichtliche Mahnung oder der Vermerk einer Abschlagszahlung, unterbricht die Verjährung nicht[46]).

---

[43]) A. L. R. I. 9 §. 516. Simon u. v. Strampff Rechtsspr. I. S. 105.

[44]) Anh. z. A. G. O. §. 365. Stengel B. III. S. 403.

[45]) A. L. R. II. 8. §. 912. Anh. §. 115.

[46]) A. L. R. II. 8. §. 905. 908—910. 1217—1218. Anh. §. 116. S. oben §. 32 III. 5.

c. Durch Erklärung und Versendung des Protestes[47]). Bei diesen letzten beiden Unterbrechungen fängt eine neue 30jährige Verjährung an[48]); bei der erstern erledigt sich die Sache durch die Präclusoria oder durch die Classificatoria.

d. Durch ein dem Wechselschuldner bewilligtes Moratorium, bei welchem mit dem Tage der Beendigung eine neue gewöhnliche Wechselverjährung anfängt[49]).

8. Nicht Jeder, welcher von dem Cridar aus einem Wechselgeschäft etwas fordern kann, hat das Vorrecht dieser Klasse.

a. Wenn der Trassant fallirt, so sind zwei Fälle möglich. Der Wechsel ist oder wird acceptirt und gezahlt, oder nicht. In dem erstern Falle hat der Acceptant, welcher, wenn er keine Deckung hat, als Gläubiger bei der Concursmasse des Trassanten auftritt, das Vorrecht der 6ten Kl. nicht, ausgenommen, wenn die Acceptation per honor geschehen ist[50]). In dem letztern Falle hat der Herr des Wechsels (Remittent oder Indossatar) Wechselrecht gegen den Trassanten, und das damit verbundene Vorrecht[51]). Dasselbe Recht hat auch der wahre Wechselgläubiger alsdann, wenn er den Wechsel verloren, und der Bezogene, nachdem er vor der Verfallzeit an einen falschen Präsentanten gezahlt hat, die

---

47) Ebd. §. 911. Günther's Polemik des deutschen Priv. R. §. 395.

48) A. L. R. l. c. §. 907. 1131.

49) Ebd. §. 906. 907. Vergl. oben §. 39. — Gottfr. Wilh. Küstner Diss. de menstrua et annali praescriptione litterarum cambialium. Lips. 1711 (in Beseke Thesaur. jur. camb. P. I. cap. VI. no. 39 p. 782) §. LI.

50) A. G. O. h. t. §. 471. A. L. R. l. c. §. 1101. Entsch. der Ges.-Commiss. v. 21. Novbr. 1783. Günther Polemik §. 363.

51) A. L. R. l. c. §. 1056 u. ff. §. 1110 ff.

Zahlung zum zweiten Male nicht leistet, indem alsdann der Eigenthümer des verlornen Wechsels auf den Trassanten zurückgeht (§. 1162 l. c.).

b. Wenn der Remittent fallirt, ohne daß die Valuta für die Tratte an den Trassanten gezahlt ist, so hat der Trassant wegen seiner Forderung innerhalb der Jahresfrist das Vorrecht der 6ten Kl. (§. 959 l. c.). Dasselbe gilt für den Indossanten in dem Concurse des Indossatars, wegen der noch unbezahlten Valuta[52]). Wenn der Wechsel selbst noch in dem Vermögen vorgefunden wird, so ist die, nach gem. Rechte streitige[53]) Frage: ob der Trassant denselben zurückfordern, oder nur die Valuta zur 6ten Kl. liquidiren könne, nach den Grundsätzen, welche vom rückständigen Kaufgelde für erkaufte noch vorhandene Sachen gelten, zu beurtheilen' (§. 49 Nr. 7). Die Cautel, welche man in solchem Falle dem Trassanten anräth: den Wechsel bei dem Bezogenen zu contremandiren, ist nach Pr. R. nicht anwendbar, weil der Aussteller die Acceptation eines einmal ausgehändigten Wechsels dem Bezogenen, wegen nicht erhaltener Valuta, in keinem Falle untersagen kann (§. 962 l. c.).

c. Wenn der Präsentant fallirt, so ist es möglich, daß der Indossant Ersatz zu fordern hat; es ist auch möglich, daß der Acceptant solchen fordert. Der Indossant hat eine Forderung, wenn der Präsentant die Valuta nicht bezahlt hat; und diese Forderung gehört hierher (Note 52). Der Präsentant kann aber auch bloßer Commissionair des Indossanten sein, und alsdann gehört die Forderung des Indossanten nicht aus dem Rechtsgrunde, von welchem hier die Rede ist, sondern aus dem sub Nr. IV. in die 6te Kl. Der Acceptant dagegen

---

52) Decl. v. 16. Febr. 1817. Ges.-Samml. S. 34.

53) Scherer l. c. voce Concurs. §. 13 I. 418.

kann in dem Falle eine Forderung haben, wenn er willkührlich vor der Verfallzeit an den Präsentanten gezahlt, und daher seinen Regreß an den Trassanten verloren hat (§. 1161). Dann muß er sich an die Concursmasse des Präsentanten halten, und kommt mit seiner Forderung in die 7te Kl.

d. Wenn der Trassant fallirt, und zwar vor der Acceptation, so kann der Trassant, wenn er Deckung gegeben hat, oder der Trassat sonst dessen Schuldner ist, seine Forderung nur mit dem derselben sonst etwa zustehenden Vorrechte, nicht aber als eine wechselmäßige liquidiren. Bricht der Concurs aber erst nach der Acceptation aus, so hat der Präsentant eine wechselmäßige Forderung (§. 983), und der Trassant tritt, wenn der Präsentant an ihn Regreß nimmt, in dessen Rechte, wodurch er das Vorrecht der 6ten Kl. für seine Deckung oder sonstige Forderung gewinnt (§. 1135. 1136).

e. Wenn mehrere Wechselverpflichtete z. B. der Acceptant und der Trassant, in Concurs verfallen, so hat der Wechselgläubiger die Wahl, an wessen Concursmasse er sich halten will. Dasjenige, womit er bei der einen ausfällt, kann er aus der andern fordern. Liquidirt er aber bei beiden gleichzeitig das Ganze, so muß dieß mit der Maaßgabe geschehen, daß er bei jeder nur mit demjenigen angesetzt wird, womit er bei der zuerst auszuschüttenden Masse leer ausgeht [54]).

---

[54]) Moenkenberg l. c. §. 45 u. f. — Heineccii elem. jur. camb. cap. VI. §. 5. — Scherer Wechselrecht B. I. S. 431. — Phoonsen Amsterdamer Wechselgewohnheiten Cap. 41 §. 47. — Treitschke Handbuch des Wechselrechts. Leipzig 1821. §. 354. — Danziger Wechselordn. Art. XXX. Breslauer Wechselordn. §. XXI.

§. 55.

Siebente Klasse.

In diese Klasse, welche der Römischen Fünften correspondirt, gehören alle diejenigen Gläubiger, deren Forderungen ohne Vorzugsrecht sind, und in keine der vorhergehenden Klassen kommen können (die s. g. Chirographarii). Sie werden alle verhältnißmäßig (in tributum) befriedigt (§. 474). Von dieser Klasse sind aber noch die folgenden Forderungen ausgeschloßen.

Man hat die Zweckmäßigkeit der Vorrechte einzelner Forderungen angefochten. Merkel sagt in seinem Commentar ad §. 474 h. t.: „Auf den Ursprung der Forderungen sollte es wohl gar nicht ankommen; es sollten keine Vorrechte Statt finden. Wer auf bloße Handschrift geliehen hat, ist gewöhnlich der ehrlichste Gläubiger. Haschen nach Vorrechten, nach Sicherheit, wird häufig Veranlassung zu unmoralischen Handlungen geben, welche dem Staate selbst gewiß nachtheilig werden.“ Dieß wiederholt Grävell S. 261 mit dem Beisatz: „Je mehr Cautelen, je weniger Treue und Glauben!“ Es handelt sich jedoch hierbei nicht um Treu und Glauben, und um Cautelen zum Ersatz von Treu und Glauben, sondern vom Können. Alle Treue des Schuldners und Gläubigers hilft zu nichts, wenn ersterer nicht soviel hat, um Alles zu bezahlen; und alle Ehrlichkeit des Gläubigers bewegt diesen nicht, dem schon verschuldeten Debitor noch etwas vorzustrecken, wodurch er sich vielleich wieder aufhelfen könnte, wenn ihm der Schuldner nicht einige Aussicht zur Wiedererlangung der begehrten Vorschüsse gewähren kann. Der noch so ehrliche und mitleidige Gläubiger, welcher wohl noch helfen könnte, aber doch nichts zu verschenken hat, wird seine Hülfe versagen, wenn es gewiß ist, daß er mit den schon vorhandenen

Gläubigern unter allen Umständen auf gleichen Fuß behandelt wird. Die Frage betrifft also das Mittel: wodurch in solchem Falle einem Gläubiger, welcher noch helfen will, einige Sicherheit zu verschaffen. Grundeigenthümer haben den Realcredit des Grundeigenthums, und das Hypotheken-Institut. Welches Rechtsinstitut ersetzt den Realcredit bei dem Gewerbtreibenden, der nur Mobiliarvermögen besitzt? Das ist die Frage. Das Wechselrecht und ein strenges Executionsverfahren dienen dazu nicht. Das einzige Mittel ist das Vorrecht im Concurse, es ist daher der Vorzug einzelner Forderungen, als Surrogat des Hypothekenwesens für Gewerbtreibende ohne Grundbesitz, ein unentbehrliches Rechtsinstitut, welches noch mehr Berücksichtigung von der Gesetzgebung verdiente, um einen möglichst vollständigen Ersatz für den auf das Höchste gehobenen und den Gewerbtreibenden drückenden Realcredit zu gewähren. Dazu würde vor Allem die Abschaffung der Privilegien, welche der Person und nicht der Sache ankleben, gehören, die ihre Entstehung ganz andern Gründen und Rücksichten, als welche nach dem jetzigen Zustande der bürgerlichen Verhältnisse und des gesellschaftlichen Verkehrs von Gewicht sein können, zu verdanken haben, und den Credit untergraben, statt ihn zu heben.

§. 56.

Post omnes.

Die hier folgenden Posten werden in der angesetzten Ordnung, und mehrere gleichartige in tributum berichtigt (§. 482).

I. Untersuchungkosten. Der Locus derselben ist streitig. Mehrere Practiker wollen sie in der 7ten Kl.

locireu, auf Grund des §. 362 des Anh. z. A. G. O., wo es heißt:

„Uebrigens erstreckt sich das Vorzugsrecht der Salarien-Kassen nicht auf solche Kosten, die aus einer, wider den Gemeinschuldner Statt gefundenen Untersuchung entstanden sind. Diese Kosten gehören in die Siebente Klasse."

Es ist aber von jeher von der Praxis angenommen worden, daß die Untersuchungskosten der Entschädigungsforderung nicht bloß alsdann, wenn etwa Ersatz für gestohlene Sachen zu leisten, welcher in die 6te Kl. kommen würde, sondern überhaupt jeder Entschädigungsforderung nachstehen. Als Grund wird angegeben, daß ein Verbrecher, dessen Vermögen zur Zahlung der Schulden nicht mehr hinreicht, unvermögend sei, für unvermögende Inquisiten aber der Gerichtsherr die Untersuchungskosten zu bezahlen habe; ferner daß es eine nicht zu rechtfertigende, und der Natur der Sache widerstreitende Härte sein würde, wenn in Untersuchungen, wodurch man den durch ein Verbrechen beschädigten Einwohnern des Staats zu ihrer Entschädigung verhelfen solle, zwar ein Object ihrer Befriedigung ausgemittelt, dasselbe aber auch sogleich zur Tilgung der Untersuchungskosten verwendet würde, und die Beschädigten darüber das leere Nachsehen behalten sollten [1]). Diese Praxis ist durch die spätere Criminal-Ordnung ausdrücklich sanctionirt:

§. 637: „Wenn das Vermögen eines Verbrechers nicht dazu hinreicht, denjenigen, der durch das Verbrechen beschädigt worden, zu entschädigen und zugleich die Untersuchungskosten zu tragen; so gebührt dem Beschädigten in jedem Falle ohne Unter-

---

[1]) R. v. 18. Novbr. 1803. N. Arch. III. S. 147.

schied der Vorzug vor den Untersuchungskosten, sie mögen in Gebühren oder Auslagen bestehen."
Die Forderung für einen durch Verbrechen zugefügten Schaden gehört, außer dem Falle der Veruntreuung anvertrauter Sachen oder des Diebstahls, in die 7te Kl., wo die Gläubiger verhältnißmäßig befriedigt werden. Wenn also die Untersuchungskosten erst nach vollständiger Befriedigung des Beschädigten zur Hebung kommen sollen, so können sie mit der Entschädigungsforderung nicht in tributum gehen, folglich gar nicht innerhalb der 7ten Kl., sondern erst hinter derselben bezahlt werden. Es ist hiernach die Meinung, nach welcher die Untersuchungskosten zwar in die 7te Kl., aber erst nach Befriedigung aller übrigen darin locirten Gläubiger zur Hebung kommen, für die richtige anzunehmen. Deshalb folgen sie zwar erst hinter Allen, gehen aber noch den Geldstrafen vor[2]). Daß der Beschädigte allemal vor den Untersuchungskosten den Vorzug habe, war schon gemeiner Gerichtsgebrauch[3]). Darüber aber: welche Stelle ihnen im Concurse gebühre, gab es eine große Meinungsverschiedenheit[4]).

---

²) R. v. 1. Novbr. 1809. Mathis IX. S. 53. Anh. zur A. G. O. §. 368.

³) Quistorp Beiträge zur Erläuterung verschiedener noch unentschiedener Rechtsmaterien. Nr. XXXIII. S. 498.

⁴) Einige weisen sie in die 1ste Kl. Harpprecht Resp. 92 no. 403 sq. u. Consil. 73 no. 23. Vergl. Gmelin l. c. Cap. II. §. 14. Andere setzen sie als ein Honorar des Richters in die 4te Kl. Jo. Sam. Fr. de Boehmer ad art. 157 C. C. §. 8. Claproth Concursprozeß S. 162. G. Ludw. Böhmer auserlesene Rechtsfälle B. III. Abtheil. 2. S. 316. Merkel behauptet im Comment. zur A. G. O. h. t. §. 403, dieß sei gem. Recht gewesen, und allegirt zum Beweise die zuletzt angeführte Stelle. — Andere streiten über den Tag des Anfangs dieses Vor-

II. Die von dem Gemeinschuldner zu entrichtenden Geldstrafen ohne allen Unterschied, da auch das früher den Accise- und Zollstrafen zuständig gewesene stillschweigende Pfandrecht aufgehoben worden ist[5]). Wenn aber eine Schuld zur Vereitelung der Strafe gemacht worden ist, so muß sie der Strafe nachstehen[6]). Es ist nicht

---

rechts. Carpzow P. I. const. 28 def. 104. de Boehmer ad Carpzow qu. 138 obs. 10. und Selchow Rechtsfälle B. III. dec. 92 S. 247 datiren es vom Tage des publicirten Erkenntnisses; Leyser Spec. 90 m. 10 von der Specialinquisition. Noch Andere setzen sie den chirographar. Forderungen gleich. — Boehmer Exercit. ad Pand. T. VI. p. 372. Endlich wollen Einige sie allen Forderungen nachsetzen. v. Balthasar de classificat. Creditor. Sect. III. no. 2 p. 101. Brokes Obs. no. 58. Diese letztere Meinung hat auch in den Brandenb. Gerichtshöfen gegolten: Scheplitz Consuetud. Brand. Lib. II. Tit. 223. „decisum fuit am 5. Febr. 1625 — daß die Unkosten, so auf die Gefangenen gangen, aus deren Gütern sollten genommen werden, sich aber hernach befunden, daß wegen ander Schulden sie daraus nicht zu erlangen, ward im Majo 1627 verabschiedet, daß die Gerichtsherren das, so aus den Güthern nicht zu erlangen, — zahlen sollte." Es kommen auch Resp. u. Decis. vor, wonach das Vermögen der Inquisiten, gar nicht für die Kosten haften soll: Scheplitz l. c. Supplem. ad P. IV. Tit. 27 §. 1 no. 10 S. 673. u. Lib. II. T. 223. Der dort alleg. Zieritz schreibt gar in seinen Noten und Observat. ad art. 219 C. C. C. Francof. 1622. 1625. 1676. 4. „ut reus damnatus capitaliter expensas etiam ferre cogetur, esse incivile, iniquissimum enim semper existimatum fuisse, ut suo gladio homo juguletur, aut virgis a se emtis caedatur."

[5]) A. L. R. II. 14. §. 67. A. G. O. h. t. §. 476. Anh. z. A. G. O. §. 360 u. 367. Cab.-Ord. v. 18. Mai 1801. N. C. C. Tom. XI. S. 2197. N. Arch. III. S. 429. — Mathis I. S. 41. Rabe VIII. S. 56.

[6]) A. L. R. II. 14 §. 68.

richtig, was Merkel zu §. 476 meint, daß der Fiscus mit derjenigen Geldsumme, welche der Gemeinschuldner als Subaltern-Officier ohne Consens seines Chefs geliehen erhalten, und zufolge §. 684 Tit. 11 Th. I. d. A. L. R. der Fiscus zu fordern hat, auch post omnes komme, weil sie ebenfalls Strafe sei. Denn in Beziehung auf den Gemeinschuldner ist sie keine Strafe: dieser bezahlt bloß das was er wirklich schuldig ist; nur für den Darlehnsgeber ist der Verlust der Forderung an den Fiscus eine Strafe. Das Darlehn ist eigentlich gültig, nur tritt der Fiscus ipso jure an die Stelle des Gläubigers, so daß derselbe die Forderung mit der aus dem Geschäfte entspringenden Klage, und mit dem damit etwa verbundenen Vorrechte geltend machen kann.

III. Die Kommunkosten oder vielmehr die Gläubiger mit den deshalb erlittenen Abzügen, nach der Ordnung der Kapitalien, und die Kosten der Liquidation. (§. 477 a. §. 153).

IV. Die Zinsen von den liquidirten Capitalien. Nach R. R. können die Zinsen an der Stelle des Capitals aus dem Concurse gefordert werden [7]). Dieß wird aber von gemeinrechtlichen Practikern, welche aus Gründen der Billigkeit die Zinsen erst nach Befriedigung sämmtlicher Gläubiger wegen der Capitalien an-

---

[7]) L. 3 §. 1. L. 12 §. 6. L. 18 D. qui potior. in pignor. (XX. 4). — Balthasar de usuris jure Lubecensi in concursu creditorum in eadem classe cum sorte collocandis; in Gesterdingii Thesauro juris T. I. p. 137 sq. — Leyser de collocatione usurarum in concursu creditorum; in Medit. Sp. 488. — Hoepfner Diss. de collocatione usurarum in concursu creditorum. Giess. 1754. — Glück B. XIX. §. 1821. — Cramer Obs. jur. univ. T. IV. obs. 1202.

gesetzt wissen wollen, angefochten[8]), und es ist die Meinung herrschend geworden, daß wenigstens der Lauf der Zinsen während des Concurses sistirt werde. Rechtsgründe sind dafür nicht vorhanden. Bei Vertragszinsen wird es jetzt auch nicht mehr behauptet, aber in Rücksicht der usurae legales, besonders der ex mora, ist die Sache noch streitig, indem man behauptet, daß durch den Concurs keine neue Mora begründet werde, was auch richtig ist. Ob aber die schon entstandene Mora durch den Concurs purgirt wird, ist eine andere Frage. Von Vielen wird es behauptet, jedoch ohne Grund; denn die Mora kann nur durch mora accipiendi oder durch freiwillige Stundung purgirt werden, und weder das Eine noch das Andere tritt hier ein. Inzwischen hat jene Theorie, unter verschiedenen Modificationen, auch in die Preuß. Gesetzgebung, aus Billigkeit und Klugheit zugleich Eingang gefunden[9]). Das erste vaterländische Gesetz über diesen Gegenstand ist der Brandenburgische Landtagsrezeß v. 26. Juli 1653, Mylius VI. Abth. I. S. 425, welcher im §. 33 für Recht anerkennt, daß der Zinsenlauf durch die Concurseröffnung gehemmt werde. Seitdem ist dieser Satz bei jeder neuen Gesetzgebung, zuerst in der Declar. v. 13. Juni 1654, ebd. Abschn. 2 S. 19, wiederholt worden. Die erste Conc.-Ordn. v. 4. Febr. 1722 gestattete auch nur einen dreijährigen[10]) Rück-

[8]) Hertius Decis. XXII. no. 8. Richter de privil. creditor. disp. XII. p. 319.

[9]) Leyser l. c. m. 2. — Schnaderbach de petendis ex concursu creditorum usuris. Halae 1726. — Jo. Casp. Heimburg Disq. quaestionis: An is, qui jure praelationis quoad sortem in conc. credit. est munitus, eodem jure quoad usuras quoque gaudeat? Jenae 1730. 4. — Kori System des Concursprozeßes S. 315.

[10]) Dasselbe Recht war für Schlesien durch die Kaiserliche

stand an der Stelle des Capitals, und dieser ist durch die spätere noch jetzt geltenden Gesetze auf einen zweijährigen Rückstand eingeschränkt. Nur in Betreff der durch Hypotheken und Pfänder versicherten Forderungen gilt wegen der laufenden Zinsen eine Ausnahme. Nach der A. G. O. §. 150—152. 477 b. gilt folgendes:

1. Die Eröffnung des Concurses scheidet die Zinsen in rückständige und laufende. Es frägt sich, mit welchem Tage der Concurs in dieser Beziehung für eröffnet anzunehmen, wenn vorher schon ein Credit- oder Executionsverfahren Statt gefunden hat. a. War es ein Executions-Verfahren, so wird in Beziehung auf die Theilnehmer an demselben dieser Termin auf den Tag der Einleitung dieses Verfahrens angenommen, weil eben dadurch die Beschlagnahme des Vermögensobjects bewirkt, und die Verjährung des Vorrechts der Forderung unterbrochen wird. Aus diesem Grunde wurden früher, wenn bei einem Kaufgelderliquidations-Prozeße nachher ein förmlicher Concurs ausbrach, den bei dem Liquidationsprozeß concurrirenden Realgläubigern der privilegirte Zinsrückstand, vom Tage des eingeleiteten Liquidationsprozeßes berechnet [11]). Dieses Verfahren ist antiquirt; es muß aber das Subhastationsverfahren, so wie die Einleitung der Sequestration in Rücksicht der Extrahenten und Adhärenten, wegen gleichen Grundes gleiche Wirkung haben. b. Wenn ein erbschaftlicher Liquidationsprozeß vorher geschwebt hat, so kommt es bloß auf den Tag der Concurseröffnung an; denn der erbschaftliche Liquidationsprozeß ist kein Executionsverfahren, involvirt keine Beschlagnahme des Vermögens und keine Im-

---

Sanction v. 4. Septbr. 1709 eingeführt worden. Brachvogel Schles. Privil. u. Statut. S 358.

[11]) A. G. O. I. 51. §. 43. 44.

mission der Gläubiger, und kann daher auch nicht auf Antrag eines Gläubigers eröffnet werden. Daher ist es juristisch ganz richtig, daß es in Absicht der Verjährung der privilegirten Forderungen und Zinsrückstände, weder auf den Tag des Todes des Erblassers, noch auf den Tag des eingeleiteten erbschaftlichen Liquidationsprozeßes ankommt [12]). Der dagegen von verschiedenen Seiten [13]) gemachte wohlbegründete Einwurf, daß auf solche Weise die Gläubiger ohne ihre Schuld um ihr Recht kommen können, weil sie in gewisser Maaße verhindert sind, gegen den Beneficialerben ihr Recht zu verfolgen, traf eigentlich die dem Preuß. Rechte eigenthümliche Gesetzgebung in Beziehung auf den Beneficialerben, und das demselben nachgelassene langsame Verfahren bei Befriedigung der Erbschaftsgläubiger, gegen welches sich aus juridischen, wie aus Gründen der Billigkeit und Klugheit manches einwenden läßt. Die vorgebrachten Gründe können daher wohl eine zum Theil bereis eingetretene [14]) Aenderung in dem Executionsverfahren gegen Beneficialerben zur Folge haben, aber abgesehen von willkührlichen Bestimmungen nicht bewirken, daß die Wirkungen eines eröffneten Concurses auf den Todestag [15]) des Gemeinschuldners, oder auf den Tag des auf Antrag

---

[12]) A. G. O. h. t. §. 24. u. Tit. 51 §. 66. — Entsch. der Gesetz-Comm. v. 6. Juni 1789 (Klein's Annal. V. 180). Min.-Rescr. v. 13. Jan. 1813.

[13]) Bericht der (ehemaligen) Regierung (Oberlandes-G.) zu Marienwerder v. 18. Apr. 1789 (Klein l. c. S. 169 ff.) Bericht des Hrn. Präs. v. Frankenberg vom 11. Octbr. 1834 (Jur. Zeit. 1834 Col. 152). Grävell Comment. B. II. S. 18 u. Beil. Nr. I. p. 37 sq.

[14]) Verordn. über die Execution v. 4. März 1834. §. 2.

[15]) Diese Meinung wird in dem all. Bericht der Regierung zu Marienwerder geäußert, welche auch Grävell l. c. vertheidigt.

des Erben eingeleiteten erbschaftlichen Liquidationsverfahrens [16]) zurückgezogen werden. Die Gründe aber, welche von dem Ablauf der Verjährungszeit für die privilegirten Forderungen für beide Meinungen hergenommen worden, scheinen nicht zu gelten. Die Zeit, an welche die privilegirten Forderungen gebunden sind, ist eine Verjährungsfrist. Von dieser gilt alles, was von der Verjährung überhaupt gilt. Diese kann auch unterbrochen werden. Die Unterbrechung geschieht eben durch Eröffnung des Concurses, und das ist der Grund, warum das Privilegium im Concurse gilt, wenn die Forderung auch erst nach Ablauf der Zeit liquidirt wird. Die Concurseröffnung ist aber nicht die einzige Art der Unterbrechung. Auch durch Anmeldung der Klage und deren Verfolgung wird die Verjährung unterbrochen, und daher gilt das Privilegium im Concurse auch alsdann noch, wenn schon vor der Concurseröffnung die Zeit längst abgelaufen, die Forderung aber rechtzeitig eingeklagt, und das Verfahren bis zur Concurseröffnung fortgesetzt worden ist. Bei einigen Forderungen ist solches ausdrücklich anerkannt (§. 347. 367. 373. 471), bei andern nicht, und bei den rückständigen Zinsen der Realgläubiger mit einer Modification (§. 151). Die Frage kommt also dahin zu stehen: ob nicht bei jeder an eine gewisse Zeit gebundene privilegirte Post das Privilegium durch Unterbrechung der Verjährung erhalten werden kann. Die für die angeführten Meinungen entwickelten Gründe beweisen, daß dieses nothwendig ist, und die allgemeinen Grundsätze von der Verjährung ergeben, daß es juristisch richtig ist. Jene Gründe beweisen ferner, daß die wegen

---

[16]) Die Gründe für diese schon von Merkel ad §. 4 h. t. geäußerten Meinung s. m. in dem Bericht, Jur. Zeit. 1834 S. 152.

der Zinsen von Realforderungen hinzugefügte Beschränkung, wonach die auf solche Weise auch nicht verjährten ältern Rückstände einen schlechtern Platz als das Capital erhalten sollen, aufgehoben werden müßte; sie beweisen aber nicht, daß die Zurückbeziehung der Wirkungen des Concurses auf den einen oder den andern frühern Tag, für den Fall des vorher eingeleiteten erbschaftlichen Liquidationsprozeßes, ein practisches Bedürfniß ist. Denn ist der Grundsatz von der Unterbrechung der Verjährung richtig, so fehlt es nicht bloß an einem solchen Bedürfniß, sondern die Vordatirung ist in Ansehung der persönlichen Gläubiger, denen dadurch die Zinsen auf die Zeit, welche die Wirkung der Concurseröffnung vorgerückt wird, ohne rechtlichen Grund geradezu genommen werden, ein Akt der Willkühr. Die privilegirten Gläubiger können sich ihr Privilegium durch Klage gegen den Erben conserviren. Wenn aber der Erbe schon eher den erbschaftlichen Liquidationsprozeß eröffnen läßt, in welchem Falle es kein anderes Rechtsverfahren giebt, so muß aus diesem Grunde, und weil derselbe in der That ebenfalls ein Prozeß, und dessen Resultat ein richterliches Erkenntniß ist, aus welchem gegen den Bekl. (den Erben) Execution vollstreckt werden kann, die Anmeldung der Forderung bei dem Prozeßrichter die Wirkung der Anmeldung einer jeden andern gehörig fortgesetzten Klage haben. Wird also während dieses Prozeßes Concurs eröffnet, so ist der Fall vorhanden, wo der Gläubiger rechtzeitig sein Recht, durch den ihm gesetzlich vorgeschriebenen Weg Rechtens, bis zur Concurseröffnung ununterbrochen verfolgt hat, mithin kommt in Beziehung auf dergleichen Gläubiger die Sache ganz von selbst so zu stehen, als wenn schon am Tage des, im erbschaftlichen Liquidationsprozeße angemeldeten, Anspruchs Concurs eröffnet worden wäre, ohne daß es nöthig wird, die Wirkungen des eröffneten Concurses allgemein zurückzulegen, und dadurch Andern ihr Recht zu nehmen.

2. Rückständige Zinsen werden nur für zwei Jahre, vom Tage des eröffneten Concurses zurückgerechnet, in eben der Klasse und an derselben Stelle, wo das Capital angesetzt wird, zuerkannt; die noch ältern Rückstände werden, wenn der Cridarius persönlich dafür haftet, hier post omnes angesetzt[17]), ausgenommen:

a. wenn ein Faustpfand für die Forderung bestellt ist, soweit dasselbe zureicht (§. 381);

b. wenn für den ältern Rückstand besondere Sicherheit durch Eintragung oder Pfand bestellt worden ist, in welchem Falle er an dem Orte angesetzt wird, welcher ihm nach Maaßgabe dieser Sicherheit gebührt (§. 151 in fine). Die besondere Sicherheitsbestellung für rückständige Zinsen ist ganz verschieden von der Capitalisirung der Zinsen oder dem erlaubten Anatocismus[18]). Sicherheitsbestellung ist keine Capitalisirung, und die letztere von jener unabhängig. Jedes von beiden kann ohne das andere geschehen, und Merkel's Meinung ad §. 151, daß Zinsen, welche mit dem Capitale zugleich intabulirt sind, wohlverstanden ein bestimmtes Quantum z. B. 50 Rthlr. rückständiger Zinsen, bei einem kurz nachher entstehenden Concurse, unter die privilegirten zweijährigen mit einzuwerfen seien, ist ohne rechtliche Gründe, weil sonst ein gültiges Pfand- oder Hypothekenrecht keine Wirkung haben würde.

c. Wenn der Ablauf der zweijährigen Frist durch Anbringung und Fortsetzung der Klage binnen 4 Wochen nach dem Verfalle unterbrochen worden ist. Ist das Capital hypothekarisch versichert, so wird dieser nicht

---

[17]) A. G. O. h. t. §. 150. 151. — A. L. R. I. 20 §. 501. 505.
[18]) A. L. R I. 11. §. 819.

verjährte ältere Rückstand doch nicht in der 3ten Kl. an der Stelle des Kapitals, sondern da wo das in der 3ten Kl. ausfallende Kapital zu stehen kommen würde, angesetzt. Das Realrecht soll also auf alle Fälle für ältere als zweijährige Rückstände verloren sein. Der §. 151 h. t. der A. G. O. bietet bei diesem Gegenstande Schwierigkeiten. Die Stelle heißt: „Ein Realgläubiger, welcher die seit länger als zwei Jahren rückständigen Zinsen binnen 4 Wochen nach dem Verfalle derselben einklagt, und die Execution deshalb bis zur Concurseröffnung gehörig fortgesetzt hat, kann diese ältern Rückstände, zwar nicht an der privilegirten Stelle des Kapitals, aber doch in der sechsten Klasse da, wo sein in der dritten Klasse ausfallendes Kapital zu stehen kommen würde, fordern."

Hier ist also erstlich nur von einem Realgläubiger die Rede, und man könnte daraus schließen, daß ein anderer Gläubiger die Verjährung auf die beschriebene Weise nicht hindern könnte. Dieses erledigt sich durch die Betrachtung, daß hier von dem Orte die Rede ist, wo die ältern Zinsen gefordert werden können, wenn für das Kapital Hypothek bestellt ist. Darauf wird entschieden, daß ein Realgläubiger, wenngleich er auf solche Weise die ältere Zinsforderung conservirt habe, doch dafür kein Realrecht haben, sondern damit an den Ort kommen solle, wo das Capital stehen würde, wenn keine Hypothek dafür bestellt worden wäre. Bei andern Gläubigern versteht sich dieß von selbst, daher ist von ihnen nicht die Rede. Es enthält also diese Stelle nur eine Ausnahme, unter Anerkennung des allgem. Grundsatzes, daß auch ältere als zweijährige Zinsrückstände an die Stelle des Kapitals kommen, wenn die Verjährung auf die gehörige Art unterbrochen ist. Zweitens sollen die Zinsen in der sechsten Klasse da u. s. w. zu stehen kommen, welches dem zu widersprechen scheint, daß sie an der Stelle, wo das Kapital anzusetzen, zuzuerkennen. Aber von der Phrase:

„in der sechsten Klasse, da, wo sein in der dritten Klasse ausfallendes Kapital zu stehen kommen würde"

ist die Eine Bezeichnung ohne Bedeutung, und es müssen daher entweder die Worte: „in der sechsten Klasse" oder die: „da, wo sein in der dritten Klasse ausfallendes Kapital zu stehen kommen würde," als bedeutungslos fortfallen; denn in der 6ten Kl. gehen alle Forderungen in tributum, mithin giebt es in derselben keinen bestimmten Platz für eine einzelne Forderung. Die Wahl bei dieser Ausscheidung trifft aus überwiegenden Gründen die Worte: „in der sechsten Kl.;" denn zuvörderst hat der Verfasser dieser Stelle wahrscheinlich nur im Sinne gehabt, daß die in der 3ten Kl. ausfallenden Kapitalien, in der Regel, in der 6sten Kl. angesetzt werden, und nicht daran gedacht, daß es dabei auch noch auf die sonstige Qualität der Forderung ankomme; sodann fehlt es ganz an einem inneren Grunde, die Zinsen einer Forderung, soweit solche überhaupt concurriren sollen, an verschiedenen Orten, nämlich zum Theil an der Stelle des Kapitals, welchen dasselbe nach der Qualität der Forderung hat (denn von Hypothekenrechten wird hier abstrahirt), und zum Theil in einer folgenden Klasse angesetzt werden sollen, und endlich kommen ausgefallene Hypothekenforderungen, welche wie z. B. die Illaten der Ehefrau, nach ihrer Qualität ein besseres Vorrecht haben, nicht in die 6te Kl., so daß also die Worte: „in der sechsten Klasse, wo das Kapital zu stehen kommen würde," etwas neues und widersprechendes festsetzen würden, wenn nicht die erstere Bezeichnung für bedeutungslos angesehen würde.

Ist dieses richtig, so haben nur die Worte:

„da, wo das in der dritten Klasse ausfallende Kapital zu stehen kommen würde,"

Bedeutuug und Gültigkeit. Es muß angenommen werden, daß diese Stelle den Satz: auch ältere als zweijährige Rückstände kommen, wenn die Verjährung gehörig unterbrochen worden, an die Stelle, welche der Hauptforderung nach ihrer Qualität, ohne Rücksicht auf Hypothekenbestellung, gebührt.

d. Wenn wegen der Zinsen ein Moratorium bewilligt worden ist, wo der zweijährige Rückstand vom Tage der Einleitung des Prozeßes über die Zulassung zum Moratorio zurückgerechnet werden muß[19]), wovon der Grund auch die Unterbrechung der Verjährung ist.

3. Die laufenden Zinsen werden hier post omnes angesetzt, ausgenommen (§. 477 b. 152): a. wenn für die Forderung ein Unterpfand bestellt ist, soweit dasselbe reicht; b. wenn die Forderung eingetragen ist. Die eingetragenen Gläubiger erhalten ihre Zinsen während des Concurses, nach der Ordnung der Capitalien, aus den Revenüen des verpfändeten Grundstücks, und wenn dieselben nicht zureichen, aus der Kaufgeldermasse, wenn auch diese nicht zureicht, kommt der Ausfall an den privilegirten rückständigen Zinsen in die 6te Kl., der Ausfall an den currenten dagegen hierher post omnes (§. 489. 503. 512 Nr. 2 lit. a.). Früher war dieser Grundsatz streitig, und hat erst durch eine authentische Declaration in Gewißheit gesetzt werden müssen[20]).

Hieran schließt sich die Rechtsfrage: ob, wenn die Zinsobligation und die Hauptforderung in zwei verschie-

---

19) A. G. O. I. 47 §. 37. Anh. §. 308. N. Arch. II. 179. Gravell Comment. B. II. S. 10.

20) Decl. v. 20. Jan. 1820. Ges.-Samml. 1820 S. 31.

denen Händen ist, wie z. B. beim Usus fructus rc., die Zinsen vor dem Kapital bezahlt werden müssen. In einer Sache, in welcher das Geh. Ober Trib. das Urtel bestätigt hat, ist für den Vorzug der Zinsen entschieden worden, weil Theilzahlungen immer zuerst auf die Zinsen gerechnet werden müßten. In einer andern ganz gleichen Sache, in welcher der II. Senat des Oberland. Ger. zu Breslau in Revisorio erkannt hat, ist dagegen für eine verhältnißmäßige Vertheilung des Percepti entschieden worden, weil Capital und Zinsen gleiche Rechte im Concurse hätten[21]). Aus der Concurs-Ordnung kann jedoch für diese Frage kein Entscheidungsgrund hergenommen werden, weil dieselbe nur das Verhältniß gegen Dritte, nicht das der mehreren correi credendi unter sich, regulirt. Die Mitgläubiger sind Socien.

V. Die den privilegirten Betrag übersteigenden Begräbnißkosten, und die Trauerkosten der Wittwe und Kinder (§. 428).

VI. Forderungen aus Schenkungsversprechen, oder aus sonstiger Freigebigkeit des Gemeinschuldners (§. 479).

VII. Die Gebührnisse der Ehefrau, wegen welcher sie aus übel geführter Wirthschaft, Verschwendung oder Verleitung des Mannes zur Verschwendung, allen Gläubigern des Mannes nachstehen muß (§. 412. 480).

VIII. Vermächtniße (§. 481).

§. 57.

Anhang.

Wenn ein Gläubiger mit dem Gelde eines Andern unmittelbar, oder durch den Gemeinschuldner bezahlt worden ist, so hat derjenige, von dem das Geld herkommt,

---

[21]) Akt. in Sachen Wallenberg wider Ohlen. 1832.

falls er dasselbe nicht donandi animo gegeben hat, wie sich versteht, eine Forderung an den durch die Zahlung liberirten Schuldner. Die Frage aber ist: ob dieser Forderung ein Vorzugsrecht zusteht. Das R. R. legt derselben alsdann ein privilegium exigendi bei, wenn mit dem Gelde ein eben so privilegirter Gläubiger bezahlt worden ist, d. h. wenn ein Gläubiger der 4ten Kl. mit dem Gelde eines Dritten, der sonst wegen dieses Vorschußes gar kein Vorrecht haben würde, bezahlt worden ist, so rückt dieser Dritte in dessen Stelle, nicht aber alsdann, wenn mit der bezahlten Forderung eine Hypothek, und folglich das Vorrecht einer höhern Klasse verbunden ist. Dieses Einrücken in die Stelle des bezahlten privilegirten Personalgläubigers geschieht auch dann noch, wenn das Geld nicht unmittelbar in die Hände des Gläubigers gekommen, sondern vorher erst Eigenthum des Schuldners durch Darleihung und Aushändigung an denselben geworden ist, wenn nur die Bezahlung jenes Gläubigers mit diesem Gelde gleich darauf (non post aliquod intervallum) Statt gefunden hat [1]). Hieraus ergiebt sich, daß das Einrücken nicht, wie Einige wollen [2]), bloß in dem Falle nachgelassen ist, wenn die Bezahlung erst während des Concurses geschehen ist, da alsdann nicht mehr an eine durch die Hände des Gemeinschuldners gehende Befriedigung eines Gläubigers zu denken ist. Es ist daher die Regel allgemein dahin zu fassen, daß in die Stelle des abgefundenen privilegirten Gläubigers Jeder in soweit einrückt, als er denselben unmittelbar befriedigt, oder das Geld dem Gemeinschuldner ausdrücklich zu diesem Zweck gegeben hat, und

[1]) L. 24 §. 3 D. de reb. auct. jud. poss. (XLII. 5). — L. 2 D. de cessione bonorum (XLII. 3).

[2]) Lauterbach D. de priv. cred. person. simplici. §. 35. — Gmelin a. a. O. Cap. V. §. 9.

die Abfindung damit auch wirklich geschehen ist[3]). Diesen Grundsatz hat auch die Preuß. Gesetzgebung noch mit der Ausdehnung angenommen, daß dies Einrücken in die Stelle eines jeden abgefundenen Gläubigers, auch eines Hypotheken- und Pfandgläubigers, ja selbst in die privilegirteste Stelle des Fiscus, wegen der ihm gebührenden Lasten und Abgaben, geschehen soll (§. 161 Anh. §. 331). Früher war es zweifelhaft, indem das A. L. R. I. 16 §. 47, und die A. G. O. l. c. sich hierin widersprachen. Dieser Widerspruch wurde aus Veranlassung specieller Fälle, wo die Staatsbehörden wegen öffentlicher und gemeiner Lasten und Abgaben von Andern statt des unvermögenden Schuldners im Kriege befriedigt worden waren, durch eine declarirende Immediat-Verfügung vom 5. März 1808, wonach das A. L. R. der Bestimmung der A. G. O. nicht entgegen stehen soll, beseitigt[4]). Das

---

[3]) Schweppe Concurs §. 77.

[4]) Publikand. der Reg. zu Königsberg v. 16. März 1808 (Mathis VI. S. 1). Nach Gräveli II. S. 104 Note *** soll kein Widerspruch vorhanden gewesen sein, indem die Stelle des L. R. von den Rechten, welche gegen den Gemeinschuldner erworben würden, die G. O. aber von dem jure subintrandi als einem nur im Concurse zur Anwendung kommenden Verhältnisse spreche. Daß aber der Gemeinschuldner bezahlen muß, wenn nicht etwa donandi animo gezahlt worden, versteht sich ganz von selbst, und deshalb bestimmt der §. 47 des L. R. darüber mit keiner Silbe etwas, sondern er sagt: „Der Zahlende kann sich der Vorrechte, welche der von ihm bezahlten Forderung nach deren Qualität beiwohnen, gegen einen Dritten nicht bedienen.“ Dieß heißt: wenn mit ihm zugleich noch Andere von dem Schuldner befriedigt sein wollen, und der Schuldner nicht hinlängliche Mittel dazu hat, so soll der Zahlende den andern Gläubigern nicht vorgehen. Folglich bezieht sich die Bestimmung gerade auf den Concurs. Gegen den Schuldner braucht kein

s. g. jus subintrandi findet nach heutigem Rechte ohne alle Einschränkung auf gewisse Arten von Forderungen oder Gläubigern Statt: 1. wenn überhaupt Jemand entweder einen Gläubiger unmittelbar bezahlt, oder dem Gemeinschuldner Geld unter der ausdrücklichen Bedingung geliehen hat, daß ein anderer Creditor damit bezahlt werden soll, und die Bezahlung desselben wirklich erfolgt ist; 2. wenn der Bürge für den Hauptschuldner einem Gläubiger Zahlung geleistet hat; 3. wenn der Eigenthümer eines unbeweglichen Guts, welches für eine Schuld des Gemeinschuldners verpfändet gewesen, dem Pfandgläubiger für Rechnung des Gemeinschuldners gezahlt hat. Das nämliche gilt auch, wenn der Eigenthümer einer beweglichen, zum Unterpfand versetzten Sache, für den Schuldner zahlt, und dadurch sein Pfandstück auslöset. 4. Wenn der Erbe vor oder während des erbschaftlichen Liquidations-Prozeßes einem Erbschaftsgläubiger Zahlung geleistet hat, (Tit. 51 §. 89 Nr. 4); 5. wenn aus einem erbschaftlichen Grundstück ein eigener Gläubiger des Beneficialerben, den derselbe darauf hat eintragen lassen, aus dem Grunde, weil die Beneficialerben-Qualität im Hypothekenbuch nicht vermerkt worden ist, bezahlt werden muß. Es wird dann so angesehen, als hätten die Erbschaftsgläubiger, soweit ihnen noch das Separationsrecht zusteht, die Zahlung geleistet, und sie treten an die Stelle des Gläubigers in dem Concurse des Beneficialerben da, wo er, ohne Rücksicht auf die Eintragung, seine Forderung erhalten haben würde (§. 282). In die 3te Kl. können sie nicht kommen, weil das separirte Grundstück ja nicht zur Concursmasse gehört. Um

---

Gläubiger ein Vorrecht; der Schuldner muß Alle bezahlen, nur im Verhältniß zu Dritten hat ein Vorrecht Sinn.

jedoch in die Stelle eines Pfand- oder Hypothekengläubigers zu rücken, muß der Zahlende sich das Pfand aushändigen lassen; und bei Hypotheken-Schulden muß die bezahlte Post noch ungelöscht, und das Hypotheken-Instrument auch keinem Andern cedirt worden sein; sonst kann der Zahlende nur an diejenige Stelle kommen, welche die Forderung erhalten haben würde, wenn sie nicht eingetragen gewesen wäre. Wenn die nämliche Forderung zweimal bezahlt wird, so ist die zweite Zahlung nicht, wie Grävell S. 106 meint, eine Zahlung sine causa, sondern ein solutio indebiti, denn es wird eine causa irrthümlich vorausgesetzt, welches bei der condictio sine causa nicht der Fall ist. Der irrthümlich zum zweiten Male Zahlende hat gegen den Empfänger eine condictio indebiti, gegen den Schuldner und dessen Concursmasse aber gar keinen Anspruch, wenn er nicht etwa aus Auftrag gezahlt hat. Alsdann kann er bloß an dem Orte, wo er nach der Qualität seiner Forderung ex mandato locirt werden muß, Befriedigung erwarten; denn von dem Einrücken in die Stelle eines bezahlten Gläubigers kann nicht mehr die Rede sein, weil der aus Irrthum zum zweiten Male Bezahlte kein Gläubiger mehr war. So steht die Sache, wenn keinem eine Cession geleistet worden ist. Wäre der zweite Zahlende ein wirklicher Cessionar, und hätte er die Forderung mit dem darüber vorhandenen Documente bona fide an sich gebracht, so hätte es kein Bedenken, daß er als rechtmäßiger Gläubiger die Forderung im Concurse geltend machen könnte, und alsdann kann ein anderer bloßer Zahler kein jus subintrandi ausüben, weil der rechtmäßige Gläubiger selber seine Stelle einnimmt. Deswegen kann aber der Zahlende, wenn er aus Auftrag des Gemeinschuldners gehandelt hat, doch seine Forderung ex mandato bei dem Concurse geltend machen, wenn ihm nicht etwa ein Versehen dabei, daß er ohne Aushändigung des Documents gezahlt hat, zur Last fällt. Hieraus ergiebt sich, daß allerdings beide, sowohl der, der sich das Document hat aushändigen lassen, als der, welcher ohnedies gezahlt hat, mit ihrer Forderung, und zwar an verschiedenen Orten locirt werden können und müssen, was Grävell für unmöglich hält. Dieses muß auch noch in einem andern Falle, welchen man bei der Abfassung des §. 161 vermuthlich im Sinne gehabt hat, geschehen. Wenn nämlich eine Hypothekenschuld mit dem Gelde eines Andern, durch den Schuldner, bezahlt wird, so wird sich der Schuldner natürlich das Document nebst einer Quittung aushändigen lassen. Bleibt dieses bis zur Concurseröffnung bei ihm liegen, so kommt der, mit dessen Gelde die noch nicht gelöschte Post bezahlt ist, ex jure subintrandi in die 3te Kl. Hat aber der Schuldner sich Cession geben lassen, und hiernächst, oder nach heutigem Recht, auf Grund der Quittung, das Instrument an einen Dritten cedirt, so kommt dieser mit seiner erworbenen Forderung in die 3te Kl., und der, welcher das Geld zur Bezahlung des Gläubigers hergegeben hatte, wird gleichzeitig an derjenigen Stelle locirt, die der durch ihn bezahlten Forderung zugestanden hätte, wenn sie nicht eingetragen gewesen wäre.

§. 58.

B. Wirkungen des Concurses für die Gläubiger.

a. im Allgemeinen.

Durch die Concurseröffnung entsteht unter sämmtlichen Gläubigern eine Gemeinschaft. Dieses Verhältniß hat drei verschiedene Beziehungen: 1. sind die Gläubiger gemeinschaftliche Inhaber der Vermögens-Masse, welche ihnen zur Verwaltung und zur Veräußerung,

Behufs der Vertheilung unter sich übergeben ist; 2. sind sie Gläubiger des Cridarius, und machen ihre Ansprüche gegen denselben geltend, in welcher Beziehung sie als Liquidanten auftreten; 3. stehen sie zu einander in Concurrenz, indem Jeder in der Ausübung seines Rechts durch das Recht des Andern beschränkt ist, woraus das Prioritätsverfahren entsteht. Nur von dem erstern Verhältniße soll hier die Rede sein; die beiden andern gehören in das Verfahren.

§. 59.

b. Verhältniß der Gläubiger als Inhaber der Masse.

aa. im Allgemeinen, und äußere Verhältniße.

I. Aeltere Schriftsteller haben hier eine Successio per universitatem zu finden geglaubt [1]); neuere halten die Gläubiger für Singular=Successoren des Schuldners [2]). Im Grunde sind die Gläubiger aber gar keine Successoren, sondern nur Administratoren eines fremden Vermögens, mit der Befugniß, sich aus dem Verkaufe zu befriedigen; sie sind bloße Pfandgläubiger im weitesten Sinne, welche ihr Recht unter der Aufsicht des Richters ausüben. Sie sind sonach bloße Repräsentanten des Schuldners mit der Modification, daß sie vermöge ihres eigenen Rechts dessen Stelle zu ihrem eigenen Vortheil ausüben, oder eigentliche Procuratoren in rem suam.

---

[1]) Chr. Volh. Stein Comment. juridica, disquirens quaestionem: num creditores moto concursu, in omnia jura et omnes obligationes debitoris obaerati succedant, et hinc successores univers. habendi sint? Rost. 1781. 4.

[2]) Gensler im Arch. f. civ. Pr. B. II. S. 318. - Mühlenbruch Cession d. Forderungen. 2. Ausg. §. 19 Note 356. Kind Quaest. for. T. IV. c. 18. — Schweppe §. 59.

Daraus folgen die wichtigen Regeln: 1. die Repräsentation des Schuldners in Beziehung auf das Ganze ist nicht passiv, sondern nur activ [3]); 2. bei Ausübung der einzelnen Klagerechte repräsentiren sie den Schuldner activ und passiv, d. h. sie haben das Klagerecht nur in derselben Beschaffenheit, in welcher es dem Gemeinschuldner selbst zugestanden hat, auszuüben, eben so wie der Pfandinhaber einer Forderung, sie müßen sich folglich auch die Einreden, wodurch dieses Recht modificirt ist, entgegen setzen lassen [4]). In derselben Art wird es auch von der Preuß. Gesetzgebung angesehen (§. 33. 61. 1. 63. 267 h. t.)

II. Zur Activ-Masse gehören alle, schon vor Eröffnung des Concurses erworbenen Sachen und Rechte. (§. 33. 41. Vergl. oben §. 62 Nr. I. 1).

III. Das Eigenthum von Sachen behält der Schuldner; die Disposition aber, und die Gewahrsam erhalten die Gläubiger [5]). Dadurch entgeht den letztern nichts; denn sie üben im Namen des Schuldners die Nutzung aus [6]); sie contrahiren als Verwalter Miethe und Pachten [7]), und endlich verkaufen sie als Repräsentanten des Schuldners (§. 260 sq.), daher sie auch nicht persönlich für die Evictionsleistung einstehen. Nach R. R. wurden sie in dieser Beziehung so betrachtet, als hätten sie das am sich genommene Kaufgeld wirklich für den Schuldner

---

[3]) L. 5 D. de curatore bonis dando. (XLII. 7).

[4]) L. 2 §. 1 u. 2 D. eod. L. 14 pr. D. de bonis auct. jud. poss. (XLII. 5). Vergl. Merkel ad §. 53 h. t.

[5]) §. 33. 34. 63. 194 h. t. L. 6. 8 C. de bonis auct. jud. poss. (VII. 72). L. 4 C. qui bonis cedere. (VII. 71). L. 3 §. 23 D. de acquirenda possess. (XLII. 1).

[6]) A. G. O. h. t. §. 242 seq. L. 8 §. 1—3 D. de reb. auct. jud. poss. (XLII. 5).

[7]) Ebd. §. 219. Anh. §. 349 u. die Note 5 all. Stelle. Daraus folgt, daß sie sich nicht persönlich, sondern nur die Masse verpflichten.

verwendet, und wären dadurch von dem ganzen Geschäft liberirt, so daß sie für nichts weiter Rede zu stehen hatten [8]). Das Pr. R. hat die Grundansicht beibehalten, aber nach einer der differenten Meinungen der Practiker angenommen, daß zwar die verkaufenden Gläubiger als Repräsentanten des Schuldners anzusehen, und folglich nicht für ihre Person die Gewähr zu leisten hätten, daß sie aber auch in eben derselben Eigenschaft auf die Klage wegen Evictionsleistung zu antworten, und pro rata percepti Eviction zu leisten verpflichtet wären [9]).

IV. In Ansehung der Obligationen repräsentiren sie in allen Activforderungen den Gemeinschuldner, können an dessen Stelle Zahlungen annehmen und gültig liberiren (§. 204 u. f. 233. 240); in passiver Hinsicht repräsentiren sie nicht, sondern der Kontradictor vertritt den Schuldner. In Rücksicht der erst nach der Eröffnung des Concurses fällig werdenden (laufenden) dinglichen Prästationen und Lasten gilt dieser Grundsatz nicht, sondern weil die Berechtigten wegen des Rechts selbst nicht eigentliche Creditoren, sondern Realberechtigte sind, welche nicht von der Masse abgefunden werden, sondern immer dem Grundstück folgen, so sind diese Prästanda Massalasten. Aber in Betreff der vor der Concurseröffnung fällig gewesenen Termine sind die Berechtigten wirkliche Concurs-Creditoren.

[8]) L. 10 D. de distract. pign. (XX. 5). L. 38. L. 74 §. 1 D de evict. (XXI. 2). L. 13 C. eod. (VIII. 15).

[9]) Müller Resol. 120 no. 11. Conc.- u. Hyp.-Ordn. v. 4ten Febr. 1722. §. 66. u. Formular dazu, Lit. O. (C. C. M. Tom. II. p. 207). Cod. Frid. March. v. 1748. Th. III. Tit. 51 §. 48. Corp. jur. Frid. Th. II. Tit. 28 §. 9. A. G. O. I. 52 §. 12 in f. verb. mit dem A. L. R. I. 2 §. 344. Vergl. Abh. über die Frage: Kann ein sub hasta publica adjudicirtes Grundstück vindicirt werden? (Jur. Zeit. pro 1832 Col. 157 u. f.)

V. In Rücksicht der Klagen repräsentiren dagegen die Gläubiger den Gemeinschuldner activ und passiv, weil sie sonst das Klagerecht nicht geltend machen können; denn es hat nur so viel Reelles, als nach Abzug dessen, was durch Einwendungen unwirksam gemacht werden kann, übrig ist. Sie müssen die activen Processe und Klagerechte in der Lage übernehmen, in welcher sich solche zur Zeit der Concurseröffnung befinden[10]), und darum müssen sie sich auch alle Einreden, welche gegen den Gemeinschuldner Statt finden, gefallen lassen. Darum findet 1. die Compensation Statt, wenn die Gegenforderung vor Eröffnung des Concurses entstanden ist[11]), vorausgesetzt, daß die Gläubiger ein von dem Gemeinschuldner herkommendes Klagerecht geltend machen; denn wenn sie selbst es erst erworben haben, d. h. wenn der Bekl. nach der Concurseröffnung Schuldner der Masse geworden ist, so ist die Compensation nicht zuläßig[12]), weil dann die Gläubiger nicht die Person des Cridarii vorstellen. Darum sollte 2. das schon vor eröffnetem Concurse zuständig gewesene Retentionsrecht an der Sache des Schuldners, auch nach der Concurseröffnung geltend gemacht werden können, sofern nicht von dem Röm. allg. Retentionsrecht an einer verpfändeten Sache die Rede ist, oder kein Dritter ein specielles dingliches Recht an der Sache hat. Die Meinungen der gemeinrechtlichen Juristen sind hierin verschieden. Einige behaupten, das Retentionsrecht müsse

---

10) A. G. O. h. t. §. 233—237. Merkel ad §. 53 h. t. L. 2 §. 1 u. 2 D. de Curatore bonis dando. (XLII. 7). L. 14 pr. D. de reb. auct. jud. poss. (XLII. 5). — J. A. van der Burgh D. de jure cred. exercendi jura et actiones suorum debitorum. Lugd. Bat. 1826.

11) A. G. O. h. t. §. 156. 157. A. L. R. I. 16. §. 317—327. Puffendorf Obs. T. I. obs. 79. Carl Fr. Walch D. de compensatione cred. in conc. Jen. 1764.

12) A. G. O. h. t. §. 160 A. L. R. l. c. §. 321.

ausgeübt werden können[13]). Die Mehrsten unterscheiden zwischen dem s. g. qualificirten, d. h. einem solchen Retentionsrecht, welches dem Pfandinhaber an der verpfändeten Sache, wegen anderer Forderungen zusteht, und dem nicht qualificirten. Das erstere soll seine Wirkung behalten, das andere nicht[14]). Nach Pr. R. fällt das s. g. qualificirte Retentionsrecht ganz fort[15]). In Beziehung auf das einfache ist die Meinung derjenigen Practiker angenommen, nach welcher das Retentionrecht im Concurse aufhören soll[16]). Diese Theorie ist practisch unausführbar. Sie beruht auf Vermischung der Begriffe von Gläubiger und Schuldner, welche durch das Röm. s. g. qualificirte Retentionsrecht veranlaßt ist. Bei der Ausübung des eigentlichen, einfachen Retentionsrechts präsentirt sich der Retentionsberechtigte immer als Schuldner, welcher sich gegen den Anspruch des klagenden Creditors in tantum schützt. Der Einwand reduzirt sich dabei auf den Grundsatz, daß Keiner von dem Andern eine Erfüllung fordern könne, bevor er selbst nicht seine Verbindlichkeit erfüllt habe. Bei Ausübung des s. g. qualificirten Retentionsrechts ist es anders. Hier ist der Pfandinhaber noch Gläubiger wegen einer andern Forderung, und will sich durch Zurückhaltung der, aus einem ganz fremdartigen Grunde in seinen Besitz gekommenen, Sache Befriedigung verschaffen. Diese Bewandniß hat man auf jene obligatorische Verhältniße übertragen, und die we-

---

[13]) G. L. Böhmer Electa. T. II. n. 13 §. 18. Schweppe §. 60.

[14]) G. Ludw. Boehmer D. de jure retentionis ejusque effectu. Gött. 1773. §. 15. 16. Mevius Decis. P. VII. Dec. 250. Cramer Obs. T. I. obs. 336. Gmelin vom materiellen Concurs §. 26—29. Dabelow l. c. S. 681. Thibaut civ. Abhandl. S. 321.

[15]) A. L. R. I. 20. §. 171. u. Tit. 16 §. 543.

[16]) Ebd. I. 16 §. 566.

sentliche Verschiedenheit beider Fälle nicht weiter berücksichtigt. Bei der Betrachtung: wie die Gläubigerschaft im Concurse die retinirte Sache erlangen könne, bringt man die Theorie vom jus potius in Anwendung. Man geht dabei von dem richtigen Grundsatze aus, daß die Gläubiger durch die Concurseröffnung nicht mehr Rechte erlangen können, als der Schuldner selbst noch hatte[17]). Aber, sagt man, das Retentionsrecht kommt alsdann mit den Rechten anderer Gläubiger in Collision, und dabei wird es von den dinglichen und Hypothekenrechten anderer Creditoren so unterdrückt, daß es alle Wirkung verliert[18]). Die Collision des qualificirten Retentionsrechts mit andern Rechten der Creditoren, heißt es: ist fortior, und kann wegen des mit dem Besitz der Sache aus einem andern Rechtsgrunde verbundenen dinglichen Rechts, auch nicht vi potioris juris in eadem re acquisiti, überwunden werden[19]). So kam man zu dem, auch von der ältern Preuß.[20]) Praxis für richtig angenommenen Resultat, daß das s. g. qualificirte Retentionsrecht seine Wirkung behalten, das einfache aber aufhören müßte, während es, nach der Beschaffenheit der Sache, gerade umgekehrt sich verhält. Weil der von dem A. L. R. aufgenommene Grundsatz: daß das Zurückbehaltungsrecht, wenn Concurs über das Vermögen des Schuldners entsteht, aufhört, wegen seiner Unrichtigkeit in seiner Allgemeinheit, practisch unausführbar ist, so hat man durch

---

17) L. 4 C. qui bonis cedere poss. (VII. 71) L. 6 §. 7 D. h. t.

18) Carpzow Decis. LXVI. no. 22. Boehmer diss. all. §. XX (in elem. jur. civil. T. II. exerc. XIII. p. 617).

19) Boehmer l. c. §. XXI. p. 648. Mevius Dec. P. II. dec 287 n. 1. P. I. dec. 172 n. 11. Hommel Rhaps. obs. 378 Kind de retentione pign. in conc. cred. soc. jus Sax Lips. 1785.

20) Hymmen Beitr. VII. S. 76 Nr. 10.

specielle, diesem Grundsatz widersprechende Bestimmungen, nachhelfen müssen. Fälle dieser Art sind folgende: a. der redliche Vindicationsbeklagte, welcher das Kaufgeld und die nothwendigen und nützlichen Verwendungen gegen Zurückgabe der Sache, Zug um Zug fordern, und so lange bis ihm diese Gegenforderungen offerirt werden, die Sache zurückhalten kann [21]), müßte nach jenem Grundsatze, im Concurse, die Sache ohne Gegenleistung zurückgeben und abwarten: ob in der 7ten Kl. etwas auf ihn kommen würde. So soll es aber nicht sein, vielmehr sind einem solchen seine Rechte ausdrücklich vorbehalten (§. 56 h. t.); b. der Pächter eines, zur Masse gehörigen Grundstücks müßte dasselbe ohne Weiteres retradiren und seine Entschädigungs- und Meliorations-Forderungen aus dem Pachtcontract zur Ansetzung in der 7ten Kl. liquidiren. So ist es aber nicht, sondern ihm soll seine Schadloshaltung bei Zurückgabe der Sache widerfahren (§. 258). c. Der Bevollmächtigte, welcher im Auftrage des Gemeinschuldners für ihn Sachen gekauft und ihn dadurch zum Eigenthümer gemacht hat, würde, wenn er in Ermangelung der Anweisung von Fonds die Sachen vorschußweise mit seinem Gelde bezahlt hätte, die Sachen an die Concurs-Masse herausgeben müssen, und wegen des darauf verwendeten Vorschusses in der 7ten Kl. das leere Nachsehen haben. Dieß ist offenbar unrichtig [22]). d. der Werkmeister, welcher auf Bestellung des Gemein-

---

[21]) A. L. R. I. 15 §. 26 sq. u. Tit. 20 §. 537.

[22]) In dem, in Simon und v. Strampff B. I. Nr. 56, mitgetheilten Präjudicat aus einem solchen Rechtsfalle sagt das Geh. Ob. Trib. in den Gründen S. 208. „Aber sie (die beiden ersten Richter, welche eine solche Sentenz gefällt hatten) vergessen, daß die Tücher mit dem Gelde des Liquidanten angeschafft sind, und daß, wenn die Masse die Tücher haben will, sie solche auch bezahlen muß."

schuldners, aus ihm gelieferten Materialien ein Werk gemacht hat, würde dasselbe an die Masse abliefern, und seine Forderung für Auslagen und Arbeit im Concurse liquidiren müssen. Dieß soll nicht geschehen, sondern es ist bestimmt:

> „Entsteht vor der Uebergabe Concurs über das Vermögen des Bestellers, so kann der Werkmeister, wegen seiner Arbeit und Auslagen, des Zurückbehaltungsrechts auf das noch in seiner Gewahrsam befindliche Werk sich bedienen."

Um diese Bestimmung, welche man für eine Ausnahme von der Regel ansieht, zu erklären, sagt man: der Werkmeister sei Eigenthümer der Species, und könne mithin das Werk vermöge seines Eigenthumsrechts bis zur Bezahlung seiner Forderung retiniren[23]), und es ist sogar behauptet[24]), daß der Werkmeister auch der Eigenthümer des Werks sei, selbst wenn der Bestellende die Materialien dazu gegeben hat. Es wäre ungereimt, erst ein eigenes Gesetz zu machen, um festzusetzen, daß der Eigenthümer seine Sachen so lange behalten könnte, bis man sie ihm bezahlte, und unpassend, dem Eigenthümer an seiner eigenen Sache eine bloße Gewahrsam zuzuschreiben. Die Bestimmung des §. 974 ist keine Besonderheit, sie enthält vielmehr nur eine Anwendung der wahren Regel; denn die bisherige Darstellung läßt erkennen, daß der Satz: das Retentionsrecht höre mit der Concurseröffnung auf, in seiner Allgemeinheit nicht die richtige Regel sein kann. Der §. 566 Tit. 20 Th. I. des A. L. R. lautet so:

> „Ist aber Concurs über das Vermögen des Schuldners entstanden, so hört das Zurückbehaltungsrecht auf, und der, welchem selbiges beigewohnt hat, erlangt dadurch vor andern Gläubigern keinen Vorzug."

---

[23]) Siewert's Materialien B. VI. S. 147.

[24]) Hälschner über das Retentionsrecht. Jahrb. XX. S. 261.

Der Retinent ist hier also als Gläubiger gedacht, welcher als solcher eine Forderung bei der Masse zu liquidiren hat, und der als ein solcher Gläubiger mit andern Gläubigern concurrirt. In diesem Verhältniß soll er durch das Retentionsrecht keinen Vorzug vor Andern erhalten, und in diesem Sinne ist der Satz richtig; denn das Retentionsrecht hat keinen dinglichen Charakter, und kann daher dem Liquidanten kein Vorzugsrecht verschaffen. Dagegen kann der Grundsatz, wie vorhin gezeigt worden, nicht auf das Verhältniß angewendet werden, wo der Retinent nicht als Gläubiger und Liquidant auftritt, sondern als Beklagter erscheint, und das was von ihm gefordert wird, nur gegen Erstattung dessen, was ihm aus derselben causa gebührt, herauszugeben schuldig ist. Hier muß nach dem Grundsatze, daß die Gläubiger die Klagerechte des Gemeinschuldners nur in derselben Beschaffenheit und in denselben Grenzen, in welchen der Schuldner selbst sie geltend zu machen befugt gewesen, erhalten können, der Gegenanspruch des Retinenten eben so respectirt werden, wie jeder andere aus der Sache hergenommene Einwand. In diesem Verhältniß macht der Dritte, welcher nicht zur Gläubigerschaft gehört, sondern im Gegentheil als Debitor derselben erscheint, in der That kein Vorzugsrecht geltend, sondern er will nur nicht mehr leisten, als er schuldig ist.

VI. Als Beklagte, also passiv, sind die Gläubiger in zwei Beziehungen aufzutreten befugt und verpflichtet: 1. für den Gemeinschuldner, oder eigentlich für die Sache, bei Gegenständen, welche nicht zur Masse gehören, z. B. gegen Vindicanten und Separatisten; 2. für sich selbst als Verwalter gegen die Massengläubiger.

VII. In die Contracte des Debitors sind die Gläubiger activ einzutreten ebenfalls befugt; nur kann alsdann der Gegner seine Gegenforderungen durch die exceptio doli vel nondum impleti contractus geltend machen (Nr. V. in f.). Von dieser Befugniß der Gläubiger macht die Societät eine Ausnahme; bei dieser kann der andere Contrahent austreten, wenn die Gläubiger eintreten wollten[25]). Eine gleiche Ausnahme macht das pactum de mutuo dando[26]). Ob nach R. R. die Miethe und Pacht ebenfalls eine Ausnahme machen, darüber sind die Meinungen verschieden[27]). Nach Pr. R. machen diese Contracte entschieden keine Ausnahme[28]). Passiv einzutreten sind die Gläubiger niemals schuldig, weil sie den Gemeinschuldner nicht passiv repräsentiren. Es wird so angesehen, als wenn die Erfüllung durch einen, in der Person des Schuldners sich ereigneten Zufall unmöglich geworden wäre (§. 39). Daher brauchen die Gläubiger z. B. 1. die nach der Concurseröffnung, zufolge des vorher ergangenen Auftrags des Gemeinschuldners, präsentirten Wechsel nicht mehr anzunehmen (§. 40); 2. die einem Gläubiger auf einen Schuldner des Cridarii gegebene Assignation, wenn dieselbe vor der Concurseröffnung noch nicht bezahlt, oder wenn damit keine Novation verbunden ist, nicht gelten zu lassen, wobei auch die bereits erfolgte Acceptation nichts ändert, weil dadurch das Geschäft nicht novirt wird (§. 40); 3. einen Contract, wodurch der Gemeinschuldner dem Andern verspricht, ihm beim Verkauf einer gewissen Sache dieselbe für einen bestimmten Preis zu überlassen, nicht zu halten, vorausge-

---

[25]) A. G. O. h t. §. 291. A. L. R. II. 8. §. 667. — Vergl. L. 65 §. 1. D. pro Socio. (XVII. 2).

[26]) A. L. R. I. 11 §. 656. Vergl. den von Merkel im Comment. zur A. G. O. ad §. 39 h. t. mitgetheilten Rechtsfall.

[27]) Die hierauf bezogene L. 2 C. de fundis rei privatae (XI. 65) spricht von dem verschuldeten Pächter fiscalischer Guter.

[28]) A. G. O. h. t. §. 8 2 u. f. A. L. R. I. 21 §. 3:6.

setzt, daß diese Art von Vorkaufsrecht nicht ins Hypothekenbuch eingetragen worden ist[29]); 4. einen Contract, wonach der Cridar Früchte verkauft, das Kaufgeld bezahlt erhalten, die Früchte aber, obgleich abgesondert, doch noch nicht übergeben hat, nicht zu erfüllen (Note 30). Ueber die Frage: ob fructus civiles im Voraus veräußert, insbesondere: ob Pachtgelder, soweit nicht eingetragene Gläubiger die Disposition anzufechten berechtigt sind, im Voraus cedirt werden können, sind die Meinungen different[30]). Für richtig kann wohl nur diejenige Meinung gehalten werden, nach welcher die Cession wirksam bleiben soll. Die Cession vertritt bei Forderungen die Tradition. Der Cessionar wird dadurch Gläubiger, oder in der Sprache des A. L. R. Eigenthümer der Forderung. Das Geschäft ist also völlig abgemacht, die cedirte Pachtforderung gehört nicht mehr zur Masse. Das Geschäft könnte nur mit der Actio Pauliana aufgerufen werden, wozu natürlich die Voraussetzungen derselben vorhanden sein müssen.

§. 60.

bb. Innere Verhältniße.

Die Gläubiger zusammengenommen (in corpore) erlangen durch die Concurseröffnung ein allgemeines Pfand-

---

29) G. Ludw. Böhmer auserlesene Rechtsf. B. I. Abth. 2. p. 584. Vergl. Merkel ad §. 39 h. t. in f.

30) Merkel ad §. 39 h. t. u. ad §. 477 Tit. 20 Th. I. des A. L. R. hält die Cession gegen die Gläubigerschaft für rechtsbeständig. Grävell ad §. 39 h. t. (Commentar B. I. S. 26 Note *) ist der entgegengesetzten Meinung. Seine Gründe sind nicht einleuchtend. Es soll darauf ankommen: ob dem Cessionar ein Pfandrecht eingeräumt worden ist, welches er dann geltend machen könne. Man sieht aber nicht, was demjenigen ein Pfandrecht soll, der die Sache oder die Forderung selbst schon hat, noch wofür ihm das Pfandrecht bestellt werden soll. Bei sol-

recht an den ganzen Inbegriff des Vermögens, und eine gemeinschaftliche Administration zu ihrem gemeinsamen Vortheil: Negotium commune gerunt [1]). Dadurch entsteht eine zufällige Gemeinschaft (communio incidens) unter ihnen; sie bilden aber keine juristische Person. Aus dieser Gemeinschaft folgt:

I. Die Geschäfte müssen nach gemeinschaftlicher Berathung und Beschlußnahme betrieben werden. Dabei sind jedoch die laufenden administrativen Geschäfte von den wichtigen und entscheidenden Maaßregeln zu trennen. Bei den erstern werden die Gläubiger durch den, unter ihrer Mitwirkung angestellten, Curator massae unter Aufsicht und Direction des Richters, vertreten (§. 63. 77). Bei den letztern müssen die Gläubiger selbst Beschluß fassen. Wenn dieselben sich nicht einigen können, so geht es mit Rücksicht auf den Betrag der Forderungen, ohne weiteres nach der Stimmenmehrheit (§. 78—83). Nach R. R. mußte der Prätor dazwischen treten, und ebenfalls nach der Mehrheit der Stimmen anordnen, was geschehen sollte [2]). Nach Pr. R. giebt das Ermessen des Richters nur alsdann den Ausschlag, wenn es an einer absoluten Mehrheit fehlt (§. 84 in f.).

II. Kein einzelner Gläubiger kann bei dieser Gemeinheit seinen Privatvortheil suchen, sondern ein jeder muß das was er etwa erlangt, zur gemeinsamen Masse abliefern. Daher ist kein Einzelner oder mehrere Einzelne befugt, durch einseitige, gerichtliche oder außergerichtliche Handlun-

---

chen Veräußerungen wäre eine Pfandbestellung nur für die Evictionsforderung denkbar.

[1]) A. G. O. h. t. §. 33. L. 9 §. 4 D. de reb. auct. jud. poss. (XLII. 5).

[2]) L. 8 §. 4. L. 15 pr. D. de bonis auct. jud. poss. (XLII. 5). — L. 2 pr. D. de curatore bonis dando. (XLII. 7). Vergl. L. 7 §. 19. L. 8. L. 9 pr. D. de pactis. (II. 14).

gen, etwas von der Masse an sich zu ziehen, oder sich darin ein besseres Recht als sie bisher gehabt, zu verschaffen[3]). Hiernach ist die ventilirte Frage zu entscheiden: ob die Personalgläubiger der gemeinen Masse eine Hypothekenforderung, welche der Cridarius bezahlt hat, aber noch nicht löschen lassen, in der 3ten Kl. liquidiren und zur Commun-Masse ziehen können[4]). Dadurch würden sie sich mit Zurücksetzung Anderer, nämlich der nachstehenden Hypothekengläubiger, mehr verschaffen als sie sonst gehabt hätten.

---

[3]) A. G. O. h. t. §. 60. L. 6 §. 6. 7. L. 10 §. 16 D. h t.

[4]) Nach Merkel ad §. 161 h. t. ist dieses von dem Glogauer Ob. Land. G. in judicando in einem Falle angenommen worden. Andere Gerichtshöfe haben diese Meinung als von Grund aus irrthümlich verworfen. Jener Irrthum beruht darauf, daß man annimmt, die Gläubiger könnten sich im Wege der Execution die fingirte Hypothekenforderung des Schuldners an sein eigenes Grundstück, überweisen lassen. Gesetzt, diese, durch das R. vom 29. Septbr. 1832 (jur. Zeit. 1833 Col. 243) verworfene Ansicht wäre an sich richtig, so würde diese Ueberweisung ja eben erst im Concurse vor sich gehen, und dieses ist gerade das Unzuläßige. Von anderer Art ist der Fall, wenn erst nach der Conc.-Eröffnung der Besitztitel für den Gemeinschuldner berichtigt wird, und dabei rückständige Kaufgelder eingetragen werden. Hier muß die Gläubigerschaft entweder den Contract vollständig erfüllen, oder denselben aufrufen und das Grundstück zurückgeben.

Breslau, gedruckt bei Leopold Freund.

FSC
www.fsc.org
MIX
Papier | Fördert gute Waldnutzung
FSC® C083411

Kolibri 360 GmbH
Ferdinand-Jühlke-Straße 7
99095 Erfurt, Deutschland
produktsicherheit@kolibri360.de